Toby Hemenway

GAIAS GARTEN

Toby Hemenway

GAIAS GARTEN

Mit Permakultur nachhaltig gärtnern - Die perfekte Anleitung für Selbstversorger

Unimedica

Impressum

Toby Hemenway
GAIAS GARTEN
Mit Permakultur nachhaltig gärtnern - Die perfekte Anleitung für Selbstversorger
1. deutsche Ausgabe 2021
2. deutsche Ausgabe 2022
ISBN 978-3-96257-209-9

Titel der Originalausgabe:
GAIA'S GARDEN
A Guide to Home-Scale Permaculture
Second Edition

Narayana Verlag GmbH edition published by arrangement with
Chelsea Green Publishing Co, White River Junction, VT, USA www.chelseagreen.com

Übersetzung aus dem Englischen: Gecko Lingua Translations International
Layout: Peter Holm, Sterling Hill Productions
Satz: Linda Brummack
Illustrationen © 2009 Elayne Sears
Fotografien © 2009 Toby Hemenway
Coverlayout: Peter Holm, Sterling Hill Productions

Herausgeber:
Unimedica im Narayana Verlag GmbH, Blumenplatz 2, D-79400 Kandern
Tel.: +49 7626 974 970-0
E-Mail: info@unimedica.de
www.unimedica.de

Für Kiel

Und in liebevoller Erinnerung an meine Eltern,
Tee und Jackie,
und meine Schwester Leslie

INHALT

Liste der Tabellen ... vii
Vorwort zur zweiten Auflage ... viii

TEIL EINS: Der Garten als Ökosystem

1. Der ökologische Garten – Einführung ... 3
2. Die Ökologie eines Gärtners ... 25
3. Entwurf eines ökologischen Gartens ... 42

TEIL ZWEI: Die Teile des ökologischen Gartens

4. Den Boden zum Leben erwecken ... 81
5. Wasser gewinnen, sparen und nutzen ... 111
6. Pflanzen vielseitig einsetzen ... 138
7. Bienen, Vögel und andere Nützlinge in den Garten locken ... 173

TEIL DREI: Den ökologischen Garten aufbauen

8. Gemeinschaften im Garten schaffen ... 201
9. Gartengilden entwerfen ... 220
10. Einen Nahrungswald pflanzen ... 238
11. Gärtnern in der Stadt mit Permakultur ... 262
12. Und der Garten explodiert ... 292

ANHANG

Eine Auswahl an Nutzpflanzen ... 311
Glossar ... 324
Literaturverzeichnis ... 327
Index ... 331
Bezugsquellen ... 352
Über den Autor ... 354

LISTE DER TABELLEN

2-1. Unterschiede zwischen jungen und voll entwickelten Ökosystemen ... 33

3-1. Das sollte man beachten – Gestalter-Checkliste ... 59

3-2. Die Verbindungen eines Birnbaums ... 62

3-3. Das Zonensystem: Funktionen und Inhalte ... 65

4-1. Kohlen- zu Stickstoffanteile (K:S) in normalen Mulch- und Kompostmaterialien ... 92

4-2. Gründüngung ... 106

5-1. Fünf Wassersparmethoden und ihre Vorteile ... 113

5-2. Nützliche Pflanzen aus Mittelmeerklimaten ... 119

5-3. Pflanzen für ein Brauchwasser-Feuchtgebiet ... 137

6-1. Zum Stapeln (und als Toilettenpapier) ... 143

6-2. Dynamische Nährstoffspeicher ... 152

6-3. Stickstoffbinder ... 156

6-4. Eine Auswahl an verbreiteten essbaren Wildkräutern ... 164

6-5. Ammenpflanzen ... 169

7-1. Wirtspflanzen für nützliche Insekten ... 182

7-2. Nützliche Pflanzen für Vögel ... 186

7-3. Pflanzen, die Grünfutter für Geflügel bieten ... 195

9-1. Angehörige der Weißeiche-/Haselnuss-Gemeinschaft ... 227

9-2. Funktionen der Pflanzengilden ... 232

10-1. Pflanzen für den Waldgarten ... 248

Anhang *Eine Auswahl an Nutzpflanzen*

Große Bäume, 15 Meter und höher ... 313

Stauden und kleine Bäume, 1-15 Meter hoch ... 314

Nützliche Pflanzen für die Krautschicht ... 319

Nützliche Rank- und Kletterpflanzen ... 323

VORWORT ZUR ZWEITEN AUFLAGE

Als die erste Auflage von *Gaias Garten* in Druck ging, führten die Mitarbeiter bei Chelsea Green, meine Agentin und ich rege Diskussionen darüber, ob auf dem Titel des Buchs der Begriff *Permakultur* erscheinen sollte. Im Jahr 2000 hatten erst wenige Leute den Begriff gehört und wir alle hatten Zweifel, ob wir ihn benutzen sollten. Würde das Wort potenzielle Leser anlocken oder sie nur verwirren? In den darauffolgenden Jahren ist die *Permakultur* zwar nicht zu einem Alltagsbegriff geworden, doch sie ist in den Medien aufgetaucht, wurde an mehreren Dutzend Universitäten gelehrt und hat ein Basisnetzwerk aus vielen Tausenden von Menschen gebildet, die sie anwenden. Daher fühle ich mich in dieser Ausgabe wohl dabei, etwas tiefer in die Natur der Permakultur einzutauchen. Wenn Sie immer noch nicht wissen, was Permakultur ist, wird das erste Kapitel helfen, dies zu erklären.

Obwohl die Permakultur viele Disziplinen umfasst, kommen die meisten Leute über das Gärtnern und ihre Liebe zu Pflanzen dazu. Auch wenn die permakulturellen Aspekte dieses Buches in dieser erweiterten Ausgabe deutlicher hervortreten, bleibt das Buch dennoch mehr gartenorientiert und ist kein umfassender Leitfaden zu allen Aspekten der Nachhaltigkeit.

Eine zweite Veränderung, die eine gewisse Erklärung erfordert, hat sich in den Jahren seit der ersten Ausgabe ergeben. Als ich *Gaias Garten* geschrieben habe, lebten wir auf vier Hektar überwiegend bewaldetem Land außerhalb von Oakland, Oregon, in einem Dorf mit 850 Einwohnern im sehr ländlichen Douglas County. Dort erlernte ich die Konzepte und Methoden, die im Buch beschrieben sind, und ich spreche oft von unserem Oakland-Zuhause. Doch das Leben ist immer in Veränderung und viele Umstände, auch der Erfolg dieses Buches, führten dazu, dass wir näher an Menschen sein mussten. Wir sind seitdem nach Portland, Oregon umgezogen, drei Autostunden nördlich, und leben jetzt auf einem kleinen Stadtgrundstück. Das hat zu zwei Änderungen im Buch geführt: Der Bezug auf unser Zuhause im südlichen Oregon ist nun in der Vergangenheitsform, und ich habe ein Kapitel zu Permakultur-Gärtnern in der Stadt hinzugefügt. Das Buch hat sich immer auf ein typisches nordamerikanisches Grundstück von 1000 m^2 oder weniger konzentriert, doch das Leben in der Stadt und die Landschaftsgärtnerei stellen eine Reihe einmaliger Herausforderungen und Chancen für den ökologischen Gartenbau bei kleinerem Platzangebot dar. Da drei Viertel der Bevölkerung auf diesem Kontinent in Ballungsräumen wohnen, wollte ich allen von uns – selbst denen, die überhaupt keinen Garten haben – Werkzeuge an die Hand geben, um unsere Landschaften zu nutzen. Diese Werkzeuge verringern unseren ökologischen Fußabdruck und lassen uns eigenständiger werden, während sie gleichzeitig den Lebensraum für die immer stärker bedrohten Wildtiere verbessern.

Dieses Buch nahm seinen Anfang, als ich einen Garten besuchte, der sich anders anfühlte als jeder andere, den ich je gesehen hatte.

Beim Durchqueren eines alten Walds oder Schnorcheln durch ein Korallenriff habe ich eine Lebendigkeit gespürt, das Gefühl, dass viele Teile ineinandergreifen, um ein lebendiges und dynamisches Ganzes zu bilden. Diese Orte strahlen eine natürliche

Fülle aus. Leider fehlte das in allen menschengemachten Landschaften, die ich besucht habe. Natürliche Landschaften strotzen vor Aktivität, sie summen vor Leben im Vergleich zu unseren eigenen. Warum kann die Natur mit sorgloser Anmut eine ausgelassene Fülle über Wald oder Prärie ergießen, während wir Menschen es kaum schaffen, ein paar Blumen zu ziehen? Warum bieten unsere Gärten dem Rest des Lebens so wenig? Unsere Gärten erscheinen häufig eindimensional, ganz einfache Orte mit paar Gemüse oder Blumen, wenn überhaupt. Doch die Natur kann tausend Dinge auf einmal: Insekten und Vögel, Schlangen und Rehe ernähren und ihnen Schutz bieten, Wasser sammeln, speichern und reinigen, den Boden erneuern und anreichern, die Luft reinigen und mit Duft parfümieren und so weiter und so fort.

Dann begegnete mir ein Garten, der die wilde Lebendigkeit der Natur hatte und gleichzeitig voller Früchte und essbarem Grün war. Schon bald fand ich weitere. An diesen Orten hatte eine wachsende Anzahl von Pionieren mithilfe neuer Techniken aus Permakultur und ökologischer Gestaltung sowie alter Techniken von Ureinwohnern und biologischem Gartenbau Landschaften geschaffen, die sich wie Natur anfühlen, aber auch ein reichhaltiges Zuhause für die Menschen bieten. Das sind wahre Garten-Ökosysteme, die mit aus der Natur entlehnten Methoden und Konzepten arbeiten und sich so lebendig wie ein Wald anfühlen. Ich wollte wissen, wie man diese Plätze schafft und anderen helfen, mehr von diesen Plätzen zu gestalten. *Gaias Garten* ist das Ergebnis.

Diese Gärten stellen eine neue Landschaft dar, die Menschen und den Rest der Natur gleichermaßen versorgt. Man könnte sie vielleicht »essbarer Landschaftsbau trifft auf Wildnisgärtnern« nennen, aber sie sind viel mehr. Dies sind echte Garten-Ökosysteme – nicht nur unterbrochene Fragmente – die ebenso widerstandsfähig, abwechslungsreich, produktiv und schön wie in der Natur sind. Sie sind nicht einfach nur Attraktionen voller Blumen oder linealgerade Anordnungen von Reihenkulturen. Sie sind jedoch auch nicht das Brombeergestrüpp, an dem man viele Naturgärten erkennt. Es sind Orte, an denen bewusstes Design mit einem Respekt und Verständnis der natürlichen Prinzipien verschmolzen sind. Das Ergebnis ist eine lebendige und ausgelassen üppige Landschaft, in der alle Teile zusammenarbeiten, um Nahrung, Blumen, medizinische und kulinarische Kräuter, ja sogar handwerkliche Güter und Einkommen für die menschlichen Bewohner hervorzubringen und gleichzeitig einen vielfältigen Lebensraum für hilfreiche Insekten, Vögel und andere Wildtiere zu bieten. Orte, an denen die Natur das meiste tut und Menschen ebenso willkommen sind wie andere Bewohner der Erde.

Obwohl dieses Buch umweltfreundliche Landschaften zum Thema hat, ist es kein Ökofanatikermanifesto. Es ist ein Buch übers Gärtnern, voller Techniken und Gartenwissen. Aber zwischen den Zeilen steckt ein Plädoyer für weniger Konsum und mehr Autarkie. Jeder, der dieses Buch in die Hand nimmt, ist sich wohl der Umweltzerstörung bewusst, die der Mensch in den letzten Jahrzehnten angerichtet hat. Ich werde meine Leser daher nicht mit düsteren Statistiken konfrontieren. Es genügt zu sagen, dass wir es besser machen müssen. Dieses Buch ist der Versuch, einen Weg zu zeigen, wie wir das anstellen können. Unsere heimischen Landschaften verschlingen immense Ressourcen – weit mehr Wasser, Dünger und Pestizide pro 5000 m² als jeder industrialisierte Betrieb. Und die Befriedigung unserer Bedürfnisse treibt die unerbittliche Umwandlung von Wildnis in Fabrikfarmen und Industriewälder an. Doch unsere Gärten, Stadtparks,

Straßenränder, selbst Parkplätze und Büroinnenhöfe könnten zu üppigen, produktiven und attraktiven Landschaften werden, die der Natur helfen und auch etwas für uns abwerfen, statt der grasbewachsenen Öden, die sie heute sind. Dieses Buch zeigt, wie man das erreichen kann, und verwendet Techniken und Beispiele, die von den Pionieren der Bewegung für nachhaltige Landschaftsgestaltung entwickelt wurden.

Dieses Buch ist eine Einführung in die ökologische und permakulturelle Landschaftsgestaltung. *Gaias Garten* ist kein Gartenbuch für Anfänger – ich gehe davon aus, dass die meisten meiner Leser schon etwas gegärtnert haben. Ich versuche vielmehr, einige neue Techniken und Konzepte so zu erklären, dass auch Gartenanfänger sie umsetzen können. Viele der hier behandelten Themen sind umfassend genug, dass sie ein eigenes Buch verdient hätten, daher konnte ich bei einigen faszinierenden Themen nicht so tief eintauchen, wie ich es gern getan hätte.

Für die meisten im Text erwähnten Pflanzen werden ihre gebräuchlichen Namen verwendet, um die lateinische Verwirrung zu vermeiden, die die botanische Nomenklatur vielen Gärtnern auferlegen kann. Bei einigen ungewöhnlichen oder doppeldeutigen Arten habe ich den botanischen Namen hinzugefügt. Die verschiedenen Tabellen und Pflanzenlisten sind nach gebräuchlichen Namen alphabetisch aufgeführt, aber dort habe ich auch den botanischen Namen hinzugefügt, da man nur so sicher sein kann, dass wir über dieselbe Art reden. Da man aus Hunderttausenden von Pflanzenarten wählen kann, stellen diese Tabellen kaum umfassende Listen aller Nutzpflanzen dar. Ich hoffe eher, dass meine Auswahl den Lesern eine breit gefächerte Palette bietet, aus der sie selbst eine Wahl treffen. Um die große Vielfalt der geographischen Regionen auf diesem Kontinent darzustellen, habe ich auch versucht, Beispiele aus vielen Gebieten und für verschiedene Klimazonen zu geben. Westlich des Mississippi leben heute mehr Amerikaner als östlich davon, und dieses Buch spiegelt diese Realität von Ost- und Westküste wider.

Die meisten Ideen in diesem Buch sind nicht von mir. Viele hier gezeigte Techniken wurden von Indigenen jahrtausendelang praktiziert oder von Gärtnern aller Couleur entwickelt. Sie wurden auch in der immer größer werdenden Anzahl von Büchern über ökologische Gestaltung und Permakultur gesammelt. In diesem Buch habe ich versucht, diese permakulturellen Ideen mit dem wachsenden Verständnis der Ökologen darüber zusammenzufassen, was in der Natur funktioniert. Ich kann mir einige der hier beschriebenen Techniken und Konzepte als Verdienst anrechnen, allein für die Art und Weise, wie einige von ihnen präsentiert werden. Und natürlich bin ich für alle Fehler verantwortlich.

Zahlreiche Menschen schenkten mir uneigennützig ihre Zeit, Kooperation, harte Arbeit und Unterstützung. Für die Inspiration, Anregungen und Entwicklung der Ideen über die Permakultur gilt mein erster und größter Dank Bill Mollison und David Holmgren. Dafür, dass sie mich durch ihre Gärten geführt haben, und für ihre Großzügigkeit danke ich – in alphabetischer Reihenfolge – Earle Barnhart, Douglas Bullock, Joe Bullock, Sam Bullock, Kevin Burkhart, Doug Clayton, Joel Glanzberg, Ben Haggard, Marvin Hegge, dem sehr vermissten Simon Henderson, Alan Kapuler, Brad Lancaster, Penny Livingston, Art Ludwig, Vicki Marvick, Anne Nelson, Jerome Osentowski, John Patterson, Barbara Rose, Julia Russell, James Stark, Roxanne Swentzell, Tom Ward und Mary Zemach. Für ihre Unterstützung und die fruchtbaren Ideen danke ich Peter Bane, Bill Burton, Brock Dolman, Ianto Evans, Heather Flores, Jude Hobbs, Dave Jacke, Keith

Johnson, Mark Lakeman, Michael Lockman, Scott Pittman, Bill Roley, Larry und Kathryn Santoyo, Michael Smith, John Valenzuela und Rick Valley. Ein besonderer Dank gilt Stuart Cowan, der mir versichert hat, dass Bücher nicht so schwer zu schreiben sind, wie ich befürchtet hatte. Ich bedanke mich von ganzem Herzen bei meiner Agentin, Natasha Kern, für ihre Beharrlichkeit, ihre Ideen, ihre Hartnäckigkeit, ihr unerschütterliches Vertrauen und ihre Unterstützung. Ich danke auch meinen Lektoren, Rachael Cohen und Ben Watson, die den Text erheblich geglättet, meine grammatikalischen Exzesse aufgeräumt und mich durch den labyrinthischen Prozess der Veröffentlichung geführt haben. Es war eine Freude, mit den Mitarbeitern bei Chelsea Green zusammenzuarbeiten. Und meiner Frau und Seelenverwandten Kiel bin ich für tausend große und kleine Gnaden dankbar, während ich zweimal in diesem Buch verschwand.

Toby Hemenway

TEIL EINS

Der Garten als Ökosystem

KAPITEL EINS

Der ökologische Garten – Einführung

Die Bewegung für eine nachhaltige Landschaftsgestaltung nimmt Fahrt auf. Gärtner begraben ihre Rasenflächen, die Ressourcen verschlingen und keinen Lebensraum bieten, immer öfter unter Gärten mit einheimischen Pflanzen, Wildtiere anlockenden Dickichten und sonnendurchfluteten Waldgebieten. Es ist ein ermutigender Trend, diese Bewegung hin zu ökologisch gesünderen, naturfreundlicheren Gärten.

Doch nicht alle sind dabei. Manche Gärtner zögern, auf Naturnah umzustellen, denn sie fragen sich, wie z. B. die ordentlichen Reihen eines Gemüsegartens in diesen wilderen Stil passen sollen. Was passiert dann mit all den knackigen Fleischtomaten? Oder Zierpflanzen – bedeutet nachhaltiger Gartenbau jetzt, dass man ein geliebtes Schnittblumenbeet oder die von Großmutter geerbten Rosen herausreißen muss, um Platz für eine natürlich aussehende Landschaft zu schaffen?

Wildtiere zu fördern und einheimische Arten zu bewahren, sind bewundernswerte Ziele, doch wie passen *Menschen* in diese natürlichen Landschaften? Kein Gärtner will sich in seinem eigenen Garten wie ein Fremder fühlen. Gärtner, die nicht aus ihren eigenen Gärten ausgeschlossen sein wollen, aber die Natur lieben, sahen sich gezwungen, fragmentierte Gärten zu schaffen: ein ordentliches Gemüsebeet hier, Blumenbeete dort und eine Ecke für die Wildtiere oder eine Naturlandschaft. Und jedes dieser Fragmente hat seine Schwächen. Ein Gemüsegarten bietet keine natürliche Umgebung für einheimische Insekten, Vögel und andere Wildtiere. Ganz im Gegenteil – kleine, an den Blättern knabbernde Insekten und Vögel sind unwillkommene Gäste. Der Blumengarten, so viel Freude die Blüten auch bereiten, kann den Gärtner nicht ernähren. Und ein Wildnisgarten sieht oft ungepflegt aus und bietet den Menschen kaum etwas, außer das Wissen, dass es gut für wilde Kreaturen ist. Dieses Buch zeigt, wie man diese isolierten und unvollständigen Teile in ein lebendiges, blühendes Garten-Ökosystem integriert, von dem Menschen und Wildtiere profitieren. Diese Gärten werden anhand derselben Prinzipien gestaltet, die die Natur zur Schaffung gesunder Pflanzengemeinschaften nutzt, so dass die unterschiedlichen Bepflanzungen und anderen Elemente sich miteinander verbinden und gegenseitig nähren.

Ökologische Gärten kombinieren die besten Merkmale von Naturgärten, essbaren Landschaften und herkömmlichen Blumen- und Gemüsegärten, doch sie verbinden diese Stile nicht nur einfach miteinander. Sie sind mehr als die Summe ihrer Teile. Ein ökologischer Garten fühlt sich wie ein Lebewesen an, mit einem Charakter und einer Essenz, die jedem eigen ist. Diese Gärten gründen in relativ neuen Konzepten wie Permakultur und ökologischer Gestaltung, doch sie nutzen lange erprobte Techniken, die durch Ureinwohner, Renaturierungsökologen, Biobauern und hochmoderne Landschaftsplaner

Permakultur-Designer Larry Santoyo von Earthflow Design Works wollte die weiträumige Landschaft des Wassereinzugsgebiets in den städtischen Garten im kalifornischen Santa Barbara integrieren. Der Garten liegt am Fuß eines Berges und wurde in Terrassenbeete und Wege umorientiert, die an den Höhenlinien entlangfließen, um den im trockenen Klima wertvollen Wasserabfluss aufzufangen. Eine Laube, die aus lokal geerntetem Bambus errichtet wurde, rahmt den Blick auf die benachbarten Gärten ein und bietet eine vertikale Anbaufläche für Kiwi-Ranken und Glyzinien und schafft eine Zone zum Ausruhen und Entspannen. Kakipflaume und Zitrusbäume bekommen Lebendmulch aus Bodendeckern dürreresistenter Kapuzinerkresse, Rosa Nachtkerze *(Oenothera speciosa)*, Thymian und Ringelblume.

perfektioniert wurden. Sie kombinieren geringe Umweltbelastung, Pflegeleichtigkeit (nachdem sie erst einmal etabliert sind) und hohe Erträge mit eleganter Ästhetik. *Gaias Garten* bietet Instrumente, um diese Garten-Ökosysteme zu verstehen, zu gestalten und zu bauen, so dass sie den Menschen ebenso dienen wie dem Rest der Natur.

Ökologische Gärten sind voll von schönen Pflanzen, die viele Einsatzmöglichkeiten besitzen, Obst und Gemüse liefern, Heil- und Küchenkräuter, auffallende Gruppen farbenfroher Blüten, bodenbildenden Mulch, Schutz vor Schädlingen und Lebensraum für wilde Tiere und Pflanzen bieten. Da man aus Tausenden von Pflanzenarten wählen kann, finden wir viele, die mehrere dieser Aufgaben auf einmal erfüllen. Multifunktionale Pflanzen sind ein Markenzeichen von Gärten, die auf ökologischen Prinzipien beruhen: So arbeitet die Natur. Wir können Nahrungspflanzen wählen, die Insekten und andere Wildtiere unterstützen, Kräuter, die Ortstein aufbrechen, Bodendecker, die essbar sind oder Bäume, die dem Boden Nährstoffe liefern.

Diese Landschaften können sogar ein Einkommen aus Nahrungs- und Heilpflanzen, Samen und Baumschulbeständen oder getrockneten Blumen generieren und Bau- oder Bastelmaterialien wie Bauholz, Bambusrohre, Korbweide und Pflanzenfarben bringen. In einem Garten, der nach ökologischen Prinzipien entworfen wurde und lebendige Landschaften hervorruft, fühlen sich Vögel und andere Tiere ebenso willkommen wie der Gärtner. Durch eine gute Gestaltung benötigen diese Gärten nur eine unregelmäßige Bewässerung und die Erde erneuert sich eher selbst, als starke Düngung zu erfordern. Es sind lebendige Ökosysteme, die gemäß den natürlichen Regeln entworfen wurden und die Üppigkeit und Widerstandsfähigkeit der natürlichen Umwelt aufweisen.

Gärten, die *wirklich* mit der Natur arbeiten

Ökologie, so erklärt uns Herr Webster, »befasst sich mit der Wechselbeziehung von Organismen und ihren Umgebungen«. Ich nenne diese Gärten *ökologisch*, weil sie einen Organismus – die Menschen – mit ihrer Umwelt verbinden, denn sie verknüpfen die vielen Teile eines Gartens, und weil sie eine Rolle zur Erhaltung gesunder Ökosysteme spielen können.

Ökologische Gärten vermischen auch viele Gartenstile, was Gärtnern genug Spielraum verschafft, um die Qualitäten hervorzuheben – Nahrung, Blumen, Kräuter, Handwerk und so weiter –, die er am meisten mag. Manche ökologischen Gartengestaltungen finden ihre Wurzeln in der Gestaltung essbarer Landschaften, was die Nahrungspflanzen bei einer kreativen Vermischung aus ihrem Gemüsebeetgefängnis befreit und sie unter die respektable Gesellschaft der Zierpflanzen im Vorgarten mischen lässt. Ökologische Landschaften besitzen auch Gemeinsamkeiten mit Naturgärten und sie bieten ebenso eine natürliche Umgebung für die Welt jenseits des Menschen. Und da die heimischen Floren in diesen Gärten stark vertreten sind, haben sie viel mit Gärten für einheimische Pflanzen gemein.

Doch in diesen Landschaften werden nicht einfach nur mehrere Gartenstile kombiniert. Sie orientieren sich daran, wie die Natur funktioniert. Manche Gärten wirken wie natürliche Landschaften, doch der Schein trügt. Ich habe Gärten mit einheimischen Pflanzen gesehen, die Berge an Dünger brauchen, weil sie die unpassende Erde haben, und Herbizide, um die kräftigen Gräser und Unkräuter zu unterdrücken, die sich freudig zwischen den langsam wachsenden Einheimischen breit machen. Das ist kaum natürlich. Ein ökologischer Garten sieht so aus und *funktioniert* wie die Natur. Er tut dies, indem er starke Verbindungen zwischen den Pflanzen, dem Bodenleben, nützlichen Insekten und anderen Tieren und dem Gärtner aufbaut, um ein widerstandsfähiges, natürliches Netzwerk zu weben. Jeder Organismus ist an viele andere gebunden. Es ist diese Vernetzung, die der Natur Stärke verleiht. Denken Sie an ein Netz oder Gewebe: Wenn man einen Faden durchschneidet, funktioniert das Netz weiterhin, weil alle anderen Verbindungen zusammenhalten.

Nichts in der Natur tut nur eine Sache. Dieser Multifunktionalismus – bei dem jedes verbundene Stück viele Rollen spielt –, ist eine weitere Qualität, die einen ökologisch geplanten Garten von anderen abhebt. In einem typischen Garten dienen die meisten Elemente nur einem einzigen Zweck. Ein Baum wird wegen des Schattens gewählt, ein Strauch für seine Beeren, ein Spalier, um die wilde Weinrebe zu bändigen. Doch wenn man einen Garten gestaltet, in dem jedes Teil alle Rollen spielt, zu denen es imstande ist, kann der Gärtner der Natur nicht nur einen Großteil der Arbeit überlassen, der Garten wird auch eher weniger Probleme verursachen und üppiger und reichhaltiger werden. Dieser Schattenbaum z.B. – kann er nicht auch noch Nüsse oder andere Nahrung für Menschen und die Tier- und Pflanzenwelt bieten und vielleicht Bestäuber anlocken, die den Obstbäumen später helfen, höhere Erträge zu liefern? Außerdem werden die Blätter des Baumes später beim Bodenaufbau helfen, wenn sie herabfallen, und er sammelt Regenwasser und absorbiert Staub aus der Luft. Dieser Baum übernimmt bereits etwa 15 Aufgaben. Wir müssen diese »Erträge« nur auf andere Teile des Gartens übertragen, die sie benötigen. Das bedeutet weniger Arbeit für uns und bessere Gesundheit für die Landschaft.

Was ist Permakultur?

Ich beziehe mich in diesem Buch oft auf *Permakultur* und *ökologische Gestaltung*, zwei eng verwandte Gebiete, auf denen viele Ideen in diesem Buch beruhen. Da manchen Lesern Permakultur nicht vertraut sein mag, sollte ich es erklären.

Die Permakultur benutzt eine Reihe von Prinzipien und Praktiken, um nachhaltige, menschliche Siedlungen zu gestalten. Das Wort wurde aus »permanent (agri)culture« (»dauerhafte Landwirtschaft« oder »dauerhafte Kultur«) abgeleitet und von zwei Australiern geprägt. Der erste war Bill Mollison, ein charismatischer und bilderstürmerischer, ehemaliger Förster, Lehrer, Trapper, Naturforscher und Autor der massiven und enzyklopädischen Bibel des Fachs, *Handbuch der Permakultur-Gestaltung*. Der andere ist David Holmgren, einer der ersten von Bills vielen Schülern, der den Rahmen der Permakultur brillant erweitert hat.

Mollison sagt, dass er die ursprüngliche Idee zur Permakultur 1959 hatte, als er Beuteltiere beobachtete, die durch die Regenwälder Tasmaniens streiften. Inspiriert und beeindruckt von der lebensspendenden Fülle und reichen Vernetzung dieses Ökosystems schrieb er in sein Tagebuch: »Ich glaube, dass wir Systeme bauen könnten, die so gut funktionieren wie das hier.« In den 1970er Jahren begannen er und Holmgren anhand dessen, was sie in der Natur und bei indigenen Kulturen beobachtet hatten, die Prinzipien zu identifizieren, die diese Systeme so reich und nachhaltig machten. Sie hofften, durch das Anwenden dieser Prinzipien naturverträgliche, produktive Landschaften zu gestalten. Sie folgerten, dass das Leben und indigene Kulturen wohl etwas über Nachhaltigkeit erkannt haben mussten, wenn das Leben auf der Erde über drei Milliarden Jahre florieren konnte und die Indigenen für Jahrtausende in relativer Harmonie in ihrer Umwelt leben konnten. Davids Diplomarbeit, die er und Bill überarbeiteten und ergänzten, wurde schließlich als das bahnbrechende Buch *Permaculture One* veröffentlicht.

Die Permakultur begann damals als Instrumentarium zur Gestaltung von Landschaften, die die Natur zum Vorbild haben, doch auch Menschen beinhalten, und dieses Buch – sobald wir die Definition von Permakultur abgeschlossen haben – konzentriert sich auf den landschaftsgestaltenden Aspekt der Permakultur. Doch Mollison, Holmgren und alle nach ihnen erkannten bald, dass wenn wir lernen, Farmen, Gärten und Landschaften zu schaffen, die die Natur nachahmen, eine nachhaltige Landnutzung, die in eine nicht nachhaltige Gesellschaft eingebettet ist, nicht verhindern wird, dass unser Aufenthalt auf diesem Planeten kurz, zunehmend verarmt oder beides sein wird. Doch es zeigt sich, dass die Prinzipien der Permakultur – da sie auf der Weisheit der Natur beruhen – eine atemberaubende Reichweite besitzen, die weit über die Ursprünge der Permakultur in der Landwirtschaft hinausgehen. Die Permakultur wurde eingesetzt, um Gebäude, Energie- und Abwassersysteme, Dörfer und selbst weniger greifbare Strukturen wie Lehrpläne, Geschäfte, Bürgergruppen und Entscheidungsfindungsprozesse zu entwerfen.

Wie macht die Permakultur das?

Obwohl Anhänger der Permakultur einerseits mit Organismen, Gebäuden und jenen weniger greifbaren Dingen gestalten, die wir als unsichtbare Strukturen bezeichnen, konzentrieren sie sich seltener auf die Objekte selbst als auf den sorgfältigen Entwurf von Beziehungen, also Verflechtungen, zwischen ihnen, die ein gesundes, nachhaltiges Ganzes schaffen. Diese Beziehungen sind es, die eine Ansammlung zusammenhangloser Teile in ein funktionierendes System verwandeln, sei es ein Garten, eine Gemeinschaft oder ein Ökosystem.

Das scheint noch etwas theoretisch, daher hier eine unkomplizierte Definition von Permakultur. Wenn wir an Praktiken wie biologischen Gartenbau, Recycling, natürliches Bauen, erneuerbare Energie und selbst Konsensprinzip und Bemühungen um soziale Gerechtigkeit als Werkzeuge für Nachhaltigkeit denken, dann ist Permakultur der Werkzeugkasten, der uns organisieren und entscheiden hilft, wann und wie man diese Werkzeuge einsetzt. Die Permakultur ist keine Disziplin selbst, sondern eher ein Gestaltungsansatz, der auf der Verbindung verschiedener Fächer, Strategien und Techniken beruht. Sie nutzt und verbindet wie die Natur die besten Eigenschaften von allem, das verfügbar ist. Manche Leute, für die dieser Ansatz neu ist, glauben, Permakultur sei eine Reihe von Techniken. Obgleich es bestimmte Methoden gibt, die oft eingesetzt werden, weil sie die Permakultur-Prinzipien gut darstellen, wie Kräuterspiralen und Schlüssellochbeete (die auf den folgenden Seiten zu sehen sind), gibt es wenige Techniken, falls überhaupt, die nur der Permakultur zugehören. Permakulturisten wenden Techniken aus vielen verschiedenen Fachbereichen an. Doch diese Werkzeuge werden danach ausgewählt und angewandt, wie gut sich mit ihnen Permakultur-Prinzipien umsetzen lassen, und nicht, weil eine bestimmte Methode ist, »wie wir es in der Permakultur machen«.

In einer Kultur, die sich eher auf Dinge als auf Beziehungen konzentriert, kann der Schwerpunkt der Permakultur, der auf Verbindungen statt auf »Sachen« liegt, das Erklären schwierig machen. Manche Permakultur-Anfänger haben die Verfechter von nachhaltigen Praktiken mit der Aussage verärgert, »zur Permakultur gehört biologischer Gartenbau (oder Solarenergie oder natürliches Bauen)«. Aber statt diese Fachgebiete zu absorbieren oder sie als Teil davon (und somit kleiner) anzusehen, zeigt uns die Permakultur, wo und wie man diese wichtigen Ideen anwendet. Es ist eine Wissenschaft, die verbindet.

Das Ziel der Permakultur besteht darin, naturverträgliche, wirtschaftlich wohlhabende, menschliche Gemeinschaften zu entwerfen. Sie wird von ethischen Grundsätzen geleitet: Sorge für die Erde, Sorge für die Menschen und den Überschuss, der aus dieser Fürsorge entsteht, erneut investieren. Aus dieser Ethik leiten sich eine Reihe von Designgrundsätzen oder -prinzipien ab, die an vielen Orten und in leicht abgewandelter Form beschrieben wurden. Die Liste unten ist die Version, die ich verwende, erstellt mit der Hilfe vieler Permakultur-Lehrer und abgeleitet aus der Arbeit von Mollison, Holmgren und ihrer Co-Autoren.

Permakultur-Prinzipien

A. Kernprinzipien für ökologische Gestaltung

1. Beobachten. Ausgedehnte und aufmerksame Beobachtung statt anhaltender und gedankenloser Aktion. Beobachten Sie den Standort und seine Elemente zu allen Jahreszeiten. Entwerfen Sie für spezielle Plätze, Kunden und Kulturen.
2. Verbinden. Den relativen Aufenthaltsort nutzen, d. h. platzieren Sie die Elemente des Entwurfs so, dass nützliche Beziehungen und zeitsparende Verbindungen zwischen allen Teilen

entstehen. Die Zahl der Verbindungen unter Elementen schafft ein gesundes, bunt gemischtes Ökosystem, nicht die Zahl der Elemente.

3. Energie und Materialien gewinnen und speichern. Identifizieren, sammeln und bewahren Sie nützliche Flüsse. Jeder Zyklus ist eine Gelegenheit für Ertrag, jeder Gradient (in Gefälle, Ladung, Temperatur und Ähnlichem) kann Energie erzeugen. Die Reinvestition von Ressourcen baut Kapazitäten auf, noch mehr Ressourcen zu gewinnen.
4. Jedes Element erfüllt viele Funktionen. Wählen und platzieren Sie jedes Element in einem Entwurf so, dass es so viele Funktionen wie möglich erfüllen kann. Hilfreiche Verbindungen zwischen breit gefächerten Bestandteilen schaffen ein stabiles Ganzes. Stapeln Sie Elemente in Raum und Zeit.
5. Jede Funktion wird durch mehrere Elemente unterstützt. Verwenden Sie verschiedene Methoden, um wichtige Funktionen zu erzielen und Synergien zu schaffen. Redundanz schützt, wenn ein oder mehrere Elemente ausfallen.
6. Mit geringsten Veränderungen die größte Wirkung erzielen. Verstehen Sie das System, mit dem Sie arbeiten, gut genug, um dessen »Hebelpunkte« zu finden und dort einzugreifen, wo die geringste Veränderung die größte Wirkung hervorbringt.
7. Intensive Systeme mit kleinem Maßstab einsetzen. Beginnen Sie vor Ihrer Haustür mit den kleinsten Systemen, die die Arbeit erledigen, und bauen Sie auf Ihren Erfolgen auf. Wachsen Sie durch »Portionierung« – d. h. man entwickelt ein kleines System oder Arrangement, das gut funktioniert – und wiederholt es mit Variationen.
8. Randzonen optimieren. Die Randzone – der Übergang zweier Umgebungen – ist der vielfältigste Platz in einem System, und dort sammeln sich Energie und Materialien oder sie werden umgewandelt. Je nach Bedarf sollte man eine Randzone vergrößern oder verringern.
9. Mit Sukzession arbeiten. Lebende Systeme schreiten gewöhnlich von Unreife zu Reife fort. Wenn wir diesen Trend akzeptieren und unsere Entwürfe daran anpassen, statt dagegen zu kämpfen, sparen wir Arbeit und Energie. Ausgereifte Ökosysteme sind abwechslungsreicher und produktiver als junge.
10. Biologische und erneuerbare Ressourcen nutzen. Erneuerbare Ressourcen (gewöhnlich Lebewesen und ihre Produkte) vermehren und sammeln sich im Laufe der Zeit, speichern Energie, unterstützen den Ertrag und interagieren mit anderen Elementen. Man sollte sie Ressourcen vorziehen, die nicht erneuerbar sind.

Die Weinlaube könnte ein zu sonniges Deck auf der zu heißen Südseite des Hauses beschatten. So werden Deck und Gebäude kühler und die Glücklichen, die darunter liegen, haben Früchte zum Essen. Die Teile sind schon da und warten. Wir müssen sie nur verbinden und die wunderbare Vernetzung der Natur als Modell nutzen.

Diese Verbundenheit geht zudem in zwei Richtungen. In der Natur hat nicht nur jedes Teil viele Rollen, sondern jede Rolle wird von vielen Akteuren unterstützt. So wird beispielsweise jede Insektenplage in einer natürlichen Landschaft von einer hungrigen Armee natürlicher Fressfeinde verfolgt. Wenn ein Raubinsekt oder auch eine ganze Art für diese

B. Prinzipien basierend auf Einstellungen

11. Probleme in Lösungen verwandeln. Einschränkungen können zu einem kreativen Design anregen, und die meisten Probleme tragen gewöhnlich nicht nur den Keim ihrer eigenen Lösung in sich, sondern auch die Inspiration, gleichzeitig noch andere Probleme zu lösen. »Wir sind mit unüberwindlichen Chancen konfrontiert«. – Pogo (Walt Kelly) zugeschrieben.
12. Einen Ertrag erzielen. Gestalten Sie so, dass Ihre Bemühungen sofortige und langfristige Erträge haben: »Man kann nicht mit leerem Magen arbeiten«. Richten Sie positive Feedback-Schleifen ein, um das System aufzubauen und Ihre Investition zurückzuzahlen.
13. Die größte Begrenzung der Fülle ist Kreativität. Die Vorstellungskraft und das Können des Gestalters begrenzen in der Regel Produktivität und Vielfalt, bevor physische Grenzen erreicht werden.
14. Fehler sind Werkzeuge, um zu lernen. Analysieren Sie Ihre Versuche. Machen Sie Fehler, ist das ein Zeichen dafür, dass Sie es besser machen wollen. Sie werden kaum für Ihre Fehler bestraft, wenn Sie aus ihnen lernen.

Wie setzen wir die Prinzipien ein? Wenn Sie dieses Buch lesen, sehen Sie an Dutzenden von Beispielen, wie sie umgesetzt werden. Der Permakultur-Designer und -Lehrer Larry Santoyo nennt die Prinzipien »Indikatoren der Nachhaltigkeit«.

Jedes Design, ob von einem Garten, einem Haus oder einer gemeinnützigen Organisation, das diese Prinzipien anwendet, wird effizienter, effektiver und ökologisch ausgewogener sein als eines, das sie verletzt. Lassen Sie sich davon bei Ihren Entscheidungen leiten, und wenn Sie Ihren Garten planen, versuchen Sie, sie so oft es geht einzubinden. Achten Sie besonders auf Situationen, in denen die Prinzipien nicht befolgt werden, denn mit diesen Bereichen werden sie die meiste Arbeit haben, und sie werden den größten Umweltschaden anrichten.

Die Prinzipien besitzen auch tiefe und erstaunliche Verflechtungen. Ein Teil des Entwurfs, der vielleicht multifunktional zu sein versucht, befolgt oft auch die Prinzipien »Verwende biologische Ressourcen« und »Unternimm die kleinste Veränderung für die größte Wirkung«. Wenn solche Synergien auftauchen, sind wir auf dem richtigen Weg.

Bei der Permakultur geht es also um viel mehr als nur Gärtnern. Doch da die Permakultur in der Weisheit der natürlichen Welt fußt, gelangen viele Menschen zuerst über ihre Liebe zu Pflanzen und Gärtnern zur Permakultur. Ich werde mich in diesem Buch bemühen, mich bei der Beschreibung von Permakultur auf die häusliche Landschaft zu beschränken.

Aktivität ausfällt, sind andere da, die Arbeit zu übernehmen. Diese Redundanz vermindert das. Wenn man also einen einzigen Schattenbaum aus dieser Perspektive betrachtet, sollte man nicht nur einen pflanzen – pflanzen Sie eine Gruppe verschiedener Arten. Wenn einer langsam wächst oder kein dichtes Blattwerk bekommt, springen die anderen ein. Die Kombination sorgt auch dafür, dass für eine längere Jahreszeit Schatten da ist. Sehen Sie die Synergie? Fahren wir in dieser Richtung fort, können wir bei der Weinlaube für die Farbe eine Klematis pflanzen, einen Jasmin für den Duft oder ein paar schnell kletternde Erbsen, damit die Erntezeit länger dauert und wir mehr Ertrag haben.

Hier ein weiteres Beispiel dafür, wie Verbundenheit Gärten natürlicher machen und auch Arbeit sparen kann. Als wir in unserem ländlichen Zuhause im südlichen Oregon lebten, waren Rehe ein großes Problem, denn sie fraßen fast jede ungeschützte Pflanze ab. Sie machten aus der südwestlichen Ecke meines Gartens einen richtigen Trampelpfad. Also pflanzte ich auf der Seite eine gekrümmte Hecke, um sie von anderen leckeren Anpflanzungen abzulenken. Die Hecke wurde um einige einheimische Büsche angeordnet, die bereits dort wuchsen – Schaumspiere, Heckenrosen, eine einzelne Bärentraube. Doch ich wählte die anderen Heckenpflanzen aus, mehrere Funktionen zu übernehmen. Ich pflanzte Koreakirschen, Mandschurische Aprikosen, Johannisbeeren und andere Wildpflanzen, damit die wildlebenden Tiere Futter hatten, und dornige Prärie-Pflaumen, Osagedorn und Stachelbeeren, um die Rehe abzuwehren. Aber auf der Innenseite der Hecke – meiner Seite – pfropfte ich einigen dieser Heckenpflanzen inländische Obstsorten auf. Bei den wilden Kirschen wuchsen auf der dem Haus zugewandten Seite der Hecke süße Kultivare und die buschigen Aprikosen und Prärie-Pflaumen trugen bald eine Reihe saftiger Chinesischer Pflaumen. Diese fruchttragende Hecke hat die Rehe und auch mich versorgt.

Ich verband sie außerdem mit anderen natürlichen Zyklen. Sie lag ein gutes Stück von unserem Haus entfernt und ich war es bald leid, ständig Dünger und den Schlauch dorthin zu schleppen. Daher pflanzte ich einige Kleesorten und zwei Stauden, den Gemeinen Erbsenstrauch und die Silber-Büffelbeere, in die Hecke, damit der Boden Stickstoff bekam. Und ich säte mehrere tief wurzelnde Arten, darunter Zichorie, Schafgarbe und Daikonrettich, die Nährstoffe aus dem Untergrund ziehen und sie an der Oberfläche deponieren, wenn die Blätter fallen. Sie bauen auf natürliche Weise Erde auf. Ich wollte Wasser sparen, also fügte ich Mulch produzierende Arten wie Beinwell und Karde hinzu, eine dickblättrige Verwandte der Artischocke. Ich schnitt hin und wieder ihre Blätter ab und ließ sie auf dem Boden liegen, um eine Mulchschicht zu schaffen, die die Feuchtigkeit im Boden hält. Die Hecke musste dennoch bewässert werden, denn im südlichen Oregon bleibt es drei Monate lang trocken, doch die Mulchpflanzen sparten eine Menge Wasser.

Während die Hecke heranreifte, wurden die Rehe ein geringeres Problem für uns. Bis die Tiere sich ans Ende der Hecke durchgefressen hatten, waren sie fast am Rand des Gartens angekommen und zeigten wenig Interesse, von dort wieder zum Haus zu laufen.

Jedoch ist alles im Wandel und das war auch hier so, als am Ende unserer Schotterstraße ein neuer Nachbar einzog. Da er aus der Stadt kam, fand er die Rehe süß und stellte Kisten mit faulenden Äpfeln für sie auf. Dies veränderte das Annäherungsverhalten der Rehe radikal und immer größere Herden von ihnen begannen, die Straße oberhalb unseres Hauses zu nehmen und über seine Obstkisten herzufallen, statt wie bisher vom Wald zu kommen, wo die Hecke lag. Unterwegs zum Fressgelage und zurück vom Haus unseres Nachbarn wanderten viele Rehe auf die heckenlose Seite unseres Grundstücks. Ihr Fressverhalten dort war zu vehement, als dass ich eine neue Hecke etablieren konnte. Ungern brachte ich oberhalb des Gartens einen Zaun an. Doch die Nahrungshecke schützte das Grundstück noch immer vom unteren Hang her und lieferte uns Obst.

Die Natur hat einen langen Atem und mit etwas Einfallsreichtum und einem veränderten Blickwinkel kann ein Gärtner eine Menge Arbeit auf seinen willigen Partner verlagern. Die Natur kann die Verbündete des Gärtners sein. Wir tragen noch immer Spuren einer früheren Zeit in uns, als die Natur als Feind oder etwas angesehen wurde, das es zu erobern und zu bändigen galt. Sagen Sie

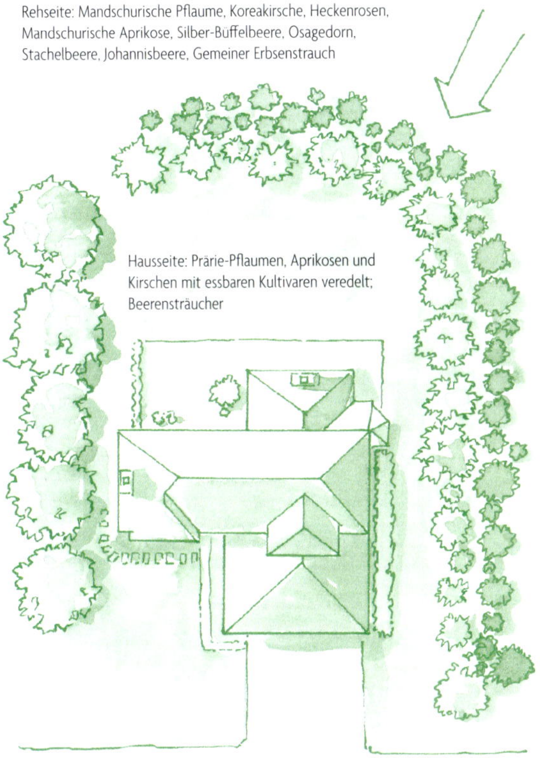

Eine Nahrungshecke, die Rehe ablenkt, mit Pflanzen für wildlebende Tiere an der Außenseite, aber Sorten für den menschlichen Verzehr an der Seite zum Haus.

das Wort *Insekt* in Gegenwart eines Gärtners, wird er fast immer an fressendes, saugendes Ungeziefer denken, das Blätter zerfetzt und Obst ruiniert. Doch die große Mehrheit – 90 Prozent oder mehr – aller Insekten sind nützlich oder harmlos. Eine vielfältige und ausgewogene Gesamtheit an Insekten in der Landschaft bedeutet gute Bestäubung und Fruchtansatz und rasche, giftfreie Kontrolle von Schädlingsbefall, der von Raubinsekten in Schach gehalten wird. Wir *brauchen* Insekten im Garten. Ohne sie wäre unsere Arbeitslast lähmend – wir müssten jede Blüte von Hand bestäuben und Laub von Hand zu Kompost verarbeiten.

Dasselbe gilt für alle anderen Bewohner der Königreiche des Lebens. Nicht nur sind Insekten, Vögel, Säugetiere und Mikroben wesentliche Partner in jeder Art von Garten, sondern durch ein schlaues Design können sie auch mit uns arbeiten, um unsere Arbeit zu verringern und die Schönheit, Gesundheit und Produktivität unserer Landschaften zu maximieren. Selbst Haustiere können beim Gärtnern helfen, wie ich in einem späteren Kapitel erklären werde.

Warum ist Gärtnern so viel Arbeit?

Ein Ziel eines ökologischen Gartens besteht darin, die natürlichen Zyklen wiederherzustellen, die durch konventionelle Gartengestaltung und Landwirtschaft unterbrochen wurden. Haben Sie sich jemals gefragt, warum ein Wald oder eine Wiese perfekt aussehen und kaum Krankheiten haben, ohne gepflegt zu werden, während ein Garten mühsame Arbeitsstunden erfordert? In einem Garten kommen Unkräuter noch immer hoch wie, na, Unkraut eben, und jede Pflanze scheint ihre eigenen seltsamen Flecken und Fraßinsekten zu haben. Dies geschieht, weil die meisten Gärten die Regeln der Natur ignorieren.

Sehen Sie doch, wie sich Gärten von natürlichen Landschaften unterscheiden. Die Natur tut nie nur eine Sache, und sie verabscheut nackte Erde, große Blöcke einer einzigen Pflanzensorte und Vegetation, in der alle Pflanzen die gleiche Höhe und Wurzeltiefe haben. Die Natur gräbt auch nicht um – in der Wildnis wird der Boden eigentlich nur dann durcheinandergebracht, wenn ein Baum umfällt und seine nach oben gewandten Wurzeln die Erde aufwühlen. Doch unsere Gärten sind virtuelle Schaukästen all dieser unnatürlichen Methoden. Ganz zu schweigen von unserem breit angelegten Einsatz von Pestiziden und chemischen Düngemitteln.

Jede dieser unnatürlichen Gartentechniken wurde zu einem bestimmten Zweck entwickelt. Die Bodenbearbeitung z.B. vernichtet Unkräuter und bringt Luft an die Mikroben, die metabolisch aufgeladen eine

Flut von Nährstoffen für ein schnelles Pflanzenwachstum freisetzen. Dies sind kurzfristig fantastische Vorteile für die Pflanzenden. Doch wir wissen mittlerweile, dass die Bodenbestellung langfristig die Fruchtbarkeit herabsetzt (diese aufgedrehten Mikroben verbrennen alle Nährstoffe und sterben dann), mehr Krankheit verursacht und die Bodenstruktur ruiniert, was eine Verdichtung des Ortsteins und massive Erosion zur Folge hat.

Die nackte Erde in einem typischen Garten, ob in einem frisch bestellten Beet oder zwischen sauber angeordneten Pflanzen, ist der perfekte Lebensraum für Unkrautsamen. Unkräuter sind einfach Pionierpflanzen, die durch Milliarden Jahre Evolution geformt wurden, um schnell gestörten, offenen Boden zu bedecken. Das tun sie unerbittlich auf dem kahlen Boden eines Gartens. Die nackte Erde wird auch mit dem Regen weggespült, wodurch mehr Bodenbearbeitung zum Auflockern der am Ende verschlammten, zerklüfteten Erde und mehr Dünger zum Ersetzen verlorener Nährstoffe nötig ist.

Dicke/Solide Blöcke der gleichen Pflanzenart sind zwar leicht zu säen und zu ernten, aber sie wirken wie ein »All you can eat«-Schild für Insektenplagen und Krankheiten. Schädlinge fressen sich an diesem ununterbrochenen Feld reichhaltiger Nahrung satt, während sie von Pflanze zu Pflanze springen und sich so stark vermehren, dass sie zur Plage werden.

Jede der oben genannten gebräuchlichen Techniken entstand, um ein bestimmtes Problem zu lösen, doch wie jeder zielgerichtete Ansatz lassen sie sich oft nicht so gut mit anderen Methoden kombinieren, die nur einem Zweck dienen, und verlieren das große Ganze aus den Augen. Das Gesamtbild ist hier, im typischen Garten, kein glückliches. Viel mühsame Arbeit, kein Platz für einheimische oder seltene Arten, kränkelnde Pflanzen auf der Intensivstation, Abhängigkeit von Ressourcen verschlingenden giftigen Chemikalien und, ganz allgemein, ein Rückgang von Gesundheit, Ertrag und Schönheit im Garten, wenn wir nicht ständig und mühsam eingreifen. Dennoch haben wir all dies als Teil der Gartenarbeit akzeptiert.

Es gibt auch andere Wege des Gärtnerns. Konventionelle Landschaften haben das Gewebe der Natur zerrissen. Wichtige Fäden fehlen. Wir können viele dieser unterbrochenen Verbindungen wiederherstellen und mit der Natur arbeiten, um unsere eigene Last zu verringern, ganz zu schweigen von den Kosten für die Umwelt. Warum soll man z.B. umgraben und enorme Mengen Dünger einarbeiten, wenn Würmer und anderes Bodenleben, kombiniert mit Fruchtbarkeit steigernden Pflanzen, ohne viel Arbeit die feinste Erde erzeugen? So macht die Natur das. Dann müssen wir nur die kleinen Mengen an Nährstoffen ergänzen, die durch die Ernte verloren gegangen sind. (Pflanzen bestehen überwiegend aus Wasser sowie etwas Kohlenstoff aus der Luft. Die winzigen Mengen an Mineralien, die sie aus der Erde holen, lassen sich leicht ersetzen, wenn man die richtigen Techniken anwendet.)

»Lass es die Natur machen« lässt sich auch auf Schadinsekten anwenden. In einer ausgeglichenen Landschaft geraten Krankheiten und Insektenprobleme selten außer Kontrolle. Denn in dem bunt gemischten, vielfältigen Garten, den wir durch dieses Buch gestalten lernen, ist jedes Insekt, jeder Pilz, jedes Bakterium oder jede potenziell invasive Pflanze von einem natürlichen Netz der gegenseitigen Kontrolle umgeben. Wenn eine Art zu zahlreich wird, macht ihre schiere Verfügbarkeit sie zu einer schmackhaften, unwiderstehlichen Nahrungsquelle für etwas anderes, das sie auf ein überschaubares Maß zurückschraubt. So funktioniert die Natur und das ist ein nützlicher Trick für den ökologischen Garten.

Einen gut ausgewogenen Garten schaffen bedeutet, etwas darüber zu wissen, wie sich die Natur verhält. Zu diesem Zweck bietet dieses Buch ein Kapitel über Ökologie für Gärtner und in den anderen Kapiteln sind viele Beispiele für die Prinzipien der Natur bei der Arbeit eingeflochten. Indem man die Methoden der Natur anwendet, sei es zum Anbau von Gemüse, Blumen oder Pflanzen für wildlebende Tiere, macht der Garten weniger Arbeit, ist weniger anfällig für Probleme und deutlich mehr wie die dynamischen, lebhaften Landschaften in der Natur. Diese Garten-Ökosysteme sind enorm einladend für die wilde Welt und die Menschen, bieten Nahrung und andere Produkte zur Selbstversorgung sowie Schönheit und Inspiration.

Ganz weit über natürliches Gärtnern hinaus

Manches, was Sie bisher gelesen haben, klingt vielleicht vertraut. In den letzten 20 Jahren haben wir gesehen, wie Gärten und Landschaften mit heimischen Pflanzen entstanden, die natürliche Vegetationsgruppierungen nachahmen, ein Stil, der allgemein als natürliches Gärtnern bezeichnet wird. Viele dieser Gärten versuchen, heimische Pflanzengemeinschaften nachzustellen, indem sie Pflanzen im Garten zu Prärien, Waldstücken, Feuchtgebieten und anderen wilden Lebensräumen gruppieren. Somit ist Gärtnern mit der Natur für viele Leser keine neue Idee.

Ökologische Gärten nutzen auch Prinzipien, die aus der Beobachtung und dem Leben in wildem Land abgeleitet wurden, doch mit einem anderen Ziel. Natürliche Gärten bestehen fast ausschließlich aus heimischen Pflanzen und wollen Lebensraum schaffen und wiederherstellen. Ein geringer Prozentsatz der gepflanzten Arten könnte bedroht sein, obwohl sie normalerweise verbreitete heimische Arten sind. Diese Gärten werden, wie Ken Druse in *The Natural Habitat Garden* schreibt, oft als »unentbehrlich für die Zukunft des Planeten« beschrieben. Ich unterstütze den Einsatz heimischer Pflanzen in der Landschaft zu Hause. Aber natürliche Gärten, die kaum etwas für den Menschen bieten, werden nie mehr als einen winzigen Einfluss auf den Umweltschaden haben. Hier ist die Erklärung.

In den USA beträgt die Fläche aller bebauten und bewohnten Grundstücke – Städte, Vororte und ländliche Gemeinden, einschließlich Straßen, Gebäude, Gärten und so weiter – nur etwa 6 Prozent der gesamten Landesfläche. Man könnte jeden Garten und Stadtpark mit heimischen Pflanzen bepflanzen und hätte damit noch nicht einmal im Ansatz begonnen, den Verlust an einheimischen Arten und Lebensraum einzudämmen.

Doch selbst wenn bebautes Land in Städten und Vororten mit Gärten gefüllt wäre, in denen nur Einheimisches wächst, wäre es niemals wild. Durch Straßen in winzige Fragmente geteilt, mit Häusern und Autobahnen zugekleistert, die Bäche in den Untergrund verbannt, voller räuberischer Katzen und Hunden, ist dies Land, das von Menschen und unseren Verbündeten an sich genommen und aus größeren Ökosystemen herausgelöst wurde, und so wird es auch bleiben. Ich leugne nicht, dass wir einige wenige Arten retten könnten, wenn wir die Vorstädte mit ungewöhnlichen, gefährdeten einheimischen Pflanzen bepflanzen würden. Doch viele einheimische Arten, vor allem Tiere, sind mit dem vom modernen Menschen bewohnten Land unvereinbar und benötigen große Flächen unberührten Terrains, um zu überleben. Die Bepflanzung vorstädtischer Gärten mit einheimischen Pflanzen wird sie nicht retten.

Der echte Schaden an der Umwelt geschieht auch nicht durch die Städte und Vororte selbst, sondern durch die Befriedigung ihrer Bedürfnisse. Wir, die wir in den bebauten 6 Prozent des Landes wohnen, haben einen unstillbaren Appetit und nutzen zwischen 40 und 70 Prozent der Landfläche der USA (die Schätzungen schwanken je nachdem, wie »nutzen« definiert ist), um uns zu versorgen. Monokultur-Farmen und Wirtschaftswälder, Weideland und Mastbetriebe, Stauseen, Tagebau, Militärsperrgebiete und all die anderen Errungenschaften der modernen Zivilisation verbrauchen sehr viel Platz, und fast nichts davon funktioniert als ursprüngliche oder gesunde natürliche Umgebung. Jede nicht einheimische Mahlzeit, jeder Besuch im Holzhandel, in der Apotheke, im Bekleidungs- oder einem anderen Geschäft autorisiert dazu, den einst ursprünglichen Lebensraum in eine ökologische Wüste zu verwandeln. Das Bauholz für ein typisches US-amerikanisches Haus mit einer Fläche von 230 m^2 skalpiert ungefähr 1,2 Hektar Wald und macht daraus einen öden Kahlschlag – somit hilft es einheimischen Arten deutlich mehr, wenn man in einem bescheidenen Heim lebt, statt ein paar Berglorbeeren auf einem kleinen Vorstadtgrundstück zu pflanzen.

Heimische Pflanzen sollten in unseren Gärten sicher nicht fehlen, doch Gärten mit einheimischen Gewächsen werden unseren Raubbau an wildem Land nicht sehr viel verringern, wenn wir nicht auch unseren Ressourcenverbrauch zurückschrauben. Ein Garten mit heimischen Pflanzen ist für die Umwelt zwar einfacher als ein Rasen, doch er ändert nichts an der Tatsache, dass der Besitzer überall einen immensen Verlust an Lebensraum verursacht, den er nicht sieht. Aber ein ökologischer Garten kann das ändern.

Jedes bisschen Nahrung, jedes Stück Bauholz, jedes Heilkraut oder andere menschliche Produkt, das aus dem Garten von jemandem stammt, bedeutet, dass ein Stück Land weniger außerhalb unserer Heimatstadt seiner heimischen Pflanzen beraubt und für den menschlichen Gebrauch erschlossen werden muss. Massentierbetriebe und Industriewälder – mit Pestiziden versetzt, in Monokultur angebaut, von allem steril gehalten außer einer einzigen Art – sind biologisch weitaus verarmter als jeder Vorstadtgarten. Aber Bauernhöfe und Baumplantagen sind die Ländereien, die tatsächlich wieder wild werden könnten. Städte und Vororte sind bereits außerhalb des natürlichen Kreislaufs, daher sollten wir uns bemühen, sie für die Menschen so nutzbringend und multifunktional wie möglich zu machen, nicht einfach nur Büroparks und Schlafzimmer. Und städtisches Land kann unglaublich produktiv sein. In der Schweiz z. B. stammen 70 Prozent des gesamten Bauholzes aus Gemeindewäldern. Unsere Städte könnten die Materialien für viele menschliche Bedürfnisse liefern und einigen Ackerflächen und Baumschulen erlauben zu renaturieren.

Ich spreche nicht davon, jeden Garten in Reihenkulturen zu verwandeln. Wenn man ökologisch gärtnert und multifunktionale Landschaften entwirft, die Nahrung und andere Güter für uns selbst liefern, während sie eine natürliche Umgebung für andere Arten schaffen, können wir unsere Städte wirklich zum Blühen bringen. Doch ein Garten voller heimischer Pflanzen, ohne eine einzige für den menschlichen Gebrauch, bedeutet nur, dass es woanders und außer Sichtweite einen Bauernhof mit ausländischen Pflanzen und Fabrikwald gibt, die mit der damit einhergehenden Umweltzerstörung für die Bedürfnisse dieses Vorstädters sorgen, der heimische Pflanzen liebt. Selbst Biobauernhöfe sind gewöhnlich Monokulturen. Im Kontrast dazu vermindert ein Garten mit sorgfältig ausgesuchten Exoten (und auch einigen Einheimischen) den ökologischen Schaden durch die menschlichen Bewohner weitaus mehr als ein Garten, der nur heimische Gewächse aufweist. Wenn wir uns in unseren eigenen Gärten versorgen, können Massentierbetriebe und Wirtschaftswälder schrumpfen. Irgendwo muss ein Landwirt nicht mehr ganz so nah an einem Bach pflügen und rettet Uferarten, die nie auf einem Vorortgrundstück gedeihen würden.

Die Debatte Einheimische versus Exoten

Zunächst ein Wort zur Terminologie. Der Begriff *invasiv* ist emotional mit negativen Konnotationen aufgeladen. Das Wort impliziert, dass eine Art von sich aus eindringen kann, doch die Fähigkeit zum Eindringen ist nicht auf bestimmte Arten begrenzt. Ob ein Organismus in eine neue Landschaft eindringt, hängt von der Interaktion zwischen ihm und seiner Umgebung ab, der lebenden und unbelebten. In einem neuen Zuhause kann eine Art gedeihen, in einem anderen kann sie völlig versagen. Eine Spezies »invasiv« zu nennen, ist keine gute Wissenschaft. Ich folge David Jackes Beispiel, der in seinem Buch, *Edible Forest Gardens,* das Wort *opportunistisch* verwendet. Dieses Wort gibt viel genauer den Sinn wieder, dass eine Art bestimmte Bedingungen benötigt, um sich so zu verhalten, wie sie es tut. Viele widerspenstige exotische Arten sind in ihrer Heimat langweilig zahm. Selbst die Begriffe *einheimisch* und *exotisch* haben ihre Schwierigkeiten, doch ich verwende sie weiterhin. Bedeutet exotisch, eine Art war nicht da, bevor Sie auftauchten, vor der Ankunft des ersten Botanikers, vor Kolumbus, dem ersten Menschen oder was? Die Arten sind ständig in Bewegung. Wir müssen diese Begriffe neu überdenken und auch, warum wir sie einsetzen.

Das Gärtnern mit heimischen Pflanzen ist in den letzten Jahren nicht nur populär geworden, sondern eine *cause célèbre*. Unterstützer von natürlichem Gärtnern können sich richtig in Rage reden, wenn jemand nicht einheimische Pflanzen empfiehlt. Regierungen, die Agrarwirtschaft und Schutzgruppen haben Millionen in dem Bemühen ausgegeben, »exotische« Arten auszurotten. Parkabteilungen landesweit haben Grundsätze für Wanderwege, Spielplätze und andere öffentliche Plätze. Die Argumente für heimische Pflanzen haben ihre Berechtigung: Natürlich wollen wir unsere einheimischen Arten und ihren Lebensraum schützen. Doch viel von der Energie, die darauf verwandt wird, exotische Arten auszureißen und Einheimische zu pflanzen, ist fehlgeleitet und zwecklos, wie der Misserfolg so vieler Reaktivierungsprojekte belegt, bei denen sich die nicht heimischen Gewächse langsam, aber sicher wieder ausbreiten, nachdem die Finanzierung oder der Arbeitskräftepool versiegt ist. Ohne größere Veränderungen in unseren Landnutzungspraktiken läuft die Kampagne, exotische Pflanzen zu beseitigen, ins Leere. Ein wenig ökologisches Wissen zeigt warum. Sehen Sie sich die opportunistischsten Pflanzen an. Baumwürger und Japanisches Geißblatt überwuchern die Waldränder von New England. Die Kopoubohne oder Kudzu erstickt die Straßenränder und Waldränder im Süden. Blutweiderich durchsetzt die Wasserwege beider Küsten und des Mittleren Westens und Schmalblättrige Ölweide schießt im Westen in kleinen Forsten empor. In fast jedem Fall dringen diese Pflanzen in devastierte Flächen und gestörte Ökosysteme ein, die durch Beweidung, Abholzung, Staudämme, Straßenbau, Verschmutzung und andere menschliche Aktivitäten fragmentiert und degradiert sind. Weniger gestörte Ökosysteme sind viel widerstandsfähiger gegenüber opportunistischen Arten, obwohl Opportunisten auch dorthin gelangen, wenn sie sich an Eintrittspunkten wie Straßeneinschnitten und Holzeinschlagstellen etablieren.

Ein Gartenautor, der für heimische Pflanzen wirbt, beschreibt das mit seinen Worten als »Kudzu-Phänomen, bei dem ein Exot heimische Arten verdrängt, wenn wir nicht ständig eingreifen«. Aber unser Eingriff ist das Problem. Wir gehen davon aus, dass die

Natur einen Fehler macht, wenn sie hybride, schnell heilende Dickichte erzeugt, also anstatt einer gestörten natürlichen Umgebung zu erlauben, sich zu stabilisieren, stören wir sie immer weiter. Wir können Baumwürger und Geißblatt so viel besprühen und ausreißen, wie wir wollen, doch sie kommen immer wieder zurück.

Dies sind Arten, die sonnendurchflutete Randbereiche lieben, und wir haben die Wälder in so viele kleine Stücke zerschnitten, dass wir mehr Rand- als Innenbereiche haben, wodurch der perfekte Lebensraum für diese Exoten entsteht. Dasselbe gilt für die Kopoubohne, Weiderich und fast alle anderen. Im Osten folgte der Blutweiderich den Kanälen des 19. Jahrhunderts in die Feuchtgebiete; und im Westen hat er sich schnell entlang von Bewässerungsgräben in Sumpfgebieten und Teichen ausgebreitet. Die Menschen schaffen perfekte Bedingungen, in denen exotische Arten gedeihen. Ich habe oft gehört, dass die eine oder andere opportunistische Art dafür verantwortlich gemacht wurde, wenn einheimische Arten lokal verschwinden. Das ist verständlich. Wenn wir etwas verlieren, das wir lieben, suchen wir einen Schuldigen, und eine kürzlich eingeführte Art ist ein leichtes Ziel. Aber wirklich jedes Mal, wenn ich einer solchen Anschuldigung nachgegangen bin, hat sich herausgestellt, dass der Platz zuerst massiv durch Erschließung, Holzfällerei oder andere menschliche Nutzung gestört worden war. Der Opportunist kam an, nachdem der erste Schaden erfolgt war und oft in direkter Reaktion darauf.

Opportunistische Pflanzen brauchen Störung und sie lieben Randzonen. Eine Erschließung bringt beides in hohem Maße. Wenn wir nicht aufhören, Randbereiche und Störung zu kreieren, werden unsere Vernichtungsmaßnahmen vergeblich sein, außer in kleinen Fleckchen. Die langfristig beste Hoffnung für die Beseitigung der meisten opportunistischen Arten liegt darin, eine Störung des Bodens zu vermeiden, intakten Wald herzustellen und die Neulinge mit anderen Arten zu überschatten. Mit anderen Worten, wir müssen Landschaften schaffen, die ökologisch reifer sind. Opportunistische Pflanzen sind, mit ein paar Ausnahmen wie Efeu, fast ausschließlich Pionierarten, die Sonnenlicht, aufgebrochene Erde und oft auch mageren Boden brauchen. Kudzu, Besenginster und Schmalblättrige Ölweide sind beispielsweise Stickstoffbinder, deren Rolle darin besteht, Bodenfruchtbarkeit aufzubauen. Sie gedeihen daher in überwirtschafteten Feldern und überweidetem Weideland und sind eine Möglichkeit, wie die Natur Fruchtbarkeit mit dem zurückgewinnt, was verfügbar ist.

Opportunistische Pflanzen sind so erfolgreich, weil wir viele offene Nischen schaffen, wenn wir Land roden oder einen Wald in Fragmente zerstückeln. All dieser sonnige Platz und die nackte Erde schreien geradezu danach, von leichter und Fruchtbarkeit absorbierender grüner Masse kolonisiert zu werden. Die Natur möchte so viel Biomasse wie möglich zaubern, indem sie niedrig wachsende »Unkräuter« in eine Lichtung sät, oder noch besser ein riesiges Dickicht entstehen lässt, dass sich in alle drei Dimensionen ausbreitet, um das Licht noch wirksamer zu absorbieren und tiefe Wurzeln zu entwickeln. Deshalb sind Waldränder oft ein undurchdringliches Gewirr aus Büschen, Ranken und kleinen Bäumen: Hier ist viel Licht zu ernten. Direkt innerhalb der Randzone aber, wo es weniger Licht und kaum eine Störung gibt, sind Wälder gewöhnlich offen und weitläufig.

Wenn die Menschen eine Lichtung erschaffen, springt die Natur hinein und arbeitet wie wild daran, intakten Humus und eine Pilzschicht zu bilden, Energie zu gewinnen und all die Zyklen und Verbindungen wiederherzustellen, die unterbrochen wurden. Ein Dickicht aus schnellwachsenden

Pionierpflanzen, die eine Menge Biomasse auf engem Raum ansiedeln, ist ein wirksamer Weg, um dies zu bewerkstelligen. Der Permakultur-Mitbegründer David Holmgren nennt diese ungezügelt wachsenden Mischungen aus Einheimischen und Exoten »rekombinante Ökologien« und glaubt, dass sie die wirkungsvolle Strategie der Natur sind, verfügbare Pflanzen zu versammeln, um beschädigtes Land zu heilen. Die aktuelle Forschung zeigt den Wert und die Heilkraft dieser neuen Ökologien. Wenn wir das Dickicht in dem fehlgeleiteten Glauben lichten, dass Wiesen für immer Wiesen bleiben sollten, selbst bei extremer Bewässerung, oder dass alle Waldränder saubere, offene Untergehölze haben sollten, werfen wir den Erholungsprozess zurück. Die Natur geht dann unerbittlich erneut an die Arbeit und füllt alles mit Pionierpflanzen. Und ihr ist es egal, ob ein Stickstoffbinder oder eine bodenstabilisierende Pflanze über Kontinentaldrift oder die Reifen eines Bulldozers dorthin gelangten, solange sie rasch ein funktionierendes Ökosystem zusammenflicken können.

Der abrupt endende Waldrand, an den sich eine Wiese oder ein Feld anschließt – wie es so häufig in Vororten der Fall ist – ist ein perfektes Zuhause für sonnenliebende exotische Arten. Wenn wir niedrige Bäume und Büsche pflanzen, um diese Ränder abzumildern, wodurch das Sonnenlicht geschluckt wird, das die Waldränder durchdringt, verschwindet die Nische für den Opportunisten. Entfernt man den Exoten einfach nur, hilft das nicht viel, es sei denn, der Garten wird gut gepflegt. Die Pflanze kommt gleich wieder in den perfekten Lebensraum, der auf sie wartet. Das ist ein Grund dafür, wieso Herbizidhersteller die Kampagne für heimische Pflanzen unterstützen. Sie erkennen einen Stammkunden sofort. Die Natur verabscheut ein Vakuum – schaffen Sie eines und sie wird mit allem, was ihr zur Verfügung steht, hineinstürmen. Um Opportunisten auszumerzen, muss die natürliche Umgebung dafür in eine gereiftere, weniger günstige Landschaft verändert werden. Die Bedingungen, die den Opportunisten unterstützen, müssen beseitigt werden.

Dieser Ansatz ist weit entfernt von »leben und leben lassen« und effektiver als ewiges Unkrautjäten. Pionier-Unkräuterlandschaften mögen der Weg der Natur sein, doch die meisten Leute wollen nicht, dass verworrenes Dickicht die Ränder ihres Gartens bildet. Gärten können von Opportunisten freigehalten werden, besonders kleinräumig, und wenn wir bereit sind, mehrere Saisonen lang auf der Hut zu bleiben. Aber es ist schwer, Erfolg zu haben, wenn man immer noch der alten Maxime »roden, sprühen und verteufeln« folgt. Eine einfachere und produktivere Strategie besteht darin, von den ausgereifteren Waldrändern in unserer Nähe zu lernen. Auch hier kann uns die Naturbeobachtung lehren, welche Arten es sich natürlich an den sonnigen Rändern alter Wälder gemütlich machen. Sehen Sie sich diese Plätze an und Sie finden möglicherweise Hartriegel, Kirsche, Holzapfel, Erle oder kleine Ahornsorten. Die Arten variieren landesweit, doch randbereichliebende Bäume und Büsche sind gute Kandidaten als Starthilfe für den Rand eines Gartens oder einer Waldparzelle, um eine reifere ökologische Phase einzuläuten. Man pflanzt sie an den überwucherten waldigen Rändern, um die Lücken zu füllen, ehe sich dort etwas festsetzt, das man nicht möchte. Sie können die Natur nicht bekämpfen – die Natur hat immer das letzte Wort – aber man kann ihr manchmal die gewünschte Richtung geben.

Der Wissenschaftler Thomas Henry Huxley aus dem 19. Jahrhundert verglich die Natur mit einem brillanten Gegner beim Schach: »Wir wissen, dass er immer fair, gerecht und geduldig spielt. Doch wir wissen auch, zu unserem Schaden, dass er nie einen

Fehler übersieht oder auch nur im Geringsten Unwissenheit zulässt.« Die Natur hat eine Geduld, die den Menschen fehlt. Wir reißen vielleicht für ein paar Saisonen Baumwürger oder Kudzu aus, aber die Natur sät sie immer wieder, Jahr für Jahr, und wartet, dass wir kampfmüde werden. Die Natur plant auf lange Sicht.

Es ist nur unser begrenzter Zeitrahmen, der die ganze »Einheimische versus Exoten«-Kontroverse verursacht. Wind, Tiere, Meeresströmungen und Kontinentaldrift haben schon immer Arten in neue Umgebungen gebracht. Denken Sie daran, dass es seit Millionen von Jahren Milliarden Vögel gab, die über Hunderte oder Tausende von Kilometern gereist sind, jeder von ihnen mit ein paar Samen im Bauch oder an den Füßen klebend. Und jeder dieser vielen Milliarden Samen, von Tausenden von Arten, ist bereit aufzugehen, wo auch immer der Vogel Rast macht. Seit Anbeginn des Lebens wurde der Planet von wogenden, schwärmenden Artenbewegungen überflutet. Die Tatsache, dass es sich nicht um ein großes homogenes Unkrautgewirr handelt, ist ein überzeugender Beweis dafür, dass es nicht so einfach ist, in intakte Ökosysteme einzudringen.

Unsere Mobilität im Jet-Zeitalter hat die Bewegung von Arten wohl auf beunruhigende und wirtschaftlich oft schädliche Weise beschleunigt. Aber irgendwann kommt eine opportunistische Art nach einer Periode des Auf- und Abschwungs in ein Gleichgewicht mit ihrer Umgebung. Es dauert vielleicht ein Jahrzehnt oder ein Jahrhundert, Zeitspannen, die für einen Hauseigentümer wie eine Ewigkeit scheinen mögen, der sich mit Baumwürger oder Flockenblume herumschlägt. Doch eines Tages wird die neue Art ins örtliche Ökosystem »hineingezogen«, entwickelt natürliche Feinde und erlebt ungünstige Umgebungen, die sie im Zaum halten.

»Einheimisch« ist schlicht eine Frage der Perspektive: Ist eine Art heimisch an diesem Hang oder in diesem Landkreis, der Bioregion, dem Kontinent oder vielleicht auf diesem Planeten? Ich sehe eine gewisse Ironie darin, dass US-Amerikaner, die von Immigranten abstammen, »invasive Exoten« verfluchen, weil sie einheimische Arten verdrängen. Und häufig spielt eine opportunistische Art eine wichtige Rolle, wo die Natur an einem Problem arbeitet, das wir vielleicht nicht erkennen, und die besten Werkzeuge einsetzt, die ihr zur Verfügung stehen. Blutweiderich z. B. ist vielleicht das Paradebeispiel, das Enthusiasten für die Beseitigung exotischer Arten ins Feld führen. Wie sich herausstellt, verträgt er verschmutztes Wasser ausgezeichnet und eignet sich perfekt, um es zu reinigen. Wie viele andere opportunistische Arten schreit er uns geradezu an, dass es ein Problem gibt – verunreinigtes Wasser – und er ist einer der besten Akteure der Natur, um das Problem zu lösen, indem er alle Verschmutzungen herausfiltert. Studien haben zudem gezeigt, dass der Weiderich abstirbt, sobald der Verschmutzungsgrad eine relative Sauberkeit erreicht hat. Andere Forscher haben herausgefunden, dass Weiderichstellen entgegen der Annahmen ebenso viele einheimische Bestäuber und Vögel unterstützen wie die sie umgebenden Bereiche heimischer Pflanzen. Dies zeigt, dass wir uns eingehender mit den Gründen für die Dämonisierung bestimmter Arten befassen müssen.

Natürlich ist es unklug, absichtlich eine Art einzuführen, die als lokal opportunistisch bekannt ist. Permakulturisten verwenden bei der Auswahl von Pflanzen eine Sicherheitshierarchie. Verwenden Sie zunächst nach Möglichkeit eine einheimische, um die gewünschte Rolle auszufüllen. Falls für diese Nische keine heimische Pflanze existiert, verwenden Sie einen erprobten Exoten. Erst nach vielen Recherchen würde man die Einführung eines neuen Exoten in kleinem Maßstab in Erwägung ziehen. Und um ehrlich zu sein, habe ich das noch nie getan, kenne persönlich niemanden, der das getan hat, und ich empfehle es auch nicht. Es gibt Tausende von Arten, die in vielen Lebensräumen ausprobiert worden sind, und wenn eine aus dieser riesigen Auswahl nicht funktioniert, muss das, was Sie im Sinn haben, vielleicht auch gar nicht getan werden.

Ich liebe einheimische Pflanzen und pflanze sie an, wo immer es passt. Doch fast das gesamte Problem – von der Brandmarkung bestimmter sich schnell ausbreitender, bodenbildender Pionierpflanzen als böse bis hin zur Schaffung der Bedingungen, die ihre Ausbreitung begünstigen – stammt daher, dass man die Wege der Natur nicht versteht. Wenn man ökologisch denkt, verpufft das Problem entweder als Missverständnis oder eröffnet Lösungen, die im Lebenszyklus des Opportunisten stecken. Eine Pflanze gedeiht nur dann, wenn die Bedingungen dafür stimmen. Ändert man diese Bedingungen – Ränder beseitigen, nicht mehr umgraben, mit Bäumen Schatten schaffen, Verschmutzung beseitigen – wird der Opportunist fast immer aufhören, ein Problem zu sein.

Ich bin auch beunruhigt über das feindselige, polarisierte Verhältnis zu Pflanzen, das ein übereifriger Enthusiasmus für Einheimische fördern kann. Dies kann zu einer Geisteshaltung von »heimische Gewächse gut, alles andere schlecht« führen, was den Blutdruck des Gärtners beim Anblick jeder exotischen Pflanze zum Kochen bringt. Wut ist nicht die beste Emotion, mit der man in den Garten gehen sollte. Und wir alle sind für so viele unserer Bedürfnisse enorm auf nicht heimische Gewächse angewiesen. Sehen wir uns nur mal unser Essen an. Woher kam das Frühstück heute früh? Ich wäre überrascht, wenn viele US-Amerikaner regelmäßig eine Pflanze essen, die in ihrem Staat heimisch ist. So sind etwa die einzigen verbreiteten Nahrungspflanzen, die aus Nordamerika stammen, Sonnenblumen, Hopfen, Kürbis, einige Nüsse und Beeren. Fast alles, was wir essen, kam ursprünglich aus anderen Kontinenten. Wenn wir exotische Arten eliminieren, wären die meisten von uns ziemlich hungrig, bis wir lernen würden, örtliche Wurzeln, Beeren, Nüsse und Wildgemüse zu essen.

Daher plädiere ich für eine vernünftige Balance aus heimischen und exotischen Pflanzen in unseren Landschaften. Wir werden wohl kaum imstande sein, unsere Städte in heimische Wildnis zurückzuverwandeln, doch unsere Gärten können eine wichtige Rolle dabei spielen, die Funktionen und Dienste instandzusetzen, die von der Umwelt unseres Planeten geboten werden. Eine wichtige Annahme dieses Buches ist, dass unsere eigenen Gärten es uns ermöglichen, den unaufhörlichen Druck auf die Gesundheit des Planeten zu verringern. Die Techniken der Permakultur und der ökologischen Gestaltung ermöglichen es uns auf einfache, intelligente und schöne Art, einige unserer eigenen Bedürfnisse zu befriedigen. Wir können Landschaften schaffen, die in ähnlicher Weise wie die in der Natur agieren, aber ein wenig an ihnen herumbasteln, um ihren Ertrag für die Menschen zu steigern und gleichzeitig heimischen Lebensraum zu bewahren. Und wenn wir das tun, können einige Massentierhaltungsbetriebe und Industriewälder wieder zu Wildnis werden.

Wir haben von Kulturen, die in relativer Harmonie mit ihrer Umgebung leben, und aus wissenschaftlichen Studien über Ökologie und Landwirtschaft genügend Wissen gesammelt, um Gärten zu schaffen, die wilden Tieren und Pflanzen Habitat und Unterstützung für die Menschen bieten. Sie sehen nicht wie Farmen aus. Stattdessen fühlen sie sich wie die einheimische Vegetation an, aber können optimiert werden, um die Bedürfnisse und Interessen der menschlichen Bewohner zu erfüllen. Stellen Sie sich Ihre Lieblingslandschaft vor und sehen Sie sich dabei, wie Sie Obst von den Bäumen pflücken, einen knackigen Salat aus den Blättern zubereiten,

Designer Joel Glanzberg steht 1989 in New Mexico im kargen Wüstengrundstück des Flowering Tree Permaculture Institute.

einen Strauß üppiger Blumen schneiden und einen Vorrat Gartenpfähle vom Bambusfeld anlegen. Diese Gärten stellen den Menschen eine Menge Platz zur Verfügung, verhalten sich jedoch wie Ökosysteme, recyceln Nährstoffe, reinigen Wasser und Luft und bieten heimischer und eingebürgerter Flora und Fauna ein Zuhause.

Natürliche und ökologische Gärten betonen die Rolle von *Pflanzengemeinschaften,* d.h. Gruppierungen von Bäumen, Büschen und nicht verholzten Pflanzen, die natürlich zusammen vorkommen und zu einem Ganzen verbunden zu sein scheinen. Der Unterschied ist, dass natürliche Gärten versuchen, einheimische Pflanzengemeinschaften nachzuahmen, während die Gärten in diesem Buch heimische Pflanzen, Nahrungspflanzen, Heil- und Küchenkräuter, Insekten und Vögel anlockende Arten, Pflanzen, die Boden bilden und andere zu synergistischen, für beide Seiten vorteilhaften Gruppierungen kombinieren. Diese »synthetischen« Pflanzengemeinschaften, die von der Permakultur Gilden genannt werden, bilden gesunde, interagierende Netzwerke, die die Arbeit des Gärtners vermindern, Menschen und Wildtieren ausreichend Gaben liefern und die Kreisläufe der Natur wiederherstellen.

Indigene Gesellschaften, vor allem in den Tropen, haben Gilden seit Jahrtausenden verwendet, um nachhaltige Landschaften zu schaffen. Erst seit Kurzem verstehen wir, was sie da und wie sie das machen. Ethnologen verwechselten die üppigen und produktiven Hausgärten, die tropische Häuser umgaben, mit wildem Dschungel, so perfekt hatten die Bewohner den umgebenden Wald nachgeahmt. Von diesen Gärtnern haben wir etwas darüber gelernt, wie man Landschaften kreiert, die genau wie die Natur funktionieren, aber den Menschen eine Rolle geben.

In gemäßigten Klimazonen ist die Kunst und Wissenschaft, Gemeinschaften aus nützlichen, attraktiven Pflanzen zu schaffen, ein neues und lebhaftes Feld. Viele Gärtner, mit denen ich bei der Recherche für dieses Buch

Vier Jahre später steht Joel an der gleichen Stelle. Ein intelligentes Permakulturdesign hat eine üppige Oase um ihn herum kreiert.

gesprochen habe, sind Pioniere für diese Techniken. Die letzten Kapitel dieses Buches erklären, wie man Gilden entwirft und einsetzt, um dynamische »Nahrungswälder« und schöne Lebensräume für Menschen und Wildtiere zu schaffen. Ich hoffe, einige Leser dieses Buches werden zu diesem aufstrebenden Feld beitragen.

Die Wüste nachhaltig zum Blühen bringen

Damit Leser ein Gefühl für einen ökologischen Garten entwickeln können, möchte ich eines der schönsten Beispiele dafür beschreiben, die ich je gesehen habe. Nördlich von Santa Fe, New Mexico, hat Bildhauerin Roxanne Swentzell eine Oase in der hoch gelegenen Wüste geschaffen, die sie Flowering Tree Permaculture Institute nennt.

Als ich bei Flowering Tree ankam, stieg ich aus dem Auto, und mich empfing eine Hitze um die 35° C. Das grelle Licht wurde von den kahlen, erodierten Hängen in der Nähe reflektiert. Doch vor mir lag eine Mauer aus Grün, eine üppige Landschaft, die ich schon mindestens einen Kilometer davor entdeckt hatte und die in beruhigendem Kontrast zum gelben Sand und dem Kies der Wüste stand. Ich betrat den Garten durch eine Lücke zwischen sich wölbenden Bäumen und die Temperatur sank deutlich. Die Luft hier war frisch, kühl und feucht, anders als die staubige, die Stirnhöhlen austrocknende, die ich draußen geatmet hatte. Ein Blätterdach aus Walnussbäumen, Pinyon-Kiefer und Neumexiko-Robinie beschirmte ein üppiges Untergehölz aus Granatäpfeln, Nektarinen, Jujube-Bäumen und Mandeln. Eine essbare Passionsblume wärmte sich an einer Steinmauer. Weinranken überwucherten ein Eingangsspalier. Zwei kleine Teiche funkelten von dem Regenwasser, das über das Dach des Adobehauses aufgefangen wurde. Unter Sträuchern und entlang von Wegen blinkten unendlich viele einheimische und exotische Blumen.

Roxanne, eine athletisch aussehende Frau mit hohen, festen Wangenknochen, die sie von ihren Vorfahren aus Santa Clara geerbt hat, begrüßte mich und lächelte über meine leichte Verwirrung. Sie sah nicht zum ersten Mal, dass Besucher das prächtige Wachstum bestaunten, das in solchem Gegensatz zur Kargheit draußen stand. »Wir haben auf einer Fläche von etwa 500 m² ungefähr 500 Arten«, erzählte sie mir. »Wir haben versucht, es zu einem autarken Ort zu machen, der sich um uns kümmert, während wir uns um ihn kümmern. Also bauen wir an, was immer wir können, das in diesem Klima überlebt.«

1986 zog sie auf ein Stück karges Land auf dem Stammland von Santa Clara. Sie beschreibt den Platz als »keine Bäume, keine Pflanzen, keine Tiere, nur festgetretene Erde und viele Ameisen«. Sie und ihre zwei jungen Kinder bauten ein Adobehaus mit passiver Solarenergiegewinnung und begannen zu pflanzen. Aber das Klima war zu rau. Trockene Winde fegten von den zerklüfteten, überweideten Hügeln herab und verbrannten die Setzlinge und töteten diejenigen, die nicht im Winter erfroren waren.

Damals traf Roxanne den Permakulturdesigner Joel Glanzberg aus der Gegend und er half ihr, Techniken für den Gartenbau in der Wüste aufzustöbern. Sie schleppten Felsen und Baumstämme herbei, um Setzlingen Schatten zu geben und gruben seichte Gräben, Bodensenken genannt, um wertvolles Regenwasser zu sammeln, und schufen geschützte, feuchte Mikroklimate. Um dringend benötigten Schatten zu erhalten und organisches Material zu generieren, pflanzten Joel und Roxanne jede mögliche nützliche, dürreresistente Pflanze, heimisch oder exotisch, die sie finden konnten. Durstigere Pflanzen platzierten sie in der Nähe des *Acequia*, oder Bewässerungskanals, der sich gemäß Stammesvereinbarung einmal pro Woche mit Wasser füllte. Ohne zuverlässige Wasserversorgung hätte man den Garten in der Wüstenhitze nicht zum Wachsen gebracht.

Sie schleppten Dünger und Mulchmaterialien herbei, um einen nährstoffreichen Boden aufzubauen, der die Feuchtigkeit während der Dürre bewahren konnte. Sobald die robusten jungen Bäume und Büsche sich etabliert hatten, setzten sie empfindlichere Pflanzen in ihren Schatten. Sie pflanzten Beerensträucher und kleine Obstbäume zu einer essbaren Hecke an der Nordgrenze, die ihnen Nahrung bieten und die Winde abhalten sollte, die vom nahegelegenen Canyon herunter wehten. All diese Techniken wurden zu einer mehrgleisigen Strategie kombiniert, um fruchtbare Erde aufzubauen, Schatten zu bilden, die wilden Temperaturschwankungen der Wüste abzumildern und Wasser zu sparen. Gemeinsam erzeugten diese Praktiken einen milden, unterstützenden Ort, der einen Garten zum Wachsen brachte. Langsam verwandelte sich die karge Landschaft in einen jungen, mehrstöckigen Nahrungswald. Roxanne erzählte mir: »Es war hart, den Garten in Gang zu bringen, aber sobald die kleinen Setzlinge loslegten, gab es kein Halten mehr.« Bei meinem Besuch war die Landschaft acht Jahre alt, und wo vorher keine Bäume gestanden hatten, waren sie nun so hoch wie das zweistöckige Haus. Angenehmer, kühlender Schatten, von dichtem bis Halbschatten, hielt die glühenden Sonnenstrahlen ab. Statt den Boden zu backen, wurde die stechende Hitze der Sonne vom dicken Blätterdach aufgenommen und in üppiges Grün, Mulch, Nahrung und tiefreichende Wurzeln verwandelt, die die Erde auflockerten. In den hellen Lücken wetteiferten Blumen und Nahrungspflanzen um das Sonnenlicht. Selbst im Schatten unterteilte ein vielschichtiges Unterholz aus Stauden und kleinen Bäumen den Garten in eine Reihe kleiner, von Pfaden durchzogener Räume.

Ich erhaschte Blicke auf Vögel, die von Zweig zu Zweig tanzten, ehe sie im Gebüsch verschwanden. Ein ständiges Rascheln und Zirpen umhüllte uns von allen Seiten und ich wusste, dass im Laub noch Dutzende von Vögeln versteckt waren. Metallisch glänzende nützliche Wespen tauchten in die Blüten, die uns umgaben, und Schmetterlinge aller Größen und Farben schwebten und flatterten von Blüte zu Blatt.

Roxanne hatte eine Gartenschere dabei und schnitt hin und wieder einen zu üppigen Ast von den Maulbeeren, Pflaumen, Robinien und anderen lebhaft wachsenden Bäumen und Büschen ab, die an den Wegen standen. Sie waren Futter für ihre Truthähne oder einfach mehr Mulch.

Sie deutete auf eine purpurfarbene *Penstemon barbatus* mit trompetenförmigen Blüten, die im tiefen Schatten unglücklich aussah. »Die Dinge ändern sich so rasch hier«, sagte sie. »Sie stand vor zwei Jahren voll in der Sonne. Jetzt ist es völlig schattig und ich glaube, sie fault, weil die Erde zu nass bleibt. Und schau nur all die Pfirsiche an. Ich sollte sie schnell ernten.«

Die Techniken und Designstrategien (die dieses Buch im Detail beschreiben wird) hatte die Landschaft verwandelt. Roxanne und ihre Helfer hatten ein angeschlagenes Stück Wüste zum Leben erweckt, eine dicke Schicht nährstoffreichen Bodens hergestellt und immense Artenvielfalt an einen einst verarmten Platz gebracht. Hier in der hoch gelegenen Wüste gab es fast zu viel Wasser und Schatten. Das Essen fiel schneller von den Bäumen, als sie es ernten konnten, und Vögel, die nie jemand vorher gesehen hatte, fühlten sich im Garten zu Hause.

Nicht jeder beginnt mit solch einer schweren Herausforderung und einem kargen Platz wie Roxanne. Doch es besteht eine ziemliche Lücke zwischen dem typischen Garten und dem, was Roxanne und andere Gärtner geschaffen haben. Der Durchschnittsgarten ist eine ökologische und landwirtschaftliche Wüste. Der Hauptschuldige ist kurz gemähtes Gras, das keinen Lebensraum und nichts für die Menschen bietet, außer einem Platz zum Sitzen, aber weit mehr Wasser und Chemikalien aufsaugt als eine vergleichbare Fläche von Ackerland.

Die üblichen Pflanzungen, die nur einen Zweck erfüllen und die man in den meisten Landschaften findet, haben auch ihre Nachteile. Überzüchtete Blumen, ohne Pollen und Nektar, verdrängen Varietäten, die Vögel und Insekten nähren. Viele Zierpflanzen sind nicht mehr als eine angenehme Augenweide und ließen sich durch gleichermaßen attraktive Arten ersetzen, die für Menschen und Wildtiere nützlich sind.

Auch die typischen Gartentechniken helfen nur wenig. Eine ordentliche Schicht Rindenmulch statt natürlicherer und schützender Bodenpflanzen raubt kleinen Tieren und Insekten ihr Zuhause. Der häufige Einsatz von Chemikalien in vielen Rasen, der nötig ist, weil natürliche Bodenfruchtbarkeit und Raubinsekten fehlen, verseucht das Wasser, tötet Wildtiere und steht fast sicher in Verbindung mit vielen Erkrankungen. Wie gesagt, maskieren unproduktive Heimatlandschaften den immensen Umweltschaden, den unser Ressourcenverbrauch anderswo, außer Sichtweite, anrichtet und tragen dazu bei.

Der ökologische Garten bietet eine Lösung. Unsere Gärten könnten tief mit der Natur verbunden sein und dennoch mehr sein als nur Wildnis oder Gärten mit heimischen Pflanzen – sie könnten *uns* auch mit der Fülle der Natur vereinen. Die Techniken und Strategien dafür wurden von erfinderischen und einfallsreichen Pionieren erarbeitet. Diese Leute haben ein neues Terrain abgesteckt und zurückgebracht, was sie gelernt haben. Ich habe mit vielen von ihnen gesprochen und ihre lebendigen, natürlich produktiven Landschaften besucht, als ich für *Gaias Garten* recherchierte. Diese Pioniere haben ihr Wissen geteilt und ich habe versucht, dies auf den folgenden Seiten bestmöglich zu teilen.

So verwendet man dieses Buch

Gaias Garten ist in drei Teile gegliedert. Der Rest des ersten Teils führt weiter in die Idee des Gartens als ein Ökosystem ein. Kapitel 2 bietet eine einfache Anleitung zu den Konzepten aus der Ökologie, die Gärtner anwenden können, damit ihre Gärten mehr wie die Natur funktionieren. Keine Angst – das ist kein Lehrbuch, es ist ein Gärtnerhandbuch, ich rede also nicht sehr viel über technische Details. Ich gebe ausreichend praktische Beispiele, wie ökologische Prinzipien funktionieren. Kapitel 3 beschreibt im Anschluss den Designablauf und die Techniken, die bei der Gestaltung eines ökologischen Gartens angewandt werden. Die meisten dieser Ideen werden jenen vertraut sein, die in Permakultur bewandert sind, aber neu für Leute, die einen herkömmlichen Gärtnerhintergrund haben.

Im zweiten Teil des Buches gehen wir von der Theorie zur Praxis und betrachten die Bestandteile des ökologischen Gartens. Je ein Kapitel befasst sich mit dem Boden (Kapitel 4), Wasser (Kapitel 5), den Pflanzen (Kapitel 6) und Tieren (Kapitel 7), doch aus einer anderen Perspektive als die meisten Gartenbücher. Statt Erde, Wasser, Pflanzen und Tiere als statisch anzusehen, als Objekte, die manipuliert werden, damit sie tun, was wir wollen, behandle ich sie dynamisch und in steter Veränderung, mit eigenen Qualitäten, die es zu verstehen gilt, um erfolgreich damit zu arbeiten und als untrennbar verknüpft mit allen anderen Teilen des Gartens.

Der dritte Teil zeigt, wie man die Elemente des Gartens in einem Garten-Ökosystem zusammenführt. Kapitel 8 beginnt mit einfachen Mischkultur-Techniken und erklärt sie genauer, um zu zeigen, wie man Polykulturen (Mischungen aus mehreren bis vielen Pflanzenarten, die zusammenwirken) und von Menschen geschaffene Pflanzengemeinschaften oder Gilden bildet. Kapitel 9 bietet mehrere Methoden zum Entwurf von Gartengilden an. Aufbauend auf diesen beiden Kapiteln beschreibt Kapitel 10, wie man Pflanzen und Gilden zu einem mehrstöckigen Nahrungswald oder Waldgarten zusammensetzt. Kapitel 11 bietet Strategien und Techniken für besondere Herausforderungen, mit denen Stadtbewohner konfrontiert sind. Das letzte Kapitel verdeutlicht, wie diese Gärten ein Eigenleben entwickeln und zu autarken Mini-Ökosystemen heranreifen, die viel mehr sind als die Summe ihrer Teile. Ich gebe auch ein paar Tipps und Techniken, um diesen Prozess zu beschleunigen.

Der Haupttext des Buches erklärt die Ideen hinter einem ökologischen Garten und gibt Beispiele und Beschreibungen der umgesetzten Ideen. Spezifische Gartentechniken sind gewöhnlich vom Text in Kästen abgesetzt, damit man sie leicht finden kann. Es gibt auch Listen von Pflanzen, die relevant für die Ideen im Text (Insekten anlockende Arten, trockenheitsverträgliche Pflanzen usw.) sind, und der Anhang enthält eine große Tabelle nützlicher, multifunktionaler Pflanzen und ihrer Eigenschaften.

Viele der Techniken und Ideen in diesem Buch können für sich allein verwendet werden, einfach als Mittel, um einen konventionellen Garten produktiver oder freundlicher zur Erde zu gestalten. Es ist aber auch nichts falsch daran, einen Kombi-Ansatz für diese Ideen zu wählen und nur diejenigen zu verwenden, die sich leicht in eine bestehende Landschaft einfügen lassen. Doch diese Techniken sind auch synergistisch; je mehr man sie in die Praxis umsetzt, desto mehr arbeiten sie zusammen, um eine reich verbundene und vollständige Landschaft zu schaffen, die mehr ist als eine Gruppe unabhängiger Teile. Diese widerstandsfähigen, dynamischen Garten-Ökosysteme verhalten sich wie die der Natur, während sie für uns sorgen und unsere Ansprüche an die schwindenden Ressourcen dieses Planeten reduzieren.

KAPITEL ZWEI
Die Ökologie eines Gärtners

Etwas raubte das Essen der Bullock-Brüder. Joe, Douglas und Sam Bullock waren in den frühen 1980er Jahren auf die San Juan Islands in Washington gezogen und fingen an, einen Nahrungswald zu pflanzen. Sie bauten den Boden ihres Grundstücks auf und pflanzten Obstbäume, Nussbäume und Hunderte anderer Arten, die alle dazu gedacht waren, die Artenvielfalt und Üppigkeit dieses einst verbuschten, brombeerüberwucherten Grundstücks zu fördern. Zehn Jahre später beschatteten Walnussbäume und Bambushaine die Wege. Pflaumen, Pfirsiche, Kirschen und Äpfel hingen in dichten Girlanden von ausladenden Ästen, und unter ihnen breiteten sich über jeden Zentimeter Boden Blumen, Beeren, essbares Grünzeug und bodenbildende Pflanzen aus. Die Bullocks hatten ein sich selbst erneuerndes Ökosystem geschaffen, das ihre Familien und Besucher ernährte, Baumschulbestände für ihre Landschaftsgestaltungsfirma lieferte und örtlichen Wildtieren Schutz bot.

Eine Randzone ihres Grundstücks grenzte an ein Feuchtgebiet, das ein paar Jahre zuvor aus aufgegebenen landwirtschaftlichen Flächen zurückgewonnen worden war. Am Rande der Marsch wuchsen Rohrkolben in dicken Beständen. Junge Rohrkolbentriebe sind eine leckere Wildnahrung und für mehrere Jahre hatten die Brüder im Frühling und Sommer die Babytriebe geerntet, gedämpft oder sautiert und sie in ihre Mahlzeiten integriert. Doch in einem Jahr konnten sie keine Sprossen finden, nur raue, reife Rohrkolbenstängel. Ihre natürliche Nahrungsquelle war versiegt und die Brüder wollten wissen, warum.

Bei näherer Betrachtung der Marsch stellte sich heraus, dass ein Tier die jungen Schösslinge kurz über dem Wasserspiegel abnagte.

Die Diebe waren gründlich. Es blieb nichts für die Bullock-Brüder und ihre Familien übrig.

Schnell war klar, wer sich hier gütlich tat. »Wir hatten festgestellt, dass mit der Entwicklung des Sumpfs, während er immer produktiver wurde, die Bisamrattenpopulation richtig in Fahrt kam«, berichtete Douglas Bullock. Die Brüder hatten Gartenbeete gebaut, die bis ins Sumpfland reichten, d.h. sie kopierten eine Idee der alten Azteken. Sie hatten Halbinseln erzeugt, indem sie Stroh und Äste anhäuften, die wie Finger in den See hineinreichten, bedeckten sie mit nährstoffreichem Sumpfschlamm und bepflanzten diese sich selbst bewässernden Gartenbeete, oder *Chinampas*, mit Nahrungs- und Wildpflanzen. Die Tiere vor Ort, die bereits das neue Feuchtgebiet genossen, reagierten auf den verbesserten Lebensraum der *Chinampas* mit explosiver Vermehrung. Enten, Eisvögel, Reiher und andere Wasservögel gab es nun im Überfluss, aber eben auch Bisamratten. »Plötzlich sah der Sumpf wie ein geschäftiger Hafen aus, durchzogen von den Blasenspuren der Bisamratten«, erzählte Douglas. Ganze Flotten von Bisamratten gruben am Rand der Marsch Tunnel in den nährstoffreichen Boden und knabberten an den Rohrkolbentrieben. Die weniger flinken Menschen hatten keine Chance gegenüber den fleißigen Nagern.

Die Brüder beklagten den Verlust ihrer Wildnahrung, weigerten sich aber, die Schuldigen auszurotten. »Erstens töten wir nicht die Wildtiere, die wir selbst angelockt haben«, erklärte Douglas. »Zweitens hätten wir wochenlang Bisamratten schießen können, aber sie hätten sich einfach weiter vermehrt. Der Lebensraum war zu gut.«

Ein oder zwei Jahre ohne Rohrkolben gingen vorbei. Dann waren die leckeren Sprossen plötzlich wieder da und der einst so geschäftige »Hafen« war ruhiger geworden. Die Bisamrattenpopulation hatte abgenommen. Was war geschehen?

»Es waren Otter eingezogen«, sagte Douglas. »Die Bisamratten waren eine leckere neue Nahrungsquelle. Wir hatten noch nie zuvor Otter gesehen. Und es kamen nicht nur Otter. Wir hatten andere Raubtiere: Weißkopfseeadler, Habichte, Eulen. Sie räumten auf.« Statt vergeblich zu versuchen, die sich rasch vermehrenden Bisamratten zu beseitigen, hatten sich die Bullocks zurückgelehnt und der Natur die Arbeit überlassen. Die Brüder boten einfach ein reichhaltiges, breit gefächertes Habitat, wo sich ein lebhaftes Nahrungsnetz – das auch Raubtiere beinhaltete – entwickeln und Unausgewogenheiten wie eine Horde hungriger Bisamratten wieder richten konnte.

Drei ökologische Prinzipien

Die Bullocks haben ein herrliches Beispiel für ökologisches Gärtnern gebaut, wo Menschen und Wildtiere die Fülle ernten und in Harmonie leben können. Was auf dem Land der Brüder geschah, veranschaulicht mehrere Prinzipien der Ökologie, die Gärtner nutzen können. Die Abfolge von Rohrkolben/Bisamratte/Otter ist ein guter Ausgangspunkt, um drei wichtige und verwandte Konzepte zu betrachten: Nische, Sukzession und Artenreichtum. Ich beginne mit ihnen und gebe im Laufe dieses Kapitels Beispiele anderer ökologischer Ideen, die bei der Gestaltung nachhaltiger Gärten helfen können. Die Ideen auf den nachfolgenden Seiten legen die Grundlage für den ökologischen Garten. Die Beispiele und Techniken im Rest dieses Buches gründen in diesen Prinzipien der Natur.

Eine Nische finden

Jahrzehnte bevor die Bullocks eintrafen, war der am tiefsten gelegene Teil ihres Grundstücks eine Au. Ein fleißiger Landwirt hatte den »nutzlosen« Sumpf eingedämmt, entwässert und trockengelegt und dort viele Jahre Feldfrüchte angebaut. Die ökologisch orientierten Bullocks verstanden, dass Auen, abgesehen von ihrer Notwendigkeit für sauberes Wasser und Wildtierlebensraum zu den produktivsten Ökosystemen auf dem Planeten gehören und in denen es vor mehr Pflanzen und Tieren wimmelt als auf jedem Bauernhof. Sie beschlossen, das Feuchtgebiet wiederherzustellen und beseitigten die Dämme und Abflüsse. Im niederen Grund sammelte sich Wasser und bald war die Au wieder da.

Während die Marsch zurückkehrte, beförderten die Bullocks mit ihrem aus den Fugen platzenden Pick-up unzählige Ladungen an Mulch und Dünger auf ihr Land. Die Brüder schaufelten auch nährstoffreichen Schlamm aus dem Sumpf ans Ufer, um mit organischer Substanz und Nährstoffen Boden aufzubauen. In ein paar Jahren zahlte sich dieser gewaltige Zuwachs an Fruchtbarkeit vielmals aus. Die Bullocks konnten nicht nur mehr Pflanzensorten als zuvor anbauen, sondern opportunistische wilde Arten konnten auch eine Heimat in der verbesserten natürlichen Umgebung finden. Die

Kombination aus Wasser und fruchtbarer Erde war unwiderstehlich.

Zu den ersten neuen Bewohnern gehörten die Rohrkolben. Ihre Samen wurden vielleicht von Wasservögeln zum erneuerten Sumpf gebracht oder lagen jahrelang inaktiv in der Erde, in der Hoffnung auf eine Rückkehr des Feuchtgebiets. Auf jeden Fall profitierten die Rohrkolben vom reifen Habitat und verwandelten Sonnenlicht, Wasser und Sumpfschlamm in schnell wachsende Schösslinge.

Wo immer es junges Grün gibt, ist jemand da, der es auffrisst – eine Lektion, die Gärtner schnell lernen, wenn Kaninchen, Feldmäuse, Stachelschweine, Waschbären und der ganze Rest über ihr Gemüse herfallen. Sie können sich das als eine Art schreckliches Ergebnis des »Feld der Träume«-Effekts vorstellen: Wenn man es anbaut, kommen sie und fressen es. Doch mit den Begrifflichkeiten eines Ökologen veranschaulicht das die Nische oder Rolle, die jeder Organismus spielt. Durch Schaffung eines Lebensraums eröffneten die Bullocks eine Gelegenheit für das Leben, auf Erkundung zu gehen. So, wie wenn man für eine Rolle in einem neuen Stück vorspricht, kamen Organismen, die für den Job geeignet waren, um diese Nische auszufüllen. Die Nische wäre dann ein Beruf und das Habitat der Arbeitsplatz, um diese Arbeit auszuführen.

Wenn die natürliche Umgebung vielseitiger wird, entstehen auch mehr Nischen. Die Schaffung eines Lebensraums löst häufig eine Kaskade von Nischen aus, was wir eben im ökologischen Garten erreichen wollen. Der Platz der Bullocks ist ein gutes Beispiel für eine Nischenkaskade. Das fruchtbare Habitat bot eine Nische für die Rohrkolben, die dann eine neue Nahrungsquelle bereitstellte, die rasch von den Bisamratten ausgenutzt wurde – Tiere, die dafür geschaffen sind, junge Pflanzen im Uferbereich zu fressen. Der Opportunismus der Bisamratten führte zu ihrem Aufstieg und Untergang: Sie wurden glücklich von den Rohrkolben fett, doch der geschäftige Hafen der Nagetiere war wie ein Leuchtfeuer für Raubtiere. In den noch wilden San Juan Islands lebten die Otter irgendwo in der Nähe. Die »Buschtrommeln« der Natur sind schnell und wirkungsvoll, und nur ein oder zwei Saisonen später bekamen die Otter Wind von der möglichen Ernte und zogen ein. So wie die Rohrkolben klein angefangen und sich dann zu einer prosperierenden Menge entwickelten hatten und schließlich bis auf ein Überbleibsel abgebissen wurden, so tauchten auch die Bisamratten auf, florierten und stürzten in einem Kreislauf ab, der nun mit dem der Rohrkolben und Otter verzahnt ist.

Schließlich bildete sich im Land der Bullocks eine gewisse Stabilität aus, doch es fluktuiert hin und wieder, wenn die eine oder andere Art vorübergehend die Oberhand gewinnt und dann wieder auf Linie gebracht wird. Doch an einem Ort, wo zuvor weder Rohrkolben noch Bisamratten oder

Auf der Farm der Bullock-Brüder auf Orcas Island im Bundesstaat Washington wird ein Apfelbaum von Nahrung und Lebensraum bildenden Pflanzen umgeben, die zusammenarbeiten und der Natur und den Menschen nutzen.

Raubtiere überleben konnten, gedeihen nun alle drei, weil die Bullocks Lebensraum und Bodennährstoffe zur Verfügung gestellt haben. Die Brüder sorgten für die Anfänge und die Natur übernahm den Rest. Statt ausgelaugtes Ackerland können die Bullocks und ihre Freunde ein grünes Feuchtgebiet mit vielen Arten bewundern, in dem Rohrkolben, Riedgräser, Weiden und Wildblumen rascheln, das voller Heidelbeeren, anderer Früchte und von der Musik der Wasservögel und Frösche erfüllt ist und einen kurzen Blick auf Otter und Adler gestattet.

Gärtnern in Sukzession

In weniger als zehn Jahren machte das Grundstück der Bullock-Brüder den Sprung von einem brombeerüberwucherten Feld zu einem grünen jungen Nahrungswald. Über dem Sumpf, wo sich die Brombeeren in undurchdringlichen Dickichten ausbreiteten, werfen Äste, die voller Pflaumen und Kirschen sind, ihren Halbschatten auf leuchtende Kapuzinerkresseblüten. Nussbäume beschirmen einen Bambushain und Gemüsebeete schlängeln sich bis zum Wald. Die Brüder haben diese reichhaltige Landschaft rasch geschaffen, indem sie lieber mit der Natur als gegen sie arbeiteten. Einige der vielen Techniken, die sie eingesetzt haben, werden sich im Laufe dieses Buches allmählich entfalten, doch zuerst untersuchen wir eine der allumfassenden Strategien, die ihre Arbeit geleitet hat: beschleunigte Sukzession.

Wenn Pflanzen zuerst nackte Erde kolonisieren – z. B. einen verlassenen Bauernhof – beginnt eine Entwicklung. Bestimmte Arten von einjährigen Gräsern, Kräutern und Blumen sind die erste Flora, die erscheint, und wegen ihrer Neigung zur raschen Besiedlung werden sie *Pionierpflanzen* genannt. Sie sind gut daran angepasst, sich auf nackter oder gestörter Erde niederzulassen und die florale Leere mit Grün zu bedecken. Pionierpflanzen füllen das pflanzliche Vakuum und bringen die Lebenskreisläufe wieder zum Laufen. Wir kennen die meisten dieser schnell wachsenden Horde als Unkräuter: Fingerhirse, Löwenzahn, Kleiner Sauerampfer, Vielsamiger Gänsefuß, Wegerich, Wegwarte, wilder Lattich und viele andere. Aufgelassene Felder und frische Erde sind ihr Milieu, in dem sie eine Aufgabe zu erledigen haben: die nackte Erde vor erodierendem Regen zu schützen und Nährstoffe von tief im Boden an die Oberfläche zu leiten, wo sie genutzt werden können. Diese rasch wachsenden, kurzlebigen Pioniere bewahren und erneuern die Fruchtbarkeit des gestörten Grundes.

Falls man diese Unkräuter nicht stört, sind die kurzen, frühen Einjährigen nach ein paar Saisonen von einer Gruppe größerer, überwiegend mehrjähriger Pflanzen in die Enge getrieben und überschattet. In der nördlichen Hälfte der Vereinigten Staaten gehören zu diesen Pflanzen Astern, Weidenröschen, Goldrute, Wolfsmilch, mehrjährige Gräser und viele andere. Das dichte Laub, die verzweigten Stängel und viele Texturen der hohen Unkräuter bieten weitere Nischen, in denen Insekten und Vögel Schutz finden, sich paaren und fressen. Die Menge an lebender Materie, die man *Biomasse* nennt, wächst, während Nährstoffe und Sonnenlicht angesammelt und in robuste Stängel, dichte Begrünung und winterharte Samen umgewandelt werden, die wiederum zu Nahrung für Insekten und andere Tiere werden. Auf diese Weise bekommt das Leben auf dem nackten Boden schnell einen festen Halt. Wo die lebensnotwendigen Elemente zuvor auf eine dünne Schicht Oberboden beschränkt waren, strömen diese Nährstoffe nun in eine viel dickere Vegetationsschicht, die voller lebhafter Tiere steckt. Das Leben bahnt sich seinen Weg in neues Terrain.

Der Verlauf von blankem Boden über kurze einjährige Unkräuter zu hohen mehrjährigen Pflanzen wird als *Sukzession* bezeichnet. Falls es weiterwachsen darf, wird das Unkrautfeld in fünf bis fünfzehn Jahren mit Stauden bewachsen sein. Bei genügend Regen und Fruchtbarkeit werden die Büsche in 10-20 Jahren einem jungen Wald weichen. Überall dort, wo genügend Regen fällt, treibt die Sukzession eine Landschaft unaufhaltsam in Richtung Wald.

Obwohl das ein nahezu unaufhaltsamer Prozess ist, verläuft er nicht reibungslos linear. Zu jedem Zeitpunkt können Feuer, Wind, Blitz, der Pflug oder eine andere Störung ihn in eine frühere Phase zurückversetzen. Die meisten Landschaften sind ein Mosaik aus vielen aufeinanderfolgenden Stadien in vielen Maßstäben. Selbst in ausgereiften Gemeinschaften mit später Sukzessionsphase finden sich an den Rändern noch Arten aus allen anderen Sukzessionsperioden. Störungen, die von einem katastrophalen Waldbrand zu einem einzigen umgestürzten Baum reichen, lassen Pionierkräuter oder Sträucher aus dem Sukzessionsmittelfeld wieder einfließen, was eine bruchstückhafte Landschaft unterschiedlichen Alters und Stadiums zur Folge hat.

Was hat das mit Gärtnern zu tun? Konventionelle Gärten ahmen unreife Ökosysteme nach. Sie werden gewöhnlich von Pflanzen einer frühen Sukzessionsphase dominiert. Die meisten Gräser, Blumen und besonders einjährige Gemüsesorten sind Pioniere. Das bedeutet, dass wir in unserer Liebe zu Rasen und geordneten Gärten versuchen, unsere Gartenflächen in einem frühen Stadium der ökologischen Entwicklung zu halten. Die nackte Erde und der gestörte Boden in einem Gemüsegarten oder unter sauber kultivierten Sträuchern locken das Unkraut, das eifrig den nackten Boden bedeckt, Nährstoffe aus dem darunter liegenden mineralischen Boden und Gestein herauszieht und den Standort für ein reiferes Ökosystem wie Buschland oder Wald vorbereitet. Eine reine Fläche mit gut bewässertem Gras schreit gemäß dem Willen der Natur nach einem Blitzkrieg aus Setzlingen und Sträuchern oder zumindest nach einer Steigerung der Artenvielfalt durch schnell wachsende, einjährige Unkräuter.

Wir können unser Verständnis von Sukzession dazu nutzen, solche Gartenprobleme zu lösen. Die meisten Unkräuter sind Pionierarten, gedeihen durch Störung, Sonnenlicht und schlecht entwickelte Böden. Allein durch den Verzicht auf die Bodenbearbeitung als Gartentechnik schrumpften meine Unkrautprobleme enorm, da störungs- und lichtabhängiges Saatgut unterirdisch verfaulte, statt durch Licht und Kultivierung zum Wachstum angeregt zu werden. Eine Mulchschicht blockiert aus ähnlichen Gründen oft die Keimung der Unkrautsamen.

Der Aufbau einer organischen Bodensubstanz ist eine weitere Strategie zur Unkrautbeseitigung. Eine Ladung vermeintliches Stroh enthielt zu meiner Bestürzung lebende Stückchen von Ackerwinden, die mir nicht auffielen, bis in zwei Gartenbeeten, die ich mit der schädlichen Mischung gemulcht hatte, die bekannten und unerwünschten grünen Ranken wuchsen. Zwei von drei Saisonen langwierigen Ausgrabens scheinbar endloser Wurzelgeflechte störten die Ackerwinden nicht weiter. Hohe Mulchschichten, selbst schwere Holzspäne, verzögerten lediglich ihren überschwänglichen Ausbruch ins Tageslicht und erstickte rasch alles, was ich sonst noch gepflanzt hatte. Damals war ich nahe daran, ein Herbizid in Betracht zu ziehen. Dann waren die Ackerwinden in einem Jahr blass und fleckig und zwei Jahre später waren sie weg, obwohl ich sie kaum gejätet hatte. In der Zwischenzeit hatte sich der Boden in diesen Beeten nach Jahren konstanter tiefer Mulchschichten von rotem Lehm zu üppiger schwarzer Tonerde entwickelt. Ich habe seither von mehreren Leuten gehört, dass Ackerwinden und mehrere andere renitente Unkräuter in gut entwickelten Böden schwach werden, da sie jugendliche

Lehmböden und kompostarme Sandböden bevorzugen. Sukzession ist also auf Böden ebenso anwendbar wie auf Pflanzen. Oft beeinflusst die Phase der Bodenbildung, welche Arten darin wurzeln können.

Ein Garten ist ein dynamisches System, kein unveränderliches Stillleben. Wenn wir unsere Landschaften als dynamische Ökosysteme und nicht als statische Ansammlungen träger Objekte betrachten, können wir Gärten schaffen, die von Natur aus in gesunden Mustern und Richtungen wachsen. Durch diese Perspektive können wir einen Großteil der Arbeit zur Pflege unserer Gärten auf die Natur übertragen.

Unter diesem Blickwinkel können wir fragen: Welche Arten von Ökosystemen enthalten die meisten Gärten? Die Antworten sagen uns, wieso Gartenarbeit so anstrengend ist und nie aufhört. Ein Grasrasen, der mit Blumen eingefasst ist, ist ein ökologischer Cousin der Prärie. Die andere hauptsächlich vorkommende Pflanzenanordnung in den Vorstädten, der archetypische Rasen mit gelegentlichen Bäumen und Sträuchern, ahmt eine Savanne nach. (Ich wundere mich über die uralten Träume, die wir ausleben, wenn wir diese Landschaften schaffen, die die Kindheit unserer Spezies in den Ebenen Afrikas nachahmen.)

Prärie und Savanne florieren unter bestimmten Umweltbedingungen. Dazu gehören geringe Niederschläge, schwere Beweidung und immer wieder Feuer. Da nur wenige Vorstädter trockene Erde, Bisonherden und Wildfeuer in ihren Gärten erlauben, begünstigen die Bedingungen in den meisten Rasenflächen Savanne und Prärie nicht. Was geschieht also mit diesen unglücklichen Ökosystemfragmenten? Eine Prärie oder Savanne, die nicht brennt, gut gedüngt wird und unter dem stotternden Zischen von Sprinklern gebadet wird, wird dazu gedrängt, zu Buschland und Forst zu werden. Das ist ökologische Sukzession, allgegenwärtig und unermüdlich.

Unkräuter im Rasen und Ahornsetzlinge in den Blumenbeeten zeugen von der Macht der Sukzession. Ökologisch betrachtet will der übliche Vorstadtgarten einfach nur erwachsen werden. Verstehen wir das, können wir uns mit der beachtlichen Macht der Natur verbünden, statt sie zu bekämpfen.

Ein unreifes Ökosystem wie ein Rasen fordert von uns Zeit, Energie und Materialien, um die Zeiger der ökologischen Uhr mit Gewalt zurückdrehen und das Land durch Mähen und Jäten in der Präriephase zu halten. Doch die Natur – und unsere Bewässerung und Düngemittel – lassen die Uhr unaufhaltsam weiter ticken, Sämlinge und junge Bäume sprießen und überschütten uns mit ihrer Fruchtbarkeit. Durch Sprinkler und Dünger drücken wir aufs Gas, doch mit Fräse und Baumsäge steigen wir auf die Bremse. Unter dieser Art von schizophrenem Regime funktioniert kein System gut.

Typische Rasenflächen und auch in hohem Maße Gemüse- und Blumengärten leiden an einem anderen ökologischen Fehler: es sind Monokulturen. Wie wir im letzten Kapitel gesehen haben, verlässt sich die Natur auf Multifunktionalität und Redundanz, die man beide nicht im Vorzeigerasen aus Wiesenrispengras findet.

Biodiversität im Garten

Selbst wenn wir Sukzession zulassen, lockt nicht jeder Garten Bisamratten und Otter an wie bei den Bullocks. Doch alle Gärtner können von denselben natürlichen Zyklen profitieren, die hier stattfinden. Vielgestaltiger Lebensraum wird Probleme mit Ungeziefer verringern. Ein Gartenbeet, das z. B. mit Brokkoli oder Rosen bepflanzt wurde, ist ein Magnet für Ungeziefer, das zufrieden die üppige Nahrung mampft, die ihm so freundlich zur Verfügung gestellt wird, so wie es die Bisamratten mit den Rohrkolben taten. Wenn das im typischen Garten passiert, werden sofort die Sprays und Insektizide herausgeholt und erhöhen noch die Arbeit des Gärtners unangenehm. Doch wenn man den natürlichen Feinden dieser Schädlinge eine natürliche Umgebung bietet, können Gärtner der Natur die Insektenkontrolle überlassen. Genauso wie die Otter, die in der Wildnis San Juans noch üppig vorkommen, zur Rettung wurden, werden es auch nützliche Insekten tun, die in Hecken und anderen Naturlandschaften sitzen, bereit, sich auf Blattläuse und Japankäfer zu stürzen. Der Schlüssel ist biologische Vielfalt in der Landschaft. Artenreichtum ist die Vielfalt an vorhandenen Organismen, die von vielen Ebene aus betrachtet wird: Sorte, Art, Gattung, Familie und noch weiter bis hin zu allen fünf Reichen sowie die Vielfalt der Lebensräume und Ökosysteme. Für unsere Zwecke bedeutet Artenvielfalt eine halbwilde, aber gut gestaltete Palette nützlicher Pflanzen, die hilfreiche Insekten, Vögel und andere Tiere anzieht und ernährt, die wir brauchen.

Biodiversität im Garten gibt es in zwei zusammenlaufenden Formen. Eine ist die Vielfalt, die der Gärtner gestaltet, indem er eine breite Auswahl an Blumen, Sträuchern und Bäumen pflanzt, die ein vielschichtiges Habitat schafft. Die zweite ist die Vielfalt des Lebens, die in der Nähe an noch intakten wilden Orten vorhanden ist – die Vögel, Insekten und Pflanzen, importiert und einheimisch, die auf dem Sprung sind, sich in diesem einladenden Lebensraum auszubreiten. Beide hängen voneinander ab.

Die meisten Städte besitzen genug leere Grundstücke, vernachlässigte Ecken, Parks und blumenreiche Landschaft, um eine lebendige Gemeinschaft kleiner Wildtiere zu nähren. In jeder außer äußerst verarmten Landschaften können diese wilden Pflanzen und Tiere leicht gutes Habitat finden. Falls ich in einer biologischen Wüste leben würde – z.B. den pestizidgetränkten Megafarmen, die normale Supermärkte beliefern – könnte ich mich nicht darauf verlassen, dass die Wildtiere, einschließlich der Insekten, auf der Suche nach Blumenangeboten in ausreichender Menge zur Verfügung stehen würden. Deshalb ist eine natürliche Umgebung so wichtig. Jede blumenbedeckte Ecke ist ein Reservoir für hilfreiche Wildtiere.

Die Idee, Nützlinge anzulocken, ist nicht neu, doch der ökologische Garten trägt das Konzept ein paar Schritte weiter. Fast alles in so einem Garten hat mehr als eine Funktion. Ich werde diese Idee ein paar Seiten später näher beleuchten, aber hier sind einige schnelle Beispiele. Um Nützlinge anzuziehen, könnten wir Monarde pflanzen, aus der man auch einen leckeren Tee machen kann, die die Luft mit einem minzartigen Duft erfüllt und eine farbenfrohe rosarote Blüte besitzt. Oder falls wir eine Hecke anpflanzen, können wir eine Staude wie wilde Aprikose oder Koreakirsche hinzufügen, Zierpflanzen deren Früchte gut für Wildtiere und Marmelade sind. Dann könnten wir Essbare Ölweide *(Elaeagnus multiflora)* mit Blumen und Beeren für Insekten und Vögel kombinieren, deren Wurzeln bodenbildende, Stickstoff fixierende Mikroben tragen. Ich könnte ewig so weitermachen, aber der Punkt sollte klar sein. Füllen wir unseren Garten mit multifunktionalen Pflanzen und anderen Elementen, schaffen wir ein dichtes Gewebe vieler Nischen für Wildtiere und auch einen reichhaltigen Ort für die Menschen: einen Reichtum an Nahrung, Blumen, Heilkräutern und anderen Produkten und einen Platz der Schönheit. Diversität bietet eine Kaskade von Vorzügen.

Unsere Liebe für ordentliche, aber nicht sehr abwechslungsreiche Gärten wird uns von unserer Kultur aufgedrückt. Der makellose Rasen, der von ökologischen Autoren überall angegangen wird, entwickelte sich im milden und gleichmäßig feuchten Klima Großbritanniens. Seine Auswirkungen sind tief in unsere Psyche eingewoben. Ein Rasen verkündete in der vorindustriellen Zeit allen, dass der Besitzer genügend Wohlstand besaß, um etwas Land zur reinen Zierde zu nutzen, anstatt alles mit Nahrungsmitteln zu bepflanzen. Und auch kurzgeschnittenes Gras tat Reichtum kund: eine Schafherde, die groß genug war, um den Rasen gleichmäßig kurz zu halten. Diese Statusindikatoren flüstern uns noch Jahrhunderte später ins Ohr. Erkennen wir bewusst den Einfluss der Geschichte, können wir uns davon befreien und reflexive Impulse loslassen, die ganze Landschaft mit Rasen zu bedecken. Unsere Sucht nach sauberen Rasenflächen und Soldatenreihen von Gemüse und Blumen widerspricht der Tendenz der Natur und garantiert ständige Arbeit. Doch wir brauchen Handschaufel und Herbizid nicht in Verbitterung und endlosem Kampf gegen den üppigen Appetit von Wegwarte und wildem Lattich nach frisch aufgeworfener Erde schwingen. Schaffen wir doch einfach Bedingungen, die von uns bevorzugte Pflanzen anlocken und überlassen wir der Natur die Arbeit, wie ich es im Anschluss zeige.

Ein reifer Garten

Weil Landschaften eine unwiderstehliche Tendenz zum Reifen haben, warum springen wir dann nicht auf den Sukzessionszug auf und ziehen Nutzen aus dem Schwung der Natur? Die Bullock-Brüder taten dies und wir können es auch. Mit einem Stups hier und einer kleinen Korrektur dort können wir die Sukzession tatsächlich beschleunigen, indem wir die Natur dazu nutzen, einen Garten viel schneller reifen zu lassen, als es sonst der Fall wäre. Im ökologischen Garten schaffen wir sehr schnell gut entwickelte, produktive und üppige Landschaften, indem wir die bereits von der Natur angelegten Pfade beschreiten.

Tabelle 2-1 führt die Unterschiede zwischen unreifen und reifen Landschaften auf. Wir können dieses Verständnis nutzen, um reife Ökosysteme in unseren Gärten zu erschaffen. Reif bedeutet in diesem Fall keinen düsteren alten Wald mit geschlossenem Baumkronendach und wenigen Pflanzen darunter – Sie sollen ja nicht ein Jahrhundert oder länger warten –, sondern eine Landschaft, die das Pionier- und Jungbuschstadium hinter sich hat und ein junges bis mittelaltes Gehölz ist. Denken Sie an ein Waldgebiet mit sonnigen Lichtungen anstatt an einen dichten Wald. Diese reife Landschaft ist eine Mischung aus Bäumen, Büschen und kleineren Pflanzen, im Kontrast zu den unreifen Gruppierungen von Gräsern, einjährigen Gewächsen und vereinzelten Sträuchern, die typisch für die meisten Gärten sind.

Tabelle 2-1 zeigt einige wichtige Trends. Wenn eine Landschaft reift, sammelt sich organisches Material in Form von Pflanzen, Tieren und nährstoffreichem Boden an. Das zieht Kohlendioxid aus der Atmosphäre und vermindert potenziell den Treibhauseffekt. Weniger Nährstoffimporte von außen sind notwendig oder gehen verloren und die Kreisläufe und Muster werden komplexer. Um sich diese Entwicklung vorzustellen, vergleichen wir ein junges Ökosystem – einen typischen einjährigen Gemüse- oder Blumengarten, der alljährlich mit der Saat beginnt – mit einem ausgereiften Waldland.

Im Einjährigen-Garten liegt die Erde viele Monate im Jahr offen da. Das Klima ist rau und variiert deutlich, während die Sonne den Boden im Sommer backt und Frost-Tau-Zyklen die exponierte Erde im Winter anheben. Da die kurzen Pflanzen wenig Schutz bieten, fegt der Wind über die Erde und der Regen trommelt auf den Boden und wäscht die Nährstoffe aus. Noch mehr Fruchtbarkeit geht jedes Jahr durch das Gemüse verloren: es wird geerntet und die nackten Stängel werden im Herbst herausgerissen. Somit sind die Nährstoffkreisläufe offen, in geraden Linien – in den Garten hinein und wieder heraus – statt in geschlossenen Kreisläufen mit viel Recycling. Das bedeutet, dass die

Tabelle 2-1. Unterschiede zwischen jungen und voll entwickelten Ökosystemen

Merkmal	Unreifes Ökosystem	Reifes Ökosystem
Gesamte Biomassenproduktivität	Niedrig	Hoch
Menge an organischer Substanz	Niedrig	Hoch
Quelle für mineralische Nährstoffe	Nicht lebend (Steine, Niederschlag)	Biologisch (Pflanzen, Tiere, Humus)
Mineralienkreisläufe	Offen (viele Importe)	Geschlossen (Recycling)
Verlust von Nährstoffen	Hoch	Niedrig
Rolle von Zersetzern, Detritus	Unwichtig	Wichtig
Mikroklimate	Wenige, rau, von nicht lebenden Kräften geformt	Viele, mild, von Pflanzen geformt
Dominante Pflanzen	Einjährige Pflanzen	Mehrjährige Pflanzen
Prozentsatz der Biomasse, die von Jahr zu Jahr bleibt	Niedrig	Hoch
Zahl der unterschiedlichen Arten	Gewöhnlich niedrig	Hoch
Vielfalt der Muster (unterschiedliche Schichten von Pflanzen, Nährstoffkreisläufen usw.)	Niedrig	Hoch
Nahrungsketten	Kurz, einfach, linear	Komplex, netzwerkartig
Spezialisierung in Nischen	Wenige, breit	Viele, eng
Symbiotische Beziehungen	Wenige	Viele
Durchschnittsgröße der Organismen	Klein	Groß
Lebenszyklen	Kurz, einfach	Lang, komplex
Vermehrungsstrategie	Viele Samen oder Jungpflanzen, nur wenig Unterstützung	Wenige Samen oder Jungpflanzen, gut unterstützt
Stabilität (Widerstand gegen Störung, opportunistische Pflanzen)	Niedrig	Hoch
Gesamtkomplexität und Organisation	Niedrig	Hoch

Quelle: Adaptiert von W. H. Drury und I. C.T. Nisbet, »Succession«. *Journal of the Arnold Arboretum* 54 (1973):336.

Fruchtbarkeit importiert werden muss, um all das zu ersetzen, was durch Auslaugung, Erosion und die fast vollständige Entfernung der Pflanzen verloren geht. Und wenn der Gärtner nicht eifrig kompostiert und mulcht, kann nur wenig Bodenleben die rauen, wechselhaften Bedingungen und das geringe Maß an organischem Material überleben.

Hier ist die Pflanzenvielfalt streng kontrolliert. Tatsächlich ist echte Vielfalt unerwünscht, denn sie wird als Unkräuter, Ungeziefer und raubende Vögel oder Nager definiert. In dieser Umgebung bedeutet das Geschick der Natur für Spontaneität oft Ärger statt Genuss und Verbesserung.

Dieser Garten ist ein einfacher Ort. Die Pflanzen treten in nur einer Schicht auf, etwa 30 cm bis einen Meter hoch. Die Flora ist in ordentlichen Reihen oder Gruppen angelegt, in sehr grundlegenden Mustern. Die Nahrungskette? Nur zwei Glieder: Pflanzen zu Menschen oder enttäuschenderweise Pflanzen zu Insekten oder Vögeln. Es gibt keine symbiotischen Beziehungen oder Partnerschaften, es sei denn, der Gärtner ist klug genug, sie durch Begleitpflanzungen oder mit insektenanlockenden Blumen zu bilden. Ein einjähriger Garten, in dem die Pflanzen jeden Herbst ausgerissen werden, ist aufgrund geringer Vielfalt und hoher Anfälligkeit für Unkräuter, Schädlinge und Krankheit instabil und schnell geschädigt.

Dieses eher trostlose Porträt eines Ortes zu malen, an dem Gärtner so viel Freude haben, hat mich deprimiert. Bevor ich mich mit der Untersuchung eines reifen Waldes aufmuntere, möchte ich erwähnen, dass der Grund dafür, dass diese Gärten überhaupt funktionieren und so viel Freude bereiten, die Arbeit ist, die Menschen in sie investieren. Einjährige Gärten brauchen unsere Bemühungen, weil wir all die fehlenden Kreisläufe und den Einsatz ersetzen und neu verbinden müssen, die von der Natur gewöhnlich von selbst zur Verfügung gestellt wird. Und häufig genießen wir die kreative Anstrengung und die therapeutische Arbeit, die in unseren Gärten geleistet wird. Aber wenn wir die Arbeit mit der Natur teilen und die in drei Milliarden Jahren Evolution gewonnene Weisheit in unsere Gärten einbringen, können wir all das haben, was der jährliche Garten bietet, und noch viel mehr.

Sehen Sie sich einen gut entwickelten Wald an und sehen Sie, welche Lektionen wir daraus für unsere eigenen Gärten ableiten können. Zunächst einmal ist die Erde mit einer Schicht Waldboden bedeckt und von vielen Schichten Pflanzen beschattet, die das ganze Jahr bleiben. Die Vegetation mildert die Stärke von Regen, Sonne und Wind ab und kreiert milde Mikroklimate, in denen Samen rasch aufgehen und das Leben sich behaglich einkuschelt. Die permanente Anwesenheit von Wurzeln und ein ständig entstehender Teppich aus Laubstreu bieten ein perfektes Zuhause für Würmer und andere Bodenlebewesen. Das üppige Bodenleben gewinnt Nährstoffe und führt sie erneut den Pflanzen zu, ehe sie weggewaschen werden können. Diese Nährstoffe werden kurz- und langfristig, in stets präsenten Baumstämmen, Kräutern, Flechten, Pilzen, Mulch, Humus und Bodenorganismen gespeichert. Der Wald bildet eine enorme Reserve organischer Substanz und Mineralien. Diese gesamte Biomasse agiert wie ein Sparkonto, wo die Werte des Waldes als Versicherung gegen Dürre, Schädlingsbefall oder andere stresserfüllte Zeiten aufbewahrt und wiederverwertet werden.

Ein Großteil des Waldes überdauert Jahreszeiten und Jahrzehnte. Jedes Jahr wird nur ein kleiner Teil der Biomasse ersetzt, d.h. nur ein paar Pflanzen und Tiere sterben. Stellen Sie sich vor, wie der größte Teil eines massiven Baumes von Jahr zu Jahr überlebt, während nur seine Blätter und einige wenige Wurzeln absterben. Kontinuität ist die Regel, anders als beim einjährigen Garten. Der größte Teil der Natur bleibt über die wechselnden Jahre hinweg erhalten.

Was jedes Jahr stirbt, wird innerhalb des Ökosystems mit geringem Verlust recycelt. Fast alle Produkte des Lebens, von den Baumstämmen und Rehknochen bis hinunter zu den Insektenflügeln und Bakterienzellen, können wiederverwendet werden. Die Natur baut auf und ab, löst auf und erneuert mit demselben Material immer und immer wieder, und hinterlässt keine Müll- und Giftdeponien. In der Natur gibt es nicht so etwas wie Abfall. Alles ist Nahrung für etwas anderes, in Leben und Tod mit vielen anderen Arten verbunden.

Der Wald enthält Hunderte von Pflanzenarten und Tausende Tier- und Mikrobenarten. Biologische Vielfalt ist im Waldland immens, weshalb sich ungezählte Beziehungen bilden können. In ineinandergreifenden Netzen verwoben, nutzen diese Kreaturen fast die gesamte verfügbare Nahrung sowie den gesamten Lebensraum im Wald und lassen nur wenige Nischen, falls überhaupt, für Eindringlinge offen. Diese hypereffiziente Nutzung von Ressourcen bedeutet auch, dass wohl keine einzige Art aus dem Gleichgewicht geraten kann. Was könnte ein neuer Schädling fressen, das nicht bereits von einer besser etablierten Kreatur gefressen wird? Und da sich diese Waldarten gemeinsam entwickelt haben, verfügt jede von ihnen über Abwehrmechanismen – zähe

Wachsbeschichtungen, schlecht schmeckende Chemikalien –, um ihre Feinde abzuwehren. Eindringlinge können nur neue Öffnungen ausnutzen, beispielsweise wenn ein Baum umfällt und sich frische nackte Erde öffnet. Doch der Wald schließt sich dann rasch wieder und wird den Eindringling ersticken, es sei denn, die neue Art findet eine ungenutzte, enge Nische und damit ihren Frieden im Netz des Lebens.

Der Wald ist auch vielfältig an Mustern und Zyklen. Vom offenen Himmel bis zur Erde erstreckt sich die Vegetation in vielen Schichten: hohe Baumkronen, niedrige Bäume, Sträucher, hohe Kräuter, bodendeckende Rosetten und Kriechpflanzen und Ranken, die das gesamte Verbreitungsspektrum abdecken. Inmitten dieser vielgestaltigen natürlichen Umgebung gibt es Hunderte von Nischen für Insekten, Vögel und andere Kreaturen. Die Nahrungsnetze sind komplex, mit Pflanzen, Weidetieren, Raubtieren, Fleischfressern am obersten Ende der Nahrungskette und Zersetzern, die sich in einem abwechslungsreichen Tanz mit vielen Partnern befinden. Beziehungen unter den Arten sind ähnlich verwoben. Bäume unterhalten symbiotische Partnerschaften mit speziellen Pilzen und Bakterien, die Nährstoffe aus der Erde zur Wurzel befördern.

Pflanzen extrahieren Mineralien von tief in der Erde, damit andere sie nutzen können. Vögel und Säugetiere verbreiten Samen an neue Orte und verteilen unterwegs Fruchtbarkeit in Form von Dünger. Falls ein Faden dieses Netzes gekappt wird, sind Tausende anderer zur Stelle, um das Gewebe des Waldes intakt zu halten.

Ein Wald ist kein statischer, unveränderlicher Ort, sondern hat eine dynamische und widerstandsfähige Stabilität. Im Vergleich zu einem gebräuchlichen Garten gibt es wenig Platz für Ungeziefer, Krankheit, invasive Pflanzen und Aufruhr. Die Natur hat den Wald zu einem vereinten Teppich verwoben, anstatt einer Ansammlung unzusammenhängender Pflanzen und Tiere.

Wenn wir die Gegensätze zwischen dem Garten voller Einjähriger und dem reifen Wald im Kopf behalten, können wir unsere Gärten so arrangieren, dass sie lieber ausgereifte Ökosysteme nachbilden als junge. Wir brauchen auch nicht die ganze Arbeit tun. Wenn wir die Grundlagen legen, so wie in der Landschaft der Bullock-Brüder, schafft die Natur viele Verbindungen und füllt die Lücken.

Hier sind die Merkmale natürlicher Landschaften, die im ökologischen Garten am wichtigsten sind:

- Tiefe Erde, die reich an Nährstoffen und organischem Material ist
- Pflanzen, die Fruchtbarkeit tief aus der Erde, aus der Luft und aus Regenwasser holen
- Viele Vegetationsschichten, um abwechslungsreiche Nischen für andere Lebewesen zu schaffen
- Ein Schwerpunkt auf mehrjährigen Pflanzen
- Gegenseitig nützliche Beziehungen unter Pflanzen, Insekten, Vögeln, Mikroben, Säugetieren und allen anderen Bewohnern, einschließlich Menschen
- Vermehrt geschlossene Kreisläufe, d.h. mit der Zeit sollte der Garten weniger Versorgung von außen brauchen und das meiste an Dünger, Mulch, Samen, neuen Pflanzen usw. selbst produzieren. Im Garten geht außer bei der Ernte wenig durch Auswaschung und Erosion verloren – alles wird wiederverwertet.

Im Rest dieses Kapitels beschreibe ich kurz, wie man diese Einsichten aus der Ökologie im Garten anwendet. Der Rest des Buches geht dann noch stärker ins Detail.

Der Garten von Josh Robinson von Eden on Earth Landscaping in Flagstaff, Arizona. Der Garten kombiniert einjährige und mehrjährige Pflanzen und liefert mit nur einigen Stunden Arbeit im Monat eine enorme Lebensmittelernte. Er sammelt auch einen Großteil seines eigenen Wassers, wodurch die Gärtner fast gar kein städtisches Wasser brauchen. FOTO VON JOSH ROBINSON.

Ein paar Tricks der Natur für Gärtner

Neben den unterschiedlichen Ebenen an Artenreichtum ist einer der größten Kontraste zwischen den meisten Gärten und natürlichen Landschaften, dass ein Garten zerfällt, falls man sich nicht um ihn kümmert, die Natur aber nicht. Wir sind alle schon einmal aus dem Urlaub gekommen, um festzustellen, dass unsere Lieblingspflanzen aufgefressen waren, Unkräuter wild wucherten und der ganze Garten wegen des unerwartet heißen Wetters in den Seilen hing. Der natürliche Zustand eines Gartens ist, ohne den Gärtner, tot – oder wieder zur Wildnis geworden. Der natürliche Zustand eines Waldes ist gesund und dynamisch. Doch mit ein paar Lektionen der Natur können wir Gärten entwerfen, die von sich aus fruchtbarer, gesünder und besser gewässert werden und die dynamische Stabilität, Widerstandskraft und das üppige Wachstum natürlicher Ökosysteme besitzen. Dieser Abschnitt gibt einen kurzen Überblick, wie man das bewerkstelligen kann. Der Rest des Buches erklärt das Ganze dann genauer.

Bodenaufbau

Wie können wir die Weisheit der Natur auf den Garten anwenden? Beginnen Sie zuerst, wie in jedem Garten, mit dem Boden. Die Natur baut Erde von oben nach unten auf und von unten nach oben. Mit »von oben nach unten« meine ich den konstanten Fall von Laubstreu von oben, die zu lockerer Erde zerfällt. Die Natur benutzt keine Bodenfräse und wir brauchen das auch nicht. Um rasch eine reife Erde zu erzielen, häufen Sie einfach hohe Mulchschichten auf die organische Substanz. Der Mulch kompostiert rasch vor

Ort und bildet reifen Boden, der vor organischem Material strotzt, in dem es vor Bodenleben wimmelt und der bereit ist, gesunde Pflanzen zu ernähren. Kapitel 4 liefert genaue Techniken, wie man Boden mit Mulch aufbaut.

Der komplementäre Bodenaufbau von unten nach oben erfolgt mit Pflanzen. In der Natur kommt die Fruchtbarkeit aus der Vegetation und dem Bodenleben, nicht aus einem Düngersack. Viele Pflanzen sind Meister darin, Nährstoffe aus den Tiefen der Erde zu ziehen und sie an die Oberfläche zu saugen, wo andere Pflanzen sie verwenden können. Diese Sorten werden in Kapitel 6 erörtert und sind im Anhang aufgeführt. In einem Gemüsegarten entfernt das Ernten ständig Nährstoffe, daher muss diese entnommene Fruchtbarkeit mit kleinen Gaben von Mulch, Kompost oder Dünger ersetzt werden. Doch hat man nährstoffanreichernde Pflanzen im Garten, muss man so gut wie keinen Dünger mehr verteilen.

Gemeinsam schaffen die Techniken von oben nach unten und umgekehrt die feinste Erde, die Sie je gesehen haben.

Mehrjährige versus einjährige Pflanzen

Als nächstes imitiert der ökologische Garten ein reifes Ökosystem, indem er mehrjährige statt einjähriger Gewächse bevorzugt. Für Zier- und Naturgärten ist das einfach, denn Tausende mehrjähriger Blumen, Büsche und Bäume sind verfügbar. Doch auf den ersten Blick scheinen mehrjährige Gewächse eine harte Einschränkung für Gemüsegärten. Ich sage ja nicht, dass Tomaten und Paprika tabu sind. Ich baue immer noch viele an. Aber viele Einjährige können durch Mehrjährige ersetzt werden. Es gibt eine Menge mehrjähriger Grüngemüse: Guter Heinrich, mehrjähriger Grünkohl und Gemüsekohl, Schild-Ampfer und viele andere, alle in Kapitel 6 beschrieben. Es gibt mehrjährige Zwiebeln, Wurzelgemüse, Kräuter und natürlich Gemüse wie Spargel, Artischocken und Rhabarber. Und vergessen Sie nicht die üblichen mehrjährigen Nahrungspflanzen wie Beeren, Früchte und Nüsse.

Mehrjährige Pflanzen haben zahlreiche Vorteile. Anzucht, Umgraben und die Chance auf Unkräuter durch das Graben fallen weg. Das beseitigt auf einen Streich drei Arbeiten von der Liste. Mehrjährige Gewächse brauchen weniger Wasser und Dünger als einjährige Pflanzen. Ihre tiefen Wurzelsysteme reichen in Feuchtigkeits- und Nährstoffreservoirs, die Einjährige einfach nicht erreichen. Da die Pflanzen das ganze Jahr da sind, bieten Stauden verlässliches Habitat für Wildpflanzen und Nutzinsekten.

Viele Etagen

Ein ökologischer Garten hat viele Schichten, von einer niedrigen Kräuterschicht über Stauden und kleine Bäume zum großen Oberholz. Jede Schicht kann Zierarten, Sorten für Nahrung und andere menschliche Nutzungen, Wildpflanzen und Flora für den Bodenaufbau und die Bewahrung eines gesunden Ökosystems beinhalten. Zusammen bieten die Schichten bunt gemischten Lebensraum, viele Produkte und viele interessante Ausblicke. In sonnigen Klimazonen können hohe Bäume näher zusammen gepflanzt werden, um Schatten zu spenden, während die Bäume in kühleren oder graueren Zonen weiter verteilt werden, damit genug Licht und Wärme hindurch gelangt. In Kapitel 10 erfahren Sie, wie man diese waldartigen Gärten anlegt.

Pflanzengemeinschaften

Genauso wie in der Natur sind die Pflanzen in einem ökologischen Garten keine isolierten Individuen, sondern bilden Gemeinschaften. Seit langem haben Ökologen (und Indigene) erkannt, dass viele Pflanzen und Tiere in eigenen Gruppen erscheinen. Bestimmte Arten scheinen stets mit denselben Begleitern aufzutreten. Im trockenen Westen tauchen Pinyon-Kiefer und Wacholder gemeinsam auf und es befinden sich auch häufig Gambel-Eiche und Bergmahagoni bei ihnen. Im Osten ist der Eichen-/Hickorywald eine verbreitete Gemeinschaft, wobei Ahornblättriger Schneeball und Hartriegel oft die Unterschicht ausfüllen. Es gibt Hunderte von Pflanzengemeinschaften, und jede enthält ein erkennbares Spektrum an Bäumen, Sträuchern und Blumen, deren Zusammensetzung von einer Gemeinschaft zur anderen schwankt. Diese Gemeinschaften können auch bestimmte Tiere beinhalten. In Eichen-/Hickorywäldern sind vor allem Eichelhäher, Tangare und Kernbeißer zu Hause. Piñon-/Wacholderhaine beheimaten Nacktschnabelhäher und Buschmeisen. Unterschiedliche Umgebungen begünstigen verschiedene Gemeinschaften.

Im ökologischen Garten nehmen wir uns an der Natur ein Beispiel und gruppieren Pflanzen oft in Gemeinschaften. Manche Gärtner haben die natürlichen Pflanzengemeinschaften aus ihrer Region rekonstruiert, während andere an Pflanzengruppierungen herumgebastelt und Einheimische gegen einige Pflanzen zur menschlichen Nutzung oder andere Funktionen ausgetauscht haben. Das Design multifunktionaler Pflanzengemeinschaften ist ein neues Feld, das in den Kinderschuhen steckt und im Gartenbau an führender Stelle steht. Clevere Gartendesigner haben einige schöne, produktive und arbeitssparende Pflanzenkombinationen zusammengestellt. Eine einzige Gartenpflanzengemeinschaft kann dem Gärtner augenfällige Blüten und Blattwerk, Nahrung und Kräuter bieten und zudem auch Pflanzen beinhalten, die Schädlinge abwehren, Mulch erzeugen, Nährstoffe ansammeln, nützliche Insekten anlocken und Wildtieren Schutz bieten. Ein Großteil dieses Buches, vor allem Kapitel 8, 9 und 10, verrät, wie man harmonische Pflanzengruppierungen anlegt, die sich gegenseitig nähren und Gärtner wie auch Wildtiere versorgen.

Funktionen stapeln

Unsere Diskussion über Nischen, Sukzession und Artenvielfalt führt zu einem weiteren wichtigen Prinzip des ökologischen Gartens: Jeder Teil des Gartens erfüllt mehr als nur eine Funktion. Permakulturdesigner haben dafür einen Jargonbegriff. Sie nennen es »Funktionen stapeln«. Nichts in der Natur hat nur eine Funktion; sie ist auf diese Weise enorm effizient. Ein Busch z.B. wirft nicht nur Schatten. Er füttert die hungrigen Vögel im Winter mit seinen Beeren, bietet Schutz, mulcht die Erde mit seinen Blättern, bietet Futter für hungrige Rehe und Stachelschweine, blockiert den Wind, hält den Boden mit seinen Wurzeln, sammelt und lenkt Regenwasser usw.

Die Natur stapelt immer Funktionen, weil dieser Busch oder jedes andere Lebewesen eine große Investition in Materie und Energie bedeutet, zwei Dinge, mit denen die Natur immens knapp haushaltet. Die Natur ist äußerst geschickt darin, das meiste aus dem Strauch herauszuholen, jede Menge Energie aus ihm herauszupressen und sie in viele andere Zyklen einzubinden, um den Ertrag zu maximieren. Die Beeren des Strauchs brauchten Energie, um zu wachsen, und wenn ein Vogel sie isst, tauscht die Pflanze ihre Mühe für die Samenausbreitung und erzeugt harte Samen, die unversehrt durch den Darm des Vogels wandern und auf neuem Boden keimen. Die Blätter speichern Sonnenenergie, sind aber ohne extra Aufwand so angeordnet, dass das Regenwasser zu den Stängeln und Wurzeln hinunter geleitet wird, wodurch die Auffangfläche des Strauchs vergrößert wird. Indem die Pflanzen mehrere Funktionen erfüllen, nutzt die Natur ihre Energieinvestitionen sehr effizient.

Die meisten menschengemachten Designs sind im Gegensatz dazu außerordentlich verschwenderisch. Wir scheinen unsere Güter in einem pfeilgeraden Strom von der Quelle zur Deponie zu hetzen, während die Natur diesen Strom in einen Zickzackkurs biegen und zurückbiegen, auf Schritt und Tritt daraus Nutzen ziehen, und das, was übrig bleibt, recyceln würde. Wenn wir unsere Gärten mit denselben Prinzipien im Kopf gestalten, werden sie weit weniger verschwenderisch und problembeladen, weitaus produktiver und reicher. Funktionen stapeln ist eine wesentliche Regel und eine der wichtigsten, die man befolgen sollte.

Hier ist ein Beispiel, wie man bei einer Landschaftsgestaltung Funktionen stapeln kann. Neben unserem Haus in Oakland gab es einen 20.000-Liter-Wassertank für Regenwasser. Er war überwiegend unterirdisch, aber der 11 m² große Deckel ragte über den Boden hinaus, ein hässlicher grauer Betonklotz neben der Küche. Um den Deckel zu verbergen, nagelte ich ein Zederndeck darüber, aber in der Sommerhitze konnte man es dort nicht aushalten. Dann baute ich eine Laube über das Deck und zog zwei Weinstöcke mit kernlosen Trauben daran hoch. An einem Spalier auf der Seite des Tanks rankte Jasmin empor, dessen Parfüm über das Deck wehte. Die Zisterne wurde ein kühler, schattiger Platz unter den rasch wachsenden Weintrauben, wo meine Frau und ich uns aufhielten, während wir an einem kleinen Tisch unter dem grünen Blätterdach zu Mittag aßen. Unsere Zimmerpflanzen verbrachten ihren Sommerurlaub dort in einer halbschattigen Ecke. Im Spätsommer brauchten wir nach dem Mittagessen einfach nur nach oben greifen und uns ein Dessert süßer Weintrauben pflücken.

Die Weinblätter beschatteten auch unser Haus, hielten die Küche im Sommer kühl, aber im Herbst fielen die Blätter ab, wodurch die dringend benötigte Sonne aufs Deck und durch das Küchenfenster strömen konnte. Die Blätter kamen auf den Komposthaufen oder direkt auf ein Gartenbeet als Mulch. Wenn ich die Rebe im Winter zurückschnitt, machte ich daraus viele Ableger für Freunde. Der Überlauf an der Zisterne wässerte die Weintrauben und andere Bepflanzungen in der Nähe.

Durch die richtige Kombination aus Wassertank, Weinrebe und Deck erhöhte ich deren Nutzen und erhielt Vorzüge, die keiner davon allein geboten hätte. Fast jedes Element erfüllte mehrere Rollen.

Gärtner sind gut im Funktionen stapeln. Ein einfacher Komposthaufen ist multifunktional: Er wiederverwertet Abfall, erzeugt fruchtbaren Humus, fördert Bodenleben und bietet dem Gärtner sogar etwas Bewegung durch das Wenden und Ausbringen. Selbst eine Hecke, die nur aus Liguster besteht, kann als Windschutz, Sichtschutz und Vogelhabitat dienen. Indem man die Vorteile darin erkennt, Funktionen zu stapeln und unsere Gärten in diesem Sinne zu gestalten, können wir herrliche Synergien aus unseren eigenen Gärten gewinnen.

Das Konzept des Funktionenstapelns besteht aus zwei Hälften, zwei Regeln, die sich gegenseitig verstärken. Das erste ist, dass jedes Element eines Designs – jede Pflanze oder Struktur – mehr als eine Aufgabe erfüllen sollte. Unsere Weinlaube illustriert diese Regel: Die Weinrebe hat das Deck beschattet, im Winter jedoch Licht hereingelassen, das Haus gekühlt, Nahrung, Mulch und Ableger geliefert und einen ansonsten hässlichen Wassertank verschönert. Das zweite Prinzip ergänzt das erste. Jede Aufgabe, die in einem Design – jedem System oder Prozess – zu erfüllen ist, sollte von mehr als einem Element ausgeführt oder unterstützt werden. Mit anderen Worten, man sollte immer eine Absicherung haben. Auch hier gilt, Gärtner befolgen diese Regel bereits mehr oder weniger unbewusst. Wir pflanzen mehrere Sorten

Existieren Pflanzengemeinschaften wirklich?

Ökologen haben jahrzehntelang debattiert, ob es wirklich Pflanzengemeinschaften gibt oder ob sie nur ein Konstrukt sind, das wir aus Bequemlichkeit benutzen. Manche sagen, sie seien beliebige Ansammlungen von Arten, denen dasselbe Klima, die gleiche Erde und andere Umweltbedingungen gefallen. Andere Ökologen glauben, dass sich Gemeinschaften teilweise wegen Interaktionen und gegenseitigen Vorteilen unter den Mitgliedern bilden und sie z. T. wie ganze Organismen agieren. Ein abschließendes Urteil steht noch aus. Zur Untermauerung des Arguments der zufälligen Gruppierung zeigt ein wenig Botanik, dass zwei beliebige Beispiele einer bestimmten Gemeinschaft immer unterschiedliche Arten und Pflanzenzahlen enthalten. Keine Gemeinschaft ist wie die andere. Wenn Sie eine Gemeinschaft in ihrem gesamten Spektrum verfolgen – z. B. in einem kälteren Klima – kann ihre Zusammensetzung ebenfalls variieren. Während sich die Umwelt ändert, verlagern die Arten, aus der die Gemeinschaft besteht, langsam ihren Standort, wobei ein oder zwei Arten hier wegfallen und ein paar neue sich da neu ansiedeln. Wären Gemeinschaften eng miteinander verbundene Systeme wie Organismen, sollten sie klare Grenzen haben. Man würde also erwarten, dass sich ihre Zusammensetzung abrupt ändert, so, als ob man von einem Land in ein anderes reist, anstatt allmählich.

Auf der anderen Seite hat eine Gemeinschaft von Arten eine definitive Struktur. Falls ihr bestimmte Mitglieder fehlen, leidet die Gemeinschaft als Ganzes. Douglasienwälder z. B., denen ein bestimmter Pilz fehlt – eine Trüffelart –, sind nicht so gesund wie jene, in denen er vorkommt. Der Trüffel, der zwischen den Wurzeln des Baumes lebt, liefert der Tanne Nährstoffe und vielleicht Schutz vor Krankheit. Falls der Trüffel fehlt, was bei vielen Baumplantagen der Fall ist, ist der Tannenwald nicht nur anfälliger, sondern unterstützt auch nicht so viele andere Arten.

Eine davon ist die Rötelmaus, ein Nagetier, das sich von dem Pilz ernährt. Mangels ihrer bevorzugten Nahrung, der Rötelmäuse, schrumpft die Fleckenkauz-Population. Diese Armut wirkt sich auf viele Arten aus und schwächt die gesamte Gemeinschaft. Auf diese Weise sind die Gemeinschaften in einem vielschichtigen Geflecht miteinander verbunden. Ökologen haben auch gezeigt, dass, selbst wenn es keine Umweltgradienten gibt – wenn Temperatur und Nährstoffsituation in einem großen Gebiet gleich sind – Organismen sich trotzdem in unterschiedlichen, hoch strukturierten Gruppierungen anordnen, die sich von Ort zu Ort unterscheiden.

Ich glaube, dass Gemeinschaften durch ihre Interaktionen sowie durch ihre Umgebung zusammengehalten werden. Die ökologischen Gärten, die ich gesehen habe, scheinen dies zu beweisen: Gemeinschaften – Pflanzengruppen, die in Beziehungen miteinander verbunden sind – sorgen für sehr gesunde Gärten, wie wir sehen werden.

Gemüse, für den Fall, dass eines ausfällt, oder unterschiedliche Früchte oder Blumen, damit wir über den Verlauf einer langen Saison Erträge haben. Und jeder Gärtner hat eine Auswahl an Sprinklern, Tropfbewässerungsgeräten, Tropfschläuchen, speziellen Schlauchtüllen und Gießkannen, alles für den einzigen Zweck, unseren Pflanzen Wasser zu geben. Solche vielschichtigen Systeme sind effektiver für die gesamte Aufgabe, als ein Gerät allein es wäre. Es gibt viele Vorteile für diese Art von Redundanz. Ein kurzer Blick darauf, wie die Natur es macht, zeigt einige der Vorteile. Eines ist Katastrophenschutz. Die meisten wichtigen Funktionen in Organismen und Ökosystemen besitzen Absicherungen, oft mehrere Schichten tief. Nehmen wir beispielsweise unseren Gleichgewichtssinn. Wir nutzen drei unabhängige Methoden, um im Gleichgewicht zu bleiben. Zuerst sehen unsere Augen, wo wir uns befinden. Als zweites enthalten unsere Ohren eine mit Flüssigkeit gefüllte Kammer, die mit Haaren ausgekleidet sind, die empfindlich auf Ausrichtung reagieren. Die Position der Haare sagt unserem Gehirn, wo oben ist. Und drittens haben unsere Muskeln und Sehnen Rezeptoren, die Daten über die Bewegungen und Positionen unserer Gliedmaßen übertragen. Indem wir dieser dreifachen Strategie Energie und Organe widmen, tätigt unser Körper eine große Investition, um nicht hinzufallen. Es lohnt sich, denn wenn wir uns zum Beispiel nur auf unsere Augen verlassen, könnten wir durch blendendes Sonnenlicht auf einem steilen Bergpfad in den Abgrund stürzen. Jeder Organismus oder jedes System mit einer Absicherung überlebt länger. Falls die Erde z. B. gut gemulcht ist, könnten die Pflanzen eine wasserlose Zeit überstehen, wenn die Bewässerung im Urlaub ausfällt.

Redundanz steigert auch den Ertrag. Nehmen wir ein weiteres Beispiel aus dem menschlichen Körper: Denken wir daran, wie der untere Verdauungstrakt alle möglichen Nährstoffe aus dem Essen herausfiltert, indem er eine Mahlzeit mehrfach verarbeitet. Der Dünndarm extrahiert eine Portion der Nährstoffladung, dann absorbiert der Dickdarm mehr davon, und die Darmbakterien wandeln noch einmal Nährstoffe in eine verwertbarere Form um. Dieser mehrschichtige Ansatz entzieht der Nahrung fast alle verfügbaren Nährstoffe. Auf dieselbe Weise erhält ein Garten mit mehreren Ebenen aus wassersparenden Techniken, Frostschutz, Krankheitsabsicherung, Windschutz oder bodenbildenden Strategien einen kumulativen Nutzen aus den vielfältigen Techniken.

Diese Vorteile der Redundanz sind ökologischen Gärtnern und Permakulturisten durchaus geläufig, die dieses Prinzip mit der Leitlinie zusammenfassen: Jede Funktion sollte von mehreren Elementen erfüllt werden.

Die zwei Aspekte der Stapelung von Funktionen – jedes Element führt mehrere Funktionen aus und jede Funktion wird von mehreren Elementen erfüllt – können im gesamten Garten auf vielen Ebenen verwendet werden, um die Landschaft mit der Kraft der Natur in Einklang zu bringen. Die folgenden Kapitel enthalten dazu zahlreiche Beispiele.

Da dieses Kapitel Ökologie für Gärtner behandelt, versuche ich nicht, jedes ökologische Konzept abzudecken. Die behandelten Ideen – die Nische, Sukzession, Biodiversität, Funktionen stapeln und anderes – erscheinen mir am wichtigsten, damit Gärtner verstehen, wie sie natürliche Landschaften entwickeln, die den Bedürfnissen der Menschen gerecht werden. Die Ökologie studiert die Beziehungen zwischen den Lebewesen. Es sind diese Beziehungen, die eine Ansammlung unzusammenhängender Objekte in eine lebendige, dynamische Landschaft verwandeln. Unter diesem Blickwinkel können wir nun einige gestalterische Werkzeuge betrachten, um so eine Landschaft entstehen zu lassen.

KAPITEL DREI

Entwurf eines ökologischen Gartens

Gartenbücher und -zeitschriften sind voller Designideen. Sie beschreiben, wie man Pflanzen nach Farbe anordnet oder wie man Formen und Blattmuster nebeneinanderstellt, um das Auge zu erfreuen. Sie können Methoden lehren, wie man Pflanzen so gruppiert, dass sie den Blick auf ein atemberaubendes Landschaftsmerkmal lenken. Manche verraten Tricks, die einen kleinen Garten groß aussehen lassen oder dazu beitragen, dass sich ein weitläufiger Garten gemütlich und intim anfühlt. Solche Gartendesign-Techniken helfen bei der Wahl von Pflanzen, die sehr attraktiv sind und Ihren Garten sehr hübsch aussehen lassen.

Darum geht es in diesem Kapitel nicht.

Ich habe nichts gegen die Ästhetik von Gartendesign. Eine hässliche Landschaft verkrampft die Seele, während eine schöne den Betrachter einlädt, entspannt und heilt. Doch ein Garten, der nur hübsch aussehen soll, berührt kaum die Oberfläche dessen, was Landschaften bieten können. Ein Platz, der nach tieferen Prinzipien gestaltet ist als jene, die nur Oberflächengestaltung im Sinn haben, kann nicht nur schön sein, sondern bietet auch Wildtieren Schutz, ernährt Menschen und Tiere, reinigt Luft und Wasser, speichert Kohlenstoff und ist ein Gewinn für die Erde.

Kein Mensch hat eine alpine Wiese, einen Tropenwald oder eine Höhle an einem Bach entworfen, doch diese Wildnislandschaften sind nie hässlich. Sie folgen einer größeren natürlichen Ordnung, die Schönheit zu garantieren scheint. Im letzten Kapitel haben wir Einblick in ein paar Aspekte der natürlichen Ordnung erhalten. Nun können wir diese Prinzipien und Muster der Natur einsetzen, um unsere Gärten zu entwerfen.

Eine Naturlandschaft ist so gestaltet, dass sie die Energie (Sonne, Wind, Wärme) und Materie (Wasser und Nährstoffe) gewinnt, die durch sie fließen, und ein lebendiges Netz auswirft, das diese Rohstoffe sammelt und in unzähligen Kreisläufen umher bewegt, die sie zu noch mehr Leben umwandeln. Fast alles, das in eine Naturlandschaft gelangt, wird aufgefangen und genutzt, absorbiert und in lebendige biologische Vielfalt wiedergeboren. Alles, was in dieser Landschaft produziert wird, von Abfallprodukten wie zuckrigen Wurzelsekreten zu »Abfällen« wie Dünger und gehäuteten Insektenhüllen, wird wiederverwertet, wieder verschluckt und in neues Lebendgewebe eingebaut. Und die Landschaft »lernt« unterwegs und wählt und verbessert die Muster, die am besten funktionieren. Jedes eingefangene Stückchen trägt dazu bei, ein Netzwerk aufzubauen und zu verfeinern, das immer besser darin wird, das einzufangen, was auf es zukommt.

Milliarden von Jahren der Evolution haben in der Natur nur wenig ungelöst gelassen. Der Abfall der einen Kreatur ist das Futter der anderen. Fast jede Nische ist in fester Hand, jeder Standort ist voll von miteinander verbundenen Arten. Alles, was auch nur ansatzweise einer Ressource ähnelt, wird genutzt: Wenn eine Art sie nicht nutzen kann, wird es eine andere tun.

Es ist diese Vernetzung – die Verlinkung der »Outputs« einer Spezies mit den »Inputs« einer anderen –, die wir im ökologischen Garten neu schaffen wollen. Leider können wir nicht Milliarden von Jahren warten, in denen unsere Gärten zur immensen »Verwobenheit« der Naturlandschaft werden. Doch wir haben ein Werkzeug: unseren kreativen Geist. Wir können die Teile unserer Landschaft bewusst einschätzen und Permakultur-Prinzipien nutzen, um die Verbindungen zu gestalten. Beobachtung ist der Schlüssel zu gutem Design.

Indem wir die Muster und Kreisläufe beobachten, die die Natur zur Lösung von Gestaltungsproblemen einsetzt, können wir diese Formen in unseren Gärten replizieren, nicht nur als statische Gebilde, sondern als dynamische Lösungen, die Arbeit, Ressourcen und Energie sparen. Dann können unsere Gärten fast so verbunden sein wie die Natur es ist, keinen Abfall oder Schadstoffe produzieren, wenig extra Arbeit erfordern, eine reife natürliche Umgebung bieten und in Fülle Ertrag liefern.

Dieses Kapitel bietet eine Einführung, wie man mit einigen Werkzeugen gestaltet, die auch von der Natur genutzt werden. Wir beginnen mit einem Blick darauf, wie die Natur einige Designherausforderungen mit Hilfe von Mustern und Formen löst und wie das Verständnis und die Verwendung dieser Muster unsere Heimatlandschaften funktionaler, ökologischer und schöner machen kann. Nach diesem Vorgeschmack auf das, was Permakulturisten *Musterung* nennen, beschäftigen wir uns Schritt für Schritt mit der Gestaltung eines Gartens, der das Gefühl und die Dynamiken der Natur neu herstellt.

Natürliche Muster im Garten

Jeder, der sich die Zeit zur näheren Betrachtung der Natur genommen hat, hat festgestellt, dass bestimmte Muster – Spiralen, Wellen, Verästelungen, Kreise – allgegenwärtig zu sein scheinen und sich in vielen Maßstäben wiederholen. Ein Verzweigungsmuster zeigt sich beim Zusammenströmen von Bächen und Flüssen, die man aus dem Flugzeugfenster sehen kann, im anmutigen Bogen eines Baumes und seinen Wurzeln unter uns und in den Ranken von winzigem Moos. Spiralen erscheinen in Galaxien, die sich über Tausende von Lichtjahren erstrecken und im Kopf eines Gänseblümchens. Wir können Wellenmuster in kollidierenden Wetterfronten und am Strand sehen, sowohl bei massivem Seegang als auch bei feinen Sandrippeln. In all diesen Fällen werden Materie und Energie in eine wirksame Form übertragen, die unterstützt, was geschehen soll. Verzweigungsmuster sind ideal, um Energie und Materialien zu sammeln und zu verteilen; daher scheinen Bäume sie zu nutzen, um Sonnenlicht aufzufangen und Wasser und Nährstoffe zu verteilen. Wellen und Rippel erlauben es zwei fließenden Körpern, mit minimaler Turbulenz aneinander vorbeizukommen. Immer, wenn wir so ein Muster sehen, erkennen wir, wie die Natur eine Designherausforderung löst, um Materie und Energie auf genial einfache und effektive Weise zu bewegen, zu sammeln, zu ernten oder zu verteilen. Dies ist genau das, was wir in einer ökologischen Landschaft zu tun versuchen. Daher sollten wir unbedingt ein paar dieser Muster näher betrachten, um zu sehen, was sie uns lehren können.

Auch Menschen nutzen Muster, doch falls die sinnlichen Kurven und komplexen Fraktale der Natur in unserer Arbeit erscheinen, dann aus ästhetischen, nicht aus funktionalen Gründen. Linealgerade Linien, Schachbrett-Straßen, Gitternetze aus Glas und Beton und die Parallelogramme, die uns gesägtes Bauholz gestattet, sind unsere bekannten Muster. Manchmal sind diese Muster passend für die Aufgabe, doch in Landschaften sind solche Muster rar. Die Formen der Natur sind selten eckig und dafür gibt es einen guten Grund.

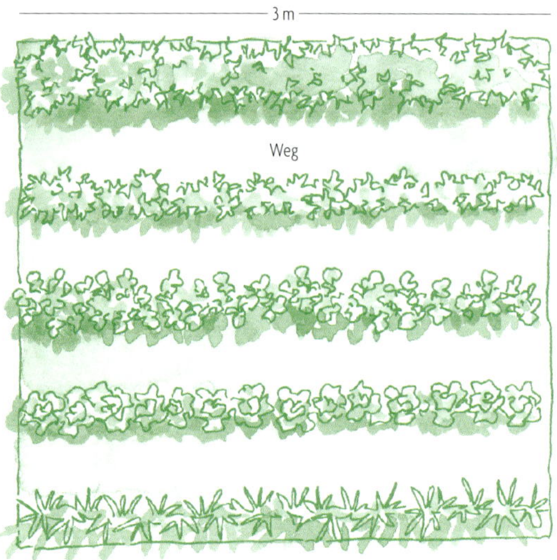

Einzelreihen benötigen 3,7 m^2 Weg.

Hochbeete benötigen 1 m^2 Weg.

Ein Schlüssellochbeet benötigt nur einen halben Quadratmeter Weg.

Ändert man die Form eines Gartenbeets – und arbeitet mit Muster – kann die für Wege nötige Fläche verringert werden, wie in diesen Beeten, jedes mit 4,6 m^2 Bepflanzung.

Die Auswahl und Anwendung der richtigen Formen und Muster in einer Landschaft kann nicht nur Schönheit schaffen, sondern auch Platz sparen, den Arbeitsaufwand verringern, den Lebensraum für Wildtiere verbessern und dazu beitragen, Pflanzen, Insekten und andere Tiere, auch den Gärtner, in ein besseres Gleichgewicht zu bringen.

Ich beginne mit einem einfachen Beispiel, wie Form und Muster Arbeit und Platz sparen, und gebe dann einige reichhaltigere und ausführlichere Ideen, die den Mustern der Natur abgeschaut wurden.

Schlüsselloch-Gartenbeete

Die Form eines Gartens bestimmt, wie viel seiner Fläche tatsächlich Pflanzen enthalten kann, im Gegensatz zu Wegen, über die wir diese Pflanzen erreichen können. Gartenwege sind für mich ein notwendiges Übel. Nachdem ich hart am Aufbau des Bodens gearbeitet habe, ärgert es mich, einen hohen Prozentsatz an lockerer Tonerde mit den Füßen zu Ortstein zu stampfen. Jedes Stück Weg ist unbrauchbares Land, das einer reichhaltigen Polykultur aus Grüngemüse, Gemüse und süß duftenden Blüten gewidmet werden könnte. Zum Glück kann man durch veränderte Muster für Gartenbeete das für Wege geopferte Land minimieren.

Das einfachste Gartenbeet enthält einzelne Reihen an Pflanzen mit Wegen zwischen jeder Reihe. In diesem Entwurf verbrauchen die Wege etwa die Hälfte der Bodenfläche. Ein Hochbeetgarten, bei dem zwischen allen drei oder vier Pflanzenreihen Wege nötig sind, ist eine Verbesserung, denn nur 30 Prozent der Fläche werden für Wege geopfert, wobei die Beete schmal genug sind, damit der Gärtner die Mitte erreicht. Eine einfache Geometrieänderung hat hier fast die halbe Wegfläche eingespart. Doch wir können noch mehr tun und ein ansprechendes Design planen, wenn wir schon dabei sind.

Ein Schlüssellochbeet bepflanzt mit Kohlarten, Tomaten und Blattgemüse und Kräuter am Wegrand auf einer Fläche von 2,5 x 3 m Durchmesser.

Ein Mandala-Garten. Ein rundes Muster mit verschachtelten Schlüssellochbeeten ist schön und platzsparend.

Mehrere Schlüssellochbeete können von einem zentralen Weg abgehen und einen Garten mit hübschen Schwüngen sowie ausreichend zugänglicher Beetfläche erzeugen.

Falls wir dieses rechteckige Hochbeet zu einem Kreis abändern – oder genauer gesagt zur Hufeisenform – ist noch weniger Weg nötig. Durch einen einfachen Trick bei der Raumstruktur schrumpft der Weg zu einer kleinen Schlüssellochform, die dieser Platz sparenden Gartenanlage ihren Namen gibt: *Schlüssellochbeet.*

Und so funktioniert es. Falls wir ein typisches 1,2 x 4,5 m großes Hochbeet in eine U-Form umbilden, mit einer kleinen zentralen Öffnung für einen Weg, verringern wir den Weg von ca. 2 m² (mit einem 45 cm breiten Pfad auf einer Seite des Hochbeets) auf einen halben Quadratmeter. Weniger als ein Viertel des Bodens geht für Wege verloren. Ich quäle Sie nicht mit der Rechnung, um Skeptiker zu überzeugen – wie jeder Verleger weiß, schlägt jede einzelne Gleichung in einem Text die Hälfte der verbleibenden Leser in die Flucht.

Schlüssellochbeete überzeugen durch Ästhetik und sie rechnen sich. Bringt man Kurven in einen Garten, beseitigt das diese »Sojafeld«-Qualität, die lineargerade Beete und Reihen ausstrahlen. Mit Ausnahme fallender Äpfel und anderer schwerkraftbedingter Phänomene wählt die Natur nie die kürzeste Entfernung zwischen zwei Punkten. Stattdessen mäandert die Natur und schwingt in eleganten, aber effizienten Wellenbewegungen von hier nach dort. Die Menschen sind so

Ein Schlüssellochbeet bauen und bepflanzen

Beim Bau eines Schlüssellochbeets beginnt man mit einem Erdkreis, der etwa 2,4-3 m Durchmesser hat und auf einer Seite von einem Weg zur Mitte durchtrennt wird. Schlüssellochbeete entstehen, indem man fruchtbaren Mutterboden in eine Hufeisenform bringt, aber ich kreiere sie lieber schichtweise wie eine Lasagne mit Blättern oder anderer kompostierbarer organischer Substanz, Zeitungen und Erde, mittels einer Technik namens *Schichtmulchen* (in Kapitel 4 finden Sie Details). In einem Schlüssellochbeet ist die bepflanzbare Zone etwa so breit wie ein Standard-Hochbeet: 90 cm bis 1,5 m. Der Zugangsweg ins Beet kann schmal sein, ca. 30 cm breit, doch der zentrale Pfadkreis muss groß genug sein, damit man sich umdrehen kann, etwa 45-60 cm Durchmesser.

Sie können das Schlüssellochbeet mithilfe des Zonensystems (blättern Sie weiter zu Tabelle 3-3 und den dazugehörigen Abbildungen, auf denen die Zonen erklärt werden) pflanzen. Setzen Sie die am häufigsten geernteten Pflanzen am nächsten zur Mitte. Das bedeutet, dass Kräuter, Blatt- und andere Gemüse, die täglich geerntet und gegessen werden, am mittleren Weg wachsen sollten. Dahinter setzen Sie Pflanzen, die nur alle paar Tage gepflückt werden, wie Paprika, Buscherbsen und -bohnen, Auberginen und anderes. Sie können noch immer gut erreicht werden, ohne sich zu strecken. Am äußeren Ende des Beets pflanzt man Langzeitfrüchte und solche, die nur einmal geerntet werden. Dazu gehören Kartoffeln, Karotten und andere Wurzelgemüse, plus was ich Rote-Königin-Gemüse nenne – Kohl, Blumenkohl, Eisbergsalat und –, weil bei der Ernte »ihre Köpfe rollen«.

Diese Pflanzen aus der hinteren Reihe sind vielleicht etwas außer Reichweite, falls das Beet tiefer als 90 cm ist. Daher werde ich etwas vorschlagen, das die Gärtner schockieren wird, die eifrige Anhänger des Rigolen sind. Um diese Pflanzen zu ernten, stellen Sie sich auf das Beet (Huch!) und ziehen Sie heraus. Ein Fußabdruck pro Saison wird Bodenporosität und Struktur nicht verderben. Falls die Idee, auf leichte, lockere Erde zu treten, einfach zu schrecklich ist, legen Sie ein Brett aus, auf dem Sie stehen können, das verringert die Verdichtung.

Schlüssellochbeete stecken voller kreativer Möglichkeiten. Man könnte einen ganzen Kreis nur für Tomaten machen, mit ein paar begleitenden

eingenommen von der schnurgeraden, direkten Route. Doch in unseren Gärten begegnen wir der Natur mehr oder weniger zu ihren eigenen Bedingungen. So wie ein gerades Stück Autobahn einen einschläfert, sind auch lineare Gärten monoton. Kurven und Kreise verleihen einem Garten Überraschung und Laune. Ein Bonus ist, dass sie auch noch effizienter sind.

Weitere Vorzüge der Schlüssellochbeete: Falls wir den mittleren Weg nach Süden ausrichten und hohe Pflanzen wie Tomaten oder Sonnenblumen hinten oder am nördlichen Ende ansiedeln, bildet das Beet eine U-förmige Sonnenfalle, in der Wärme gespeichert wird. Das warme Mikroklima im Inneren ist ein guter Platz für empfindliche oder wärmeliebende Sorten. Sie lassen sich auch leicht bewässern. Ein einziger Minisprinkler in der Mitte beschreibt ein rundes Sprühmuster, das das gesamte Beet durchfeuchtet.

Die Kräuterspirale

Wir können ein wenig tiefer auf die Verwendung von Form und Muster im Garten eingehen. Die Permakultur-Prinzipien sagen uns, dass wir an der Haustür anfangen,

Küchenkräutern wie Basilikum oder Schnittlauch am Innenrand. Oder man nutzt die Kreisgeometrie, um Sonne und Schatten auszugleichen: Setzen Sie Nutzpflanzen, die in der Hochsommerhitze welken, östlich von höheren Sonnenanbetern, die empfindliche Pflanzen an sengenden Nachmittagen beschatten. Für ein Spalier von Kletterpflanzen legt man eine Einfriedung ums Beet an. Falls salzige Küstenböen oder die austrocknenden Winde der Ebene den Garten rütteln, pflanzt man hohe, stabile Feldfrüchte wie Topinambur oder eine stämmige Sorte Sonnenblumen an der Außenseite der Beete als Windschutz. Natürlich passen Schlüssellochbeete auch für Blumen, dann steht man mit der Gartenschere in einem leuchtenden Farbenmeer und überlegt, womit man eine Vase oder mehr füllen könnte.

Schlüssellochbeete sind rund, während die meisten Gärten eckig sind. Also, was ist mit den Rändern, diese kleinen Dreiecke ungenutzten Bodens an den Ecken dieser Beete – ist das nicht verschwendeter Platz? Keineswegs. Jeder Garten braucht Insekten anlockende Blumen oder mehrjährige Stickstoffbinder wie Weißklee, oder eine gute Wind- und Unkrautbarriere an den Randzonen, um Unkrautsamen davon abzuhalten, vom nicht so tadellosen Land Ihres Nachbarn herüberzufliegen. Wir könnten den Rand mit robusten Mulchpflanzen wie Ackerbohnen oder Beinwell füllen. Es könnte der perfekte Ort für einen kleinen Obstbaum sein. Oder wir können das Beet auch so ausdehnen, dass die Ecken ausgefüllt sind. Es gibt keine Regel, die sagt, dass ein Schlüssellochbeet nicht lieber eckig als rund sein darf. Es ist der mittlere Weg, der es definiert.

Pflanzt man mehr als ein Schlüssellochbeet, hat man mehr Möglichkeiten. Sie können sich nach rechts oder links von einem zentralen Pfad ausdehnen.

Ein von Schlüssellochbeeten eingerahmter, geschwungener Weg kann ein Haus einrahmen und ist ein attraktiver Zone-1-Garten.

Eine weitere Modifikation des Schlüssellochplans ist der Mandala-Garten, der aus 4-8 Schlüssellochbeeten besteht, die in einem Kreis angeordnet sind und ein weiteres Beet in der Mitte sowie einen Weg ins Mandala von der Seite aufweist. Ein Mandala-Garten kombiniert Schönheit und Effizienz und hat eine magische Wirkung. Wenige Designs können mehr Anbaufläche in einen so kleinen Bereich packen und wer eher mystisch veranlagt ist, würde sagen, ein Mandala-Garten bringt einen spirituellen Aspekt auf ein Stück Boden.

also legen wir einen Kräutergarten am Weg an, der bei unserer Hintertür anfängt. Hier pflanzen wir Oregano, daneben ein paar Thymianarten, dann Schnittlauch – wir mögen Schnittlauch, also setzen wir fünf – und danach ein paar Petersilienpflanzen und ein bisschen Minze. Wir fügen noch ein weiteres Dutzend Lieblingskräuter und Gewürze hinzu und schließen mit drei Sorten Salbei ab. Schon bald sprießen etwa 25 Pflanzen am Weg, der sich weit in den hinteren Garten erstreckt. Diese Salbeipflanzen sind ziemlich weit weg. An einem ungemütlich nassen Tag müssen wir Stiefel und eine Jacke anziehen, ehe wir Kräuter ernten können. Mit etwas schlechtem Gewissen holen wir dann wohl lieber getrockneten Salbei aus dem Schrank und lassen den Schnittlauch sein. Außerdem benötigt der kleine Kräutergarten etwa 9 Meter Weg, damit man leicht herankommt und jeder Zentimeter Weg ist ein Zentimeter weniger Anbaufläche.

Und wenn wir den Kräutergarten mit anderem Muster planen? Statt einer geraden – oder auch mäandernden – Linie biegen wir den Weg so, dass die ganze Sache weniger

Platz braucht. Wir könnten die Kräuter einfach in ein Standard-Hochbeet packen, wodurch vor unserer Tür ein recht langweiliges Rechteck entsteht. Das würde Platz sparen, doch einige Kräuter wären dann vielleicht schwer zu erreichen. Aber sind wir noch etwas kreativer. Hier kommt ein wenig Wissen über Gebilde und Muster ins Spiel.

Dies ist ein perfekter Platz für eine Kräuterspirale. Eine Kräuterspirale rollt einen Pfad von 6-9 Metern Länge an Pflanzen in ein spiralförmiges Muster, das etwa 1,5 m Durchmesser hat. Es ist auch keine flache Spirale. Und so funktioniert es.

Eine Kräuterspirale beginnt als ein Hügel mit guter Erde, der etwa 90 cm hoch und 1,5 m breit ist. Aus diesem Hügel wird eine Spirale, wenn man fußball- bis faustgroße Steine in einem Spiralmuster anordnet, das sich von unten nach oben nach innen eindreht, wobei die größeren Steine unten liegen. Man lässt zwischen den Stockwerken der Steinspirale etwa 30 cm Erde.

Jetzt pflanzt man die Kräuter der Spirale entlang. Das wickelt eine ca. 9 m lange Reihe in eine viel kleinere Fläche. Alle Kräuter können direkt vor der Tür wachsen. Das erfordert nur die Wegfläche, um die Spirale zu umrunden. Wenn man die Erde aufhäuft, kann man die Kräuter in der Mitte zudem erreichen, ohne sich weit bücken zu müssen.

Kombiniert man das Spiral- und Hügelmuster in eine dreidimensionale Helix, spart dies mehr Platz und Mühe. Die Hügelform bedeutet, dass die Kräuterspirale in alle Richtungen abfällt. Die sonnige, nach Süden gewandte Schräge ist heißer als die Nordseite. Die östliche Seite, die Morgensonne bekommt, trocknet früher am Tag aus als die westliche. Der Boden am Fuß bleibt feuchter als an der Spitze. Wir haben einen Kräutergarten mit verschiedenen Mikroklimaten geschaffen. Wir pflanzen also entsprechend und geben jedem Kraut eine passende Umgebung. Sorten, die in heißen, trockenen Klimaten gedeihen, wie Oregano, Rosmarin und Thymian, kommen auf die sonnige Südseite an der Spitze. Petersilie und Schnittlauch, die kühlere, feuchtere Klimate bevorzugen, finden ein Zuhause an der Nordseite. Koriander, der in zu viel heißer Sonne eingeht, kann an der Ostseite positioniert werden, geschützt vor der brennenden Nachmittagssonne. Auch andere Kräuter können es sich an ihren besten Plätzen bequem machen.

Ein paar Tipps zum Bau einer Kräuterspirale:

- Die in der Abbildung aufgeführten Pflanzen sind nur Beispiele. Wählen Sie Kräuter, die sie verwenden – nicht jeder benötigt Sonnenhut. Und es müssen auch nicht nur Kräuter sein, man kann ja auch Kopfsalat und andere Salatpflanzen, Erdbeeren, Blumen oder jede andere kleine Pflanze hinzufügen, die man oft verwendet.
- Um Oberboden zu sparen, kann man ein paar Steine, Betonabfall oder einen Haufen Unterboden an die Basis des Hügels geben und darauf aufbauen.
- Für die leichte Bewässerung verlegt man einen Bewässerungsplastikschlauch (¼ oder ½ Zoll) im Hügel, der an der Spitze herausschaut und befestigt einen Minisprinkler.
- Die lockere Erde der neuen Spirale muss sich setzen, also bewässern Sie gründlich (ohne sie wegzuspülen), nachdem Sie die Erde angehäuft haben, und ohne, dass sie sich zu stark verdichtet. Vielleicht muss im Anschluss mehr Erde hinzugefügt werden.
- Sie könnten auch eine kleine Schüssel oder einen winzigen Teich (30-90 cm Durchmesser) am Fuß der Spirale versenken. Brunnenkresse, Wasserkastanien und andere essbare Teichpflanzen können hier wachsen.

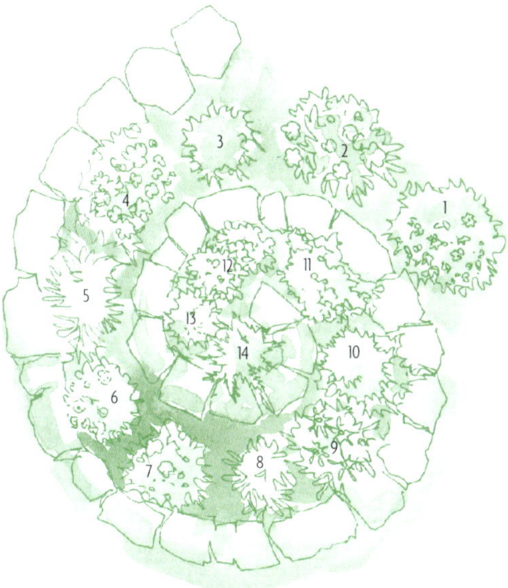

1 Mutterkraut
2 Ringelblume
3 Koriander
4 Petersilie
5 Schnittlauch
6 Fenchel
7 Schafgarbe
8 Salbei
9 Sonnenhut
10 Kamille
11 Thymian
12 Oregano
13 Dill
14 Rosmarin

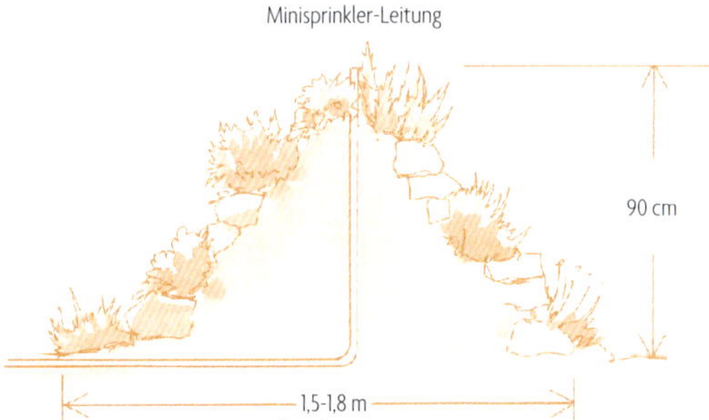

Eine Kräuterspirale kombiniert ein zweidimensionales Muster (eine Spirale) mit einem dreidimensionalen (einem Hügel), um eine schöne und platzsparende lebende Skulptur zu schaffen, die mehrere Mikroklimata beinhaltet.

Finige der vielen Spiralmuster, die man in der Natur findet.

Mit attraktivem Stein gebaut, kann eine Kräuterspirale ein augenfälliges Zentralelement jedes Gartens sein.

Andere natürliche Muster im Garten

Sehen wir uns an, warum die Kräuterspirale so lohnend ist. Dieses Design windet eine gerade Linie zu einer Spirale und drapiert dieses zweidimensionale Muster über ein dreidimensionales – den Erdhügel. Aus dieser Kombination ergibt sich eine Fülle von so genannten *Synergieeffekten* – unerwartete Vorteile einer neuen Zusammenarbeit, die keiner der Partner allein bieten kann. Diese beiden Muster interagieren auch mit der Umwelt – Sonne, Schatten, Tageszeit usw. – sowie mit Menschen – sparen Arbeit und Platz, regen zur Nutzung an, sehen attraktiv aus – auf viel mehr Arten als es eine statische Reihe je könnte. Die geschickte Verwendung natürlicher Muster kann bei der Gartengestaltung oft reizvolle Gewinne erzeugen.

Die Natur selbst ist voll von diesen Mustern. Die Spirale und die verwandte Helix (eine dreidimensional gestreckte Spirale, wie ein Korkenzieher oder eine Kräuterspirale) sind besonders vielfältig. Schneckenhäuser, das Muster der Samen in einem Sonnenblumenkopf, Schafsbockhörner, Hurrikane, Galaxien – alle bilden Spiralen. Die Muster von Blättern oder Ästen, die sich aus einem Stängel strecken, bilden oft eine Helix, was die Beschattung durch jedes Blatt verringern, das darunter liegt. Spiralen sind oft das Ergebnis von Wachstum oder Ausdehnung.

Hier sind ein paar weitere Muster der Natur, die nützlich sind, wenn ein Gärtner sie erkennt.

Äste. Verzweigungsmuster werden in der Natur eingesetzt, um Nährstoffe, Energie und Wasser zu sammeln oder zu verteilen. Baumäste breiten die Blätter über eine weite Fläche aus, um Sonnenlicht zu absorbieren. Sich gabelnde Wurzeln sammeln Nährstoffe und Feuchtigkeit.

Wir können unsere Beobachtung der Äste im Garten anwenden. Der kalifornische Designer und Lehrer Larry Santoyo von Earthflow Design Works verwendet ständig Muster bei seinen Gartengestaltungen. Die inspirierte Beobachtung eines Blattes lehrte ihn ein neues Design für Gartenwege. In einem seiner Kurse, die ich besuchte, verteilte er Blätter unter seinen Studenten. »Seht euch die verzweigten Adern an«, sagte er. »Sie nutzen den geringstmöglichen Platz, um den Saft von den grünen Zellen, den Photosynthesezellen, zum Rest der Pflanze zu befördern«, zeigte er uns. Die mittlere Ader des Blattes war am dicksten, die Hauptäste halb so groß und von dort erstreckten sich kleine Äderchen, über die Nährstoffe zu und Saft von jedem Zellhaufen transportiert werden konnten. Die Adern selbst sammeln nicht viel Licht, so dass es im Sinne der Pflanze ist, sie zu minimieren. »Warum gestalten wir Gartenwege nicht so? Warum ist das noch niemandem aufgefallen?«, fragte Larry. »Man legt einen breiten Zentralweg für einen Wagen oder eine Schubkarre an und kleinere, die davon abzweigen, damit man zu den Beeten gehen kann. Man spart eine Menge Platz und hat ein natürliches Fließmuster.« Ich war beeindruckt davon, wie originell und nützlich Larrys Beobachtung war. Er hat viele Gärten erfolgreich mit diesem Muster gestaltet, und andere haben ihn kopiert.

Verzweigungsmuster sind sehr effizient, um alle Punkte in einem großen Areal zu erreichen und dabei die kürzeste Entfernung zurückzulegen. Ein einzelner Zweig lässt sich leicht reparieren, falls er beschädigt wird, und sein Verlust hat nur eine kleine Auswirkung auf das gesamte System oder den Organismus. Wo immer in der Natur etwas gesammelt oder verteilt werden muss, findet man Verzweigungsmuster: die Nebenflüsse eines Flusssystems, die Fruchtstände von Wilder Möhre und anderen Doldenblütlern, Blutgefäße, das gegabelte Zickzackmuster von Blitzen oder die noch feineren Unterteilungen der Schläuche in einem Tropfbewässerungssystem. Äste sind ein verbreitetes Muster in der Natur und in unseren Gärten.

Netze. Das Netz oder Gewebemuster findet sich in der Natur in Spinnennetzen, Vogelnestern, Bienenwaben und aufgebrochener trockener Erde. Netze sind Muster der Ausdehnung, Zusammenziehung und auch der Verteilung. Gärtner erzeugen oft ein Netzmuster, wenn sie Samen in einem Hochbeet in einem Muster aus Dreiecken aussäen, um dieselbe Entfernung zwischen jedem Samen zu erzeugen. Dieses Muster passt für die meisten Samen auf der verfügbaren Fläche. In Trockengebieten pflanzen Obstgärtner ihre Bäume in einem Netzmuster, um Regen und Abfluss aufzufangen. Die Obstbäume werden

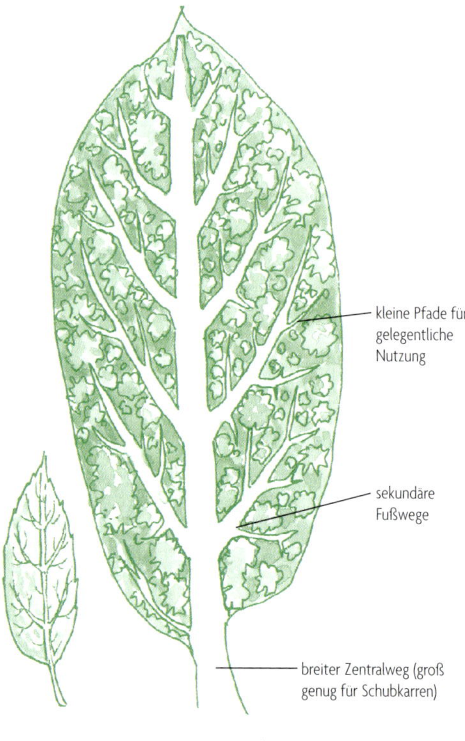

Verzweigte Gartenwege, einem Blatt nachempfunden. Das Muster von Blattadern ist eine platzsparende Möglichkeit, um Nährstoffe zu den Blattzellen zu transportieren, ohne wertvolle, Licht absorbierende Fläche zu opfern. Wir können dasselbe Muster für Gartenwege nutzen, was die Anbaufläche minimiert, die für unsere stampfenden Füße verloren geht.

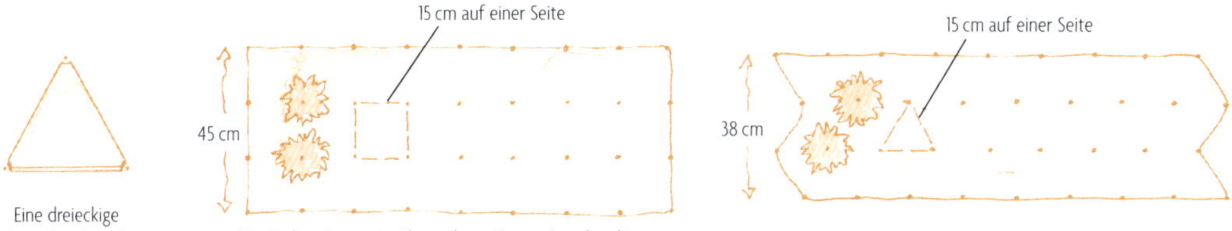

Eine dreieckige Abstandsvorlage für Saatgutabstände.

Vier Reihen Samen im Abstand von 15 cm mit rechteckigen Abständen gepflanzt benötigen 45 cm Beetfläche

Bei Verwendung von Dreiecksabständen werden nur etwa 38 cm Beetfläche benötigt.

Ein dreieckiges Netzmuster erlaubt die Aussaat von mehr Samen auf derselben Fläche als bei dem üblichen quadratischen Muster.

in kleine Mulden gepflanzt und die Becken sind durch ein Netz flacher Gräben verbunden. Durch dieses ausgeklügelte System werden Regen- und Ablaufwasser, das auf einer großen Fläche fällt, durch das Grabennetz aufgefangen und an die Basis der Bäume geleitet.

Die Natur verwendet Netzmuster, um Boden aufzubauen und raue Bedingungen zu verbessern, und wir können uns das für unsere Gärten abschauen. Ich habe erlebt, wie wandernde Sanddünen durch ein Netzmuster von Pflanzen stabilisiert wurden. Die stürmischen Winde auf den Dünen verstreuen Gras- oder andere Samen wahllos über eine große Fläche. Während jede Pflanze wächst, bildet sie einen kleinen schattigen, windstillen Fleck um sich herum. Unterstützt von diesem selbst geschaffenen, freundlichen Mikroklima sendet die Pflanze Ausläufer aus und besiedelt neuen Boden. Schon bald hat ein netzartiges Muster von Pflanzen einen großen Fleck Landschaft eingefangen und gezähmt, obgleich zwischen den einzelnen Pflanzen blanker Boden liegt. Im Laufe der Zeit vergrößern sich die verteilten Pflanzen und verbinden sich. Die gesamte Region wurde so »gebändigt« und gemäßigt und in einen milden und einladenden Lebensraum verwandelt.

Wir können dieses Netzmuster in unseren Gärten einsetzen. Falls unser Boden mager ist und es wenige Pflanzen gibt, ist die klassische Reaktion zu oft eine arbeits- und geldintensive Blitzaktion, um Mutterboden hinzuzufügen und den Platz gleichzeitig mit Pflanzen zu füllen – eine Strategie, die gewöhnlich zu überwältigend viel Arbeit führt, gefolgt von vielen toten Pflanzen. Permakulturist Doug Clayton aus New Hampshire schwor sich, diesen Fehler nicht zu begehen, und wandte das Netzmuster in seinem Garten an. Er begann mit einem Gitter aus kleinen Obstbäumen, die über seinen zukünftigen Obstgarten verteilt waren. Um jeden Setzling herum fügte er Dung und Holzschnitzelmulch hinzu und pflanzte Gründüngung und Stauden an, wodurch ein Netz aus gemulchten Kreisen entstand. Jeder Baum wurde zu einer kleinen Zone mit gesundem Boden und mildem Mikroklima. Zwischen den Kreisen wuchs zuerst Gras, das Doug mehr oder weniger ignorierte, weil er wusste, dass es jedes Jahr weniger werden würde. »Ich habe es einfach gemäht und den Grasschnitt um die Bäume herum angehäufelt, um die Fruchtbarkeit dort zu konzentrieren«, erzählte mir Doug. Er glaubt, dass dieser Prozess auch Pilzkrankheiten unter Kontrolle hält. »Das Mähen, Laub zusammenharken, im Herbst einen Ring Dung drauflegen und periodisch alles mit Holzspänen bedecken, unterbricht meiner Meinung nach den Sporenzyklus des Apfelschorfes. Ich spritze nicht gegen Schorf, aber ich habe keine Probleme mit dem Schorf. Der Pilz verrottet einfach.«

In den folgenden Jahren erweiterte Doug diese Kreise mit Mulch und mehr Anpflanzungen. Schließlich begannen sich einige der Kreise der Fruchtbarkeit und des Lebens zu berühren und verbanden den Obstgarten mit reichhaltiger Erde und üppiger Vegetation. Dies ist eine Möglichkeit, ein Netzmuster in einem Garten oder Obstgarten einzusetzen,

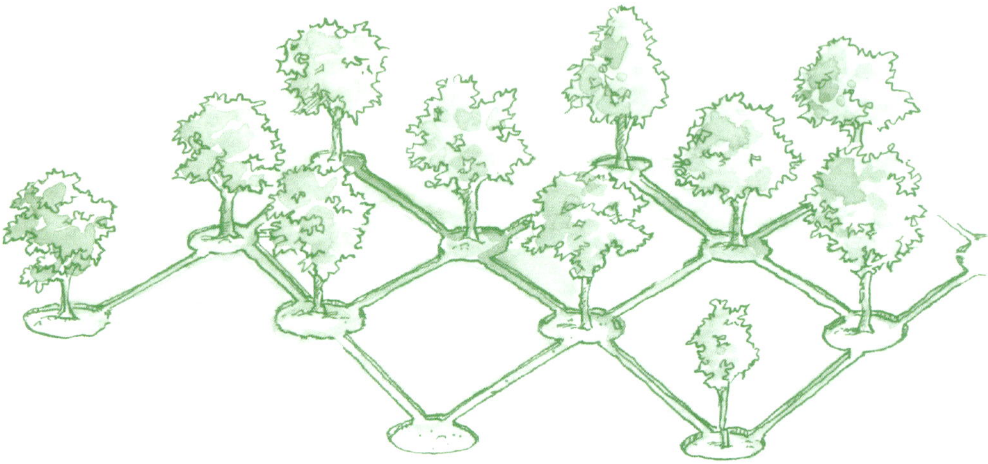

Bäume in Trockengebieten können in kleinen Mulden gepflanzt werden. Die Becken werden dann durch ein Netz flacher Gräben verbunden. Man nennt das »vernetzte Mulden«. Das Grabennetzwerk sammelt Regen- und Abflusswasser, das auf einer großen Fläche fällt, und lenkt es an die Basis der Bäume. In den Becken sammelt sich auch Mulch an, was für Bodenaufbau sorgt.

um allmählich Fruchtbarkeit und eine breit gefächerte Palette an Pflanzen über eine große Fläche aufzubauen. Da ein Netzmuster naturgemäß verbindet und automatisch Ganzheit schafft, bedeutet dies eine sehr überschaubare Menge an Arbeit und Ausgaben, um unsere Gärten dorthin zu stupsen, wo das Muster bereits hinführt.

Neben Spiralen, Ästen und Netzen gibt es noch viele andere Muster in der Natur, die auf den Garten angewandt werden können. Es gibt Kreise, Wellen, Flügel und Fraktale sowie die komplexen Wirbelmuster von Flüssigkeiten und Gasen mit exotischen Namen wie Kármánsche Wirbelstraßen, Korkenzieherströmung (oder Ekman-Spirale) und Overbeck-Jets. Falls Sie mehr über Muster erfahren möchten und wie sie in der Natur und im Design vorkommen, finden Sie im Literaturverzeichnis weitere Bücher dazu.

Am Rand leben

Wenn man Muster bildet, indem man eine Reihe Kräuter zu einer Spirale aufwickelt oder ein rechteckiges Gartengrundstück in ein Schlüssellochbeet verwandelt, verkürzt das die Länge des benötigten Wegs. Diese Muster vermindern die Länge des Beetrands im Verhältnis zu seiner Fläche. »Randzone« ist ein Schlüsselkonzept in der Ökologie, sodass Ökologen sogar vom »Randeffekt« sprechen. Randzonen sind faszinierende und dynamische Bereiche und ich möchte kurz darauf eingehen, wie man die Randzonen und ihre Wirkungen im Garten einsetzen kann.

An den Rändern passiert viel. Wo ein Wald auf die Prärie trifft, wo ein Fluss ins Meer fließt, oder an fast jeder anderen Grenze zwischen zwei Ökosystemen gibt es eine Brutstätte von Artenreichtum. All die Arten, die in beiden Umgebungen gedeihen, sind vorhanden und auch neue Arten, die in der Übergangszone zwischen beiden leben. Der Randbereich ist reicher als das, was auf der anderen Seite liegt. Jeder Fischer weiß das. Er wirft seinen Köder nicht in die Mitte des Sees aus, sondern im Uferbereich, wo sich die Fische versammeln, um im belebten seichten Wasser zu fressen.

Wir können in unseren eigenen Gärten Randzonen in Aktion sehen. Wo versammeln sich die meisten Vögel? Nicht in der Mitte der Wiese, sondern am Rand bei einer Gruppe Bäume oder Büsche, nicht tief in einer dichten Masse von Sträuchern, sondern auf den Zweigen im Randbereich. Wenn wir also die

Artenvielfalt in unseren Gärten stärken wollen, sollten wir die Randmenge erhöhen. Dies bedeutet zunächst einmal Pflanzen unterschiedlicher Höhe. Ein Übergang zwischen Wiese und Bäumen sollte allmählich sein, mit immer größeren mehrjährigen Gewächsen und Sträuchern abgemildert werden, um die natürliche Umgebung und Abwechslung zu erhöhen. Doch es gibt viele andere Möglichkeiten, um mit »Rand« zu spielen, um die gewünschten Wirkungen zu erzielen.

Beachten Sie, dass das Permakultur-Prinzip zum Rand (siehe Kapitel 1) besagt, man sollte ihn *optimieren*, nicht nur maximieren. Manchmal zahlt es sich auch aus, den Randbereich zu minimieren, wie bei der Kräuterspirale und dem Schlüssellochbeet. Hier bedeutet Rand eher vergeudeten Platz und mehr Arbeit. Die Entscheidung darüber, ob man Rand vergrößert oder verkleinert, hängt davon ab, was auf der anderen Seite der Randzone liegt und was wir damit vorhaben. Ränder erlauben es uns, Räume zu definieren, ihre Grenzen zu sehen sowie was über sie hinweg fließt, und mit diesen Strömen zu arbeiten. Das sind Orte des Übergangs und der Umwandlung, wo Materie und Energie das Tempo ändern, aufhören oder oft auch zu etwas anderem werden. Sehen wir uns einige Randzonen in einem typischen Garten an und wie wir sie nutzen können:

- *Rand Haus/Garten.* Die Außenwände eines Hauses erzeugen unterschiedliche Mikroklimate. Die Südwand ist am wärmsten und sonnigsten, daher kann man hier wärmeliebende und kälteempfindliche Pflanzen platzieren. Es ist hier oft möglich Pflanzen anzusiedeln, die eigentlich ein oder zwei USDA-Winterhärtezonen weiter südlich wachsen. Die Westwand ist morgens kühl, aber sengend heiß an sonnigen Nachmittagen, und die Nordwand am kühlsten und dunkelsten. Wir können unsere Pflanzen, Arbeits- oder Spielbereiche entsprechend positionieren. Wir können das Haus wärmer oder kühler halten, wenn wir an diesen Rändern pflanzen.
- *Rand Asphalt/Boden.* Asphaltierte Oberflächen sammeln Wasser, durstigere Pflanzen können an Gehsteigen und Einfahrten gepflanzt werden, um Abfluss aufzufangen. Der Asphalt speichert an sonnigen Tagen auch Hitze, die angrenzende Erde ist daher wärmer.
- *Rand Garten/Zaun.* Zäune und Mauern agieren als Filter, stoppen einige Ströme (wie Menschen und Aussicht) und erlauben oder erzeugen andere (Luftstrom, sitzende Vögel). Schmutz und Schnee sammelt sich an Zäunen an, mit Mulch und Feuchtigkeit. Zäune können auch als Spaliere dienen. Ordnet man den Zaun im Zickzack an, erhöht sich der Randbereich für Spalier und Bepflanzungen an der Zaunseite. Das macht den Zaun widerstandsfähiger gegen Wind und schafft eine geschützte Nische in jedem konkaven »Zick«.
- *Rand Pflanze/Boden.* Um die Zahl der Pflanzen zu erhöhen, die in einen bestimmten Bereich passen, kann man sie in einem Wellenmuster statt einer geraden Linie anordnen. Pflanzen am Rand von Beeten liefern oft bessere Erträge als die in der Mitte, also steigern Muster, die den Rand in Beeten erhöhen, die Produktion. Um denselben Effekt zu erzielen, lassen sich Reihen mit hohen Pflanzen mit solchen mit kurzen abwechseln.
- *Rand Pflanze/Luft.* Ich habe bereits erwähnt, wie ein Schlüssellochbeet nach Süden ausgerichtet als Sonnenspeicher dienen kann. Die

Ränder der Gartenbeete und, in größerem Maßstab, Busch- und Baumreihen können in gewellte Formen gebracht werden, die kühlere, windigere Flügel und geschützte, warme Buchten bilden.

- *Rand Wasser/Boden.* Die Form eines Gartenteichs hat Einfluss darauf, wie viele Pflanzen an den Rand passen. Ein völlig runder Teich hat den kleinsten Rand, während ein Teich mit Flügeln und Buchten oder sternförmigem Muster eine enorme Zahl an Sumpfpflanzen und anderen Feuchtigkeitsfreunden beherbergen kann. Außerdem werden die Landzungen, die in den Teich ragen, in ihrer erhöhten Mitte trockener sein. Landpflanzen können in der Mitte gedeihen, die Sumpfarten dagegen an den matschigen Rändern wachsen. Unterschiedliche Tiefen im Teich (auch so kreiert man Rand) bieten Platz für mehr Fischarten und Wasserpflanzen. Frösche und Kaulquappen können sich im flachen Wasser wärmen, die Koi-Goldfische in der Tiefe aufblitzen.

Allgemein vermindern gerade Linien und glatte Formen die Randmenge, während Gebilde mit Flügeln, Einbuchtungen, Hügeln, Gruben, Kräuseln und Zinnenmustern den Rand erhöhen. Vergessen Sie nicht, den Randeffekt in die dritte Dimension auszudehnen, indem Sie die Höhe und Tiefe von Anpflanzungen, Boden, Strukturen und Teichen variieren. Die Bedeutung von Randzonen ist einfach eine Manifestation der Rolle von Verbindungen im ökologischen Garten. Ränder sind keine statischen Orte, sie sind das Ergebnis einer Beziehung zwischen zwei oder mehr dynamischen Teilen der lebenden Landschaft.

Eine Möglichkeit, den Randeffekt zu nutzen. Ein gewellter Rand bringt mehr Pflanzen unter und sorgt für mehr Sonne und Nützlinge als ein gerader Rand.

Der australische Designer Geoff Lawton, der eng mit Bill Mollison zusammengearbeitet hat, sagt, falls wir die Ränder eines Gartens unter Kontrolle bekommen, nimmt der Rest des Designs leichter Gestalt an. Eine sorgfältige Beurteilung, was und wo die Randzonen in der Landschaft sind, was über sie fließt oder von ihnen gestoppt wird und welche wichtigen Randzonen vielleicht fehlen, erlaubt es uns, die Muster in unserer Landschaft und in ihrer Nutzung durch uns zu sehen. Sehen wir uns den Prozess einer Landschaftsgestaltung genauer an, wobei die Natur uns leitet.

Der ökologische Gestaltungsprozess

Ein ökologisches Design erkennt, dass nichts in der Natur allein und getrennt steht. Jeder Garten reflektiert diese Verbundenheit, ob wir wollen oder nicht. Pflanzt man z. B. eine Reihe Rosen oder Brokkoli, werden die Blattläuse sie schnell finden und sich an der neuen Nahrungsquelle gütlich tun. Rasch ist unsere neue Pflanze mit dem Rest der Natur verbunden, selbst wenn uns das nicht recht ist. Alles, was wir pflanzen, verbindet sich sofort mit natürlichen Zyklen, nimmt Nährstoffe und Wasser auf, gibt Sauerstoff und andere Moleküle an Luft und Boden ab, wandelt Sonnenlicht in Grün um und wird von Insekten, Vögeln, Mikroben und dem Rest des Lebens als Nahrung und Habitat betrachtet.

Das Diktum der Umweltschützer, dass alles mit allem anderen verbunden ist, stimmt.

Die Vorzüge, die Randzone in einem Teich zu erhöhen. Beide Teiche sind an Volumen und Fläche ungefähr gleich, doch der gewellte Teich hat mehr Randfläche. So kann er weitaus mehr Pflanzen beherbergen und die ausgedehnte flache Zone bietet mehr Lebensraum für Fische und Wasserpflanzen.

Jedes Element eines Entwurfs – eine Pflanze, ein Weg, ein Gewächshaus oder eine andere Struktur – steht in Beziehung zu vielen anderen Elementen. Wie die Teile des Designs miteinander verbunden sind, ist mindestens so wichtig wie die Teile selbst. Ein ökologisch gestalteter Garten tut mehr als einfach nur diese dynamische Vernetzung zu akzeptieren – er wird in ihr schwelgen und sie zu seinem Vorteil nutzen. Wenn z.B. eine geliebte Pflanze auch ein Magnet für Blattläuse ist, entdeckt und schafft ein guter Designer Bedingungen, die Blattlausbefall verhindern. Statt Rosen oder Brokkoli blockweise zu pflanzen, können wir ein anderes Pflanzmuster einsetzen und die Pflanzen zwischen anderen Arten verteilen, damit die Blattläuse härter arbeiten müssen, um sie zu finden. Auch die Verringerung der Stickstoffmenge im Boden ist hilfreich, da Blattläuse saftige, stickstoffgemästete Pflanzen suchen. Und wir können eine natürliche Umgebung für Blattlausfeinde wie Marienkäfer und parasitäre Wespen fördern, eine Abhilfe, die Insektenplagen allgemein vermindert. Die besten Lösungen haben Vorzüge, die weit über das ursprüngliche Problem hinausgehen.

Ein Rosenbusch z.B. ist mit vielen anderen Arten verknüpft, auch mit den Blattläusen, die er so oft anzieht. Die Blattläuse selbst locken Marienkäfer an, die Marienkäfer werden hungrig von Vögeln verzehrt und die Vögel hinterlassen ihren Kot, der Mikroben füttert und die Rose zu düngt. Alles in einer Landschaft ist damit beschäftigt, auf andere Elemente einzuwirken und wird selbst von ihnen beeinflusst.

Um eine Landschaft zu erhalten, die nicht nur natürlich aussieht, sondern auch wie ein natürliches Ökosystem funktioniert, brauchen wir somit eine Denkweise über die Teile unseres Designs, die über das reine Aussehen hinausgeht. Falls wir vollständig begreifen, wie ein Designelement mit anderen verbunden ist, können wir die Teile auf eine Art verbinden, die elegant, effizient, produktiv und schön ist.

Bedenken Sie, wie eigenständig eine natürliche Landschaft ist. Ein Ökosystem versorgt sich selbst. Niemand bringt lastwagenweise Dünger in einen Wald, niemand bringt dessen Abfall auf die Müllhalde. Der Wald kümmert sich um all das intern, erzeugt Fruchtbarkeit und verwertet Abfall und Schmutz wieder. Mit anderen Worten, Krafteeinsatz und Ergebnisse des Waldes sind ausgewogen, hinterlassen wenig Abfall, und die Arbeit wird durch Sonnenlicht angetrieben. Dieses Modell wollen wir nachahmen.

Die Schritte, um ein ökologisches Gartendesign zu schaffen, sind kurz gesagt folgende:

- *Beobachtung.* Hier fragen wir: Womit können wir arbeiten? Was sind die Bedingungen und Beschränkungen des Geländes und des Kunden?
- *Projektentwicklung.* Was sollte das Design tun? Was wollen wir? Was braucht das Gelände? Wie soll es sich anfühlen?
- *Planung.* Was müssen wir tun, um unsere Ideen zu verwirklichen? Wie sollen die Teile zusammengesetzt werden?
- *Entwicklung.* Wie wird die endgültige Gestaltung aussehen? Wie gelingt uns das?
- *Umsetzung, der letzte Schritt.* Wie bauen wir den Garten auf?

Wir glauben zumeist, dass Design der Prozess ist, bei dem wir uns überlegen, was wohin kommt: »Wir pflanzen die Heidelbeeren hier und verlegen den Weg dort.« Doch die Planung, der Schritt von »was kommt wohin«, ist nur eine von fünf Phasen des Entwurfsprozesses. Für ein erfolgreiches Design sind die anderen Schritte ebenso wichtig. Ähnlich wie wenn man ein Zimmer streicht: Wenn wir einen nassen Pinsel schwingen, ist das der Teil, den wir als »Streichen« sehen, doch das ist weniger als die Hälfte der Arbeit, um einem Raum eine andere Farbe zu geben. Bei der Auswahl der Farbtäfelchen vergisst man leicht, dass man den Raum leeren, die Wände streichen, Nagellöcher füllen und glattschleifen, Zierleisten abkleben und den Raum danach wieder einräumen muss. Aber falls man einen dieser Schritte auslässt, hat man ein Zwischending zwischen halbherzigem Streichen und außer Kontrolle geratenem Jackson Pollock. So ist das auch mit dem Design, obwohl die meisten Stufen angenehmer sind, als Wände zu streichen. Seien Sie also vorgewarnt: Nur ein kleiner Teil einer guten Gestaltung überlegt, wo die Teile hinkommen. Seien Sie nicht ungeduldig und machen Sie auch keinen kurzen Prozess damit.

Noch ein Hinweis, ehe wir den Designprozess untersuchen. Jede Landschaftsgestaltung hat zwei »Kunden« mit ihren eigenen Bedürfnissen: die Leute, die dort wohnen und das Land selbst. Wenn wir versuchen, einem Platz ein Design aufzudrücken, das er nicht unterstützen kann – ausgedehnte grüne Rasenflächen in der Wüste z.B. – kämpfen wir gegen Windmühlen. Nur große Mengen Arbeit, Energie, Ressourcen und Geld halten ein unpassendes Design am Leben. Diese Form von hohen Einsätzen ist konträr zu einer ökologischen Gestaltung. Die Natur funktioniert so nicht. Und falls der Gärtner sich kurz entspannt, zeigt die Natur schnell, wie ungeeignet dieser Entwurf ist. Mit enormen Trockenperioden, Frost-Tau-Zyklen, feuchtigkeitsliebenden Pilzen oder einer Reihe anderer verbreiteter, aber unvereinbarer natürlicher Phänomene wird die Natur einen ökologisch unerfahrenen Gärtner überdauern und ein unpraktisches Design zerstören.

Wir versuchen, Orte zu gestalten, die sich auf die Natur stützen und mit ihrer grenzenlosen Energie arbeiten, nicht gegen sie kämpfen. Wir können dies tun, indem wir erkennen, dass das Land, ebenso wie wir, seine eigenen Anforderungen und Tendenzen hat.

Gehen wir die Gestaltungsschritte im Einzelnen durch.

Beobachtung

In der Beobachtungsphase sammelt man zwei Arten von Informationen: Was befindet sich vor Ort und welche Mittel stehen für das Projekt zur Verfügung?

Eine gute Möglichkeit, um den Kennenlernprozess des Geländes zu beginnen, ist das Anfertigen einer Karte. Die Karte muss nicht schön aussehen, sollte aber Folgendes enthalten: Gebäude, Straßen und Wege, bestehende Bäume und andere wichtige Pflanzen,

Böschungen und wichtige Geländemerkmale, Drainage und Wasserläufe, Bodenarten und Bedingungen (Lehm oder sandig, sumpfig oder trocken usw.) sowie Maßstäbe und Distanzen. Fast jedes gute Buch über herkömmliche Gartengestaltung erklärt, wie man eine einfache Karte von einem Grundstück anfertigt. Mehrere finden sich im Literaturverzeichnis. Landschaftsgestaltungs- und Kartierungssoftware kann auch verwendet werden, es gibt sie zu verschiedenen Preisen und mit unterschiedlichen Lernkurven.

Wenn man eine Karte zeichnet, kreiert das mehr als nur ein Stück Papier. Jedes Mal, wenn ich eine Karte anfertige, erkenne ich Details, die mir ansonsten nicht aufgefallen wären. Die Kartenerstellung bringt mich in engen Kontakt mit einem Ort. Neigung, Aussicht, Entfernung, kühle und warme Ecken, Sonnen- und Schattenflimmern, all das kommt scharf zur Geltung, wenn ich durch das Land gehe und zeichne oder notiere, was ich sehe und fühle. Das Wissen wird in meinem Kopf deponiert und wartet auf seinen Einsatz. Der Ort nimmt eine Ganzheit an, eine Fülle, die meine Sinne umfasst, alles symbolisiert auf einem einfachen Stück Papier, das sich in mir mit einem Bild verbindet.

Die Beobachtung geht weit über das Erkennen der Objekte auf dem Gelände hinaus. Beobachtung vom Feinsten bedeutet, dass man in den Ort eintaucht. Welche Lebewesen leben dort? Wann kommen und gehen verschiedene Vögel und andere Tiere? Was essen oder benutzen sie ansonsten dort? Welche Interaktionen finden zwischen den pflanzlichen, tierischen und menschlichen Bewohnern statt? Der erste Schritt besteht darin, diese Beobachtungen aufzulisten. Sie müssen kein Berufsnaturforscher oder -geograph sein. Notieren Sie einfach, was Sie sehen und lassen Sie sich von diesem Abschnitt hier leiten. Später können Sie Ihre Beobachtungen in Büchern recherchieren oder sie mit weiterer Feldarbeit ausarbeiten.

Es ist nicht einfach, den Beobachtungsprozess von der Analyse zu trennen. Wir kombinieren fast automatisch eine rohe Beobachtung, wie »die Blätter dieser Pflanze werden gelb« mit einer Analyse: »weil sie mehr Stickstoff benötigt«. Doch in der Frühphase der Beobachtung ist es wichtig, ein kindliches Staunen zu bewahren, ohne sofort zur Analyse zu schreiten. Die Analyse kanalisiert unser Denken und verringert unsere Optionen. Wenn wir vom einfachen Beobachten sofort auf den Weg zu »Stickstoffmangel« springen, beschränken wir unsere Möglichkeiten auf eine Klasse von Lösungen: Diese Pflanze braucht Dünger. Aber wenn wir geduldig bei der einfachen Beobachtung bleiben, dass »die Blätter dieser Pflanze gelb werden«, öffnen wir uns gegenüber vielen anderen Optionen. Später, wenn uns andere Beobachtungen helfen, Informationen zu erlangen, können wir fragen: Sollen wir diese kranke Pflanze behalten? Sollen wir Begleitpflanzen hinzufügen, um ihr zu helfen? Ist das der richtige Platz für diese Art? Welche Pflanzen wären unter diesen Bedingungen glücklicher? Wie viel Bodenverbesserung wollen wir investieren? Bedenken Sie, wir suchen an diesem Punkt nicht nach Lösungen, sondern einfach nach einem Verständnis darüber, was hier vorliegt.

Behalten Sie diese Beobachtungen im Kopf. Am einfachsten ist das mit einer schriftlichen Liste, doch nicht jeder denkt auf die gleiche Weise. Manche Leute finden es nützlicher, ein Video oder eine Sprachaufzeichnung zu machen oder Skizzen mit Anmerkungen zu versehen. Wählen Sie die Methode, die am besten für Sie ist. Tabelle 3-1 bietet Anregungen, welche Arten von Beobachtungen man machen kann.

Nachdem Sie die ersten Beobachtungen gemacht haben, recherchieren Sie in Büchern, bei Experten vor Ort oder im Internet, um mehr über Merkmale zu erfahren, die nicht direkt beobachtet werden können.

Die andere Phase der Beobachtung besteht darin, die für das Projekt zur Verfügung stehenden Mittel zu untersuchen. Welche Vorräte, Pflanzen und Werkzeuge gibt es am Standort? Wie viel Zeit, Geld und Energie können Sie für den Entwurf, die Umsetzung und Pflege der Landschaft aufwenden? Über welche relevanten Kompetenzen und welches Wissen verfügen Sie? Welche dieser Ressourcen können von der Familie, Freunden, Nachbarn oder Ihre Gemeinschaft gestellt werden? Ein Entwurf kann keinen Erfolg haben ohne eine realistische Einschätzung der Ressourcen und Einschränkungen. Diese Ressourceneinschätzung wird auch darauf hinweisen, was fehlt und gekauft, geliehen oder sonst woanders beschafft werden muss.

Eine Warnung über die Beobachtungsphase: Menschen lieben es, Pläne zu schmieden und können sich dabei kaum zügeln. Es ist entsetzlich schwierig, im Garten herumzulaufen und zu beobachten, ohne auch nur zu denken: »Da ist ein guter Platz für einen Pfad … und wir könnten ein Blumenbeet entlang davon anlegen« usw. Tun Sie das nicht! Versuchen Sie, eine Zen-Geisteshaltung zu entwickeln oder was immer nötig ist, um einfach zu beobachten, ohne zu planen. Statt »Da ist ein guter Platz für einen Pfad« machen Sie eine beobachtende Aussage wie »Dort kommt man nicht gut hin«. Jede zu früh getroffene Platzierungsentscheidung schränkt die Palette der verbleibenden Möglichkeiten ein. Ich kann das nicht genug betonen. Die Planung, was wohin kommt, muss warten.

Projektentwicklung

Nun, da wir wissen, was wir auf dem Gelände haben, können wir davon träumen, was wir uns wünschen, wie der Platz aussehen und sich anfühlen kann und was dort passieren könnte. In dieser Phase hilft es, ein Notizbuch oder ein Aufnahmegerät zu nutzen, um unsere Ideen festzuhalten. Viele und lange Listen sind gut. Wir sind in der Brainstormingphase ohne Beurteilung oder praktische Erwägungen. Später dünnen wir die Listen aus.

Manche Designer beginnen mit der Projektentwicklung, und das ist auch in Ordnung. Die Schritte für Beobachtung und Projektentwicklung befruchten sich gegenseitig. Die verfügbaren Mittel, besonders Zeit und Geld, beeinflussen Ihre Vision, und wenn Ihre Vision reift, erhalten Ihre Beobachtungen vielleicht eine neue Ausrichtung. Manche Leute beobachten und entwickeln gleichzeitig und springen zwischen beiden hin und her, während andere zuerst am einen, dann am anderen arbeiten und dann zum ersten Punkt zurückkehren und überprüfen. Sobald ein Schritt fertig ist, macht es Sinn, kurz frühere Schritte anzusehen und abzuschätzen, ob etwas angesichts der neuen Erkenntnisse geändert werden muss.

Die Projektentwicklungsphase beginnt mit einem vorbehaltlosen Brainstorming, das zu einem gewissen Grad von den Finanzen (aber wir träumen mal) und eigentlich nur durch ökologische und ethische Limits begrenzt ist. D. h. einfach, die neue Landschaft sollte die Erde und ihre Bewohner durch die vorgenommenen Änderungen verbessern. Leider verarmen viele konventionelle Gartengestaltungen den Planeten. Anders als natürliche Landschaften sind sie von massiven Dünger-, Pestizid-, Wasserzugaben und mit fossilen Brennstoffen betriebenen Maschinen abhängig. Sie sind keine natürliche Umgebung und bieten den Besitzern kaum mehr als einen Platz, wo sie einen Liegestuhl aufstellen können. Man kann es leicht besser machen.

Damit ein Garten als ökologisch angesehen wird, sollte die neue Landschaft:

- wenig Material von außen benötigen, vor allem sobald sie ausgereift ist,
- die Biodiversität steigern,
- Wildtier- und Pflanzenhabitat schaffen, anstatt zu zerstören,

Tabelle 3-1. Das sollte man beachten – Gestalter-Checkliste

- ❑ Geschichte des Landes: Wissen von Nachbarn, Bücherei und öffentlichen Archiven, historischem Verein, Landkarten, Fotos, Gartenarchäologie (Testgruben graben)
- ❑ Hauseigentümerverband und staatliche Aktivitäten: Verträge, Dienstbarkeiten, Sammlung von Gartenabfall, Recycling, Herbizidspritzungen, Wasserrationierung, Bebauungsbeschränkungen
- ❑ Pflanzungen in der Nähe, die Einfluss auf Ihr Grundstück haben mögen (jetzt oder wenn voll ausgewachsen)
- ❑ Aktivitäten der Nachbarn, die das Design beeinflussen können: Lärm, Kinder, Haustiere, Besucher, Schulen, Industrie usw.
- ❑ Ressourcen in der Nachbarschaft: Quellen organischer Materie, Boden und Baumaterialien wie Sägewerke, Fabriken, Lebensmittelhersteller, Läden, Mülldeponien, Aufbereiter, Gärtnereien, Nachbarn
- ❑ Betriebsmittel: Strom-, Telefon-, Abwasser- und Gasleitungen
- ❑ Schatten und Sonnenbereiche und wie sie sich im Laufe des Jahres verändern
- ❑ Windrichtung, Intensität und Wechsel im Laufe der Jahreszeiten
- ❑ Durchschnittliche und Höchst- und Tiefsttemperatur, Daten des ersten und letzten Frosts
- ❑ Niederschlagsmengen und Jahreszeiten, Schnee, Hagel
- ❑ Sonnenauf- und -untergang im Laufe der Jahreszeiten
- ❑ Topographie, Hanglage und Ansicht
- ❑ Felsvorsprünge, Felsblöcke, Geröll
- ❑ Mikroklimate: kühl, heiß, nass, trocken, geschützte und exponierte Stellen
- ❑ Boden: Drainage, schwer oder leicht, Sand oder Lehm, fruchtbar oder ausgelaugt, stabil oder abrutschend, Verdichtung
- ❑ Wasser: Überflutungszonen, Entwässerungsmuster, Bäche, Rinnen, Wasserbewegung bei Regen
- ❑ Ausblick: gut, schlecht und Möglichkeiten
- ❑ Standort von Strukturen vor Ort und in der Nähe, wie Häuser, Garagen, Zäune und Mauern und ihre Wirkungen auf die Umgebungen: Schatten, Ablauf, Windschutz usw.
- ❑ Vegetation: vorhandene Arten, opportunistische oder schädliche Pflanzen, seltene Arten und ihre Gesundheit
- ❑ Tiere: Haustiere, einheimisch/exotisch, Ungeziefer, »angsteinflößende« Tiere (Schlangen, Spinnen)
- ❑ Verkehr und Häufigkeit, schwere oder leichte Fahrzeuge, Fußgänger, Fahrräder
- ❑ Zugang: Leichtigkeit der Anlieferung von Materialien, Standort von Wasseranschlüssen, Treppen, Türen, Garage, Lager usw.

- Luft-, Wasser- und Bodenqualität verbessern,
- die Arbeit für die menschlichen Bewohner letztlich vermindern, statt sie zu erhöhen.

Weitere Kapitel dieses Buches führen die Techniken auf, die diese Anforderungen einfach erfüllen, doch bei der Gartenplanung sollte man diese Prinzipien fest im Kopf behalten.

Denkt man an diese wenigen Beschränkungen, kann man seine Vision erschaffen. Hier sind Fragen, die man während des Entwicklungsprozesses stellen kann:

- Was wollen und brauchen Sie und die anderen menschlichen Bewohner von der Landschaft? Was kann sie anbieten? Möglichkeiten sind Nahrung, Kräuter, Lebensraum für Wildtiere, Schnittblumen, Privatsphäre, Inspiration, Ruhe, Einkommen, Spielplatz oder alles davon. Recherchieren Sie, was verfügbar ist und gehen Sie ein bisschen ins Detail, denn das ist ja nur die Traumphase.
- Was braucht die Landschaft und Region? Hat früherer Missbrauch ein Problem verursacht, das durch das richtige Design behoben werden kann? Muss der Boden regeneriert werden? Sterben Bäume oder tun sich Pflanzen schwer? Wäre mehr Wasser gut oder Lebensraum für Wildtiere? Wachsen hier seltene heimische Pflanzen, die man fördern kann?

Könnte das Design eine geschädigte Landschaft regenerieren und auffrischen und eine Chance bieten, dass bedrohte Arten überleben?

- Wie soll sich die neue Landschaft anfühlen? Wie ein Wald, ein Garten Eden, eine Wiese, ein Schutzgebiet?
- Was werden Sie dort tun?
- Welche Art von Nahrung, Kräuter, Heilpflanzen, Feuerholz, Bauholz oder andere Produkte möchten Sie gerne haben? Was davon kann das Land nachhaltig auf Dauer bieten?
- Hat der Platz ein Gesamtthema oder eine Funktion wie Bildung, Schutzgebiet, Vorführort, eigenständiges Leben oder Marktgärtnern?

Lassen Sie Ihrer Vorstellung freien Lauf und führen Sie eine Liste der Möglichkeiten. Wenn Sie notieren, was Sie in der Landschaft wollen, beschreiben Sie hinsichtlich ihrer Funktion, anstatt ihnen einen statischen Namen zu geben. Statt »Zaun« schreiben Sie lieber »Barriere«, was viel mehr Möglichkeiten zulässt: Es könnte eine Hecke, Steinmauer, Berme oder sogar ein Graben sein. Statt »Komposthaufen« denken Sie an »organisches Material wiederverwerten«. Sehen Sie den Unterschied? Führt man die Teile der Gestaltung nach Funktion auf statt mit einer inaktiven Substantivbeschreibung, hält man sich weitaus mehr Möglichkeiten offen.

Der nächste Schritt besteht im Organisieren der mittlerweile wohl seitenlangen Notizen. Stellen Sie fest, was Ihre Prioritäten sind. Was sind die dringendsten Probleme oder Wünsche? Wollen Sie zuerst den energiefressenden Rasen beseitigen, abfließendes Wasser am vorderen Weg umleiten, mehr Essen anbauen? Prioritäten können persönlich sein: »Zuerst brauche ich einen Platz, an dem ich mich ruhig hinsetzen kann, dann habe ich die Energie, die Steinmauern zu bauen, die ich möchte.« Untersuchen Sie auch die am wenigsten wichtigen Aspekte der Vision, vielleicht stehen sie im Gegensatz zu den wichtigen oder können auch weggelassen werden. Falls es hilft, unterteilen Sie Prioritäten in mehrere Kategorien: persönlich, ästhetisch, zu lösende Probleme, die Umwelt betreffend/ökologisch usw. Prüfen Sie, welche Kategorien und Punkte am wichtigsten erscheinen.

Der letzte Schritt im Entwicklungsprozess besteht darin, die Ziele und Themen angesichts der Prioritäten neu zu bewerten und zu sehen, ob einige Ziele angepasst werden müssen. Vielleicht haben Sie realisiert, dass ein Spielplatz für Kinder und Hunde dringender ist, als Sie zuerst dachten, und dies beeinflusst das Gesamtdesign.

Sie haben nun eine enorme Menge an Informationen über Ihr Grundstück und Ihre eigenen Wünsche gesammelt. Obwohl die Schritte Beobachtung und Projektentwicklung nicht wie der spannendste Teil des Designablaufs aussehen, ebnet ihre Durchführung den Weg für die nachfolgenden Schritte gründlich und vereinfacht deren Umsetzung.

Planung

Dieser Aspekt des ökologischen Gartendesigns ist anstrengend, doch eine Fülle nützlicher Werkzeuge hilft uns dabei. Da der Schreibkram von Beobachtung und Entwicklung jetzt hinter uns liegt, macht die Planungsphase für die meisten Leute am meisten Spaß. Sie ist Teil des ökologischen Gestaltungsprozesses, den wir als »Design« bezeichnen und bei dem wir herausfinden, was wohin kommt. Ich habe sie in zwei Teile unterteilt, Entwurfsplanung und räumliche Anordnung.

Entwurfsplanung. Das ist das »Übersichts«-Segment des Designs. Wir kennen unsere Ziele und die Mittel, die uns dazu aktuell zur Verfügung stehen. Jetzt müssen wir die Muster, Ideen und den Rahmen finden, die unsere Vision zum Leben erwecken, alle Teile in ein zusammenhängendes Ganzes bringen und es unterstützen. David Holmgren, der Miturheber des Permakulturkonzepts, schlägt vor, dass wir von Muster zu Details planen. Dieser ausgezeichnete Rat funktioniert auf mehreren Ebenen. Die oberste Ebene: Überlegen Sie, ob es ein (oder selten auch mehrere) übergreifende physische Muster gibt, das/die die meisten Ziele Ihres Entwurfs unterstützen. Gibt es eine Verästelung, ein Netzwerk, eine Spirale oder ein anderes Muster, das versucht, aus der Landschaft zu entstehen, und das am besten unterstützt, was Sie dort kreieren wollen? Dieses Muster kann zur verbindenden Idee werden, die die Landschaft zusammenhält und vielleicht in unterschiedlichen Maßstäben erscheint, wobei jedes Mal ein bestimmter Fluss, eine bestimmte Ästhetik oder Aktivität verstärkt wird. Zwingen Sie dem Land jedoch kein Muster auf, nur weil Sie, sagen wir, Spiralen mögen. Das Muster sollte sich aus Ihrem Dialog mit dem Land und aus den Zielen des Entwurfs ergeben. Es sollte auf natürliche Weise Designprobleme lösen, statt eine Reihe von Umgehungslösungen zu schaffen, mit denen man sich befassen muss.

Damit dieses Muster entstehen kann, sehen Sie sich Ihre Listen und Beurteilungen an und gehen Sie auf dem Gelände umher, um dort bereits vorhandene Ströme und Muster zu erkennen. Es kann helfen, eine lange Liste von Zielen und Träumen in zwei oder drei prägnanten Sätzen zusammenzufassen, die das Wesen Ihrer Ziele erfassen.

Auf der nächsten Ebene kann sich ein Muster auf ein System oder eine Strategie beziehen, die für eine bestimmte Aufgabe oder Funktion des Designs nötig ist. Braucht Ihr Design Wassergewinnung, das Recycling organischer Substanz, eine Organisation des Fußgängerverkehrs? Jetzt ist der Zeitpunkt, um zu entscheiden, ob die wichtigen Ziele und Funktionen des Designs erreicht werden. Schreiben Sie eine Liste dieser Ziele und Funktionen. Dazu kann die Bewässerung gehören, Fußgänger- und Schubkarrenverkehr, verschiedene Arten von Nahrung, Blumen, eine natürliche Umgebung und Nährstoffproduktion, Kompostierung, Lagerung, Schatten, Sozial- und Familienaktivitäten, Bereiche für Haustiere, Beleuchtung, Privatsphäre, Meditation, Arbeitsbereiche und Sitzgelegenheiten. Die gewählte Methode zur Ausführung all dieser Aufgaben wird teilweise diktieren, welche Elemente für diesen Teil der Gestaltung erforderlich sind und wie sie organisiert werden. Wasser, das von einem Wasserhahn durch ein komplexes Tropfbewässerungssystem geleitet wird, braucht verschiedene Bestandteile und ist in einem anderen Muster angeordnet als Niederschlag, der in einem Teich aufgefangen wird und durch eine Bodensenke hinunter in einen Obstgarten fließt. Für jetzt notieren Sie nur die Aufgaben, Funktionen und Systeme, die Ihr Design nötig hat. Herauszufinden, welche Bestandteile jede Funktion besitzt, kann bis zur nächsten Phase warten.

Nachdem wir die Funktionen, Aufgaben, Produkte und Strategien unseres Designs aufgelistet haben, kommen wir direkt zum nächsten Schritt. Nun können wir die Gestaltungselemente ermitteln – einzelne Teile, Materialien, Arten und andere Dinge –, aus denen die größeren Systeme bestehen und die unsere Vision weiterhin erfüllen werden. Wie wählen wir sie aus und setzen sie zusammen? Das Leitprinzip ist hier erneut, dass wir keine statische Ansammlung von Objekten, sondern eine dynamische, lebendige Landschaft voll von Interaktionen zwischen ihren Bewohnern erschaffen. Welche Arten von Früchten wachsen im Garten Eden? Welche Spezies locken die Wildtiere an, die wir uns wünschen? Machen Sie detaillierte Listen von Arten und Strukturen. Spätere Kapitel und der Anhang bieten viele Anregungen für diesen Schritt.

Diese Listen erzeugen viele Einzelposten. Als nächstes und am wichtigsten ist zu sehen, wie die Teile unseres Designs so verbunden werden können, damit eine lebendige Landschaft entstehen kann.

Räumliche Anordnung. Bei diesem Schritt schließlich können wir anfangen zu entscheiden, was wohin geht. Dazu müssen wir uns darüber klar werden, wie jedes Teil des Designs sich verhält und was seine Beziehung zu den anderen Teilen der Landschaft und zu uns, den menschlichen Bewohnern, ist.

Um etwas über das Verhalten und die Beziehungen z.B. eines Baumes zu erfahren, können wir fragen: Was braucht diese Pflanze, um zu gedeihen? Was schädigt sie und sollte daher ferngehalten werden? Was bietet sie den anderen Elementen in der Landschaft? Was kann sie von ihnen erhalten? Was erzeugt sie? Was zerstört sie? Dann können wir nach anderen Dingen in unseren Projektentwicklungs- und Planungslisten suchen, die diese Bedürfnisse erfüllen oder neue Elemente hinzufügen, falls sie nötig sind. Wenn Pflanze A viel Stickstoff braucht, suchen Sie eine Stickstoff produzierende Art und pflanzen sie daneben. Jede kluge Verbindung zwischen Elementen des Designs bedeutet einen Arbeitsschritt weniger für den Gärtner, eine Schubkarrenladung weniger, die Sie in den Garten hinein- oder heraus bewegen müssen. Jeder Bedarf, der nicht von einem anderen Bestandteil des Entwurfs befriedigt wird, bedeutet Arbeit für den Gärtner, jedes nicht genutzte Produkt wird zu Verschmutzung. Die Idee besteht darin, beides durch den Entwurf kluger Verbindungen zu beseitigen.

Tabelle 3-2 zeigt ein Beispiel dieses Vernetzungsprozesses, häufig als »Bedarfs- und Ertragsanalyse« bezeichnet, anhand eines Birnbaums. Ich habe die Produkte, Aktivitäten (wie Schatten spenden), die eigenen Qualitäten (Höhe, Farbe usw.) des Birnbaums und seine Anforderungen aufgeführt, auch einige, die nicht ins Auge fallen. Mit dieser Liste kann man versuchen, den Birnbaum mit den anderen Pflanzen und Strukturen in unserem Entwurf so zu verbinden, dass er so viele Dinge auf der Liste wie möglich zur Verfügung stellt oder nutzt.

Hätten wir genug Zeit, könnten wir so eine Liste für jedes Element in unserem Design machen. Angesichts der Restriktionen in der realen Welt, in der wir nie genug Zeit haben, könnten wir einfach Listen für wichtige und repräsentative Elemente anfertigen (wie wichtige Pflanzenarten, Wege und Zäune und andere Posten wie Teiche und Elemente der »Außenanlagen«, wie Gewächshäuser, Hecken). Für die Punkte, für die wir keine Listen anfertigen, können wir einfach versuchen, über sie vom Blickwinkel des »Verbindens« aus nachzudenken und die Teile des Designs als dynamische, zusammenspielende Einheiten sehen, die sich miteinander verbinden.

Tabelle 3-2. Die Verbindungen eines Birnbaums

Produkte und Aktivitäten:	**Bedürfnisse:**
Blätter	Wasser
Holz	Nährstoffe
Samen	Kohlendioxid
Sauerstoff	Sauerstoff
Wasser	Sonnenlicht
Schatten	Boden
Frucht	Pollen
Pollen	Bestäuber
Rinde	Schutz vor Raubtieren und Krankheit
Saft	
Kohlendioxid	Schnitt
Bodenstabilisierung	
Staubansammlung	**Eigene Qualitäten:**
Bodenauflockerung über Wurzeln	Farbe
Nährstofftransport	Form
Habitat für Wildtiere	Größe
Windreduzierung	Bodenanforderungen
Wasseraufbereitung	Klimaanforderungen
Mulch und Bodenaufbau	Geschmack
Wassertransport	Duft

Einige Verbindungen des Birnbaums

Produkte

- *Obst.* Wir essen oder verarbeiten alles. Falls nicht, könnte man ein Tier haben, das die gefallenen Früchte frisst, sie Nachbarn oder einem Verein geben.
- *Pollen.* Unser Baum kann andere Birnen bestäuben oder bietet, kombiniert mit anderen Pollenquellen, Nahrung für Bienen. Wollen wir Honigbienen halten?
- *Schatten.* Wir können schattentolerante Pflanzen unter die Birne pflanzen oder den Baum dort positionieren, wo der Schatten nützlich ist. Denken Sie daran, dass er *saisonalen* Schatten wirft. Der Baum könnte also im Sommer ein Gebäude kühlen, aber im Winter Licht ins Haus lassen. Man sollte auch die endgültige Höhe des Baumes (eine ihm eigene Qualität) berücksichtigen, wenn man andere sonnenhungrige Pflanzen in der Nähe pflanzt.
- *Privatsphäre.* Belaubt schirmt der Baum einen Bereich ab.
- *Windschutz.* Belaubt und weniger, wenn er kahl ist, blockiert der Baum Wind.
- *Mulch und Bodenbildung.* Blätter und Wurzeln helfen, Boden aufzubauen und zu lockern, doch verrottende Blätter könnten Pilzkrankheiten (Schorf u. ä.) verursachen, wenn es kein gesundes Bodenleben gibt, das sie rasch verarbeitet. Falls wir die Blätter rechen wollen, sollten wir die Wege und den Komposthaufen planen.

Bedürfnisse

Betrachten wir nun die Anforderungen des Baumes, was schwieriger sein kann als die Produkte:

- *Wasser.* Gibt es ausreichend Niederschlag? Können wir Wasserspartechniken wie Mulch und dichte Bepflanzungen unter dem Baum einsetzen, für Schatten und um Wasser in der Erde zu halten? Können diese Anpflanzungen auch andere Erfordernisse lösen, wie …
- *Nährstoffe.* Viele Pflanzen ziehen Nährstoffe von tief im Untergrund in ihre Blätter, was dem Oberboden beim Laufabwurf zugutekommt. Wir können den Birnbaum mit einigen dieser Speicherpflanzen (in Kapitel 6 und im Anhang beschrieben) unterpflanzen. Diese Pflanzen können vor Ort gemulcht werden, um Boden aufzubauen und Nährstoffe zu bieten. Gibt es in der Zwischenzeit in der Nähe eine Düngerquelle, die ausreicht, bis der Garten seinen eigenen produziert?
- *Pollen.* Bestäubt der Baum sich selbst oder braucht er eine andere Art zur Bestäubung? Wollen wir zwei frucht-tragende Birnbäume oder eine Zierbirne oder gibt es in der Nachbarschaft Birnen?
- *Bestäuber.* Nahe des Birnbaums sollte es Pflanzen geben, die Bestäuber anlocken und einen insektenfreundlichen Lebensraum schaffen. Können manche dieser Pflanzen auch für Nahrung, Mulch oder Pflanzennährstoffe sorgen?
- *Schutz vor Raubtieren und Krankheit.* Brauchen wir einen Rehzaun? Können wir dafür Hecken oder dornige Pflanzen nehmen? Wie ziehen wir Insekten an, die Schädlinge abschrecken?
- *Schnitt.* Sollen wir einen Zwergbaum pflanzen, damit wir keine Obstgartenleiter für Schnitt und Ernte brauchen? Können wir den Baumschnitt für einen holzigen Komposthaufen (siehe die Diskussion über *Hügelkultur* in Kapitel 4) nehmen? Oder lassen wir den Baum seine natürliche Form annehmen?

Mit unseren Listen in der Hand können wir nun Produkte, Bedürfnisse und Aktivitäten an andere potenzielle Elemente eines Designs anknüpfen. Der Kasten auf Seite 63 zeigt einige Positionen auf der Birnbaumliste, die Probleme bringen oder zu kreativen Einsatzmöglichkeiten anregen könnten.

Mithilfe dieser Verknüpfungstechnik haben Leute geniale Verflechtungen in ihren Gartenentwürfen zustande gebracht. In Colorado hat Jerome Osentowski einen Hühnerstall an sein Gewächshaus gebaut. Diese Anordnung nutzt die Körperwärme der Vögel, um die Pflanzen zu wärmen, das Kohlendioxid ihres Atems zur Anregung des Pflanzenwachstums und den Kot als Dünger. Er nutzt auch das natürliche Kratzverhalten der Vögel, um Gartenbeete zu jäten und umzugraben. Die Hühner fressen auch Insekten.

Ein Trick von anderen Gärtnern ist es, einen Teich an die sonnige Seite eines Gewächshauses oder Gruppe von Obstbäumen zu pflanzen, wo das reflektierte Licht beim Reifen und Wärmen hilft.

Clevere Verbindungen gibt es in Fülle, wir müssen sie uns nur ausdenken und sie entwerfen.

Kurzum sollten bei der Bedarfs- und Ertragsanalyse die Anforderungen jeder Pflanze, Struktur oder jedes anderen Elements in einem Design idealerweise durch andere Gestaltungselemente erfüllt werden und Früchte offerieren, die anderen Elementen dienen. Ein Vorteil von Bedarf und Ertrag ist, dass einige von Natur aus zugehörige Verbindungen, die Produkte nutzen oder Bedürfnisse liefern, offensichtlich sind, und daher nicht ins Design aufgenommen werden müssen. Sie wissen z. B., dass Ihre Nachbarin einen Birnbaum hat, was bedeutet, Sie brauchen selbst wohl nur einen pflanzen, da die Birne in der Nähe in vielen Fällen für die Bestäubung Ihres Baums sorgt. (Und falls Ihre Nachbarin Ihnen Obst abgibt, brauchen Sie vielleicht gar keinen Birnbaum pflanzen. Auch soziale Verbindungen zählen!) Sobald die Bedarfs- und Ertragsanalyse erfolgt ist, müssen Sie wichtige fehlende Verknüpfungen im Entwurf verankern. Falls Sie einen Teich haben, aber keine Wasserquelle, sollten Sie vielleicht Regenwasser sammeln. Die Technik verrät Ihnen, wo die Lücken in Ihrem Entwurf sind.

Das Erarbeiten dieser Verbindungen beinhaltet oft einen kaskadenartigen Denkprozess: Wir wählen ein gewünschtes Designelement, sehen, was es benötigt und bietet, dann findet man ein zweites Element, das einige dieser Bedingungen erfüllt (idealerweise eine, die bereits auf einer der Designer-Listen steht), dann schaut man, was mit dem zweiten Element verbindet usw. Dieser Prozess soll ein dichtes Gewebe von Verbindungen schaffen, doch wenn das planlos getan wird, kann es zu einem Wust verwirrter Rückkoppelungskreise und Sackgassen führen.

Zum Glück bietet die Permakultur ein anderes System, um den Ablauf des Verbindungsentwurfs zu organisieren, bei dem alles in kleine Stücke zerlegt ist, die leicht zu fassen und zu handhaben sind. Man nennt das die Zonen- und Sektormethode. Diese Methode hilft uns zu entscheiden, wo alle Teile des Gartens so platziert werden, dass sie miteinander – und für uns – am wirksamsten funktionieren (siehe Tabelle 3-3).

Die Zonen- und Sektormethode beginnt am Hauseingang und erstreckt sich von Zone 0 zu Zone 5. Das Haus wäre dann Zone 0. Die Pflanzen und andere Landschaftselemente, die Sie am häufigsten nutzen oder die größte Pflege brauchen, sollten sich nah am Haus befinden. Vielleicht mögen Sie frische Kräuter in fast jedem Essen. Wo sollten Sie Ihre Kräuter pflanzen? Der Mitbegründer der Permakultur, Bill Mollison, gibt ein paar Tipps. »Wenn Sie morgens aufstehen und der Boden taubedeckt ist«, erklärt er, »ziehen Sie Ihren warmen Bademantel und Ihre flauschigen Schlappen an. Dann gehen

Sie hinaus und schneiden etwas Schnittlauch und andere Kräuter für Ihr Omelette. Wenn Sie wieder hineinkommen und Ihre Schlappen sind nass, sind Ihre Kräuter zu weit entfernt.« In diesem System sollten die Kräuter in Zone 1 platziert werden. Zone 1 umfasst das Gebiet, das von einer etwa 6-12 Meter vom Haus entfernten Linie umgeben ist und enthält das, was am häufigsten genutzt wird. Eine typische Zone 1 könnte intensiv gejätete und gemulchte Salat- und Kräuterbeete, eine Terrasse oder kleine Wiese, eine schattige Laube, ein oder zwei Cocktailtomatenpflanzen, einen Zwerg-Obstbaum und die hübschesten und empfindlichsten Pflanzen enthalten. Alle Elemente des Designs, die ständige Beobachtung, regelmäßige Besuche oder stringente Techniken benötigen – wie ein Baum am Spalier oder eine Glyzinie an einem Gitter –, gehören in Zone 1.

Das macht Sinn. Wie oft haben Sie einen unkrautüberwucherten Gemüsegarten gesehen, der fünf oder 30 Meter von einem Haus entfernt sein Dasein fristete? Das ist nicht auf dem Weg irgendwohin und nicht unter dem Küchenfenster, wo sprießende Unkräuter und überreifes Gemüse jemanden alarmieren würden, der gerade abspült. Die kleine energetische Hürde, die durch die Entfernung zum Garten entsteht, kann gerade genug sein, um zu Vernachlässigung zu verleiten.

Zonen sind keine ordentlichen konzentrischen Kreise, die am Haus beginnen.

Tabelle 3-3. Das Zonensystem: Funktionen und Inhalte

	Funktionen	Strukturen	Nutzpflanzen	Gartentechniken	Wasserquellen	Tiere
Zone 1: Intensivste Nutzung und Pflege. Zone der Selbstversorgung	Haus-Mikroklima ändern, täglich Essen und Blumen liefern, sozialer Raum, Pflanzenanzucht	Gewächshaus, Spalier, Laube, Deck, Terrasse, Vogelbad, Lager, Gartenschuppen, Werkstatt, Wurmtonne	Salatpflanzen, Kräuter, Blumen, Zwergbäume, niedrige Büsche, Rasen, Bäume für Mikroklima	Intensives Jäten und Mulchen, dichtes Stapeln, kleine und biointensive Beete, Spalier, Anzucht	Regentonnen, kleine Teiche, Grauwasser, Haushaltswasseranschluss	Kaninchen, Meerschweinchen, kleines Geflügel, Würmer
Zone 2: Halbintensiv bewirtschaftet. Heimische Produktionszone	Heimische Nahrungsproduktion, einige Marktfrüchte, Pflanzenanzucht, Vogel- und Insektenhabitat	Gewächshaus, Scheunen, Werkzeugschuppen, Laden, Holzlager	Grundnahrungsmittel und Früchte zum Einmachen, multifunktionale Pflanzen, kleine Früchte und Nüsse, feuerfeste Pflanzen, heimische Pflanzen	Wöchentliches Jäten und Pflege, punktuelles Mulchen, Bodendecker, saisonaler Schnitt	Brunnen, Teich, große Tanks, Grauwasser, Bewässerung, Bodensenken	Kaninchen, Fische, Geflügel
Zone 3: Niedrige Intensität, extensive Methoden. Farmzone	Cash Crops, Feuerholz und Bauholz, Weide	Futterlager, Feldunterstände	Cash Crops, große Obst- und Nussbäume, Tierfutter, Schutzgürtel, Sämlinge für Veredelung, heimische Pflanzen	Bodendecker, Stockausschlag, leichter Schnitt, bewegliche Zäune	Große Teiche, Bodensenken, Speicherung im Boden	Ziegen, Kühe, Schweine, Pferde, Schafe, andere große Tiere, frei laufendes Geflügel
Zone 4: Minimale Pflege. Zone für Nahrungssuche	Jagen, Sammeln, Beweidung	Futterkrippen	Feuerholz, Bauholz, Weidepflanzen, heimische Pflanzen	Beweidung und selektive Forstwirtschaft	Teiche, Senken, Bäche	Weidende Tiere
Zone 5: Unbewirtschaftete Wildniszone	Inspiration, Futtersuche, Meditation	Keine	Heimische Pflanzen, Pilze	Unbewirtschaftet, gelegentliche Wildsammlung	Seen, Bäche	Heimische Tiere

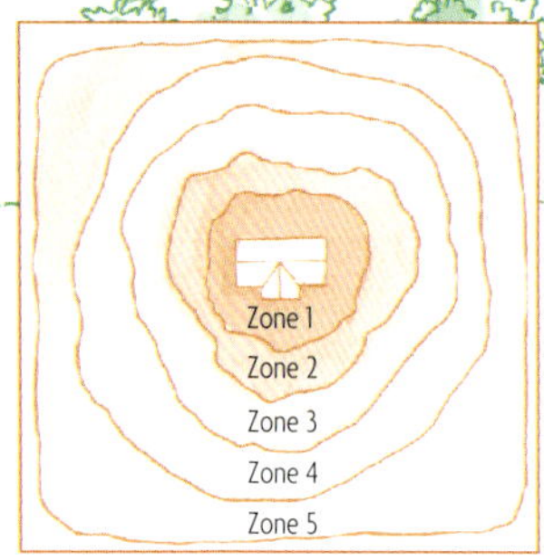

Ein typischer Zonenentwurf für ein 1000 m^2 großes Vorstadtgrundstück. Salatgemüse, Kräuter, Zwerg-Obstbäume, Terrasse, Rasen und andere oft verwendete Dinge sind in Zone 1. Reihenkulturen, Beeren, nützliche Sträucher, ein Teich, Hühner und ein Nahrungswald sind in Zone 2. Zone 3 hat größere Obst- und Nussbäume, während Zone 4 für Futter und Feuerholz ist. Eine Ecke des Gartens bleibt für Zone 5 wild. Die Nebenkarte zeigt ein idealisiertes Muster in konzentrischen Zonen um ein Haus, vom meist zum wenigsten genutzten Teil.

Ihre Grenzen sind durchlässig und gehen ineinander über. Die Zonen werden durch Topografie, Boden, verfügbares Sonnenlicht, Zugang vom Haus, einheimische Vegetation und die Anforderungen des Hausbesitzers geformt und verengt.

Die Zonen helfen uns, die Elemente und die Energieströme unseres Eigentums in den richtigen Beziehungen zu organisieren, so dass wir eine Ordnung anhand dessen herstellen können, wie oft wir etwas benutzen oder pflegen müssen. Zonen basieren auf dynamischen Beziehungen. Statt in statischen Kategorien – Blume, Gemüse, Baum – zu denken, überlegen wir, wie wir mit den Teilen unseres Designs interagieren. Täglich genutzte Elemente, sei es Salatgemüse, Schnittblumen oder eine Terrasse, kommen direkt vor die Tür. Falls wir Gurken zum Mittagessen mögen, pflanzen wir entsprechend. In dieser neuen Ordnung wird eine rankende Gurke, die vorher in einen weit entfernten Gemüsegarten verbannt war, eine tolle Wahl für die Laube über einem angeschlossenen Deck, wo die Ernte einfach ist. Eine Duftrose könnte unter einem häufig geöffneten Fenster stehen, wo ihr Duft ins Haus weht.

Sehen Sie, was hier geschieht. Die Randzonen des Hauses beginnen, etwas zu verschwimmen. Wo endet das Gebäude und wo beginnt der Garten?

Ordnen wir unsere Landschaft nach Nutzung und nicht nach Form oder Größe, werden einige alte Kategorien unscharf. Diese Zwerg-Spalierbirnen am Zaun – ist das der Obstgarten, die Hecke, oder, nachdem die Holzpfosten verrotten, vielleicht der Zaun selbst?

Gutes Design schlägt vor, dass wir unsere Zonen unserem eigenen Leben anpassen. Der Gourmand möchte ein Schnittsalatbeet und Kräuter vor der Tür und Babykarotten nicht weit davon. Der Typ, der sagt: »Kommt nach der Arbeit bei mir vorbei«, rückt die Terrasse und eine gemütliche Laube ins Zentrum.

Bringen Sie Ihren Garten nahe ans Haus, besonders die Pflanzen, die Sie täglich essen. Gemüsegärten sind hässlich, finden Sie? Dann hören Sie auf, in stockgeraden Reihen zu gärtnern.

Krümmen Sie die Gartenbeete, folgen Sie den Konturen Ihres Gartens – oder erzeugen Sie welche. Denken Sie sich den Garten als multifunktionale Landschaft, die Essen, Schönheit, Lebensraum für nützliche Insekten, sogar eigenen Dünger liefert. In Zone 1 kann man attraktive Mischungen aus Stauden, Einjährigen, Salatkräutern, Büschen, Blumen, die Insekten und Vögel anlocken, und nährstoffliefernden Pflanzen schaffen, die für Fruchtbarkeit sorgen.

Ich kann bestätigen, wie gut die Zonenmethode funktioniert. Jahrelang lag unser Hauptgarten in Oakland 50 Meter vom Haus entfernt, sein Platz und der 2,5 m hohe Rehzaun ein Erbe vom Vorbesitzer. Da die marodierenden Rehe das Gärtnern jenseits vom Zaun zur ständigen Enttäuschung machten, pflanzten wir alle rehsicheren Pflanzen, die wir fanden, nahe am Haus. Zwei kleine Blumenbeete lagen am Rand des Rasens, jedes umgeben von »temporären« Rehzäunen, die sehr permanent aussahen. Diese Gärten zu pflegen, wurde ein ständiger Kampf, zum Teil, weil jeder auf allen Seiten von Gras umgeben war, das sich immer wieder auf die fruchtbare, gut bewässerte Erde ausbreitete.

Wir weigerten uns, das Grundstück mit einem hohen Zaun zu umgeben – die »Gefängnis«-Aura eines solchen Arrangements widerstrebte uns und passte nicht zur Offenheit unserer Landschaft. Doch wir hatten weniger Lust, in den Garten zu gehen. Also zog ich spätnachmittags meine Stiefel an und verabschiedete mich von Kiel, als würde ich ins Büro gehen und stapfte in den Garten, incommunicado, bis die Arbeit getan war. Und es war Arbeit – im Garten schwitzte, jätete, beschnitt und grub ich.

Schließlich änderten wir die Strategien und bauten einen unauffälligen Zaun in einem Halbrund ums Haus. Er ist nicht 2,5 m hoch, ein entschlossenes Reh könnte darüber springen, doch wir haben versucht, ihnen anderswo genügend Futter anzubieten, mit dem sie beschäftigt bleiben. Innerhalb des neuen Zauns haben wir enorm viel Schichtmulch ausgebracht und pflanzten eine dichte Mischung Nutz- und Zierpflanzen.

Was für ein Unterschied! Wenn wir mit einer Tasse Kaffee im Garten schwatzten, bückten wir uns einfach ab und zu und rissen ein paar kleine Unkräuter aus. Sie wurden meist nicht groß, weil wir täglich dort waren und sie sahen. Das Gras konnte sich nicht länger von allen Seiten breit machen. Gemüse für Sandwiches kam von einem Schnittsalatbeet vor meiner Bürotür, ebenso wie Erdbeeren fürs Frühstück, ohne lange Wege. Ich ließ mich vom Schreiben – viel zu oft – ablenken, indem ich aus dem Fenster Bienen und Schmetterlinge an Schafgarbe, Salbei und Baldrian beobachtete. Es macht kaum Arbeit, etwas Mulch auf ein Fleckchen nackte

Erde zu werfen oder mit dem Schlauch einem Sämling mit hängendem Kopf Wasser zu geben. Und das Beste war, wir lebten in diesem Garten, statt nur darin zu arbeiten. Da ich beides kenne, ist Zonengärtnern für mich das einzig Wahre.

Jenseits von Zone 1 liegt Zone 2. Hier sind Obstbäume, terrassierte Beete, große Büsche, Beerensträucher, Teiche und unterschiedlich gepflanzte Hecken zuhause. Dort kann man auch die Gemüsebeete für die größere Produktion anlegen: Kartoffeln, Reihen von Tomaten zum Einmachen, Spaliere mit Stangenbohnen. In einem Garten habe ich eine Zone 2 gesehen, in der ein schöner abwechslungsreicher Mix aus Büschen, weniger oft beernteten mehr- und einjährigen Gemüsesorten, Blumen sowie einige Obstbäume und ein Plastik-Gewächshaus voller Tomaten stand. Dies sind Elemente, die wir nicht jeden Tag besuchen, somit ist die Pflege in Zone 2 nicht ganz so intensiv: punktuelles statt tiefes, durchgängiges Mulchen, automatische oder großflächige Bewässerung, statt jede Pflanze einzeln mit einer Gießkanne besuchen. In einem kleinen Garten beginnt Zone 2 vielleicht nur 5 Meter von der Haustür entfernt und endet in der Nähe des Nachbarzauns. Auf einem größeren Grundstück erstreckt sich diese Zone vielleicht 15-30 Meter vom Haus.

Kleine Tiere wie Kaninchen, Bienen oder Hühner bringt man am besten im Grenzbereich von Zone 1/Zone 2 unter. Kompost sollte auch dort verrotten. Ökologische Gestaltung bedeutet, die Elemente in Beziehung miteinander zu platzieren, und sorgfältiges Nachdenken kann einige zeitsparende Positionierungen ergeben. Falls der Stall für ein paar Stadthühner auf dem Weg zu einem Gemüsebeet liegt, können Sie den Vögeln ein paar Küchenabfälle zuwerfen, wenn Sie jäten gehen und auf dem Rückweg die Unkräuter den Vögeln im Stall geben und ein paar Eier mitnehmen. Warum dreimal laufen?

Zone 3 enthält große, selten beschnittene Obst- und Nussbäume, Feldfrüchte wie Getreide und gewerbliche Gärten. Einige Bäume liefern eventuell Feuerholz, Holzprodukte oder Tierfutter. Ich habe eine vorstädtische Zone 3 mit Walnüssen, Kastanien und Bambus gesehen – Pflanzen, die wenig Aufmerksamkeit erfordern und nur ein- oder zweimal im Jahr geerntet werden.

Zone 4 bezieht sich gewöhnlich auf große Grundstücke. Hier können Tiere geweidet werden und Feuer- und Bauholz-Bäume stehen. Hier pflücken wir heimische Nahrung, Kräuter oder Material zur Holzbearbeitung. Dies ist eine halbwilde, selten bewirtschaftete Region für die Nahrungssuche.

Jedes Gelände braucht eine Zone 5. Das ist Wildnis. Ob es eine Ecke auf einem städtischen Grundstück ist, die Wildtieren ein Dickicht und ein paar raschelnde Birken bietet oder ein Landschaftsschutzgebiet im hintersten Teil des Grundstücks. Dort sind wir Besucher, nicht Chefs. Wir entwerfen die anderen vier Zonen, doch wir betreten Zone 5, um von ihr zu lernen. Dort beobachten, spielen und meditieren wir und lassen das Land in Ruhe. Zone 5 ist die Bedienungsanleitung für den ökologischen Garten und dafür, unser Leben im Einklang mit der Natur zu halten.

Welche Zone man wählt, um dort ein Gestaltungselement zu platzieren, hängt von zwei Dingen ab: wie oft wir die Pflanze, das Tier oder die Struktur besuchen müssen und wie oft sie unseren Besuch benötigt. Die Gesamtstrategie mit Gartenzonen besteht darin, an der Haustür anzufangen, zuerst die Bereiche nahe zum Haus zu gestalten und zu entwickeln und sich langsam weiter nach außen zu arbeiten. Auf diese Weise können wir ein zusammenhängendes Gebiet unter Kontrolle halten, das so viel Aufmerksamkeit wie nötig erhält, statt ein Sammelsurium verstreuter Flecken zu erhalten, die leicht vergessen werden.

Zonen helfen uns, die Teile unseres Designs in ein nützliches Verhältnis miteinander und mit uns selbst zu bringen. Sie sagen uns, wie wir mit dem arbeiten, was vor Ort ist. Doch die Designelemente müssen auch im richtigen Verhältnis zu einer zweiten Reihe von Faktoren stehen: Kräfte, die von außen kommen, wie Wind, Sonne und Wasser. Auch hier liefert uns die Permakultur ein praktisches Werkzeug, um mit diesen Kräften zu arbeiten, indem wir jede in ihrem speziellen Sektor verorten. Die Winde, die z. B. über ein Grundstück wehen, kommen normalerweise aus einer bestimmten Richtung (die Richtung ist oft von der Jahreszeit abhängig). In Oregon, wo ich lebe, wüten regenreiche Winde aus dem Südwesten. Somit ist der Südwesten mein Winterwindsektor. Im Sommer wehen kühle Brisen von Kanada herunter, der Sommerwindsektor ist also im Norden. Um diese Beobachtungen zu nutzen, schieben wir verschiedene Elemente des Entwurfs in Bezug zum Windbereich herum, bis sie am besten funktionieren. Wir könnten z. B. die Auswirkungen des Winterwinds mit Windschutz oder Gebäuden puffern oder ihn mit einem Windgenerator einfangen. Doch die Sommerbrise könnten wir ohne Hindernisse zum Haus fließen lassen. Durch die Lokalisierung und Kartierung der verschiedenen Sektoren lassen sich die Teile eines Entwurfs in ein angemessenes Verhältnis zu den in den Standort eintretenden Energien setzen und effektiv nutzen.

Hier sind mehrere andere Sektoren:

Sonne. Der Sonnensektor variiert mit den Jahreszeiten. In Nordamerika geht die Sommersonne weit im Nordosten auf und im Nordwesten unter, der Sommersonnensektor ist also sehr groß. Auf einer Grundstückskarte eingezeichnet, erstreckt er sich über fast 270 Grad. Der Wintersonnensektor ist viel kleiner, denn im Winter geht die Sonne im Südhimmel auf und unter (siehe unten).

Ausblick. Der unangenehme Anblick einer heruntergekommenen Garage des Nachbarn fällt in einen Bereich, den man als »hässlicher Anblick« bezeichnen könnte, ein Blick, den man durch Pflanzen oder eine Struktur abschirmen kann. Doch den herrlichen Ausblick aufs Meer würde man bewahren oder betonen.

Feuer. Mein Feuersektor in Oakland zeigte von Süden auf mich. Wir wohnten nicht nur auf einem trockenen, nach Süden ausgerichteten Hügel, den ein Feuer schnell erklimmen konnte, aber meine Nachbarn mit ihren Motor-Rasenmähern, Kettensägen, zündelnden Kindern und anderen brennbaren Geräten lebten ebenfalls im Süden. Feuersektoren sollten in einem Design stets berücksichtigt werden, selbst in der Stadt, und offengehalten und mit feuerbeständigen Arten bepflanzt oder mit Sprinklern ausgestattet werden.

Wildtiere. Jeder Garten wird von einem Wildtiersektor durchdrungen, ob er marodierende Rehe, einen umherschleichenden Waschbären oder einen Schwarm Zedernseidenschwänze bringt, die vom Kirschbaum eines Nachbarn zu Ihrem flattern. Wildtiere können durch Pflanzungen und Strukturen abgelenkt oder willkommen geheißen werden.

Andere Sektoren sind Überflutung und Oberflächenwasser, Nebel, Verschmutzung (Lärm, Gerüche, Stromleitungen), Fußgängerverkehr wie Gruppen von Schulkindern, und Verbrechen (ein dunkler Weg neben dem Garten). Die Teile eines Designs können mit den Sektoren auf dreierlei Art interagieren. Sie können (1) die durch den Sektor eintretenden Kräfte blockieren oder abschirmen, wie mit einem Windschutz oder Schattenbaum, (2) Energie für uns kanalisieren oder sammeln, wie ein Windgenerator oder Gewächshaus, oder (3) den Sektor öffnen, um möglichst viel

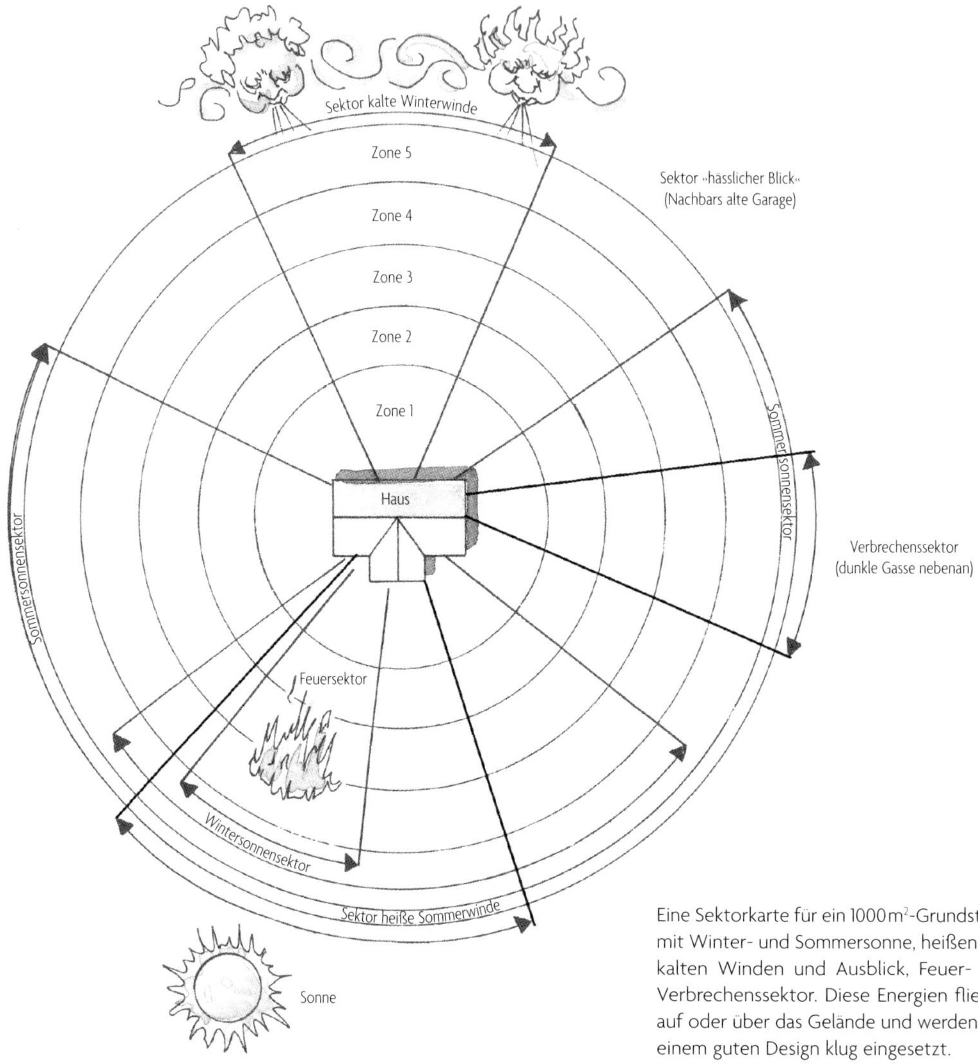

Eine Sektorkarte für ein 1000 m²-Grundstück, mit Winter- und Sommersonne, heißen und kalten Winden und Ausblick, Feuer- und Verbrechenssektor. Diese Energien fließen auf oder über das Gelände und werden von einem guten Design klug eingesetzt.

Energie oder Ausblick zu nutzen, indem alles entfernt wird, was den Sektor blockiert, wie Vegetation, Zaun oder andere abschreckende Dinge. Sektor-Energien wie Sonne und Wind sind freie Energie. Stellen Sie sich diese Energie als weitere Nährstoffquelle vor, wie Dünger oder Wasser. Die Positionierung von Pflanze, Gebäude, Weg oder Spalier hier statt dort kann sie mithilfe der Sektor-Energie nähren oder anderweitig verbessern. Nur weil sie da sind, profitiert das gesamte Design von Gewächshaus, Windschutz oder Teich, während Sie in der Hängematte schwingen. Wie gesagt, Zonen organisieren die Teile eines Designs nach der Häufigkeit, mit der sie eingesetzt werden oder Aufmerksamkeit benötigen, und Sektoren helfen bei der Lokalisierung der Teile, um die von außerhalb des Geländes kommenden Kräfte handhaben können. Verwendet man Zonen und Sektoren zusammen, kann man die Verbindungen innerhalb eines Entwurfs am besten nutzen. Baut man z. B. ein Gewächshaus, will man es nah genug am Haus haben, um es regelmäßig zu besuchen (in Zone 1 oder 2), nahe an Wasserhahn und Werkzeugen, vielleicht nördlich von einem Teich, um im Sonnensektor das reflektierte Licht einzufangen, außerhalb des Winterwindsektor, um die Abkühlung zu verringern, wahrscheinlich entfernt vom Feuersektor (obwohl ein Gewächshaus aus Glas und Metall mit Sprinklersystem eher eine Feuerschneise unterstützt) und vielleicht im »Sektor hässlicher Ausblick«, um die schlimme Garage des Nachbarn zu verdecken. Schlaue Platzierungen gibt es viele: Ein duftender, immergrüner Oleander könnte neben einem Pfad in Zone 1 oder 2 stehen, um Vorbeigehende mit seinem Duft zu betören, im Sonnensektor, im Winterwindsektor und selbst im Feuersektor, denn er hat feuerhemmende Eigenschaften.

Sobald wir wissen, welche Pflanzen und Strukturen wir in unserem Entwurf wollen, können wir die Zonen- und Sektormethode einsetzen, um sie zu organisieren. Mit Hilfe einer Basiskarte und der Skizzierung unserer Ideen auf Transparentpapier oder durchsichtigen Plastikfolien können wir die Teile unseres Entwurfs so anordnen, dass sie in ihren Zonen und Sektoren sinnvoll miteinander verbunden sind.

Manchmal, wenn ich im Designablauf feststecke, setze ich eine andere Technik ein, die zufällige Anordnung, um kreative Blockaden zu lösen. Sie besteht aus einer Liste der Gestaltungselemente in einer Spalte:

- Obstbaum
- Hecke
- Spalier
- Gewächshaus
- Teich
- Komposthaufen

Ich mache weiter, bis alle wichtigen Elemente aufgeführt sind. Dann mache ich drei Kopien der Liste (am Computer ausschneiden und einsetzen geht am schnellsten) und erstelle eine weitere Liste mit verbindenden Wörtern. Hier sind alle, die mir eingefallen sind:

- rund um
- in
- gegenüber
- zwischen
- neben
- hinein
- vor
- sich entwickelnd zu
- weg von
- nach
- und
- über
- hängend von
- befestigt an
- an
- kreuzend
- unter
- statt
- in der Nähe von
- überall verteilt
- nördlich (oder südlich, östlich, westlich) von

Machen Sie zwei Kopien dieser Liste, wobei die Worte in jeder Liste einzeln untereinanderstehen. Schneiden Sie alle fünf Spalten aus (drei Listen mit Elementen, zwei mit verbindenden Wörtern) und legen Sie sie nebeneinander, dabei wechseln Elemente mit Verbindungswörtern ab. Dann schieben Sie die Listen herum und lesen Sie sie horizontal, um zu sehen, ob sich eine nützliche oder inspirierende Platzierung ergibt:

- Rankpflanze *über* Gewächshaus
  oberhalb von Teich Komposthaufen
  in der Nähe von Geräteschuppen
  hinter Hecke

Diese Strategie bringt uns im Hinblick auf Verbindungen unter den Designelementen zum Nachdenken. Manchmal ergeben die Platzierungen natürlich völligen Unsinn:

- Teich *hängend von* Hühnern *zwischen* Sauna

Doch häufig entsteht eine Kombination, die die Kreativität anregt und uns dazu bringt, in neue Richtungen zu denken. Manchmal können wir zu neuen Lösungen für Designprobleme kommen, wenn wir auch nur eine lächerliche Kombination in Betracht ziehen und darüber nachdenken, was passieren würde, wenn es sie tatsächlich gäbe. Dieses System hilft, unser urteilendes Selbst aufzuheben, und gibt uns die Freiheit, innovativ zu sein.

Fassen wir diese Methoden zusammen: Die Bedarfs- und Ertragsanalyse arrangiert die Gestaltungselemente im richtigen Verhältnis zueinander. Die Zonen tun dies auch, doch Zonen helfen wirklich dabei, Elemente in ihrem besten Verhältnis zu den menschlichen Nutzern zu positionieren. Die Sektoranalyse ortet die am besten einzusetzenden Teile des Entwurfs oder blockiert Energien, die von außen kommen. Und eine willkürliche Zusammensetzung hilft uns, durch kreative Blockaden zu kommen, und liefert Kombinationen und Verbindungen, an die wir wohl nie gedacht hätten.

Entwicklung

Bei den vorherigen Schritten haben wir bestimmt, welche Systeme und Elemente im Entwurf sein werden und wo sie ungefähr platziert werden. Nun ist es an der Zeit, diese rohen Ideen zu polieren und mit den Plätzen zu arbeiten, die wir durch die Methoden im letzten Abschnitt erhalten haben. Skizzieren Sie die verschiedenen Pflanzbeete, Bäume, Mauern und Zäune, Terrassen, Decks und andere Designelemente hinein. Gehen Sie zunächst nicht zu sehr ins Detail, zeichnen Sie nur einfache Kreise und Umrisse der wichtigsten Bestandteile, die deren relative Platzierung (man nennt das oft *Blasendiagramm*) zeigen. Verfeinern Sie die Verbindungen zwischen den Bestandteilen. Dann skizzieren Sie Zugangsrouten (Wege oder Straßen) zu den Elementen, die notwendig sind. Versuchen Sie, die Zahl der Wege zu minimieren. Das könnte bedeuten, dass die Bestandteile umgestellt werden müssen – um ihre Beziehungen zu bewahren –, bis die Wege am wirksamsten sind und nur wenig Platz brauchen. Dieser Schritt ist ein wenig schwierig, aber wenn Sie hier aufpassen, kann das langfristig zu Arbeitsersparnis und einer harmonischeren Anordnung führen. Es ist für die Gesamtperspektive auch nützlich, sich dabei die Ideen im Schritt »Vision« anzusehen. Bewerten Sie im Hinblick auf Beobachtungen und Ziele früherer Schritte immer wieder neu.

Sobald das Layout anhand grober Skizzen verfeinert wurde, möchten Menschen mit den entsprechenden Fähigkeiten oder der nötigen Zeit vielleicht formellere Zeichnungen und Pläne anfertigen. Ob die Dokumentation von professioneller Qualität ist oder nicht, bleibt dem Designer/Gärtner überlassen. Oft tun es einfache Skizzen, solange Entfernungen, Maßstab und genügend andere Details zur Entwurfsumsetzung enthalten sind. Eine detaillierte Dokumentation der Gestaltung ist sehr wichtig. Das Gedächtnis ist unzuverlässig. Es ist frustrierend, wenn man eine teure Pflanze einsetzen möchte, sich aber nicht erinnert, wo sie hin soll. Ohne Karten und Notizen wird genau das passieren.

Dies ist eine gute Gelegenheit, mit Farbkonzepten und anderen ästhetischen Punkten zu arbeiten. Obgleich der hier beschriebene Designprozess ökologischen Überlegungen Priorität einräumt, können wir, sobald die Pflanzen, Strukturen und anderen Gestaltungselemente in den richtigen Beziehungen positioniert sind, Pflanzensorten auswählen, deren Blattwerk und Farben gut zusammenpassen. Jede gute Bücherei bietet viele Gartenbücher an, die sich mit der Designästhetik befassen. Ein paar meiner LieblingsautorInnen in dem Bereich sind Gertrude Jekyll, Penelope Hobhouse, Rosmary Verey, Ken Druse und John Brookes.

Nun müssen wir den Aufbau planen. Was muss zuerst getan werden? Eine Kombination von Faktoren ist bei dieser Entscheidung beteiligt. Dazu gehören:

- *Persönlich.* Ist unser größter Wunsch die Nahrungsmittelproduktion, eine Terrasse, Schatten, ein Blumengarten oder eine andere Überlegung? Wie viel Zeit haben wir selbst für diese Arbeit?
- *Die Umwelt betreffend.* Braucht das Land am meisten Bodenaufbau, Erosionskontrolle, Lebensraum oder etwas anderes?
- *Technisch.* Erfordert das Design Erdbewegung, Beton- oder Steinarbeiten oder sonstiges Hardscaping? Dies muss oft zuerst geschehen, um den Rest des Designs nicht zu stören und Kosten und mögliche Schäden durch Bulldozer zu vermeiden. Bäume und Sträucher sollten auch früh gepflanzt werden, im Einklang mit dem alten Sinnspruch: »Die beste Zeit, einen Baum zu pflanzen, war vor zehn Jahren«.
- *Saisonal.* Was kann in der Jahreszeit passend zur Arbeit erfolgen? Erdbewegung in der nassen Jahreszeit ruiniert die Bodenstruktur. In der Sommerhitze einpflanzen könnte Pflanzen verbrennen.
- *Finanziell.* Ist genug Geld für das ganze Design verfügbar? Falls nicht, welche Aspekte kommen sinnvollerweise zuerst?

Vergessen Sie zudem nicht, die Klugheit der Zonen anzuwenden, selbst in der Implementierungsphase: Wann immer möglich, beginnen Sie mit der Umsetzung vor Ihrer Haustür und arbeiten Sie von dort nach außen.

Umsetzung

Diese Phase der ökologischen Landschaftsgestaltung ist ähnlich wie bei einer neuen Landschaft. Man findet die Details in jedem guten Buch über häuslichen Landschaftsbau, wie Rita Buchanans *Taylor's Master Guide to Landscaping* oder Roger Holmes' Serie *Home Landscaping*. Führen Sie die Umsetzung in dieser Reihenfolge aus:

- Führen Sie zuerst größere Erdbewegungen aus. Planieren Sie das Gelände bei Bedarf zu einer rohen Kontur. Graben Sie Bodensenken, Teiche und Entwässerungsgräben. Installieren Sie Versorgungsleitungen und unterirdische Bewässerungsrohre und -kabel. Dann füllen Sie die Gräben wieder auf.
- Bringen Sie flächendeckende Bodenverbesserungen und Kompost aus. Mulchen und Formgebung der Beete der intensiven Zone 1 kann bis später warten.
- *Hardscaping (Bearbeitung der Außenanlagen)* sollte abgeschlossen werden. Designer meinen damit Holz, Stein, Beton und andere Bauelemente: Mauern, Schuppen, Wege, Zäune usw.
- Nehmen Sie letzte Anpassungen der Planierkonturen mit Harke und Schaufel vor.
- Bringen Sie Schichtmulche aus (Anleitungen dazu in Kapitel 4).
- Pflanzen Sie große Pflanzen wie Bäume und wichtige Sträucher.

Ein Plan für ein Innenstadt-Grundstück in Houston von Kevin Topek von Permaculture Design, LLC. Ziel dieses Designs war es, die Behauptung des Nachbarschaftsvereins zu beruhigen, es seien zu viele blühende Pflanzen von der Straße aus zu sehen, und gleichzeitig die durch diese Pflanzen gebotene biologische Vielfalt, den Lebensraum und die Schönheit zu erhalten. NACHGEZEICHNET VON KRISTA LIPE.

Ein Nahrungswald, entworfen von Ethan Roland von AppleSeed Permaculture, umgibt dieses Haus in West-Massachusetts. Soziale Räume, Salatgärten und einjähriges Gemüse füllen die Zonen 1 und 2, während größere Büsche und Bäume für den Wald-Garten in den äußeren Zonen des Gartens stehen. NACHGEZEICHNET VON KRISTA LIPE.

- Pflanzen Sie Bodenvegetation, nicht holzige Pflanzen, Rasen und Bodendecker.
- Passen Sie Mulch und, falls vorhanden, das Bewässerungssystem an.
- Halten Sie Pflanzen feucht und unterstützen Sie sie beim Anwachsen, indem Sie sie beobachten und solche pflegen, die mehr Fürsorge brauchen.

In Kapitel 12 befasst sich der Abschnitt »So fängt man an« mit einigen Aspekten der Umsetzung im Detail. Aber bedenken Sie, dass beteiligte Menschen, Pflanzen, Tiere und Landschaft sich dauernd verändern und voller Überraschungen stecken. Das Design und seine Umsetzung mögen unerwartete Wendungen nehmen, wenn die Schaufel tatsächlich auf die Erde trifft. Seien Sie nicht zu streng und bereit, sich erneut die frühen Schritte des Prozesses anzusehen, um einige Aspekte der Gestaltung zu überarbeiten, damit sie sich den veränderten Umständen anpassen.

Für Leute, die sich noch stärker in den Ablauf der ökologischen Gartengestaltung vertiefen möchten, sind Kapitel 3 und 4 in Band 2 von Jacke und Toensmeiers *Edible Forest Gardens* toll. Dave und Eric haben über 150 Seiten damit verbracht, jeden Aspekt des Designprozesses zur Schaffung einer heimischen Landschaft zu beschreiben, die Nahrung und Lebensraum bietet und dabei ungefähr dieselbe Thematik abgedeckt wie ich, nur viel detaillierter.

Im Garten arbeiten wir mit Lebewesen, nicht nur mit Formen und Farben. Diese Kreaturen wachsen, bilden Samen und vermehren sich, und nach einiger Zeit sterben sie. Pflanzen, Insekten, Vögel und der ganze Rest verbinden sich in einem engen Geflecht und treten in das Leben der anderen ein, wobei sie miteinander Nahrung, Schatten, Pollen, Samen, Humus, Äste, Bauten, Nester erschaffen und teilen – eine Vielzahl unterschiedlicher und wertvoller Geschenke. Mit einem sanften, sorgfältigen Blick können wir in diese wunderbar verwobene Welt schauen und einige der Verbindungen herausarbeiten und auf unsere eigenen Landschaften übertragen. Die Natur besitzt die Anleitung für eine nachhaltige Welt – es liegt an uns, sie zu lesen und zu erhalten.

In diesem Kapitel habe ich versucht, einen ökologischen Blick auf das Gartendesign zu vermitteln. Ganze Bücher – ja Bücherregale davon – wurden über Design geschrieben, daher kann ein einzelnes Kapitel nur an der Oberfläche dieses breiten Themas kratzen (der Rest dieses Buches geht aber etwas mehr in die Tiefe). Design erlaubt es uns, das, was wir beobachten, mit dem von uns Gewünschten zu vermischen. Es ist die Art, in der unsere Träume Gestalt annehmen, modelliert von den Grenzen unserer Fähigkeiten, Budgets und Materialien. Ökologische Gestaltung bietet eine Möglichkeit, Menschen mit der lebenden Landschaft in Einklang zu bringen, eine Harmonie, die den Orten, an den wir leben, oft fehlt. Indem wir unsere Gärten mit dem Rest der Natur verbinden, können wir uns selbst große Schönheit und Fülle geben, diesen Reichtum mit anderen Arten teilen und die Gesamtheit und Vielfalt des Lebens regenerieren, die in Gefahr sind, verloren zu gehen.

Nun, da wir einen Überblick über Gartenökologie und ökologische Gestaltung gewonnen haben, ist es an der Zeit, die einzelnen Teile des Gartens zu betrachten.

Zusammenfassung: Entwurf eines ökologischen Gartens

Als Anleitung zum Designablauf »auf einen Blick« fasse ich die Schritte nochmals zusammen, diesmal aus den neuen Blickwinkeln von ökologischer Gestaltung und Permakultur in diesem Kapitel.

1. **BEOBACHTUNG** Laufen Sie durchs Gelände und zeichnen Sie Karten. Notieren Sie, was da ist und wie es mit der Umgebung interagiert. Nur beobachten, nicht analysieren. Listen erstellen. Weiter recherchieren, was beobachtet wurde, die Gewohnheiten von Arten, Bodenarten usw.
2. **PROJEKTENTWICKLUNG** Behalten Sie ökologische Leitlinien im Kopf. Was kann der Platz uns bieten? Was braucht das Gelände von uns? Was sind unsere Beschränkungen und Ressourcen? Was sollte die Gestaltung tun? Was ist am wichtigsten für uns und für den Ort?
3. **PLANUNG**
   a. **Entwurfsplanung.** Entwerfen Sie vom Muster zu den Details. Was ist die organisierende Idee und das Ziel des Designs? Welche Systeme, Strategien und Funktionen brauchen wir, um die Ziele zu erreichen? Berücksichtigen Sie persönliche, ästhetische, die Umwelt betreffende/ökologische und andere Themen sowie schwierige Stellen und Mängel, die zu korrigieren sind.
   b. **Schematisches Design.** Machen Sie eine Liste der Designelemente, die der Vision (Pflanzen, Strukturen, Funktionen usw.) entsprechen. Für jedes Element (oder so viele, wie praktisch sind) führen Sie Produkte, Aktivitäten, Erfordernisse und eigene Qualitäten auf. Verbinden Sie so viele Posten wie möglich, sodass die Anforderungen eines Gestaltungselements von anderen Elementen erfüllt werden und es die Erfordernisse der anderen Elemente bedient. Mithilfe von Zonen, die Teile eines Designs anhand dessen organisieren, wie oft sie genutzt werden oder Aufmerksamkeit benötigen, und durch Sektoren die Teile lokalisieren, damit sie Wind, Sonne und andere Kräfte steuern, die von außerhalb des Grundstücks kommen. Die Zonen- und Sektormethode optimiert die Verbindungen zwischen den Designelementen. Verwenden Sie die Methode willkürlicher Anordnung zum Brainstorming und um kreative Blockaden zu durchbrechen.
4. **ENTWICKLUNG** Skizzieren Sie die Orte der Gestaltungselemente. Recherchieren Sie Arten und Sorten. Optimieren Sie Wege und Beziehungen in der Gestaltung. Mit Farbe und Form arbeiten. Fertigen Sie dann Arbeitszeichnungen und genügend Dokumentation an, um das Design umzusetzen. Bestimmen Sie die Schritte der Umsetzung.
5. **UMSETZUNG** Setzen Sie den Entwurf um und bleiben Sie flexibel genug, um mit den auftretenden Überraschungen umgehen zu können, wenn ein Papierentwurf auf die Realität trifft.

TEIL ZWEI

Die Teile des ökologischen Gartens

KAPITEL VIER

Den Boden zum Leben erwecken

Ein lateinamerikanischer Landwirt sagte einmal zu meinem Freund Ianto Evans: »Natürlich habt ihr schreckliche Probleme mit dem Boden in deinem Land. Was erwartest du, wenn ihr ihn als Dreck bezeichnet?« In unserer Kultur wird der Boden wenig respektiert. Die meisten Wörter für diese fundamentale Substanz sind abwertend. Wenn wir das Schlimmste über jemanden erfahren wollen, sagen wir: »Erzähl mir alle dreckigen Details über ihn«. Dreckige Filme. Erdige Sprache. Wir halten alles auf Abstand, was beschmutzt, dreckig oder schlammig ist.

Doch Erde ist wundervoll. In ihr wird das Tote zu neuem Leben erweckt. Hier, in der dünnen, erdigen Grenze zwischen unbelebtem Stein und dem grünen Teppich des Planeten, werden leblose Mineralien aus Steinen heraus verwittert oder aus organischem Abfall abgebaut. Pflanzen und mikroskopische Tiere fressen diese toten Teilchen und gestalten sie in lebende Materie um. In der Erde überschreitet die Materie wieder und wieder die Grenze zwischen Leben und Tod, und wie wir gesehen haben sind Grenzen – Randzonen – die Orte, an denen die interessantesten und wichtigsten Ereignisse stattfinden.

Die meisten Diskussionen über den Boden konzentrieren sich darauf, was der Boden ist: woraus er besteht, woher er kommt, welches seine physikalischen Qualitäten sind. Natürlich ist es wichtig, diese Dinge zu wissen, falls wir den Boden verstehen wollen, doch die Physik und Chemie der Erde sind nur ein Teil der Geschichte. Wir sollten auch wissen, was der Boden tut. Jahrelang betrachteten Wissenschaftler den Boden hauptsächlich als inaktive, sandartige Substanz, die Pflanzenwurzeln hält und in die wir Dünger gießen. Doch die Erde lebt. Ein Schlüssel zu einem Garten, der vor gesunden Pflanzen, gut ausgewogenen Insekten und gedeihenden Wildtieren nur so strotzt, besteht darin, den Boden mit so viel Leben wie möglich zu erfüllen.

Stellen Sie sich das Bodenleben als Basis einer Pyramide vor. Auf dieser Basis stapeln sich Pflanzen, dann Insekten und alle anderen Tiere, alle abhängig von den Lebewesen darunter. Je größer die Zahl und Vielfalt der Bodenorganismen – d.h. je breiter die Basis der Pyramide ist – desto größer und vielgestaltiger werden die Ströme der Nährstoffe untereinander sein, während sie die im Boden gespeicherte Fruchtbarkeit freisetzen. Größere Nährstoffströme bedeuten, dass mehr Pflanzen, in Zahl und Sorten, durch diese überreiche Fruchtbarkeit gedeihen können. Im Gegenzug lockt eine breite Palette von Pflanzen eine reiche Auswahl an Insekten an und diese Pflanzen und Insekten bieten Nahrung und Schutz für eine vielfältigeren Bestand von Vögeln und anderen Tieren an der Spitze der Pyramide. Vielfalt baut mehr Vielfalt. Das Ziel dieses Kapitels besteht darin, Gärtnern das Wissen und die Techniken zu vermitteln, um den Artenreichtum in der Gartenerde zu vermehren – damit

Ein gesundes und vielfältiges Bodenleben unterstützt eine große Bandbreite an Pflanzen, Insekten und Wirbeltieren. Nährstoffarmes Bodenleben kann nicht dieselbe Vielfalt oder Menge unterhalten.

man die Basis dieser Pyramide verbreitert, auf der der Rest des ökologischen Gartens aufgebaut ist.

Wie viel Leben steckt in der Erde? Mindestens so viel wie über der Erde. Wenn wir eine Landschaft betrachten, sind die Pflanzen und Tiere an der Oberfläche offensichtlich, aber es ist nicht so einfach, sich zu vergegenwärtigen, wie viel Leben im Untergrund liegt. Mit ein paar Zahlen können wir eine Ahnung von der Fülle erhalten. Ein Teelöffel guten Weidebodens kann eine Milliarde Bakterien, eine Million Pilze und 10.000 Amöben enthalten. Es ist schwer zu glauben, dass sonst noch etwas auf diesen Teelöffel passt, doch die Tierchen in der Erde sind klein. Es ist immer noch genug Raum für Lehm, Schlamm, Sand, Wasser, Luft, Humus und eine Sammlung kleiner Moleküle, die den Rest des Bodens ausmachen.

Über der Erde reicht eine 4000 m² große Weide für ein oder zwei Pferde, sagen wir etwa eine halbe Tonne Tiere. Doch im Boden dieses Grundstücks befinden sich vielleicht zwei Tonnen Würmer und weitere zwei Tonnen Bakterien, Pilze und Bodentiere wie Tausendfüßler und Milben. Die Erde, die auf dieser Fläche für ein Pferd genügt, kann unter der Erde Tiere beherbergen, die einen Wert von acht oder zehn Pferden haben. Vegetarier sind eventuell geschockt, aber beim Gärtnern geht es tatsächlich oft darum, Tiere aufzuziehen: die Winzlinge unter der Erdoberfläche. Elaine Ingham, Mitbegründerin von Soil Foodweb Incorporated, ein auf die Analyse des Bodenlebens spezialisiertes Unternehmen, nennt diese Schwärme von unterirdischen Nutztieren »Mikroherden«, womit sie darauf hinweist, dass wir kluge Verwalter dieser hilfreichen Schar sein sollten.

Was machen all diese Bodenorganismen und wie hängt das mit dem Gärtnern zusammen? Wie die meisten lebenden Kreaturen – außer einer fast haarlosen Varietät auf zwei Beinen, die viel Zeit mit Nachdenken verbringt – suchen Bodenorganismen nach Futter, fressen und scheiden aus. Bei all diesen Aktivitäten bewegen sie Nährstoffe umher: Nahrung für sich selbst, Nahrung für anderes Bodenleben (ihre Ausscheidungen und ihre Körper, lebend oder tot), und, am wichtigsten für Gärtner, Nahrung für

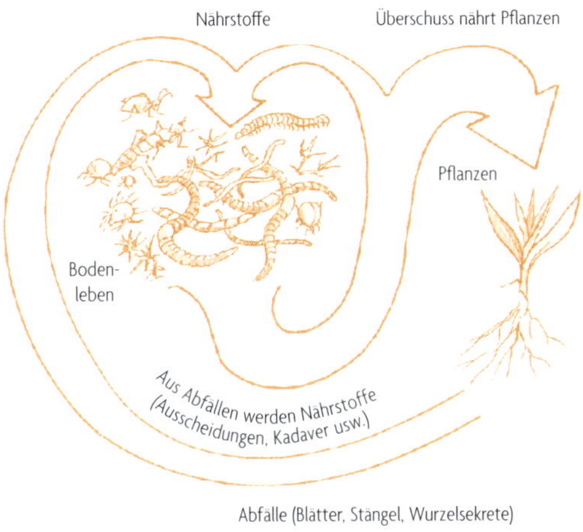

Das Bodenleben verwertet organisches Material und erzeugt enormen Überschuss, der zu Nahrung für Pflanzen wird. Je mehr Bodenleben besteht, desto größer ist der Fluss an überschüssigen Nährstoffen zu den Pflanzen.

Pflanzen. Aus der Perspektive einer Pflanze besteht die wichtigste Rolle von Bodenorganismen darin, die Materie zu zerlegen, die Pflanzen nicht selbst verdauen können, und sie in Nährstoffe aufzuspalten, die sie einfach absorbieren können. Und die Erde ist reich an diesen Nährstoffen. Abgesehen von stark missbrauchten oder ausgelaugten Böden enthält die Erde reichlich Material, das das Bodenleben in Pflanzennahrung verwandeln kann: Gesteinsteilchen sowie lebende und tote organische Substanz.

Die Bodenorganismen in einem richtig gepflegten Garten stellen fast den gesamten Dünger zur Verfügung, die Pflanzen brauchen. Wenn das Leben in der Erde frisst, ausscheidet, sich fortpflanzt und stirbt, bewirkt es eine fast alchemistische Veränderung der organischen Substanz und der Mineralien im Boden. Durch Bodenorganismen werden Nährstoffe zerlegt, konsumiert, transformiert, in Körperteile und Energie enthaltende Moleküle aufgebaut und wieder zerteilt. Und während dieser vielschichtigen Stoffströme rieselt ständig ein kleiner Überschuss an Nährstoffen zu den Pflanzen. So wie Banker und Fusionsspezialisten ihr Vermögen machen, indem sie Geld von den kolossalen Handelsströmen abschöpfen, so erlangen auch Pflanzen ihre Versorgung, indem sie die überschüssigen Nährstoffe absorbieren, die aus den Lebenszyklen der Bodenorganismen herauswirbeln. Fruchtbarkeit entsteht aus Fluss. Ein lebhafteres Bodenleben wirft mehr Nährstoffe in den Fluss, die Pflanzen ableiten können, und setzt im ständigen Kreislauf von Rohstoff zu lebendem Körper zu Abfall einen Überschuss an Fruchtbarkeit frei. Hier, wie in einem Großteil des ökologischen Gartens, ist der Prozess, die Aktivität, die Beziehung vorrangig. Gesunde Erde und Pflanzen werden nicht einfach durch die Präsenz von Nährstoffen und Bodenleben geschaffen, sondern durch die Lebhaftigkeit und Tiefe ihrer Flüsse und Verflechtungen. Kluge Gärtner wissen das und werden alles erdenklich Mögliche tun, um das Leben des Bodens zu nähren.

Bodenleben: Die ersten Recycler

In der Natur stammt ein Großteil der Fruchtbarkeit ursprunglich von Steinen. Steine enthalten Kalium, Kalzium, Phosphor und die meisten anderen Elemente, die Pflanzen benötigen, um Gewebe aufzubauen und ihre Stoffwechselmaschinerie anzutreiben. Um Steine in Nahrung zu verwandeln, sondern Pflanzenwurzeln und Bodenorganismen milde Säuren und Enzyme ab, die Nährstoffatome aus Gesteinsteilchen abscheiden. In gewissem Sinne sind Pflanzen und Bodenmikroben Minenarbeiter, die Steine mit ätzenden Substanzen tränken, die wertvolle, lebenserhaltende Erze herausarbeiten. Falls wir einen gesunden Boden in unseren Gärten schaffen, wird das ungezügelte Bodenleben ausreichend Mineralien aus den Steinen gewinnen, die den meisten Anforderungen unserer Pflanzen genügen.

Sobald diese Nährstoffe aus dem Stein gemeißelt wurden, werden sie in einem natürlichen Ökosystem mit großer Sorgfalt behandelt. Das Leben ist ein großartiger Recycler, gewissenhaft darum bemüht, keine nützliche Substanz verloren gehen zu lassen. Ein Beispiel aus einem typischen nördlichen Wald illustriert dies. Forscher haben herausgefunden, dass Pflanzen und Erde von einem Hektar Wald etwa 365 Kilogramm Kalzium enthielten. Davon gingen jedes Jahr nur etwa 8 Kilogramm (2 Prozent) durch Abfluss verloren. Das meiste Kalzium des Waldes – 98 Prozent – wurde immer wieder recycelt, regnete in fallenden Blättern oder sterbenden Pflanzen herunter, wurde dann zersetzt und vom Bodenleben festgehalten und von dort zurück in die Pflanzenwurzeln geschleust, wo der Zyklus von vorne begann. Die ausgewaschenen 8 Kilogramm Kalzium konnten vom Wald jedes Jahr leicht erzeugt werden: Mehr als die Hälfte davon gelangte in Niederschlägen als aufgelöstes Kalzium hinein. Der Rest des verlorenen Kalziums konnte von den Steinen durch Wurzeln und Bodenleben verwittert werden. Diese 98 Prozent Effizienz sind ein großes Stück besser als die in etwa 30 Prozent, um die sich unsere Städte bei ihren Recyclingprogrammen bemühen. Und im Gegensatz dazu liegen die Kalziumverluste auf stark gedüngten landwirtschaftlichen Flächen zwischen 25 und 60 Prozent jährlich. Um eine wahrhaft nachhaltige Gesellschaft zu haben, werden wir so gut wiederverwerten müssen wie die Natur.

Wie schafft es das Leben, so unglaublich erfolgreich zu recyceln, und wie können wir diese Wirtschaftsweise in unseren Gärten nachbilden? Um uns einer Antwort anzunähern, betrachten wir das Schicksal eines fallenden Blattes, das zu Nährstoffen kompostiert und auf eine Rückkehr ins Leben vorbereitet wird.

Es ist Frühherbst und die Eiche in einer unberührten Gartenecke Ihrer Nachbarin wirft ihre Blätter ab. Ein trockenes Blatt flattert herunter zwischen hohe ungemähte Grashalme und legt sich auf einem Stück nackter Erde ab. Zuerst passiert nicht so viel, weil das Blatt zu trocken ist, um den Appetit der vielen Bodenbewohner anzuregen (wir gehen davon aus, dass Ihre Nachbarin keine Pestizide oder Herbizide in diesem Teil ihres Gartens versprüht, denn diese Chemikalien vermindern das Bodenleben erheblich). Außerdem enthält dieses Blatt, wie die meisten, eklig schmeckende Bestandteile, die es vor Fraßinsekten schützen. Doch am nächsten Morgen hat der Tau das Blatt befeuchtet und die schützenden Chemikalien haben angefangen auszuwaschen. Ein leichter Sprühregen beschleunigt diesen Prozess. Das Blatt liegt matt und feucht auf der Erde. Wenn das Blatt von Polyphenolen und den anderen bitter schmeckenden Verbindungen befreit und durch die Feuchtigkeit aufgeweicht ist, beginnt das Fest. Zu den ersten am Tisch gehören Bakterien, die auf der Blattoberfläche geschlummert hatten. Sie fühlen sich in der Feuchtigkeit wohl und beginnen aufzublühen, wobei sie Enzyme absondern, die die langen Ketten der Zuckermoleküle durchtrennen, aus denen die Blattzellwände gebildet sind. In wenigen Stunden ist das Blatt mit den dunklen Flecken der Bakterienkolonien bedeckt. Fliegende Pilzsporen landen und erwachen zum Leben, und bald knüpfen die weißen Fäden der Pilzzellen, *Hyphen* genannt, ein Gespinst über das Blatt. Pilze besitzen ein breites Spektrum an Enzymen, die imstande sind, Lignine (die harten Moleküle, die Holz so stark machen) und andere schwer verzehrbare Bestandteile der Pflanzen zu verdauen. Das gibt ihnen eine wichtige Nische im Gewebe der Destruenten; ohne sie wäre die Erde bis zum Hals mit umgefallenen, unverrottbaren Baumstämmen bedeckt.

Vom Regen befeuchtet und von Mikrobenfraß erweicht, unterliegt das Blatt rasch dem Ansturm größerer Lebewesen.

Tausendfüßler, Kugelasseln (Isopoden), Fliegenlarven, Springschwänze, Hornmilben, Enchyträen und Regenwürmer beginnen, das leckere Gewebe zu fressen, und zerteilen das Blatt in kleine Schnitzel. All diese wirbellosen Tiere, zusammen mit Bakterien, Algen, Pilzen und fadenartigen Pilzverwandten namens Actinomyceten sind die Ersten, die sich an organischer Substanz laben. Sie werden als Primärzersetzer bezeichnet. Regenwürmer sind am sichtbarsten und gehören zu den wichtigsten primären Destruenten. Beobachten wir also einen, der an unserem Blatt knabbert.

Der Regenwurm schnappt sich ein Blattstück und gleitet in seinen Bau. Mit seinen raspelnden Mundwerkzeugen pulverisiert der Wurm das Blattfragment und saugt dabei auch Erde mit ein. Die Mischung gelangt in den Kaumagen des Wurms, wo die sich wellenartig bewegenden Muskeln die Mischung aus Blatt und Erde zu einer feinen Paste zermahlen. Die Paste dringt tiefer in den Verdauungstrakt des Regenwurms. Hier helfen Bakterien bei der Verdauung, ähnlich wie unsere Darmflora uns dabei unterstützt, ansonsten nicht verfügbare Nährstoffe aus unserer Nahrung zu verarbeiten. Wenn der Wurm alle Nährstoffe aus der Paste ausgequetscht hat, scheidet er, was von Blatt und Erde übrig ist, zusammen mit in der Paste gefangenen Darmbakterien aus. Diese Wurmexkremente bedecken den Bau mit fruchtbarer, organisch angereicherter Erde. Schon bald werden hungrige Bakterien, Pilze und mikroskopische Bodentiere diesen Schatz

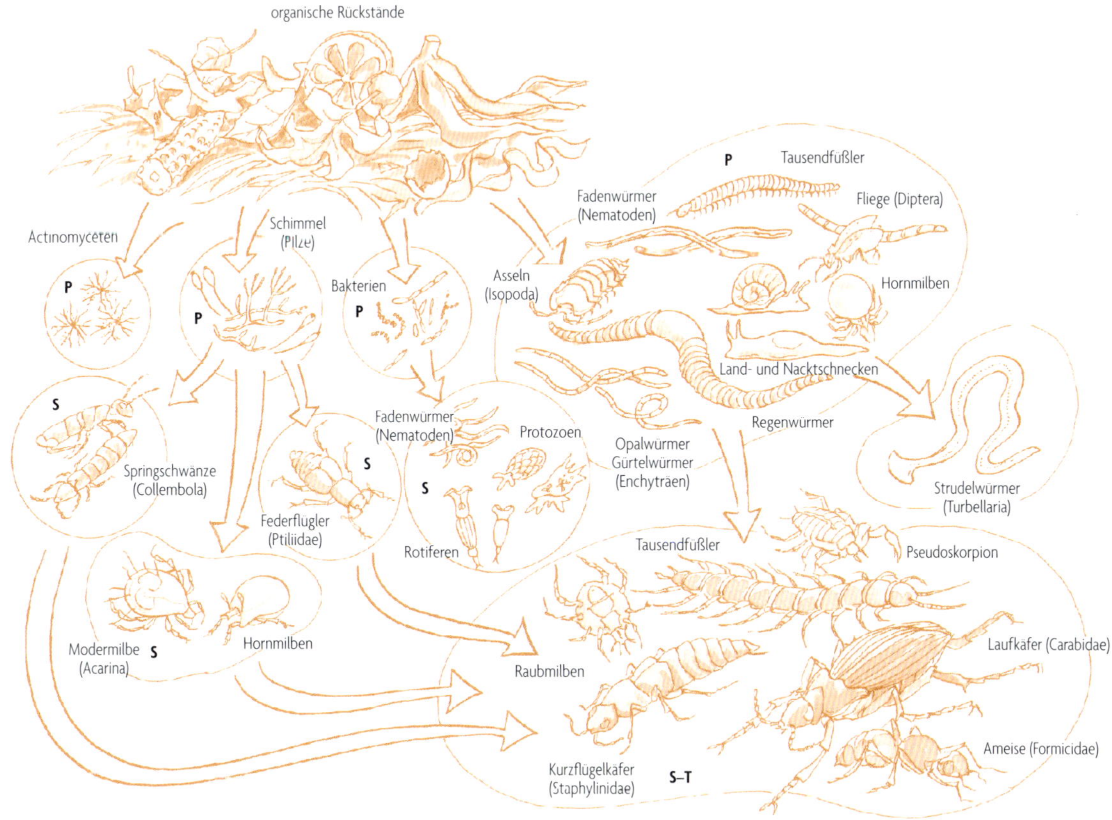

Das Nahrungsnetz im Boden. **P**=Primärdestruenten; **S**=sekundäre; **T**=tertiäre.

organischen Materials finden und in den Wänden des Baus gedeihen, wo sie dem Vorrat ihre eigenen Ausscheidungen und toten Körper hinzufügen.

Angetrieben von den Nährstoffen des Blattes, bohrt der Wurm tiefer in die Erde und lockert, belüftet und befruchtet den Boden. Regen tropft in den Bau hinab, was die Feuchtigkeit tiefer in die Erde dringen lässt als zuvor. Die Erde bleibt ein bisschen länger feucht zwischen den Niederschlägen. Im Frühling findet eine wachsende Wurzel der Eiche diese Höhle und, angeregt von der leichten Passage und der organischen Nahrung an den Tunnelwänden, dringt sie tief genug, um die gespeicherte Feuchtigkeit zu erreichen. So hat der Wurm dank seiner fruchtbaren Ausscheidungen und einem Bau, der Luft, Wasser und Wurzeln durch die Erde gelangen lässt, der Eiche und vielen anderen Lebewesen im Boden geholfen. Würmer gehören zu den allernützlichsten Bodentieren: Sie graben unglaubliche 25 Tonnen Erde pro 4000 m² im Jahr um oder alle zehn Jahre ein Äquivalent von 2,5 cm Mutterboden auf der ganzen Land-Erdoberfläche.

In der Zwischenzeit zerfleddern an der Oberfläche die Wirbellosen bei ihrem Festbankett das Blatt weiter in winzige Einzelteile – oder *zerkleinern* es, wie es fachsprachlich heißt. Die Zerkleinerung legt weitere Blattfläche – zarte Innenränder nämlich – bloß, die von Bakterien und Pilzen angegriffen wird und die Zersetzung weiter beschleunigt. Die kleine Armee aus Milben, Larven und anderen wirbellosen Tieren, die sich vom Blatt ernährt, lässt zudem eine beachtliche Menge an Mist oder *Insektenkot* fallen, die als Nahrung für andere Zersetzer dient (ein Mikroskop verdeutlicht, dass viele verrottende Blätter dick mit Insektenkot bedeckt sind, eine weitere Zugabe zur enormen Menge an fruchtbarem Dünger). Alle Blattstücke, die beim ersten Durchgang durch den Darm eines Zersetzers noch nicht vollständig verdaut sind, werden immer wieder von einem winzigen Wesen nach dem anderen gefressen, bis die organische Substanz zu mikroskopisch kleinen Partikeln zerquetscht ist. Wirbellose Tiere im Boden, wie Würmer und Milben, verändern die chemische Zusammensetzung des Blattes nicht wirklich – ihre Aufgabe besteht in erster Linie darin, die Streu zu pulverisieren. Ihr Gewusel und Tunnel graben vermischt auch die Blattpartikel mit Erde, wo die Fragmente feucht und für andere verzehrbar bleiben. In manchen Fällen können die Darmmikroben der Tiere hartnäckige große Moleküle wie Chitin, Keratin und Zellulose in ihre einfacheren zuckerartigen Bestandteile zersetzen. Die wahre Alchemie – die chemische Transformation des Blattes zu Humus und Pflanzennahrung – erfolgt durch Mikroorganismen.

Während die Bodentiere das Blatt zu Kot und mikroskopischen Teilchen reduzieren, macht sich eine zweite Welle von Bakterien, Pilzen und anderen Mikroben über die Überbleibsel her. Mithilfe von Enzymen und dem Rest ihrer Stoffwechselchemiebaukästen zerschneiden diese Mikroben große Moleküle in kleine, essbare Bruchstücke. Zellulose und Lignin, die harten Bestandteile der Pflanzenzellwände, werden in schmackhaften Zucker und aromatische Kohlenstoffringe aufgespalten. Andere Mikroben zerhacken lange Ketten von Blattprotein in kurze Aminosäurenstücke. Einige dieser Mikroben sind hochgradig spezialisiert und nur imstande, ein paar Molekülarten aufzuspalten, doch die Bodenvielfalt ist immens – ein Teelöffel Erde kann 5.000 Arten von Bakterien enthalten, jede mit einer anderen Reihe chemischer Werkzeuge. So zersetzt dieses wahrhaftige Orchester aus Tausenden von Bakterien, Pilzen, Algen und anderen Spezies gemeinsam nicht nur das Blatt in unserem Beispiel vollständig, sondern fast alles, was ihm begegnet.

Neben dem Abbau von organischem Material erschaffen diese Mikroben auch

Bodenstruktur. Während sie fressen, sondern bestimmte Bodenbakterien Klebstoffe, Wachse und Gele ab, die winzige Erdpartikel zusammenhalten. Sich teilende Pilzzellen verlängern sich zu langen Hyphenfingern, die Erdkrumen einhüllen und sie aneinanderbinden. Diese Miniklumpen geben mikrobiell nährstoffreichem Boden seine gute »Bodengare«: die lose, krümelige Struktur, nach der Gärtner und Bauern streben. Diese klebrigen mikrobiellen Abfallprodukte schützen die Erde vor dem Austrocknen und ermöglichen es ihr, große Wassermengen zu halten. Ohne Bodenleben trocknet die Erde einfach aus, weht weg oder klumpt nach dem Regen zusammen und bildet lehmgebundene, wurzelbehindernde Klumpen.

Mikroben leben nicht lange – nur Stunden oder Tage. Wenn sie sterben, werden ihre Körper von größeren Mikroben und Bodentieren konsumiert. Auch Raubtiere sind im Boden-Ökosystem im Überfluss vorhanden. In bodenfeuchten Schichten lauern gefräßige Amöben, die bereit sind, ein unglückliches Bakterium zu verschlingen. Modermilben, Springschwänze, bestimmte Käfer und eine Menge anderer Wesen leben von den Primärzersetzern und werden entsprechend als Sekundärdestruenten bezeichnet. Größere Raubtiere fressen die sekundären (und einige primäre) Zersetzer, die zu unserem Blatt gekommen sind: dies sind Tausendfüßler, Laufkäfer, Pseudoskorpione, Raubmilben, Ameisen und Spinnen, auch bekannt als tertiäre Destruenten.

Obgleich diese Aufteilung – primäre, sekundäre und tertiäre Zersetzer – eine lineare Hierarchie andeutet, sind die Grenzen doch nicht so festgeschrieben. Der Insektenkot und tote Körper selbst der größten Spinne werden zu Nahrung für Bakterien und andere Primärdestruenten, daher ist schwer zu sagen, wer an der Spitze steht. Die Bodenökologie besteht aus einer Reihe verschachtelter Kreisläufe und eine detaillierte Zeichnung davon wäre mit Pfeilen gespickt, fast geschwärzt mit den Verflechtungen, die das Leben und Sterben der einzelnen Arten mit vielen der anderen verbinden.

Wie Humus entsteht

Jetzt ist unser Blatt fast vollständig zersetzt. Doch wie wird es nun zu Pflanzennahrung – wie kehrt es zum Leben zurück und verbindet sich erneut mit Pflanzen und unserem Garten? Die Inhaltsstoffe des Blattes (diejenigen, die nicht für immer im Leben recycelt werden oder sich als Gase auflösen) werden zu einer von zwei Substanzen, Humus oder Mineralien. Beide sind unabdingbar für gesunde Pflanzen. Zuerst betrachten wir den Humus.

Während unser Blatt von den Bodenorganismen zerpflückt, zerkaut und chemisch aufgelöst wird, zersetzen sich manche Teile des Blattes schneller als andere. Zuerst werden Gewebe abgebaut, die aus Zucker und Stärken bestehen, die das Bodenleben schnell in Energie, Kohlendioxid oder weitere Organismen umwandeln. Zellulosen und einige Arten von Proteinen sind etwas schwerer zu verdauen, denn sie sind Ketten und Platten eng verlinkter kleiner Moleküle. Nicht alle Bodenorganismen besitzen die besonderen Enzyme, die zur Aufspaltung der überkreuzten Bindungen notwendig sind, die diese Polymere zusammenhalten, daher zersetzen sich diese Stoffe langsamer. Noch schwieriger abzubauen sind Polymere, die man *Lignine* nennt und die dem Holz seine Stärke verleihen, *Chitine*, aus dem der Panzer von Insekten besteht, und bestimmte Arten von Wachsen.

Nur spezialisierte Bodenorganismen, besonders Pilze, können diese zähen Moleküle aufspalten. Organismen, die diese widerstandsfähigen Verbindungen nicht knacken können, versuchen trotzdem ihr Bestes. Mikroben bearbeiten sie, nagen und verändern die Portionen, die sie verdauen können. In einem Prozess, der noch immer Rätsel aufgibt, wandeln Mikroben und sonstige Zersetzungskräfte die Lignine und anderen schwer zu zersetzenden Blattstoffe in *Humus* um, eine recht stabile, komplexe Ansammlung vieler Substanzen, die nur langsam einen weiteren Zerfall erlebt. Humus besteht überwiegend aus Kohlenstoff, Sauerstoff, Stickstoff und Wasserstoff, die so miteinander verknüpft sind, dass es für Bodenorganismen schwierig ist, sie in die Bestandteile zu zerlegen.

In gewissem Sinne ist Humus das Ende der Straße für organische Substanz: Wenn die Überreste unseres Blattes die Humusstufe erreicht haben, verläuft die Zersetzung nur noch im Schneckentempo. Da die Organismen den Humus nicht einfach zerlegen können, sammelt er sich im Boden an. Irgendwann wird auch er abgebaut, doch in einem gesunden Boden kommt frisches Kompostiermaterial zumindest ebenso rasch hinzu, wie der alte Humus zersetzt wird, was zu einem langsamen Umsatz und konstantem Humusaufbau führt.

Wenn sie gezwungen sind, können Bodenorganismen Humus schon aufspalten, aber nur ungern und normalerweise, wenn es nichts anderes zu fressen gibt. Falls die Humusmenge abnimmt, ist dies ein Zeichen, dass die Erde in sehr schlechtem Zustand ist. Das gesamte leicht verdauliche organische Material ist weg und die Bewohner verbrennen quasi das Haus, um sich warm zu halten. Humus ist bedeutend für die Bodengesundheit. Kluge Gärtner sorgen daher für reichlich Humus. Jetzt wissen wir, warum, später erfahren wir, wie.

Humus kann von allen Bodenbestandteilen Feuchtigkeit am besten halten und absorbiert vier- bis sechsmal so viel Wasser wie sein Eigengewicht. Haben Sie schon mal versucht, einen nassen Ballen Torfmoos hochzuheben? Es ist enorm schwer und braucht Monate zum Trocknen. Torfmoos ist kein Humus, sondern eine organische Substanz, die auf dem Weg zum Humuszustand gestoppt wurde, weil es Mooren an Sauerstoff mangelt, durch den die Zersetzer ihre Arbeit beenden können. Aber ein nasser Torfmoosballen lässt ahnen, wie gut Humus Feuchtigkeit festhält.

Humus schwillt auch an, wenn er feucht ist, humusreiche Erde hebt sich nach einem Regen leicht. Wenn diese Erde trocknet, schrumpft der Humus, wodurch Lufteinschlüsse zwischen den Erdkrumen entstehen. Dieser Ausdehn- und Schrumpfprozess lockert den Boden ein wenig wie Umgraben, doch mit weitaus weniger Störung und Schaden am Bodenleben. In humusreicher, aufgelockerter Erde können Wurzeln und Bodenorganismen auf der Suche nach Nährstoffen leicht wühlen und diese Reisenden belüften die Erde noch zusätzlich. Wasser dringt tiefer in gelockerte Erde ein und wird vom Humus länger gespeichert. Hier ist eine weitere lebensverbessernde, positive Rückkopplung: Humus erlaubt Feuchtigkeit und Bodenorganismen, tiefer in den Boden einzudringen, wo sie mehr Humus erzeugen, was noch tieferes Eindringen, mehr Humusaufbau ermöglicht usw. Humus kann wirklich hervorragend Nährstoffe festhalten. Das unten dargestellte Humusmolekül zeigt, dass aus dem Blickwinkel eines Atoms die Außenansicht von Humus eine borstige Anordnung

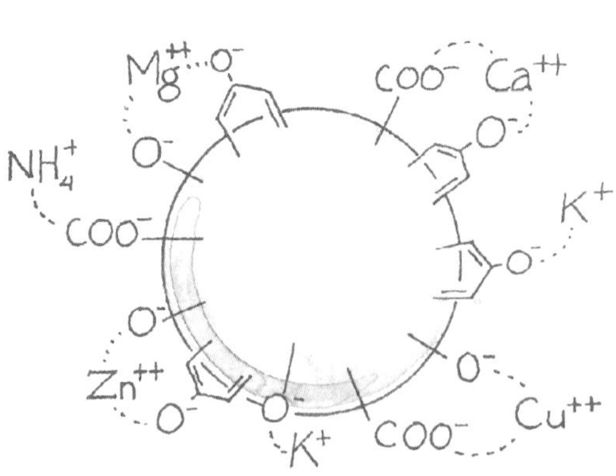

Humus chemisch gesehen, mit negativ geladenen Sauerstoffatomen gespickt. Positiv geladene Nährstoffe wie Ammonium, Kalium, Kupfer, Magnesium, Kalzium und Zink werden in den Humus resorbiert. Diese Nährstoffe können von Pflanzen und Mikroben entnommen und genutzt werden.

von Sauerstoffatomen ist. Sauerstoff hat eine starke negative Ladung, und in der Chemie wie auch oft im Leben ziehen sich Gegensätze an. Somit dienen die vielen negativen Sauerstoffatome von Humus als »Köder«, um viele positiv geladene Elemente anzulocken. Dazu gehören einige der wichtigsten Nährstoffe für Pflanzen und Bodentiere: Kalium, Kalzium, Magnesium, Ammonium (eine Stickstoffverbindung), Kupfer, Zink, Mangan und viele andere. Unter den richtigen Bedingungen (in Böden mit einem pH-Wert nahe 7, d.h. weder zu sauer noch zu basisch) kann Humus enorme Mengen an positiv geladenen Nährstoffen aufnehmen und speichern.

Wie gelangen diese Nährstoffe vom Humus in die Pflanzen? Wie erwähnt, sondern Pflanzenwurzeln sehr milde Säuren ab, die die Verbindungen kappen, mit denen sich die Nährstoffe am Humus festhalten. Die Nährstoffe aus dem Humus werden in die Bodenfeuchtigkeit gespült und erzeugen eine üppige Suppe. Die Pflanzen werden in dieser nahrhaften Brühe gebadet und können so viel Kalzium, Ammonium oder andere Nährstoffe absorbieren, wie sie benötigen. Es gibt Hinweise darauf, dass Pflanzen, wenn sie lange genug »gegessen« haben, den Säurefluss stoppen, um den Humus nicht zu erschöpfen. Das ist die direkte Methode, mit der Pflanzen Nährstoffe aus dem Humus holen. In gesundem Boden gibt es aber auch eine verbreitete indirekte Route, bei der Mikroben die Vermittler sind. Diese Art von Pflanzenernährung erfolgt über einen Austausch. Wurzeln sondern Zucker und Vitamine ab, die eine ideale Nahrung für nützliche Bakterien und Pilze sind. Diese Mikroben gedeihen in der Nähe der Wurzeln in großer Zahl und hängen sich sogar an sie, um die von den Pflanzen erzeugte Nahrung aufzunehmen und in der Feuchtigkeitsschicht zu baden, die die Wurzeln umgibt. Im Gegenzug produzieren die Mikroben Säuren und Enzyme, die humusgebundene Nährstoffe freisetzen, und teilen diese Nahrung mit den Pflanzen.

Mikroben scheiden in ihren Exkrementen auch Nahrung für Pflanzen aus. Ein weiteres Plus für die Pflanzen ist die Tatsache, dass viele Pilze und andere Mikroben Antibiotika sekretieren, die die Pflanzen vor Krankheit schützen. Dieser gesamte gegenseitige Austausch erzeugt eine wahrlich symbiotische Beziehung. Viele Pflanzen sind abhängig von bestimmten Arten mikrobieller Partner geworden und wachsen ohne sie nur schlecht. Selbst wenn die Partnerschaft zwischen Pflanzen und Mikrobe nicht so spezifisch ist, wachsen Pflanzen oft viel schneller, wenn Mikroben vorhanden sind, als sie es in einer sterilen oder mikrobenarmen Umgebung tun.

Der Mineralreichtum des Bodens

Nachdem wir über den Humus gesprochen haben, wenden wir uns nun den Teilen unseres Blattes zu, die eine mineralische Bestimmung haben. Wie die meisten Lebewesen bestehen Blätter in erster Linie aus kohlenstoffhaltigen Verbindungen: Zucker, Proteinen, Stärken und vielen anderen organischen Molekülen. Wenn Bodenlebewesen diese Stoffe vertilgen, wird der Kohlenstoff teilweise eins mit dem Konsumenten, als Zellmembran, Flügeldecke, Augapfel o. ä. Und ein Teil des Kohlenstoffs wird als Gas freigesetzt: Kohlendioxid oder CO_2 (unser Atem enthält aus demselben Grund Kohlendioxid). Bodenorganismen konsumieren auch die anderen Elemente, aus denen das Blatt besteht, wie Stickstoff, Kalzium, Phosphor und der ganze Rest, doch das meiste davon wird wieder in feste Materie resorbiert – Organismus oder Insektendünger – und bleibt in der Erde. Ein bedeutender Teil des Kohlenstoffs gelangt jedoch als Kohlendioxid in die Atmosphäre. D. h., dass bei sich zersetzender Materie das Verhältnis von Kohlenstoff zu den anderen Elementen abnimmt: Der Kohlenstoff weht in die Luft, doch der meiste Stickstoff z.B.

bleibt zurück. Das Verhältnis von Kohlenstoff zu Stickstoff verringert sich. (Kompostenthusiasten erkennen dieses K:S-Verhältnis als entscheidendes Element eines guten Komposthaufens.) Bei der Zersetzung sinken die Kohlenstoffanteile rasch, während die Menge der anderen Elemente in unserem sich zersetzenden Blatt ungefähr gleich bleibt.

Wenn die letzte Gruppe von Bodenorganismen, die Mikroben, mit dem Blatt fertig ist und es verdaut hat, ist der größte Teil des verbrauchbaren Kohlenstoffs, der nicht als Humus gebunden ist, verschwunden. Außer anorganischen (nicht kohlenstoffhaltigen) Wirkstoffen, wie Phosphat, Nitrat, Sulfat und anderen Chemikalien, die die meisten Gärtner vom Aufdruck ihrer Düngerverpackungen kennen, bleibt nichts übrig. Ja, richtig: Mikroben erzeugen Pflanzendünger direkt in der Erde. Dieser Prozess, bei dem die anorganische Pflanzennahrung von den organischen, kohlenstoffhaltigen Verbindungen getrennt und in die Erde zurückgeführt wird, nennt man *Mineralisierung.* Mineralien – Nitrate, Phosphate und andere – sind winzige, gewöhnlich äußerst bewegliche Moleküle, die sich leicht in Wasser auflösen. D. h., sobald die Mineralien in organischen Abfällen frei werden oder Dünger auf den Boden geschüttet wird, bleiben diese mineralischen Nährstoffe nicht lange dort, sondern werden vom Regen rasch aus der Erde gewaschen.

Die gängige Meinung ist, dass Pflanzenwurzeln die Hauptabnehmer von Bodenmineralien sind und dass Pflanzen diese Mineralien (Düngemittel) nur aufnehmen können, wenn sie in wasserlöslicher Form sind, doch beides ist falsch. Wurzeln nehmen nur einen winzigen Teil des Bodens in Anspruch, daher kommen die meisten Bodenmineralien – und die meisten chemischen Düngemittel – nie in direkten Kontakt zu den Wurzeln. Nur wenn diese isolierten, einsamen Mineralien von Humus oder Bodenorganismen aufgenommen werden, waschen sie nicht aus. Der Humus und das Leben im Boden halten die Erde fruchtbar, indem sie die Nährstoffe festhalten, die ansonsten aus dem Boden in Bäche, Seen und schließlich ins Meer ausschwemmen.

Die Agrarchemiker haben mit ihren löslichen Düngemitteln den Anschluss verpasst; sie gehen die Dinge auf die harte Tour an, indem sie eher einen ingenieurwissenschaftlichen als einen ökologischen Ansatz verfolgen. Ja, Pflanzen sind gut fähig, die wasserlöslichen Mineralien in chemischem Dünger zu absorbieren. Doch Pflanzen nutzen oft nur 10 Prozent des Düngers, der ausgebracht wird, und selten mehr als 50 Prozent. Der Rest wandert ins Grundwasser, weshalb so viele Brunnen in unseren landwirtschaftlichen Flächen mit giftigen Nitraten verseucht sind.

Verwendet man Dünger wie die Natur – gebunden an organisches Material –, braucht man viel weniger Dünger und spart die Energie, die für Produktion, Transport und Ausbringung aufgewendet wird. Dies unterstützt zudem eine große Bandbreite an Bodenleben, was die Basis unserer lebenden Pyramide verbreitert und die Artenvielfalt erhöht statt vermindert. Außerdem erhalten die Pflanzen eine ausgewogene Ernährung, statt zwangsernährt zu werden, und sind gesünder. Es ist gut dokumentiert, dass Pflanzen, die auf Böden wachsen, die reich an organischer Substanz sind, krankheits- und insektenresistenter sind als Pflanzen auf kohlenstoffarmem Boden.

Kurzum braucht ein gut abgestimmter ökologischer Garten selten lösliche Düngemittel, weil Pflanzen und Bodentiere die Nährstoffe aus Humus und organischen Abfällen (oder Lehm, eine andere Quelle gespeicherter Nährstoffe) mithilfe von milder Säure und Enzymen herauslösen. Die meisten Nährstoffe in gesunder Erde sind, mit den Worten des Bodenwissenschaftlers William Albrecht, »unlöslich, doch verfügbar«. Diese Nährstoffe, an organisches Material gebunden oder unter schnelllebigen Mikroben kreisend, waschen nicht aus dem Boden aus, können jedoch von den Wurzeln sanft herausgelöst oder gegen Zuckersekrete getauscht werden. Und die Pflanzen nehmen nur auf, was sie benötigen. Dies ist offensichtlich sehr wenig, da Pflanzen zu 85 Prozent aus Wasser bestehen und das meiste vom Rest Kohlenstoff aus der Luft ist. Eine große Fleischtomate z. B. entnimmt der Erde nur etwa 50 Milligramm Phosphor und 500 Milligramm Kalium. Das lässt sich in einem humusreichen Garten leicht ersetzen, in dem Mulch, Kompost und nährstoffanreichernde Pflanzen eingesetzt werden.

Eine Frage der Balance

Manchmal beschreiben Gartenbücher die Bodenorganismen als böse Buben – sie halten Nährstoffe angeblich »unter Verschluss« und machen sie den Pflanzen nicht verfügbar. In einer unausgewogenen Erde stimmt das. Das Bodenleben ist weitaus mobiler als die Pflanzen und hat einen schnelleren Stoffwechsel. Wenn sie hungrig sind, können sich Mikroben Nährstoffe schneller einverleiben als Wurzeln. William Albrecht sagt dazu: »Mikroben speisen am ersten Tisch«. Falls das Bodenleben durch einen mageren Boden ausgehungert ist, geben die Mikroben sicher keine Nahrung an die Pflanzen weiter.

Ein häufiges Bodenproblem ist zu wenig Stickstoff. Stickstoff wird in Proteinen und Zellmembranen verwendet, und Pflanzen ohne diesen Nährstoff sind blass und matt. Gärtner werden oft aufgefordert, keine Holzspäne oder Stroh zur Bodenverbesserung zu benutzen, weil dies zu Stickstoffmangel führt. Das liegt daran, dass Späne und Stroh, obgleich gute Kohlenstoffquellen, sehr wenig Stickstoff (siehe Tabelle 4-1) enthalten. Diese stickstoffarmen Zugaben eignen sich gut als Mulch an der Bodenoberfläche, doch wenn sie mit einem Spaten oder einer Fräse in die Erde eingearbeitet werden, bekommen zersetzende Organismen, die eine ausgewogene Diät von ca. 20-30 Teilen Stickstoff brauchen, einen kohlenstoffbetriebenen Tobsuchtsanfall. Das ist vergleichbar mit dem enormen Stoffwechselrausch, den eine große Dosis Zucker auslösen kann: ein großer, kurzfristiger Knall, der jedoch andere Nährstoffe aufbraucht und einen erschöpft.

Um diese von Stroh verursachte Kohlenstoffparty auszugleichen, schnappt sich das Bodenleben jedes bisschen verfügbaren Stickstoffs, frisst, vermehrt sich und wächst so schnell, wie es die geringen Mengen dieses Nährstoffs erlauben. Die üppige, doch unausgewogene Nahrung löst eine Populationsexplosion unter den Mikroben aus. Schon bald vermehren sich auch die sekundären und tertiären Destruenten (Käfer, Spinnen, Ameisen), durch eine Beuteflut angestachelt, wie verrückt. Sobald ein wertvoller Stickstoff in Form von toten Körpern oder Ausscheidungen frei wird, verspeist ihn sofort ein winziges hungriges Wesen, noch ehe die Pflanzen dies können. Die Pflanzenwurzeln haben keine Chance, weil die Mikroben am ersten Tisch speisen. Dieser wahnsinnig rasende, aber einseitige Fressrausch lässt erst dann nach, wenn der überschüssige Kohlenstoff entweder verbraucht oder durch Stickstoffimporte ausgeglichen wird – aus der Luft über Bakterien, die Stickstoff aus der Luft holen, durch tierischen Dünger oder durch einen aufmerksamen Gärtner mit einem Beutel Blutmehl.

Die gleichen Engpässe treten auf, wenn andere Nährstoffe im Boden fehlen. Solange das Bodenleben nicht richtig genährt wird, erhalten die Pflanzen keine Nahrung. Die konventionelle Landwirtschaft umgeht dieses Problem, indem sie den Boden mit anorganischem Dünger überflutet, der zehnmal höher als der Bedarf der Pflanzen ist. Diese Herangehensweise, die eher einem Ingenieur als einem Biologen entspricht, führt zu Wasserverschmutzung und problemanfälligen

Pflanzen. Das Bodenleben und der Boden selbst leiden unter dem Ungleichgewicht.

Tabelle 4-1. Kohlen- zu Stickstoffanteil (K:S) in normalen Mulch- und Kompostmaterialien	
Apfeltrester	21/1
Knochenmehl	3.5/1
Klee, Blühphase	23/1
Klee, vegetative Phase	16/1
Kompost, fertig	16/1
Maisstroh	60/1
Baumwollsaatmehl	5/1
Fischabfälle	4/1
Getreidehülsen und -spreu	80/1
Grasschnitt, trocken	19/1
Grasschnitt, frisch	15/1
Heu, Leguminosen-Gras-Mischung	25/1
Heu, reife Luzerne	25/1
Heu, junge Luzerne	13/1
Blätter, trocken	50/1
Blätter, frisch	30/1
Mist, Huhn	7/1
Mist, Kuh	18/1
Mist, Pferde	25/1
Fäkalien, menschlich	8/1
Mist, verrottet	20/1
Zeitung	800/1
Weidelgras, Blühphase	37/1
Weidelgras, vegetative Phase	26/1
Sägemehl, Hartholz	400/1
Sägemehl, verrottet	200/1
Sägemehl, Weichholz	600/1
Seetang	19/1
Stroh, Hafer	74/1
Stroh, Weizen	80/1
Urin, menschlich	0,8/1
Gemüseabfälle	12/1
Zottelwicke, frisch	11/1

Daten aus Designing and Maintaining Your Edible Landscape — Naturally, von Robert Kourik (Metamorphic, 1986); The Integral Urban House vom Farallones Institute (Sierra Club, 1979) und The Nature and Properties of Soils von Nyle C. Brady (Prentice Hall, 1996).

Und dies passiert mit dem Bodenleben nach der übereifrigen Anwendung von chemischem Dünger: Mischt man anorganischen Dünger mit Erde, schafft dies einen Überschuss an Mineralnährstoffen (es ist stets mehr erforderlich, weil so viel ausgeschwemmt wird). Nun ist der Kohlenstoff die Nahrung, die zu knapp ist. Erneut geht das Bodenleben in einen Fressrausch, angestachelt durch ein Übermaß an Stickstoff, Phosphor und Kalium in typischem SPK-Düngemittel. Da Organismen etwa 20 Teile Kohlenstoff für jeweils einen Teil Stickstoff brauchen, dauert es nicht lange, ehe jeder verfügbare Kohlenstoff aus der organischen Substanz der Erde entnommen wurde, um all diesem Stickstoff gerecht und in lebenden Körpern gebunden zu werden. Diese Organismen atmen Kohlendioxid aus, daher geht mit jeder Generation ein Teil des Kohlenstoffs verloren. Zuerst wird das leicht verdauliche organische Material gefressen, danach, etwas langsamer, der Humus. Schließlich ist der gesamte Kohlenstoff des Bodens verschwunden (chemisch gedüngte Böden sind notorisch bekannt für ihre geringe organische Substanz) und das Bodenleben, das dieser unentbehrlichen Nahrung beraubt ist, beginnt zu sterben. Bodenorganismenarten, die solche Mängel nicht überleben, sterben lokal aus. Einige dieser Lebewesen besitzen möglicherweise entscheidende Rollen und geben vielleicht Antibiotika ab, um die Pflanzen zu schützen, oder übertragen einen wesentlichen Nährstoff oder zersetzen einen ansonsten unverdaulichen Bestandteil. Wenn wichtige Glieder fehlen, gerät das Bodenleben stark aus der Balance. Die natürlichen Feinde beginnen zu sterben, daher vermehren sich einige ihrer Beuteorganismen enorm und werden zu Ungeziefer, da sie in diesem zerrissenen Nahrungsnetz nicht länger im Zaum gehalten werden.

Leider sind viele der Kreaturen, die nach dieser Mineralienüberdosis übrig bleiben, diejenigen, die gelernt haben, durch die übrig gebliebene Kohlenstoffquelle zu überleben: Ihre Pflanzen. Brennt man den Kohlenstoff mit chemischem Dünger aus dem Boden, kann dies für krankmachende Organismen sorgen. Jede Art von kauenden, saugenden, Schimmel und Flecken verursachenden, schwärzenden, Schrecken überzieht die Vegetation. Da die natürlichen Kontrollmechanismen verschwunden sind und Krankheiten alles verwüsten, was grün ist, müssen die Menschen mit Spritzmitteln eingreifen. Doch die nun zerstörerischen Organismen haben, was sie zum Leben brauchen – die Nahrung und den Schutz von Gartenpflanzen – und sie vermehren sich, sobald der nun erforderliche menschliche Eingriff nachlässt. Der Gärtner ist in einer chemischen Tretmühle gefangen. Er steht auf verlorenem Posten, was sich in der Tatsache spiegelt, dass wir 20-mal so viele Pestizide wie vor 50 Jahren verwenden, doch die Ernteverluste durch Insekten und Krankheit haben sich nach der USDA-Statistik verdoppelt.

Ein weiterer Schaden, der durch den unvernünftigen Einsatz chemischer Düngemittel angerichtet wird, betrifft den Boden selbst. Da die organische Materie durch wild fressendes Bodenleben verbrannt wird, büßt die Erde ihre Fähigkeit ein, Wasser und Luft zu halten. Ihre Bodengare ist zerstört. Das verzweifelte Bodenleben frisst den Humus selbst, die Nahrung der eisernen Reserve. Sind der Humus und alles andere organische Material fort, verliert der Boden seine lockere, krümelige Struktur und bricht zusammen. Lehmiger Boden verdichtet sich zu Beton; schlammiger Boden trocknet zu Staub aus und wird weggeblasen.

Im Gegensatz dazu verbessert umfangreiches Bodenleben die Bodenstruktur und die Gesundheit Ihrer Pflanzen. Wenn das Bodennahrungsnetz eine große Vielfalt besitzt, werden Krankheiten unter Kontrolle gehalten. Falls ein Bakterienbrand ausbricht, frisst ein ausgewogenes Angebot an Raubtieren diesen Nahrungsüberschuss wieder auf ein normales Maß zurück. Droht eine Pilzkrankheit, sind mikrobielle und Insektenbewohner da, um das Beste aus diesem neuen Angebot ihrer Lieblingsnahrung zu machen. Ein lebendiger Boden ist die Grundlage eines gesunden Gartens.

Bearbeiten oder nicht bearbeiten

Wir haben gesehen, dass organische Substanz die Erde leicht und locker hält und die Wurzeln leicht hindurch dringen. Was ist nun mit den mechanischen Methoden, um den Boden zu lockern?

Die Erfindung des Pflugs gilt für die Menschheit als einer der großen Schritte nach vorn. Landwirte wissen, dass Pflügen gefangene Bodenfruchtbarkeit freisetzt. Pflügen vermindert auch Unkräuter und vermischt Streu an der Oberfläche gründlich mit der Erde. Wir tun all dies auch, wenn wir unsere Motorfräse aus der Garage holen und das laute Monster in einer blauen Rauchwolke durch die Gartenbeete schieben.

Was geschieht tatsächlich bei dieser Bodenbearbeitung? Indem wir den Boden umwenden, gelangt frische Luft daran. All der Sauerstoff belebt das Bodenleben, das in Aktion tritt, organische Materie abbaut und Mineralien aus Humus und Gesteinspartikeln herauslöst. Die Bodenbearbeitung bricht den Boden auch auf, wodurch seine Oberfläche dank der Bildung vieler kleiner Klumpen aus großen Erdstücken stark vergrößert wird. Bodenmikroben besiedeln dann diese frischen Oberflächen und extrahieren mehr Nährstoffe, was zu einer Populationsexplosion führt.

Das ist großartig für die erste Saison. Die Masse an Nährstoffen sorgt für erstaunliches Pflanzenwachstum und die Ernte ist reich. Doch das Leben im bearbeiteten Boden setzt weitaus mehr Nährstoffe frei, als die Pflanzen nutzen können. Ungenutzte Fruchtbarkeit wäscht bei Regen aus. Das Umgraben im folgenden Jahr verbrennt mehr organisches Material, erneut wird mehr Fruchtbarkeit frei und ausgewaschen. Nach ein paar Saisonen ist der Boden erschöpft. Der Humus ist weg, die Mineralerze werden ausgelaugt und das künstlich stimulierte Bodenleben verarmt. Nun muss der Gärtner den Boden mit Ballen organischer Substanz, Dünger und viel Arbeit erneuern.

Also setzt Umgraben viel mehr Nährstoffe frei als die Pflanzen einsetzen können. Die wiederholte mechanische Bearbeitung zerstört zudem die Bodenstruktur, insbesondere wenn sie bei zu nasser Erde erfolgt (und wir alle können es kaum erwarten, die Saat auszubringen, das geschieht also oft). Häufiges Ackern zerschmettert lehmige Erdkrumen zu Pulver und verdichtet lehmige Klumpen zu Ortstein. Und eine Runde Bodenbearbeitung verbraucht weit mehr Kalorien an Energie als in einem Jahr im Garten angebauter Nahrung enthalten sind. Das ist kein nachhaltiges Wirtschaften. Lieber sollte man den Humus die Erde natürlich lockern lassen und Mulch einsetzen, um Unkräuter zu unterdrücken und Nährstoffe zu erneuern. Statt Fruchtbarkeit in einem halsbrecherischen, mechanischen Tempo zu entfesseln, können wir den Pflanzenwurzeln die Arbeit überlassen. Sich vortastende Wurzeln brechen Erdstückchen allmählich auf, öffnen den Boden der mikrobiellen Besiedlung und lösen Nährstoffe in der richtigen Geschwindigkeit aus. Die Natur ist eben ein besserer Partner als ein Sklave.

Bodenleben aufbauen

O. K., genug Theorie: Ran an die Erde. Mit welchen Techniken kann man die Art von Boden schaffen, von dem Gärtner träumen? Ich könnte dieses Kapitel mit drei Wörtern beenden: organische Substanz hinzufügen.

Doch ich mache weiter. Zum Aufbau organischer Bodensubstanz gibt es eine ganze Menge Techniken, und verschiedene Situationen erfordern unterschiedliche Methoden. Die Techniken entfallen in drei breite Kategorien: Kompost, Mulch und Bodendecker.

Kompost: Die schnelle Methode zum Bodenaufbau

Die meisten Gärtner kennen den Wert von Kompost und viele ausgezeichnete Bücher und Artikel wurden über dieses »schwarze Gold« geschrieben, daher fasse ich mich hier kurz. Kompost, das reichhaltige, humusreiche Zerfallsendprodukt, entsteht, indem man überschüssiges organisches Material auf einen Haufen oder in eine Tonne gibt und verrotten lässt.

Jeder Hausbesitzer erzeugt ein Übermaß an organischer Substanz: Küchenabfälle, Grasschnitt, Laubhaufen und Abfall durch Schnitt und Säuberung eines Gartens voller Pflanzen. Das meiste davon kann vor Ort recycelt und zu einer wertvollen Quelle für Bodenleben und Nährstoffe für Ihre Pflanzen verwandelt werden. Falls Sie nicht zu pingelig sind, stapeln Sie dieses Zeug einfach in einer Ecke Ihres Gartens und warten Sie ein paar Monate, bis Kompost entsteht. Man kann das aber auch noch wirkungsvoller tun. Die entscheidenden Elemente eines guten Komposthaufens sind das richtige Verhältnis von Kohlenstoff zu Stickstoff, optimale Feuchtigkeit und Luft sowie die richtige Größe.

Sprechen wir zuerst über die Größe. Fressende, sich vermehrende Mikroben erzeugen Hitze, was ihr Wachstum beschleunigt und somit auch die Zersetzung der Teile des Haufens. Ebenso wichtig ist, dass die Hitze des Komposthaufens die Samen im Gartenabfall sterilisiert. Haufen, die kleiner als einen Meter auf einer Seite sind, isolieren die wachsende Mikrobenpopulation nicht genügend, um die Temperatur auf die kritische Marke von 70-85° C zu bringen, bei der Samen absterben. Verteilt man kalt verarbeiteten Kompost im Garten, importiert man viele

Unkräuter und andere ungewollte Pflanzen. Ich habe Hunderte von Tomatensetzlingen in einem Blumenbeet gesehen, nachdem schlecht verarbeiteter Kompost zugegeben wurde. Daher sollten Komposter ihre Materialien sammeln, bis sie ausreichend für einen 1 Meter hohen Haufen haben.

Was kommt in den Haufen? Verschiedene Bestandteile enthalten unterschiedliche Verhältnisse von Kohlenstoff zu Stickstoff, und auch wenn schließlich fast alles Organische sich zersetzt, ist ein Gesamtanteil K:S von 30:1 ideal. Tabelle 4-1 gibt die K:S-Anteile vieler kompostierbarer Materialien an. Falls Sie es gerne genau nehmen, können Sie das richtige Gleichgewicht von Bestandteilen mit hohem Kohlenstoff und hohem Stickstoff berechnen, sodass 30:1 herauskommt. Für die weniger Gewissenhaften gibt es eine gute Faustregel: Grüne Materialien, wie Grasschnitt und frische Pflanzenabfälle (und wir rechnen hier auch Küchenabfälle dazu), sind reich an Stickstoff. Braune Dinge, wie trockene Blätter, Heu, Stroh und Holzspäne, besitzen viel Kohlenstoff. Die Ausnahme hier ist Dünger, der zwar braun ist, aber dennoch viel Stickstoff hat – man kann ihn als grün betrachten. Mischt man halb Grün mit halb Braun, erhält man das ideale K:S-Verhältnis von 30:1. Falls stickstoffreiche Materialien rar sind, streut man zum Ausgleich Baumwollsamen-, Fisch- oder Blutmehl darüber.

Beim Aufbau des Haufens gibt man die Materialien in Schichten von maximal 15 cm hinein. Für einen kleinen Haufen vermischt man alles, indem man es umschichtet. Manche Gärtner schlagen vor, dem Haufen Erde beizumengen, was ich manchmal tue, falls die Erde kein klebriger Lehm ist. Ich gebe auch einige Handvoll fertigen Kompost dazu, wenn ich den Haufen aufbaue, was ihn mit Bodenleben impft und ankurbelt. Wenn ich mich besonders fanatisch fühle, tue ich zwei Dinge. Erstens impfe ich den frischen Haufen mit Kompost von einem anderen jungen Haufen, falls ich einen habe, weil ich davon ausgehe, dass die übertragenen Arten von Bodenorganismen gut für den unverarbeiteten Abfall des frischen Haufens sind. Ich laufe in den Wald, zu einem Feld oder den Rand eines Teichs – verschiedene Ökosysteme –, von wo ich ein oder zwei Liter Erde mitnehme und sie zur Mischung gebe. So maximiere ich die Biodiversität meines Bodenlebens und importiere nützliche räuberische Lebewesen und Zersetzer.

Das Leben des Komposthaufens benötigt Wasser, um zu überleben. Ein guter Komposthaufen sollte so feucht wie ein ausgewrungener Schwamm sein. Falls die Bestandteile beim Aufbau des Haufens trocken sind, kann es eine erstaunliche Menge Wasser brauchen, um das richtige Feuchtigkeitsmaß zu erzielen. Wenn ich im August einen Haufen aufbaue, besprühe ich den Haufen die ganze Zeit mit einem Schlauch, während ich die trockenen Abfälle aufschichte (hier kann man gut Grauwasser einsetzen, dessen Nährstoffladung dem Bodenleben extra Energie gibt, und mein schlechtes Gewissen wegen des Wasserverbrauchs ist beruhigt). Ich decke den fertigen Haufen normalerweise mit einer Plane oder permanentem Deckel ab, um an sonnigen Tagen die Feuchtigkeit zu bewahren und zu verhindern, dass der Regen hart erworbene Nährstoffe auswäscht.

Eine uralte Kompostfrage lautet, umschichten oder nicht umschichten? Wenn man einen Haufen umwendet, gelangt Sauerstoff hinein und beschleunigt den Abbau. Falls Sie es mit dem Kompost eilig haben, sollten Sie den Haufen umschichten, sobald der erste innere Hitzeausbruch des Haufens verflogen ist – dies beginnt wenige Tage nach Erstellung des Haufens. Das regt die Stoffwechselvorgänge der Haufenbewohner durch Sauerstoff an und der Kompost erhitzt sich rasch erneut. Sobald der Haufen abkühlt, wenden Sie ihn um. Ein gut geschichteter Haufen lässt sich

Holzige Wege zum Bodenaufbau

Die meisten in diesem Kapitel dargestellten Techniken umfassen den Abbau von leicht zersetzbarer organischer Substanz wie Gras und Küchenabfällen. Doch die meisten von uns erzeugen auch holzigen Abfall: Baumschnitt, Baumstämme, selbst verrottetes Feuerholz oder Holzreste. Holz wird überwiegend von Pilzen zersetzt, die wir im ökologischen Garten wegen ihrer hervorragenden Fähigkeit begrüßen, den Boden feucht zu halten, ansonsten hartnäckige Substanzen abzubauen und Krankheit bekämpfende Stoffe zu produzieren. Wir können nicht viel Holzabfall in einen Komposthaufen geben, doch statt übriges Holz zu verbrennen oder zu deponieren, lässt sich damit Boden aufbauen. Und zwar so.

Hügelkultur

In den sorgfältig gepflegten Wäldern Mitteleuropas wird nie ein Stück Holz verschwendet. Zweige und buschiger Baumschnitt werden in einer Gartentechnik benutzt, die man *Hügelkultur* nennt. Um eine Hügelkultur herzustellen, stapelt man Äste oder Gestrüpp 30-60 cm tief in einem Haufen, der rundum 1,2-2,4 m ist. Stampfen Sie den Hügel, damit er etwas verdichtet. Dann werfen Sie kompostierbare Materialien – Grasschnitt, Rasenstücke, Stroh – darauf.

Befeuchten Sie den Hügel, bis er den Feuchtigkeitsgrad eines ausgewrungenen Schwamms hat.

Streuen Sie etwas Kompost auf den Hügel und dann noch ca. 3 cm Erde. Nun säen Sie Samen auf die Hügelkultur oder setzen Starterpflanzen. Kartoffeln lieben Hügelkultur – ich kann meine Kartoffeln in diesen Haufen einen Monat früher setzen als in den Gartenbeeten. Auch Kürbisse, Melonen und andere Rankpflanzen fühlen sich hier wohl.

Das sich zersetzende organische Material in Hügelkulturbeeten erhöht die Temperatur gerade so viel, dass das Pflanzenwachstum angeregt wird. Ein weiterer Vorteil:

durch rechtzeitiges Umwenden in drei Wochen zu schwarzem Gold verwandeln.

Ich rate Ihnen jedoch vorauszuplanen, damit Sie genügend Kompostvorrat haben, wenn Sie ihn brauchen, ohne einen Haufen mehr als ein- oder zweimal umzusetzen. Das ist genug, um die äußeren Schichten des Haufens zu integrieren und durchrotten zu lassen.

Wieso? Ein selten umgeschichteter Haufen verrottet langsamer als ein ehrgeizig mit der Gabel bearbeiteter, aber jedes Wenden steigert den mikrobiellen Stoffwechsel enorm. So wird der Inhalt des Haufens weiter auf den zweigeteilten Weg zu vollständig verdautem Humus und vollständig mineralisierten Nährstoffen gebracht. Mineralisierte Nährstoffe können schnell auswaschen. Voll verarbeiteter Humus eignet sich zwar bestens für die Bodentextur und Dürreresistenz, ernährt aber weniger Bodenleben als weniger verdautes organisches Material. Meiner Erfahrung nach wird ein langsam verrotteter Kompost beim ersten Aufheizen immer noch heiß genug, um Unkrautsamen abzutöten, aber er scheint meine Pflanzen länger mit Nährstoffen zu versorgen als das Produkt von Schnellumwandlungen. Meine Regel ist: Für Textur umschichten – zum Schnellaufbau von Bodenstruktur –, aber den Haufen für eine langfristige Ernährung ruhen lassen.

Wenn das holzige Gestrüpp verrottet, setzt es die Nährstoffe langsam frei und bewahrt dabei recht viel Wasser. Eine Hügelkultur braucht man nur selten düngen oder bewässern.

Die Totholz-Bodensenke

Vielleicht haben Sie schon festgestellt, dass verrottendes Holz eine Menge Feuchtigkeit enthält. Spät in einem regenlosen Sommer im Nordwesten habe ich meinen Arm bis zum Ellbogen in einen rottenden Stamm gegraben und holte eine Handvoll feuchte Fasern heraus. Da sie wie Schwämme agieren, können liegende Stämme als wichtige Feuchtigkeitsreservoirs für wasserabhängige Arten wie Pilze und Bodentiere agieren. Manche Naturforscher haben die Theorie, dass Wurzeln und Pilzmycele Wasser aus diesen holzigen Feuchtigkeitsspeichern zu Pflanzen und Pilzen viele Meter entfernt transportieren.

Das Talent des rottenden Holzes, Wasser zu speichern, ist ein weiterer Trick der Natur, die man im Garten nutzen kann. Wir können die Hügelkulturidee umdrehen und Holz unter unseren Pflanzen eingraben. Der Permakulturist Tom Ward hebt etwa 50 cm tiefe Gräben aus, wirft Äste oder verrottendes Feuerholz hinein und füllt die Gräben wieder mit Erde auf. Darauf pflanzt er Heidelbeeren. Tom erzählte mir: »Ich ahme nach, wie Heidelbeeren in Teichen und Sümpfen oft auf schwimmenden Baumstämmen wurzeln. In meinem Garten ist all das Holz wie ein riesiger Schwamm, der im Boden versenkt ist«. Die Wurzeln infiltrieren diese Feuchtigkeitsquelle und trinken bei einer Dürre davon.

Fast jede Pflanze – nicht nur Heidelbeeren – wächst gut auf einer Bodensenke aus vergrabenem Holz. Manche Leute haben Bedenken, dass das Holz Stickstoff festhält und geben daher eine Stickstoffquelle in die Bodensenke (grüne Kompost-Materialien oder langsam freisetzenden organischen Dünger), doch ich nehme an, dass das Holz so langsam zersetzt wird, dass wenig Stickstoff von den Mikroben gebunden wird, die an den Stämmen nagen.

Die beste Rolle des Komposts besteht meines Erachtens darin, einer begrenzten Bodenfläche – höchstens 15-30 m² – einen schnellen Fruchtbarkeitsschub zu verleihen. Wenn Sie gerade erst in einen neuen Garten umgezogen sind und schnell produktiv werden wollen, dann bringt Kompost die Bodenfruchtbarkeit rasch wieder in Schwung. 3-5 cm Kompost, der leicht in mageren Boden eingearbeitet wird, oder, falls Sie genug haben, 10 cm auf ausgelaugte oder verdichtete Erde, unterstützt eine sehr dichte Bepflanzung. Wird die Pflanzenproduktion auf diese Weise angekurbelt, kann ein Gärtner mit längerfristigem Bodenaufbau beginnen.

Ich wage mich hier erneut auf ketzerisches Gebiet: Kompostieren ist nicht meine bevorzugte Art, um Boden aufzubauen, und ich versuche, das so wenig wie möglich zu tun. Zum einen ist es eine Menge Arbeit. Das ganze Trennen von Material, Schichten, Gießen, Wenden und dann den ganzen verdammten Haufen, Ladung für Ladung, auf das Gartenbeet karren, ausschaufeln, einarbeiten und schließlich das Beet glatt harken. Das ist ein Haufen Materialbearbeitung, was jeder effiziente Designer zu minimieren sucht.

Ich glaube aber eben auch, dass Komposthaufen nicht optimal sind, um ihre Mikroherden großzuziehen oder deren Gaben zu nutzen. Immer wenn ich meinen Komposthaufen umschichte oder wende, ermorde ich meines Wissens Milliarden dieser wunderbaren Helfer: Ich zerstöre ihr Zuhause, knüppele sie und ihre Kinder mit meiner Grabgabel und trockne all jene aus, die an der Außenschicht des Haufens landen. Ich schlage Eier für ein Omelette auf, aber nur, wenn es nicht anders geht. Ich möchte gern auf sanfte Weise gärtnern.

Moral hin oder her, jede Störung des Haufens ist ein Rückschlag fürs Bodenleben. Sie erleben eine komplexe ökologische Sukzession, eine Zeitreise von einfachen zuckerverdauenden Arten über Proteinfresser bis hin zu hochspezialisierten Lignin- und Chitin-fressenden Pilzen. Jeder Stich mit meiner Gabel stört diesen Prozess. Besitzt das Produkt noch immer seine maximale, optimale biologische Vielfalt, bis ich meinen Kompost in den Garten fahre und ihn aufs Beet schaufle? Wohl kaum.

Kompostierung kann auch Nährstoffe verschwenden. Ein heißer Haufen gibt flüchtigen Stickstoff in die Luft ab und geht dem Garten verloren. Komplexe, lebensspendende Stoffwechselflüssigkeiten tropfen aus dem Haufen und verschwinden. Ich weiß das gut, weil ich beim Umsetzen meines Komposthaufens darunter immer eine schöne, 30 cm dicke Schicht schwarze Erde finde, die während des Tanzes vom Tod zum Leben im Haufen aus üblem Lehm entstanden ist. Das Tropfen nahrhafter Abfallprodukte in die Erde darunter setzt im Leben dort einen Wachstumsschub in Gang. Diese neu gedeihenden Lebewesen fressen die Nährstoffe von den Tonteilchen und ihre sich vermehrenden Körper und Abfälle bilden organische Substanz, die roten Lehm in fruchtbare Lehmerde verwandelt.

Ich befördere diese reichhaltige Erde gewöhnlich auch in den Garten, denn ich will ja nicht, dass die Arbeit meiner Mikroherden umsonst war. Ich sehe all diese Würmer unter meinem Komposthaufen gedeihen, all die Milben und Tausendfüßler, und ich will sie in meinem Garten, wo sie Nährstoffe zu den Pflanzen bringen, statt nutzlos 30 cm unter einem pflanzenlosen Haufen zu sitzen. Eine Technik, die diesen ansonsten verlorene Belohnung erntet und unzählige andere Vorteile bringt, ist Schichtmulchen.

Die Stärke des Schichtmulchs

Obwohl meine Umstellung einige Jahre dauerte, bin ich ein überzeugter Anhänger von Kompostierung vor Ort, allgemein als *Schichtkompostierung* oder *Schichtmulch* bekannt. Schichtmulchen ist eine der Grundlagen im Werkzeugkasten des ökologischen Gärtners. Es ist eine Methode zur Ausrottung von Unkraut und zum Bodenaufbau, die keine Herbizide und keine Bodenbearbeitung erfordert, da beides die Bodenökologie stört. Schichtmulch ähnelt dem, wie die Natur den Boden durch Anhäufung und Abbau von organischem Abfall von oben nach unten aufbaut.

In seiner einfachsten Form besteht Schichtmulch aus zwei Schritten: Zuerst legen Sie eine Schicht Unkraut unterdrückende Zeitung oder Karton aus (oder sogar ein altes Kleidungsstück oder einen Wollteppich) und geben etwa 30 cm organischen Mulch darüber. Viele Gärtner tun das im Herbst, damit der Mulch verrottet und über den Winter humusreiche Erde daraus wird. Die Unkraut-Stopschicht zersetzt sich genug, damit Samen und umgesetzte Pflanzen im Frühling ihre Wurzeln tief in den Boden schieben können. Aber Schichtmulchen kann man zu jeder Jahreszeit durchführen. Eine detailliertere Beschreibung des Schichtmulchens finden sie im Kasten auf Seite 101–103.

Die Materialien für den Schichtmulch zusammenzusuchen, ist der arbeitsreichste und zeitaufwändigste Teil dieser Aufgabe, der Rest geht recht schnell. Es ist beachtlich, wie viel Material nötig ist, um es wirklich richtig zu machen. Zum Glück sind die meisten dieser Elemente kostenlos und mit ein bisschen Recherche leicht zugänglich. Falls Sie Materialien suchen, die Ihrer Bioregion entsprechen, lassen sich diese einfach finden. In waldreichen Gegenden gibt es viel Rinde und Sägemehl, an den Küsten findet man Seetang und Salzheu und in der Mitte des Kontinents und in Agrartälern gibt es stets viel Stroh, Getreidespelzen und andere Abfallprodukte der Nahrungsindustrie. In großen Städten erzeugen Konservenfabriken, Nahrungsmittelverarbeitung und Produktvertriebslager oft reichlich organischen Abfall. Energieversorger oder Landschaftsgärtner haben häufig gehäckselte Baumabfälle und fast jeder Stadtteil liefert im Herbst Blätter. Erzählen Sie anderen, dass sie organisches Material suchen und das Entsorgungsproblem eines anderen wird Ihr unerwarteter Zugewinn.

Die meisten Gärtner kennen die Vorteile von Mulch. Streut man 2,5-5 cm Stroh oder Sägespäne um Pflanzen, hilft das beim Wassersparen, hält die Erde an sengenden Sommertagen kühl, unterdrückt Unkräuter und verrottet über den Winter nach erfüllter Mission angenehm zu reichhaltigem Kompost. Manche Gärtner haben diese Idee aufgegriffen und sich mit ihr auseinandergesetzt, wie in *The Ruth Stout No-Work Garden Book*. In diesem Klassiker beschreibt Ruth, wie 20 cm verrottetes Heu auf ihren Gartenbeeten eine phänomenale, unkrautfreie Erde erzeugt haben. Ich kann die Vorzüge bestätigen.

Zuerst war ich ein vorsichtiger Mulcher. Selbst nachdem ich Stouts Buch gelesen hatte, besaß ich nicht den Mut, ihren Anweisungen aus vollstem Herzen zu folgen. Vielleicht hatte ich Angst vor dem Mulchen, denn ich streute höchstens knappe 2,5-5 cm Stroh, um den Boden feucht zu halten, wenn der Sommer warm wurde. Ich glaube, ich befürchtete, die Pflanzen zu unterdrücken oder Schnecken anzulocken oder vielleicht einen bösen Pilz im Stroh zu züchten.

Diese Nachteile traten nie ein, und schließlich bemerkte ich die wirklichen Vorteile des Mulchens, die über die Wasserrückhaltung hinausgehen: weniger Unkraut und größere Pflanzen.

Eine Beobachtung wunderte mich eine Zeit lang. Ein oder zwei Tage nach dem Mulchen fand ich das Material auf den Gartenwegen verteilt, als ob ein böser Geist sein Unwesen getrieben hätte. Ich trug alles wieder sauber zurück ins Beet, doch schon bald, trotz Windstille, lag der Mulch wieder auf den Pfaden. Dann sah ich die Übeltäter: Rotkehlchen und Rötelgrundammern, die nach Würmern jagten, die jetzt wegen der bis an die Oberfläche feuchten Erde ins Stroh umzogen waren. Durch die Beobachtung dieser neuen Interaktion und dem Verständnis ihrer Auswirkung verlor ich meine Angst vor dem Mulchen. Der Mulch baute eindeutig eine große Wurmpopulation auf, die wiederum die Bodenfruchtbarkeit befeuerte. Und die Vögel halfen auch, denn ihr Kot brachte Nitrate und Phosphate ins Stroh.

So ermutigt setzte ich den halben Garten unter 30 cm Mulch aus Stalleinstreu, verdorbenes Luzerneheu und Stroh. Jahre zuvor hatte ich auf die harte Tour gelernt, frisches Heu nicht zum Mulchen an der Oberfläche einzusetzen. Ein leichter Mulch aus frischem Heu, voller Samen, importierte unzählige Unkräuter und Gräser, und es brauchte Jahre, sie unter Kontrolle zu bekommen. Stroh, das mit einem gut eingestellten Mähdrescher geerntet wird, enthält keine Samen, sondern nur die Stängel von Getreidepflanzen. Heu ist der ganze Halm, der Samenkopf und alles.

In einem Herbst erweiterte ich unseren Garten in einen kümmerlichen Rasen hinein. Für die neuen Beete wollte ich Schichtmulch benutzen. Im Frühling war mein lebloser roter Lehm schokoladenbraun, wimmelte vor Würmern und war zu einer lockeren, wunderbar bröseligen Bodengare geworden. Ich war überzeugt. Ich habe noch immer einen

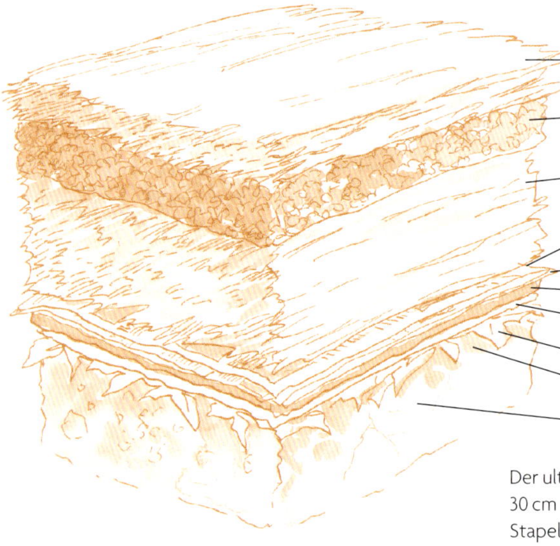

Der ultimative Schichtmulch. Schichtmulch kann einfach nur aus mit 30 cm Stroh bedecktem Karton bestehen oder ein ausgeklügelterer Stapel aus bodenbildenden Schichten, wie hier gezeigt.

Komposthaufen für Anzuchtschalen, ein kleines intensives Beet Blattgemüse und für Bodennotfälle, aber Schichtmulch und Kompostierung vor Ort sind meine üblichen Werkzeuge zur Bodenbildung. Manchmal, wenn Kiel es nicht sieht, leere ich den Küchenkomposteimer nicht in den Komposthaufen, sondern unter etwas Mulch, wo er rasch verrottet.

Durch eine Kompostierung am Ort werden die Bodenorganismen – so lebenswichtig, um Nährstoffe zu den Pflanzenwurzeln zu transferieren – nicht gestört. Eine intakte unterirdische Ökologie entsteht, verwoben durch seidene Mycelfasern, durchzogen von den Kanälen der wandernden Mikrofauna, gebunden in perfekter Erde durch die gummiartigen Exsudate und kohlenstoffreichen Stoffwechselflüssigkeiten. Sauerstoff verschlingende Mikroben besiedeln die oberen Erdschichten und die scheuen Anaerobier wirken ihre komplexe Alchemie weiter unten. Explodierende Populationen von sich windenden Würmern lockern die Erde in der Tiefe auf und wühlen ihre nährstoffreichen Ausscheidungen in den Mulch. Ein Haufen aus Tausenden von Spezies, die unterirdisch miteinander verbunden sind, baut seine vielen Pfade der Zersetzung und Wiedererstehung auf, während Asseln, Würmer, Milben, Amöben und Pilze in einem fruchtbarkeitsbildenden Konzert umherschwärmen. Pflanzen zapfen diesen brodelnden Eintopf an und gedeihen. Und all dies wird durch einfaches Auflegen einer fetten Mulchmatratze erzeugt.

Manchmal bin ich beim Schichtmulchen nicht so genau und lege eine Schicht Zeitungen aus, befeuchte sie und kippe dann einfach 30 cm benutzte Stalleinstreu darauf. Hier denke ich langfristig. Ich weiß, dass die Holzspäne in der Streu einige Jahre brauchen, bis sie sich zersetzen, das Pflanzenwachstum erreicht also erst dann seinen Höhepunkt. Ich setze diese Technik in den entfernteren Zonen 2 oder 3 ein, vielleicht in Kreisen um Bäume, die ich unterpflanzen möchte, oder für Gartenbeete, von denen ich eine Weile nicht so abhängig bin. Für eine intensive Nahrungsmittelproduktion oder Zierpflanzen- und Insektariumbeete bemühe ich mich, ein richtigeres K:S-Verhältnis im Mulch zu erzielen. Aber Schichtmulch ist nachsichtig. Solange man eine Unkrautbarriere aus Papier oder Karton errichtet und darauf 30 cm feuchtes, abbaubares organisches

Der ultimative, bombensichere Schichtmulch

Schichtmulch kann einfach nur eine Schicht Zeitungen sein, die mit 20-30 cm von fast jedem beliebigen Mulchmaterial bedeckt ist. Doch falls Sie den perfekten Schichtmulch aufbauen wollen, geht das so.

Wenn dies Ihr erster Schichtmulch ist, fangen Sie klein an. Schichtmulch frisst riesige Mengen an organischer Substanz – die ca. 1.500 m^3, die in einen Kleinlaster passen, bedecken etwa 4,6 m^2. Aber nicht knausern. Es ist viel besser, eine kleine Fläche gründlich zu bedecken als den Mulch zu dünn zu verteilen, um Unkraut zu ersticken oder die Erde richtig zu füttern. Wählen Sie eine Stelle, die nicht größer als 20 m^2 ist, am passenden Platz für die beabsichtigten Pflanzen und am besten nahe am Haus. Denken Sie an Ihre Zonen: Tief gemulchte Beete sind schon bald von enorm viel Pflanzenleben bedeckt und diese überaus produktiven Bereiche sollten ja vor Ihrer Tür sein, damit sie leicht gepflegt oder von Vogel- und Insektenbesuchern bewundert werden.

Hier ist eine Materialienliste für den perfekten Schichtmulch:

Ein 60 cm bis 1 m hoher Stapel Zeitung, ohne Hochglanzseiten, denn die Tinte kann Metallpigmente enthalten (Schwarz- und Farbtinten von Standardzeitungen sind auf Sojabasis und giftfrei) oder etwa 30 m^2 Wellpappe ohne Heftklammern oder Plastikband. Man kann auch Stoff, alte Kleidung oder Wollteppich nehmen, wenn sie keine synthetischen Fasern beinhalten, aber sie brauchen zum Abbau länger als Papier.

Bodenverbesserungen, je nach den Erfordernissen Ihrer Erde: Kalk, Phosphorit, Knochenmehl, Gesteinsmehl, Algenmehl, Blutmehl usw.

Loses organisches Material: Stroh, verdorbenes Heu, Gartenabfall, Blätter, Seetang, fein gemahlene Rinde, Stallstreu, Holzspäne oder jede Mischung davon, führt idealerweise zu einem Gesamtverhältnis K:S zwischen 100:1 und 30:1. Grasschnitt ist auch gut, aber nur, wenn er mit anderen »braunen« Mulcharten gemischt wird – ansonsten erzeugt ihr hoher Stickstoffgehalt anaerobe – und daher stinkende, schleimige – Verwesung. Sie brauchen etwa 3.060-6.100 l lose aufgeschichteten Mulch für 9-18 m^2 oder sechs bis zehn Ballen Heu oder Stroh (Anm. d. Verlags, ca. 40 kg pro Ballen).

Kompost, etwa 170-340 l.

Tierdung: 170-680 l, je nach Konzentration und Menge an untergemischter Streu. Etwa 170 l kompostierter Rinderdung oder anderes abgepacktes Produkt reicht.

Eine Oberschicht samenfreies Material wie Stroh, Blätter, Holzspäne, Rinde, Sägemehl, Tannennadeln, Getreidehülsen, Nussschalen oder Seegras. Sie brauchen ca. 680 l oder zwei bis vier Ballen.

Falls Sie nicht alles davon beschaffen können, kein Problem. Schichtmulchen ist sehr nachsichtig. Solange Sie genügend Zeitung oder Karton haben, plus organische Substanz fast jeder Art, bekommen Sie tolle Erde. Lagern Sie alles in der Nähe der gewählten Stelle, damit Sie am Schichtmulch-Tag keine langen Wege haben. Und halten Sie alles trocken.

Am Tag vor dem Mulchen wässern Sie die Stelle gut, außer der Boden ist bereits feucht vom Regen. Die Organismen, die Ihren Mulch in üppige Erde verwandeln, können ohne Wasser nicht arbeiten, und sobald der Mulch an Ort und Stelle ist, braucht es viel Wasser, um die unteren Schichten zu befeuchten. Andersherum dauert es lange, bis die Schichten austrocknen – man hat einen großen Wasserspeicher.

Nachdem das Wasser über Nacht alles durchtränkt hat,

sollte man jede Vegetation abhacken. Jäten Sie das Unkraut nicht – lassen Sie all das organische Material, wo es ist, auch die Wurzeln. Schneiden, mähen, sensen oder pflücken Sie einfach alles am Platz ab. Es ist ein großartiges Wurmfutter, und das stickstoffreiche Grünzeug und die Wurzeln sind eine leckere Vorspeise für die Zersetzer. Entfernen Sie alle Stümpfe oder großen verholzten Teile.

Jetzt Bodenverbesserungen hinzugeben. Falls Ihre Erde sauer ist, streuen Sie etwas Kalk. Bei basischem Boden hilft etwas Gips oder Schwefel. Eine dünne Schicht Phosphorit oder Knochenmehl sorgt für Phosphor. Grünsand, Algenmehl oder Gesteinsmehl fügen Spurenelemente hinzu. Machen Sie einen Bodentest oder gehen Sie nach Ihrem eigenen Verständnis der Bodenfruchtbarkeit, um die Art und Menge der Bodenverbesserungen zu bestimmen.

Wenn die Erde auf Ihrem Grund lehmig oder verdichtet ist, ist nun ein guter Zeitpunkt, um sie etwas durchlässig zu machen. Stoßen Sie eine Grabgabel in den Boden, rütteln Sie ein wenig und ziehen Sie sie heraus. Gehen Sie über die ganze Mulchstelle verteilt so vor. Wenden Sie die Erde nicht um, stechen Sie nur ein paar Löcher hinein und brechen Sie sie auf, um ein besseres Eindringen von Feuchtigkeit und Wurzeln sowie eine bessere Bewegung der Bodenlebewesen zu ermöglichen.

Nun bringt man eine dünne Schicht stickstoffreiches Material aus. Das kann Dünger, Blut- oder Baumwollsaatmehl, frischer Grasschnitt oder anderes üppiges Grünzeug oder auch Abfallprodukte von Restaurants oder Märkten sein. Bei konzentrierter Materie wie Kaninchendung oder Blutmehl streut man gerade genug, dass der Boden bedeckt ist. Grasschnitt oder streureicher Dünger sollte etwa 2,5 cm dick sein. Zwar ist diese Schicht nicht unentbehrlich, lockt aber Würmer und grabende Käfer an, die die Erde belüften und lockern.

Jetzt geht es los: Der Schichtmulch wird aufgeschichtet. Zeitungen bzw. Karton auslegen, um eine durchgängige, Licht blockierende Schicht zu schaffen, die vorhandene Pflanzen erstickt. Die Verwendung von Karton ist sehr befriedigend, da diese großen Lagen, gerade von Kartons von Geräten und Fahrrädern, den Boden schnell bedecken. Überlappen Sie die Platten um etwa zehn Zentimeter, damit kein Unkraut dazwischen hochkommt. Zeitungspapier sollte 0,3-1,2 mm dick ausgelegt werden.

Befeuchten Sie die Bögen beim Auslegen gründlich. Tun Sie das dauernd, denn falls eine Brise aufkommt, kann es frustrierend sein, den Schichtmulch wegfliegen zu sehen. Die Lagen mehrmals wässern, damit das Wasser auch sicher durchsickert. Schichtmulchen Sie in der Gruppe, kommt es nun gern zu Schlauchkämpfen, die jede gut organisierte Arbeitsgruppe ins Chaos stürzen.

Vermeiden Sie, auf dem Papier zu laufen, vor allem, wenn es nass ist, da dies die Bögen auseinanderzieht und Lücken bildet. Stellen Sie sich vor, Sie würden einen Fußboden streichen: Beginnen Sie an der Hinterseite und arbeiten Sie sich zum Eingang oder Materialienstapel vor, um nicht auf die Arbeit zu treten.

Material schichtet, hat man schon bald eine wunderbare Erde. Und man kann das überall machen: Ich habe Schichtmulch auf Beton und auf Dächern gesehen.

Einige von Ihnen fragen sich vielleicht: Wie können Unkrautsamen sterilisiert werden, wenn das Schichtmulchen nicht das nötige Volumen hat, um die Wärme wie ein

Werfen Sie nun eine dünne Schicht stickstoffreichen Dünger, Mehl oder frischen Grünschnitt darüber. Das lockt die Würmer durch die bald verrottende Papierschicht nach oben und die Pflanzenwurzeln nach unten.

Nun losen Mulch darüber schütten, etwa 20-30 cm loses Stroh, Heu oder andere oben genannte Materialien. Unkrautsamen sind in dieser Schicht kein großes Problem, denn es wird eine dicke, saatfreie Schicht darauf liegen. Unkrautsamen scheinen in der langsam kompostierenden Masse eher zu rotten als zu sprießen.

Heu- oder Strohballen müssen nicht zu ihrer ursprünglichen Grasmasse aufgelockert werden. Brechen Sie die Ballen einfach in dünne, etwa 2,5-5 cm dicke »Scheiben«, und zwar in drei Schichten. In mehrere Schichten zerteilt und befeuchtet, dehnen sich die dicken Scheiben aus und kompostieren optimal.

Ein leicht kompostierbarer Schichtmulch entsteht, wenn man in der losen Mulchschicht auf das Verhältnis von Kohlenstoff zu Stickstoff achtet. Falls man kohlenstoffreiche Materialien wie Stroh oder v. a. Holzspäne verwendet, streut man Stickstoff in Form von Blutmehl oder einer anderen stickstoffreichen Quelle darüber oder »verdünnt« den kohlenstoffhaltigen Mulch mit vielleicht einem Teil Kleeheu, Seetang, Grasschnitt oder einem anderen Mulch mit hohem Stickstoffgehalt für jeweils vier kohlenstoffreiche Stoffe (Tabelle 4-1 enthält eine Liste von Mulchmaterialien und ihre K:S-Anteile). Ein extrem stickstoffarmer Mulch wie Holzspäne verrottet sehr langsam und kann schwaches Pflanzenwachstum verursachen. Man braucht keine perfekte K:S-Balance – sorgen Sie nur für *etwas* Stickstoff im Mix, um die Komposttierchen zu füttern.

Wenn Sie diese Schicht bilden, sprühen Sie alle paar Zentimeter Wasser darauf. Diese Schicht sollte feucht, aber nicht nass sein. Sie wollen diese Konsistenz eines ausgedrückten Schwamms. Man kann dafür erstaunlich viel Wasser benötigen. Es dauert unter Umständen mehrere Minuten, bis man alle paar Zentimeter diesen Feuchtegrad erzielt hat.

Über dem losen Mulch bringt man 2,5-5 cm Kompost aus. Wenn davon nicht genug vorhanden ist, kann man Kompost mit gerade verfügbarer Erde mischen, um die gewünschte Dicke zu erreichen. Oder wenn der Haufen vor dem Bepflanzen einige Monate Zeit zum Kompostieren hat, kann man diese Schicht durch Dung oder mehrere Zentimeter leicht kompostierbares Material ersetzen. Wenn Sie jedoch vorhaben, den Schichtmulch innerhalb weniger Wochen zu bepflanzen, ist eine Kompostschicht erforderlich, die als Saatbeet dient.

Die Endschicht sind 5 cm unkraut- und saatfreie organische Substanz, wie Stroh, feine Rinde, Holzspäne oder was sonst oben angegeben ist. Neben der Unkrautbekämpfung verleiht diese Schicht dem Projekt im Landschaftsgärtnerjargon »das fertige Aussehen«, das Sie bei Ihren anspruchsvolleren Nachbarn beliebt machen wird. Für Aussaat und Pflanzbeginn schiebt man diese Schicht beiseite, um die Kompost-/Bodenschicht direkt darunter zu erreichen, genau wie bei jedem anderen Mulch.

Komposthaufen zu halten? Die Antwort ist: gar nicht. Doch die meisten Unkrautsamen brauchen Licht oder Störung, um zu keimen. Daher ist es am besten, jeden Mulch, der Samen enthält, mit mehreren Zentimetern Stroh, Erde, Rinde oder sonstigem samenfreien Material zu bedecken. Ein Vorteil von tiefem Mulch ist, dass er nie umgegraben werden muss – und auch nie sollte. Die wenigen Unkräuter, die erscheinen, lassen sich leicht aus der lockeren Erde ziehen. Um später die Bildung von Unkraut zu verhindern, schichten Sie einfach mehr Mulch auf. So haben die Unkrautsamen kaum eine Chance, zu sprießen. Sie verrotten einfach. Schichtmulch kann aber trotzdem Unkrautprobleme haben. Winde, über Heu oder anderen Mulch eingeschleppt, ist der Fluch der Schichtmulcher und kann unter der Papierschicht meterweit wachsen. Dasselbe gilt für Bermudagras, dessen Rhizome in den Röhren der Wellpappe endlose Wege zurücklegen und auf der Suche nach Licht freudig am Rand des Mulchs auftauchen.

Ein weiterer Nachteil bei Schichtmulch sind Schnecken. In der Frühphase der Zersetzung können die Schneckenpopulationen explodieren. Ich kompensiere durch extra dichte Anpflanzungen von saftigen Grünpflanzen wie Kopfsalat (die Schnecken übernehmen die Ausdünnung). Für weniger leicht zu säende Pflanzen stellen Sie Schneckenbarrieren aus Dosen (Blech oder Stahl, nicht Aluminium) her: Entfernen Sie Deckel und Boden, schneiden Sie eine Seite mit der Blechschere ab, rollen Sie die Dose aus und schneiden Sie 5 cm hohe Ringe daraus. Die zarten Pflanzenstängel damit einfassen. Die Schnecken bleiben draußen, da

Im Schichtmulch ansäen

Ein frischer Schichtmulch ist nicht so produktiv wie solcher, der sechs Monate alt ist, daher legt man ihn am besten im Herbst an. Diese Beete scheinen ihren Höhepunkt in der zweiten Saison nach Aufbau zu erreichen, eine Produktivität, die mehrere Jahre anhält und erneuert werden kann, indem man mehr Mulch zugibt. Selbst ein frisch angelegtes Schichtmulchbeet gibt den Pflanzen einen Kick, denn das Bodenleben gedeiht in wenigen Tagen, und in 30 cm gut vermischtem Mulch wird eine Menge Fruchtbarkeit freigesetzt.

Man sollte jedoch in einem neuen Schichtmulch sorgfältig anpflanzen. Man kann nicht einfach winzige Samen in den groben, unverdauten Mulch streuen, sie gehen verloren.

Falls Ihr Schichtmulch noch nicht zu Erde zerfallen ist, wenn Sie anpflanzen wollen, beginnen Sie mit der Aussaat, indem Sie winzige Vertiefungen oder Gräben von etwa 10 cm Tiefe anlegen, sie mit Erde oder Kompost füllen und darin ansäen (aus diesem Grund habe ich diesen Notfallkomposthaufen). Sämlinge und Gemüsesetzlinge sollte man auch in kleine Erdmulden geben, die etwa dreimal so groß wie die Pflanzenwurzelmasse ist. Wenn die Pflanze tief wurzelt, den Mulch zur Seite schieben, in das Papier oder den Karton ein X schneiden und den Mulch entfernen. Dann oberhalb des Schlitzes pflanzen, die Wurzeln finden die Öffnung problemlos. Bei Büschen oder Bäumen pflanzt man entweder vor dem Schichtmulchen und arbeitet vorsichtig um sie herum oder entfernt den Mulch nach dem Mulchen, schneidet die Papierschicht auf, faltet das Papier zur Seite und gräbt ein Loch. Setzen Sie die Pflanze ins Loch, mit der Wurzelkrone ca. 2,5 cm über der alten Bodenschicht, und legen das Papier erneut so aus, dass Unkräuter keine Chance haben. Entweder Erde nach oben drücken und die Wurzelkrone bedecken und festdrücken oder die Krone mit 5-7,5 cm Mulch bedecken, der mit der Zeit bis auf Kronenhöhe verrottet. Bedecken Sie nicht den ganzen Stamm mit Mulch, sonst kommen Nagetiere und fressen die Rinde.

sie durch den galvanischen Schock durch die Metallbeschichtung irritiert werden. Schichtmulch und tiefes Mulchen generell sind eine schnelle und einfache Methode, um die organische Substanz und das Bodenleben auf ein erstaunliches Niveau anzuheben. Ist die Basis der biologischen Pyramide – das Bodenleben – auf einem breiten, dicken Fundament aus Mulch aufgebaut, wird Ihr Garten eine erstaunliche Vielfalt an Pflanzen, Nützlingen und Wildtieren beherbergen.

Gründecke für Fruchtbarkeit

Um Boden oder Beeten in Zone 1, die ständig neu bepflanzt werden wie Salatbeete, rasch, doch arbeitsaufwändig zu Fruchtbarkeit zu verhelfen, verwendet man Kompost. Für die Hauptgartenbeete bevorzuge ich Schichtmulch. Aber bei großen Flächen und für lang anhaltende Fruchtbarkeit und um die Arbeit den vielfältigen Muskeln der Natur zu überlassen, benutzt man Bodendecker.

Bodendecker werden speziell dafür gepflanzt, denn sie halten den Boden fest und ersticken Unkraut. Sie reichen von lang wachsenden mehrjährigen Pflanzen wie Rotschwingel und Kriechklee für einen ungestörten Bewuchs bis hin zu kurzlebigen Gründüngern, die nach einer Saison umgehackt oder leicht eingepflügt werden sollen, wie einjähriges Weidelgras und Sommerwicke. Das Ziel ist dasselbe: eine solide Pflanzendecke. Ihre Blätter schützen den Boden vor prasselndem Regen und bedecken die Erde im Herbst mit nährreicher, humusbildender Streu. Die dichte Bepflanzung bedrängt und beschattet Unkräuter. Und ihre Wurzeln dringen tief in die Erde, lockern den Boden, bringen Nährstoffe nach oben, sind Gastgeber des Bodenlebens und bringen organische Substanz weiter nach unten als selbst das tiefste Pflügen. Letzteres ist ein oft vernachlässigter Vorteil von Bodendeckern.

Wurzeln sind die unterirdischen Humusbildner der Natur. Über der Erde erledigt das die Laubstreu, doch in der Unterwelt fügen Wurzeln während ihrer ständigen Wachstums- und Zerfallszyklen in großen Mengen organisches Material hinzu.

Die am aktivsten wachsenden Teile der Wurzeln sind die Wurzelhärchen, die fast mikroskopischen Fäden, die aus den Enden aller Wurzeln wachsen. Wurzelhärchen leben oft nur wenige Stunden, da sie sich in Richtung Wasser- und Fruchtbarkeitszonen ausbreiten. Solange sie leben, nehmen Wurzelhärchen aktiv Nährstoffe auf und leiten sie zu den Hauptwurzeln.

Pflanzen und ihre Wurzeln wachsen nicht gleichmäßig und kontinuierlich, sondern in Schüben. Diese Wachstumsperioden werden durch viele sich überlappende Kreisläufe gesteuert: Tag/Nacht, nass/trocken, kalt/warm und sogar durch das Kommen und Gehen von Bodenorganismen. Vor allem Wurzeln werden stark von Nass/Trocken-Zyklen beeinflusst. Nach einem heftigen Niederschlag oder gründlicher Bewässerung ist der Boden mit Wasser gesättigt und Legionen von Wurzelhärchen sterben an Sauerstoffmangel. Dies erklärt, warum einige Pflanzen wie Gurken und Kürbis manchmal nach dem Regen welken, auch wenn wir erwarten würden, dass sie aufleben.

Wenn der Boden nach einem Regen zu trocknen beginnt, strömt Luft in die sich entleerenden Bodenporen. Angeregt durch frischen Sauerstoff und Feuchtigkeit wachsen die Wurzelhaare und -spitzen eifrig in Richtung der Nährstoffreservoirs. Das Wachstum beschleunigt sich, da der Sauerstoffgehalt steigt und die Erde, die nicht mehr wasserdurchtränkt ist, sich dem perfekten Feuchtigkeitsbereich nähert. Doch der Zyklus steigt und fällt: Wasser sickert hinab, verdunstet nach oben und wird von den Pflanzen selbst aufgesogen. Nach wenigen Stunden ist der Boden für die zarten Wurzelhaare zu trocken. Sie beginnen zu welken und sterben ab. Trocknet der Boden weiter

Tabelle 4-2. Gründüngung, einjährige Bodendecker für kühle Witterung
Diese Feldfrüchte werden im Spätsommer oder Herbst gepflanzt und im Frühling gemäht oder eingepflügt, wenn sie blühen und ehe sie Samen ansetzen (der Zeit des maximalem Wurzelwachstums, Stickstoffgehalts und Biomasse). Die meisten sind winterhart (-7° bis -18° C).

Trivialname	Botanischer Name	Stickstoffbinder	Bodenpräferenz	Toleriert schlechte Böden	Höhe	Insektarium	Kommentare
Ackererbse	*Pisum arvense*	•	Schwer		60 cm	•	winterhart bis -18°
Gerste	*Hordeum vulgare*		Tonerde		60-120 cm		nur milde Winter
Ackerbohne	*Vicia faba*	•	Tonerde	•	90-180 cm	•	öffnet schwere Erde
Weiche Trespe	*Bromus mollis*		Viele	•	60-120 cm		dürretolerant
Schwedenklee	*Trifolium hybridum*	•	Schwer		60 cm	•	toleriert saure Böden
Alexandriner-Klee	*Trifolium alexandrinum*	•	Viele		60 cm	•	winterhart bis -8°
Blutklee	*Trifolium incarnatum*	•	Tonerde	•	45 cm	•	winterhart bis -12°
Rotklee	*Trifolium pratense*	•	Tonerde		60 cm	•	kurzlebige Staude
Weißer Steinklee	*Melilotus alba*	•	Schwer		90-180 cm	•	
Honigklee	*Melilotus officinalis*	•	Tonerde		90-180 cm	•	dürretolerant
Persischer Klee		•	Viele	•	60 cm	•	winterhart bis -9,5°
Favabohne	*Vicia fava*	•	Viele		120-240 cm	•	winterhart bis -9,5°
Mäuseschwanz-Federschwingel	*Vulpia myuros*		Viele		60 cm		mit Hülsenfrüchten mischen
Bockshornklee	*Trigonella foenum-graecum*	•	Viele		60 cm	•	öffnet schwere Erde
Kichererbse	*Cicer arientinum*	•	Viele		90-150 cm	•	langsam in kalter Erde
Senf	*Brassica spp.*		Schwer	•	60-120 cm	•	öffnet schwere Erde
Hafer	*Avena sativa*		Viele		60-120 cm		nur milde Winter
Ölrettich	*Raphanus sativus*		Viele		60-120 cm	•	winterhart bis -6,5°
Phacelia	*Phacelia tanacetiflolia*		Viele	•	60-90 cm	•	winterhart bis -6,5°
Raps	*Brassica napus*		Tonerde	•	60-90 cm		öffnet schwere Erde
Roggen	*Secale cereale*		Viele		60-120 cm		
Einjähriges Weidelgras	*Lolium multiforum*		Viele		60-120 cm		mit Hülsenfrüchten mischen
Sommerwicke	*Vicia sativa*	•	Viele		90-180 cm	•	winterhart bis -18°
Zottelwicke	*Vicia villosa*		Viele	•	90-180 cm	•	winterhart bis -23°
Purpurwicke	*Vicia atropurpurea*	•	Viele		90-180 cm	•	winterhart bis -12°

aus, sterben ganze Wurzelabschnitte in Massen, beginnen sich abzuschälen und zu zersetzen. Das Pflanzenwachstum verlangsamt sich. Nach dem nächsten Regen oder Gießen starten neue Wurzeln in die gleiche Odyssee und drängen in Fruchtbarkeitszonen, aber einige sterben auch zwischen den Nass- und Trockenzyklen ab.

Solche verflochtenen Kreisläufe offenbaren die Komplexität und Intelligenz der Natur. Der Nass-/Trocken-Zyklus treibt den Wurzelsterben-Zyklus an, der wiederum den

Einjährige Gründünger für warmes Wetter Diese Feldfrüchte werden im Frühling oder Sommer gepflanzt und untergepflügt oder gemäht, bevor sie Samen ansetzen. Bei ausreichend Wasser und Wärme können sie enorme Mengen an Biomasse produzieren.							
Trivialname	**Botanischer Name**	**Stickstoffbinder**	**Bodenpräferenz**	**Toleriert schlechte Böden**	**Höhe**	**Insektarium**	**Kommentare**
Augenbohnen	*Vigna unguiculata*	•	Viele		90-120 cm	•	erstickt Unkraut
Buchweizen	*Fagopyrum esculentum*		Tonerde		30-90 cm	•	erstickt Unkraut
Rote Kuhbohnen	*Vigna sinensis*	•	Tonerde	•	30-60 cm	•	dürreresistent
Helmbohne	*Lablab purpureus*	•	Viele		150-300 cm	•	dürreresistent
Pintobohnen	*Phaseolus vulgaris*	•	Tonerde		60-120 cm	•	dürreresistent
Sesbania	*Sesbania macrocarpa*	•	Viele	•	180-240 cm	•	dürreresistent
Sojabohnen	*Glycine max*	•	Viele		60-120 cm	•	nicht mit Hülsenfrüchten mischen
Sudangras	*Sorghum bicolor*		Viele	•	180-240 cm		mit Hülsenfrüchten mischen
Bengalhanf	*Crotalaria juncea*	•	Tonerde	•	90-180 cm	•	erträgt saure Böden

Mehrjährige Gründünger Sie sind ausgezeichnet für Gärten, die nicht umgegraben werden, und können für Mulch und Kompost gemäht werden. Einige der kürzeren Sorten, wie Weißklee, eignen sich als Lebendmulch, zusammen mit anderen Kulturen gepflanzt.							
Trivialname	**Botanischer Name**	**Stickstoffbinder**	**Bodenpräferenz**	**Toleriert schlechte Böden**	**Höhe**	**Insektarium**	**Kommentare**
Luzerne	*Medicago sativa*	•	Tonerde		60-90 cm	•	kalkhaltiger Boden
Gewöhnlicher Hornklee	*Lotus corniculatus*	•	Viele	•	90-150 cm	•	dürreresistent
Wegwarte	*Cichorium intybus*		Schwer	•	60-90 cm	•	öffnet schwere Erde
Erdbeerklee	*Trifolium fragiferum*	•	Viele		30 cm	•	braucht Feuchtigkeit
Weißklee	*Trifolium repens*	•	Viele		15-25 cm	•	braucht Feuchtigkeit
Ladino-Klee	*Trifolium repens*	•	Viele		30 cm	•	braucht Feuchtigkeit
Wiesenklee	*Trifolium repens*	•	Viele		30 cm	•	braucht Feuchtigkeit
Kriechender Rotschwingel	*Festuca rubra*		Viele		60-90 cm		
Knaulgras	*Dactylis glomerata*		Viele		30-60 cm		
Mehrjähriges Weidelgras	*Lolium perenne*		Schwer		60-90 cm		
Alpenlieschgras	*Phleum pratense*		Schwer		60-90 cm		braucht Feuchtigkeit

Wachstumsrhythmus von Pflanzen und Bodenorganismen mäßigt. Die durstigen Pflanzen selbst verändern den Nass-/Trocken-Zyklus, wenn sie Bodenwasser verbrauchen. Räder drehen sich in Rädern, wenn Humus, Bodenleben und Pflanzen wachsen. Dabei werfen die Pflanzen stündlich, täglich und ständig riesige Wurzelmassen ab – nicht nur im Herbst, wenn die Pflanzen sterben. Diese verrottende organische Substanz bildet tief im Boden Humus und ist ein Vorteil von Bodendeckern, der sonst nicht erzielt wird. Viele

Bodendecker senden Wurzeln 5-10 Meter in die Tiefe. Kein Pflug bringt organisches Material jemals auf einen Bruchteil dieser Tiefe.

Es gibt Dutzende von Bodendeckern. Wie wählt man die besten aus? Wie so oft im ökologischen Gartenbau ist Vielfalt der Schlüssel. Während die Boden- und Klimabedingungen bestimmte Deckkulturen zum Ausprobieren nahelegen, können Ihr lokales Mikroklima oder Bodenvariationen eine Platzhalterfunktion übernehmen. Am besten sät man verschiedene Sorten aus und notiert dann, welche gedeihen. Ein weiterer Vorteil der Vielfalt: Jede Art sondert aus ihren Wurzeln eine eigene Reihe von Zuckern und anderen Wirkstoffen ab. Das besondere chemische Sammelsurium jeder Pflanze zieht eine andere Gemeinschaft von Bodenorganismen an. D. h., dass die Vielfalt des Bodenlebens umso vielfältiger ist, je mehr Arten von Bodendeckern wir pflanzen. Wie wir bereits festgestellt haben, unterdrückt dies Krankheiten und fördert das Pflanzenwachstum.

Die erste Entscheidung, die wir bei der Wahl von Bodendeckern treffen müssen, ist zwischen ein- und mehrjährigen Pflanzen (siehe die Liste in Tabelle 4-2). Falls das Ziel im Aufbau von Fruchtbarkeit in einem vorübergehend ruhenden Gartenbeet besteht – über den Winter – sind einjährige Pflanzen die Antwort.

Auch Stauden sind in Ordnung, falls man Erde für einen späteren Obstgarten vorbereitet oder ein »hinterster Teil« des Gartens oder ein Beet fruchtbarer werden soll. Mehrjährige Kleesorten können auch für Gartenwege oder andere Bereiche dienen. Masanobu Fukuoka, der brillante Autor von *The One Straw Revolution*, verwendete mehrjährigen Weißklee als permanenten Lebendmulch in seinen Beeten.

Zum Anbau von Feldfrüchten öffnete er einfach kleine Flächen im Klee und setzte in die entstandenen Lücken Samen oder Pflanzgut. Dies ist ein großartiges Beispiel für Stapelfunktionen: Das Grün verdrängt Unkraut, der Schatten bewahrt die Feuchtigkeit im Boden, die Blüten ziehen Nützlinge an, und der vom Klee gebundene Stickstoff fördert das Wachstum der anderen Kulturen. Dies führt uns zu einer zweiten Reihe von Wahlmöglichkeiten: zwischen stickstoffbindenden Bodendeckern und solchen, die keinen Stickstoff fixieren. Wie viele Gärtner wissen, sind die meisten Mitglieder der Leguminosen-Familie (Erbse und Bohne) sowie bestimmte andere Arten (wie Erle, Schmalblättrige und Korallen-Ölweide und Amerikanische Säckelblume) Wirte für symbiotische Mikroorganismen, die in Knöllchen an ihren Wurzeln leben. Diese Bakterien und Pilze »fixieren« Stickstoffgas aus der Luft, indem sie es mit Kohlenstoff kombinieren, um Aminosäuren und dazugehörige Moleküle herzustellen.

Die Mikroben geben jeden Überschuss an die Wurzeln ihrer Wirte weiter, die die stickstoffhaltigen Verbindungen absorbieren. Die Pflanze wandelt diese Gabe in Stängel, Blätter und vorzugsweise proteinreiche Samen um. Im Gegenzug belohnen die Wirtspflanzen ihre mikrobiellen Partner mit zuckrigen Wurzelsekreten.

Schon die Bauern von einst kannten den Wert von Leguminosen und anderen Stickstoff fixierenden Pflanzen. Die römischen Agrartexte von Virgil und Cato rieten den Bauern, Hülsenfrüchte in brachliegende Felder zu säen. Leguminosen müssen untergepflügt oder gemulcht werden, ehe sie Samen ausbilden, weil die Pflanze bei der Reife Stickstoff aus Stängeln und Blättern abzieht und in die Saat steckt.

Manche argumentieren, dass Stickstoffbinder wenig Gutes tun, bis sie absterben und den in der Pflanze und den mikrobiellen Knöllchen gefangenen Stickstoff freisetzen. Das sehe ich anders, denn meine Beobachtungen und die der Forscher geben mir recht. Ich habe gesehen, wie im selben Garten Mais mit und ohne Bohnen gepflanzt wurde, und der von

Bohnen umrankte Mais ist entschieden größer. Auf Orcas Island in Washington pflanzen die Bullock-Brüder routinemäßig einen Stickstoff fixierenden Strauch wie Korallen-Ölweide oder Gemeinen Erbsenstrauch mit einem Obstbaum in dasselbe Loch. Douglas Bullock stellt kategorisch fest: »Ich habe es gesehen und weiß, dass Bäume, die mit Stickstoffbindern gepflanzt wurden, rascher wachsen«.

Sie glauben den Anekdoten nicht? Bemühen wir die Forschung. William King berichtet im *Journal of Agronomy*, dass er bei der Auspflanzung von Weidelgras und Klee unter Verwendung radioaktiver Tracer feststellte, dass 80 Prozent des Stickstoffs im Weidelgras vom lebenden Klee stammten. Der Klee zog Stickstoff aus der Luft und gab ihn an das Weidelgras ab.

Wie funktioniert das? Etwas weiter oben habe ich das ständige Wachsen und Absterben der Wurzeln beschrieben. Das ist die Erklärung. Während des Nass-/Trocken-Zyklus des Bodens schälen sich die Wurzeln des Klees ab, ebenso wie die stickstoffbindenden Knöllchen. Umgebende Pflanzen und Mikroben nehmen dann diese Nährstoffe auf, wenn die Wurzeln und Knöllchen absterben.

Hülsenfrüchte bieten viele Vorteile. Das Land Institute in Salina, Kansas, fand bei seiner Arbeit zum Aufbau der Prärie heraus, dass durch mehr Hülsenfrüchte in seiner Präriesaatgutmischung die Gesamtzahl der Arten, die überleben – Leguminosen, Gräser und Blumen – sich erhöht. Stickstoff fixierende Arten sind in Ökosystemen in frühen Sukzessionsstadien wie jungen Feldern, Pionierdünengemeinschaften und frisch abgebrannten Wäldern im Überfluss vorhanden. Ökologische Gärtner können aus dieser Beobachtung lernen: Wenn man Boden aufbaut oder hungrige Pflanzen füttert, sollte man Stickstoffbinder hoch dosieren.

Dabei ist aber Balance wichtig. All dieser Stickstoff muss mit Kohlenstoff ausgeglichen werden. Bodenorganismen verbrauchen 10-50-mal mehr Kohlenstoff als Stickstoff, Landwirte mischen daher ein Gras oder eine andere Nicht-Leguminose in ihre Gründüngung. Eine stickstoffreiche Deckfrucht kurbelt die Stoffwechselvorgänge des Bodenlebens wieder an und verbrennt ungeheure Mengen an Kohlenstoff, um den Stickstoffreichtum auszugleichen. Ein zu stickstoffreicher Brennstoff kann sogar mehr organische Substanz abbauen, als die Deckfrucht zufügt. Aus diesem Grund enthalten kommerzielle Gründüngermischungen 10 bis 40 Prozent Hafer, einjähriges Weidelgras oder andere Nicht-Leguminosen.

Die Mischung von Gräsern mit Hülsenfrüchten liefert bei Deckkulturen eine Art von Gleichgewicht. Nun, da wir die Tür zur biologischen Vielfalt bei Gründüngung geöffnet haben, wollen wir uns näher damit befassen. Gräser fügen Kohlenstoff hinzu und bilden Struktur. Leguminosen erhöhen den Bodenstickstoff. Welche anderen Rollen können verschiedene Gründüngerpflanzen übernehmen?

Manche Gründüngerpflanzen sind großartig, um schwere oder verdichtete Böden zu öffnen. Raps und Senf haben extensive Wurzelsysteme, die durch den harten Unterboden stoßen, die Erde durchlüften und Humus bilden, wenn die Wurzeln sterben. Luzerne tut dies auch, doch sie braucht fruchtbaren Boden, um gut zu wachsen. Ich habe Daikonrettiche in schwerer Erde angebaut, sie blühen lassen und dann auf Bodenniveau gekappt. Jeder unterarmdicke Daikon bricht den Lehm auf und verrottet dann, um eine Masse organisches Material im Boden zu hinterlassen.

Andere Gründünger können die Erde nach Nährstoffen durchforsten, Mineralien aus den Tiefen in ihre Blätter und damit, wenn die Blätter abfallen, an die Erdoberfläche bringen. Wegwarte, eine Staude der warmen Jahreszeit, ist für ihre lange Pfahlwurzel bekannt, die nach Kalium, Schwefel, Kalzium, Magnesium und anderen Mineralien sucht. Buchweizen wandelt unlöslichen Phosphor in eine für Pflanzen besser verfügbare Form um. Pflanzen, die bestimmte Nährstoffe aktiv suchen und speichern, werden *dynamische Nährstoffspeicher* genannt. Pflanzt man sie in mageren Böden oder in Bereichen an, die regelmäßig abgeerntet werden und Nahrung brauchen, kann man den Düngerverbrauch vermindern und die Arbeit der Natur überlassen. Die Pflanzen werfen einfach ihre mineralreichen Blätter vor Ort ab, werden für Mulch abgeschnitten oder kompostiert. Nährstoff-Akkumulatoren werden in Kapitel 6 umfassender erklärt.

Gründüngerpflanzen locken außerdem Nützlinge an. Die Blüten von Buchweizen, Bienenweide, Ackerbohnen, vielen Kleesorten, Senf und Wicke sind alle voll von Nektarjägern, sobald sie sich geöffnet haben.

Daher kann eine Mischung aus Gründüngerpflanzen mehrere Funktionen erfüllen. Eine Mischung aus 5-10 im Boden angesäten Sorten kann Humus aufbauen, Stickstoff hinzufügen, Mineralien gewinnen, schweren Boden aufbrechen und ein großes Spektrum hilfreicher Insekten anziehen. Peaceful Valley Farm Supply bietet einen »Bodenaufbau-Mix« mit Ackerbohnen, Wintererbsen, zwei Wickensorten und Hafer an. Und das ist erst der Anfang. Ich habe alte Farmtexte gesehen, die 15 Sorten in ihren Gründüngungsmischungen aufführen, einschließlich vier Grassorten, fünf Kleesorten, plus Schafgarbe, Fenchel, Wegerich, Löwenzahn und weitere. Solch eine Artenvielfalt bringt viele Formen von Naturenergie – Bodenleben, Humus, Mineralien, Nützlinge und mehr – zur Arbeit in Ihrem Garten.

Den Reichtum des Bodens teilen

Eine übermäßig gesunde Erde ist der Grundstein eines nachhaltigen Gartens. Die Vorzüge, die ein lebendiger, fruchtbarer Boden bietet, sind zahllos. Wenn wir die wachsende Erde über dicken Mulch, sich selbst erneuernden Wurzeln und vergrabenem Abfall mit organischer Substanz füllen, rufen wir die fleißigen Arbeiter des Bodens herbei. Würmer, winzige Käfer und Milben, Bakterien, Pilze und eine Menge anderer Helfer treffen ein, um sich an den Angeboten und aneinander gütlich zu tun. Sie wühlen und tunneln und fressen und vermehren sich, meißeln Mineralien aus Stein und Humus und treten gleichzeitig eine wahrhafte Fruchtbarkeitslawine los, die sie mit Pflanzen teilen. Die Pflanzen selbst sorgen für Unterkunft und Nahrung und werden von ganzen Gemeinschaften an Bodenleben in einer gegenseitig zuträglichen Partnerschaft genährt und beschützt. Ein riesiger Handel mit Mineralien, Zucker, Säuren, Antibiotika, Hormonen und allen Molekülen des Lebens verbindet diesen Schwarm aus Tausenden von Spezies miteinander. Zum Preis von etwas Mulch und Pflege können unter der Erde gehaltvolle und extravagante Reiche aufgebaut werden, Imperien, die ihren Reichtum nach oben zu den Pflanzen lenken und damit zu Insekten, Vögeln, allen Wildtieren und auch den Menschen. Im ökologischen Garten tun wir unser Möglichstes, um diesen Fluss strömender Fruchtbarkeit zu verbreitern, und wir starten bei der Erde. Füttern wir den Boden, treten wir in eine Partnerschaft ein, die allen nützt. Durch die Anwendung der hier vorgestellten Techniken und Ansichten wird die Basis der Lebenspyramide – die Fülle des Bodens – breit und stabil. Leben basiert auf Leben. Was wir in dieser üppigen Erde pflanzen, hat eine weitaus größere Chance, zu gedeihen. Was immer wir nähren wollen, ob Wildtiere, uns selbst oder vielleicht nur unsere Sinne, alles wird zutiefst genährt. Und unverhoffte Glücksfälle – eine überraschende neue Wildblume, ein seltener Schmetterling oder robustere Pflanzen, die länger blühen, mehr Früchte tragen und bei schwierigen Bedingungen wachsen – bereichern fast täglich unser Leben.

KAPITEL FÜNF

Wasser gewinnen, sparen und nutzen

Eigentlich sollte unser Planet Wasser heißen, nicht Erde. Etwa 70 Prozent des Globus sind von dieser lebensspendenden Flüssigkeit bedeckt, etwa 1,38 Milliarden Kubikkilometer. Doch das meiste davon ist nicht zugänglich für uns. Bis auf 3 Prozent ist das gesamte Wasser der Erde salzig und von dem übrigen Tupfen Süßwasser sind drei Viertel in Eis eingeschlossen. Es wird noch schlimmer. Etwa die Hälfte von dem, was übrig bleibt, das flüssige Süßwasser der Erde, liegt 750 m oder tiefer unter der Erde, in Felsen eingeschlossen. Das ist zu tief, um es wirtschaftlich ausbeuten zu können. Verfolgen Sie diese abnehmenden Zahlen? Das zugängliche Süßwasser in Seen, Flüssen, Grundwasser und der Atmosphäre umfasst nur die Hälfte oder ein Viertel der 3 Prozent – das entspricht etwa 0,375 Prozent – des gesamten Wassers auf der Erde. Es ist wertvoll.

Gärten sind berüchtigt für ihren Wasserverbrauch. In den meisten Teilen dieses Kontinents wird ein Großteil der Sommer-Wasserrechnung eines Hausbesitzers für die Bewässerung verwendet. Das liegt daran, dass die konventionelle Gartengestaltung nicht die Voraussetzungen für einen gleichmäßig feuchten Boden schafft. Stattdessen ist er auf elektrische Pumpen, Kraftwerke, Brunnen und Reservoirs, ein ressourcenintensives Bewässerungssystem und einen aufmerksamen Gärtner angewiesen, der Hähne öffnet und Schläuche herumschleppt. Man fragt sich, wie Wälder und Grasland ohne all dies überleben. Doch auch darauf – Sie erwarten das sicher schon – hat die Natur die Antworten.

Bei einem ökologisch basierten Design ist Wasser kein äußerlich verursachtes Ereignis – es ist im Entwurf enthalten, automatisch und natürlich in Fülle vorhanden. Im ökologischen Garten ist der normale Zustand reichlich Wasser, nicht Dürre. Ein gut gestalteter Garten muss nicht gestupst und gesund gepflegt werden. Er entwickelt sich spontan zu üppigem und lebhaftem Wachstum, auch wenn der Gärtner abwesend und der Himmel wolkenlos ist. Wie dieses Kapitel zeigt, lässt ökologisches Design uns Gärten schaffen, die die Launen des Wetters ohne unsere ständige Pflege überstehen. Ein wassergerechtes Design erspart uns mehr als nur Arbeit und Frustration. Es spart Ressourcen. Ein Sprinkler verbraucht Energie und Wasser, die durch gute Planung nicht nötig wären. Zudem kommt das Leitungswasser oft aus einem Stausee, der Fischmigration verhindert und einstige Wildnis überschwemmt. Oder das Wasser wurde aus einem Brunnen gepumpt, dessen Quelle unbekannt und daher unzuverlässig ist. Der Brunnen zapft vielleicht eine alte Grundwasserschicht an – fossiles Wasser, das schon bald aufgebraucht sein mag. Ein ökologisch verantwortlicher Gärtner ist sensibel für die Grenzen unserer Wasserversorgung und für die zu ihrer Nutzung nötige Energie.

Dieses Kapitel beschreibt Möglichkeiten, um weniger abhängig von entfernten, unzuverlässigen und teuren Wasserquellen zu sein.

Die Methoden dafür verbessern nicht zufällig das Gewebe von Verbindungen, die die Teile des Gartens miteinander verknüpfen. Das Ergebnis ist nicht nur weniger Bewässerung, sondern auch ein widerstandsfähiges, gesundes Garten-Ökosystem.

Diese Information gilt nicht nur für Bewohner von Trockengebieten. In vielen Landesteilen gibt es zwar reichliche Jahresniederschläge, doch sie kommen selten in zeitlich perfekten Dosen. Die folgenden Strategien helfen dabei, dass der Garten nicht nur Dürre übersteht, sondern durch besseren Abfluss, Regengewinnung für spätere Nutzung und indem man Wasser dort hinbringt, wo es am meisten benötigt wird, auch zu nasse Perioden.

Um zu lernen, wie man einen Garten gestaltet, der von Natur aus wasserwirtschaftlich sinnvoll ist, müssen wir zunächst einmal fragen: »Wie speichert die Natur Wasser?« Neben den offensichtlichen Quellen – Seen und Teichen – bewahrt die Natur Wasser in Pflanzen, in der Luft und in der Erde. Wasser wird in Feuchtgebieten gereinigt und wiederverwendet, von Bäumen in die Luft abgegeben und von Landformen gesammelt und kanalisiert. Wir können all diese Beziehungen als Basis für einen Garten nutzen, der einen natürlich gesunden Wasserkreislauf hat.

Der fünffache Pfad zu Wasserweisheit

Erinnern Sie sich an das Permakultur-Prinzip aus Kapitel 1: »Jede Funktion wird durch mehrere Elemente unterstützt«. Ein Garten, der sein Wasser gewinnt, bewahrt und recycelt, verkörpert dieses Prinzip. Falls eine Landschaft nur von einem Element oder Gerät zur Bewässerung – vielleicht einem automatischen Sprinkler – abhängig ist, dann sorgt ein kleiner Ausfall für Unheil. Nach Murphys Gesetz wird dieser Sprinkler früher oder später verstopfen, kaputtgehen oder einmal zu oft die zarte Gauklerblume in der Ecke aussparen. Doch falls wir die Wasseranforderungen des Gartens durch vielfältige Tricks unterstützen – indem wir eventuell eine Schicht feuchtigkeitsbewahrenden Mulch aufbringen, viel nährstoffreichen Boden haben, der Wasser bewahrt und ein zuverlässiges Bewässerungssystem – geht die Chance, dass alle drei Systeme gleichzeitig ausfallen, gegen Null.

Eines der besten Anwendungsbeispiele für dieses Prinzip, das ich kenne, ist im Garten von Charles und Mary Zemach in Los Alamos, New Mexico. Diese Oase in der hohen Wüste, die vom Permakulturisten Ben Haggard aus Santa Fe entworfen wurde, kommt Monate ohne Bewässerung aus. Doch dies ist kein kiesiger Xeriscape-Garten. Im grellen Licht des Wüstensommers beugen sich Obstbäume unter dem Gewicht saftiger Pflaumen und Pfirsiche, während weiche Frauenfarne in kühlen Schatten Schutz finden.

Helle Blüten von Büffelkürbis und Spiere lugen unter einem alten Aprikosenbaum hervor. Kräuter wie Wiesenknopf und Schild-Ampfer finden sich in der Nähe der Haustür, bereit, einen Salat aufzupeppen. Hier finden sich ruhige Schönheit, mehr Nahrung, als die Zemachs essen können, und reichlich Habitat für Wildtiere. Doch in einem Ort, wo Wasserrechnungen im Sommer € 250 im Monat erreichen können, sind die Zemachs kaum auf städtisches Wasser angewiesen.

Der Garten der Zemachs kombiniert fünf sich ergänzende Techniken, um das Ziel von genügend Wasser zu erreichen: der Aufbau von organisch nährstoffreichem Boden, die Landschaft so modellieren, dass man Wasser gewinnt und es dahin leitet, wo es gebraucht wird, auch zu dürretoleranten Pflanzen, wenn möglich, enge Bepflanzung, um die Erde zu beschatten und tief mulchen. (Siehe Tabelle 5-1.) Ein Beweis für die Wirksamkeit der Tiefschichtstrategie war die Tatsache, dass Pflanzungen, die bei meinem Besuch nur

drei Jahre alt waren, eine fünf-monatige Dürre im vergangenen Jahr überlebt hatten.

Betrachtet man die Strategie der Zemachs, erkennt man einen synergistischen Bonus. Da diese Techniken geschickt kombiniert wurden, tun sie noch mehr als Wasser sparen. Sie schützen die Pflanzen vor Dürre, indem sie das Wasser im Boden halten, wo die Pflanzen es nutzen können. Mulch und nährstoffreicher Boden gewährleisten auch ein hohes Maß an organischem Material, was das Pflanzenwachstum erhöht. Eng gepflanzte Pflanzen, in Schichten gestapelt, erhöhen die Erträge des Gartens. Und Mulch, dichte Bepflanzung und konturiertes Land schützen den Boden vor Erosion bei seltenen, doch heftigen Regengüssen aus dem Südwesten. In einem guten Design greifen gut gewählte Techniken ineinander und ergänzen sich, um Synergien zu schaffen und überraschende Vorzüge auszulösen.

Betrachten wir jedes Element dieser fünffachen Strategie einzeln, um zu verstehen, warum die Teile in Kombination mehr bieten als nur eine einfache Summe.

Tabelle 5-1. Fünf Wassersparmethoden und ihre Vorteile
Gemeinsam sparen diese fünf Techniken Feuchtigkeit weitaus effizienter und sicherer als eine einzelne Technik, die Vorteile gehen zudem weit über Wassereinsparung hinaus.

Methode	Vorteile
Hoher Gehalt an organischen Stoffen	Hält die Feuchtigkeit
	Erhöht die Fruchtbarkeit
	Speichert Nährstoffe
	Fördert das Bodenleben
	Lockert die Erde
	Bindet Kohlenstoff
Tiefmulchen	Verlangsamt die Verdunstung
	Kühlt den Boden
	Erhöht die Fruchtbarkeit
	Fördert das Bodenleben
	Verdrängt Unkraut
	Gliederfüßer- und Mikrobenhabitat
Pflanzen nach Wasserbedarf positionieren	Spart Wasser
	Weniger Arbeit beim Gießen
	Überleben Dürre
	Begünstigt einheimische Arten
Dichte Bepflanzung	Beschattet die Erde
	Verdrängt Unkraut
	Erhöht die Biodiversität
	Erhöht die Erträge
Bodenmodellierung	Gewinnt Wasser
	Lenkt das Wasser dorthin, wo es gebraucht wird
	Hilft Pflanzen und Bodenleben, nasse und trockene Perioden zu überstehen
	Baut Humus auf
	Sorgt für visuelle Abwechslung

Wasser in der Erde halten

In den frühen Entwurfsphasen ihres Gartens hatte sich Mary Zemach ein kunstvolles System der Tropfbewässerung vorgestellt, ein Kunststoffgeflecht aus Impulsgebern, Speiern und Sprühern, die über ein beeindruckendes Bedienfeld gesteuert werden. Designer Ben Haggard lehnte das als unnötige Ausgabe ab. Er wiederholte dann eines der Mantras der Permakultur: *Am billigsten lässt sich Wasser im Boden speichern.*

Wie ich im letzten Kapitel erwähnte, fungieren Humus und andere organische Substanzen als Schwamm, die rasch zu einem Mehrfachen ihres Gewichts in Wasser anschwellen. Ich habe gesehen, wie unglaublich durstig gute Erde sein kann, wenn ich humusreiche Topferde im Ofen sterilisiert habe.

Die gebackene Erde kommt knochentrocken aus dem Ofen, also füge ich Wasser hinzu, bevor ich Samen einsäe. Eine Menge Wasser: Knapp drei Liter trockene Erde hält

Eine Senke, die so angelegt ist, dass das Wasser nicht an ihr entlang fließt, sondern in den Boden versickert und ein unterirdisches Speicherbecken bildet. Die Mulden können 30-90 cm tief und 30-120 cm oder mehr breit sein, mit einem Böschungsabsatz in ungefähr derselben Größe, der aus der ausgehobenen Erde gebildet wird.

locker einen Liter Wasser. D. h. 30 cm reichhaltige, feuchte Erde, die einen Garten bedecken, halten so viel Wasser wie ein 7,5 cm tiefer See in der Größe des Gartens. Um einen Teich oder Tank zu bauen, der so viel Wasser speichert oder ebenso viel Liter bei der Stadt zu kaufen, wäre schrecklich teuer. Doch der Boden speichert das Wasser umsonst. Und die Erde ist geizig mit Wasser. Ein Gewitter muss den Boden mit Wasser sättigen, ehe ein einziger Tropfen abfließt. Und anders als bei Teichwasser verdunstet die Feuchtigkeit in der Erde nicht so leicht.

Der Schlüssel zur Kapazität des Bodens, Wasser zu halten, ist organisches Material. Die Forschung zeigt, dass Erde mit nur 2 Prozent organischer Substanz die nötige Bewässerung um 75 Prozent verringert, verglichen mit mageren Böden, die weniger als 1 Prozent organisches Material besitzen. Die meisten Böden in Stadt und Vororten weisen nur wenig organisches Material auf, weil die Bauherren bei Neubauten oft den Oberboden abgraben, verkaufen und die vielen Zentimeter reichhaltiger Erde durch etwas angekarrten Mutterboden ersetzen. Bevor Hausbesitzer den »See im Boden«-Effekt erzielen können, müssen sie die organische Substanz wieder mindestens bis zum Zustand vor dem Bau aufbauen.

Die Zemachs bauten erst nährstoffreichen Boden in ihrem Garten auf, bevor sie die neuen Gewächse pflanzten. Ein Landschaftsbau-Team entfernte das alte Gras, kompostierte es und brachte es wieder aus. Die Mannschaft grub auch mehrere Lkw-Ladungen Kompost aus dem Gartenabfallprogramm von Los Alamos und viele Ballen Torfmoos ein. Dies bildete die Basis für reichhaltiges organisches Material und lebenden Boden.

Nährstoffreicher Boden enthält das Wasser, das unsere Flüsse fließen lässt und unsere Seen voll hält, wie mir ein Freund in Nordkalifornien einmal anschaulich vor Augen führte. Ich hatte an der Farm des Saatgutanbauers George Stevens am Ufer des Klamath River angehalten und fragte ihn, wie oft er bewässert. »Nicht viel, nicht bis im Spätsommer, wenn die Regenfälle schon lang vorbei sind«, antwortete George. Er zeigte auf die Berge der Klamath Mountains, die das Tal umgaben. »Das liegt an diesen Bergen«, erklärte er. »Das Wasser sickert ganz langsam aus dem Boden der Berge heraus. Das dauert einen Großteil des Sommers. Das Wasser fließt unterirdisch und durchquert unterwegs zum Fluss mein Land. Es ist direkt unter unseren Füßen. Diese Pflanzen bringen das Wasser nach oben.« George hatte gesehen, dass der Boden, der kilometerweit auf den felsigen Untergründen der Berghänge lag und bis ins Tal reichte, ein riesiger Schwamm war. Er konnte riesige Wassermengen aufnehmen und monatelang speichern. Im Laufe des trockenen Sommers träufelte der Schwamm dieses Wasser bergab und ergoss es allmählich in den Klamath-See. Dies erklärt, warum unsere Flüsse voll bleiben, statt nach jedem Regen leer zu laufen. Sicher, die Flüsse werden von Bächen gespeist, doch was speist die Bäche? Es gibt oben keinen endlos strömenden Wasserhahn. Das Wasser sickert tröpfchenweise aus der humosen Erde, die Tropfen verdichten sich zu einem Rinnsal, die Rinnsale erweitern sich zu Bächen. Jedes Bachufer ist ein natürlicher Entwässerungsgraben, der Wasser sammelt, das über Wochen und Monate aus der feuchten Erde dringt. Flüsse kommen aus der Erde, dem Hüter unseres Wassers. Indem wir den Boden unseres Gartens aufbauen, können wir ganze Flüsse und Seen in unseren Gärten speichern.

Modellierung zur Wassergewinnung

Die zweite Technik zur Wassergewinnung, die Mary in ihrem Garten einsetzte, war die Modellierung des Landes, um Wasser zu halten. In ihrem Garten befindet sich z.B. eine runde Stelle mit trockenheitsverträglichem Büffelgras, das wie eine Schale geformt wurde: Die Mitte des Kreises ist einige Zentimeter tiefer als die Randzonen. Es ist eine leichte Konkavität, was kaum auffällt, doch der Regen weiß, dass sie da ist. Regenwasser sammelt sich in der Mulde und versickert, was die Notwendigkeit für Bewässerung reduziert. Dies ist einer von vielen selbstbewässernden Stellen im Design. Andere wurden durch das Anlegen von Bodensenken geschaffen. Eine *Bodensenke* ist in diesem Zusammenhang ein flacher Graben, der entlang der Konturen des Landes auf gleicher Höhe angelegt ist. Sie wird manchmal auch als *Rigole* bezeichnet. Eine Senke kann 30-120 cm breit, etwa 30 cm tief sein und jede Länge haben, die notwendig ist. Eine Mulde ist wie ein langer, dünner Teich geformt.

Die aus der Senke ausgehobene Erde wird auf der Unterseite des Hangs zu einem Hügel oder einer *Berme (Böschungsabsatz)* aufgeschüttet, so dass der Querschnitt einer Senke

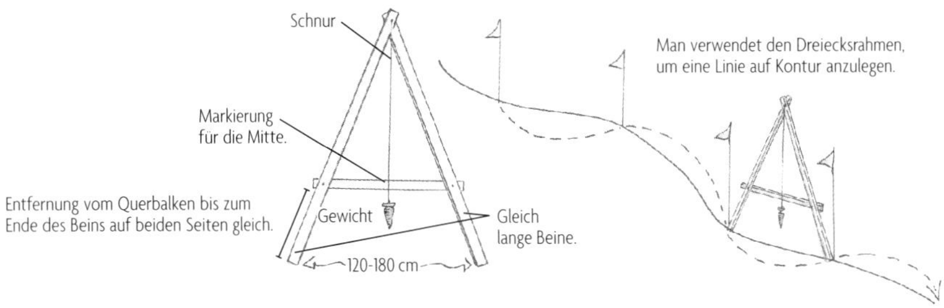

Eine Dreiecksrahmen-Libelle zum Anlegen von Konturlinien, hergestellt aus 2,5 x 5 oder 5 x 5 cm Holz oder Metall. Zum Kalibrieren stellen Sie sie aufrecht hin und markieren Sie auf dem Querbalken, wo die Schnur vorbeigeführt wird. Dann drehen Sie den Dreiecksrahmen um und stellen Sie jedes Bein dort auf, wo sich das Gegenüberliegende befand. Markieren Sie den Querbalken erneut. Die Mitte liegt auf halbem Weg zwischen den beiden Markierungen, markieren Sie sie (traditionell verwendet man als Gewicht eine Bierflasche, aber ein Stein oder Senklot genügen). Oder befestigen Sie eine Wasserwaage auf dem Querbalken. Um den Dreiecksrahmen zu verwenden, stellen Sie ein Bein an den Anfang der anzulegenden Linie. Schwenken Sie das andere Bein über den Boden, bis die Schnur mit der Mittelmarkierung fluchtet. Markieren Sie diesen Punkt auf der Kontur und schwenken und markieren Sie weiter, bis die Schnur ausgelegt ist.

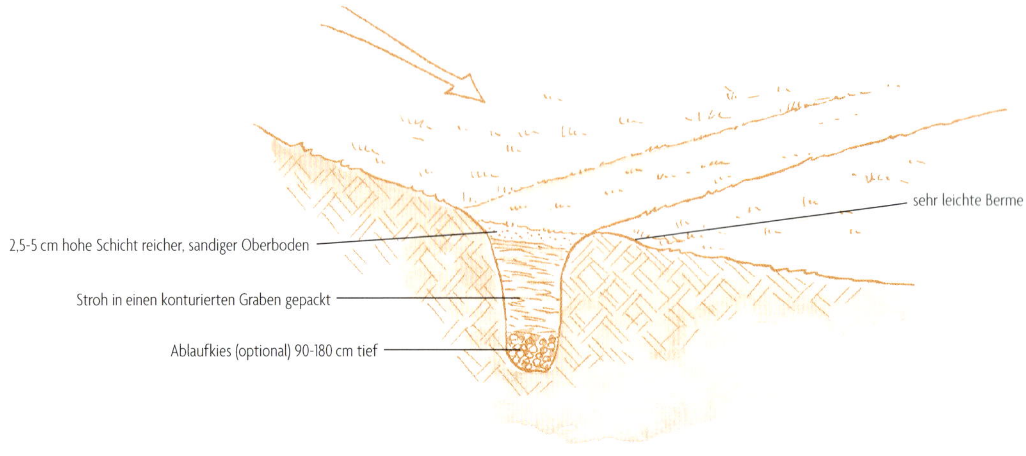

Strohgefüllte Bodensenke. Sie kann in formelleren oder viel besuchten Teilen des Gartens eingesetzt werden, wo eine normale Senke zu tief wäre. Ein 30-90 cm tiefer Graben wird mit Stroh oder Heu gefüllt und mit einer dünnen Schicht sandigen Mutterboden bedeckt. Der größte Teil des überschüssigen Bodens wird entfernt, so dass nur eine leichte Böschungsneigung verbleibt, um das abfließende Wasser zu stoppen. Die Senke kann bepflanzt werden und funktioniert in etwa so gut wie eine normale Senke.

wie der auf der Seite liegende Buchstabe S aussieht. Oberflächen- und Regenwasser laufen bergab in die Bodensenke, verteilen sich über die Länge der Mulde und versickern langsam im Boden. Dieses unterirdische Wasser sickert dann nach unten und bildet ein Feuchtigkeitsreservoir, das von hydrostatischer Spannung zusammengehalten wird. Das gespeicherte Wasser erschafft ein unterirdisches Speicherbecken, das das Pflanzenwachstum mehrere Meter unter der Mulde versorgt. Bodensenken verhindern zudem die Bildung von Rinnen, da das Regenwasser aufgehalten, verlangsamt, verteilt und in der Erde gespeichert wird.

Im Garten der Zemachs mussten die Senken aus Ästhetikgründen klein und zart sein, fast nur Rippel im Boden. Schließlich war dies öffentlicher Raum, wo Freunde und Passanten vorbeilaufen und hinsehen. Da passten keine großen Gräben. Die Senken wurden daher so angelegt, dass sie sich in augenfälligen Linien erstrecken, abgemildert durch die belaubten Silhouetten der Bepflanzungen. Sanfte Mulden führen von Fallrohren und entlang der Wege zu den Wurzeln der Büsche, zu Obstbäumen, in Staudenbeete, alles in weichen Bögen und Windungen. Wenn der Regen kommt, hält jede Bodensenke den Abfluss auf und lenkt das Wasser in die Erde.

Mary sagt, dass sich manche Senken bei Regen mit Wasser füllen, aber selten überlaufen. Falls dies passieren würde, liegt stets eine weitere Mulde hangabwärts, um überschüssiges Wasser aufzunehmen und es in die Erde zu leiten. Und all diese weichen Konturen sind fast unsichtbar.

Bodensenken sind nicht nur gut für Wüsten. Ich war früher skeptisch, ob Mulden in meinem Nordwestklima von Nutzen sein könnten. Warum sollte ich im Winter Wasser gewinnen, wenn es sowieso dauernd regnet? Und wenn der Sommer kommt, haben wir oft 3 Monate keinen Regen, wie sollten Bodensenken denn da in der trockenen Jahreszeit helfen? Doch auf Anraten erfahrenerer Permakulturisten hob ich trotzdem an der Böschung unter unserem Haus in Oakland eine Senke aus, 2,4 m lang und 1 m breit. Es machte einen ungeheuren Unterschied, denn sie hielt die Feuchtigkeit lange, nachdem die Winterregenfälle vorbei waren. Mit Beginn des Sommers verdörrte das Gras oberhalb der Mulde und wurde braun, wenige Tage, nachdem die

So baut man eine Bodensenke

Zunächst einmal, falls Sie mehrere Bodensenken machen, müssen Sie bestimmen, wie weit sie auseinanderliegen sollen. Sie müssen so bemessen sein und einen solchen Abstand haben, dass der gesamte Abfluss, der aus dem Bereich über einer Mulde abfließt, von dieser Senke ohne Überlauf gehalten werden kann. Eine Faustregel besagt, je mehr Regen fällt, desto enger sollte der Abstand zwischen den Senken sein, um den stärkeren Abfluss aufzufangen. Wo die Niederschläge 1.000-1.300 mm im Jahr betragen, sollten die Mulden etwa 5,5 m auseinander liegen, bei Gebieten mit nur 400 mm Regen verbreitert sich das auf 15 m. Wo die Niederschlagszahlen anders sind, kann dies als Leitlinie dienen, um den richtigen Abstand zwischen Bodensenken zu bestimmen. Das ist nicht so schwer, denn Genauigkeit ist nicht notwendig. Auf steilen Abhängen und bei verdichteten, nicht absorbierenden oder lehmigen Böden fließt mehr Wasser ab, daher sollten die Senken einen geringeren Abstand haben.

Legen Sie dann die Linien der Mulde auf der Ebene aus. Sie erstellen eine Höhenlinie, genau wie auf einer topografischen Karte. Dafür brauchen Sie ein Nivellierungsgerät. Falls Sie kein Vermessungsgerät ausleihen oder einen günstigen Diopter kaufen wollen, können Sie eine Wasser- oder Schnurwaage nehmen oder Ihren eigenen Dreiecksrahmen bauen (siehe Illustration). Entscheidend ist hier, dass die Bodensenke wirklich eben ist, damit das Wasser gleichmäßig und stetig eindringen kann.

Klopfen Sie Pflöcke in den Boden, um den Verlauf Ihrer Mulde zu markieren. In hügeligem Gelände müssen die Pflöcke etwa 1,8 m Abstand haben, um Fehler bei der Höhe zu vermeiden, doch auf ebenem Grund (obwohl nichts völlig flach ist!), genügen sie alle 3 oder 5 Meter. Sie werden überrascht sein zu sehen, dass selbst auf »flachem« Boden eine Senke mit Höhenunterschieden dramatisch wellenförmig verläuft.

Sobald der Verlauf markiert ist, beginnt man zu graben. Wo Ästhetik unwichtig ist, kann man einen 30 cm tiefen und ca. 45 cm breiten Graben ausheben und den Aushub an der unteren Kante des Grabens aufhäufen. Für eine sanftere, weniger sichtbare Bodensenke gräbt man nur etwa 15 cm tief, aber breiter (bis zu 60 oder 90 cm) und macht auch die Berme am unteren Ende weiter. Prüfen Sie immer wieder den Grund der Mulde, um zu gewährleisten, dass sie auf die Länge gesehen eben ist. Wenn Sie möchten, können Sie in der Senke Gruben oder andere tiefere Stellen oberhalb von Wasser liebenden Pflanzen ausheben, um zusätzliches Wasser zu ihren Wurzeln zu lenken.

Das allgemeine Prinzip lautet: Je mehr Wasser, desto größer und häufiger die Senken. Falls es bei Ihnen regelmäßig Platzregen gibt, die Ihre Region mit 50 mm Regen überfluten, braucht man Senken, die eine Menge Abfluss ableiten können.

Nach Ausheben der Mulde kann man sie teilweise mit Mulch füllen, das hilft, das Wasser zu halten und zu absorbieren und die Bodensenke ist weniger sichtbar. Eine Bepflanzung entlang der Berme macht die Senke stabiler und multifunktional. Fast jede Pflanze hilft, doch Bäume und Sträucher sind ideal, da ihre tiefen Wurzeln den Böschungsabsatz festhalten und die Blätter den Boden mit Humus versorgen. Der Schatten verlangsamt außerdem die Verdunstung.

Fischschuppen-Senken. Falls bestehende Bäume oder andere Hindernisse lange Bodensenken unmöglich machen, können kürzere, überlappende Mulden gegraben werden, um abfließendes Wasser aufzufangen.

Regenfälle aufgehört hatten. Darunter blieb der Bewuchs nicht nur Wochen länger grün, sondern die wilden Gräser darunter füllten sich mit vielen Wildblumenarten, angelockt durch das nun einladende Mikroklima. Es bildete sich Humus und die Vielfalt erhöhte sich. Wenn man Wasser konzentriert und über Senken eindringen lässt, wird es tiefer und länger im Boden gespeichert, als wenn sich das Wasser einfach über ebenen Boden verteilt. Es genügt zu sagen, dass ich nun von Bodensenken überzeugt bin.

Senken gibt es in vielen Formen. An Orten, wo selbst die sanfte Wellenbewegung einer Standard-Senke nicht angemessen wäre, kann ein flacher Graben ausgehoben und mit Stroh oder anderem absorbierenden organischen Material gefüllt werden. Wenn der Boden bepflanzt und gemulcht ist, erkennt man die Senke gar nicht, doch sie wird durstig Wasser auffangen und im Boden speichern. Falls eine lange Bodensenke durch den Garten wegen Bäumen und anderen Hindernissen unmöglich ist, funktioniert eine Serie kurzer, sich überlappender Mulden ober- und unterhalb der Hindernisse. Diese nennt man Fischschuppen-Bodensenken.

Pflanzen, die Wasser sparsam verbrauchen

Wassersparstrategie Nummer drei besteht darin, Pflanzen zu verwenden, die dem verfügbaren Wasser angepasst sind. Ich empfehle hier keineswegs nur dürretolerante Pflanzen. Es gibt mehrere Möglichkeiten, um Pflanzen an das erhältliche Wasser anzupassen. Man kann beispielsweise heimische Gewächse, die ans örtliche Klima angepasst sind, mit trockenheitsverträglichen Sorten und Pflanzen mischen, deren Wasserverbrauch sich saisonal verändert. Durstige Pflanzen können platziert werden, wo sie mit minimalem menschlichen Einsatz Wasser erhalten, bei Schläuchen, Senken, Abfluss von Gehsteigen und Fallrohren. Pflanzen sollten im richtigen Verhältnis mit Gesamtklima, Mikroklima, Landformen, Boden und Umgebung stehen. Und so wird es gemacht.

Setzen Sie zunächst heimische Pflanzen ein, wo es möglich ist. Wie auch immer der Wasserhaushalt in Ihrem Ort aussieht, einheimische Pflanzen sind daran angepasst. Und die Wildtiere ihrer Region freuen sich über die vertraute Nahrung und den Lebensraum. Es gibt etliche Bücher über heimische Pflanzen für jede Region. Ein wenig Recherche

Tabelle 5-2. Nützliche Pflanzen aus Mittelmeerklimaten

Gebräuchlicher Name	Botanischer Name	Gebräuchlicher Name	Botanischer Name
Großblütige Abelie	*Abelia grandiflora*	Säckelblume	*Ceanothus spp.*
Mandel	*Prunus dulcis*	Lupine	*Lupinus spp.*
Echte Aloe	*Aloe vera*	Amerikanischer Erdbeerbaum	*Arbutus menziesii*
Goldrohrbambus	*Phyllostachys aurea*	Olive	*Olea europaea*
Inkalilie	*Alstroemeria ligtu*	Oregano	*Origanum vulgare*
Gewöhnliche Berberitze	*Berberis vulgaris*	Gewöhnliche Mahonie	*Mahonia aquifolium*
Zedrachbaum	*Melia azedarach*	Pistazie	*Pistacia vera*
Brombeere	*Rubus fruticosus*	Quitte	*Cydonia oblonga*
Gelber Blasenstrauch	*Colutea arborescens*	Quinoa	*Chenopodium quinoa*
Borretsch	*Borago officinalis*	Weißliche Zistrose	*Cistus albidus*
Gemüseartischocke	*Cynara cardunculus*	Senfrauke (Rucola)	*Eruca vesicaria sativa*
Katzenminze	*Nepeta faassenii, N. mussinii*	Rosmarin	*Rosmarinus officinalis*
Fenchel	*Foeniculum vulgare*	Weinraute	*Ruta graveolens*
Feige	*Ficus carica*	Schmalblättrige Ölweide	*Elaeagnus angustifolia*
Neuseelandflachs	*Phormium tenax*	Salbei	*Salvia spp.*
Pyrenäen-Goldlauch	*Allium moly*	Shallon-Scheinbeere	*Gaultheria shallon*
Kaplilie	*Tulbaghia violacea*	Strauchiges Brandkraut	*Phlomis fruticosa*
Weintraube	*Vitis vinifera*	Garten-Schwarzwurzel	*Scorzonera hispanica*
Zürgelbaum	*Celtis spp.*	Sanddorn	*Hippophae rhamnoides*
Weißdorn	*Crataegus spp.*	Stranddistel	*Eryngium maritimum*
Haselnuss	*Corylus avellana*	Gewöhnliche Schneebeere	*Symphoricarus albus*
Claro-Walnuss	*Juglans hindsii*	Echtes Bohnenkraut	*Satureja hortensis*
Amerikanische Gleditschie	*Gleditsia triacanthos*	Westlicher Erdbeerbaum	*Arbutus unedo*
Pinie	*Pinus pinea*	Thymian	*Thymus vulgris*
Chinesische Jujube	*Ziziphus jujuba*	Strauchpappel	*Lavatera spp.*
Lavendel	*Lavandula angustifolia*	Wermut	*Artemisia absinthum*
Limonadensumach	*Rhus integrifolia*	Schafgarbe	*Achillea millefolium*
Süßholz	*Glycrrhiza glabra*		

Diese Pflanzen stammen aus Teilen der Welt mit feuchten Wintern und trockenen Sommern. Obgleich dürretolerant, können sie feuchte Perioden weit besser überstehen als viele so genannte »dürretolerante« Pflanzen, die aus Wüsten stammen. Die meisten dieser Pflanzen übernehmen mehrere Funktionen, sie bieten z. B. Nahrung und Habitat.

eröffnet Ihnen ein breites Angebot an heimischen Pflanzen als Habitat für Wildtiere und ein etwas kleineres, doch noch immer breites Spektrum für kulinarische und medizinische Kräuter, Essen, Dekoration und andere Einsatzmöglichkeiten.

Wenn Sie sich nicht auf einen Garten nur für Einheimische festgelegt haben, werden Sie die Gartenpalette wahrscheinlich um andere Pflanzen erweitern wollen. Jetzt sprechen wir über dürretolerante Pflanzen. Zuerst etwas ökologischer Hintergrund: Pflanzen, die an Dürre angepasst sind, haben sich prinzipiell in zwei Klimatypen entwickelt, Wüste und dort, wo es wenig Wasser gibt, und in Mittelmeerklimaten, wo die Sommer staubtrocken sind, aber die Winter ausreichend Wasser liefern. »Mittelmeerklima« meint in diesem Sinne jede Region mit einem Klima, das dem der Küstenregionen des Mittelmeers entspricht: Man findet es großenteils an der Westküste Nordamerikas, in Küstenteilen von Chile, Teilen von Südafrika, Süd- und Westaustralien und natürlich der Mittelmeerküste selbst.

Mediterrane und Wüstenpflanzen unterscheiden sich in ihrem Ansatz zu Wasser. Manche Wüstenpflanzen können nicht lange mit nassen Wurzeln überleben. Sagen wir, man pflanzt sie im Mittleren Westen der USA, könnten Wüstenpflanzen die maisvernichtenden Dürren überstehen, aber durch eine längere Regenperiode eingehen. Doch eine Pflanze des Mittelmeerklimas ist an Wechsel zwischen trockenen und nassen Perioden angepasst und funktioniert in anderen Klimaten als der Wüste wohl besser. Falls die Regenfälle in Ihrer Gegend unregelmäßig genug sind, um normales Gemüse und Blumen zu ermatten, verringern mediterrane Pflanzen die Wasserrechnung und Sorgen wegen Dürre.

Vergessen Sie nicht, dass Mittelmeerklimate mild sind, dort wird es selten kälter als in USDA-Zone 6. Falls mediterrane Pflanzen kälteunempfindlich genug sind, um Ihren Winter zu überleben, eignen sie sich gut, um die unvorhersehbaren Trockenperioden zu überstehen, die wir in dieser Ära wilder Wetterphänomene erleben. Die Einbeziehung dieser Pflanzen erweitert die Auswahl an wassersparenden Arten über einheimische und Wüstenpflanzen hinaus. Tabelle 5-2 führt einige nützliche mediterrane Pflanzen auf. Sie können diese einführende Liste selbständig erweitern, indem Sie andere Sorten finden, die aus den mediterranen Gebieten der Welt stammen.

Was ist mit all diesen saftigen Pflanzen, die wir lieben, die aber regelmäßige Wassergaben benötigen? Hier ist die richtige Platzierung die Antwort. Zunächst denken Sie an Ihre Zonen. Wasserhungrige Pflanzen in Zone 1 zu positionieren, wo Sie sie sehen, erinnert Sie nicht nur ans Gießen, sondern erleichtert es auch, den Schlauch oder die Gießkanne zu holen, um ihren Durst zu löschen.

Finden und nutzen Sie außerdem die feuchten Bereiche in Ihrem Garten. Wo sammelt sich abfließendes Wasser? Einfahrten und Gehsteige haben oft ein Gefälle oder sind gewölbt und dienen als Wasserauffangbecken, die den Regen auf den angrenzenden Boden leiten. Das ist ein guter Standort für wasserabhängige Pflanzen. Kontrollieren Sie bei Fallrohren, unter Traufen ohne Regenrinne, an niedrigen Stellen im Garten, unter Wasserhähnen und in der Nähe von Fundamentabläufen. Jedes Grundstück hat seine eigenen Mikroklimate, wo bestimmte Stellen etwas feuchter sind als andere. Haben Sie eine Stelle im Rasen, die grün bleibt, wenn der Rest gelb wird? Das ist ein möglicher Kandidat. Beobachten, beurteilen und platzieren Sie dann Ihre durstigsten Pflanzen in den natürlich feuchten Plätzen. Modellieren Sie den Boden, wie oben beschrieben, um Wasser zu gewinnen. Die Natur und die Schwerkraft übernehmen die Bewässerung für Sie.

Dichte Anpflanzungen, um Dürre zu verhindern

Der nächste Schritt in dieser mehrschichtigen Wasserstrategie besteht darin, Pflanzen dicht zu packen und zu stapeln, um Schatten zu erzeugen. Auf diese Weise blockiert die Decke aus Wedeln und Blättern austrocknende Strahlen der Sommersonne, bevor sie den Boden erreichen. Durch die Beschattung des Bodens kann der Verdunstungsverlust um über 60 Prozent reduziert werden. Wie Mulch hält auch Schatten die Temperatur der Wurzeln niedrig und verlangsamt die feuchte Ausdunstung der Blätter, die sonst Wasser in den Himmel pumpen würden.

Pflanzen können sich auch gegenseitig beschatten, um Wasserverlust zu reduzieren. Kaum eine Pflanze braucht das

Sonnenlicht eines 14-stündigen Sommertags. Vor allem Gemüse der kalten Jahreszeit wie Kohlsorten und Blattgemüse sind froh, wenn sie am heißen Nachmittag beschattet sind. Viele mehrjährige Blumen wie Frauenmantel, Prachtspiere, Goldmelisse, Geranie und andere stammen aus Wäldern oder von schattigen Flussufern und blühen im Halbschatten. Wir können unsere Pflanzen in Schichten stapeln, um Feuchtigkeit unter dem Laubdach zu halten, doch all das Sonnenlicht ernten, die jede Sorte benötigt.

Sehen Sie, wie die Natur in einem Wald funktioniert. Im Frühling sind die ersten Pflanzen, die ihre Blätter zeigen, winzige Kräuter und Bodendecker. Sobald diese ein paar Wochen Sonnenlicht gesammelt und zuckrigen Saft und gesunde Wurzeln ausgebildet haben, zeigen die Sträucher über ihnen langsam ihre Knospen. Die kleinen Bäume folgen und zuletzt kommen die ausladenden Waldriesen. Bis die Hitze des Sommers da ist, ist das Baumkronendach fast geschlossen und nur ein paar tanzende Sonnenflecken schimmern am Waldboden. Nun ist alles voll belaubt, die Zweige sind in abwechselnden Wirbeln angeordnet, um die sich verschiebenden Strahlen einzufangen und die Sonnenenergie effizient in Zucker, Stärke und die anderen Moleküle der Pflanzenwelt umzuwandeln.

Sobald sich das Kronendach des Waldes geschlossen hat, bleiben die Luft und die Erde darunter viel feuchter als im Freien. Ausdörrendes Sonnenlicht reicht nicht bis in diese Grotte hinein, um Luft und Boden auszutrocknen, und die Temperatur bleibt kühl, was den Feuchtigkeitsverlust zusätzlich verlangsamt.

Dieser von der Natur eingesetzte Ansatz der Zeitverzögerung kann auch in einem Garten funktionieren. Den mehrschichtigen gärtnerischen Ansatz besprechen wir in Kapitel 10 zu Waldgärten genauer. Für nun sollte genügen, dass eine Pflanzendecke auf dem Boden Wasserverlust senkt.

Mulchen für Feuchtigkeit

Das letzte Element in der fünffachen Wasserstrategie ist Mulch. Eine 5-10 cm dicke Mulchschicht (oder mehr) unterdrückt den Feuchtigkeitsverlust, indem die Verdunstung aus der Erde verlangsamt wird, was die Pflanzenwurzeln kühl hält und die Ausdunstung vermindert. Organischer Mulch saugt zudem den Regen auf, statt ihn abfließen zu lassen. Und wenn der organische Mulch zersetzt wird, fügt er der Erde Humus hinzu, was die Wasserhaltekapazität des Bodens erhöht. Mulch verhindert auch Erosion, schützt die Bodenstruktur und mildert Temperaturschwankungen.

Mulchmaterialien gibt es fast grenzenlos: Stroh, Luzerne und samenfreies Heu, Holzspäne, Rinde, Blätter, Maiskolben, geschredderte Getreidehalme, Seetang, Hülsen und Schalen, ja sogar Sand. Bei säureliebenden Pflanzen gehen Sägemehl oder Tannennadeln gut. Eine Warnung: Gemulchte Erde erwärmt sich im Frühling nicht so schnell wie nackte Erde. Will man das Wachstum wärmeliebender Pflanzen beschleunigen, sollten man den Mulch im Frühling entfernen und dann wieder aufbringen, wenn der Boden warm ist.

Steine können auch als Mulch eingesetzt werden. Ein Mulch aus Stein klingt vielleicht bizarr, doch in trockenem Land nimmt ein Gesteinsmulch (2,5-10 cm große Steine, 10-15 cm tief) Morgentau auf und lässt ihn in die Erde tropfen. Dieser Mulch hilft auch bei Tag, wenn die Steine durch Pflanzen beschattet werden und somit kühler als die Luft sind. Heiße Luft weht in die kühlen, dunklen Bereiche zwischen den Steinen. Die Feuchtigkeit kondensiert dann aus der warmen Luft auf die kühleren Gesteinsoberflächen und sickert in den Boden. Auf diese Weise kann ein Gesteinsmulch die Menge an Wasser, die Pflanzen erhalten, erheblich steigern. Steinmulche halten auch die Hitze von sonnigen Tagen und helfen, die Erde im Frühling zu wärmen und die Pflanzen in kalten Nächten warm zu halten. Ein Gesteinsmulch kann die Wachstumsperiode verlängern oder dabei helfen, wärmeliebende Pflanzen in kühlen Regionen anzubauen.

Durch die Kombination dieser fünf Wasser wahrenden Techniken – nährstoffreicher Boden, Bodenmodellierung und Bodensenken, die richtigen Pflanzen, dichte Pflanzungen und Mulch – ist Mary Zemachs Land weitaus dürreresistenter, als wenn sie nur eine Methode benutzen würde. Diese Redundanz schützt nicht nur gegen den Ausfall einer Strategie, sondern die Kombination [illegible] und schafft einen Garten, der weit weniger dürreanfällig ist, als wenn man eine Methode allein verwenden würde. Diese Synergie ist einer der großen Vorteile des Gärtnerns mit ökologischen Prinzipien.

Was ist, wenn das Problem Ihres Gartens *zu viel* Wasser ist, nicht zu wenig? Seltsamerweise können dieselben Techniken helfen, nur mit kleiner Modifikation. Sie sind nicht nur gut gegen Dürre. In weiterem Sinne mäßigen sie jegliche Art von extremen Wasserbedingungen, trocken oder nass. Humusreiche Erde und Mulch können enorme Mengen an Wasser aufnehmen, ohne die Fähigkeit zu verlieren, Luft zu halten, und es ist der Mangel an Luft, der wasserdurchtränkte Pflanzen ertränkt. Außerdem entwässert Erde, die reich an organischer Substanz ist, besser als fast jeder Boden, außer sehr sandigem. Und Mulch, dichte Bepflanzungen und konturierter Grund verhindern Erosion durch prasselnde Regenfälle. In sumpfigen Gärten, wo sich das Wasser wirklich staut, können mit einem Gefälle von ca. 2 Prozent Senken gegraben werden, die etwas außerhalb der Kontur liegen, um das Wasser in ein geeignetes Einzugsgebiet zu leiten (idealerweise einen Teich, Bachlauf oder einen trockenen Abhang, aber in der Stadt muss unter Umständen ein Abwasserkanal genügen).

Wasser sparen durch Gewinnung

Sie haben bemerkt, dass Marys Mehrfachansatz der Wasserweisheit kein Bewässerungssystem enthält. Sie braucht nie dieses vorher erwähnte beeindruckende Instrumentarium aus Klappen und Sprinklern. Weil das Wasser so gekonnt in der Erde bewahrt wird, kann die wenige Bewässerung, die notwendig ist, von gelegentlichen und kurzen Einsätzen mit Schlauch und Gießkanne kommen. Doch selbst hier geht der Zemach-Garten nach der [illegible] ig Stadtwasser wie möglich zu benutzen, hat Mary die natürlichen Zyklen und den ihres eigenen Haushalts angezapft. Viel Bewässerungswasser entstammt gespeichertem Regenwasser und wiederverwertetem Haushaltsabwasser oder *Grauwasser*. Sie installierte kürzlich zwei 6.600-Liter-Wassertanks, die Wasser von ihrem Dach sammeln, halb im Boden versenkt und von Pflanzgefäßen und Bänken umgeben, damit sie nicht auffallen. Da es immer unwirtschaftlicher wird, Wasser aus dem Boden oder über große Distanzen zu pumpen, entscheiden sich immer mehr Leute für kostenlose, umweltfreundliche Bewässerungsmöglichkeiten für ihre Gärten. Bewässerungswasser muss nicht so sauber wie Haushalts-Leitungswasser sein, daher sind Regenwasser und Brauchwasser praktische Alternativen. Betrachten wir zunächst das Regenwasser.

Regenwasser sammeln und aufbewahren

Jedes Haus hat ein praktisches, eingebautes Regenwasser-Auffangsystem: das Dach. Das Regenwasser fällt auf Dächer, tropft in die Regenrinnen, strömt durch Fallrohre und ... verschwindet, gewöhnlich in die Kanalisation. Selbst in der Wüste wird Regenwasser normalerweise als Problem betrachtet, dessen

Ein 2.300-Liter-Regenwassertank aus einem verzinkten Metalldüker, der in Prescott, Arizona, einen mit Stauden bepflanzten Vorgarten durch Schwerkraft bewässert; am Tank befindet sich ein Spalier für Ranken. Das durch die Südwestausrichtung des Tanks erzeugte warme Mikroklima erhitzt an sonnigen Tagen das Wasser und kreiert ein warmes Mikroklima, wodurch bei späten Frösten der angrenzende Apfelbaum nur auf der tankzugewandten Seite Früchte trägt. FOTO UND DESIGN VON ANDREW MILLISON VON MILLISON ECOLOGICAL DESIGN.

man sich entledigen muss, statt als wertvolle Ressource, die es ist. Ich habe beobachtet, wie zahllose Liter an Regenwasser sich auf sonnenüberhitzten Parkplätzen sammelten, nutzlos in den Abfluss rannen und ins Meer gurgelten, während in der Nähe Sprinkler zischen und stottern, um das letzte bisschen Wasser aus einer fossilen Grundwasserschicht auf den Rasenflächen zu verteilen. Diese Rasenflächen ließen sich leicht durch ein Rückhaltesystem von diesem Parkplatz bewässern oder durch Wasser, das vom Dach aufgefangen wurde.

Wie viel Wasser kann ein Dach sammeln? Der Kasten auf Seite 125 mit der Überschrift »Wie viel Wasser sammelt Ihr Dach?« bietet eine einfache Methode, um diese Zahl zu ermitteln und es ist eine Menge. Das durchschnittliche zweistöckige Haus mit 186 m² Grundfläche verfügt über 90 m² Dach (die meisten Häuser plus Garage haben viel mehr). Falls das Haus in einer Region liegt, die jährlich 1.000 mm Niederschlag erhält (im Durchschnitt ein Großteil der USA), sammelt das Dach jedes Jahr 100.000 Liter Wasser. Das reicht aus, um einen 90 m² Garten 250 Dürretage hindurch zu bewässern.

Ein 100.000-Liter-Tank ist ein bisschen groß für den üblichen Garten, doch auch selten notwendig. Im östlichen Teil von Nordamerika regnet es im Sommer ungefähr alle zwei oder drei Wochen. Um die Nutzung von öffentlichem oder Brunnenwasser in

Ein Wassergewinnungssystem planen

Da es viele Bücher und Artikel über Teiche und andere Wasserspeichersysteme gibt, beschreibe ich hier nicht erneut die grundlegende Bauweise. Das Literaturverzeichnis gibt mehrere gute Quellen an. Doch hier sind einige Tipps, die bei der Planung helfen.

Entwirft man ein Niederschlags-Rückhaltesystem für den Garten, gilt es fünf Faktoren zu berücksichtigen:

1. Wie viel Regen fällt in einem Jahr? Hier helfen Daten des Wetterdienstes, obgleich örtliche Gegebenheiten, wie an welcher Hangseite oder in welcher Höhe Sie sich befinden, große Variationen beim Niederschlag hervorrufen können. Ein Regenmesser oder ein Nachbar, der seit Jahren den Niederschlag aufgezeichnet hat, sind eine genauere Informationsquelle.
2. Wie viel Wasser wird verbraucht? Durch den Einsatz der in diesem Kapitel beschriebenen »fünffachen Wassersparstrategie«, Tropfbewässerung zu nutzen und nur bei Bedarf zu gießen, anstatt das einen Automatiktimer entscheiden zu lassen, lässt sich der Wasserverbrauch enorm reduzieren.
3. Was ist die verfügbare Dachfläche oder andere Gewinnung? Die verfügbare Dachfläche hängt häufig von dem Muster der Regenrinnen und Fallrohre ab. Einige Bereiche des Dachs sind eventuell nicht nutzbar ohne aufwändige Rohrsysteme. Pflaster und andere harte Oberflächen lassen sich ebenfalls integrieren. Ich kenne jemanden, der einen Sandsack in den Rinnstein wirft, wenn es regnet, und so eine enorme Wassermenge auf sein Grundstück und in eine Bodensenke umleitet, was einen Teich füllt und einige Bäume bewässert.
4. Welche Speichergröße lässt sich bauen? Hier kommt es auf Budget, Platz und Ästhetik an. Tanks sind teurer als Teiche, verbrauchen aber weniger Platz. Teiche sind schöner anzusehen als Tanks, doch Tanks lassen sich unterirdisch oder sogar, wie in vielen Häusern aus dem 19. Jahrhundert, im Keller unterbringen.
5. Wo sollte der Speicher im Verhältnis zum Auffangbereich platziert werden? Wenn der Speicher höher als der Garten sein kann, lässt sich das Bewässerungssystem durch Schwerkraft und nicht durch eine Pumpe betreiben. Ästhetik und einfache Konstruktion spielen ebenfalls eine Rolle bei den Platzierungsentscheidungen.

Bedenken Sie, dass all diese Faktoren außer der Regenmenge kontrollierbar sind. Dies gibt dem Gärtner viele Ansatzpunkte. An den vier anderen Faktoren kann man basteln, um das beste System für Ihre Region zu bekommen.

diesem Teil des Landes drastisch zu reduzieren, brauchen wir nur so viel zu speichern, damit wir zwischen den Regenfällen überbrücken können oder für ein paar Wochen Bewässerungswasser haben. Wie viel Wasser ist das? Ein typischer Garten von ca. 90 m² braucht ungefähr 380 Liter am Tag, um zu gedeihen (und das ist großzügig gerechnet). Wasser für zwei Wochen wären dann ungefähr 5300 Liter, was in einen runden Teich passen würde, der 60 cm Tiefe und 3 m Durchmesser hätte oder einen 1,5 m hohen

Eine Warnung: Das von mir beschriebene System ist nur für Bewässerungswasser gedacht, nicht für Haushaltsnutzung oder Trinkwasser. Haushaltssysteme erfordern Maßnahmen, um Schwebstoffe, Schmutz, Vogeldreck und andere Verunreinigungen fernzuhalten. Diese Methoden gehen über den Rahmen dieses Buches hinaus, sind aber in den Büchern über Permakultur und Wassergewinnung im Literaturverzeichnis beschrieben.

Wenn Sie die Niederschlagsmuster in Ihrer Gegend kennen – nicht nur, wie viel es regnet, sondern auch wann – können Sie eine wirksame Wasserspeicherungsstrategie entwickeln. Regen, der einen Teich in etwa alle zwei Wochen auffrischt, erfordert einen anderen Ansatz als einer, der von einer regelmäßig auftretenden, zweimonatigen Dürre diktiert wird. Doch wie wir im nächsten Abschnitt sehen werden, gibt es mehrere Möglichkeiten, an Wasser zu kommen, als einen Wasserhahn aufzudrehen oder um Regen zu beten.

Wie viel Wasser sammelt Ihr Dach?

Als Faustregel gilt, dass pro 90 m² Dachfläche etwa 2.360 Liter Wasser pro 25 mm Regen aufgefangen werden. Für diejenigen, die es genauer wissen wollen, hier eine Formel.

Bestimmen Sie zuerst diese Zahlen:

D = Dachfläche in Quadratmeter (Fläche des vom Dach bedeckten Bodens, nicht Gesamtfläche des geneigten Daches)
N = Niederschlag in l/m² pro Jahr

Dann berechnen Sie

$$\frac{\mathbf{D} \times \mathbf{N}}{\mathbf{305}} = \mathbf{W} \text{ Kubikmeter}$$

Dies ist die Menge an Kubikmetern Regen, die das Dach jedes Jahr sammelt. Da etwa 28,4 Liter in 0,03 Kubikmeter passen, rechnet man so in Liter um:

W × 28,4 = gesammeltes Regenwasser in Liter pro Jahr

Hier ein Beispiel: Ein 9 x 11 m großes Dach bedeckt 99 m² Fläche. Falls die durchschnittlichen Niederschläge an diesem Ort 890 l/m² im Jahr betragen, sind Fläche × Niederschlag = 99 x 890, was etwa 88.100 Liter ergibt. Teilt man dies durch 305 mm, erhält man 290 Kubikmeter Wasser. Zur Umrechnung in Liter rechnet man 290 x 28 und dies ergibt 2533 Liter Regenwasser pro 25 mm Niederschlag im Jahr vom Dach.

und 1,8 x 1,8 m messenden Tank. Ein Teich oder Tank dieser Größe passt leicht in einen typischen Garten.

Wir können die Menge des benötigten Wasserspeichers natürlich noch weiter verringern, indem wir wasserbewahrende Techniken wie Mulch, viel organisches Material und Tropfbewässerung einsetzen. Ich kenne Leute, die das meiste Bewässerungswasser aus nur vier 210-Liter-Tonnen erhalten, eine an jedem Fallrohr. Diese Tonnen lassen sich leicht mit Anpflanzungen und Farbe tarnen.

Regenlose Zeiten können überall auf dem Kontinent länger als zwei oder drei Wochen anhalten, wer also komplett wasserunabhängig sein will, dessen Wasserspeicher muss größer sein. Falls Sie Platz und Mittel für einen großen Wassertank oder Teich haben, dann bauen Sie einen. Ich will hier nur verdeutlichen, dass Regen sammeln einfach ist, da es unsere Abhängigkeit von unsicheren und Energie verbrauchenden Wasserquellen stark reduziert.

Im Vergleich zu den Menschen im Osten ist es für jene im US-amerikanischen Westen schwieriger, weil die Niederschläge im Westen selten zum Gärtnern ausreichen. Hilfe von außen ist unentbehrlich. Der Gesamt-Niederschlag auf den Great Plains beträgt weniger als 375 mm, nicht genug für die meisten Gartenpflanzen. In weiten Teilen der Westküste ist es recht üblich, dass es im Sommer 3 Monate nicht regnet. Wasserspeicher im Westen müssen also einfach größer sein. Der 19.000-Liter-Regenwassertank in meinem Garten in Oakland, der im Boden versenkt und durch ein Deck und eine Weinlaube kaschiert war, brachte uns durch sechs Wochen Dürre.

Tanks sind zweckmäßig, doch Teiche fügen der Liste der möglichen Rollen eines Wasserspeichers eine natürliche Umgebung und einen visuellen Genuss hinzu. An einem heißen Tag scheint der Anblick eines glitzernden Wassers, das von üppigem Grün eingerahmt ist, die Temperatur um ein paar Grade zu senken. Teiche sind auch günstiger als Tanks und können bei Bedarf weitaus mehr Wasser speichern.

Das Geheimnis, wie man Wasser in einem Teich auffängt, ist Tiefe, denn die kleinere Oberfläche, die von einem tieferen Teich benötigt wird, um eine bestimmte Menge zu speichern, bedeutet weniger Verdunstung. Ein 3,50 x 3,50 m großer Gartenteich, der 1,2 m statt der üblichen 60 cm tief ist, kann über 15.000 Liter Wasser speichern. Falls Sie dem Teich Wasser zur Bewässerung entnehmen, müssen Sie natürlich Strategien entwickeln, um Pflanzen und Fische zu schützen, wenn der Wasserspiegel stark sinkt. Eine Möglichkeit wäre, einen Teich rein für die Bewässerung zu haben und einen zweiten, kleineren für Bewohner mit Flossen und Blättern.

Ein typischer Gartenteich ist mit flexiblem Plastik ausgekleidet und mit flachen Steinen eingefasst. In der Natur sieht man nie einen Teich, der so aussieht – eine ordentliche Öffnung im Boden, eingefasst von einer gleichmäßigen Umrandung aus Steinplatten – und dieses Design erzeugt Probleme. Vögel, kleine Säugetiere und viele Insekten können nicht von einem Teich mit solch einer glatten Steinkante trinken. Earle Barnhart, ein Landschaftsplaner in Cape Cod, hat einen natürlicheren Teichrand entwickelt, bei dem ein Teil oder der gesamte steile Abhang durch ein sanft abfallendes Ufer ersetzt wurde, wie in Abbildung 5-5 zu sehen. In diesem Design können kleine Tiere am Wasserrand trinken. Eine Warnung: Größere Tiere, wie Hunde, und Kinder, könnten von diesem Gartenstrand angelockt werden, mit möglicherweise chaotischem Ergebnis.

Um zu sehen, wie ein Teich sowohl ein landschaftlicher Mittelpunkt als auch eine praktische Wasserquelle für den Garten sein kann, schauen wir uns an, was der Forstberater und Permakulturist Tom Ward auf seinem Grundstück in Ashland, Oregon, gemacht hat. Tom baute einen 13.600-Liter-Teich oberhalb seines Gemüsegartens. »Nachdem wir das Loch für den Teich gegraben hatten«, erzählte mir Tom, »trugen wir zur Verstärkung drei Schichten Kunststoffzement auf Hühnerdraht auf«. Er hätte auch eine Gummi- oder Plastikfolie nehmen können, entschied sich aber für eine günstigere, doch arbeitsintensivere Methode, da er hat genug hilfsbereite Freunde hat. Der Teich wird vom Haus nebenan und von einem Schuppen aus dem Grundstück

Dieser Teichrand, nach einem Design von Earle Barnhart von Great Work, Inc., gibt Vögeln und anderen Tieren Zugang zum Wasser. Gleichzeitig sieht das Kiesufer weitaus natürlicher aus als Teiche, die mit Steinen eingefasst sind, ein in der Natur selten beobachtbares Muster.

hinter Toms gespeist. Beide Nachbarn waren gern bereit, ihr Regenwasser zu ihm zu leiten.

Der Teich war neu, als ich zu Besuch kam. Tom wollte Speisefische einsetzen und eine Reihe nützlicher und attraktiver Pflanzen anpflanzen. Doch die Vorzüge des Teichs reichen über seine Grenzen hinaus. Eine Senke verläuft entlang des Teichs. Überfließendes Wasser träufelt aus dem Teich über einen Felswasserfall in die Bodensenke. Das Wasser wird von der Senke aufgenommen und sinkt in den Boden. Toms Gemüsegarten liegt direkt unterhalb der Bodensenke und der sich von der Senke ausdehnende Bereich an unterirdischer Nässe bewegt sich den Hang hinunter zu den Pflanzen wie eine langsame unterirdische Flut. Der Teich und die Bodensenke bilden somit ein unterirdisches Bewässerungssystem für den näheren Garten. Auch hier sieht man, wenn die Teile im richtigen Verhältnis angeordnet sind, erledigt die Natur die Arbeit und verringert Toms Abhängigkeit von öffentlichem Wasser erheblich.

Am Abfluss der Senke, etwa 6 Meter vom Wasserfalleinlass entfernt, pflanzte Tom Heidelbeersträucher. Alles Wasser, das die gesamte Länge der Bodensenke entlang und am hinteren Ende herausfließt, wird von diesen Büschen aufgenommen.

Dies ist ein schönes Beispiel ökologischer Gestaltung. Der Teich sammelt die Niederschläge von den Dächern seiner Nachbarn, die Senke sammelt alles übrige Wasser vom Teich, und der Garten und die Heidelbeeren profitieren von der Feuchtigkeit, die von der Bodensenke aufgenommen wird. Tom hat einen Teich in seinen Garten integriert, der attraktiv und praktisch ist, und vormals separate Elemente – selbst von außerhalb seines Grundstücks – zu einem gesunden, reibungslos funktionierenden Ganzen verbunden.

Den Kreislauf mit Grauwasser schließen

In den USA verbraucht eine typische Familie in ihrem Zuhause (ohne Bewässerungswasser) 455-910 Liter Wasser am Tag. Obwohl einiges davon als »Schwarzwasser« durch die Toilette geht, fließt das meiste über Waschbecken, Dusche und Waschmaschine in den Abfluss und ist nur durch ein paar Tropfen Seife, einige tote Hautschüppchen und eine Handvoll Bakterien verunreinigt, die friedlich

Die Vision für diesen früher typischen Vorstadtgarten im kalifornischen Santa Maria bestand darin, einen üppigen Nahrungswald mit einem Wasserelement zur Erholung zu gestalten. Eine kahle Fläche mit sich abmühendem Rasen und einem dünnen Rand junger Obstbäume wurde in ein vielfältiges Aquakultur-Teichsystem mit Mini-Chinampas verwandelt, wo Sellerie, Taro, Wurzelsellerie *(Apium graveolens* var. *rapaceum)*, Japanische Petersilie *(Chryptotaenia japonica)* neben Brunnenkresse, Minzen und Mini-Rohrkolben wachsen, die den Fischen im Wasser Gesellschaft leisten. Rund um den Teich, zwischen den Gräsern, stehen Sauerampfer, Rhabarber und die große und saftige Achira (Canna edulis), eine Canna mit essbaren Wurzeln aus den Anden. Hier leben nun eine Reihe von Vögeln, Fröschen und anderen Wildtieren. Designer Larry Santoyo sitzt neben dem Teich. FOTO VON JORDAN HOSEA.

mit uns koexistieren. Das ist »Grauwasser«, fast sauber, doch schmutzig genug, dass es nicht direkt erneut vom Menschen verwendet werden kann.

Aber Pflanzen und Bodenorganismen nehmen gern den wässrigen Teil des Brauchwassers an und konsumieren eifrig die festen und gelösten Bestandteile als Nahrung.

Die Weiterverwendung von Grauwasser verringert die Verschmutzung und Belastung von Abwasser- und Kläranlagen. So, wie wir jetzt unseren kompostierbaren Abfall und Wertstoffe von Müll für die Deponie trennen, ist es sinnvoll, leicht wiederverwendbares, fast sauberes Brauchwasser von Toilettenabwasser zu trennen.

Erscheint die Idee, Abwasser im Garten einzusetzen, etwas unappetitlich? Keine Bange. Wenn man ein paar einfache Leitlinien befolgt, kann man Grauwasser ohne gesundheitliches Risiko, Geruch oder sonstige Unannehmlichkeiten erneut verwenden. Ganz im Gegenteil. Die Gesundheitsbehörden in vielen Bundesstaaten haben Brauchwassersysteme als sicher und legal eingestuft. Grauwasserguru Art Ludwig berichtet, dass nicht ein einziger Erkrankungsfall auf ein legales

Brauchwassersystem zurückverfolgt werden konnte.

Grauwasser kann eine wichtige Ressource sein und helfen, einen weiteren widerstandsfähigen, lebensfördernden Kreislauf in den ökologischen Garten zu integrieren. Ich beschreibe hier mal die Vorteile von Brauchwasser, dann sehen wir, wie man diese neue Ressource in die lebende Struktur des Gartens einbaut.

In früheren Kapiteln habe ich die entscheidende Rolle der Zersetzer beschrieben, aus denen der Detrituszyklus besteht. In einem gesunden Ökosystem spielen die Destruenten eine ebenso große Rolle, physisch und energetisch, wie die Produzenten (wie Pflanzen) und die Konsumenten (Tiere). Die Zersetzer nehmen Körperausscheidungen und tote Körper auf und wandeln sie in die rohen Futterstoffe des Lebens um, bereit, erneut als Atem und Körper belebter Wesen einen Zyklus zu durchlaufen. Doch in den meisten menschlichen Ökosystemen, auch in unseren Gärten, fehlt leider der Detrituszyklus, zerstört durch einen Mangel an Oberboden und zu viele Pestizide. Ohne Destruenten und ihre Produkte wird organische Substanz so rar wie Edelsteine. (Ich kannte Gärtner, die ihre Komposthaufen mitnehmen, wenn sie umziehen.) Der ökologische Gartenbau versucht, dem Detrituszyklus seine berechtigte, zentrale Rolle zurückzugeben, indem er Tiefmulchen und Kompostierung einsetzt und Giftspritzen vermeidet. Die Integration von Grauwasser ist eine weitere Methode, um dieses Recycling vorzunehmen.

Brauchwasser schließt eine Lücke. Der gewöhnlich lineare Fluss von Wasser durch einen Haushalt geht so: Wir importieren Dinge wie Seife und Nahrung in das heimische Ökosystem, mischen sie mit reinem Wasser, wodurch leicht verschmutztes Wasser entsteht, und senden diesen gelösten Abfall aus unserem Haus (und unserem Bewusstsein) in den Abfluss. Dieses Grauwasser wird durch ein massives Kanalisationssystem abgeleitet und in einer teuren Kläranlage verarbeitet. Die Schadstoffe werden zu Klärschlamm und das gereinigte Wasser in einen Fluss, See oder Ozean geleitet. Somit werden wertvolle Rohstoffe rasch zu Abfall und gehen unseren Kreisläufen verloren, liefern unterwegs nur einen Bruchteil der Energie und des Werts, den sie enthalten, und die Reinigung kostet eine Menge Geld.

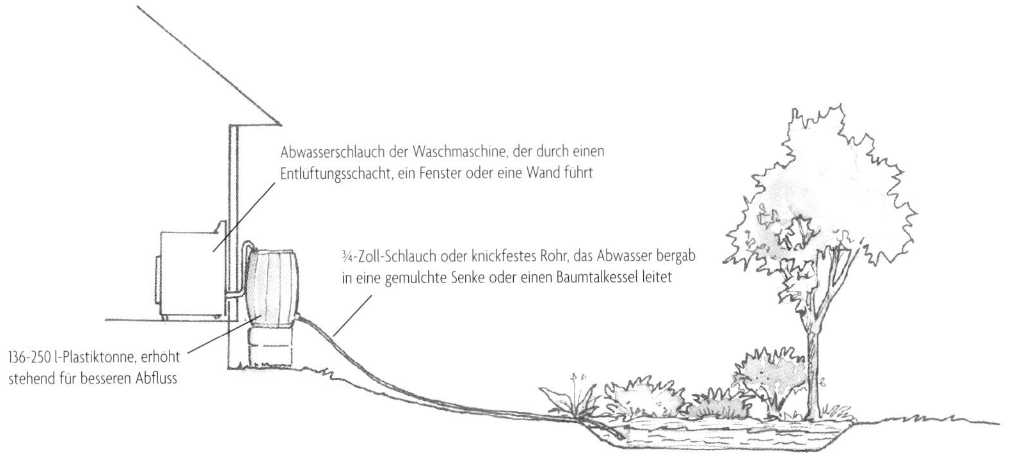

Konstruktion mit einer Waschmaschine, um Brauchwasser in eine Tonne zu leiten, das sich von dort in eine bepflanzte, gemulchte Bodensenke oder an einen Baum ergießt. NACHGEZEICHNET MIT ERLAUBNIS VON *CREATE AN OASIS WITH GREYWATER*, VON ART LUDWIG (OASIS DESIGN 2000).

Nutzt man im Gegensatz dazu das Brauchwasser erneut, entsteht ein engmaschiger, lokaler Kreislauf, der weit weniger Energie und Infrastruktur benötigt. In so einem System werden Wasser, Nahrung und biologisch abbaubare Seifen in die Haushaltsökologie importiert, mit etwas Schmutz und Hautschuppen aus Dusche und Wäsche vermischt und in den Boden oder ein Feuchtgebiet im Garten geschickt. Dort wird die ganze Mélange von den Mikroben und Pflanzen im Garten verarbeitet, die die darin enthaltene Nährstoffe aufnehmen. Statt Abfall ist das Ergebnis sauberes Wasser und Dünger, bereit für Recycling und schon am richtigen Platz dafür. Die Seifen und Nahrungspartikel werden zu Dünger umgewandelt, dann im heimischen Ökosystem als Erde, Bäume und Blumen absorbiert. Die so gewonnenen Nährstoffe nehmen an einem ständig expandierenden Tanz vom Blatt zur Streu und wieder zurück teil und können von uns oder unseren wilden Freunden geerntet werden. Mit jeder Waschmaschinenladung oder Dusche verdichten und verstärken sich die Verbindungen dieses Zyklus und der Garten wird immer grüner.

Dank des Einsatzes eines Grauwassersystems lässt der Großteil des im Haus verbrauchten Wassers Pflanzen wachsen und wird durch Ausdünstung an die Luft weitergegeben, wodurch es uns an einem heißen Tag abkühlt und Richtung Himmel weht, um als Regen wieder zurückzukehren, anstatt eine Kläranlage als Müll zu belasten.

Auch wenn die Menge an Seife, Nahrung und anderem Material im Brauchwasser trivial erscheinen mag, addiert es sich mit der Zeit, baut Biomasse auf, wird zu Pflanzen, Wildtieren und Nahrung. Und offensichtlich ist das dazugehörige Wasser, mit etwa 380 Litern am Tag, keinesfalls trivial. Ich habe Grauwassersysteme gesehen, die rasch und dramatisch die Fruchtbarkeit und Üppigkeit eines Grundstücks gesteigert haben. Es hat etwas Magisches, diese einfachen Kreisläufe zu schaffen, als ob die Natur den Dienst anerkennt und uns im Gegenzug mit Geschenken überhäuft.

Falls wir an einen Garten als ein Lebewesen denken, dann agiert sein Brauchwassersystem als eines seiner Organe, eine Art von Leber oder Nieren, die Abfall und Flüssigkeit verarbeiten. Diese »Organe« fehlen in den meisten Gärten. Niemand kann ohne Nieren leben; der einzige Ersatz ist ein ausgeklügeltes Lebenserhaltungssystem. Unsere Gärten sind ähnlich. Gibt man ihm eine ganze Batterie Organe, erwacht ein Garten zum Leben. Dann können wir ressourcenfressende Lebenserhaltungssysteme wie automatische Sprinkler und Düngemitteldosen entfernen. Ein Grauwassersystem hilft einem Garten, autarker zu sein. Eine genaue Anleitung zum Bau von Brauchwassersystemen sprengt den Rahmen dieses Kapitels. Zu dem Thema wurden gute Bücher und Artikel geschrieben. Meine Lieblingsquelle ist *Create an Oasis with Greywater* von Art Ludwig (siehe Literaturverzeichnis). Dieses leicht zu lesende Büchlein beschreibt, wie man eine Reihe von Grauwassersystemen auswählt und installiert. Das aktuelle Kapitel betrachtet ein paar einfache Brauchwasserinstallationen, um zu zeigen, wie leicht und sinnvoll es ist, Grauwasser in den ökologischen Garten zu integrieren.

Das allereinfachste Brauchwassersystem – vielleicht zu einfach für die meisten Leute – ist eine Schüssel im Waschbecken. Wenn sie voll ist, leert man die Schüssel einfach in ein gut gemulchtes Gartenbeet. Der Mulch absorbiert das Grauwasser, statt es abfließen zu lassen, und er enthält reichlich Bodenleben, das schnell und hungrig den Inhalt des Grauwassers verarbeitet. Vermeiden Sie, Grauwasser direkt auf die Vegetation zu schütten, denn Seifen oder Öle könnten die Blattporen verstopfen oder die Pflanze anderweitig schädigen.

Tipps für den Einsatz von Grauwasser

- Brauchwasser ist eine legale Grauzone. Die Südweststaaten sind am freundlichsten, was Grauwasser betrifft, doch selbst ihre Baunormen verlangen Systeme, die komplexer als nötig sind. Viele Brauchwassersysteme wurden ohne Genehmigung gebaut, doch sie funktionieren sicher. Informieren Sie sich über die Vorschriften in Ihrer Gegend, ehe Sie ein Grauwassersystem bauen.
- Nahrungspflanzen sollten nicht direkt mit unbehandeltem Brauchwasser bewässert werden. Grauwasser am besten an die Basis von nicht essbaren Pflanzen oder Obstbäumen und Sträuchern lenken. Es kann auch durch unterirdische Bewässerung mittels perforierter Sickerleitungen eingebracht werden, wie bei einem Abwassersystem.
- Das Risiko von Krankheit oder Vergiftung durch Brauchwasser ist gering, aber Grauwasser direkt auf Nahrung zu leiten, kann nicht gut gehen. Bereitet man Brauchwasser auf, indem es durch Mikroben und Pflanzen in ein künstliches Feuchtgebiet oder ähnliches System geleitet wird, entfernt und entgiftet man dessen Kontaminanten. Das Wasser kann dann gesammelt und zur Bewässerung von Nahrungspflanzen genutzt werden.
- Geben Sie acht, was Sie in ein Grauwassersystem einbringen. Chlorbleiche, Reinigungsmittel, die Bor (Borax) enthalten, und einige Haushaltschemikalien und Lösungsmittel sind für Pflanzen giftig und sollten nie in ein Brauchwassersystem gelangen. Bleichmittel auf Basis von Wasserstoffperoxid sind sicher. Falls Sie Chlor oder Bor benutzen müssen, installieren Sie einen Umlenkhahn, um den Waschmaschinenabfluss vorübergehend in die Klärgrube oder Kanalisation umzuleiten (d. h. als Schwarzwasser behandeln).
- Die meisten Reinigungsmittel machen das Grauwasser alkalisch, was für die meisten Pflanzen harsch ist, falls Bodenorganismen keine Chance hatten, das Brauchwasser zuerst zu reinigen. Viele Geschäfte verkaufen grauwasserkompatible Reinigungsmittel, was auf dem Etikett ausgewiesen ist. Es reicht jedoch gewöhnlich, Brauchwasser durch eine Schicht Mulch und fruchtbare Erde oder ein eigenes Feuchtgebiet zu filtern, um die pH-Balance wiederherzustellen.
- In Klimazonen, wo der Boden mehr als 5 cm tief friert, könnten Grauwassersysteme im Winter nicht funktionieren. Hier macht es Sinn, das Brauchwasser bis zur Frühjahrsschmelze in die Kanalisation oder ein Abwassersystem zu leiten.
- Bewahren Sie unbehandeltes Grauwasser nie mehr als 1-2 Tage auf. Die normalerweise geringe Anzahl von Bakterien kann sich in nährstoffreichem Wasser rasch vermehren und bestenfalls unangenehme Gerüche und schlimmstenfalls Gesundheitsrisiken verursachen. Rohes Brauchwasser schnell auf den Boden ausbringen.
- Grauwasser ist zu »klumpig« für Tropfbewässerungssysteme, außer es wird durch Sand oder ein anderes Feinfiltersystem gefiltert. Flusen, Haare und andere Rückstände verstopfen rasch Pumpen und Rohre oder Öffnungen mit weniger als 1,2 cm Durchmesser. Leiten Sie Brauchwasser durch weite Schläuche und Rohre oder investieren Sie in ein entsprechendes Filtersystem.

Wer sein Brauchwasser recyceln möchte, aber keine Lust hat, alle paar Stunden mit einer vollen Schüssel Lauge nach draußen zu gehen, für den passt die nächste Ebene, die Art Ludwig ein »Abfluss zu Mulchbecken«-System nennt. Das erfordert etwas Heimwerken oder man engagiert einen Klempner, der den Auslauf einer Waschmaschine, Badewanne oder Dusche anzapft und ihn von den Abflussrohren isoliert, durch das Schmutzwasser fließt. Ein starres Kunststoffabflussrohr (ABS) wird dann an den Abfluss angeschlossen, um das Grauwasser aus dem Haus zu leiten. Außerhalb des Hauses leitet ein weiteres ABS-Rohr oder ein flexibler, knickfester 2,5-cm-Schlauch (z.B. Spa-Flexschlauch) das Brauchwasser bergab in eine gemulchte Senke oder in gemulchte Becken um Bäume herum. Der Auslaufschlauch muss starr sein – nicht einfach ein Gartenschlauch oder eine Bewässerungspolypipe. Ein geknickter Schlauch kann dazu führen, dass ein Abfluss verstopft oder eine Waschmaschinenpumpe durchbrennt. (Die Illustration auf Seite 129 zeigt Details dieser Installation.) Dieses System kann auch eine 190-250 Liter fassende Tonne außerhalb des Hauses umfassen, in dem das Grauwasser vorübergehend aufbewahrt wird. Die Tonne kühlt Wasser ab, das zu heiß für Pflanzen ist und lagert kurzzeitig große Wassermengen, z.B. aus der Badewanne, die zu schnell für einen Abfluss-Schlauch mit geringem Durchmesser abfließen.

Dieses Arrangement, das regelmäßig Mengen von 45-136 Liter aus Dusche oder Waschmaschine liefert, ist ideal für Bäume, Büsche und große gemulchte Beete. Der flexible Schlauch kann alle ein bis zwei Tage von Beet zu Beet verlegt werden, damit kein Bereich zu nass wird. Ludwigs Büchlein beschreibt auch Systeme, die in mehrere Beete abfließen, sodass man keinen Schlauch bewegen muss.

Es gibt einige sehr komplexe Brauchwassersysteme, voll automatischer Rückspülpumpen, mehrstufigen Filtern und

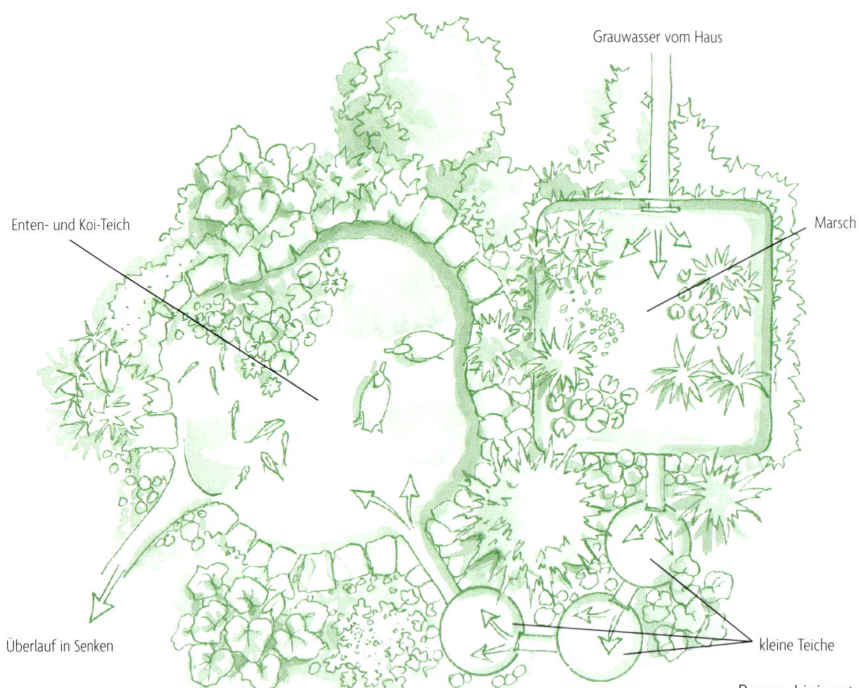

Penny Livingstons Grauwasser-Marsch und -Teiche.

Rieselfeld-Verteilleitungen. Doch für mich ist der nächste Schritt im Grauwasser jenseits des »Abfluss zu Mulchbecken«-Systems mechanisch keineswegs komplizierter, dafür bei weitem biologisch reicher. Ein ideales Beispiel stammt von Penny Livingston, auf ihrem Grundstück nördlich von San Francisco.

Pennys Grauwassersystem besteht aus vier schimmernden Teichen, mit Wasserpflanzen, Fischen und Enten. Brauchwasser aus Bad und Waschmaschine fließt zuerst durch eine kleine Marsch voller Sumpfpflanzen und Ziergräser. Diese künstliche Au, kaum einen Meter breit, entfernt die meisten Verunreinigungen des Grauwassers und verwandelt sie in Vegetation. Das fast saubere Wasser sickert dann über Steine durch drei kleine Teiche, wo es sich mit Regenwasser von Pennys Bürodach im hinteren Garten mischt, wo das Permaculture Institute of Northern California beheimatet ist. Der Zielort ist der Ententeich, 3 x 3 m groß, in dem goldene Koi schillern und wo sich das Wasser vom Plantschen der Stockenten kräuselt. Die Enten zeigen an, wie es mit der Wasserqualität bestellt ist. Zu Beginn, ehe die Marsch installiert war, wollten die Enten nicht im Wasser schwimmen, da es nicht sauber genug war. Denn die Seifenreste in den Teichen wuschen das Öl von ihren Federn, wodurch die Enten untergingen. Das Wasser, das jetzt von der Marsch gereinigt ist, ist perfekt für sie geeignet.

Das Teichnetzwerk liegt strategisch genau südlich vom Büro, sodass die Wintersonne reflektiert wird und durch die Fenster das Gebäudeinnere aufhellt. Eine Terrasse und Laube liegen neben dem Teich, wo Penny und der Rest der Mitarbeiter an angenehmen Tagen sitzen oder wenn sie sonst eine Ausrede haben, diesen erholsamen Platz zu genießen.

Pennys hinterer Garten war meine Einführung in die dynamische Natur von Brauchwasser. Bei einem Besuch erfuhr ich bald, dass das Teichnetzwerk, wenn ich eine Dusche nahm, zum Leben erwachte. Also rannte

Enten schwimmen zufrieden in behandeltem Brauchwasser, das durch ein Feuchtgebiet im Garten gereinigt wurde.

ich manchmal morgens halb angezogen und noch nass von der Dusche zu den Teichen, um zu sehen, was mein Bad auslöste. Während mein Duschwasser in das winzige Feuchtgebiet brandete, floss pflanzengefiltertes Wasser heraus, über die Steine, am meditierenden Buddha vorbei und unter dem Zwerg-Pfirsichbaum hindurch, und füllte den ersten Teich, bis er überlief. Der zweite Teich füllte sich, dann der dritte, und bald stürzte das Wasser in den letzten Teich. Das sanfte Anschwellen des Wassers ließ die Enten tanzen und ihr leises Quaken hörte sich wie Lachen an.

Hier war lebendiges Wasser, das keine Pumpe brauchte, um es in eine fließende Bewegung zu zwingen. Durch Grauwasser kann jedes Grundstück, egal ob es von Land oder Wüste umgeben ist, mit den lebendigen Rhythmen sich bewegenden Wassers gurgeln und platschen, ohne Pumpen oder hohe

Wasserrechnungen. Und diese einfachen Systeme verleihen der Vielfalt von Pflanzen und Wildtieren, die ein Grundstück ernährt, einen gewaltigen Aufschwung, während der Wasserverbrauch abnimmt. Wasser im Garten bildet eine ganze Reihe neuer Ränder und neuer Flüsse an Energie und Lebewesen, wie jeder Teichbesitzer weiß. In einem Feuchtgebiet im Garten behandelt und gereinigt, sorgt Brauchwasser nicht nur sorgenfrei für dieses Geschenk, sondern entlastet überforderte Kanalisationssysteme.

Feuchtgebiete sind der Weg der Natur, Wasser zu klären und zu recyceln. Während schmutziges Wasser sich träge einen Weg durch eine Marsch oder einen Sumpf bahnt, ernähren sich die ansässigen Pflanzen, Mikroben und Tiere gemächlich vom Inhalt des Wassers, wandeln Schadstoffe in Biomasse um und reinigen das Wasser. Städte von Shelburne Falls, Massachusetts, bis Arcata, Kalifornien, haben die Natur kopiert und »künstliche« Auen gebaut, um städtisches Abwasser zu verarbeiten. Viele dieser Projekte

Ein Feuchtgebiet im Garten erzeugen

Eine Au im Garten zu bauen ist relativ unkompliziert. Es ist eigentlich nur ein flacher Teich, der mit Kies gefüllt, mit Mulch oder Erde bedeckt und mit Sumpf- und Wasserpflanzen bepflanzt ist. Der Wasserspiegel wird unter der Oberkante des Kieses gehalten, um Moskitos abzuwehren. Grauwasser gelangt ins Feuchtgebiet, läuft durch den Kies, wird von den Pflanzen und anwesenden Mikroben gereinigt und fließt in einen Teich, eine Senke oder ein Bewässerungssystem (lässt man Grauwasser durch Bewässerungspumpen und Sprinkler laufen, ist weitere Filterung erforderlich). Tabelle 5-3 schlägt einige Pflanzen für dieses Feuchtgebiet vor. Die Pflanzen im ersten Teil der Tabelle – Rohrkolben, Binse, Rohrglanzgras und Indisches Blumenrohr – sind wesentlich für die Behandlung von Grauwasser, und alle Brauchwasser-Feuchtgebiete sollten überwiegend eine oder mehrere dieser Arten beinhalten.

Sie sind besondere Pflanzen, die Wasser reinigen und Sauerstoff an ihre Wurzeln und in die Erde in der Nähe bringen können. So entsteht eine aerobe Zone um jede Wurzel, was zahllose aerobe und anaerobe Mikrohabitate im Feuchtgebiet erzeugt und sehr viel Rand dazwischen. Diese breit gefächerten Mikronischen unterstützen viele verschiedene Arten Schmutz fressender Mikroben. Ein Feuchtgebiet ohne diese speziellen Pflanzen reinigt das Wasser kaum wirksam.

Sobald die erforderlichen Pflanzen im Überfluss vorhanden sind, lassen sich andere Pflanzen, wie im zweiten Teil von Tabelle 5-3, zur größeren Vielfalt hinzufügen.

Grauwasser-Auen funktionieren nur wirksam, wenn die Pflanzen wachsen. Gärtner in sehr kalten Klimazonen sollten einen Umlenkhahn montieren, um das Wasser in die Kanalisation oder ein Abwassersystem zu lenken, wenn die Pflanzen im Winter absterben. So friert auch das Brauchwasser-Rohrsystem nicht ein.

Zum Bau eines Grauwasser-Feuchtgebiets im Garten wählt man einen Standort, der sich unterhalb des Brauchwasseraustritts am Haus befindet, damit das Feuchtgebiet durch Schwerkraft gespeist werden kann (andernfalls benötigen Sie eine Sumpfpumpe oder ein anderes stromverbrauchendes System). Das Feuchtgebiet sollte in der Lage sein, das sind schön, durchzogen von Pfaden für die Naturliebhaber, die sich dort einfinden, um die Wasservögel, Otter und andere Kreaturen zu beobachten, die in dem wiederhergestellten Lebensraum aufblühen. Das Wissen über den Bau dieser Auen ist zufälligerweise zu einer Zeit bis zu den Hausbesitzern durchgedrungen, in der Sumpf- und Wasserpflanzen sehr populär sind. Mit einem Feuchtgebiet im Garten für Brauchwasser lässt sich die Schönheit von Wassergärten mit ökologischer Verantwortlichkeit verbinden.

Wasser erweckt den Garten zum Leben

Falls ich eine Landschaft von Grund auf entwerfen könnte, würde ich versuchen, fast jede Idee in diesem Kapitel umzusetzen. So wäre der Garten fast selbstbewässernd und würde dem Gärtner einen Großteil der Arbeit und Ausgaben der Bewässerung ersparen. Doch die Gründe gehen tiefer. Sammelt man Wasser vom Dach, entlastet man auch unsere strapazierte kommunale

Grauwasservolumen für drei Tage aufzunehmen. Für eine Familie, die am Tag 910 Liter Wasser bei hoher Nutzung (mehrere Duschen und Waschmaschinen) verbraucht, bedeutet das ein 2.300-Liter-Feuchtgebiet. Das wären 2,27 m^3 oder ein Feuchtgebiet, das 60 cm tief, 1,2 m breit und 3 m lang ist. Die Form ist unwichtig: ein langer Graben, ein Kreis, gewellte Muster, die den Randeffekt maximieren oder sogar mehr als ein Feuchtgebiet in Serie oder parallel.

Das Feuchtgebiet sollte 30-60 cm tief und mit einer Plastik-Teichfolie ausgekleidet sein. Falls Ihre Böden aus undurchdringlichem Lehm sind, brauchen Sie wohl keine Folie. Örtliche Bauvorschriften können Leitlinien für Größe und Materialien geben, obwohl heimische Brauchwasser-Feuchtgebiete für die meisten Vorgaben ein bisschen zu Avantgarde sind, um sie zu berücksichtigen. Einige mir bekannte Systeme gehören zur Guerrillaart oder benötigten spezielle Abweichungen.

Sobald das Feuchtgebiet ausgehoben und ausgelegt ist, installiert man die Rohre wie in der Abbildung gezeigt.

Einlass- und Auslassrohre mit 2,5-7,5 cm großen Kieseln abdecken. Dann befüllt man die Folie mit 1-3,8 cm großen Kieseln. Das Feuchtgebiet kann mit Mulch oder 2,5-5 cm Mutterboden bedeckt werden, damit die Pflanzen anwachsen. Dann setzt man die Pflanzen ein. Jetzt kann man das Feuchtgebiet mit Grauwasser füllen.

Die Wassertiefe wird durch eine Füllstandkontrolle überwacht, wie in der Abbildung auf Seite 136 gezeigt. Dies ist nicht unbedingt nötig, aber einfach eine schöne Steuermöglichkeit. Ein Überlauf, wo das Wasser abfließen kann, genügt auch. In der Füllstandkontrolle lässt sich der Wasserspiegel durch Änderung der Rohrhöhe auf die optimale Höhe anpassen, etwa 5 cm unterhalb der Kiesoberkante (damit sich keine Moskitos ansiedeln). Falls Sie den Pflanzen etwas Gutes tun wollen, ziehen Sie einmal pro Monat oder so das Füllstandrohr ganz heraus, um das Wasser des Feuchtgebietes abzulassen. Sobald es leer ist, schieben Sie das Rohr wieder hinein. Regelmäßiges Trockenlegen belüftet den Grund des Feuchtgebiets, wodurch eine tiefe Verwurzelung stattfindet. Für ein einfacheres System ohne Füllstandkontrolle genügt ein 60 cm breiter Überlauf, über den das Wasser abfließen kann, solange der Wasserspiegel etwa 5 cm unterhalb der Oberkante bleibt. Man kann Steine über den Überlauf legen, damit Mulch und Kies nicht weggeschwemmt werden.

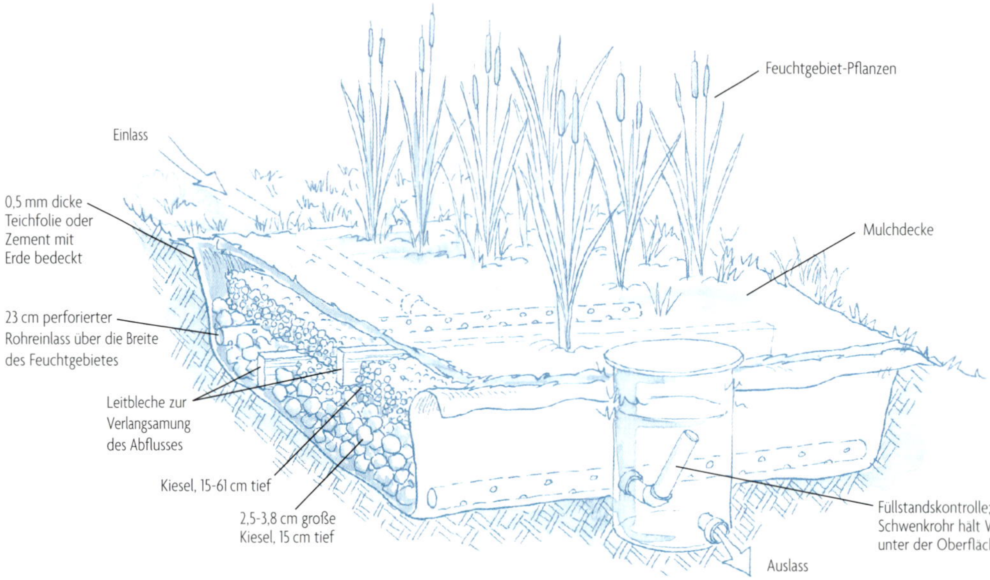

Ein Grauwasser- Feuchtgebiet.

Versorgung und die Grundwasserreservoirs. Wenn man sich den Boden als den besten Platz zur Wasserspeicherung denkt, regt das zu Tiefmulchen und anderen Praktiken an, die neben dem Wassersparen noch Fruchtbarkeit und üppiges Bodenleben erzeugen. Dies wiederum hält die Pflanzen gesünder. Die Grauwassernutzung erlaubt es uns, Wasser und Fruchtbarkeit zu ernten und nutzen, die ansonsten verschwendet wären. Und Feuchtgebiete und Teiche sind schöne und unglaublich produktive Gartenmerkmale, die eine beachtliche Bandbreite an Wildtieren anlocken können.

Das Ergebnis ist, dass wir durch den Einsatz dieser Methoden der Schaffung eines heimischen Ökosystems einen Schritt näherkommen. Jeder Niederschlag wird von den Dächern aufgefangen und nicht in einen Gully verbannt, sondern dorthin, wo er genutzt werden kann, so wie ein Baum mit seinen Blättern Wasser sammelt und es zu seinen Wurzeln lenkt. In diesem Garten sammelt sich der Regen in Zisternen und Teichen, wird durch sanfte Konturen und Bodensenken abgeschwächt und dann im Boden gespeichert, von wo er langsam abgegeben und genutzt wird, was ein natürliches Wassereinzugsgebiet nachahmt. Pflanzen bilden eine ständige Decke, halten den Boden schattig und feucht, kühlen die Luft, bieten vielen Wildtieren ein Zuhause und erfreuen Auge und Gaumen mit ihren reichen Gaben. Wenn die menschlichen Bewohner dieses Ökosystems Wasser in ihrem Heim nutzen, gedeihen und wachsen Sumpfpflanzen, gurgeln Teiche und Wasserfälle, und das Glitzern des fließenden Wassers spiegelt sich auf den Blättern darüber. Wer würde das mechanische Schnattern von Sprinklern, die einen sterilen Rasen durchfeuchten, diesem grünen Paradies vorziehen?

Alle Techniken in diesem Kapitel helfen uns, unsere Gärten als lebende Systeme zu sehen, die vor Energie übersprudeln und geschäftig Nährstoffe hin und her bewegen. Diese Lebensräume sind von einem Geflecht aus zusammenhängenden Pfaden und Rückkopplungsschleifen durchzogen, und Pflanzen, Boden, Insekten, Mikroben, Vögel und andere sind über das Wasser miteinander verbunden. Ohne Wasser gibt es kein Leben.

Tabelle 5-3. Pflanzen für ein Brauchwasser-Feuchtgebiet

Maßgebliche Feuchtgebiet-Pflanzen
Ein Grauwasser-Feuchtgebiet sollte zum Großteil aus einer oder mehreren dieser Sorten bestehen, denn sie sind besonders wirkungsvoll zur Wasserreinigung.

Allgemeiner Name	Botanischer Name	Kommentare
Salz-Teichbinse	*Scirpus validus*	
Indisches Blumenrohr	*Canna spp.*	Zierpflanze, verträgt keine Kälte
Rohrkolben	*Typha spp.*	Wertvoll für Wildtiere, Zwergsorten erhältlich
Flatter-Binse	*Juncus effusus*	Faserpflanze
Rohr-Glanzgras, Schilfrohr	*Phragmites communis*	Auf einigen Listen für »invasive« Arten, Akkumulator

Zusätzliche Feuchtgebiet-Pflanzen
Diese Arten können 20-30 % eines gebauten Feuchtgebiets ausmachen. Falls warmes Dusch- und Waschwasser ins Feuchtgebiet eingebracht wird, können selbst weniger winterharte Arten die Winter bis USDA-Zone 6 oder darunter überstehen.

Allgemeiner Name	Botanischer Name	Kommentare
Pfeilkraut	*Sagittaria spp.*	Zierpflanze
Apfelbeere	*Aronia spp.*	Wertvoll für Wildtiere
Beinwell	*Symphytum officinale*	Mulch, Insektarium
Großfrüchtige Moosbeere	*Vaccinium macrocarpon*	Wertvoll für Wildtiere, Laub
Taglilie	*Hemerocallis fulva*	Alkalitolerant
Holunder	*Sambucus spp.*	Zierpflanze, Wildtiere
Virginia-Gnadenkraut	*Gratiola virginania*	Aromatisch, Zierpflanze
Amerikanische Heidelbeere	*Vaccinium corymbosum*	Wertvoll für Wildtiere, Laub
Amerikanischer Schneeball	*Viburnum trilobum*	Wertvoll für Wildtiere, Laub
Schachtelhalm	*Equisetum spp.*	Speichert Nährstoffe, opportunistisch
Lotus	*Nelumbo lutea, N. nucifera*	Zierpflanze
Amerikanischer Straußenfarn	*Matteuccia pennsylvanica*	Zierpflanze
Herzblättriges Hechtkraut	*Pontederia cordata*	Zierpflanze, opportunistisch
Segge	*Carex spp.*	
Sumpfbinse	*Eleocharis spp.*	
Kalmus	*Acorus calamus*	Zierpflanze, opportunistisch
Taro	*Colacasia esculenta*	kälteintolerant
Zypergras	*Cyperus alternifolius*	kälteintolerant
Wasser-Canna	*Thalia spp.*	Zierpflanze
Sumpf-Schwertlilie	*Iris pseudacorus*	Zierpflanze

Bei einer bewussten, ökologischen Gestaltung wird Wasser zum integralen Teil einer Landschaft: eingeplant, nicht hinzugefügt. In einem gut designten Garten sind perfekt bewässerte Pflanzen – nicht durstig, nicht ertrunken – der natürliche Zustand. Dürre und Flut sind hier unbekannt. Ein gesunder Garten stimmt seine Beziehung zum Wasser harmonisch ab, nutzt nährstoffreichen Boden, Teiche, ein Feuchtgebiet und die Intelligenz des Gärtners, um Austrocknen und Durchnässung zu überleben.

KAPITEL SECHS

Pflanzen vielseitig einsetzen

In den meisten Gärten wird jede Pflanze zu einem einzigen Zweck ausgewählt. Ein Silberahorn im Vorgarten z. B. wurde wahrscheinlich wegen seines auffälligen Herbstlaubs gepflanzt, während eine ausladende Amerikanische Weißeiche hinter dem Haus für Schatten gedacht ist. Die Gartenmargeriten im Staudenbeet? Ihre weißen Blüten akzentuieren die Farbtöne der Pflanzungen in der Nähe, während der zylinderförmige Wacholder am Haus schmal genug ist, um zwischen zwei Fenster zu passen. So funktionieren die meisten herkömmlichen Gartengestaltungen: eine Auswahl isolierter Stücke, die zusammen gepflanzt werden, weil sie hübsch aussehen. Die Natur arbeitet nie so. Natürliche Pflanzengruppierungen bilden sich durch dynamische Beziehungen zwischen den Arten und der Umwelt – doch der Natur gelingt es immer, Landschaften zu erschaffen, die sich mit der Schönheit menschlichen Designs messen können und sie oft übertreffen. Und natürliche Landschaften funktionieren: Sie sammeln Wasser, bauen Boden auf, minimieren Krankheit, reproduzieren sich selbst, schenken reiche Ernten, unterstützen eine enorme Vielfalt von Arten und funktionieren auf Dutzende anderer Arten, die wir kaum wahrnehmen – und sie sehen immer hübsch aus. Dieses Kapitel legt das Fundament für das Verständnis darüber, wie Pflanzen tatsächlich zusammenarbeiten. Wir ergründen die unterschiedlichen Funktionen, die Pflanzen erfüllen können – die Rollen, die sie im ökologischen Theater spielen – und auch, wie sie kooperieren und sich helfen, wie sie sich verändern und von ihrer Umgebung verändert werden. Dann begreifen wir, wie man Pflanzen wählt, die die Bedürfnisse von Gärtner und Landschaft erfüllen. Natürlich wollen wir in einer attraktiven Landschaft leben. Doch wenn wir über das Aussehen der Pflanzen hinausgehen können und untersuchen, was sie tun, können wir anfangen, Gärten zu gestalten, die die Gesundheit, Anpassungsfähigkeit und Schönheit natürlicher Ökosysteme besitzen und gleichzeitig reiche Gaben für Menschen und andere Arten hervorbringen.

Die vielen Rollen eines Baumes

Wenn man sich also eine Pflanze ansieht, erkennt man oft nur eine Sache. Nehmen wir die hypothetische Amerikanische Weißeiche von oben. Ein Hausbesitzer platzierte diesen Baum im hinteren Garten, um einen schattigen Platz zu schaffen. Doch selbst dieser einzelne Baum, isoliert in einem Rasen, liefert eine reiche Performance, er agiert nicht nur als blättriger Schirm. Betrachten wir diese Eiche, um zu sehen, was sie tut.

Es ist Tagesanbruch. Die ersten Sonnenstrahlen berühren die Krone der Eiche, doch das meiste dieser Energie in diesen Strahlen wird verbraucht, damit der Tau auf den Blättern verdunstet. Erst nachdem die

Blätter trocken sind, wärmt das Sonnenlicht die Luft im Baum. Doch über der Eiche hat die Luft begonnen, sich zu erhitzen, und hier tanzt eine Wolke gerade erwachter Insekten. Unter dem Blätterdach ist es noch zu kühl, um Insekten herbeizulocken. Sie wirbeln in einem engen Band in der dünnen warmen Luftschicht über dem Baum. Gemeinsam haben Sonne und Eiche ein Insektenhabitat geschaffen und damit einen Ort für Vögel, die rasch herabstürzen, um sich am Schwarm gütlich zu tun.

Im kühlen Schatten dieses Baumes bleibt Schnee bis in den Frühling hinein liegen, lange nachdem ungeschützter Schnee geschmolzen ist. Der Boden um den Baum bleibt feucht, bewässert durch die Eiche und Bepflanzungen in der Nähe und hilft dabei, dass ein Bach nahebei weiter fließt. (Früher berichteten Bergarbeiter im Westen häufig, dass Bäche verschwanden, wenn sie in der Nähe Wälder für Grubenholz gefällt hatten.)

Bald wärmt die Sonne die feuchte, nachts im Baum abgekühlte Luft. Die eingeschlossene Luft trocknet und ihre Feuchtigkeit steigt in den Himmel, wo sie bei der Wolkenbildung hilft. Diese verlorene Feuchtigkeit wird schnell durch die ausdünstenden Blätter ersetzt, die Wasser von den Wurzeln nach oben ziehen und es durch blasenförmige Poren in den Blättern ausatmen, die als *Stomata* bezeichnet werden. Das Grundwasser, ob verschmutzt oder sauber, wird vom Baum gefiltert und tritt durch die Blätter als reines Wasser aus. Somit sind Bäume ausgezeichnete und aktive Wasserreiniger. Ein ausgewachsener Baum kann an einem heißen, trockenen Tag 7.570 Liter Wasser ausdünsten. Doch diese Feuchtigkeit geht nicht einfach weg – sie kehrt schon bald als Regen zurück. Bis zur Hälfte des Niederschlags über bewaldetem Land stammt von den Bäumen selbst. (Der Rest stammt von der Verdunstung von Gewässern.) Fällt man die Bäume, verschwindet der vom Wind gebrachte Regen.

Die Sonne, die auf die Blätter fällt, facht die Maschinen der Photosynthese an und aus diesen grünen Fabriken strömt der Sauerstoff in die Luft. Doch es gibt weitere Vorzüge. Um Zucker und die anderen kohlenstoffbasierten Moleküle aufzubauen, die für den Baum Treibstoff und Struktur liefern, holen die Blätter Kohlendioxid aus der Luft. Auf diese Weise helfen Bäume bei der Verminderung von Treibhausgasen.

Da die Blätter Sonnenlicht absorbieren und die Luft im Baum wärmen, steigt diese heiße, feuchte Luft auf und vermischt sich mit der trockeneren, kühlen Luft darüber. Die Konvektionsströmungen beginnen zu brodeln, und die morgendliche Brise setzt ein. So tragen Bäume dazu bei, über sich kühlende Winde zu erzeugen.

Näher am Boden blockieren Bäume den Wind und sorgen für exzellenten Windschutz. Wind, der an einem warmen Gebäude vorbeistreicht, kann eine Menge Wärme davontragen, somit können ein Baum oder mehrere Bäume auf der windzugewandten Seite eines Hauses die Heizrechnung enorm reduzieren.

Die oberen Äste der Eiche wiegen in der Morgenbrise, während die Luft weiter unten still ist. Der Baum hat die energetische Bewegung der Luft eingefangen und sie in seine eigene Bewegung übertragen. Wohin geht diese Energie? Manche Wissenschaftler glauben, dass die eingefangene Windenergie in das Holzgewebe des Baumes verwandelt wird und dabei die Bildung starker, aber flexibler Zellen unterstützt.

Von den gepflügten Feldern des nahegelegenen Ackerlands trägt die Morgenbrise Staub heran, der sich auf den Eichenblättern sammelt. Ein einziger Baum kann 40-120.000 m² Blattoberfläche besitzen, die Staub und Schadstoffe aus der Luft holen können. Die durch den Baum streichende Luft wird so gereinigt – und auch befeuchtet.

Wenn die Luft durch den Baum weht, nimmt sie aus den Blättern ausgeatmete Feuchtigkeit auf, eine leichte Last an Pollenkörnern, einen Feinnebel kleiner Moleküle, die vom Baum produziert werden, sowie einige Bakterien und Pilzsporen.

Einige dieser Sporen sind unter dem Baum gelandet und bilden mehrere Pilzarten, die symbiotisch zwischen den Wurzeln wachsen und Nährstoffe und Antibiotika ausscheiden, die den Baum ernähren und schützen. Eine Wühlmaus hat sich auf der Suche nach etwas von diesem Pilz in die weiche Erde unter dem Baum gegraben. Später hinterlässt diese Wühlmaus Düngerkügelchen neben anderen Eichen und impft sie mit dem nützlichen Pilz – d.h. falls die Eule, die diese Eiche regelmäßig besucht, die Wühlmaus nicht vorher fängt.

Die Ahnen dieses Baums lieferten der amerikanischen Urbevölkerung Eichelmehl, obgleich die meisten Menschen heute dessen Nutzung nicht mehr in Betracht ziehen würden. Jetzt tollen Eichelhäher und Eichhörnchen in der Eiche umher, schnappen sich Eicheln und vergraben sie in diesem und benachbarten Gärten. Einige dieser Eicheln werden vergessen und sprießen dann zu neuen Bäumen. In der Zwischenzeit verbessern das Graben und der Kot der Tiere den Boden. Vögel suchen die Rinde nach Insekten ab und wieder andere Vögel und Insekten ernähren sich von den unauffälligen Blüten.

Später am Tag bilden sich Wolken (die Hälfte davon entsteht wie gesagt durch Bäume). Regentropfen umhüllen mühelos Bakterien, Pollen und andere mikroskopische Überbleibsel, die von der Eiche in die Luft abgegeben wurden. Diese kleinen Partikel liefern die Kernbildungsorte, die zur Bildung von Regentropfen benötigt wird. Somit agieren Bäume als Wolkenimpfer und bringen Regen.

Wenn der Regen fällt, schlagen die Tröpfchen gegen die Eichenblätter und verteilen sich in einer feinen Schicht, die den gesamten Baum bedeckt (alle 40-120.000 m^2 Blätter, plus die Äste und den Stamm), bevor viel Regen auf den Boden fällt. Diese dünne Schicht beginnt bereits zu verdunsten, während der Regen noch fällt, was den Niederschlag nach unten weiter verzögert. Moose und Flechten an dieser alten Eiche saugen weiteren Regen auf. Wir alle haben nach einem Regen trockene Stellen unter Bäumen gesehen: Ein erwachsener Baum kann über 6 mm Regen absorbieren, ehe etwas den Boden erreicht, noch mehr, falls die Luft trocken ist und der Regen leicht.

Die Blätter und Äste agieren als Trichter und kanalisieren ein Gutteil des Regens zum Stamm und zur Wurzelzone des Baumes. Erde, die nah am Stamm ist, kann 2-10 Mal so viel Regen abbekommen wie der Boden in freiem Gelände. Und der Schatten des Baumes verlangsamt die Verdunstung und speichert diese Feuchtigkeit.

Während der Regen weiter fällt, rollen Tröpfchen von den Blättern und spritzen auf den Boden. Da diese Tropfen das meiste ihrer Energie beim Fall aus den Wolken eingebüßt haben, erodiert unter dem Baum kaum Erde. Laubstreu und Wurzeln helfen ebenfalls, die Erde am Platz zu halten. Bäume sind erstklassige Erosionskontrollsysteme.

Das aus den Blättern fallende Wasser unterscheidet sich deutlich von dem, das vom Himmel fällt. Seine Passage durch den Baum transformiert es in eine reichhaltige Suppe, die beladen ist mit Pollen, Staub, Vogel- und Insektenkot, von den Blättern gesammelten Bakterien und Pilzen und vielen Chemikalien und Nährstoffen, die vom Baum abgegeben werden. Diese nahrhafte Brühe nährt den Boden unter dem Baum und impft das Laubstreu und die Erde mit bodenzersetzenden Organismen. Auf diese Art sammelt und bereitet der Baum seine eigene Düngerlösung zu.

Der Regen lässt gegen Sonnenuntergang nach und der Himmel klart auf. Die oberen Blätter des Baumes beginnen bei Einbruch der Nacht abzukühlen, die kalte Luft sinkt vom Laubdach herab und kühlt Stamm und Erde. Doch dieser Kühle wirkt die Wärme entgegen, die aus der tagwarmen Erde aufsteigt und die Luft unter dem Baum erwärmt. Das Blätterdach hält diese Wärme und verhindert, dass sie in den Nachthimmel entweicht. Daher sind die Nachttemperaturen unter dem Baum wärmer als im Freien.

Die Blätter strahlen ihre Wärme jedoch in den Himmel ab und werden recht kalt, oft viel kälter als die Luft. All diese kalten Oberflächen kondensieren Feuchtigkeit aus der Luft, und der entstehende Tau tropft aus den Blättern und befeuchtet den Boden, bewässert den Baum und die ihn umgebenden Pflanzen. Blätter können auch Feuchtigkeit aus Nebel sammeln: An nebligen Tagen sammelt sich der Nebel in solchen Mengen, dass ständig Tröpfchen von den Blättern fallen. An trockenen, doch nebligen Küsten kann durch Bäume aufgefangener Niederschlag die durchschnittlichen Niederschläge verdreifachen. Indem sie Tau und Nebel ernten, können Bäume die verfügbare Feuchtigkeit weit über das hinaus erhöhen, was ein Regenmesser anzeigt.

Wenn wir diese riesige Eiche betrachten, sollten wir nicht vergessen, dass wir kaum die Hälfte davon sehen. Mindestens 50 Prozent der Masse dieses Baumes liegen unter der Erde. Die Wurzeln können bis zu 10 Meter tief reichen und horizontal weit über die Spannweite der Äste des Baumes hinaus. Wir haben bereits erfahren, wie diese Wurzeln Boden lockern und belüften, Humus bilden, während sie wachsen und sterben, aus Steinen mit milden Säuren Mineralien herauslösen und mit zuckrigen Exsudaten Nahrung für Hunderte oder sogar Tausende von Bodenorganismen liefern, die mit ihnen leben.

Wurzeln nehmen Nährstoffe aus tief im Boden auf und der Baum nutzt sie, um Blätter zu bilden. Wenn diese Blätter im Herbst abfallen, konzentrieren sich der Kohlenstoff und die Mineralien, die aus dem immensen Luft- und Erdvolumen um den Baum herum gesammelt werden, zu einer dünnen Mulchschicht. Auf diese Weise hat der Baum einen zerstreuten Staub nützlicher Nährstoffe geerntet, die einst in Tausende Kubikmeter Erde und Luft gestreut wurden und sie zu einer reichen, dichten Anhäufung von Mutterboden verdichtet. So fördern und konzentrieren Bäume die spärlichen Erze, die sie umgeben, um Fruchtbarkeit und Fülle aufzubauen. Diese Fülle wird mit vielen anderen Arten geteilt, die wurzeln und graben, fressen und bauen, alle genährt von den Ansammlungen des Baumes.

Doch es gibt noch mehr: Die Wurzeln dieses Baumes haben sich an die Wurzeln der nahegelegenen Eichen angewurzelt und sind mit ihnen verschmolzen. Forscher haben gezeigt, dass sich die Wurzeln eines Baumes mit denen seiner Art in der Nähe verbinden können, indem sie Nährstoffe austauschen und sich sogar gegenseitig über Insektenbefall benachrichtigen. Chemische Signale, die von einem befallenen Baum freigesetzt werden, veranlassen seine Nachbarn, Schutzstoffe abzusondern, die die bald eindringenden Schädlinge abwehren. Falls eine Eiche mit seinen Nachbarn verwachsen ist, bleibt sie dann ein einzelner Baum? Vielleicht sind Bäume in einem Wald eher wie Äste eines einzigen unterirdischen »Baumes« als eine Gruppe von Individuen. Einer der größten Organismen der Welt ist ein Wald von Espen, der tatsächlich ein einziges Individuum ist. Überirdisch sieht es wie ein Wald separater Bäume aus, doch unter der Oberfläche sind alle über ihre verzweigten Wurzeln verbunden. Jede dieser Espen ist genetisch identisch.

Es gibt also viele Wege, wie ein einzelner Baum mit anderen Arten und seiner Umgebung interagiert. Ich habe noch kaum die Insektenschwärme erwähnt, die diese Eiche unterstützen: Gallwespen und ihre Hautflüglerverwandten, Käfer, die sich in Zweige und Rinde graben und alle Arten von saugenden und kauenden Schädlingen und ihre vielen Raubinsekten. Dann gibt es die Vögel, die sich von ihnen ernähren. Und wir sollten nicht die Myriaden in der Nähe lebender Pflanzen vergessen, die vom Regen und den von diesem Baum gesammelten Nährstoffen profitieren.

Durch diesen Baum erkennen wir die Vorteile ökologischen Denkens. Statt einen Baum einfach als etwas zu sehen, das hübsch aussieht oder eine Gabe wie Äpfel oder Schatten bietet, können wir beginnen zu erkennen, wie tief ein Baum mit seiner lebendigen und unbelebten Umgebung verbunden ist. Ein Baum ist ein dynamisches Element, das in einer ebenso dynamischen Landschaft eingebettet ist und auf sie reagiert. Er transformiert Wind und Sonnenlicht in eine Bandbreite sich täglich und saisonal ändernder Mikroklimate, erntet Nährstoffe, bildet Erde, pumpt und reinigt Luft und Wasser, erzeugt und konzentriert Regen und bietet Wildtieren und Mikroben Zuflucht und nährt sie. Hinzu kommen die bekannteren Vorteile für die Menschen: Obst oder Nüsse, Schatten, Klettern und anderer Spaß für Kinder und die Schönheit von Laub, Blüten und Formen. Wir erkennen, wie eng ein einfacher Baum mit all den anderen Elementen einer Landschaft verwoben ist. Nun können wir beginnen, uns den Reichtum einer Landschaft mit vielen Pflanzenarten vorzustellen, die alle durch Energie- und Nährstoffflüsse miteinander verbunden sind und die Tiere und Mikroben füttern, die dazwischen flattern und kriechen und graben, und sich von ihnen ernähren.

Jede Pflanze ändert ihre Umgebung. Diese Veränderungen ihrerseits unterstützen oder behindern, was in der Nähe liegt, ob es lebt oder nicht. Erkennt man, dass Pflanzen nicht allein stehen, kann dies die Art und Weise, wie wir die Elemente unserer Gärten platzieren, radikal beeinflussen.

Pflanzen mit mehreren Zwecken

Wir haben gesehen, wie eine Eiche viele Qualitäten hat. Diese Eiche ist keine Ausnahme. Alle Arten besitzen ebenso viele Talente, doch auf unterschiedliche Weise. Was nutzt uns dieses Wissen? Geht man davon aus, dass eine Pflanze Regen ernten, Boden aufbauen, Insekten anlocken und viele andere Dinge tun kann, wie nutzen wir das in unseren Gärten?

Wenn wir ein paar der Rollen verstehen, die eine bestimmte Pflanze spielen kann, können wir diese Art so platzieren, dass sie das ergänzt, was in der Nähe ist. Jede mögliche Pflanze kann eine positive oder negative Beziehung mit Pflanzen, Tieren, Strukturen und Grenzen aus Boden, Licht, Wind und Wasser haben. Erkennt man diese Beziehungen an und nutzt sie, profitieren die Pflanze, ihre Nachbarn, die Umwelt, und, nicht zuletzt, der Gärtner.

Wir können Pflanzen nach Funktion aussuchen – und nicht nur einer Funktion. Diese vielen, sich oft überschneidenden Einsatzmöglichkeiten von Pflanzen erlauben es uns, den Garten mit echter Freude zu gestalten. Falls ein Grundstück z.B. eine trockene Stelle in magerem Boden unter einem Schattenbaum enthält, ist das ein perfekter Platz für einen dürre- und schattentoleranten, stickstoffbindenden Strauch wie Indigo *(Indigofera tinctoria)*, der zufällig eine gute Pflanze zur »Gründüngung« ist und mit seinen hübschen violetten Blüten Insekten anzieht. Andere Stickstoff fixierende Sträucher

Tabelle 6-1. Zum Stapeln (und als Toilettenpapier): 20 Pflanzen mit medizinischen Eigenschaften sowie Blättern, die breit und weich genug für Toilettenpapier sind. Nicht als medizinischer Ratschlag zu verstehen; nur zur Information.

Trivialname	Botanischer Name	Medizinische Verwendung
Kahles Purpurglöckchen	*Heuchera glabra*	Antiseptisch
Pfeilblättrige Balsamwurzel	*Balsamorhiza sagittata*	Antirheumatisch, entwässernd
Rotfruchtiges Christophskraut	*Actaea rubra*	Schmerzmittel, Brechmittel
Traubensilberkerze	*Cimicifuga racemosa*	Hilfreich für Geburt und Menstruation
Kleine Klette	*Arctium minus*	Entgiftung
Huflattich	*Tussilago farfara*	Lindernd, schleimlösend
Beinwell	*Symphytum officinale*	Schmerzstillend, blutstillend
Mais	*Zea mays*	Entwässernd, blutzuckersenkend
Kalifornische Braunwurz	*Scrophularia californica*	Entgiftung
Japanische Nelkenwurz	*Geum japonicum*	Zusammenziehend, für Umschläge
Große Käsepappel	*Malva sylvestris*	Lindernd, abführend
Kleinblütige Königskerze	*Verbascum thapsus*	Lindernd, schleimlösend
Kapuzinerkresse	*Tropaeolum majus*	Antibiotisch, schleimlösend
Stinkkohl	*Lysichiton americanus*	Blutreinigend, für Umschläge
Weiße Zimthimbeere	*Rubus parviflorus*	Tonikum, magenstärkend
Westliche Dreizipfellilie	*Trillium ovatum*	Geburtshilfe, gut für die Augen
Bartflechte*	*Usnea* spp.	Antiviral, antibakteriell
Vanilleblatt	*Achlys triphylla*	Brechmittel
Arktische Pestwurz	*Petasites palmatus ((od. frigidus))*	Hustenmittel, Salbe
Krauser Ampfer	*Rumex crispus*	Abführend, für Umschläge

*Bartflechte ist eine Flechte, keine Pflanze, entspricht aber ansonsten den Kriterien.
Liste erstellt von Tricia King.

halten extreme Kälte aus, wie der Gewöhnliche Erbsenstrauch *(Caragana arborescens)*; es gibt dürretolerante, stickstoffbindende Büsche, die in voller Sonne gedeihen und vor Bienen summen, wie Säckelblume (*Ceanothus* spp.) und Färberginster *(Genista tinctoria)*.

Pflanzenfunktionen lassen sich in nahezu jeder gewünschten Permutation kombinieren. Möchten Sie eine insektenanlockende, wildfeste und essbare Blüte mit medizinischen Eigenschaften? Probieren Sie es mit Monarde *(Monarda didyma)*. Eine Pflanze, die Salatgrün und Geflügelfutter liefert und Wurzeln hat, die den Lehmboden aufbrechen und geröstet einen Kaffee-Ersatz ergeben, wäre die Wegwarte *(Cichorium intybus)*. Wie wäre es mit einem Stickstoff fixierenden Busch, der sich großartig zur Erosionskontrolle und für Hecken eignet und essbare Beeren hat, die voller Vitamin C stecken? Das wäre dann der Sanddorn *(Hippophae rhamnoides)*. Die Kombinationen können sogar skurril sein. Bei einem Workshop listete eine Teilnehmerin kürzlich zwanzig Heilpflanzen auf, die sich auch als Toilettenpapier verwenden lassen.

Um zu sehen, wie multifunktionale Pflanzen in der Landschaft eingesetzt werden können, betrachten wir einige solcher Arten und ein paar Möglichkeiten, sie zu nutzen, im Detail. Dann beschreibe ich einige generelle Rollen, die Pflanzen übernehmen.

Maximilian-Sonnenblume

Direkt südlich von unserem Haus in Oakland pflanzten wir eine gemischte Rabatte mit Sträuchern, Kräutern und Blumen. Dahinter fällt der Boden ab. An dieser Böschung platzierten wir eine Hecke mit Maximilian-Sonnenblume *(Helianthus maximilianii)*. Maximilianen sind eine der wenigen mehr-, nicht einjährigen Sonnenblumen, die dort von Vorteil sind, weil man sie nicht jedes Jahr neu pflanzen muss. Sie werden 1,50-2,15 m hoch und tragen im Spätherbst 10 cm große Blüten, was für einen hübschen Farbtupfer sorgt, wenn fast alles andere verblüht ist. Ein großer Bonus ist, dass die Rehe sie nicht mögen – tatsächlich sind die Stängel mit einem rauen Flaum bedeckt, der Rehe davon abhält, mit ihrer Nase hineinzustoßen. Die Pflanzen sind nicht invasiv, aber wachsen dicht und bilden eine hervorragende Wildbarriere, die die hungrigen Tiere davon abhält, den Hügel hinauf zu schlendern, um an der gemischten Rabatte zu fressen. Im Winter habe ich die Stängel auf etwa 1,2 m Höhe beschnitten und die Rehe haben die steifen Stangen, die übrig geblieben sind, wirklich gehasst. Die nackten Stängel, ein potenzieller Schandfleck, lagen bergab und somit nicht in unserem Blickfeld. Aber das Schnittgut, vor allem, wenn ich es im zeitigen Frühjahr bodennah abschnitt, war reichlich und schuf eine Menge Biomasse für Mulch oder Kompost.

Maximilian-Sonnenblume *(Helianthus maximilianii)*.

Es gibt weitere Vorzüge. Die Maximiliane, eine Verwandte von Topinambur, hat essbare Triebe, die roh oder gekocht lecker schmecken. Die Samen locken Vögel an (sie enthalten auch ein nützliches Öl, doch diesen Aspekt habe ich noch nicht weiter verfolgt). Sie sind auch sehr winterhart, bis –35 °C. Die Pflanze ist sehr dürretolerant. Sie erträgt viele Bodenarten, was gut ist, denn auf meinem Land wuchs sie in einem sehr üblen roten Lehm.

Unter den Maxis erstreckte sich eine Grassavanne, die ich in einen Nahrungswald verwandelte (mehr dazu in einem späteren Kapitel). Das dichte Wachstum der Sonnenblumen hält die Grasflut ab, die sich gern hügelaufwärts in die gemischte Rabatte ausbreiten würde.

Hier haben wir eine Pflanze, die ich in erster Linie dort anpflanzte, um eine Rehbarriere zu schaffen, doch sie ist auch sehr hübsch, blüht spät, besitzt essbare Teile, zieht Vögel an, erzeugt Mulch, stoppt eine Grasinvasion und ist sehr pflegeleicht. Sie ist eine ausgezeichnete multifunktionale Pflanze.

Essbare Ölweide

Hier ist eine zweite Art mit vielen Zwecken. Die Essbare Ölweide *(Elaeagnus multiflora)* ist eine nicht opportunistische Verwandte der Schmalblättrigen Ölweide, die bis –29 °C winterhart ist. Sie wurde in Asien wegen ihrer schmackhaften Beeren gezüchtet. Rote, knapp 2 cm große Früchte schmücken im Spätsommer diesen 1,80 m hohen Strauch und lassen sich gleich dort naschen, aber am häufigsten macht man daraus Marmeladen,

Soßen und Kuchen. Die Beeren sind sehr reich an Vitamin C, besitzen Verbindungen, die Fette im Blut abbauen, und sollen den Cholesterinspiegel senken. Vögel lieben die Beeren auch. Wo ich lebte, versammelten sich wilde Truthähne zu einem Mahl an den Beeren der Essbaren Ölweide und anderer *Elaeagnus*-Büsche.

Wenn sie angewachsen ist, erweist sich die Essbare Ölweide als sehr dürretolerant, daher ist sie an den weit entfernten, unbewässerten Gartenrändern ein guter Busch für Wildtiere. Rehe äsen etwas an Blättern und jungen Trieben, doch ich habe nie gesehen, dass sie sie komplett abknabbern und einen ganzen Strauch zunichtemachen, wie sie es bei so vielen anderen Gehölzen gerne tun.

Somit haben wir mit der Essbaren Ölweide eine stickstoffbindende Mehrjährige, die Insekten und Vögel anzieht, gesunde Nahrung bietet, wenig Pflege benötigt, junge Landschaften nährt, reichlich Mulch oder Kompost liefert und hübsches Laub, Blüten und Früchte trägt. Es ist eine facettenreiche Pflanze.

Im Frühjahr erstrahlt die Essbare Ölweide mit Hunderten duftenden, cremefarbenen Blüten, die von Bienen und anderen Bestäubern besucht werden. Die Blätter der Essbaren Ölweide sind ebenfalls attraktiv. Sie sind auf der Oberseite graugrün, silbrig auf der Unterseite und schimmern und glitzern in einer Brise, wenn das Licht die hellen Unterseiten beleuchtet.

Ein enormer Nutzen der Essbaren Ölweide für den ökologischen Garten besteht in der Bindung von Stickstoff. *Elaeagnus*-Arten tragen Wurzelknöllchen, die einen Stickstoff produzierenden faserartigen Pilz namens *Frankia* enthalten, was diese Sträucher zu einem der wenigen Stickstoffbinder außerhalb der Erbsenfamilie macht. Das Stickstoff-Geschenk der Essbaren Ölweide fördert das Wachstum der benachbarten Pflanzen; daher pflanzen viele Gärtner diese

Essbare Ölweide *(Elaeagnus multiflora)*.

oder andere Stickstoffbinder gemischt mit Pflanzen, die keinen Stickstoff binden. Stickstoff fixierende Büsche helfen auch bei der Bodenwiederherstellung und können, eingestreut in einer jungen Landschaft, die Reparatur eines zerschlagenen Lands beschleunigen. Die schnell wachsende Vegetation kann zur Gewinnung von Mulch stark zurückgeschnitten werden. Ökologische Landschaftsgestalter arbeiten in den frühen Phasen eines Designs oft sehr stark mit Stickstoffbindern wie der Essbaren Ölweide, um Fruchtbarkeit aufzubauen und eine förderliche Umgebung für andere Anpflanzungen zu schaffen. Später, wenn die Landschaft reift und diese Pionierqualitäten weniger nötig sind, kann man allmählich viele Stickstoffbinder durch andere Sträucher ersetzen.

Winterharte Passionsblume

Wechseln wir von Büschen zu einer anderen Wachstumsform, stelle ich Ihnen als nächste Art mit vielen Talenten eine rankende Passionsblume vor, die Winterharte Passionsblume *(Passiflora incarnata)*. Diese rasch wachsende Kletterpflanze ist im Südosten der USA zuhause und ist bis -18 °C winterhart. Wie alle Passionsblumen bietet auch

Winterharte Passionsblume *(Passiflora incarnata)*.

die Winterharte Passionsblume eine exquisite und exotisch aussehende Blüte, diese besitzt zudem einen zitronenartigen Duft. Die Blüten locken Bienen, Schmetterlinge und sie bewundernde Menschen an und entwickeln sich zu einer essbaren Frucht von der Größe eines Hühnereis, die ein wenig nach Aprikose schmeckt. (Sie werden feststellen, dass Nahrung bei dieser Auswahl einen roten Faden bilden; wenn auch nicht unentbehrlich, so steigert die Essbarkeit meine Wertschätzung für eine Pflanze doch erheblich.) Die Frucht kann auch für Marmelade und Saft verwendet werden. Selbst die jungen Blattsprossen sind essbar und können roh in einen Salat gegeben oder als Blattgemüse gekocht werden.

Kletternde sommergrüne Pflanzen füllen eine wichtige Nische. Am Spalier an der sonnigen Seite eines Hauses oder einer Terrasse oder über ein Gewächshaus gerankt, bilden sie ihre Blätter im Frühsommer, sobald es heiß wird. Dies kreiert hoch geschätzten Schatten, hält ein Haus kühl oder sorgt dafür, dass ein unerträglich heißer Platz im Sommer nutzbar ist. Dann, wenn das warme Wetter endet, fallen die Blätter ab und das Sonnenlicht kann erneut hereinströmen. Rankpflanzen wie die Winterharte Passionsblume können auch an nackten Baumstämmen oder nicht blühenden Sträuchern hochklettern und mit ihren Blüten für Farbe sorgen.

Die Winterharte Passionsblume beschattet andere Büsche nicht komplett, denn die Blätter kommen erst im späten Frühling und geben so anderen Pflanzen eine Chance zu sprießen. In Klimazonen mit schweren Winterfrösten stirbt die Winterharte Passionsblume bis zu den Wurzeln ab. Doch sie wächst kraftvoll und springt von 45 cm langen Trieben im Juni auf 7,5 m bis zum Herbst. Ihre Ausbreitung kann zum Problem werden: Die Wurzeln können neue Pflanzen in 5 Meter Entfernung austreiben, aber gewöhnlich nur ein paar davon jedes Jahr.

Die Winterharte Passionsblume zieht also Insekten und Vögel an, besitzt essbare Teile und ist ideal fürs Spalier, erzeugt einen saisonalen schattigen Platz voller exotischer Blüten und liefert leckeres Obst und Blattgemüse.

Beinwell

Beinwell *(Symphytum officinale)* ist eine wesentliche Permakulturpflanze und bietet eine Bandbreite an Nutzen, die kaum zu überbieten ist. Seine rosa und purpurfarbenen Blüten sind ein sicheres Lockmittel für Bienen und andere nützliche Insekten, die auf der Suche nach Pollen und Nektar tief in die Blütenkelche eintauchen. Der Beinwell ist ein traditionelles Mittel zur Wundheilung, der früher auch Schadheilwurzel genannt wurde, und eine Recherche bestätigt, dass ein Wurzelextrakt die Heilung von Knochenverletzungen beschleunigt. Die Pflanze stellt eine Substanz namens Allantoin her, die die

Wundheilung fördert und die Haut befeuchtet. Umschläge mit zerstoßenen Blättern wurden lange Zeit verwendet, um Schnitt- und Schürfwunden zu behandeln.

Beinwell ist auch ein herausragender Nährstoffakkumulator, der tief in die Erde dringt, um Kalium, Kalzium und Magnesium in seine Wurzeln und Blätter zu ziehen. Die schwammartigen überirdischen Teile können kompostiert oder gemulcht werden, um diese Nährstoffe in die Kreisläufe des heimischen Ökosystems einzubringen. Apropos Mulch, dieser lebende Biomasseproduzent hat weiche, üppige Blätter und Stängel, die während einer Wachstumsperiode zwei- bis viermal zurückgeschnitten werden können und entweder vor Ort kompostiert oder dorthin gebracht werden, wo Fruchtbarkeit und Abdeckung benötigt werden. Oder er kann als Lebendmulch angebaut werden. Öko-Obstbauern pflanzen oft einen Ring aus Beinwell um einen Obstbaum und praktizieren regelmäßiges Mulchen durch Rückschnitt und Anhäufeln, was dic Pflanze zum Nachwachsen anregt und noch mehr Nährstoffe von der Erde in Biomasse und dann Mutterboden verwandelt.

Beinwell *(Symphytum officinale)*.

Die dicken, kräftigen Pfahlwurzeln dringen tief in den Boden ein und können Ortstein und schwere Tonböden aufbrechen. Hackt man die überirdischen Teile ab, sterben auch einige Wurzeln. Das organische Material der Wurzeln tief in der Erde verrottet und nährt so die dort vorhandenen Mikroherden.

Es sind die Wurzeln, die einigen Leuten Angst vor dieser wunderbaren Pflanze eingeflößt haben. Beinwell setzt normalerweise keine Samen an – viele Sorten sind steril, aber er kann aus Wurzelteilungen üppig wachsen. Ein Stück in der Größe eines Fingergelenks genügt, um eine neue Pflanze wachsen zu lassen. Falls ein Gärtner also ins Wurzelsystem gräbt oder pflügt, breitet sich die Pflanze dort aus, wo Stücke landen. Pflügt man rücksichtslos durch eine einzige große Pflanze, reicht dies aus, um Beinwell erfolgreich und langfristig über einer überraschend großen Gartenfläche auszubringen. Daher ein Vorbehalt zum Beinwell: Nicht graben oder in der Nähe pflügen. Befolgt man diesen einfachen Rat, gibt es keine Probleme. Bei mir im Garten wuchsen Beinwellpflanzen über zehn Jahre lang, in deren Nähe ich hin und wieder etwas anbaute – aber nicht zu nah –, und sie breiteten sich nicht aus. Wenn ich eine Pflanze beseitigen wollte, war Schichtmulch die Lösung. Es gibt allerdings noch eine andere Möglichkeit außer Pflügen, wie sich Beinwell auf einem Grundstück ausbreitet. Im Garten einer Freundin erschien Beinwell periodisch an neuen Stellen, obwohl sie sehr vorsichtig war, nicht nahe von etablierten Pflanzen zu graben. Sie wollte unbedingt den Grund herausfinden und grub eine winzige Beinwellsprosse aus, die gerade auf neuem Grund aufgetaucht war. Darunter lag die Höhle eines Erdhörnchens, die einen Vorrat an sprießenden Beinwellwurzeln und Karotten in ordentlichen Reihen enthielt – der Wintervorrat des Erdhörnchens. Doch angesichts der vielfältigen Verwendungsmöglichkeiten des Beinwells sah meine Freundin diese von Nagetieren verursachte Vermehrung als bescheidenen Preis für die Gunst der Pflanze an.

Mashua

Eine weitere Pflanze mit nützlichen ober- und unterirdischen Teilen ist Mashua *(Tropaeolum tuberosum)*, die Knollige (und essbare) Kapuzinerkresse. Es ist allgemein bekannt, dass die Kapuzinerkresseblüten schmackhaft sind, doch diese Art bietet auch essbare Knollen. Die rohen Knollen haben die Größe und Form von Fingern und sind weiß bis gelb, manchmal auch purpurfarben und besitzen eine rettichartige Pfeffrigkeit, die beim Kochen verschwindet. Gebacken oder geröstet werden die Knollen süß und lecker. Die Blätter sind ebenfalls essbar und besitzen eine Schärfe wie die von Brunnenkresse. Mashua war ein Grundnahrungsmittel der Inka, wurde hoch in den Anden angebaut und verträgt daher etwas Frost. Doch wie bei vielen Knollen, die in kalten Regionen kultiviert werden, ist eine kühle Winterlagerung im Haus am besten. Kleiner als die berühmteste Inkaknolle, die Kartoffel, entschädigt die Knollige Kapuzinerkresse für die winzige Größe, indem sie reiche Erträge liefert: Eine Ernte von über 13 Tonnen pro ca. 4000 m² ist üblich und doppelt so viel ist möglich. Eine gesunde Pflanze kann ca. 3,5 kg Knollen abwerfen, jede enthält enorm viel Vitamin C.

Mashua *(Tropaeolum tuberosum)*.

Die Knollen haben den Ruf, bei Männern antiaphrodisisch zu wirken, und angeblich gab man sie den Inka-Truppen, »damit sie ihre Frauen vergaßen«, wie der Jesuit Bernabe Cobo schreibt. Studien an Ratten belegen diesen Effekt, doch man muss schon viel und regelmäßig Mashua konsumieren, um den Testosteronspiegel messbar zu senken – was man beim Essen in der Armee erwarten könnte.

Hin und wieder eine Portion ist nicht geeignet, um die Leidenschaft eines Menschen zu dämpfen.

Viel nützlicher ist, dass die Mashua Stoffe enthält, die Nematoden, Pilzkrankheiten und einige schädliche Insekten vertreiben. Pflanzt man sie mit anderen Feldfrüchten wie Kartoffeln, Mais und Bohnen, kann man Schädlinge dieser Pflanzen unter Kontrolle halten. Die beige- bis orangefarbenen Blüten sind ebenfalls essbar, und obgleich sie nicht so immens viele Insekten anziehen wie Dolden- und Korbblütler, bieten sie Bienen und anderen Nützlingen, die häufig vorbeikommen, Nektar und Pollen. Anders als die uns geläufigen Kapuzinerkressesorten, die am Boden wachsen, ist die Mashua eine Ranke, die leicht einen 1,80 m hohen Zaun erklimmt. Das macht sie zu einem schnell wachsenden Schirm, der hässliche Ausblicke oder heiße Sonne blockiert.

Die Knollige Kapuzinerkresse ist also eine Pflanze, deren Wurzeln, Blätter und Blüten essbar und nahrhaft sind, die andere Pflanzen vor allerlei Ungeziefer schützt, für Spaliere und Zäune geeignet ist und sehr hübsch aussieht, und sie erweitert zudem auf einmalige Art unseren Speisezettel.

Bambus

Bambus ist der König der Nutzpflanzen – ganze Bücher ergehen sich in liebevoller Beschreibung seiner vielen Rollen. Es wurden mehr als 1.580 menschliche Nutzungen für Bambus aufgelistet, dazu gehören Papier, Bodenbelag, Stangen, Nahrung, Körbe, Brücken, Ventilatoren, Zäune, Hüte, Akupunkturnadeln und Xylophone. Thomas Edison nutzte Bambus als Glühfaden für seine erste erfolgreiche Glühbirne.

Doch Bambus, der in Asien so wichtig ist, dass man ihn oft »Bruder« nennt, hat in der westlichen Kultur einen schlechten Ruf. Viele Sorten »laufender« (oder *monopodialer*) Bambusse der gemäßigten Zonen scheinen bei der Wahl des falschen Standorts durch schnell wachsende Rhizome geradezu über den Boden zu sprinten. Die häufigste Frage über Bambus scheint zu sein: »Aber er breitet sich nicht überall aus?«

Nach meiner Meinung und der vieler Bambus liebender *Bambuseros* überwiegen die Vorteile der Pflanze bei weitem die Nachteile, die sich relativ leicht überwinden lassen. Hier sind einige Einsatzmöglichkeiten von Bambus auf einem typischen Grundstück: Vögel bauen Nester aus den Blättern und Zweigen, und Bambusbestände locken Buschmeisen, Meisen, Singammern und viele andere an, die aus ihrem dichten, raschelnden Laub heraus zwitschern. Die Rohre bieten endlose Verwendungsmöglichkeiten, sei es als aufrechtes Spalier und Gitter über Kopf,

Schwarzrohrbambus *(Phyllostyachys nigra)*, einer von Hunderten nützlicher Bambussorten.

endloser Vorrat an Gartenstäben, temporäre oder permanente Zäune oder eine Angelrute á la Huckleberry Finn für die Kinder. Wer mit Werkzeug umgehen kann, verwandelt Bambusrohre zu Möbeln, Flöten, Windspielen, Matten, handgemachtem Papier und – wortwörtlich – Tausenden anderer Objekte.

Bambus ist wildverbissfest, also können Gärtner in Vorstadt und Dorf sie auf ihre Pflanzenliste für »außerhalb des Zauns« setzen. Wie bei anderen Gräsern auch dehnen sich die Wurzeln nicht im Umfang aus, sodass er über Abwasser-Klärbereichesenken gepflanzt werden kann, ohne Angst haben zu müssen, die Rohre zu verstopfen. An steilen Böschungen ist er eine natürliche Erosionskontrolle, weil seine rhizomatischen Wurzeln sich zu einem widerstandsfähigen Gewebe verflechten. Bambus wurde zur landschaftlichen Sanierung eingesetzt, hat Kahlschläge und anderes missbrauchtes Land geheilt (in Vietnam hat Bambus ein grünes Band über Landschaften gelegt, die durch Agent Orange entlaubt wurden). Die Bambusse variieren in Winterhärte, von nur tropentauglichen Arten bis zu solchen, die Temperaturen unter -10 °C aushalten.

Es ist eine schöne, erholsame Pflanze. Wenige Orte und Geräusche sind nach einem anstrengenden Arbeitstag so wohltuend wie ein schattiger, rauschender Bambushain, der einen Raum inmitten eines Waldes aufsteigender grüner Stäbe bildet, die sich über dem Kopf wölben, ihn einhüllt und ihm Ruhe verleiht. Seine Blätter bleiben das ganze Jahr bestehen, dadurch bietet er permanent Schutz und Abschirmung. Ein Bambushain, auch wenn er noch so klein ist, ist ein meditativer Ort, der die Außenwelt zurücktreten lässt.

Man kann aus Dutzenden von Arten wählen, die Sorten reichen von knie- bis 12-15 Meter hoch und die Rohrdicke geht von bleistiftdünn bis zu Baubambus. Auch die Formen und Farben sind verschieden, es gibt gerade, gebogene oder gezackte Rohre; grüne, goldfarbene, gestreifte, bläuliche oder schwarze Bambusse und einfarbige, bunte oder gestreifte Blätter.

Bambus ist auch eine Nahrungsquelle. Die jungen, weißen Schösslinge der meisten Sorten sind essbar und lecker, wenn man sie dünstet oder anbrät. Tatsächlich ist der beste Weg, das potenziell wuchernde Wachstum von Bambus zu kontrollieren, alle Triebe zu essen, die sich aus der gewählten Bambuszone herauswagen. Das nenne ich Stapelfunktion!

Hier sind ein paar andere Tipps zur Kontrolle: Denken Sie wie ein Bambus. Er braucht Wasser, um zu gedeihen, und die Rhizome verbreiten sich am schnellsten in lockerer Erde. Also kann Bambus im trockenen Westen einfach im Zaum gehalten werden, indem man nicht außerhalb des gewünschten Wachstumsbereichs gießt. In feuchteren Klimaten pflanzen Sie Bambus neben einem Teich, verdichteten Pfad oder einer Kieseinfahrt. Ein Gehsteig oder eine gepflasterte Einfahrt kann die Pflanze stoppen, doch die Rhizome einiger energischer Sorten freuen sich über den Mangel an Wurzelkonkurrenz und dringen unter dem Asphalt vor, wo sie freudig auf der anderen Seite ans Tageslicht kommen. Wer Bambus wahrlich fürchtet, für den gibt es auch sich nicht ausbreitende, gruppierende Bambussorten – *sympodial* genannt, im Gegensatz zu sich ausbreitendem oder *monopodialen* Bambussen. Für die physische Eindämmung kann ein spezielles Produkt namens Bambusbarriere gekauft werden. Preiswertere gebrauchte oder neue Glasfaser-Dachplatten (Metall hält nicht länger als ein paar Jahre) können 50 cm tief in den Boden versenkt werden, leicht nach außen geneigt, um die Rhizome nach oben abzulenken. Man kann eine ähnliche Blockade aus Beton herstellen. Einige Gärtner graben ein Beet etwa 30 cm tief aus, säumen und begrenzen es mit einer Teichfolie und füllen es mit Erde.

Doch die beste Art, Bambus einzudämmen, ist, ihn zu nutzen. Er ist eine Pflanze, die eine aktive Beziehung zum Menschen mag und ohne menschliche Gefährten vor sich hin kümmert. Essen Sie also vorwitzige Sprossen, dünnen Sie aus und nutzen Sie die Rohre, wenn sie drei oder vier Jahre alt sind, und vielleicht können Sie mit etwas Kreativität der langen Liste von Nutzungen für Bambus weitere hinzufügen.

Dies sind nur ein paar Beispiele für multifunktionale Pflanzen und unserer Haltung ihnen gegenüber, die einen kreativen Einsatz inspirieren kann. Im Anhang habe ich viele andere mit ihren Rollen aufgeführt, doch die Liste ist bei weitem nicht vollständig. Fast jede Pflanze ist multifunktional und nur die Vorstellungskraft des Gärtners schränkt ein, auf wie viele Arten eine Pflanze benutzt werden kann. Man sollte nie vergessen, dass Pflanzen nicht einfach Produkte wie Obst und Blumen liefern. Wichtiger ist, Pflanzen sind damit befasst, Vorgänge wie Bodenaufbau, Wassergewinnung, Schädlingsbekämpfung und Insektenanlockung durchzuführen. Betrachtet man Pflanzen als dynamisch, nicht statisch, erfordert dies einen anderen Blickwinkel – schließlich scheinen die Pflanzen die meiste Zeit nur einfach dazustehen. Doch mit Erfahrung können wir lernen, Pflanzen als aktive Teilnehmer in der Gartenökologie zu sehen. Im nächsten Abschnitt untersuchen wir einige der Rollen, die Pflanzen spielen.

Die Rollen von Pflanzen in im ökologischen Theater

Wir werden nie alle Rollen kennen, die Pflanzen spielen. Wir können die offensichtlichen Aktivitäten erkennen, wie Blätter abwerfen und Schatten spenden. Und mit etwas Beobachtung können wir verstehen, dass Pflanzen Boden aufbauen und Insekten ernähren. Aber viele der Aufgaben, die Pflanzen durchführen, bleiben uns verborgen: Sie ziehen Nährstoffe tief aus der Erde und teilen sie mit Mikroben oder sogar mit anderen Pflanzen über verflochtene und verbundene Wurzeln oder pumpen Stickstoff in die Erde, um kargen Grund auf eine Besiedlung vorzubereiten. Ich bin sicher, es gibt andere leise Beziehungen unter Pflanzen und mit dem Rest der Welt, die wir noch nicht einmal erkennen. Daher bleibt jede Liste der Rollen unvollständig, denn wir einfachen Menschen sind nicht imstande, die subtilen Aktivitäten der grünen Welt wahrzunehmen. Ich werde versuchen, die Rollen zu beschreiben, die Pflanzen spielen und die wichtig für den ökologischen Garten sind, doch ich weiß, dass sie sicher vielen weniger erkennbaren Tätigkeiten nachgehen.

Mulcherzeuger

Pflanzen bauen auf vielerlei Weise Boden auf, und eine davon ist der stetige Regen aus Blättern, Blumen, Zweigen und Rinde, der im Laufe der Jahreszeiten zur Erde fällt. All diese Überreste kompostieren rasch zu reichhaltigem Humus. Jede Pflanze wirft Streu ab, doch manche erzeugen enorme Mengen an Mulch und sind uns vor allem willkommen, wenn die Erde jung ist oder missbraucht wurde. Mulchen ist schlichtweg Kompostierung vor Ort, doch sie hat andere Vorzüge, wie Feuchtigkeitsbewahrung, Bodenkühlung und Lebensraumschaffung.

Weichblättrige Pflanzen erzeugen am schnellsten Mulch. Dazu gehören Artischocke und die ihr verwandte Gemüseartischocke, Rhabarber, Beinwell, Topinambur, Farne, Schilfe und Kapuzinerkresse. Viele Sorten, die als »gründüngende« Bodendecker dienen, lassen sich als Mulch einsetzen, wie die Kleesorten (insbesondere Ackerhonigklee, der 1,5 m hoch wird), Wicken, viele Gräser und Getreide (wie Hafer, Weizen und Gerste), Senf, Crotalaria und Buchweizen. Diese Pflanzen und viele andere können abgehackt oder gemäht werden, oft mehrere Male pro Saison, und je nach Bedarf als Mulch genutzt werden. Mulchpflanzen sollten geschnitten werden, ehe sie Samen bilden, es sei denn, sie wollen, dass in Ihren Beeten Mulch wächst. Manche Gärtner pflanzen Mulcherzeuger zwischen ihre Anbaupflanzen und hacken die Pflanze einfach vor Ort ab und lassen sie fallen, um direkt die Vorteile zu erhalten. Falls der Mulch zu unordentlich aussieht, kann man ihn unter einer Schicht Stroh oder Holzspänen verbergen.

Gehölze sind ebenfalls guter Mulch. Viele Sträucher, speziell Stickstoffbinder wie Erle, *Elaeagnus,* Besenginster und Amerikanische Säckelblume verrotten recht rasch. Schnittgut von Büschen und Bäumen, die kleine Äste haben (bleistiftdick oder dünner), sind gut für Mulch geeignet. Man braucht sie nicht häckseln, solange sie in Kontakt mit dem Boden sind, was den Zerfall deutlich beschleunigt. Ein großer Haufen Gestrüpp baut sich bei weitem nicht so schnell ab wie niedergetretene Äste mit Bodenkontakt. Auch hier gilt, falls Ästhetik ein Faktor ist, dass Gestrüpp auch dort gemulcht werden kann, wo man es nicht sieht, oder unter einer attraktiveren Oberschicht.

Dann gibt es noch Lebendmulch. Eine weiche Unterschicht an Vegetation bietet die gleichen Vorzüge wie trockener Mulch sowie einige Vorteile von lebenden Pflanzen (Blumen, Lebensraum usw.). Zu lebendem Mulch gehören Zwergschafgarbe, Polster-Phlox, *Ajuga,* Walderdbeeren, Fetthenne, Felsenlippe und Weißklee.

Nährstoff-Akkumulatoren

Bestimmte Arten ziehen bestimmte Nährstoffe tief aus dem Boden und konzentrieren sie in ihren Blättern. Die langen Pfahlwurzeln dieser Pflanzen baggern wichtige Nährstoffe wie Kalium, Magnesium, Kalzium, Schwefel und andere nach oben. Wenn diese Pflanzen im Herbst ihr Laub verlieren, bauen sich die Nährstoffe im Oberboden auf. Solche Pflanzen sind offensichtliche Kandidaten für den ökologischen Garten, weil sie die Nährstoffe im Garten umher bewegen und die Notwendigkeit reduzieren, Düngemittel zu kaufen.

Nährstoff-Akkumulatoren sind beispielsweise Schafgarbe, Kamille, Fenchel, Weißer Gänsefuß, Wegwarte, Löwenzahn und Wegerich. Tabelle 6-2 führt noch viele andere auf.

Eine Warnung: Viele Arten, die Metalle wie Kupfer und Zink ansammeln, nehmen auch Blei auf und werden tatsächlich zur Sanierung belasteter Grundstücke genutzt. Falls die Erde Blei enthält, wie entlang des Fundaments alter Häuser, wo vielleicht bleihaltige Farbe verwittert ist, können diese Pflanzen das Metall in ihren Blättern ansammeln. Einerseits können Metallakkumulator-Pflanzen Blei aus Ihrem Boden entfernen. Sie wollen aber keine bleibelasteten Blätter essen oder sie in einen Komposthaufen tun. Falls Ihre Erde giftiges Metall enthält, achten Sie darauf, wohin Blätter und Stängel dieser Pflanzen gelangen.

Sie sehen, dass viele von diesen Pflanzen als Unkräuter gelten. Im toleranten Plan der

Tabelle 6-2. Dynamische Nährstoffspeicher

Trivialname	Botanischer Name	Angereicherter Nährstoff											
		N	P	K	Ca	S	Mg	Mn	Fe	Cu	Co	Zn	Si
Luzerne	*Medicago sativa*	x							x				
Apfel	*Malus* spp.			x									
Buche	*Fagus* spp.			x									
Mauer-Steinkraut	*Alyssum murale*				x			x				x	
Straußgras	*Agrostis* spp.					x		x		x		x	
Birke	*Betula* spp.		x										
Borretsch	*Borago officinalis*			x									x
Adlerfarn	*Pteridium aquifolium*		x	x				x	x	x	x	x	
Buchweizen	*Fagopyrum esculentums*		x	x									
Kleine Klette	*Arctium minus*							x					
Kümmel	*Carum carvi*		x										
Karottenblätter	*Daucus carota* subsp. *sativus*			x			x						

Tabelle 6-2. Dynamische Nährstoffspeicher (Fortsetzung)

Trivialname	Botanischer Name	Angereicherter Nährstoff											
		N	P	K	Ca	S	Mg	Mn	Fe	Cu	Co	Zn	Si
Rohrkolben	*Typha latifolia*	x											
Acker-Hundskamille	*Anthemis arvensis*			x	x								
Echte Kamille	*Chamomilla recutita*		x	x	x								
Vogelmiere	*Stellaria media*		x	x				x					
Wegwarte	*Cichorium intybus*			x	x								
Schnittlauch	*Allium schoenoprasum*			x	x								
Kletten-Labkraut	*Galium aparine*				x								
Kleesorten	*Trifolium* spp.	x	x										
Hopfenklee	*Medicago lupulina*	x	x										
Huflattich	*Tussilago farfara*			x	x	x	x		x	x			
Beinwell	*Symphytum officinale*	x		x	x		x		x				x
Kreosotbusch	*Larrea tridentata*									x			
Löwenzahn	*Taraxacum vulgare*		x	x	x		x		x	x			x
Stumpfblättriger Ampfer	*Rumex obtusifolias*		x	x	x				x				
Blüten-Hartriegel	*Cornus florida*		x	x	x								
Kleine Wasserlinse	*Lemna minor*	x								x		x	
Lappentang	*Palmaria palmata*				x		x		x				
Spieß-Melde	*Atriplex hastata*			x					x				
Fenchel	*Foeniculum vulgare*	x	x										
Rotschwingel	*Festuca rubra*									x		x	
Flachs	*Linum usitatissimum*			x				x	x				
Knoblauch	*Allium sativum*					x		x					
Duftgeranie	*Pelargonium* spp.							x	x	x	x	x	
Gemeines Kreuzkraut	*Senecio vulgaris*								x				
Schuppenrinden-Hickorynuss	*Carya ovata*		x	x	x								
Schachtelhalme	*Equisetum* spp.			x	x		x		x		x		x
Seetang	*(Mehrere Gattungen)*	x			x		x		x				
Weißer Gänsefuß	*Chenopodium album*	x	x	x	x			x					
Zitronenmelisse	*Melissa officinalis*		x										
Süßholz	*Glycyrrhiza* spp.	x	x										
Scheinakazie	*Robinia pseudoacacia*	x		x	x								
Lupine	*Lupinus* spp.	x	x										
Ahorne	*Acer* spp.												
Studentenblume	*Tagetes* spp.		x										
Prachtspiere	*Astilbe* spp.		x		x	x	x		x				
Lebermoosfarn	*Azolla filiculoides*							x		x			
Königskerze	*Verbascum* spp.			x		x	x		x				
Kohlarten	*Brassica* spp.		x		x	x		x		x		x	

Tabelle 6-2. Dynamische Nährstoffspeicher (Fortsetzung)

Trivialname	Botanischer Name	Angereicherter Nährstoff											
		N	P	K	Ca	S	Mg	Mn	Fe	Cu	Co	Zn	Si
Brennnesseln	*Urtica urens*	x		x	x	x			x	x			
Eichenrinde	*Quercus* spp.			x									
Petersilie	*Petroselinum crispum*			x	x		x		x				
Gebirgs-Hellerkraut	*Thlaspi caerulescens*									x		x	
Pfefferminze	*Mentha piperita*			x			x						
Zurückgebogener Amarant, Fuchsschwanz	*Amaranthus retroflexus*		x	x	x				x				
Wegeriche	*Plantago* spp.				x	x	x	x	x				x
Nachtkerze	*Oenothera biennis*	x											
Portulak	*Portulaca oleracea*			x			x	x					
Raps	*Brassica napus*		x		x	x		x		x		x	
Kleiner Wiesenknopf	*Poterium sanguisorba*				x	x	x		x				
Bohnenkraut	*Satureja* spp.			x									
Acker-Gauchheil	*Anagallis arvensis*						x						
Hirtentäschel	*Capsella bursa-pastoris*				x	x							
Gänsefingerkraut	*Potentilla anserina*			x	x					x			
Sparrige Navarretie	*Navarretia squanosa*						x						
Kleiner Sauerampfer	*Rumex acetosella*		x		x								
Acker-Gänsedistel	*Sonchus arvensis*			x			x			x			
Sonnenblume	*Helianthus annuus*				x			x		x		x	
Wolfsmilche	*Euphorbia* spp.												
Erdbeere	*Fragaria* spp.								x				
Rainfarn	*Tanacetum vulgare*			x									
Ackerdistel	*Cirsium arvense*								x				
Acker-Gänsedistel	*Sonchus arvensis*		x	x					x				
Nickende Distel	*Carduus nutans*								x				
Steppen-Salzkraut	*Salsola pestifer*								x				
Echtes Leinkraut	*Linaria vulgaris*				x		x		x				
Tabak, Stängel	*Nicotiana* spp.	x											
Baldrian	*Valeriana officinalis*												x
Wicken	*Vicia* spp.	x	x	x						x	x		
Walnuss	*Juglans* spp.		x	x	x								
Brunnenkresse	*Nasturtium officinale*		x	x	x	x	x		x				
Weide	*Salix* spp.						x					x	
Schafgarbe	*Achillea millefolium*	x	x	x						x			

Quellen: Cocannouer, Joseph. *Weeds: Guardians of the Soil*. Devin-Adair, 1976. Famulari, Stevie. University of New Mexico. Unpublished. Jacke, David und Eric Toensmeir. *Edible Forest Gardens*. Chelsea Green, 2005. Kourik, Robert. *Designing and Maintaining Your Edible Landscape – Naturally*. Metamorphic, 1984. Pfeiffer, Ehrenfried. *Weeds and What They Tell*, Biodynamic Farming and Gardening, 1970.

Natur fristen die meisten Unkräuter ihr Leben als Pionierarten: robust, sonnenhungrig, schnell wachsend und kurzlebig. Diese frühen Siedler besetzen nackte oder ausgelaugte Böden, wo eine ihrer Rollen darin besteht, Nährstoffe in ihren Wurzeln und Blättern zu sammeln. Jeden Herbst sterben diese Pflanzen, verrotten und pumpen eine große Ladung Mineralien in den Boden. Die angereicherte Erde ist dann bereit für die nächste Sukzessionsphase weniger vergänglicher, anspruchsvollerer Pflanzen, wie mehrjährige Kräuter, Sträucher und Bäume.

Ökologische Gärtner nutzen die Merkmale von Pionierpflanzen zu ihrem Vorteil, lassen sie Nährstoffe tief aus dem Boden ziehen, um einen fruchtbaren, ausgewogenen Boden zu schaffen. Da sich die Erde verbessert, beginnen Nährstoffe vom Blatt zur Erde und wieder zurück zu kreisen. Tiefe Wurzeln sind nicht länger nötig, um seltene Nährstoffe aus den Tiefen zu holen. Die Speicherpflanzen sind dann überflüssig und beginnen einen natürlichen Rückgang, den der Gärtner durch Jäten beschleunigen kann und indem er sie durch andere Sorten ersetzt.

Nicht zufällig werden viele dieser Arten auch medizinisch genutzt. Eine Pflanze, die von Mineralien durchströmt ist, ist wahrscheinlich auch gesunde Nahrung.

Stickstoffbinder

Wir haben diese dritte Gruppe bodenbildender Pflanzen bereits behandelt. Diese Pflanzen tragen an ihren Wurzeln Bakterien oder Pilze, die Stickstoff aus der Luft holen und in eine pflanzenverfügbare Form verwandeln. Obgleich noch diskutiert wird, wie und wann diese Pflanzen ihren Stickstoffschatz an den Boden abgeben, besteht kein Zweifel über ihren Nutzen. Manche glauben, dass Stickstoffbinder absterben müssen, um ihre Nährstoffe freizusetzen, doch die Forschung und meine eigene Erfahrung zeigen, dass lebende Stickstoffbinder mindestens so viel Wachstum fördern wie tote.

Die meisten Pflanzen in der Erbsen- oder Bohnenfamilie (die *Fabaceae,* häufiger Leguminosen genannt) binden Stickstoff, wie die Amerikanische Säckelblume, Bergmahagoni, Stachel-Nachtschatten und *Elaeagnus*-Arten wie Essbare Ölweide sowie Korallen- und Schmalblättrige Ölweide. Stickstoffbinder gibt es in allen Größen, von Bodendeckern wie Klee über Büsche bis zu Bäumen wie Robinie, Erle und Akazie. Diese rasch wachsenden Pflanzen lassen sich einkürzen oder zurückschneiden und bilden eine üppige Basis für Mulch oder Kompost. Tabelle 6-3 listet viele auf, die sich für die heimische Landschaft eignen.

Bodenbegasungs- und Schädlingsbekämpfungsmittel

Einige Pflanzen sondern Wirkstoffe ab, die einige spezifische Schädlinge abwehren, die in der Erde oder direkt darüber leben. Dazu gehören beispielsweise Kapuzinerkresse, Bastardindigo, Holunder und bestimmte Tagetesarten. Kapuzinerkressen scheinen die weiße Fliege abzuhalten, obgleich die Daten etwas zweideutig sind. Die Mexikanische Gewürztagetes, *Tagetes minuta,* wehrt Erdnematoden ab, wobei kultivierte Sorten, wie *T. patula* und *T. erecta,* weniger effektiv sind. Die Regel scheint zu sein: Je stärker gezüchtet und weniger riechend die Tagetes ist, desto schwächer ist sie als Schädlingsabwehrer. Manche hybriden Tagetesarten verlangsamen sogar das Wachstum von Pflanzen in der Nähe und locken Ungeziefer an. Schädlingsabweisende Pflanzen sind noch nicht gut untersucht und ich würde dazu raten, sie in begrenzten Mengen anzubauen.

Insektarium-Pflanzen

Pflanzen, die nützliche Insekten anziehen, gibt es zuhauf: Fast alle Pollen oder Nektar produzierenden Blüten locken unsere

Tabelle 6-3. Stickstoffbinder

Trivialname	Botanischer Name	Kommentare	Trivialname	Botanischer Name	Kommentare
Akazie	*Acacia* spp.		Schweineerdnuss	*Amphicarpa bracteata*	
Erle	*Alnus* spp.		Geweihbaum	*Gymnocladus dioica*	
Luzerne	*Medicago sativa*		Süßholz	*Glycyrrhiza*	
Asiatisches Gelbholz	*Maackia amurensis*		Lupine	*Lupinus* spp.	
Korallen-Ölweide	*Elaeagnus umbellata*		Honig-Mesquite	*Prosopis glandulosa*	
Gestutzter Schneckenklee	*Medicago truncatula*		Tragant	*Astragalus* spp.	
Amerikanischer Gagelstrauch	*Myrica pensylvanica*		Bergmahagoni	*Cercocarpus montanus*	
Bohne	*Phaseolus* spp.		Pencilflower	*Stylosanthes biflora*	
Gewöhnlicher Hornklee	*Lotus corniculatus*		Prärie-Rübe	*Psoralea esculenta*	
Robinie	*Robinia pseudoacacia*		Schmalblättrige Ölweide	*Elaeagnus angustifolia*	
Gelber Blasenstrauch	*Colutea arborescens*		Sanddorn	*Hippophae rhamnoides*	
Indigolupine	*Baptisia australis*		Sesbania	*Sesbania exaltata*	
Geißklee	*Cytisus* spp.		Gemeiner Erbsenstrauch	*Caragana arborescens*	
Silber-Büffelbeere	*Shepherdia argentea*	dürre-resistent	Seidenbaum oder Seidenakazie	*Albizzia julibrisin*	
Thunbergs Buschklee	*Lespedeza thunbergii*		Silber-Ölweide	*Elaeagnus commutata*	
Blaue Klitorie	*Clitoria mariana*		Pfriemenginster	*Spartium junceum*	
Carolina-Lupine	*Thermopsis villosa*		Bengalhanf	*Crotalaria juncea*	
Klee	*Trifolium* spp.		Gagelstrauch	*Myrica gale*	
Augenbohne	*Vigna unguiculata*		Platterbsen	*Lathyrus* spp.	
Wintergrüne Ölweide	*Elaeagnus × ebbingei*		Süßklee	*Hedysarum boreale*	
Bastardindigo	*Amorpha fruticosa*		Farnmyrte	*Comptonia peregrina*	
Favabohne	*Vicia faba*		Wandelklee	*Desmodium* spp.	
Ginster	*Genista* spp.		Wicken	*Vicia* spp.	
Gemeiner Goldregen	*Laburnum anagyroides*	Blumen giftig	Amerikanischer Gagelstrauch	*Myrica cerifrea oder Myrica pensylvanica*	
Essbare Ölweide	*Elaeagnus multiflora*	Toleriert Luftverschmutzung	Wilde Bohne	*Strophistyles umbellata*	
Erdbirne	*Apios* spp.		Säckelblumen	*Ceanothus* spp.	
			Glyzinie	*Glyzinie* spp.	

sechsbeinigen Freunde an. Nützlinge fallen in zwei Hauptgruppen: Bestäuber, die für Frucht- und Samenansatz gebraucht werden, und Räuber, die jene Insekten fressen, die unsere Pflanzen vertilgen. Diese Insekten werden detaillierter in Kapitel 7 behandelt. Ein paar hervorragende Insektarium-Pflanzen sind Schafgarbe, Buchweizen, Lavendel, Färberkamille, Monarde und viele Kleesorten. Fast alle aus der Sellerie- oder Karottenfamilie (die *Apiaceae*), zu denen Fenchel, Wilde Möhre, Dill und Koriander gehören, sind ausgezeichnete Insektarium-Pflanzen. Andere Pflanzenfamilien, die enorm viele Insekten anlockende Arten umfassen, sind die Zwiebel- oder Lilienfamilie (die *Liliaceae*), die Sonnenblumen- oder Korbblütlerfamilie (die *Asteraceae*) und besonders die Minzfamilie (die *Lamiaceae*). Insektarium-Pflanzen verbessern nicht nur die Gesundheit Ihres Gartens, sondern das Aufblitzen und Schimmern der bunten Summer und Flatterer erfreut auch das Auge und zieht viele Vogelarten an, die sie verspeisen, was die Biodiversität Ihres Grundstücks weiter erhöht. Kapitel 7 enthält einen eigenen Abschnitt zu Insektarium-Pflanzen.

Festungspflanzen

Ich verwende den Begriff *Festungspflanzen* für Arten, die invasive Pflanzen davon abhalten, in empfindlichere Bereiche des Gartens auszuschwärmen. Sie produzieren ober- und unterirdisch eine Wand aus dichtem Wachstum, das Eindringlinge beschattet und physisch zurückhält. Sie stoppen den Wildwuchs von Gras, Unkrautsamen, kriechenden Ranken wie Winde und anderen unerwünschten Marodeuren. Manche, wie die oben erwähnte Maximilian-Sonnenblume, scheiden leicht giftige Verbindungen aus, die Samenkeimung und Wurzelwachstum unterbinden. Andere Festungspflanzen sind Beinwell, Topinambur, Zitronengras, Fackellilie und jede andere dicht wachsende Staude mit einem dichten Wurzelsystem.

Pfahlwurzeln

Wenn ein Boden verdichtet oder lehmig ist, bieten Pflanzen ausgezeichnete Werkzeuge, um die Bodengare und Flockigkeit wieder in Stand zu setzen. Viele Arten haben tiefe, die Erde aufbrechende Pfahlwurzeln, die sich perfekt dafür eignen. Dazu gehören Daikon (Japanischer Rettich), Wegwarte, Beinwell, Artischocke und Löwenzahn. Andere, wie Senf, Raps und Luzerne, besitzen keine einzelne Pfahlwurzel, sondern stoßen stattdessen ein massives, faseriges Wurzelsystem tief in die Erde, um dieselbe Bodenlockerung zu erzielen. Man kann diese Pflanzen in zwei Strategien anwenden: Man sät sie entweder in einen späteren Obstgarten oder Garten, damit sie ein oder zwei Jahre vor der endgültigen Pflanzung in der Erde arbeiten können, oder pflanzt sie zwischen den Beeten oder unter Bäumen, damit sie die Erde kontinuierlich aufbrechen. Ein weiterer Bonus von Pfahlwurzeln besteht darin, dass die meisten dieser Arten organische Substanz zuführen, wenn ihre riesigen Wurzelsysteme verrotten. Ist ihre Arbeit getan, können diese Pflanzen abgeschnitten, von größeren Pflanzen beschattet oder als Schichtmulch verwendet werden.

Ernährer von Wildtieren

In den späten 1970er Jahren entdeckten Gärtner die Freude, Wildtiere in ihre Gärten zu locken, nicht nur über Vogelhäuschen und Salzsteine, sondern durch die Wahl von Pflanzen, die den Tieren, die sie liebten, Schutz boten und sie ernährten. Falls Sie die entsprechenden Pflanzen anbauen, werden seltene Vögel, Säugetiere und Schmetterlinge – nicht Rehe und Waschbären – erscheinen. Ein paar meiner Lieblingswildpflanzen sind z. B. Hartriegel, Holunder, Apfelbeere, Heidelbeere, einheimische Rosen, Weißdorn, Amerikanische Säckelblume und verschiedene wilde Kirschen. Kapitel 7 enthält eine Tabelle, die noch weitere aufführt. Wenn man aus so vielen Pflanzen wählen kann, muss eine Wildtierzone kein Buschgewirr sein, sondern kann ebenso attraktiv wie funktional sein.

Schutzgürtel

Pflanzen können einen wirksamen Windschutz und Schutzgürtel bilden, um raue Winde abzuschwächen, unerwünschte Äser wie Rehe abzuhalten, einen unerfreulichen

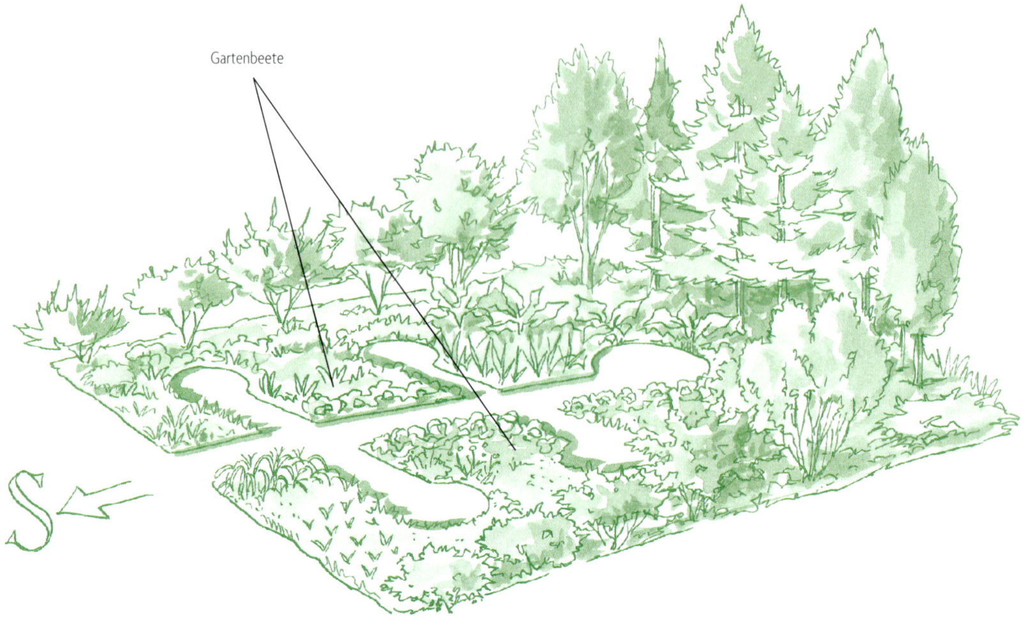

Ein U-förmiger Sonnenplatz. Offen zur sonnigen Südseite, aber durch einen Pflanzenhalbkreis vor Winden geschützt. Das Mikroklima dieses sonnigen Plätzchens ist warm, geschützt und passend für zarte Pflanzen. Immergrüne Gewächse können auf der Nordseite als ganzjähriger Windschutz gepflanzt werden.

Ausblick zu kaschieren oder U-förmige Sonnenplätze für Wärme zu schaffen. Den Schutzgürtelarten sind allein durch die Vorstellungskraft des Designers Grenzen gesetzt, denn diese Hecken können erfreulich multifunktional sein. Wünscht man einen hohen Windschutz, warum mischt man dann nicht einige Wacholder und Stechpalmen für ganzjährigen Schutz, Obstbäume und -sträucher für Nahrung, Stickstoffbinder wie Robinie und Goldregen, die zufällig auch noch bei Bienen und einigen Wildtierarten beliebt sind? Als Faustregel gilt, ein Windschutz sollte so konzipiert sein, dass er 40-70 Prozent des Windes hindurch lässt (falls er dichter ist, erzeugt er einen Turbulenzfallwind). Er schützt einen Bereich, der zwei- bis fünfmal so lang wie der Windschutz hoch ist. Eine Hecke kürzerer Pflanzen kann Gartenbeete schützen, aber vergessen Sie nicht, dass auch sie multifunktional sein kann. Ich habe Maximilian-Sonnenblumen und Topinambur rund um meinen Garten gesetzt und ich kenne andere Gärten, die von Bambus, Korbweiden, Wildtierbüschen oder Beerensträuchern behütet werden.

Laubwechselnde Pflanzen können auch wegen ihres saisonalen Schattens genutzt werden. Am Spalier an der Süd- oder Westseite eines Gebäudes, über einem Deck oder selbst über einem Dach, senkt ihr Schatten die Temperatur erheblich, doch im kahlästigen Winter lassen sie das Sonnenlicht herein.

Ein Dickicht dorniger Sträucher kann pflanzenfressende Rehe ausbremsen (oder Eindringlinge entmutigen). Mit einer Hecke aus Osagedorn, Weißdorn, heimischen Rosen, Mandschurischer Aprikose, Stachelbeeren und ein paar nicht dornigen wilden Arten zum Auffüllen habe ich Rehe umgeleitet. Wenn sie sich etabliert hat, können die Rehe an der Außenseite nach Herzenslust knabbern, aber sie kommen nicht durch.

In dieser sicher unvollständigen Liste von Pflanzenfunktionen habe ich rein auf den Menschen ausgerichtete Nutzungen wie essbare Arten, Schnittblumen, Bauholzbäume und Material zum Basteln ausgelassen. Mein

Fokus liegt auf der ökologischen Rolle, die Pflanzen spielen können, und ich überlasse es dem cleveren Gärtner, die vielen Anwendungsmöglichkeiten dieser Pflanzen auch für die Menschen zu erkennen. Eine gut gestaltete ökologische Landschaft ist günstig für die gesamte Natur, Menschen eingeschlossen. Wenn ein Garten Bestäuber unterstützt, Erde bildet, Schädlinge abschreckt und klimatische Extreme mäßigt, sind seine Gaben auch für die Menschen wunderbar üppig und entströmen der Landschaft fast als Nebenprodukt. Diese pfahlwurzeligen Artischocken (deren Blätter toll zum Mulchen sind) sind zufällig auch essbar, diese Gruppe von Wildtierbüschen liefert Beeren für ein würziges Gelee (und verbirgt nebenbei noch das Nachbarhaus), der Bambuswindschutz ist nicht nur Lebensraum für eine Meisenfamilie, sondern liefert auch Tomatenstäbe und essbare Schösslinge.

Wenn man erkennt, dass die Pflanzen und anderen Elemente eines Gartens viele Zwecke erfüllen, kann man reich verbundene, produktive Landschaften hervorbringen, die den Gärtner vieler Aufgaben entledigen, die die Natur gerne übernimmt. Warum Kompost machen, wenn man Pflanzen haben kann, die ihre eigene Erde herstellen? Warum jäten, wenn Lebensmulch alle unliebsamen Eindringlinge erstickt? Es kann ein bisschen Arbeit bedeuten, einen gut funktionierenden ökologischen Garten zu entwerfen und aufzubauen, und es mag einige Fehlschläge geben, bevor alle Teile perfekt zusammenpassen; doch langfristig wird das Verständnis, dass in der Natur »nichts nur eine Sache tut«, in lebendige, dynamische Landschaften münden.

Einjährige und mehrjährige Pflanzen

Ihnen ist vielleicht aufgefallen, dass fast jede Pflanze, die ich in diesem Kapitel erwähnt habe, eine mehrjährige Pflanze ist. Das ist kein Zufall. Natürlich gibt es in meinem Garten auch genügend Tomaten, Paprikas und Bohnen, doch ich würde sie sofort gegen mehrjährige Sorten tauschen, falls sie existierten (obwohl Tomaten, Paprika und viele Bohnen in den Tropen mehrjährig sind). Ich habe wenige einjährige Blumen, weil es in fast jedem Fall einen hübschen mehrjährigen Ersatz gibt. Und viele meiner Salate sind entweder mehrjährig, wie Schild-Ampfer, mehrjähriger Grünkohl und Guter Heinrich, oder säen sich selbst aus, wie Rauke, Mangold, Roter Senf und Kopfsalat. Teilweise ist der Grund pure Faulheit: Warum über Saatgutbehältern, Anzuchtleuchten, Frühbeeten und beim Umpflanzen schuften, wenn ich es nicht muss? Doch ich bevorzuge mehrjährige Pflanzen auch aus ökologischen Gründen.

Pflanzt man jedes Jahr einjährige Gewächse, bedeutet das auch, dass man den Boden stört, was hart fürs Bodenleben ist und Unkrautsamen an die Oberfläche bringt, wo sie keimen. Gräbt man in Vorbereitung auf ein Saatbeet um, erhält das Bodenleben Sauerstoff, und die hochgeputschten kleinen Wesen verbrennen als Reaktion viel organisches Material. Das verbraucht Nährstoffe, die ansonsten Pflanzen füttern könnten. Plus, die nackte Erde erodiert im Regen und Wind.

Auf der anderen Seite beseitigen Stauden die Nachteile des Umgrabens, halten zudem mit ihren Wurzeln die Erde ganzjährig fest und verhindern Erosion durch eine fast durchgängige Decke. Ihre Wurzeln gehen oft viel tiefer als die der einjährigen Pflanzen, wodurch sie Wasser- und Nährstoffreserven anzapfen. Das bedeutet weniger Bewässerung und Düngen.

Dieses kräftige Wurzelsystem ist Teil dessen, was Ökologen als »stehende Biomasse« bezeichnen, worüber mehrjährige Pflanzen mehr als einjährige verfügen. Stehende Biomasse ist einfach der Teil der Pflanze, der permanent ist, wie Äste, Stämme und große Wurzeln, im Gegensatz zur saisonalen, wie

Frucht oder sommergrüne Blätter. Ein Beispiel zeigt, warum stehende Biomasse wichtig ist. Ich baue mehrjährigen Busch-Grünkohl *(Brassica oleracea* var. *ramosa)* an, der an einjährigen Grünkohl erinnert, aber 1,5 m hoch und breit werden kann und viele dicke Strünke hat. Wenn ich für ein Abendessen Blätter von meinem mehrjährigen Grünkohl pflücke, nehme ich viel weniger von der Pflanze, als wenn ich für die gleiche Mahlzeit einen Kohlkopf abschneiden würde. Die übrige Biomasse am mehrjährigen Grünkohl – die Blätter, Stängel und Wurzeln – helfen ihm, sich von der Ernte viel rascher zu erholen als der Kohl (falls er meinen Eingriff überhaupt überlebt). Die Wurzeln holen Nährstoffe, das übrige Laub gewinnt Sonnenlicht und die Pflanze schiebt bald neue Blätter. Die Pflanze erholt sich zügig von meiner Ernte. Ich habe nur einen winzigen Prozentsatz aus meinem Garten entnommen und belasse genügend Biomasse, damit all diese wichtigen Nährstoffe kreisen und wiederhergestellt werden. Die Biomasse ist die Essenz des Gartens: Entfernt man sie, hält alles an.

Entfernt man nur etwas Biomasse, bleiben die größeren Kreisläufe des Garten-Ökosystems intakter, als wenn ich einen Kohlkopf abhacken würde (für mich ist die Ernte einjähriger Gewächse wie ein kleiner Kahlschlag). Der mehrjährige Grünkohl bietet weiterhin eine natürliche Umgebung und Nahrung für Insekten und Vögel, die Wurzeln beherbergen Bodenleben, die Blätter schützen den Boden vor Sonne und Regen usw. Das ist viel mehr, als ein Stumpf vom abgehackten Kohl bieten kann.

Wie wir in Kapitel 2 gesehen haben, ist reichlich stehende Biomasse eine Qualität reifer Ökosysteme wie Wälder, und beim ökologischen Gartenbau versuchen wir, ausgereifte Ökosysteme zu schaffen, statt junge Pioniersysteme wie Brachflächen, konventionelle Rasenflächen und Ackerland. Reife Ökosysteme benötigen weit weniger Materialeinsatz, da sie Nährstoffe intern rotieren. Mehrjährige Pflanzen mit ihren permanenten Wurzeln und Stängeln sind ein Merkmal ausgereifter Ökosysteme, einjährige Pflanzen das von jungen.

Mehrjährige Gewächse können viele (aber nicht alle) einjährigen Pflanzen ersetzen. Obst- und Zierbäume, Büsche für Beeren, Blüten und Wildtiere, Sträucher, Ranken, Kräuter, essbare Grüngemüse und Blumen – von allen gibt es auch mehrjährige Sorten. Hunderte von Büchern beschreiben Stauden. Doch eine Nische lässt sich nur schwer mit Mehrjährigen füllen: Gemüse. Die meisten Früchte sind mehrjährig und mehrjähriges Blattgemüse gibt es reichlich, doch nicht viele Gemüse der gemäßigten Breiten kommen jedes Jahr wieder. Die einzigen in den Vereinigten Staaten weithin genutzten sind Spargel, Rhabarber und Artischocke. Etagenzwiebeln, die überirdisch schalottenartige Zwiebeln an Stängeln tragen, lassen sich auch auf die Liste setzen. Es gibt einen mehrjährigen Brokkoli namens Nine-Star, der geerntet werden muss, bevor er Samen ansetzt, weil er sonst abstirbt. Ich hatte bereits den Bambus mit seinen essbaren Trieben erwähnt. Feuerbohnen sind in milden Klimazonen (USDA-Zone 8 und darüber) mehrjährig. Und wie gesagt sind in den Tropen Tomaten, Paprika und vieles andere auch mehrjährig, doch nicht im Großteil Nordamerikas.

Erweitern wir den Horizont mit einigen weniger bekannten mehrjährigen Gemüsesorten. (Ich danke Eric Toensmeier, Autor des sehr nützlichen *Perennial Vegetables*, und Ken Ferns Buch *Plants for a Future*, dass sie mich mit vielen dieser Sorten bekannt gemacht haben.)

Mehrjähriges Gemüse

Knoblauch-Schnittlauch *(Allium tuberosum)* liefert würzige Sprossen, Blätter und Blüten und ist auch eine attraktive Zierpflanze.

Chinesische Yamswurzel, auch Lichtwurzel genannt *(Dioscorea batatas)* treibt lange, knollige Pfahlwurzeln bis zu einem Meter tief in den Boden und ist winterhart bis -18 °C oder kälter. Die gekochten Knollen haben einen milden, mehlartigen Geschmack und sind gut haltbar.

Mehrjährige Blasenkirsche *(Physalis heterophylla)* ist eine wilde Verwandte der Tomate, winterhart bis mindestens -29 °C, mit kleinen golden Beeren, die würzig und süß sind.

Die Erdpflaume *(Astragalus crassicarpus)* hat Schoten, die wie Pflaumen aussehen. Sie schmeckt nach Erbsen und hat purpurfarbene Blüten. Sie bindet zudem Stickstoff.

Echter Meerkohl *(Crambe maritima)* hat brokkoliartige Köpfe und Schösslinge, die blanchiert und dann verzehrt werden können. Die Blätter sind ebenfalls essbar.

Liebstöckel *(Levisticum officinale)* ist ein altes europäisches Gemüse, dessen Stängel, Samen und Blätter essbar sind und einen starken sellerieartigen Geschmack besitzen. Die riesigen Blüten ziehen nützliche Insekten an.

Mitsuba oder Japanische Petersilie *(Crytotaenia japonica)* ist eine mehrjährige Petersilie, die feuchte, schattige Stellen bevorzugt und Temperaturen von -29 °C oder darunter aushält.

Waldknoblauch *(Allium tricoccum)* hat leckere, flache und breite Blätter und essbare Zwiebeln und gedeiht im Übrigen im Schatten.

Udo *(Aralia cordata)* ist eine japanische Pflanze, die 2,75 m oder höher wird. Die blanchierten Triebe werden entweder sehr fein geschnitten und in Eiswasser eingeweicht gegessen oder in mehrmals gewechseltem Wasser gekocht. Sie bevorzugt Halbschatten.

Brunnenkresse *(Nasturtium officinale)* besitzt essbare Stängel und Blätter und wächst in Bächen und fließendem Wasser. Sie kann allerdings invasiv sein.

Die Indische Lotosblume *(Nelumbo nucifera)* hat essbare Wurzeln, junge Blätter und Samen, die wie Kastanien schmecken. Die Wasserpflanze ist winterhart bis Zone 6, falls sie in tiefer Erde und Wasser gepflanzt wird.

Mehrjährige Kräuter

Um die Liste essbarer mehrjähriger Pflanzen noch auszuweiten, können wir mehrere Kräuter aufnehmen, vorzugsweise solche, die man in großen Mengen verwendet. Beispiele wären Schnittlauch, Fenchel, Petersilie, verschiedene Minzen und Gartenkresse. Viele andere Kräuter sind mehrjährig, wie Oregano, Salbei, Majoran und andere Küchenkräuter, doch da man sie nie in enormen Mengen verwendet, wäre es aber übertrieben, sie in die Liste aufzunehmen.

Mehrjähriges Blattgemüse

Mehrjähriges Blattgemüse gibt es reichlich. Dazu gehören Schild-Ampfer *(Rumex scutatus)*, Guter Heinrich *(Chenopodium bonus-henricus)*, Löwenzahnblätter *(Taraxacum officinale)*, Ewiger Kohl *(Brassica oleracea ramosa)*, Neuseeländer Spinat *(Tetragonia tetragoniodes)*, Malabar-Spinat *(Basella rubra)* und Orientalisches Zackenschötchen *(Bunias orientalis)*.

Wurzeln und Knollen

Wir können auch ein paar Wurzeln und Knollen in diese Liste schmuggeln. Ich sehe sie als fast mehrjährige Nahrung an, weil man die Erde stören muss, um sie zu ernten, und falls man die ganze Wurzel erntet, ist es egal, ob sie mehrjährig ist – die Pflanze ist weg. Lässt man aber einen Teil der Wurzel stehen oder erlaubt der Pflanze, groß genug zu werden, um kleinere Wurzeln auszusenden, können manche Arten mehrjährig werden. Dazu gehören Topinambur, Schwarzwurzel, Knollen-Ziest, Meerrettich, Schalotten, Knoblauch, Chinesischer Jams, Erdbirne, Kleine Klette und Zichorie.

Selbst die guten alten Kartoffeln wachsen und bilden im Boden belassen neue Knollen, doch sie scheinen holzig und klein zu werden, wenn man sie länger als ein oder zwei Jahre im Boden lässt.

Eine Gruppe alter peruanischer Knollen, zu denen auch Mashua gehört, werden immer beliebter, also fügen wir sie der Liste hinzu. Dazu gehören folgende:

- Oka oder Knolliger Sauerklee *(Oxalis tuberosa)* hat ca. 7 cm lange Knollen mit zitronigem Geschmack.
- Yacón *(Polymnia edulis)* ist eine frostempfindliche Pflanze mit großen knackigen und saftigen Knollen.
- Mashua *(Tropaeolum tuberosum)* ist eine rankende Kapuzinerkresse mit einer kleinen, pfeffrigen Knolle,

Unkräuter und andere Wildnahrung

Eine weitere Nahrungsquelle, die wenig Pflege braucht, lauert an den Rändern des Gartens. Das sind die Unkräuter, eine hochgradig subjektive Kategorie verleumdeter Pflanzen. Sogar das US- Landwirtschaftsministerium gibt zu, es seien einfach »Pflanzen, die menschliche Aktivitäten stören«. Doch das Unkraut des einen ist des anderen geschätzte Spezies.

Eine erstaunliche Zahl sogenannter Unkräuter besitzen essbare Blätter, z. B. Löwenzahn, Zichorie, Zurückgebogener Amarant, Weißer Gänsefuß, Vogelmiere, Kleiner Sauerampfer und Kletten-Labkraut. In Ashland, Oregon, hat Permakulturist Tom Ward ein intimes Verhältnis zu seinen Unkräutern. Er hat essbare Unkräuter in seinen Rasen gelockt und bereitet vielgestaltige und hochgradig nahrhafte Salate aus seinem Vorgarten zu. »Domestizierte Blattgemüse wie Kopfsalat sind nicht mit Wildgemüse vergleichbar«, sagt Tom. »Als wir diese würzigen oder etwas bitteren Geschmäcker herausgezüchtet haben, ging auch der Nährwert verloren. Entlang der Randzonen der meisten Gärten – bei den Unkräutern – findet man wohl mehr Nährwert als in den Anbaufrüchten. Mütter sollten ihren Kindern nicht sagen, ›Iss deinen Salat‹, sondern ›Iss dein Unkraut.‹

Unkräuter sind hochgradig multifunktionale Pflanzen. Sie sind die Pioniere, die die nackte Erde bedecken, schützen und düngen und sie auf andere vorbereiten.

Viele Unkräuter sind exzellente Nährstoff-Akkumulatoren – in der Tat ist das häufig ihre primäre Rolle, indem sie weit verteilte Nährstoffe aus den Tiefen der Erde ziehen und im Boden an der Oberfläche konzentrieren. Das erklärt, warum sie so nahrhaft sind: Sie häufen in ihrem Gewebe gesund machende Mineralien an. Unkräuter können dem Gärtner auch etwas über die Bodenbedingungen verraten. Manche Unkräuter, wie Krauser Ampfer und Schachtelhalm, wachsen auf Böden, die zu feucht für die meisten Obstbäume sind. Adlerfarn und Silberfingerkraut deuten auf saure Böden hin, während Weiße Lichtnelke und Kleiner Wiesenknopf alkalinen Boden anzeigen.

Neben diesem Nutzen liefern Unkräuter zu verschiedenen Jahreszeiten wichtige Nahrung und Lebensraum für Singvögel, Federwild und andere Wildtiere. Insekten, die sich an üppigem Frühlingsunkraut laben, bilden eine bedeutende Nahrung für hungrige nistende Vögel, während die Unkrautsamen helfen, viele Tiere durch karge Winter zu bringen.

Unkräuter sind mindestens seit Beginn des Ackerbaus unsere Partner.

die gebacken einen leckeren, süßen Geschmack entfaltet.

Mehrjährig gemachte und nachsäende Einjährige

Manche einjährigen Pflanzen kann man »mehrjährig machen«. Falls man z.B. Lauch erlaubt, Blüten anzusetzen, bilden sich viele kleine Zwiebelchen an der Basis. Wenn Sie nur den Hauptstamm mit der Knolle herausziehen, können sich die Zwiebelchen in der Folgesaison weiter entwickeln. In milden Klimazonen (USDA-Zone 6 oder wärmer) kann der Rückschnitt von Brokkoli oder Blumenkohl nach der Ernte dazu führen, dass er mehrere Jahre wächst.

Wir können die Liste noch ausweiten, wenn wir Pflanzen hinzufügen, die sich natürlich erneut aussäen. Eine gute Wahl ist hier Rauke, Mangold, Kopfsalat (obgleich der

Manche Unkräuter sind halb domestizierte, einmalige Nahrungspflanzen, die von den Frühmenschen ausprobiert, doch als landwirtschaftliche Nutzpflanzen nicht für gut befunden wurden. Vielleicht hatten sie eine zu große genetische Variabilität oder setzten nicht regelmäßig Samen an. Daher wurden sie nicht weiter beachtet, doch sie waren so gut an unsere Landschaften angepasst, dass sie uns seither gefolgt sind. Andere Unkräuter entstanden mit den Menschen, weil sie in der gestörten oder kultivierten Erde bei unseren Siedlungen wachsen.

Gewollt oder nicht wuchsen sie von Anbeginn an den Randzonen unserer Kultur.

Viele der Unkräuter in Nordamerika sind importiert, über Nahrung, Tiere, Schiffsballast oder weniger offensichtliche Wege. Wegerich wurde von der amerikanischen Urbevölkerung »Fuß des weißen Mannes« genannt, weil seine winzigen Samen in den Holzsohlen der Schuhe früher Siedler hingen. Während sie durch die fremden Wälder stapften, fielen die Wegerichsamen ab und keimten, was zeigte, wo die Europäer gelaufen waren. Wegerich wird oft als schädliches Unkraut verdammt, doch wie so viele andere liefert er jenen, die ihn verstehen, Nahrung und Medizin.

Die Anerkennung des Nutzens von Unkräutern kann einige der kriegerischen Gefühle beseitigen, die wir oft in den Garten mitbringen. Ich möchte, dass mein Garten ein Ort der Entspannung und der Ernährung für mich und andere ist, aber wenn ich bei jedem Sprössling von Vogelmiere oder Kleinem Sauerampfer wütend werde, wird der Garten nur ein weiterer Auslöser für Bluthochdruck. Jetzt sehe ich Unkräuter als meine Verbündeten, die die Erde schützen, die ich versehentlich nackt ließ. Sie fördern still die Fruchtbarkeit, bis ich bereit zum Pflanzen bin. Und die meisten sind eine Nahrungsquelle, was meine Wertschätzung noch steigert. Nicht zufällig wird ihr Verzehr auch zu einer Möglichkeit, sie zu kontrollieren.

Einheimische Pflanzen sind eine weitere Nahrungsquelle, die wenig Pflege braucht, doch ohne besonderes Training könnten nicht viele von uns eine Mahlzeit aus heimischen Gewächsen zusammenstellen. Wenn Sie kein ernsthafter Überlebenskünstler sind, werden Sie wohl kaum mehr tun, als gelegentlich Heidelbeeren, Johannisbeeren oder Walderdbeeren naschen. Nahrung ist einer der am wenigsten zwingenden Gründe, heimische Pflanzen im Garten zu haben. Ihr Wert als Wildtierhabitat und zum Erhalt der Artenvielfalt ist weitaus größer. Heimische Pflanzen spielen eine wichtige Rolle im ökologischen Garten, teilen die Landschaft jedoch mit vielen nützlichen, nicht einheimischen Pflanzen.

Tabelle 6-4. Eine Auswahl an verbreiteten essbaren Wildkräutern

Trivialname	Botanischer Name	Essbarer Teil
Große Klette	*Arctium lappa*	Wurzel
Echte Kamille	*Matricaria matricarioides*	Blüte
Wegmalve	*Malva parviflora*	Blatt, Saat
Vogelmiere	*Stellaria media*	Blatt,
Wegwarte	*Cichorium intybus*	Blatt, Wurzel, Blüte
Kletten-Labkraut	*Galium trifidum*	Blatt
Löwenzahn	*Taraxacum officinale*	Blatt, Wurzel (geröstet), Blüte
Goldgelber Ampfer	*Rumex persicarioides*	Blatt, Wurzel
Krauser Ampfer	*Rumex crispus*	Blatt, Wurzel
Mexikanischer Drüsengänsefuß	*Chenopodium ambrosioides*	Blatt
Knoblauchrauke	*Allicaria officinalis*	Blatt, Wurzel, Saat
Bärlauch	*Allium ursinum*	Blatt, Wurzel, Blüte
Goldrute	*Solidago* spp.	Blüte (für Tee oder als Gewürz)
Kanadisches Berufkraut	*Conyza canadensis*	Junge Blätter
Japanischer Staudenknöterich	*Polygonum cuspidatum*	Spross
Kudzu (Kopoubohne)	*Pueraria lobata*	Blatt, Wurzel (gemahlen als Stärke)
Weißer Gänsefuß	*Chenopodium album*	Blatt
Stachel-Lattich	*Lactuca scariola*	Blatt
Mariendistel	*Silybum marianum*	Junge Blätter, Blütenknospen
Minze	*Mentha* spp.	Blatt
Ackersenf	*Brassica* spp.	Blatt, Blüte, Saat
Zurückgebogener Amarant	*Amaranthus retroflexus*	Blatt, Saat
Strahlenlose Kamille	*Matricaria matricarioides*	Blatt (für Tee)
Wegerich	*Plantago* spp.	Blatt, Saat
Portulak	*Portulaca oleracea*	Blatt
Wilde Möhre	*Daucus carota*	Blatt, Blüte, Wurzel
Hirtentäschel	*Capsella bursa-pastoris*	Blatt, Saat, Samenhülse
Kleiner Sauerampfer	*Rumex acetosella*	Blatt
Acker-Gänsedistel	*Sonchus oleraceus*	Blatt
Brennnessel	*Urtica dioica*	Blatt (gekocht)
Winterkresse	*Barbarea vulgaris*	Blatt

Kopfsalat sich vielleicht wieder zu seinem bitteren wilden Ahnen zurückentwickelt), roter Senf, Feldsalat und Weißer Gänsefuß. Viele bekannte Gemüse, wie Tomaten, Kohlarten und Kürbis, säen sich selbst aus, doch ebenso leicht hybridisieren sie oder bilden sich zu wilden Arten zurück, was zu geschmacklosen oder unvorhersehbaren Sorten führt.

Sie werden sehen, dass der mehrjährige Nahrungsgarten ein breites Spektrum von Feldfrüchten enthalten kann. Ergänzen Sie

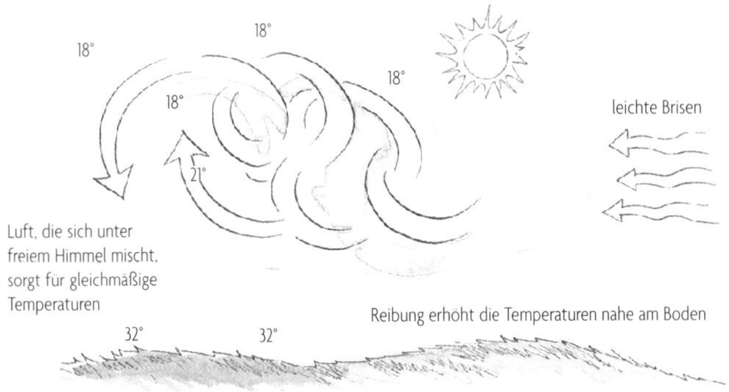

Im Freien gibt es wenige Mikroklimate.

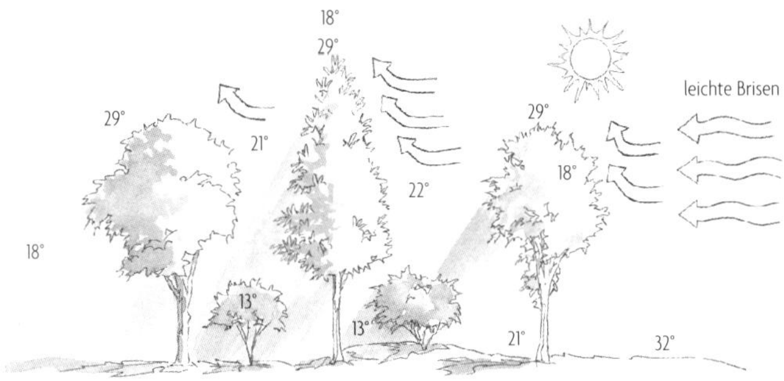

Viele Mikroklimate bilden sich, wenn Bäume die Luftmischung blockieren, den Strahlungswärmeverlust reduzieren und Schatten werfen.

diese mit den besser bekannten mehrjährigen Früchten, Beeren und Kräutern und Sie haben eine naturverträgliche Art, Nahrung zu produzieren, die wenig Pflege benötigt.

Mikroklimate für den Garten

Ob mehr- oder einjährig, eine Pflanze gedeiht nur unter den richtigen Wachstumsbedingungen. Ein dürreliebender Rosmarinbusch, der neben einem Fallrohr ertrinkt, lebt in einer sonnigen Ecke auf. Doch ein Waldmeister, der an einem sonnigen Platz welkt, atmet auf, wenn ihn ein nährender Strauch beschattet. Jede Pflanze benötigt einen bestimmten Bereich an Bodentyp, Säure, Temperatur, Licht, Feuchtigkeit und anderen Faktoren. Ich habe beschrieben, wie man die Boden- und Feuchtigkeitsbedingungen verbessern kann. Sehen wir jetzt, wie man das Klima auf dem Grundstück – das Mikroklima – verändert, um die gewünschten Pflanzen zu unterstützen. Das richtige Mikroklima ist entscheidend für das Überleben einer Pflanze.

Die Pflanzen, die wir wählen, verändern ihrerseits die Umwelt um sie herum. Manche Arten – v. a. Pioniere – sorgen für ihre eigene Zerstörung, ändern den Boden-pH-Wert und die Fruchtbarkeit, bis andere Arten, besser an die neuen Bedingungen angepasst, sie einfach verdrängen. Andere Pflanzen führen Krieg gegen ihre Umwelt, um die Konkurrenz auszuschalten, indem sie milde Gifte ausscheiden oder solch einen dichten Schatten werfen, dass nichts anderes überleben kann. Vegetation kann ein Zuhause für die Menschen, die dort leben, auch mehr oder weniger freundlich machen. Mein Nachbar fällte alle Bäume südlich von seinem Haus, um den Ausblick zu verbessern, doch im Sommer stiegen die Temperaturen in Haus und Garten um 12°, wenn die Sonne nun unerbittlich auf das nun freiliegende Haus und den Boden scheinte. Eine brütend heiße Brise versengt sie nun dort, wo einst kühler Schatten erfrischte.

Im Gegensatz dazu zog Kevin Burkhart aus Seattle eine winterharte Kiwi-Ranke an Drähten über der südlichen Hälfte seines Daches hoch und der saisonale Schatten reduzierte die Sommertemperatur seines Hauses bedeutend. Doch wenn die Blätter fallen, blockieren die Ranken nicht das knappe Winterlicht von Seattle. Ein weiteres Plus – auch hier Funktionen stapeln – ist die riesige Ernte an leckerem Obst, das Kevin im Herbst genießt.

Wir können uns das Geben und Nehmen zwischen Pflanzen und ihrer Umgebung als Mikroklima-Gärtnern vorstellen. Mit etwas Grundwissen und natürlich auch Beobachtung können wir die richtigen Mikroklimate für unsere Vegetation identifizieren und verstehen, wie Pflanzen in der Nähe wiederum unsere Umwelt beeinflussen.

Die große Kraft, die die meisten Mikroklimate schaffen, ist Wärmetransfer. Ich werde jetzt nicht zu technisch: Wärmetransfer ist einfach die Bewegung von Energie von einem Ort zum anderen. Wärmetransfer findet statt, wenn die Sonne Strahlungsenergie in den Boden schickt, wenn warmer Boden Hitze in den Himmel abstrahlt oder Wind heiße Luft mit kalter mischt.

Die warme Stelle an der Südseite Ihres Hauses, wo der Schnee zuerst schmilzt, gibt es wegen Wärmetransfer, und das ist eine gute Lektion in Sachen Mikroklima. Falls Ihr Haus nicht da wäre, würde die Sonne noch immer den Boden wärmen, doch die meiste Wärme würde einfach in den offenen Himmel zurückkehren. Der Rest würde vom Wind davon geweht.

Wenn die Südwand Ihres Hauses ins Spiel kommt, verändert sich das Bild dramatisch. Die Sonne erhitzt den Boden wie im Freien, doch das Sonnenlicht wärmt auch die Südwand. Die Wärme der Wand strahlt zum Boden zurück und erwärmt ihn weiter. Das ist Wärmetransfer. Die aus dem Boden strahlende Wärme – die im Freien nach oben verschwände –, wird von der Wand z. T. blockiert und kann nicht entweichen. Eine senkrechte Wand blockiert bis zu zwei Drittel Wärmeverlust von einem »Strahlungskörper« in der Nähe – in diesem Fall die Erde. (Schenken wir uns die Rechnungen – Mikroklimatologie wird »Mathematikerparadies« genannt, wegen der vielen Formeln, die in den meisten Büchern zum Thema vorherrschen.)

Die Wand ändert den Wärmetransfer auf eine dritte Art: Sie blockiert die Luftbewegung und hindert kühle Luft daran, sich mit warmer Luft gegen die Wand zu mischen. Ein kühler Wind über dieser heißen Stelle würde Hitze aus dem Boden befördern. Die Wand hält diese Böen auf und verringert so den Wind-Kälte-Faktor (die Rate, mit der eine Brise Wärme von einem »Strahlungskörper« saugt, zumeist Ihrem zitternden Körper).

Die Luftvermischung ist ein Hauptelement bei der Schaffung von Mikroklimaten. Wenn Wind über eine kahle Ebene fegt, mischt sich die Luft auf Kopfhöhe oder darüber gut. Temperaturen von dieser Höhe bis vielleicht 100 m darüber sind wegen der guten Luftvermischung recht gleichmäßig. Am Boden verlangsamt Reibung jedoch die Luft und verhindert eine gute Mischung. An einem sonnigen Tag kann die Temperatur 2,5 cm über dem Boden etwa 6,5 Grad wärmer sein als auf Augenhöhe. Es bildet sich ein steiler Temperaturgradient: ungleiche Luftvermischung. Falls wir Bäume, Mauern und Häuser in diese kahle Ebene bringen, erzeugt die Reibung des Windes gegen diese Hindernisse eine Turbulenz. Es bilden sich Wirbel der Stille und heiße Lufteinschlüsse sammeln sich. Eine ungleichmäßige Luftmischung findet nun sowohl horizontal als auch vertikal statt. Mikroklimate sind geboren.

Wir können diesen sehr einfachen Überblick einsetzen, um nützliche Mikroklimate im Garten zu finden – und herzustellen. Bäume, Büsche und andere Vegetation modifizieren die Art, in der Wärmetransfer und Luftvermischung stattfinden. Ein Blätterdach, selbst das eines stattlichen Krautes, blockiert tagsüber das Sonnenlicht und verlangsamt die Erwärmung des Bodens darunter. Nachts verhindert dieses Blätterdach das Aufsteigen der Hitze von der Erde in den Himmel, daher fluktuieren die Temperaturen unter jeder Pflanze nicht so stark wie in offenem Gelände. Die Luft unter der Vegetation ist zudem feuchter und feuchte Luft braucht mehr Energie, um sich zu erwärmen als trockene Luft. Dies vermindert Temperaturschwankungen zusätzlich.

Die Vorzüge eines Laubdachs werden im Winter noch deutlicher, wenn die schrägen Strahlen der den Horizont berührenden Sonne unter die Blätter eines immergrünen Strauchs reichen, um den Boden zu wärmen, während nachts die Blätter Wärmeverlust blockieren. Hier können zarte mehrjährige Gewächse Schutz finden. Überhängende Dachrinnen eines Hauses können einen ähnlichen Effekt erzielen, vor allem an der Süd- und Westseite, und liefern so eine weitere Stelle für weniger winterharte oder wärmeliebende Pflanzen. Das alles bedeutet, dass kälteempfindliche Pflanzen in Klimazonen, wo sie sonst im Freien erfrieren würden, unter Baumkronen und Dachrinnen überleben können. Durch einen solchen Schutz kann ein Gärtner Pflanzen einsetzen, die eigentlich zu einer USDA-Zone weiter südlich passen.

So wie das Einfangen warmer Luft wichtig ist, ist auch die Beseitigung kalter Luft essenziell. Kalte Luft fließt bergab, daher sollte man ihre Abflussrouten nicht blockieren. Ich kenne Gärtner, die einen hübschen Bambusbestand direkt unterhalb ihres Gartens pflanzten, nur um dann festzustellen, dass er den Abfluss kalter Luft aufhielt, was ihren Garten in eine kalte Frostkammer verwandelte. Sie verpflanzten den Bambus und der Garten erwärmte sich beträchtlich. Somit kann auch eine Hanglage das Mikroklima beeinträchtigen. Da kalte Luft sinkt, wissen Obstbauern, dass Obstbäume in hoher Lage Fröste überstehen können, die die Blüten der Bäume einen Meter tiefer schwarz färben. Dieses Wissen lässt sich andersherum einsetzen: In Regionen mit späten Frösten setzen Gärtner ihre Obstbäume häufig am kältesten Platz des Grundstücks (z.B. in einer Senke oder an der Nordostseite des Hauses), damit die Bäume kühl bleiben. Auf diese Weise setzen sie erst spät im Frühling Blüten an, nach den letzten Frösten.

Wir können mehr als nur Theorie einsetzen, um Mikroklimate zu finden; wir können sie beobachten. Eine perfekte Zeit, um warme und kühle Stellen zu erkennen, ist direkt nach einem leichten Frost. Achten Sie darauf, welche Orte den eisigen Raureif am schnellsten verlieren. Das könnten ideale Orte sein, um Frühblüher oder Gemüse der kalten Jahreszeit zu setzen. Die Pflanzen selbst können dies auch zeigen. In Oakland hatten wir drei Lattarula-Feigenbäume, aber einer behielt seine Blätter in einer kleinen, nach Süden ausgerichteten Mulde an einer Hecke, lange nachdem die beiden anderen kahl und früher abgeblättert waren. Das sagt mir, dass er an einem Platz steht, der sich gut für andere kälteempfindliche oder spätfruchtende Pflanzen eignet.

Falls Sie Haustiere haben, zeigen Sie Ihnen, wo die warmen Stellen sind. Jeff Ashton hat mir aus North Carolina geschrieben, dass sein Hund Dakota, seit er älter ist, genau überlegt, wo er schläft. Er nutzt denselben Instinkt wie Katzen, die angenehme Mikroklimate auf dem Kühlschrank oder der Heizung herausfinden. Dakota hat Jeff geholfen, einige warme Stellen in seinem Garten zu finden. Jeff nutzt diese Hotspots dann für spezielle Pflanzungen. Wir hoffen, das macht Dakota nichts aus.

Insekten sind geübte Mikroklimanutzer. Bienen schlafen oft in Narzissenblüten, weil es an einem sonnigen Morgen im Inneren der Blüte 9 °C wärmer sein kann als draußen (hauptsächlich wegen der geringeren Luftmischung). Die Bienen erwärmen sich früh auf Flugtemperatur und gehen viel rascher auf Bestäubungstour als ihre Kollegen, die draußen schlafen.

Auch Farbe bildet Mikroklimate. Eine dunkle Wand absorbiert Hitze, während eine helle Wand Licht reflektiert. Forscher haben herausgefunden, dass Pfirsiche, die an einer dunklen Wand wuchsen, ein schnelleres Wachstum hatten, die Frucht aber nicht eher reifte als im Freien. Doch wenn Pfirsiche und Weintrauben an einer hellen Wand wuchsen, war der Fruchtansatz schwerer und früher. Das reflektierte Licht wirkte sich stärker auf die Fruchtbildung aus als die Hitze. Auch die Farbe des Bodens hat Einfluss auf das Mikroklima. Helle Erde erhitzt sich langsamer als dunkle. Maori-Bauern machen ihren Boden mit etwas Kohle dunkler, damit er sich im Frühling schneller erwärmt. Tibeter werfen dunkle Steine auf schneebedeckte Felder, um das Tauen zu beschleunigen.

Auch die Bodendichte spielt eine Rolle. Ein dichter Lehm erwärmt sich viel langsamer als eine lockere, sandige Erde. Und Mulch, mit seinen vielen isolierenden Luftpolstern, kann die Erde vor Frost bewahren, aber verlangsamt die Erwärmung im Frühjahr. Schieben Sie den Mulch zur Seite, wenn die Frühlingstemperaturen steigen, um die Bodenerwärmung zu beschleunigen.

Versteht man Mikroklimate, kann man bessere Stellen für seine Pflanzen finden, aber man kann die Bepflanzungen auch einsetzen, um sein Zuhause komfortabler zu gestalten. Laubwechselnde Bäume auf der Südseite kühlen Haus und Garten im Sommer dramatisch, aber lassen im Winter Licht herein. Auf der windzugewandten Seite eines Hauses (in diesem Land gewöhnlich Westen), können immergrüne Gewächse Winterwinde blockieren. Hier in Oregon kommen die Winterstürme aus dem Südwesten, daher sollten dort Koniferen stehen. Die Sommerbrisen kommen aus dem Norden, deshalb pflanze ich in dieser Richtung nur wenige Bäume und hohe Sträucher.

Ich habe die Vorteile genannt, wenn man sommergrüne Ranken an Lauben, Spalieren, selbst Dächern und Mauern pflanzt. So lassen sich die Sommertemperaturen beträchtlich senken. Schatten fürs Grundstück funktioniert ebenso, insbesondere mit einem hohen Blätterdach der Bäume. Die Sonne kommt nicht durch, doch Brisen können trotzdem durch den offenen Raum unter den Baumspitzen wehen. Nun, da die Bäume und Büsche um unser Haus groß werden und genug Schatten werfen, haben wir es an diesen vernichtenden August-Nachmittagen nicht nur kühler, sondern ich muss sie und die Pflanzen, die sie schützen, auch seltener gießen.

Überall dort, wo Neigung, Form, Dichte oder Farbe die Art und Weise verändern, wie Wärme ein- oder austritt, wo Reibung oder andere Kräfte die Vermischung von Luft verändern, bilden sich Mikroklimate. Mikroklima-Gärtnern kann die Wachstumssaison um Wochen verlängern, die Heiz- und Kühlkosten erheblich senken und das Leben an jedem Ort wesentlich angenehmer machen.

Ammen, Gerüste und Begleiter

Nun, da ich Ihnen gezeigt habe, wie Pflanzen zur Änderung von Mikroklimata eingesetzt werden und das Konzept nährstoffanreichernder Arten eingeführt habe, möchte ich beides verknüpfen. Kombiniert man diese zwei Konzepte, erhält man eine wirksame Gärtnertechnik: die Nutzung von Pflanzen zur Veränderung von Boden und Mikroklima, um das Wachstum anderer Flora anzuregen.

Arten, die dies tun, werden als Ammen-, Begleit- und Gerüstpflanzen bezeichnet.

Auf vielerlei Art ist die Gestaltung eines ökologischen Gartens ein Restaurationsprojekt. Die Erde in den meisten Gärten ist arm, wichtige Arten fehlen und gesunde Kreisläufe sind unterbrochen. Daher können uns Menschen, deren Beruf es ist, geschädigte Landschaften wiederherstellen – Renaturierungsbiologen – einiges lehren.

Ein Trick, den die Renaturierer von der Natur gelernt haben, ist der Einsatz von Ammenpflanzen. Dies sind Arten, die Schutz und andere günstige Bedingungen erzeugen, in denen zartere Pflanzen, die sonst nie überleben würden, eine Chance haben.

Tabelle 6-5. Ammenpflanzen
All diese Pflanzen wachsen schnell und ertragen harte Bedingungen, doch sie sollten gut bewässert und gedüngt werden, wenn sie anwachsen. Andere Pflanzen können darunter und in der Nähe gesetzt werden, um von ihrem Schutz, Laubstreu und der Nährstoffansammlung zu profitieren.

Trivialname	Botanischer Name	Kommentare
Akazien	*Acacia* spp.	Nicht winterharte stickstoffbindende Bäume
Erlen	*Alnus* spp.	Stickstoffbindende Bäume und Büsche
Korallen-Ölweide, Schmalblättrige Ölweide, Essbare Ölweide	*Elaeagnus* spp.	Stickstoffbindender Strauch, essbare Beeren
Robinie	*Robinia pseudoacacia*	Stickstoffbindender Baum
Gelber Blasenstrauch	*Colutea arborescens*	Stickstoffbindender Strauch
Thunbergs Buschklee	*Lespedeza thunbergii*	Stickstoffbindender Strauch
Kasuarinen	*Casuarina* spp.	Nicht winterharter stickstoffbindender Baum
Holzapfel	*Malus* spp.	Winterharter kleiner Baum
Lack-Zistrose	*Cistus ladanifer*	Rasch wachsender kleiner Strauch
Holunder	*Sambucus nigra*	Strauch mit essbaren Beeren
Zierquitten	*Chaenomeles* spp.	Kleiner laubabwerfender Zierbaum
Gemeiner Goldregen	*Laburnum anagyroides*	Stickstoffbindender kleiner Baum
Zürgelbaum	*Celtis occidentalis*	Dürretoleranter Strauch
Weißdorn	*Crataegus* spp.	Winterharter kleiner Baum
Strauchveronika	*Hebe salicifolia*	Rasch wachsender Strauch
Hybrider Geißklee	*Cytisus × spachianus*	Stickstoffbinder. Hybriden breiten sich nicht aus, anders als nicht hybride Sorten
Mesquite	*Prosopis* spp.	Stickstoffbindender, dürretoleranter Baum
Maulbeeren	*Morus* spp.	Pionierbaum, kann aber Schatten ertragen
Sanddorn	*Hippophae rhamnoides*	Stickstoffbindender Strauch, essbare Frucht
Gemeiner Erbsenstrauch	*Caragana arborescens*	Stickstoffbindender Strauch
Seidenbaum, Seidenakazie	*Albizia julibrissin*	Stickstoffbindender Baum
Pfriemenginster	*Spartium junceum*	Stickstoffbindender Strauch
Strauchpappeln	*Lavatera* spp.	Kleiner Strauch, bis mittelgroßer Baum
Götterbaum	*Ailanthus altissima*	Toleriert Verschmutzung, Opportunist
Säckelblumen	*Ceanothus* spp.	Stickstoffbindender Strauch
Weiden	*Salix* spp.	Kleiner Baum oder Strauch für feuchte Gebiete

In Roxanne Swentzells Garten in New Mexico pflanzten sie und Permakulturdesigner Joel Glanzberg, der bei der Geländegestaltung half, Gemeine Erbsensträucher und andere Stickstoffbinder an einer Senke, um Schatten und Nährstoffe für weniger robuste Pflanzen zu schaffen. Diese Ammenpflanzenstrategie half, unwirtliche Bedingungen zu überwinden.

Auf Roxannes Grundstück zeigte Joel mir eine etwa acht Jahre alte Schwarznuss, die sich über einer müde aussehenden Schmalblättrigen Ölweide erhob. Die Schmalblättrige Ölweide, obgleich sie 3 Meter hoch war, war offensichtlich am Kämpfen. Sie hatten sie gepflanzt, um die junge Walnuss vor der ausdörrenden Sonne zu schützen sowie nahrhaften Stickstoff in die Erde zu pumpen, organische Substanz und Bodenleben zu fördern und den erodierten Boden mit Laubstreu zu mulchen. Nun, da die Arbeit der Schmalblättrigen Ölweide getan war, lag sie in tiefem Schatten und litt wahrscheinlich an den jahrelangen giftigen Juglonausscheidungen der Walnuss. Ihr Walnuss-Zögling war unter der Pflege der Schmalblättrigen Ölweide gediehen, überholte sie dann und trieb sie, ein wenig traurig, in den Niedergang.

Dies ist oft das Schicksal von Ammenpflanzen, die von den Jungen, die sie zur Reife gebracht haben, verjagt werden. Manchmal ist es möglich, eine begehrte Ammenpflanze zu retten, indem man ihre Konkurrenten zurückschneidet, aber oft sind die besten Ammenpflanzen kurzlebige Pioniere, die selten mehr als ein oder zwei Jahrzehnte überleben, so dass ihr Verfall, so bedauerlich er auch sein mag, natürlich ist.

Viele Stickstoffbinder sind großartige Ammenpflanzen, da ihre symbiotischen Mikroben sie selbst in mageren Böden mit Nährstoffen sozusagen zwangsernähren, damit sie rasch wachsen (denken Sie an das erstaunliche Wachstum von Glyzinie und Erle, beides Stickstoffbinder). Andere Kandidaten sind die schnell wachsenden Arten, die man in jungen Strauchgemeinschaften findet. Eine Liste möglicher Ammenarten finden Sie in Tabelle 6-5.

Ammenpflanzen lassen sich auf mehrere Arten einsetzen. Im Beispiel oben nahmen Joel und Roxanne stickstoffbindende Sträucher als sogenannte »Begleitpflanzen«. Das sind Arten, die Setzlinge vor Schaden bewahren, bis die Jungen für ein eigenständiges Leben bereit sind. Begleitpflanzen sind in der Natur verbreitet. Pinyon-Kiefern überleben unter dem Schutz von Eichen-Baumkronen weit besser als Kiefern im Freien. Und Honig-Mesquite, ein Stickstoffbinder, ist ein Begleiter für junge Saguaro-Kakteen, der sie schützt, bis die Saguaros robust genug sind, um die volle Wüstensonne auszuhalten. Wie viele andere Begleitarten besitzt auch der Mesquite mannigfache Vorteile. Abgesehen davon, dass sie Fruchtbarkeit und Schatten spenden, unterstützen Mesquitebäume auch die Saguarovermehrung. Weißflügeltauben nisten am liebsten in Honig-Mesquitebäumen. Sie verfüttern Saguarofrüchte an ihre Jungen. Die Nestlinge würgen die Saguarosamen wieder aus, die in der schattigen reichen Streu unter den Mesquitebäumen sprießen.

Begleitpflanzen für Schatten sind in Klimazonen im Süden mit heißer Sonne gefragter. Doch viele Pflanzen, speziell Stauden und kleine Bäume für die Untergehölzschichten des Gartens, profitieren von Sonnenschutz in ihren jungen Jahren.

Waldpflanzen, die im Halbschatten entstanden sind, unter dem Baumkronendach des Waldes, können selbst durch die milde Sonne eines Sommers in Maine verbrannt werden. Außerdem spenden Begleiter mehr als nur Schatten. Ihre Wurzeln lockern den Boden, bilden Humus und scheiden zuckrige Säfte für nützliche Mikroben aus. Das Laubstreu bringt Mulch hervor und hält die Erde feucht, und das Laubdach verlangsamt die

Verdunstung und bildet ein Mikroklima, das Temperaturschwankungen abschwächt und Feuchtigkeit bewahrt.

Daher werden Ammenpflanzen von vielen Gärtnern genutzt, um misshandelte Landschaften wiederherzustellen und Artenreichtum aufzubauen. Auf Orcas Island schwören die Bullock-Brüder auf sie. Wie ich in Kapitel 4 erwähnte, pflanzen die Brüder einen Stickstoff fixierenden Strauch oder kleinen Baum neben Obst- und Nussbäume, manchmal sogar ins gleiche Pflanzloch. Wenn die behütete Pflanze ausgewachsen ist oder falls der Begleiter beginnt, mit ihr zu konkurrieren, schneiden sie die Begleitpflanze für Mulch ab. Sie versichern, dass dieses System von »zwei Pflanzen in jedem Loch« das Wachstum immens beschleunigt und nicht nur beim Sonnenschutz.

Ein zweiter Bereich, in dem man Ammenpflanzen nutzen kann, ist als Gerüst. Hier hilft die physische Anwesenheit der Helfer jungen oder anderweitig empfindlichen Pflanzen, sich zu etablieren. Dann können die Gerüstpflanzen, wie das zeitweilige Gerüst, das Arbeiter zur Errichtung von Gebäuden verwenden, entfernt oder für eine andere Aufgabe verwendet werden. Der Ornithologe David Wingate z. B. verließ sich auf Gerüstpflanzen, als er versuchte, eine natürliche Umgebung für einen bedrohten Vogel, den Cahow oder Bermudassturmvogel, auf einer kahlen Insel der Bermudas herzustellen. In den 1960er Jahren versuchte Wingate, den heimischen Zedernwald wiederherzustellen, der durch Überweidung und später Mehltau zerstört worden war, wo der Cahow einst zu Hause war. Doch wütende Meereswinde mähten die sprießenden Bäume um. Deshalb suchte er Hilfe bei nicht heimischen Gerüstpflanzen, der Tamariske und der schnell wachsenden, Stickstoff fixierenden Kasuarine, um einen Windschutz zu schaffen, und pflanzte die Zedern erneut in ihrem Schutz. Der Zedernwald wuchs rasch und war robust genug, um 1987 den Hurrikan Emily zu überstehen. Wingate hat die Vegetation seither näher an ihre einheimische Zusammensetzung gebracht, indem er viele Gerüstpflanzen ringelte (man entfernt ringförmig ein Stück Rinde vom Stamm). Dies tötet sie, doch sie bleiben stehen, und dies verringert den ökologischen Stress für die Zedern, die eine komplette Beseitigung der Gerüste hervorrufen könnte.

Andere Nutzungen von Gerüstpflanzen bestehen im Festhalten von Erde an erodierenden Berghängen und Schluchten, die Stabilisierung und das Auffangen von vom Wind verwehter Erde und die Schaffung von dornigen oder dichten Zäunen, die junge Pflanzen vor Rehen und anderen Tiere schützen. Daher lassen sich Gerüstpflanzen dicht an diesen Problemzonen platzieren. Sobald die Aufgabe der Gerüstpflanzen erfüllt und eine andere, dauerhaftere Vegetation etabliert ist, können die Gerüste entfernt werden.

Ammenpflanzen können auch Lebensraum für Wildtiere schaffen und neue Arten anlocken. Die wilde Chili oder Chiltepin z. B., die immer mehr durch Erschließung bedroht ist, braucht Ammenpflanzen, um sie vor der starken Sonne zu schützen. Wissenschaftlern fiel auf, dass die wilden Chilis hauptsächlich unter Zürgelbäumen wuchsen, auch wenn viele andere Sträucher einen ähnlichen Unterstand boten. Der Grund war zum einen, dass Zürgelbäume einen dichteren Schatten bieten als die meisten anderen Büsche. Doch der Hauptfaktor war das Wildtierhabitat des Zürgelbaums. Mehrere Vogelarten, denen die extreme Schärfe der Chilifrucht nichts ausmacht, bevorzugen Zürgelbäume als Sitzplatz und zum Nisten. Der dichtere Schatten und die schmackhafte Frucht machen Zürgelbäume zu einem beliebten Aufenthaltsort. Die Vögel verteilten daher die meisten Samen der Chilis, die sie gefressen hatten, unter den Zürgelbäumen.

Zürgelbäume und andere Wildpflanzen können viele Funktionen erfüllen. Sie können zarte oder seltene Pflanzen schützen, Tiere anlocken und durch Tiere importierte Arten wie die Chiltepin willkommen heißen. Hier erhalten wir ein Gefühl für die Vernetzung natürlicher Gemeinschaften und ihre Zusammensetzung. Eine Verbreitung der Chiltepin á la Johnny Appleseed wird diese seltene Art kaum retten. Sie ist mit Vögeln verbunden, die unempfindlich gegen ihre Schärfe sind, und beide sind mit dem Zürgelbaum verknüpft. Wenn man über Ammenpflanzen also unterstützende Pflanzengemeinschaften und andere netzwerkbildende Techniken herstellt, entstehen Orte, wo viele Arten gedeihen werden. Dies erhöht die Wahrscheinlichkeit, dass neue Arten überleben, ob sie vom Gärtner gewählt oder über Eichhörnchenfell und Vogelkot herangetragen werden.

Die zugehörige Tabelle listet viele bewährte Ammen, Gerüst- und Begleitpflanzen auf. Wollen Sie weitere Kandidaten für Ihre Region finden, beobachten Sie natürliche Ränder und aufgelassene Felder, die sich im Übergang von Pionierkräutern zu Sträuchern und Bäumen befinden. Ammen erscheinen oft, wenn die Pionierphase endet. Pflanzen – häufig kräftige Stauden und kleine Bäume –, die den Wind zu stoppen scheinen, leichten Schatten spenden und ansonsten die nächste Generation von Bewohnern beherbergen, sind die erste Wahl, um Ihre Landschaft bis zur Reife zu pflegen.

Zusammenfassung: Viele Funktionen von Pflanzen kombinieren

Der ökologische Gartenbau geht über die Philosophie von »einer Rolle für jede Pflanze« hinaus. Hier sind Pflanzen eng mit Sonne, Boden, Wasser und Luft verbunden, aber auch miteinander, mit Insekten und anderen Tieren und mit Menschen. Sie transformieren auch alles, womit sie in Kontakt sind. Wenn wir die vielfältigen Rollen begreifen, die Pflanzen spielen können, lassen sich ihre vielen Funktionen auf intelligente Weise verknüpfen. Dann können wir Gärten voller widerstandsfähiger, verzahnter Netzwerke des Lebens gestalten.

Durch kreative Pflanzenwahl wird eine einfache Hecke z. B. nicht nur eine Abschirmung, sondern hält auch Rehe fern, vermindert Wind, ernährt Wildtiere und Menschen, produziert Mulch, lockt Insekten an und ist eine Quelle für Heilpflanzen und Bastelmaterialien. Fasst man damit noch die Nordseite eines Gartens ein, wird sie ein sonniges Plätzchen. Und das ist erst der Anfang. Ein cleverer Designer ließe sich wahrscheinlich noch zehn weitere Rollen für diese Hecke einfallen.

Wenn man Pflanzen nicht einfach nur als passive Objekte sieht, sondern als aktive, dynamische Akteure, beginnen wir, manche ihrer vielen Aspekte zu erkennen. In diesem Kapitel habe ich herausgearbeitet, dass Pflanzen ein großes Spektrum an ökologischen Rollen einnehmen: als Mulcherbringer, Nährstoff-Akkumulatoren, Stickstoffbinder, Insektenanlocker, Schädlingsbekämpfungsmittel, Festungspflanzen, Pfahlwurzeln, Wildtierernährer und Schutzgürtel. Jedes funktionierende Ökosystem – oder jeder ökologische Garten – hat fast sicher Pflanzen nötig, die jede dieser Rollen übernehmen. Ein paar Arten, die diese Funktionen erfüllen, wurden in diesem Kapitel beschrieben, und weitere sind im Anhang aufgeführt.

Wie bringen wir all diese Akteure zusammen? Der letzte Abschnitt dieses Buches, »Den ökologischen Garten aufbauen«, zeigt Ihnen wie. Doch zunächst sollten wir einen weiteren wichtigen Teil des ökologischen Gartens betrachten.

KAPITEL SIEBEN

Bienen, Vögel und andere Nützlinge in den Garten locken

Meine Frau Kiel liebt Vögel. Um sie anzulocken, hing sie ein Vogelhaus in den Baum in unserem Vorgarten und wir freuten uns beide über Meisen, Goldfinken, Kernbeißer und andere, die sich um diesen kerngefüllten Vorrat scharten. Während die Vögel zum Fressen drängten, verstreuten sie auf dem Boden Samen in prasselnden Kaskaden. Die herabgefallenen Samen zogen zuerst am Boden fressende Rötelgrundammern an und dann einen Schwarm Kalifornische Schopfwachteln. Diese größeren Vögel kratzten und scharrten auf ihrer Suche nach Samen und ich bemerkte, dass die Wachteln den Boden gründlich umpflügten und dabei Guanosprenkel hinterließen, einen phosphorreichen Dünger.

Dann versetzten wir aus verschiedenen Gründen das Futterhäuschen. Die von den Wachteln bearbeitete Erde wurde ohne die Vögel rasch üppig und grün mit Gras und Wildblumen. Diese Wachteln und andere Bodenscharrer hatten wie von Vogelfutter angetriebene Traktoren agiert, die ganze Vegetation ausgekratzt, die Erde gelockert und als Bonus etwas Dünger hinzugefügt. Dasselbe passierte an der neuen Stelle des Häuschens, aber statt nach dem Zauber der Vögel willkürliche Vegetation zuzulassen, pflanzte ich Kräuter und Büsche. Sie wuchsen schnell.

Es war angenehm zu wissen, dass die Vögel ein neues Gartenbeet für uns umgruben und düngten, während ich am Schreibtisch saß und Tee trank. Wir haben die Wachteln nicht versklavt, sondern uns nur ihre Abfallprodukte zunutze gemacht. Wir stellten das Häuschen einfach an die richtige Stelle. Beim besten ökologischen Gartenbau ist das alles, was nötig ist: Dinge ins richtige Verhältnis bringen. Die Natur erledigt den Rest.

Diese geschäftigen Vögel illustrieren, wie Tiere die machtvollsten Verbündeten des Gärtners sein können. Am falschen Platz kann ein Tier großen Schaden anrichten, doch wenn die Elemente des Gartens in cleveren Beziehungen stehen, nehmen die Tiere dem Gärtner Arbeit ab. Zu diesen Tieren gehören nicht nur die gefiederten und vierbeinigen Arten, sondern auch Insekten, Spinnen und die vielbeinigen Bodenlebewesen. Sie können uns alle helfen.

Mein einfacher »Wachteltraktor« kratzt gerade mal an der Oberfläche dessen, was Tiere für den Garten tun können. Tiere graben und düngen nicht nur. Sie bestäuben, verbreiten und verarbeiten Samen, beschneiden Vegetation, fressen Ungeziefer, beseitigen Abfall, zirkulieren Nährstoffe und liefern Nahrung für uns, falls wir das wünschen. Indem wir Vögel, kleine Tiere und Insekten in unsere Gärten locken, steigern wir nicht nur die Artenvielfalt, sondern machen unsere Gärten ausgeglichener, frei von Krankheit und zudem produktiv.

Aus ökologischer Sicht sind Tiere ein entscheidender Teil des heimischen Ökosystems: die Konsumenten. Denken Sie daran, dass der Kreislauf aus Energie und Materie in einem Ökosystem immer wieder von Produzenten zu Konsumenten zu Zersetzern und zurück zu Produzenten fließt. Ohne alle drei Rollen ist der Zyklus unterbrochen und das Ökosystem funktioniert nicht. Die Hauptproduzenten sind die Pflanzen, die Sonnenlicht in belaubtes und holziges Gewebe umwandeln. Wie wir gesehen haben, leben die Destruenten überwiegend im Boden und wirken ihre Alchemie, um organisches Material in einen neuen und nützlichen Zustand umzuwandeln. Die Konsumenten sind in erster Linie Tiere: Menschen und andere Säugetiere, Insekten, Vögel und der ganze Rest. Tiere sind Opportunisten und leben von den Schätzen, den Pflanzen erzeugen. Doch Tiere sind nicht reine Parasiten, und auch wir haben unseren Platz. Obgleich Tiere nur eine winzige Portion der gesamten Biomasse der Natur ausmachen, sind sie die »Regulatoren« eines Ökosystems. Ob es Holzfäller sind, die ganze Wälder fällen, äsende Rehe oder Vieh, das Sträucher und Gräser skalpiert oder Große Schwammspinner, die einen Eichenwald entblättern, Tiere kanalisieren und kontrollieren riesige Materien- und Energieströme durch Ökosysteme.

Tiere steuern die Wachstumsraten vieler anderer Arten, indem sie bestäuben, Samen verbreiten, beweiden, jagen und entscheiden, wo sie nisten oder Dünger fallen lassen. Fügt man dem noch ihr Trampeln, Wühlen und Scharren hinzu, ganz zu schweigen von den weitreichenden Auswirkungen menschlicher Eingriffe, dann sehen wir, dass Tiere das Gesicht des Planeten verändert haben.

Ohne Tiere kann ein Garten nicht funktionieren. Wir brauchen sie, am richtigen Ort und in angemessener Zahl. In diesem Kapitel betrachten wir, wie Tiere vieler Arten im Garten arbeiten können. Zuerst untersuchen wir die Rolle von Insekten und sehen, wie man nützliche Arten anzieht und pflegt. Dann tun wir dasselbe mit Vögeln und anderen Wildtieren. Zuletzt betrachten wir, wie kleine Haustiere, wie Enten, Kaninchen und Hühner, eine wertvolle Rolle im Garten übernehmen können, selbst in der Stadt.

Mehr gute Insekten als schlechte

Vor kurzem besuchte ich das Occidental Arts and Ecology Center, ein Institut für Umweltbildung nördlich von San Francisco, das für seine wunderbar produktiven organischen Gärten bekannt ist. Der Ökologe Brock Dolman führte eine Tour und einer der Teilnehmer fragte Brock, wie er mit einem schädlichen Insekt umgeht, das Feldfrüchte verwüstet. »Ich bin nicht der Richtige, um über Insektenplagen zu reden«, antwortete Brock. »Unsere Gärten sind in so guter ökologischer Balance, dass kein einziger Schädling je viel Schaden anrichtet. Alle Schädlinge hier haben natürliche Feinde, die sie in Schach halten. Daher mussten wir keine Experten zu besonderen Insektenproblemen werden.«

Diese Perspektive ist weit entfernt von der herkömmlicher Landwirte. Der Hauptschwerpunkt der meisten landwirtschaftlichen Beratungsstellen, Gärtnermeister-Kliniken und zahlreicher Lehrbücher – ganz zu schweigen von mehreren Multimilliarden-Dollar-Branchen – liegt auf Ungeziefer. Ein Gärtner, der Unwissenheit über Problemschädlinge zugibt, muss in einem anderen, freundlicheren Universum leben.

Insekten stehen bei den meisten Gärtnern nicht ganz oben auf der Favoriten-Liste. Die von Insekten abgefressenen Blätter des Brokkoli lassen sich einfach nicht übersehen und die Vorzüge von Bestäubung und die Rolle von schädlingsfressenden Raubinsekten lässt sich leicht ignorieren. Doch die meisten Insekten sind entweder hilfreich oder neutral. Nur eine

Minderheit schädigt Pflanzen. Ohne Insekten hätten wir sehr wenig zu essen, keinen Kompost oder Mutterboden, wenige Vögel, noch weniger Säugetiere – sie sind ein notwendiger, tragender Faden im Gewebe des Lebens. Der Biologe E. O. Wilson nennt sie »die kleinen Dinge, die die Welt regieren«. Dennoch hassen die meisten Gärtner sie: Beim Besuch eines Baumarktes hörte ich einen Mann fragen: »Was kann ich kaufen, um alle Insekten auf meinem Grundstück zu töten?« Ich habe fast zu schreien angefangen.

Es besteht kein Zweifel, dass Insekten Nahrungs- und Zierpflanzen schädigen. Laut USDA gehen 14 Prozent aller Feldfrüchte durch Insekten und Krankheit verloren. Doch hinter dieser Zahl steckt mehr, als man auf den ersten Blick sieht, denn vor 50 Jahren betrug der Ernteverlust nur 7 Prozent. Drei Faktoren haben diesen alarmierenden Trend verursacht. Der erste ist der Verlust von Bodenfruchtbarkeit. Gesunde, schädlingsresistente Pflanzen brauchen gesunde Erde, und wir haben viel von unserer verloren oder verkümmern lassen. Die anderen zwei Ursachen passen zum Thema dieses Kapitels, weil sie für den Tod der Nützlinge verantwortlich sind, die einst Schädlinge im Zaum hielten. Dies sind ein »sauberer« Anbau von Zaunstreifen zu Zaunstreifen sowie schwerer und zeitlich schlecht gewählter Pestizideinsatz.

Bis vor ein paar Jahrzehnten unterteilten Landwirte ihre Felder durch artenreiche Hecken und ließen die wilde Vegetation entlang von Bächen und Weiden stehen. Die Diversität der Pflanzen in diesen ungezähmten Orten bot einem großen Spektrum von Insekten ein Zuhause, die zwischen den Blättern Zuflucht fanden und sich am Nektar und Pollen der vielen Blüten labten. Auch Spinnen und Vögel gediehen in diesen Dickichten. Wann immer Ungeziefer in die angrenzenden Felder einfiel, warteten die Räuber bereits darauf, diese neue Nahrungsquelle aufzufressen. Da all diese Natur in Hecken und Brachäckern bereitstand, um jedes Ungleichgewicht zu beheben, gerieten die Schädlingsprobleme selten außer Kontrolle.

Dann zerstörten das Aufkommen von Herbiziden, Hochleistungstraktoren und die Gier, jeden Dollar aus dem Ackerland zu pressen, den Lebensraum der Nützlinge. Die breiten, mit Wildtieren gefüllten Hecken wurden durch Drahtzäune ersetzt oder entfernt, um größere, mit Traktoren bestellte Felder zu schaffen. Bäche wurden abgeleitet. Herbizide vernichteten die wilden Orte, die als unproduktiv und als Quelle von Unkrautsamen, Schädlingen und Krankheiten verschmäht wurden. Die Landwirtschaft überwältigte die letzten Reste der wilden Landschaft und ertränkte sie in einem gleichmäßigen Meer von Feldfrüchten.

Der zweite Schlag zur Ausrottung der nützlichen Insekten war der weitreichende Insektizideinsatz. Die Ökologie der Schädlinge und ihrer Räuber lässt uns erkennen, wie das zustande kam. Insekten, die sich von Pflanzen ernähren, vermehren sich in erstaunlicher Menge und erreichen rasch astronomische Zahlen. Doch die Insekten, die sich von diesem Ungeziefer ernähren, reproduzieren langsamer und in kleinerer Zahl. Das liegt daran, dass die Nahrungsquelle der Räuber weniger üppig ist (es gibt mehr Blätter als Insekten zu fressen) und mehr Energie zum Jagen erfordert, als herumzuschwärmen und zu fressen. Für die Vermehrung der Räuber steht weniger Energie zur Verfügung als für die ihrer Beute. So wie ein Räuber wie eine Eule nicht weit verbreitet ist und nur ein paar Junge im Jahr hat, vermehren sich auch Marienkäfer weniger schnell oder zahlreich als ihre Beute. Raubtiere sind stets in weitaus kleiner Zahl vorhanden als ihre Beute. Dies macht sie anfällig fürs Aussterben, wenn die Beute abnimmt.

Außerdem besteht eine Zeitlücke zwischen der Vermehrung der Beute und der ihrer

Räuber. Eine Blattlausplage kann in ein oder zwei Wochen seuchenartige Proportionen annehmen (erschreckenderweise können Blattläuse bereits schwangere Junge bekommen). Marienkäfer kommen rasch herbei und greifen die Blattlauspopulation an, ehe der scharfäugige Gärtner weiß, dass sie da sind. Doch ohne eine natürliche Umgebung, wo sich die Marienkäfer aufhalten und vermehren können, leben nicht genügend in der Nähe, um den Ausbruch zu ersticken. Und Ackerbau von Zaun zu Zaun bedeutet, dass die Hecken und wilden Orte, wo sie leben, rar sind.

Blattläuse oder jede reichhaltige Nahrungsquelle regt die Marienkäfer zur Fortpflanzung an, doch sie brauchen Zeit, um Eier zu legen und auszubrüten. Die Larven, die wie Alligatoren aussehen, sind sogar noch gefräßigere Raubtiere als ihre Eltern, doch sie brauchen ein paar Tage, um zu wachsen. Daher gibt es eine Verzögerung, bis ihre Zahlen anwachsen können. In der Zwischenzeit vermehren sich die Blattläuse in erstaunlicher Geschwindigkeit.

In diesem unglücklichen Zyklus, gerade als die Marienkäfer sich in ausreichend großer Menge vermehrt haben, um die Blattläuse zu kontrollieren, entdeckt der Bauer oder Gärtner die Blattläuse und sprüht Insektizide. Dies tötet viele Blattläuse – und die meisten Marienkäfer. Die sich schnell vermehrenden Blattläuse erholen sich innerhalb weniger Tage, aber die Anzahl der Marienkäfer bleibt kritisch niedrig, bis die Blattläuse ihre Jungen füttern können. Gerade als die Marienkäfer wieder zu brüten beginnen, sieht der Gärtner, dass die Blattläuse wieder da sind. Aus Furcht vor einer weiteren Plage sprüht er wieder und bekämpft so die angeschlagenen Marienkäfer. Ein paar Runden davon und die Marienkäfer sind alle tot, während einige Blattläuse sicher überleben. Jetzt haben die Schädlinge keine Raubtiere mehr zu fürchten und können sich unkontrolliert vermehren, und der Bauer – oder Gärtner

Ein räuberischer Blattlauslöwe und Marienkäfer.

– befindet sich in einer teuren und giftigen Insektizidtretmühle. Er hat die Sicherungen der Natur eliminiert und muss sprühen und sprühen oder sich die Zeit nehmen – und die kurzfristige Einbuße an Ertrag verschmerzen –, um die natürliche Balance wieder instandzusetzen.

Wie können wir Gärten schaffen, die diese Balance besitzen und das zur Verfügung stellen, was Nützlinge brauchen? Zuerst müssen wir ein wenig über diese Nützlinge lernen. Wir können vier Arten von nützlichen Insekten unterscheiden: Raubtiere, parasitäre Insekten (oder Parasitoide), Bestäuber und Unkrautvertilger. Sehen wir sie uns nacheinander an.

Räuberische Insekten

Räuber entstammen mehreren unterschiedlichen Kategorien oder *Ordnungen* von Insekten: Käfer, Wanzen, Fliegen, Wespen und ihre Verwandten sowie ein paar kleinere Ordnungen. Sie fressen ihre Beute entweder, indem sie sie mit scharfen Mandibeln zerbeißen oder mit rohrartigen Mundwerkzeugen stechen und die Körpersäfte aussaugen. (Das klingt nicht nett, aber warten Sie, bis Sie hören, wie Parasitoide ihre Beute nutzen.) Manche sind Spezialisten und machen nur Jagd auf eine oder ein paar Arten, aber viele fressen alles, was ihnen unterkommt, sei es nützlich oder schädlich. In vielen Fällen sind ausgewachsene wie junge Insekten Raubtiere. Marienkäfer sind ein Paradebeispiel: Die hungrigen Jungen besitzen riesige, kräftige

Kiefer an einem krokodilartigen Körper. Diese Larven sehen gar nicht wie die süßen, getupften Alttiere aus, die in Kinderlieder besungen werden.

Ich füge hier auch Spinnen als ausgezeichnete Schädlingsräuber zu unserer Liste hinzu, obgleich sie Arachniden, nicht Insekten sind. Sie verstecken sich in trockenem Gras und Mulch, wo es sehr feucht ist und sie vor Temperaturveränderungen geschützt sind, was sie vorziehen. Ein sauber kultivierter Garten ist kein guter Lebensraum für sie: Forscher haben in gemulchten Gärten 30-mal mehr Spinnen und weit weniger Insektenschaden an Pflanzen ermittelt als in ungemulchten.

Parasitäre Insekten

Parasitäre Insekten, auch *Parasitoide* genannt, sind kleine Wespen und Fliegen, die ihre Eier in anderen Insekten oder Insekteneiern ablegen. Ihre Lebenszyklen sind schauerliche Geschichten, von denen ich hier eine Auswahl vorstellen möchte. Eine Art aus der Gruppe der parasitären Wespen, die Brackwespen genannt werden, jagt Kohlwurmraupen. Wenn die Wespe eine gefunden hat, stößt sie ihren scharfen Eiablagekolben in die Raupe und pumpt 20-60 Eier in die unglückliche Kreatur. Dem Kohlwurm geht es gut, wenn dies geschieht. In zwei oder drei Wochen schlüpfen die Wespen im Kohlwurm und beginnen zu fressen. Der Tod kommt sehr langsam, da es die Wespenlarven vermeiden, lebenswichtige Organe zu fressen, bis sie bereit für den Weg nach draußen sind. Schließlich fressen die wachsenden Larven sich ihren Weg durch das Fleisch der Raupe, töten den armen Wirt und hinterlassen eine leere, faltige Hülle.

Ich habe gehört, dass die Macher des Films *Alien* ihre Inspiration von parasitären Wespen erhielten. Andere parasitäre Wespen legen ihre Eier auf Blätter, wo Raupen sie fressen. Sobald sie konsumiert wurden,

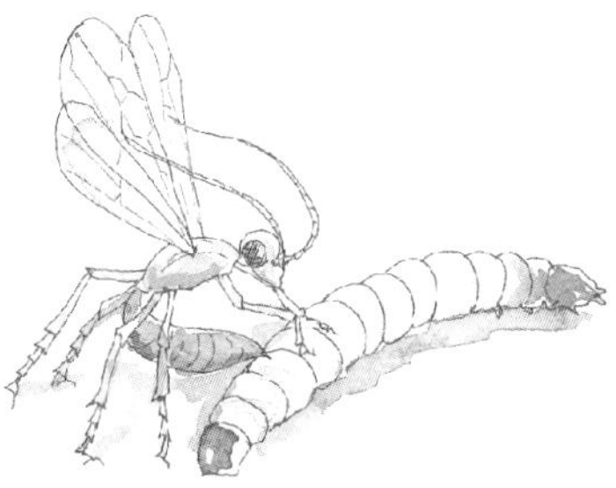

Eine parasitäre Brackwespe, die Eier in eine Kohlwurmlarve injiziert.

schlüpfen die Tiere aus den Eiern in der Raupe und dieselbe schauerliche Geschichte beginnt erneut.

Parasitoide sind oft Spezialisten und jagen nur eine oder ein paar Schädlingsarten, daher schädigen sie selten hilfreiche Insekten. Die meisten ausgewachsenen Parasitoiden sind keine Fleischfresser und ernähren sich zumeist von Pollen und Nektar (vielleicht verlieren sie die Lust auf Fleisch schon in jungen Jahren). Blumen und wilde Vegetation nahe am oder im Garten sind entscheidend für ihr Überleben.

Viele parasitäre Wespen sind mit dem bloßen Auge kaum erkennbar und haben meist keinen Stachel, wer also Angst vor Bienen und Wespen hat, braucht diese Nützlinge nicht zu fürchten.

Bestäuber

Die Verbindung zwischen Pflanzen und Tieren ist mit Pollen bestreut. Ohne Insekten, die durch Befruchtung der Blüten mit Pollen das Frucht- und Samenwachstum in Gang setzen, würde der Mensch verhungern. Gemüse- und Obstgärten wären kahl bis auf Mais, Trauben und eine Handvoll anderer windbestäubter Pflanzen. Blumenbeete würden nicht existieren.

Die Geschichte der gemeinsamen Entwicklung von Pflanzen und Insekten ist lang und geht viele Millionen Jahre auf das Ende des Dinosaurierzeitalters zurück. Damals lernten die Insekten, dass proteinreiche

Eine gelbbraune Sandbiene bestäubt eine Apfelblüte.

Pollen ausgezeichnete Nahrung ist, und Blühpflanzen spürten, dass pollenbedeckte Insekten effektiver sind als der Wind, um ihre männliche DNA zu einem weiblichen Fruchtknoten zu tragen. Eine Partnerschaft begann. Pflanzen entwickelten leicht erreichbare Pollenorgane, leuchtende Blüten als Signale an die Insekten und Nektarkammern, die voll von süßem Zucker waren, um die fleißigen Bestäuber zu belohnen. Die Insekten ihrerseits bildeten Taschen aus, die Pollenladungen enthielten, ausfahrbare Mundwerkzeuge, um tief in die Blüten zu stoßen, und in manchen Fällen die Fähigkeit, in genau der richtigen Frequenz zu summen, damit der Pollen aus den Blüten flog.

Der bekannteste Bestäuber ist die europäische Honigbiene, die mit vielen Nahrungspflanzen nach Amerika importiert wurde. Diese Honigbienen sind Generalisten, die fast alles bestäuben, was sie erreichen können. Doch Honigbienen, die wie andere Haustiere für Fügsamkeit und hohen Ertrag gezüchtet wurden, sind nicht so robust wie wilde Bienen. In letzter Zeit sind sie parasitären Milben und Krankheiten zu Opfer gefallen, die bis zu 80 Prozent ihrer Stöcke getötet haben. D. h. heimische und andere Bestäuber sind wichtiger als je zuvor.

Zum Glück gibt es heimische Bienen und Wespen und ihre importierten Verwandten in Fülle. Die Maya und andere amerikanische Ureinwohner kultivierten lokale Bienen für die Bestäubung und ihren Honig und hielten oft mehrere Arten in ihren Vorgärten. Bedenken Sie auch, dass Raub- und parasitäre Insekten, wie der Rest der Natur, vielfältige Rollen spielen. Sie können auch Bestäuber sein.

Viele Insekten, die zur Schädlingsbekämpfung eingeführt wurden, haben sich eingebürgert und bestäuben nun heimische und exotische Pflanzen.

Ich habe schon erwähnt, dass unsere meisten Nahrungspflanzen und viele Unkräuter nicht einheimisch sind; das gilt auch für einen großen Prozentsatz ihrer Bestäuber. Importierte Nützlinge spielen wichtige Rollen bei der Bestäubung vieler exotischer Arten, die aus derselben Region kamen. Wissenschaftler haben herausgefunden, dass das invasive Unkraut Flockenblume, auch aus Europa, zurückging, wenn man europäische Honigbienen von ihm fernhielt. Dies deutet darauf hin, dass es sehr schwierig sein dürfte, viele Unkräuter zu beseitigen, es sei denn, man tötet ihre Insektenverbündeten, eine schwierige oder sogar unerwünschte Aufgabe. Bei einer einladenden Umgebung werden exotische Insekten sowie exotische Pflanzen schließlich Teil ihres neuen Ökosystems.

Unkrautvertilger

Nicht alle Schadinsekten fressen nur Gemüse und hochgeschätzte Blumen, auch wenn dies den Anschein hat. Manche Insekten nagen insbesondere unerwünschte Pflanzen ab. Blutweiderich z. B., der in den Vereinigten Staaten verhasst ist, weil er sich ungezügelt, opportunistisch in düngerverschmutzten Wasserwegen ausbreitet, ist im angestammten Europa, wo er durch ein großes Netz natürlicher Feinde und Konkurrenten kontrolliert wird, eine wertvolle Wildblume. Ein Käfer und ein Rüsselkäfer, die ausschließlich von dieser Pflanze leben, wurden aus Europa eingeführt, um die Pflanze im Zaum zu halten, und wo der Weiderich einst gedieh, blieben bei Experimenten nur tote Stoppeln übrig.

Dann gibt es noch die Larve des Distelwicklers, die die Wurzeln mehrerer

Eine unkrautfressende Agapeta-Nachtfalterlarve, die an einer Flockenblumenwurzel nagt.

Flockenblumenarten frisst. Bestimmte Erdflöhe ernähren sich von Esels-Wolfsmilch, einem Weidekraut, das Rinder krank macht.

Natürlich ist der Import eines neuen Insekts riskant, da es sich in seinem neuen Zuhause danebenbenehmen und geschätzte Arten attackieren kann. Das ist ein recht abseitiges Gebiet, das Gärtner wohl besser nicht auf eigene Faust erkunden sollten, doch falls ihr Grundstück von einem bekannten Exoten wie Weiderich belagert wird, könnten Sie bei Ihrer landwirtschaftlichen Beratungsstelle anfragen, ob es ein bestimmtes unkrautvertilgendes Kontrollinsekt gibt, das angemessen wäre. Aber wir pfuschen da in ein komplexes System, also seien Sie vorsichtig.

Nützliche Insekten anlocken

Da wir nun unsere Insektenfreunde kennengelernt haben, können wir sie willkommen heißen. Wie alle Tiere benötigen auch Insekten Nahrung, Unterschlupf, Wasser und die richtigen Bedingungen zur Fortpflanzung. Sehen wir mal, wie wir diese bereitstellen können.

Tabelle 7-1 ist eine Liste der Insekten anlockenden Pflanzen und Nützlinge, die sie besuchen. Diese Pflanzen bieten Pollen und Nektar, Laub, das die Larven fressen, oder Habitat für Beutearten; sie alle bieten in irgendeiner Form Nahrung. Viele dieser Floren sind sehr attraktiv und können (und sollten!) selbst ins formellste Gartenbeet gesetzt werden. Eine Vielzahl dieser Pflanzen ist multifunktional und liefert Nahrung, Kräuter, Medizin oder andere Vorteile.

Ohne eine zuverlässige Zufuhr an Beute bleiben Raubtiere und Parasitoide nicht vor Ort. Dies ist ein weiterer Vorteil von Hecken oder Wildkräuterstellen, denn dort gibt es immer ein paar Blattläuse und andere Beute, was die Nützlinge zum Bleiben ermuntert. Manche Gärtner fürchten, dass Unkräuter oder andere »Fangpflanzen«, wie Beute anlockende Pflanzen genannt werden, einen Nährboden für Schädlinge bilden, aber die Forschung zeigt, dass ihr Wert als Snackbars für gute Insekten den möglichen Schaden durch Ungeziefer weitaus übertrifft. Es scheint widersinnig zu sein, aber es ist besser, ein paar Schädlinge zu haben als keine. Falls man vorübergehend alle Schadinsekten entfernt (und mehr als vorübergehend ist nicht möglich), verschwinden auch Nützlinge, was einen hilflos macht, wenn Ungeziefer mit hoher Reproduktion zurückkehrt.

Hilfreiche Insekten brauchen auch Schutz, dazu gehören dichtes Laub, Mulch, totes Gestrüpp, Blätter, Steinhaufen und Mauern. Sträucher, Hecken und dichte Staudenbeete sind ideal. Die Forschung zeigt, dass viele nützliche Insekten in toter Vegetation überwintern oder Eier legen, daher sollten Gärtner Aufräumarbeiten auf den Frühling verschieben. Ein penibel gepflegter Garten ist ein schlechter Lebensraum für Nützlinge. (Ist es nicht wunderbar, vernünftige ökologische Gründe für das Verschieben der Arbeit zu finden?)

Trinkwasser bereitet normalerweise keine Sorgen, da viele Insekten Feuchtigkeit aus Nektar oder Laub erhalten. Doch manche Bienen- und Wespenarten trinken am

Eine Galerie der Nützlinge

Obgleich Tausende von Insektenarten nützlich für Gärtner sind, passen die meisten in ein paar Hauptkategorien. Hier sind die Hauptverbündeten des Gärtners.

Zu den räuberischen Käfern gehört der bekannte Marienkäfer. Sie ernähren sich überwiegend von Blattläusen, aber fressen auch Milben, weichhäutige Insekten und Insekteneier. Sie überwintern in Laubstreu, unter Steinen und an anderen geschützten Orten. Marienkäfer und ihre grimmig aussehenden alligatorartigen Larven, die sog. Blattlauslöwen, fressen täglich 50-500 Blattläuse. Wenn sie hungrig sind, können Marienkäfer von Nektar und Pollen aus flachen Blütendolden wie Schafgarbe und Sonnenblume leben, doch sie bevorzugen Insekten.

Andere wichtige Raubkäfer sind die schillernden grün- oder blauflügeligen Schönheiten, die als Laufkäfer bezeichnet werden und sich von Kartoffelkäfereiern und anderem ernähren, sowie Kurzflügler, die Kohl, Zwiebeln- und andere Wurzelmaden fressen.

Netzflügler gibt es in ganz Nordamerika – grüne Netzflügler östlich der Rocky Mountains und die kleineren braunen Netzflügler im Westen. Die Larven greifen Blattläuse, Wollläuse, Thripse, Raupen und ihre Eier, Milben und Schuppen an. Die Jungen haben hohle Mandibeln, durch die sie die Körperflüssigkeiten ihrer Opfer saugen. Die Larven spinnen gelbe, erbsengroße Kokons an Blätter, aus denen sie nach etwa zwei Wochen schlüpfen. Manche Alttiere fressen Blatt- und Wollläuse, andere leben von Pollen und Nektar. Falls sie schlüpfen, wo es keine andere Nahrung gibt, fressen sie sich gegenseitig.

Bei den räuberischen Wespen gibt es soziale und Solitärwespen. Soziale Wespen, die Kolonien bilden, wie gelbschwarze und Feldwespen, stellen Raupen nach, fressen sie oder verfüttern sie an ihre Larven. Solitärwespen, wie Grabwespen, bilden keine Kolonien, sondern bauen Nester für ein Tier und leben von Rüsselkäfern, Grillen und Raupen. Manche Raubwespen lähmen ihre Beute mit einem chirurgisch präzisen Stich in ein bestimmtes Nervenbündel und lassen das Opfer am Leben, aber hilflos im Nest zurück, damit die Larven es in Ruhe verzehren können. Die meisten Alttiere brauchen als Nahrung Pollen und Nektar. Korbblütlerblumen (wie Gänseblümchen, Kamille und Färberkamille) und Minzen (wie Grüne, Pfeffer- und Katzenminze) locken Raubwespen an und ernähren sie und auch die unten beschriebenen Schweb- und Raubfliegen.

Es gibt drei Hauptgruppen parasitärer Wespen. Die Brackwespen sind winzige, oft knallbunte Wespen, die ihre Eier auf oder in Kohlwürmern, Tomatenschwärmern und anderen Raupen ablegen. Gärtner können manchmal Raupen finden, auf denen man Dutzende Eier erkennt, gewöhnlich die Arbeit von Brackwespen.

offenen Wasser und andere Insekten haben ein Larvenstadium im Wasser, daher ist es immer gut, einen Teich oder eine andere Wasseranlage zu haben.

Das Angebot an Nahrung, Schutz und Feuchtigkeit trägt wesentlich dazu bei, die richtigen Bedingungen für die Fortpflanzung von Nützlingen zu schaffen. Nahrung muss zur richtigen Zeit verfügbar sein, und auch hier ist Vielfalt der Schlüssel. Lassen Sie viele Blumenarten wachsen, so dass immer mehrere Arten blühen. So haben Nützlinge eine bessere Chance, genug zu wachsen, um sich zu vermehren. Artenreiche Hecken, wilde und

Eine zweite Gruppe, Schlupfwespen, sind kleine (0,08 cm) Wespen, die parasitär an Woll- und Blattläusen sowie Nachtfalter-, Käfer- und Schmetterlingslarven leben.

Sie können goldfarben oder schwarz sein. Die dritte Gruppe, Echte Schlupfwespen, führen ihren typisch langen Legestachel in Motten- und Schmetterlingslarven ein und legen darin Eier ab. All diese Wespen leben als Alttiere von Pollen und Nektar. Pflanzen mit winzigen Blüten, wie Fenchel, Engelwurz, Koriander, Dill und Wilde Möhre, liefern ihre Lieblingsnahrung.

Syrphydae, zu denen Schweb- und Raubfliegen zählen, sind Mitglieder der Dipteren, der Fliegenordnung, obgleich viele von ihnen wie Bienen aussehen. Sie haben keinen Stachel. Schwebfliegenlarven fressen Blattläuse, Wollläuse, Kleinzikaden und Schildläuse und hieven ihre Beute wie Weinschläuche in die Höhe, während sie ihre Innereien aussaugen. Alttiere fressen Pollen und Nektar und lassen sich anlocken, wenn es die ganze Saison über Blüten gibt. Raubfliegen sind groß und greifen viele Insekten an, auch nützliche oder harmlose, daher ist das eierfressende Larvenstadium am hilfreichsten.

Auch Raupenfliegen sind Dipterenen, dunkel und borstig wie Stubenfliegen. Sie sind parasitär und legen Eier oder Maden in ihren Wirten oder Eier auf Blättern ab, die von ihren Wirten gefressen werden, in denen sie dann schlüpfen. Über eine Art, *Lydella stabulans,* wird oft berichtet, weil die Jungen manchmal in ihrer Mutter schlüpfen und sie von innen auffressen. Wenn sie nicht die Mama essen, zerstören Tachiniden Stinkwanzen, Raupen, Erdraupen, Heerwürmer und die Larven vom Großen Schwammspinner und Japankäfer. Alttiere brauchen Blumen, da sie von Nektar, Pollen sowie Blattlaushonigtau leben.

Blumenwanzen und ihre Verwandten, *Orius insidiosus*, sind Wanzen (Hemiptera-Ordnung), etwa 0,8 cm lang, schwarz mit weißen Flügelflecken. Alttiere und Junge saugen Säfte durch einen nadelartigen Schnabel. Sie fressen Thripse, Spinnmilben, Insekteneier, Blattläuse und kleine Raupen. Büsche und Unkräuter, die in Frühjahr und Sommer blühen, regen sie zum Verweilen an, denn Pollen und Pflanzensäfte ernähren sie, wenn sie keine Beute finden. Blumenwanzen mögen v. a. Holunder, Eberesche, Zottige Wicke und wilden und domestizierten Buchweizen.

Geocoridae sind etwa 0,5 cm lang und silbergrau und sehen wie winzige Zikaden mit hervortretenden Augen aus. Beim Laufen zeigen sie ein ausgeprägtes Wackeln. Durch einen nadelartigen Schnabel saugen Alt- und Jungtiere die Säfte ihrer Beute aus. Sie fressen die Eier und Larven von Kapselwürmern, Tabakknospeneulen und alle Stadien von weißen Fliegen, Milben und Blattläusen. Geocoridae fressen auch Samen, und gepflanzte Sonnenblumen erhöhen ihre Zahl. Sie ernähren sich zudem von Nektar und mögen Bodendecker wie Klee für die kalte Jahreszeit.

krautige Stellen, gemischte und Staudenrabatten und Blumen in Gemüsebeeten bieten alle eine natürliche Umgebung. Sie könnten einen wissenschaftlichen Ansatz verfolgen und bestimmte Pflanzen für einzelne Nützlinge auswählen oder Sie könnten wie ich die Schrotflintenmethode anwenden: Pflanzen Sie alles unter der Sonne erdenkliche und genießen Sie die sich daraus ergebende Orgie von Summen, Flattern, Schillern, Nektarschlürfen, Bestäuben und Gartengesundheit.

Vergessen Sie auch nicht, dass kein Insekt eine Insel ist. Alle Organismen sind gemeinsam mit anderen entstanden und so auch

Tabelle 7-1. Wirtspflanzen für nützliche Insekten

Pflanze			Angelocktes Insekt						
Trivialname	**Botanischer Name**	**Blütezeit**	**Marienkäfer**	**Raupenfliege**	**Blumenwanze**	**Schwebfliege**	**Parasitäre Wespen**	**Geocoridae**	**Florfliege**
Luzerne	*Medicago sativa*	Sommer-Herbst			•			•	
Mittleres Fingerkraut	*Potentilla villosa oder intermedia*	Frühling	•			•	•		
Engelwurz	*Angelica gigas*	Hoch-Spätsommer.							•
Anis-Riesenysop	*Agastache foeniculum*	Sommer		•			•		•
Felsen-Steinkraut	*Aurinia saxatilis*	Frühes Frühjahr	•	•		•			
Buchweizen	*Fagopyrum esculentum*	Frühherbst	•	•	•	•			•
Kriechender Günsel	*Ajuga reptans*	Spätfrühling oder Frühsommer	•			•			
Echtes Leinkraut	*Linaria vulgaris*	Sommer, Frühherbst				•	•		
Knollige Seidenpflanze	*Asclepias tuberosa*	Sommer	•						
Kümmel	*Carum carvi*	Sommer				•	•		•
Klee	*Trifolium* spp.	Spätfrühling-Sommer	•		•				•
Koriander	*Coriandrum sativum*	Sommer-Herbst	•			•	•		•
Kosmee oder Schmuckkörbchen	*Cosmos bipinnatus*	Sommer-Herbst				•	•		•
Roter Sandthymian	*Thymus serpyllum coccineus*	Sommer		•		•	•		
Löwenzahn	*Taraxacum officinale*	Frühjahr, Herbst	•						•
Dill	*Anethum graveolens*	Sommer	•			•	•		•
Alpen-Aster	*Aster alpinus*	Sommer				•			
Echter Lavendel	*Lavandula angustifolia*	Sommer				•			
Bastardindigo	*Amorpha fruticosa*	Sommer					•		•
Fenchel	*Foeniculum vulgare*	Sommer	•			•	•		•
Goldgarbe	*Achillea filipendulina*	Sommer-Herbst	•			•	•		•
Mutterkraut	*Chrysanthemum parthenium*	Sommer-Frühherbst				•			
Gartenmelde	*Atriplex hortensis*	Sommer	•			•			•
Gewöhnlicher Sonnenhut	*Rudbeckia fulgida*	Spätsommer-Herbst				•			
Färberkamille	*Anthemis tinctoria*	Frühling-Herbst	•	•		•	•		•

Goldrute	*Solidago virgaurea*	Spätsommer-Herbst			•	•			
Zottige Wicke	*Vicia villosa*	Sommer-Herbst	•		•				
Zierlauch	*Allium tanguticum*	Sommer				•	•		
Zitronenmelisse	*Melissa officinalis*	Sommer		•		•	•		
Männertreu	*Lobelia erinus*	Sommer				•	•		
Schmalblättrige Studentenblume	*Tagetes tenuifolia*	Sommer-Herbst	•			•	•		
Große Sterndolde	*Astrantia major*	Sommer				•	•		
Maximilian-Sonnenblume	*Helianthus maximilianii*	Spätsommer	•						•
Kamtschatka-Fetthenne	*Sedum kamtschaticum*	Sommer				•	•		
Petersilie	*Petroselinum crispum*	Sommer		•		•	•		
Poleiminze	*Mentha pulegium*	Sommer		•		•	•		
Phacelia	*Phacelia tanacetifolia*	Spätfrühling-Frühsommer		•					
Douglas-Sumpfblume	*Limnanthes douglasii*	Sommer				•			
Mohnmalve	*Callirhoe involucrata*	Sommer				•	•		•
Wilde Möhre	*Daucus carota*	Sommer-Herbst	•			•	•		•
Aufrechter Bartfaden	*Penstemon strictus*	Spätfrühling-Sommer	•			•			
Grüne Minze	*Mentha spicata*	Sommer				•			
Ähriger Ehrenpreis	*Veronica spicata*	Sommer	•			•			
Breitblättriger Strandflieder	*Limonium latifolium*	Sommer-Herbst				•	•		
Fetthennen	*Sedum spurium & album*	Sommer				•			
Hohes Fingerkraut	*Potentilla recta 'warrenii'*	Sommer, Frühherbst	•			•	•		
Duftsteinrich	*Lobularia maritima*	Sommer				•	•		
Rainfarn	*Tanacetum vulgare*	Spätsommer-Herbst	•	•			•		•
Große Knorpelmöhre	*Ammi majus*	Sommer-Herbst		•	•	•			
Wilde Bergamotte	*Monarda fistulosa*	Sommer				•			
Echte Betonie	*Stachys officinalis*	Frühling-Sommer				•			
Schafgarbe	*Achillea millefolium*	Sommer-Frühherbst	•			•	•		•
Zinnie	*Zinnia elegans*	Sommer-Frost				•	•		

Insekten. Sie haben Pflanzen- und Tierpartner, und falls wir diese Partnerschaften in unseren Gärten neu erstehen lassen können, besteht eine bessere Balance und es entstehen weniger Probleme. Ein gutes Beispiel dafür ist die Sonnenblume. Sonnenblumen stammen aus Nordamerika, und über 150 Insektenarten, darunter Rüsselkäfer, Käfer und Raupen, fressen Laub, Wurzeln, Blumen und Samen. Als in den 1970er Jahren der großflächige kommerzielle Anbau von Sonnenblumen begann, verlagerten einige dieser Schädlinge sich von wilden auf domestizierte Sonnenblumen. Doch nur ein paar wurden zu ernsten Problemen. Das liegt daran, dass sich mit den sonnenblumenfressenden Insekten auch ein ebenso enormes Aufgebot an Raub- und parasitären Insekten – über 100 Arten – entwickelt hatte, die zur Unterdrückung von Ausbrüchen zur Verfügung standen. Dutzende von Insekten haben sich auch als Sonnenblumenbestäuber entwickelt.

Dies erlaubt einen Einblick, wie komplex Pflanzen-Insekten-Beziehungen sind. Wir können uns Pflanzen und ihre Insektenfreunde als Orchester – oder Miniökologien – vorstellen, in dem jeder eine Rolle übernimmt und mit Dutzenden oder Hunderten von Arten in Balance ist. Dies ist ein Vorteil, wenn man mit heimischen Pflanzen arbeitet: Die für gesundes Wachstum und Fortpflanzung benötigten Partner (dazu gehören auch Boden-Mikroorganismen, Nager oder Vögel) stehen wahrscheinlich zur Verfügung. Doch nach mehreren Jahrhunderten von Handel und Reisen zwischen Kontinenten sind auch viele Partner exotischer Pflanzen hier angekommen. Viele der Nützlinge, die in einer ökologisch gestalteten US-amerikanischen Landschaft summen, kamen aus anderen Ländern, doch sie können mühelos den Weg in den einladenden Lebensraum eines gesunden Gartens finden.

Viele Gartenbaubetriebe verkaufen Nützlinge und das ist ein probates Mittel, um sie zu bekommen. Aber es wäre dumm, teure Insekten zu kaufen, wenn man ihnen keinen Lebensraum bietet. Sie werden einfach zu grüneren Weiden aufbrechen oder bestenfalls die nahegelegenen Schädlinge fressen und dann sterben, ohne sich fortzupflanzen. Vielleicht ist es für Bauernhöfe oder große Gärten mit vielen Reihen Gemüse eine kurzfristige Lösung, Insekten zu kaufen, ich habe das jedoch nie getan und mein Grundstück brummt nur so vor hilfreichen Insekten. Ein ökologischer Garten hat zudem nicht viele Gemüsereihen in Monokultur, sondern eine abwechslungsreiche Anordnung vieler Sorten, die auch mit Blumen vermischt sind. Um Nützlinge anzuziehen, pflanzen Sie einfach Blumen und bieten ihnen eine natürliche Umgebung, dann werden die nützlichen Insekten kommen – und bleiben.

Jedes Jahr füge ich weitere nützliche Blumen hinzu und ich bin überrascht über den schnellen, exponentiellen Zuwachs an Insektenleben. Insektarium-Pflanzen tun mehr, als nur Insekten anzulocken. Ein Garten voller Insektenpflanzen kann – und wird – multifunktional sein. Meine Pflanzen sind gesünder und mein Garten ist einfach schöner. Und der Wissenschaftler in mir kann Dutzende winziger stachelloser Wespen und seltsamere Kreaturen beobachten, während sie von Blume zu Blume flitzen. Auch sind viele dieser Blumen essbar. Ich kann Ringelblume, Monarde, Senf, Borretsch oder viele andere Blüten in einen Salat geben oder ihre Blätter und anderes als Kräuter verwenden. Medizinisch Interessierte können Tinkturen und Salben aus Insektarium-Pflanzen herstellen. Da Insekten einen großen Bestandteil der Vogeldiät darstellen, besuchen uns auch mehr Vögel. Die Beziehung unter Pflanzen, Insekten und Vögeln ist faszinierend, und darüber sprechen wir als nächstes.

Die gefiederten Freunde des Gärtners

Meine Geschichte über den »Wachteltraktor« zu Beginn dieses Kapitels weist auf die Rollen hin, die Vögel im ökologischen Garten spielen können. Doch wie bei Insekten heißen viele Gärtner Vögel nicht unbedingt mit offenen Armen im Garten oder Obstgarten willkommen. Vögel können eine Beerenernte enorm dezimieren, Löcher in Früchte picken und kleine Sämlinge aus dem Boden scharren. Oft entstehen diese Probleme, weil gutes Vogelhabitat fehlt und die Vögel gezwungen sind, mit dem vorlieb zu nehmen, was zur Verfügung steht (mit anderen Worten, Ihre Pflanzen). Ich behaupte, dass Vögel in einer gut gestalteten, ausgewogenen Landschaft mehr Gutes tun als Schaden anrichten. Sie sind ausgezeichnete Räuber und greifen blattfressende Raupen und Fluginsekten an. Viele Vögel fressen Samen und vermindern die Menge an Unkräutern. Für diese Nahrung hinterlassen sie im Gegenzug kleine Geschenke an üppigem Dünger. Einzelner Vogelkot ist vielleicht nicht viel, aber wenn ein Gärtner Dünger konzentriert, indem er ein Vogelhäuschen aufhängt oder eine andere Taktik anwendet, kann sich viel Dünger ansammeln. Vögel scharren auch in der Erde, wodurch sie gleichzeitig die Erde umgraben, Insekten und Unkrautsamen entfernen und Unkrautsämlinge ausreißen. Manche kleinen Vögel sind gute Bestäuber. Und dann ist auch noch die pure Freude, die wir durch Vögel erfahren, mit ihrem leuchtenden Federkleid, vielfältigem Gesang, Nestbau und der Familienaufzucht und ihrem endlos reichhaltigen Verhalten, wenn sie jagen, balzen, Territorien abstecken und miteinander verkehren. Ein Garten ohne Vögel erscheint wie ein steriler Ort.

Um zu erfahren, wie man Vögel in die Landschaft holt und von ihnen profitiert, nehmen wir erneut den ökologischen Blickwinkel ein. Welche Art von Lebensraum gibt Vögeln alles, was sie brauchen? Sobald wir das beantwortet haben, können wir erkennen, wie man Vogelhabitat und alle Geschenke, die Vögel anzubieten haben, in den Garten integriert.

Stellen Sie sich ein Grundstück mit nackter Erde vor. Ein bisschen nackte Erde ist für Vögel nützlich, wo sie Staubbäder in trockener Erde nehmen können, um Milben und andere Parasiten loszuwerden. Vögel fressen auch Steinchen, die ihre Verdauung unterstützen. Doch ohne Schutz vor Raubtieren und den Elementen kann hier kein Vogel leben. Gelegentliche Besucher kommen vielleicht, um an diesem leeren Ort nach Würmern oder bodenlebenden Insekten zu suchen, doch sie werden nicht lange bleiben.

Wenn der Boden mit einem niedrigen Bodendecker bewachsen wird, zieht das freundliche Mikroklima und die Begrünung verschiedene Insektenarten an. Jetzt erscheinen vielleicht bodennistende Vögel wie Wiesenlerchen und bestimmte Spatzen, die sich von Insekten und Samen ernähren. Diese beiden Nahrungsarten fördern die Vielfalt der Vogelbewohner, da insektenfressende Vögel lange, schlanke Schnäbel haben, um Insekten von den Blättern zu zupfen, während die Schnäbel der Samenfresser kurz und dick sind, um harte Samen zu knacken. Da die Umwelt immer komplexer wird, variieren auch die Anatomie und das Verhalten der Vögel. Mit anderen Worten: In komplexen Lebensräumen können mehr Vogelarten koexistieren als in einfachen.

Bringen Sie etwas mehr Pflanzenvielfalt herein: hohe Gräser. Dichtes, hohes Gras bietet Vögeln Schutz vor Raubtieren, aber behindert auch den Vogelflug. Vögel, die in hohem Gras leben, unterscheiden sich von Bodenbrütern. Sie haben kurze Flügel und Schwänze, um sich geschickt durch das Gras zu bewegen, da sie hüpfen, statt zu fliegen.

Dies ist immer noch ein ziemlich ärmliches Zuhause. Fügen wir einige Büsche hinzu, die die Vielfalt auf verschiedene Weise

Tabelle 7-2. Nützliche Pflanzen für Vögel

Name der Pflanze		Liefert					
Trivialname	**Botanischer Name**	**Samen**	**Insekten**	**Obst**	**Winter-Obst**	**Schutz und Deckung**	**Nistplätze**
Erle	*Alnus* spp.	•					•
Amerikanischer Schneeball	*Viburnum trilobum*			•	•		
Amur-Korkbaum	*Phellodendron amurense*				•		
Schirm-Heckenkirsche	*Lonicera maackii*				•		
Apfel und Holzapfel	*Malus* spp.			•	•		•
Esche	*Fraxinus* spp.	•					•
Korallen-Ölweide	*Eleagnus umbellata*			•	•		
Bambus	*Phyllostachys* spp.					•	•
Gewöhnliche Berberitze	*Berberis* spp.					•	•
Gagelstrauch oder Wachsmyrte	*Myrica* spp.			•	•		
Birke	*Betula* spp.	•	•				
Brombeere und Himbeere	*Rubus* spp.			•			
Heidelbeere	*Vaccinium* spp.			•			
Kreuzdorn	*Rhamnus* spp.					•	•
Kirsche	*Prunus* spp.			•			
Hartriegel	*Cornus* spp.			•			•
Douglasie	*Pseudotsuga menziesii*						•
Virginischer Wacholder	*Juniperus virginiana*				•	•	•
Holunder	*Sambucus* spp.					•	•
Ulme	*Ulmus* spp.		•				•
Spindelstrauch	*Euonymus* spp.	•					
Gewöhnlicher Schneeball	*Viburnum opulus*			•	•		
Tanne	*Abies* spp.					•	

Name der Pflanze		Liefert					
Trivialname	**Botanischer Name**	**Samen**	**Insekten**	**Obst**	**Winter-Obst**	**Schutz und Deckung**	**Nistplätze**
Feuerdorn	*Pyracantha* spp.			•			
Stechwinde	*Smilax* spp.					•	
Zürgelbaum	*Celtis* spp.				•		
Weißdorn	*Crataegus* spp.			•	•		•
Stechpalme	*Ilex* spp.			•	•		•
Geißblatt	*Lonicera* spp.			•			
Ahorn	*Acer* spp.	•	•				•
Eberesche	*Sorbus* spp.			•	•		
Maulbeere	*Morus* spp.			•		•	•
Kaki	*Diospyros* spp.			•	•	•	•
Kiefer	*Pinus* spp.					•	•
Rose (wilde, Heckenrose usw.)	*Rosa* spp.			•	•	•	·
Schmalblättrige Ölweide	*Eleagnus angustifolia*			•	·		•
Shallon-Scheinbeere	*Gaultheria shallon*			•		•	·
Felsenbirne	*Amelanchier* spp.			•			•
Geschlitzter Essigbaum	*Rhus glabra*				•		
Wohlriechender Fieberstrauch	*Lindera benzoin*			•			
Fichte	*Picea* spp.					•	·
Essigbaum oder Hirschkolbensumach	*Rhus typhina*				•		
Platane	*Platanus*		•				
Winterbeere	*Heteromeles arbutifolia*			•			
Tulpenbaum	*Liriodendron tulipifera*				•		
Weide	*Salix*		•				
Bocksdorn	*Lycium* spp.			•		•	·

fördern. Zum einen, indem wir uns fest in die dritte Dimension, die Höhe, begeben. Sie bietet Sitzplätze für Vögel, wo sie auf Beute warten können, statt auf ständiger Suche umher zu hüpfen. Das Jagen durch Sitzen und Warten spart Energie und lässt mehr Raum für Brut und Sozialkontakt. Äste regen auch zum Fliegen an, daher sind die Flügel und Schwänze von Vögeln, die in Büschen hausen, größer als die gestutzten Stümpfe von Grasbewohnern. Außerdem haben Vögel, die im Flug nach Insekten jagen, breitere Schnäbel, was die Wahrscheinlichkeit erhöht, bei jedem Sturzflug Insekten zu schnappen. Nester, die jetzt vom Boden entfernt sind, sind sicherer, kühler und trockener, so dass mehr Nestlinge überleben.

Auf Ästen sitzende Vögel verteilen enorm gut Samen und können die Pflanzenvielfalt selbst fördern. Forscher haben herausgefunden, dass in einem Feld aufgestellte Sitzstangen die Zahl und Vielfalt der von Vögeln transportierten Samen enorm erhöhte. Falls wir Vögeln in unseren Landschaften ein paar Sträucher zum Sitzen anbieten, bringen sie von allein viele neue Pflanzensorten herbei. Diese wiederum locken neue Insekten an, die mehr neue Vögel anziehen, die wiederum mehr Samen mitbringen, und so geht der Kreislauf immer weiter.

Ein weiterer Zuwachs an Vielfalt, den die Sträucher bieten, kommt vom holzigen Gewebe. Gräser und Kräuter haben weiche Stängel und Blätter; so können Insekten sie mit Leichtigkeit verschlingen. Aber die holzigen Stängel von Sträuchern widerstehen einem weichmäuligen Insekt. Holzige Stängel bieten eine völlig neue Nische, die Insekten mit starken Kiefern oder durchbohrenden Mundwerkzeugen anlocken. Daher sind in einer strauchreichen Landschaft noch mehr Insektenarten zu Hause und somit auch mehr Vögel, die sie fressen.

Unter dem Laubdach der Büsche sind kleine Vögel vor Raubtieren geschützt. Diese Vögel können von Zweig zu Zweig hüpfen und Insekten schnappen. Sie brauchen scharfe, spitze Schnäbel, um auf Nahrungssuche an enge Stellen zu gelangen. Das bedeutet also noch mehr neue Arten.

Der Wechsel in die dritte Dimension verbessert die Vielfalt erheblich und eröffnet viele neue Chancen für Nahrungsquellen und Konsumenten dieser Nahrung. Da sich der Lebensraum differenziert, finden immer mehr Vögel Nischen und dies sorgt wiederum für mehr Vielfalt. Eine Kombination aus Kräutern und Büschen nährt zudem nicht nur die Vögel, die davon abhängen, sondern auch neue Arten, die den Randbereich zwischen den zwei Lebensräumen besiedeln. Auch hier gilt, das Ganze ist mehr als die Summe der Teile. Fügen wir der Mischung nun Bäume hinzu. Die Kombination aus Baumstamm und -krone erzeugt eine neue Struktur, wo Vögel in der offenen Fläche unter den Kronen gleiten können. Es werden mehr fliegende Vögel ankommen und zwar auch größere, da dicke Äste große Vögel tragen können. Und wieder einmal entstehen dadurch neue Insektennischen. Die Baumstämme mit dicker Rinde und breiter Oberfläche ermöglichen es neuen Insektenarten, sich zu ernähren, zu verstecken und ihre Eier abzulegen. Die Vögel, die sie fressen, benötigen spezialisierte Schnäbel, um in die Rinde vorzudringen und eine modifizierte Anatomie, um seitlich an Stämmen zu hängen, statt aufrecht zu sitzen. Bäume erhöhen die Vogelvielfalt noch mehr. Das Leben unter den Bäumen ist auch sicherer. Vögel und Nester im Kronendach sind vor Raubtieren geschützt, die auf dem Boden lauern und nun lernen müssen, für ihre Nahrung zu klettern.

Dies zeigt, wie ein vielfältiger Lebensraum, mit zahlreichen Formen, Größen und Pflanzensorten, Vögel (und Insekten) vieler Arten und Lebensweisen anlockt. Vögel spielen in jedem ökologischen Garten eine entscheidende Rolle, die Gründe wurden zu Beginn dieses Abschnitts genannt. Obgleich manche Leute ihre Gärten speziell so gestalten, um Vögel anzuziehen, kann jeder Garten vogelfreundliche Elemente enthalten. Natürlich können wir ihn so entwerfen, dass die meisten Elemente mehr als eine Funktion haben, die dem Menschen und anderen Bewohnern förderlich sind und zur Gesundheit des gesamten Miniökosystems beitragen. Sehen wir, was ein ökologischer Garten vor allem enthalten sollte, damit Vögel kommen und alles zusammenpasst. Ein ideales, bunt gemischtes Habitat für Vögel besitzt vier Hauptelemente. Dies sind:

1. *Nahrung.* Die Vogelnahrung entfällt in drei Hauptkategorien: Früchte und Beeren, Insekten, Samen und Nüsse. Manche Vögel sind Spezialisten, fressen zumeist aus einer Gruppe, während andere nicht so wählerisch sind. Um eine große Bandbreite an Vögeln zu ernähren, benötigt ein Garten Insektarium-Pflanzen (viele bieten auch Nektar), Gräser und Kräuter, die Samen liefern, sowie Sträucher und Bäume mit Nüssen, Obst und Beeren. Eine breite Palette von Arten ist am besten, um während einer langen Saison ständig Nahrung anzubieten. Viele Früchte und Beeren hängen bis in den Winter und diese Arten laden Vögel ganzjährig ein. Tabelle 7-2 ist eine kurze Liste von Pflanzen, die das ganze Jahr über nützlich für Vögel sind und auch andere Funktionen besitzen. Eine umfassendere Liste von Pflanzen, die Vögel ernähren, ergäbe selbst ein kleines Büchlein, ich verweise Leser daher auf das Literaturverzeichnis für einige gute Bücher zum Thema.
2. *Wasser.* Die natürlichste Wasserquelle für Vögel ist ein Teich oder kleiner Bach mit flachen Rändern. Eine Alternative ist ein Vogelbad oder anderer Behälter, der unter 5 cm tief ist. Eine Staude oder ein anderer Unterschlupf in nächster Nähe gibt den Vögeln eine Fluchtroute und erlaubt ihnen, das Wasser aus sicherer Höhe zu beobachten. Vögel baden auch gern im Sprühnebel von Sprinklern oder anderem bewegten Wasser.
3. *Obdach und Schutz.* Vögel wissen, dass der Tod durch Raubtiere oder schlechtes Wetter stets nahe ist. Daher bieten Nahrung und Wasser nur wenig Anreiz für Vögel, es sei denn, sie sind mit Schutz vor den Elementen und Raubtieren verbunden. Dichte Büsche, Rankengewirr, Pflanzen mit Dornen und laubige Baumkronen bieten alle eine sichere Zuflucht vor Raubtieren. Dichtes immergrünes Laub behütet sie vor Winterwinden, schwerem Schneefall und extremer Kälte. Zum Nisten brauchen Vögel Pflanzen mit Laub, die Regen, heiße Sonne und scharfäugige Raubtiere abhalten. Vögel nisten häufig in speziellen Höhen, daher bietet eine breit gefächerte Anordnung von Sträuchern und Bäumen ein potenzielles Heim für viele Arten. Weite, dichte Pflanzen sind nützlich, da viele Vögel es vorziehen, tief in einer breiten Hecke oder einem Busch zu nisten.
4. *Nahrungs- und Habitatvielfalt.* Um vielerlei Vögel anzulocken und zu nähren, sollte ein Grundstück viele Nahrungsquellen enthalten, deren Ertrag sich über das gesamte Jahr erstreckt, verschiedene Orte als Unterschlupf sowie Schutz und viele versteckte Stellen auf unterschiedlichen Höhen für Nistplätze. Um all dies zur Verfügung zu stellen, braucht eine Landschaft Pflanzen aus diesen sieben sich überlappenden Kategorien:

- *Immergrüne Gewächse.* Immergrüne Bäume und Büsche mit Nadeln (Kiefer, Tanne, Zeder, Fichte, Eibe, Hemlocktanne, Wacholder und anderes) und breitblättrige immergrüne Gewächse (Stechpalme, Erdbeerbaum, großer Bambus, Eukalyptus, Gagelstrauch) bieten im Winter Unterstand, Sommernistplätze und Deckung. Einige davon liefern als Nahrung Knospen, Samen und Saft.
- *Gräser, Blumen und Kräuter.* Hohe Gräser, ein- und mehrjährige Blumen und Kräuter bieten Vögeln, die am Boden fressen oder nisten, Deckung. Viele liefern Samen und Nektar oder sind Wirte für Insekten.
- *Nektarproduzierende Pflanzen.* Nektarproduzierende Pflanzen mit roten röhrenförmigen Blumen (wie *Penstemon barbatus,* Klettertrompete und Akelei) sind unwiderstehlich für Kolibris. Größere Nektarproduzenten (wie Zucker- und Großblättriger Ahorn, *Elaeagnus,* Geißblatt, Banksie und Robinie) werden von Pirolen und anderen kleinen Vögeln besucht, um ihren Speisezettel zu ergänzen.
- *Im Sommer fruchttragende Pflanzen.* Pflanzen, die von Mai bis August Obst oder Beeren tragen, sind die Hauptsäulen vieler Vögel anlockender Gärten. Dazu gehören Brombeere, Heidelbeere, Kirsche, Traubenkirsche, Geißblatt, Himbeere, Felsenbirne, Maulbeere, Holunder und Prärie-Pflaume, doch es gibt Dutzende mehr.
- *Im Herbst fruchttragende Pflanzen.* Zugvögel müssen für ihre lange Reise nach Süden Fett aufbauen und Standvögel brauchen ausreichend Nahrung, um Winterfröste zu überstehen. Im Herbst fruchttragende Pflanzen sind dafür wesentlich, dazu gehören Hartriegel, Eberesche, Gewöhnliche Schneebeere, Sanddorn, Silber-Büffelbeere und Zwergmispel.
- *Im Winter fruchttragende Pflanzen.* Besonders wertvoll sind Pflanzen, deren Früchte bis in den Winter an den Ästen hängen. Einige dieser Früchte müssen mehrmals frieren und tauen, bis sie essbar sind. Winterobst sind z.B. Virginische Traubenkirsche, Schneebeere, Sumach, Cranberry, viele Sorten von Holzapfel, Gewöhnliche Berberitze, Weißdorn, Westlicher Erdbeerbaum, Amerikanischer Baumwürger, Purpurblütiger und Gewöhnlicher Spindelstrauch (Pfaffenhütchen), winterharte Kiwi, Mispel, Wilder Wein und Zedrachbaum.
- *Nuss- und Eichelpflanzen.* Dazu gehören Eichen, Hickorys, Butternüsse (graue Walnüsse), Walnüsse, Rosskastanien, Edelkastanien, Piñon-Kiefer und Pinien und Haselnüsse. Diese Bäume liefern auch gutes Habitat zum Nisten.

Die meisten dieser Pflanzen ergänzen jede heimische Landschaft und viele sind multifunktional, bieten Nahrung sowie schönes Laub und Blumen. Ein paar, wie Silber-Büffelbeere und Sanddorn, sind Stickstoffbinder. Die Vögel, die diese Pflanzen anziehen, bieten ihrerseits Unterhaltung und Einsichten über Tierverhalten, während sie nach Nahrung suchen, nisten und interagieren. Sie helfen, Insektenprobleme in Schach zu halten, doch auch ihre Düngergaben und ihre Bodenbearbeitung können von

Bedeutung sein. Der nächste Abschnitt zeigt, wie man sich diese tierischen Gewinne bewusst zunutze macht und sie einsetzt, um den Garten zu verbessern.

Andere Gartenhelfer

Es mag gut sein, dass Ihre Großeltern oder Urgroßeltern, ob sie Bauern waren oder nicht, kleine Nutztiere hielten. Vor dem 2. Weltkrieg war das Gackern von Hühnern oder der Anblick von Kaninchenställen im Hinterhof selbst in den Städten normal. Auf den Dächern vieler Wohnhäuser gurrten Tauben und wurden in speziellen Dachkammern und Taubenschlägen gehalten. Viele Vorratskammern enthielten Fleisch und Eier von eigenen Tieren, und auch Federn und Fell wurden oft genutzt. Dünger wanderte natürlich in den Garten (oder wurde manchmal auch für andere Zwecke genutzt – im Elisabethanischen Zeitalter waren Bürger verpflichtet, Tauben zu halten, da aus dem Vogelguano Nitrat für Schießpulver gewonnen wurde).

Doch nach dem 2. Weltkrieg verschwand das Kleinvieh aus den Gärten in Stadt und Vorstadt. Es war einfacher, Fleisch, Eier und selbst kompostierten Dünger im Laden zu kaufen, statt kleine Tiere aufzuziehen. Die Vorstädter wollten sich selbst von der schlichten Aura der Farmen distanzieren, wo viele von ihnen aufgewachsen waren. Städte gaben Verordnungen gegen das Halten von Nutztieren heraus – vor allem gegen Hähne, deren unvorhersehbares Krähen den Schlaf von Pendlern störte, die von 9-17 Uhr arbeiteten.

In den letzten zehn Jahren gab es ein Wiederaufleben von Kleinvieh in Hinterhöfen. Verordnungen gegen Hühner werden gekippt (oft sind Hennen erlaubt, aber keine Hähne) und Hühnerhöfe, Ententeiche, Kaninchenställe und sogar Pferche für Zwerghängebauchschweine schießen in Stadt und Vorstadt aus dem Boden. Diese Renaissance wird zum Teil durch den Wunsch nach human aufgezogenem, hormon- und antibiotikafreiem Fleisch beflügelt, aber auch Vegetarier oder Menschen, die nicht bereit sind, ihre eigenen Tiere zu schlachten, finden Vorzüge bei Kleinvieh.

Kleine Tiere, die sich für den Hinterhof eignen, gibt es viele, beispielsweise Hühner, Truthähne, Tauben, Enten, Wachteln und Pfauen sowie Kaninchen, Meerschweinchen und Minihängebauchschweine. (Gänse und Perlhühner sind zwar auch klein, doch ein wenig zu laut für Stadt oder Vororte.) Manchmal habe ich Zwergziegen in Vorstadtgärten entdeckt.

Falls die Tiere intelligent gehalten werden, bringen sie vielfältige Vorteile: Sie können düngen, graben, Gras abfressen, Unkraut jäten, Küchenabfälle und -reste fressen, Insekten und Schnecken jagen, Kompost und Gartenabfall verarbeiten und vor Eindringlingen warnen (ok, Kaninchen und Meerschweinchen schlagen nicht so gut Alarm).

Verfüttert man Küchenabfälle an Kleinvieh, werden mehr Nährstoffe in Erträge für uns umgewandelt, als wenn man die Abfälle direkt kompostiert, und ergeben ungefähr dieselbe Menge an Dünger. Denn wenn sie von einer beliebigen Kreatur gefressen werden, sei es Vogel, Kaninchen oder Bodenorganismus, geht ungefähr derselbe Nahrungsanteil durch die Kreatur, um Dünger zu werden, ob als Kompost oder Tierdünger. Ein weiterer Teil wird als Kohlendioxid ausgeatmet. In einem Komposthaufen wird der Rest als Bodenleben wiedergeboren, das wir im Gegensatz zu Hühnern nicht essen können.

Wir können uns andere Vorzüge denken, Tiere zu halten. Wenn Kleinvieh in oder neben einem Gewächshaus gehalten wird, erwärmen ihre Körper es im Winter und sie regen das Pflanzenwachstum mit Kohlendioxid aus ihrem Atem an. Auf indirektere Weise können sie uns stundenlang unterhalten, unsere Gefährten und Freunde werden und Erwachsene und Kinder die Kreisläufe aus Geburt, Paarung und Tod lehren. Im

Vergleich dazu scheint ihre Fähigkeit, uns mit Nahrung zu versorgen, fast trivial.

Scheint die Haltung von Nutztieren in der Stadt oder Vorstadt schockierend? Es ist eine Frage der Perspektive. Wir halten Hunde und Katzen, ohne uns groß Gedanken darüber zu machen, doch sie brauchen teures Futter und intensive Pflege, ihre Exkremente sind extrem schädlich, sie zerstören Eigentum, und bellende Hunde und liebeskranke Katzen sind ebenso laut wie Hähne. Ihr Vorteil liegt in ihrer Gesellschaft, und Hunde sind gut gegen Einbrecher, doch falls sie nach greifbaren Vorzügen suchen, bieten andere kleine Tiere weit mehr bei weniger Problemen. Wir haben uns eben an Hunde und Katzen gewöhnt, während wir Vorurteile gegen den Stallduft der Nutztiere entwickelt haben. Ich würde mir wünschen, dass wir unseren Horizont im Bereich der Kleintiere erweitern. Ich liebe Hunde und Katzen, aber sie können im Garten enorm Schaden anrichten, während viele andere Tiere ein Gewinn für den Garten sind, brauchbare Arbeit leisten und Dünger sowie Abfallprodukte ihrer täglichen Aktivitäten wie auch Fell und Fleisch liefern.

Manchmal sind die größten Hindernisse zur Haltung von Tieren in der Stadt die Nachbarn, die man vielleicht sanft über den Nutzen der Tiere und ihre problemlose Natur informieren muss. Viele Leute haben die Vorbehalte ihrer Nachbarn zerstreut und sie in Verbündete verwandelt, indem sie ihnen frische, hochwertige Eier oder Fleisch schenken.

Hühnertraktoren

Ein Geheimnis bei der Integration kleiner Tiere in den Garten ist ein kleines mobiles Gehege ohne Boden, das auch als Tiertraktor bezeichnet wird (siehe die Abbildung auf Seite 193). Hält man Nutztiere in einem beweglichen Pferch, kann der Gärtner entscheiden, wo das Tier am besten untergebracht wird, statt die Kleintiere umherwandern und in frisch angesäten Beeten Unheil anrichten zu lassen. Die Gehege konzentrieren das Jäten, Säen und Düngen der Tiere auf kleinem Raum, was der Schlüssel zu einer erfolgreichen Verschmelzung von Tieren und Gärten ist. Mit einem Tiertraktor bekommt man unkrautfreie, oberflächlich umgegrabene, perfekt gedüngte Hochbeete, die (Ihnen) nur ein paar Minuten am Tag Arbeit machen.

Hühner sind die idealen Tiere für solche Traktoren, auch wenn Enten, Kaninchen, Schweine und Meerschweinchen ebenfalls in diesen mobilen Käfigen gehalten wurden. Andy Lee hat ein vollständiges Buch, *Chicken Tractor,* zu diesem Thema geschrieben, das ich jedem empfehle, der den Einsatz eines Tiertraktors plant.

Ein Hühnertraktor ist ein Käfig ohne Boden auf Rädern, der über ein Gartenbeet passt. Er könnte z.B. 1,2 m breit, 2,4 m lang und etwa 60 cm hoch sein. Dieses Design, eines von vielen, ist eine offene Box mit Holzrahmen, die an den Seiten mit Hühnerdraht mit 2,5 cm großen Maschen verkleidet ist, ein Plastikdach und an einem Ende Räder oder Kufen sowie eine Tür hat, um die Vögel herein und heraus zu lassen. Innen hängen Futter- und Wasserbehälter vom Dach. Bei manchen Modellen sind seitlich noch Sitzstangen angebracht. Es gibt andere Designs, auch runde, aber das ist die Grundlage. Um den Käfig zu bewegen, hebt man einfach eine Seite an und bewegt ihn auf den Rädern oder Kufen. Tiertraktoren funktionieren am besten mit Gartenbeeten, die so breit sind wie der Traktor und idealerweise in Längen, die ein gerades Vielfaches der Traktorlänge betragen.

Die Zahl der Vögel pro Traktor hängt von der Art ab, doch als Faustregel gilt: Eine Legehenne benötigt 0,4 m^2, während ein Masthähnchen 0,2 m^2 Platz braucht. Somit kann ein Traktor bis zu acht Legehennen oder 16 Masthähnchen enthalten.

Man kann einen Hühnertraktor einsetzen, um Boden auf drei grundlegende

Arten aufzubauen: Rotation, Schichtmulchen und Tiefmulchen.

Bei der *Rotations*methode bringt man das Gehege morgens als erstes mit den Hühnern zu einem unbenutzten Gartenbeet. Die Vögel können drinbleiben, wenn man es bewegt – sie laufen im Käfig mit. Geben Sie ihnen erst nach einer Stunde auf dem neuen Beet Futter. So fressen die hungrigen Vögel die Vegetation im Traktorbereich. Lassen Sie die Vögel den ganzen Tag über jäten, graben und die Erde düngen. Am nächsten Morgen versetzen Sie dann den Traktor das Beet hinunter an eine neue Stelle und verteilen etwas Mulch auf das erste Beet. Rotieren Sie so durch alle unbenutzten Beete. Dieses System macht es erforderlich, dass einige Ihrer Gartenbeete einen Teil der Zeit brachliegen, damit die Hühner Erde zum Verbessern haben. Andy Lees Garten ist zweimal so groß wie nötig, sodass er alle zwei Jahre die Hühnertraktoren durch jedes Beet schieben kann.

Nachdem der Traktor das Hochbeet verlassen hat, können Sie eine Deckkultur aus Buchweizen oder Winterroggen und Wicke säen und die Hühner zum Fressen und Graben zurückbringen, wenn die Gründüngung etwa 10 cm hoch ist. Das fördert nicht nur enorm Fruchtbarkeit und Bodenleben, sondern es verringert die Kosten für Hühnerfutter. Das Ergebnis ist eine exzellente Erde mit wenig Arbeit, plus Eier und Fleisch, wenn Sie das möchten.

Für *Schichtmulch* mit Hühnern lässt man den Traktor mehrere Tage an einem Platz. Jeden Tag gibt man etwa 2,5 cm Mulch dazu und lässt die Hühner den Mulch durcharbeiten und düngen. Wenn der Mulch etwa 10 cm tief ist, versetzt man die Hühner an einen neuen Platz und wiederholt den Ablauf. So fügen Sie (und die Hühner) dem Boden Nährstoffe und organische Substanz hinzu. Der Mulch bindet an der Stelle den Stickstoff und andere Nährstoffe, während die ganze Mischung kompostiert wird. Behandeln Sie dieses Beet wie jedes andere Schichtmulch-Beet und bepflanzen Sie es mit Setzlingen in Erdlöchern oder Samen in einer Oberflächenschicht Blumenerde.

Sie können einen Hühnertraktor auch für ein *Tiefmulch*-Gartenbeet nutzen, zweckmäßig in Gärten, die zu klein sind, um den Traktor täglich zu versetzen oder wo die Erde sehr schlecht ist. Lassen Sie den

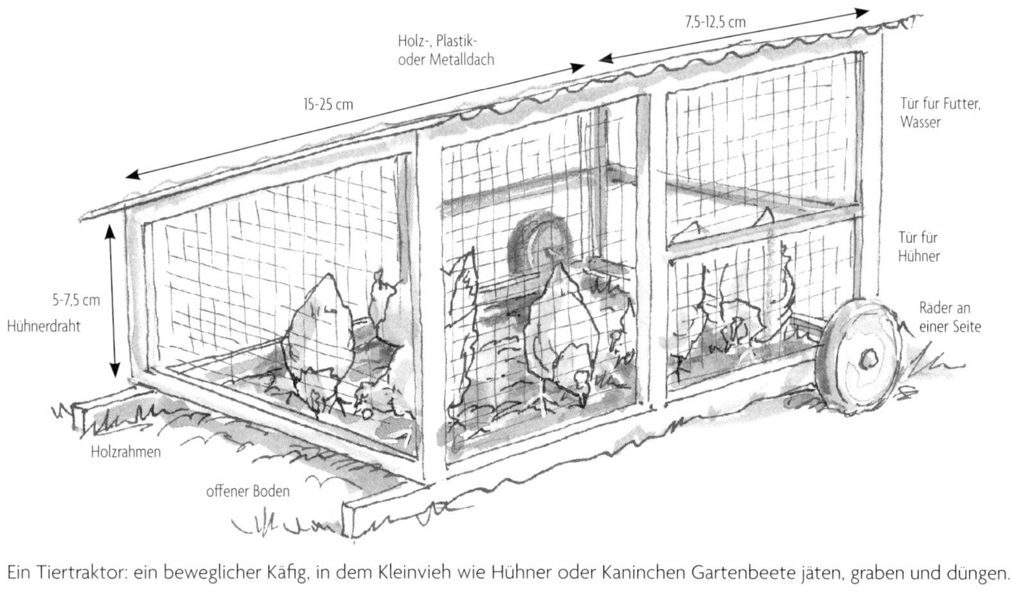

Ein Tiertraktor: ein beweglicher Käfig, in dem Kleinvieh wie Hühner oder Kaninchen Gartenbeete jäten, graben und düngen.

Hühnertraktor an einer Stelle und fügen Sie jeden Tag etwa 2,5 cm Mulch hinzu. Nach ungefähr fünf Wochen – oder der Zeit, bis Masthähnchen ausgewachsen sind – haben Sie ein dickes Hochbeet zum Bepflanzen. Andy Lee warnt davor, den Traktor zu lange an einem Platz zu lassen, da dies Raubtieren – Hunden, Dachsen, Füchsen – Zeit gibt, unter dem Stall zu graben und die Vögel anzugreifen. Falls Sie ein Tiefmulchbeet bauen, empfiehlt er, Hühnerdraht auf den Boden um das Gehege zu legen und zu befestigen, um grabende Raubtiere abzuschrecken.

Beide Mulchtechniken funktionieren auf abschüssigem und ebenem Gelände. An einem Hang lassen die Hühner – und die Schwerkraft – den Mulch am unteren Ende des Geheges höher stehen, was ein ebenes Terrassenbeet zur Folge hat.

Hühner können im Garten auch frei laufen, wo sie Insekten, Schnecken und Unkrautsamen fressen, doch es ist am besten, sie im Auge zu behalten, damit sie nicht etwas finden, was ihnen richtig schmeckt, wie Beeren oder Tomaten. Warten Sie, bis die Gartenpflanzen reif sind, bis Sie Hühner in den Garten lassen, denn Geflügel frisst gerne zarte Sämlinge. Falls Sie die Vögel am Spätnachmittag in den Garten lassen, sind sie nicht lange genug dort, um wirklich Schaden anzurichten, und kehren bei Sonnenuntergang von selbst in ihren Stall oder Traktor zurück, was Ihnen eine langwierige Hühnerjagd erspart.

Wenn man etwas Futter für die Hühner anbaut, kann man Kosten senken und Importe aufs Grundstück reduzieren, aber es ist nicht realistisch zu glauben, dass man ihre gesamte Nahrung anbauen kann. Eine Henne braucht etwa 36 kg Getreide in einem Jahr, das man auf etwa 90 m² Land anbauen kann. Das addiert sich schnell: Füttert man eine kleine Schar von acht Hennen, bräuchte man einen 720 m² großen Garten und viele Arbeitsstunden, um dieses Futter anzubauen und zu ernten. Stattdessen schlage ich vor, multifunktionale Pflanzen im ganzen Garten anzubauen, um die Nahrung der Hühner zu ergänzen, was Kosten verringert und wertvolle Vitamine und frisches Futter bereitstellt. Diese Pflanzen lassen sich hübsch im Gartendesign integrieren und schaffen Lebensraum, Nahrung, Nährstoffe und all die anderen Anforderungen des ökologischen Gartens, anstatt die eine Funktion zu haben, Hühner zu füttern. Und wenn man Hühnerfutter anbaut, entsteht ein weiterer geschlossener Kreislauf für den Garten. Während die Hühner den Boden aufbauen, werden die sprießenden Nahrungspflanzen gesünder und üppiger und die Hühner ihrerseits werden kräftiger und produktiver.

Tabelle 7-3 führt einige Pflanzen auf, die man in einem Hühnerhof anpflanzen oder in eine Landschaft für Hühnerfutter integrieren kann.

Enten, Kaninchen, Würmer und andere Kleintiere

Tiere, die sich nicht gut für Traktoren eignen, aber im Garten nützlich sind, sind Enten und ihre Verwandten, die Moschusenten. Penny Livingstons Enten, die in ihrem Brauchwasser-Teichsystem leben, patrouillieren auf der Suche nach Schnecken und Insekten ihren Garten präzise und hinterlassen ein bisschen Dünger.

Viele der Pflanzen in Tabelle 7-3 eignen sich für Enten sowie Hühner.

Enten gehen vorsichtiger mit Pflanzen um als Hühner und scharren nicht so viel, daher muss man sie im Garten nicht so überwachen. Khaki Campbells und Indian Runners sind gute Eierleger, während Peking- und Stockenten wegen des Fleisches gehalten werden. Moschusenten, ein südamerikanisches Federvieh, das zwischen Enten und Gänsen angesiedelt ist, sind sehr ruhig, was sie gute Kandidaten für einen Garten in der Stadt oder einem Vorort macht.

Ein federloses Tier, das sich gut als Traktor eignet, ist das Kaninchen. Man muss

Tabelle 7-3. Pflanzen, die Grünfutter für Geflügel bieten

Kategorie	Trivialname	Arten	Anmerkungen
Bäume			
	Robinie	*Robinia pseudoacacia*	Hülsen können gemahlen werden
	Obstbäume	Verschiedene	Abgefallene oder frische Frucht
	Maulbeere	*Morus* spp.	Früchte als Futter
	Nussbäume	Verschiedene	Geknackte Nüsse als Futter
	Eiche	*Quercus* spp.	Eicheln sind proteinreich
	Pistazie	*Pistacia* spp.	Nüsse als Futter
	Amerikanische Gleditschie	*Gleditsia triacanthos*	Hülsen können gemahlen werden
Büsche[1]			
	Korallen-Ölweide	*Elaeagnus umbellata*	
	Gewöhnliche Berberitze	*Berberis* spp.	
	Bocksdorn	*Lycium* spp.	
	Büffelbeere	*Shepherdia* spp.	
	Kreuzdorn	*Rhamnus* spp.	
	Johannisbeere	*Ribes* spp.	
	Holunder	*Sambucus* spp.	
	Zürgelbaum	*Celtis* spp.	
	Weißdorn	*Crataegus* spp.	
	Bärentraube	*Arctostaphylos* spp.	
	Passionsfrucht	*Passiflora* spp.	
	Liguster	*Foriestiera* spp.	
	Schmalblättrige Ölweide	*Eleagnus angustifolia*	
	Felsenbirne	*Amelianchier* spp.	
	Gemeiner Erbsenstrauch	*Caragana arborescens*	essbare Schoten
Krautige Pflanzen[2]			
	Luzerne	*Medicago sativa*	
	Buchweizen	*Fagopyrum esculentum*	
	Rübe	*Beta vulgaris*	
	Vogelmiere	*Stellaria medea*	
	Zichorie	*Cichorium intybus*	
	Kletten-Labkraut	*Galium aparine*	
	Klee	*Trifolium* spp.	
	Beinwell	*Symphytum officinale*	
	Gurke	*Cucumis sativus*	
	Löwenzahn	*Taraxacum officinale*	
	Ampfer	*Rumex* spp.	
	Ackerbohnen	*Vicia faba*	
	Fenchel	*Foeniculum vulgare*	
	Weißer Gänsefuß	*Chenopodium album*	

Tabelle 7-3. Pflanzen, die Grünfutter für Geflügel bieten (Fortsetzung)

Kategorie	Trivialname	Arten	Anmerkungen
	Senfblätter	*Brassica* spp.	
	Große Brennnessel	*Urtica dioica*	
	Zurückgebogener Amarant	*Amaranthus retroflexus*	
	Wegerich	*Plantago* spp.	
	Roggen (Sprossen)	*Secale cereale*	
	Hirtentäschel	*Capsella bursa-pastoris*	
	Zottelwicke	*Vicia villosa*	
Saatpflanzen			
	Amaranth	*Amaranthus*	
	Gerste	*Hordeum vulgare*	
	Mais	*Zea mays*	
	Hirse	*Panicum miliaceum*	
	Hafer	*Avena sativa*	
	Quinoa	*Chenopodim quinoa*	
	Sonnenblume	*Helianthus annuum*	
	Weizen	*Tritium aestivum*	

1 Alle Früchte und viele der Blätter dieser Büsche können von Geflügel gefressen werden.
2 Die Samen, Blüten und Blätter dieser krautigen Pflanzen können von Geflügel gefressen werden. Junge Blätter sind vielleicht schmackhafter.

allerdings einen Hühnerdraht als Traktorboden installieren, denn Kaninchen graben und können schnell aus einem Gehege ohne Boden entkommen. Sie scharren nicht wie Hühner, sind also nicht so gut bei der Bodenbearbeitung, doch ihr Dünger ist nährstoffreich und sie sind hungrige Vegetarier, die rasch Unkräuter beseitigen.

Kaninchen können als Haustiere oder wegen ihrer Erzeugnisse gehalten werden. Angoras liefern Wolle (französische sind einfacher in der Haltung als die englische Züchtung, die Augenprobleme bekommen können und täglich gebürstet werden müssen, damit das Fell nicht verfilzt). Wer es möchte, kann ein paar Kaninchen als Fleischlieferanten einer Familie halten. Fünf sich fortpflanzende Kaninchen, die im Durchschnitt jährlich drei Würfe mit fünf Jungen haben, versorgen eine typische Familie mit ausreichend Fleisch. Das ist eine intensive Vermehrungsrate und wem seine Kaninchen am Herzen liegen, gönnt den Müttern jedes zweite Jahr eine Ruhepause, da die erschöpften Tiere sonst jung sterben. Gute Züchtungen für Fleisch sind Kalifornier und Neuseeländer. Ihr Fell hat auch einen wirtschaftlichen Wert.

Da Kaninchen keine Insekten fressen oder in der Erde scharren, denken manche Gärtner, dass sie nicht so ideal für Tiertraktoren sind. Stattdessen nutzen sie Kaninchen im Garten, indem sie Kaninchenställe mit Wurmtonnen kombinieren, um Dünger natürlich zu perfektem Kompost zu verarbeiten (siehe Abbildung). Diese Technik verbindet zwei Tiere, sorgt, wie alle gut miteinander verbundenen Beziehungen, für Vorteile – toller Kompost und fette Würmer – und löst Probleme, indem Kaninchendung und -urin gewissenhaft verwendet werden.

Ein Kaninchenstall kombiniert mit einer Wurmtonne. Der Kaninchendünger wird von den Würmern schnell in reichhaltigen Kompost verwandelt.

Bei diesem System wird ein Kaninchenstall mit Drahtboden erhöht auf Pfosten gebaut. Unter dem Stall wird ein offener Holz- oder Plastikbehälter aufgestellt, der 45-75 cm tief und groß genug ist, um den Kot aufzufangen. Legen Sie zerkleinertes Zeitungspapier und Torfmoos oder zerkleinertes trockenes Laub auf einer Tiefe von bis zu 15 cm aus. Der Behälter fängt Kaninchenmist, Urin und verschüttetes Futter auf. Sobald der Behälter voll ist, geben Sie 100-300 Regenwürmer dazu, decken Sie die Box ab und stellen sie zur Seite. Stellen Sie einen zweiten Behälter mit der Zeitung/Torfmoos-Mischung darunter. Wenn der zweite Behälter voll ist, sollte man einen schönen Wurmkompost in der ersten Box haben und kann dann die Würmer herausklauben und sie in den zweiten Behälter geben.

Diese Wurmtonnen können auch Küchenabfälle verarbeiten. Wurmtonnen sind ein erstklassiges Kompostierungssystem, das man auch im Haus benutzen kann. Die praktisch geruchlosen Behälter sind ideal, um im nördlichen Winter im Haus zu kompostieren, wenn der Komposthaufen im Garten gefroren ist. Im Literaturverzeichnis finden Sie weitere Details zu Bau und Nutzung von Wurmtonnen.

Mit den Tieren erweitern wir die Reichweite unseres Gartens in ein weiteres Gebiet der Natur. In der reichen Erde wimmelt es von unsichtbaren Wundern, die Tote wieder zum Leben erwecken, von Zersetzern, die ihre Magie an Holz und Blättern, an Knochen und Chitin wirken lassen. Über der Erde sind die Pflanzen, grüne Wunderwerke, die das Sonnenlicht einfangen und Zucker und Saft bilden, die Blumen, Früchte und Samen, die uns alle ernähren. Und jetzt bringen wir die Tiere hinzu, die flitzen und summen, huschen und scharren, knabbern und düngen. Tiere sind das letzte Glied im Kreislauf der Natur. Sie sind die Mechaniker der Natur und beschleunigen das Wachstum hier durch Saatverbreitung und Dünger und verzögern es dort durch ein energisches Abfressen und Trampeln. Sie transportieren Nährstoffe und Saatgut über große Entfernungen, von einer üppigen Essecke bis hin zu einem trockenen kahlen Fleck, der für ein Staubbad genutzt wird und den kargen Boden beimpft. Sie verarbeiten Samenköpfe durch ihre Körper und Hufe, stampfen Samen in den Boden, schneiden Zweige ab, dünnen die Insektenhorden aus. Ohne Tiere wird unsere Arbeit verdoppelt und nochmals verdoppelt und wir müssen bestäuben, sprühen, graben, Dünger herbeifahren und verteilen und Tausende andere Aufgaben erledigen, die leicht und gerne von unseren wunderbaren Verwandten übernommen werden. Ohne Tiere hinkt die Natur einfach hinterher, und in einem Garten ohne Tiere müssen wir die Krücken bereitstellen. Indem wir einen Garten anlegen, der unsere zwei-, vier- und mehrbeinigen Freunde ernährt, schließen wir den Kreislauf und verlagern die Last gleichmäßiger, indem wir die Natur ihren Teil tragen lassen.

TEIL DREI

Den ökologischen Garten aufbauen

Unsere BESTSELLER

Magnesiumflocken 750 g
Original Zechsteiner
Best.-Nr. 26094 • € 12,90

Propolis 30% Tinktur 50 ml
Best.-Nr. 25589 • € 19,90

Magnesium Öl 100 ml
Original Zechsteiner
Best.-Nr. 25552 • € 12,50

Bio Rizinusöl 200 ml
Best.-Nr. 26220 • € 19,50

Bio Jojobaöl 50 ml
Best.-Nr. 25838 • € 10,90

Bio Arganöl 50 ml
Best.-Nr. 25839 • € 10,90

BIO SUPERFOODS

* IN BIO-QUALITÄT

Matcha Pulver Bio
100 g, Best.-Nr. 25766 • € 16,–

Rote Beete Pulver Bio
500 g, Best.-Nr. 25759 • € 17,–

Hagebuttenpulver Bio
500 g, Best.-Nr. 25845 • € 11,90

Curcuma Pulver Bio
500 g, Best.-Nr. 25851 • € 9,90

Chiasamen Bio
500 g, Best.-Nr. 25756 • € 6,90

Hanfsamen Bio
500 g, Best.-Nr. 25841 • € 8,90

Kakao Nibs Bio
300 g, Best.-Nr. 25761 • € 9,50

U
B
W
N
fä
18
Ca
Ho
12
Ac
Ho
18
Vit
Für
und
100
L-A
Hoc
365
Bio
Hoc
100
Mag
Nah
mg
365

Veganes Vitamin D3
30 ml
Best.-Nr. 26320
€ 22,50

Vitamin-D3-Tropfen
50 ml,
Best.-Nr. 24904
€ 12,99

Vitamin-D3/K2 -Tropfen
50 ml, Best.-Nr. 24905
€ 18,90

Hyaluronsäure Kapseln
90 Kapseln,
Best.-Nr. 24906 • € 14,50

Weitere Büch

Michael Greger / Gene Stone
HOW NOT TO DIE
Entdecken Sie Nahrungsmitte
verlängern - und bewiesenerr
vorbeugen und heilen.
512 Seiten, geb., Best.-Nr. 205

Michael Greger / Gene Stone
DAS HOW NOT TO D
Über 100 Rezepte, die Krankhe
vorbeugen und heilen.
272 Seiten, geb., Best.-Nr. 229

Dr. Gabor Maté
WENN DER KÖRPER
Wie chronischer Stress krank
dagegen tun können.
328 Seiten, kart., Best.-Nr. 25

Direkt best

In unserem Onlineshop führen
großes Sortiment an Büchern ü
sunde Lebensführung, Naturkost-P
Superfoods und vieles mehr.
Online finden Sie ausführliche In
tionen zu den einzelnen Titeln
aussagekräftige Leseproben.

KAPITEL ACHT

Gemeinschaften im Garten schaffen

Es ist nun an der Zeit, die Bestandteile des ökologischen Gartens zusammenzubauen. Wir wissen, dass unser Garten Wasser braucht, das am besten vom Boden gespeichert wird, aber auch in Pflanzen und in Teichen und Zisternen enthalten ist. Die Erde unseres Gartens lebt, ist von Fruchtbarkeit erfüllt und wimmelt vor Mikroben, die diese Fruchtbarkeit zu den Pflanzen tragen. Im Boden sind die Pflanzen selbst verwurzelt, mit all den vielen Rollen, die sie spielen. Die Pflanzen, die wir ausgewählt haben, sammeln und verteilen die Mineralien, das Wasser und die Luft der Erde, beschatten den Boden und ernähren ihn durch laubigen Mulch und liefern Früchte und Blätter für die Menschen und Wildtiere. Im ökologischen Garten gibt es reichlich tierische Begleiter. Vögel scharren den Boden, verstreuen Samen, fressen schädliche Larven und hinterlassen Gaben aus nährstoffreichem Kot. Hier sind Insekten, die Ungeziefer dezimieren und die vielen Blumen bestäuben. Vielleicht enthält dieser Garten auch ein paar Hühner, Enten oder Kaninchen, die für Erdbearbeitung, Jäten und Schädlingskontrolle sorgen und ihren Dünger hinterlassen. An den wilderen Randzonen kommen Rehe vorbei, um auszulichten und zu ernten, Mäuse und Wühlmäuse huschen mit Samen davon – einige davon werden weit entfernt und vergessen sprießen, um die Reichweite unseres Gartens noch weiter auszudehnen.

Doch das sind nur die Teile. Bleiben sie ohne Verbindung, erzeugen Wasser, Erde, Pflanzen und Tiere kaum mehr als eine Ansammlung von Fragmenten: hübsche Scherben, die nichts enthalten, bis man sie wieder zusammenklebt. Wie nun klar sein dürfte, erwachen diese Bruchstücke erst zum Leben, wenn sie wieder in den richtigen Beziehungen zusammengefügt wurden. In diesem Kapitel untersuchen wir diese Beziehungen.

Wir beginnen unsere Verbindungsarbeit einfach, indem wir ein paar Pflanzen nebeneinandersetzen, um festzustellen, welche Synergien durch ihre Nachbarschaft entstehen. Dann schaffen wir Pflanzengemeinschaften durch Einsatz sowohl wilder als auch domestizierter Sorten. Jedes Mitglied dieser Gemeinschaften unterstützt, fördert und profitiert von den anderen. Obwohl unsere Gemeinschaften auf Pflanzen beruhen, gehen ihre Mitglieder über das Pflanzenreich hinaus und beinhalten Insekten, Vögel, Säugetiere, Bodenorganismen und Menschen.

Gemischter Anbau und mehr

Gemüsegärtner haben etwas Erfahrung bei der Erzeugung von Pflanzengemeinschaften. Nahrungsmittelerzeuger versuchen schon lange, die ästhetischen und ökologischen Nachteile großer Blöcke einer einzigen Feldfrucht zu vermeiden. Monokulturen erschöpfen den Boden, bieten ein prächtiges

Festmahl für Schädlinge und stumpfen die Sinne ab. Um diese Fehler zu vermeiden, praktizieren viele Gärtner *Mischpflanzung* und bauen diverse Sorten zusammen an, um Platz zu sparen und dichte Büschel eines Gemüses zu vermeiden. Mischpflanzungsstrategien, die gewöhnlich auf Gemüse beschränkt sind, illustrieren einige der Prinzipien, wie man Sorten kombiniert, die zusammenarbeiten, um Schadinsekten abzuhalten, und sich gegenseitig auf andere Art zu unterstützen. Sobald wir die Grundlagen des Mischanbaus gelernt haben, können wir unser Spektrum erweitern und über Gemüse hinaus an Gartenpflanzengemeinschaften denken, die nicht nur dem Menschen, sondern der gesamten Natur dienen.

Eine einfache Mischpflanzungsanordnung kombiniert Zwiebeln, Karotten und Kopfsalat im selben Gartenbeet. Diese drei Pflanzen haben verschiedene Blattformen, Lichterfordernisse und Wurzeltiefen, was sie sowohl physisch als auch bezüglich ihres Ressourcenbedarfs kompatibel macht. Die zylindrischen Blätter der Zwiebeln wachsen praktisch senkrecht nach oben und werfen nur wenig Schatten. Die gefiederten Karottenblätter sind etwas buschig, erzeugen aber keine tiefen Schatten. Kopfsalat bildet zwar eine feste grüne Masse, ist aber kurz und wirft seinen Schatten unter den anderen Pflanzen. Die drei Blattformen passen gut zusammen, so dass jede Pflanze von reichlich Sonnenlicht durchflutet wird. Außerdem braucht Salat weniger Sonne als Zwiebeln und Karotten, so dass der leichte Schattenwurf der beiden letzteren das Wachstum des Salats nicht behindert. Im Sommer neigt Kopfsalat dazu, zu schießen und bitter zu schmecken, es sei denn, er wird beschattet, was ein guter Grund ist, ihn neben höheren Pflanzen anzubauen. Und schließlich konkurrieren die Wurzeln dieser drei Pflanzen nicht um Platz: Zwiebeln sind flach wurzelnd, Kopfsalat reicht auf mittlere Tiefe und die

Eine Mischpflanzung aus Kopfsalat, Zwiebeln und Karotten, die dichte Bepflanzung erlaubt und Konkurrenz um Nährstoffe und Sonnenlicht vermeidet.

Pfahlwurzeln der Karotten gehen tief, doch gerade nach unten. Jede von ihnen sucht woanders nach Nährstoffen. Diese drei Gemüse, mit ihren unterschiedlichen Gebilden, Lichtanforderungen und Wurzelmustern, lassen sich sehr erfolgreich nebeneinanderpflanzen.

Andere Kombinationen: Eine gemischte Pflanzung aus Rosenkohl, Petersilie, Spinat und Zwiebeln ist effektiv, weil Spinat und Zwiebeln reif sind, bevor der Rosenkohl soweit ist, und die Petersilie kann etwas Schatten vertragen. Zudem sind ihre Wurzeltiefen und Nährstofferfordernisse unterschiedlich.

Radieschen, Kopfsalat und Paprika passen aus ähnlichen Gründen zusammen: Die Rettiche wachsen schnell, der Kopfsalat hat nichts gegen den Schatten der jungen Paprika und bis die Paprika ausgewachsen ist, wurden die anderen Pflanzen bereits geerntet.

Obgleich Mischanbau Platz spart, geht er für mich nicht weit genug. Die meisten Mischpflanzungen, wie in den genannten Beispielen, kombinieren einfach Pflanzen, um negative Interaktionen, wie Konkurrenz um Platz oder Licht, zu vermeiden. Diese Form des gemischten Anbaus verbindet Pflanzen nicht zu dynamischen, interaktiven Gemeinschaften wie die Natur es tut. Außerdem macht sich die Mischpflanzung selten die Vorteile zunutze, die sich Pflanzen gegenseitig bieten können, wie Ungeziefer abschrecken oder Nährstoffe transportieren und speichern.

Eine zweite Technik, *Mischkultur*, nutzt die gegenseitigen Vorteile. Pflanzt man z. B. Salbei neben Karotten, wird bekanntlich die Möhrenfliege abgewehrt. Karotten ihrerseits sollen einen Stoff ausdünsten, der das Wachstum von Erbsen anregt.

Die Mischkultur ist ein Schritt in die richtige Richtung, aber leider stellt sich bei sorgfältigen Versuchen oft heraus, dass viele traditionelle Kombinationen doch keine Vorteile bieten. Überraschenderweise sorgen einige alte Rezepte sogar für nachteilige Effekte. Robert Kourik gibt in seinem ausgezeichneten Buch, *Designing and Maintaining Your Edible Landscape – Naturally*, einen Überblick über eine Reihe von Forschungsergebnissen, die viele alte Mischkulturansätze widerlegen. Gärtner haben ihre Beete z. B. lange mit Tagetes eingefasst, um Schädlinge abzuhalten, und Kourik stellt fest, dass bestimmte Tagetesarten, insbesondere die Mexikanische Gewürztagetes *(Tagetes minuta)* schädliche Erdnematoden abschreckt. Doch andere Tagetessorten locken Schadinsekten sogar an und helfen, einfach gesagt, überhaupt nicht. Ich habe Gärten gesehen, in denen Tagetesarten überall als Allheilmittel verstreut wuchsen, aber die Studien schürten meine Zweifel, ob es abgesehen davon, dass man etwas Hübsches zum Ansehen hat, noch andere Vorteile hat.

Daher bin ich ohne unterstützende Daten skeptisch, ob das Anpflanzen von Basilikum neben Tomaten wirklich größere Fleischtomaten zur Folge hat – um nur ein zufällig gewähltes Rezept der Mischkultur zu nennen. Mischkultur in höchster Vollendung kann schöne gemischte Beete aus Blumen und Gemüse erzeugen. Doch in ihrer einfachsten und verbreitetesten Form kombiniert Mischkultur lediglich Pflanzen in einer nicht weit von einer Monokultur entfernten Form: schöne, geordnete Beete mit zwei oder vielleicht drei Arten – statisch, perfekt gejätet und ökologisch tot. Wir können es besser machen.

Gärtnern mit Polykulturen

Was wäre, wenn wir die besten Qualitäten aus Mischpflanzung und Mischkultur kombinieren könnten? Mischpflanzung kombiniert Kulturen, die die Konkurrenz um Sonne und Nährstoffe minimieren. Bei der Mischkultur werden Sorten gemischt, die sich gegenseitig stärken. Natürliche Pflanzengemeinschaften, die im Laufe von Milliarden Jahren der Evolution optimiert wurden, tun beides. Warum ahmen wir diese Pflanzengemeinschaften nicht in unseren Gärten nach?

Pflanzengemeinschaften sind dynamisch, nicht statisch. Wie wir in Kapitel 2 gesehen haben, verändern sie ständig ihre Zusammensetzung, tauschen Arten aus und ein, während die ökologische Sukzession voranschreitet. In den frühen Stadien der Sukzession besiedeln aggressive Pionierpflanzen – gewöhnlich einjährige Gewächse – den blanken Boden. Während sie wachsen und sterben, verteilt ihre Laubstreu Mulch auf dem Boden. Ihre Wurzeln reißen den harten Boden auf und zerfallen nach dem

Ianto Evans' Polykultur

Bereiten Sie ein Gartenbeet vor, dabei werden 1,9 m² Beet pro Person gerechnet, die von dieser Polykultur versorgt wird.

- *Zwei Wochen vor dem letzten Frost:* Säen Sie drinnen etwa fünf Kohlpflanzen pro 1,9 m² Beet. Der Kohl sollte in etwa einen Monat nach Aussaat der Mischung unten zum Auspflanzen bereit sein. Um die Saison zu verlängern, wählt man Kohlarten, die im Frühling und Herbst reifen.
- *1. Woche (zum letzten Frost in Ihrer Region):* Im frühen Frühjahr sät man Rettich, Dill, Pastinake, Ringelblume und Kopfsalat. Für eine lange Erntezeit wählt man mehrere Sorten Kopfsalat. Eine Mischung aus Pflücksalat, Romana, Butterkopf, Eisberg und hitzetoleranten Sorten wie Summertime oder Optima verlängert die Kopfsalatsaison bis in den Sommer.
- Streuen Sie alle Samen über den gleichen Bereich, um eine gemischte Pflanzung zu erzielen. Säen Sie mit einer Dichte von etwa einem Samen alle 13 cm² und bedecken Sie das ganze Beet mit leicht verteiltem Saatgut. Dabei sät man jede Sorte separat – die Samen nicht mischen und alle zusammen auf das Beet streuen, da sonst die schweren Samen am weitesten fliegen und man an einem Ende nur Rettiche hat und am anderen die Pastinaken. Dann bedeckt man alles mit etwa 0,5 cm Kompost und wässert vorsichtig.
- *4. Woche:* Einige Rettiche sollten schon erntereif sein. In ein paar Lücken, wo die Rettiche wuchsen, pflanzen Sie im Abstand von ca. 45 cm die Kohlsetzlinge.
- *6. Woche:* Der junge Kopfsalat ist nun groß genug, um geerntet zu werden. Der dicht gesäte Kopfsalat bietet einen leckeren Schnittsalatmix, wenn die Pflanzen jung sind. Nehmen Sie die ganze Pflanze, damit der Rest Platz zum Wachsen hat. Durch fortgesetztes Ausdünnen kann der restliche Kopfsalat seine volle Größe erreichen. Falls die Sorten sorgfältig gewählt wurden, kann man bis zu vier Monate Kopfsalat genießen.
- *Spätfrühjahr/Frühsommer:* Wenn der Boden sich auf über 15,5 °C erwärmt hat, pflanzen Sie Buschbohnen in den vom Kopfsalat gelassenen Lücken. Falls im Frühsommer mehr Öffnungen entstehen, säen Sie Buchweizen und dünnen Sie die essbaren Blätter aus, nachdem sie erscheinen. Nach dem Kopfsalat kann man Dill und Ringelblume ernten (Ringelblumenblüten sind essbar und eine leckere Salatbeigabe). Die frühen Kohlarten sind nun auch reif, im Mittsommer gefolgt von Bohnen. Pastinaken wachsen langsam und sind im Herbst und Winter essbar. Lücken in der Polykultur im Frühherbst können Gärtner mit milden Wintern mit Ackerbohnen bepflanzen. Die anderen stecken Knoblauchzehen in die Öffnungen, die im folgenden Frühjahr erntereif sind.

Tod zu Humusfingern, die sich tief in der Erde ausbreiten. Dadurch wird der Boden für spätere, wählerischere Arten vorbereitet. Die Bedingungen sind günstig, damit länger lebende Stauden in diesen nun gedüngten Boden einziehen können, gefolgt von Sträuchern. Schließlich, wenn es reichlich regnet, erscheinen Bäume.

Die lebenden Pflanzen selbst erzeugen Bedingungen, die andere Arten anziehen.

Wenn die Pioniere einziehen, wird die einst nackte Erde mit ihrer einheitlichen Temperatur, Feuchtigkeit und Sonne durch Pflanzenleben in Myriaden von Lebensräumen und Mikroklimate unterteilt. Unter dem blättrigen Schutz der Pionierpflanzen wird die Erde feucht und kühl, ein perfektes Milieu, in dem die Samen neuer Arten keimen können. Schon bald hüllt sich die einst nackte Erde in Pflanzen kontrastierender Höhe, Breite, Blattgröße und -form, Sukkulenz, Duft, Blütenform, Reflexions- und Absorptionsvermögen sowie einer Vielzahl anderer Eigenschaften. Diversität kaskadiert über Diversität. Wenn sich Mikroklimate vermehren, entstehen günstige Bedingungen für noch mehr Arten. Nischen gibt es im Überfluss, und in diesen Nischen halten neue Sorten Einzug und locken mehr Insekten, mehr Vögel und mehr Leben an.

Doch der typische Gemüsegarten hat nur eine Nische: lehmige Erde, mit neutralem pH-Wert, in voller Sonne. (Gut, wir haben nicht alle solche Gärten. Ihr Garten hat vielleicht lehmigen Ortstein, der von einem Nachbarsbaum beschattet wird, doch die meisten Gärtner streben danach, die so genannten idealen Bedingungen zu haben, die oben genannt sind.) Dieses Ideal reduziert jedoch eine vielgestaltige Ökologie auf eine verarmte Einheitlichkeit. Die vielen Pflanzen, die unsere Gärten schmücken, stammen aus Hunderten ökologischer Nischen, die sich nach Bodentyp, verfügbarem Sonnenlicht und vielen anderen Variablen unterscheiden. Wenn wir unsere Gartenpflanzen zu einem einzigen uniformen Lebensraum verurteilen, schwächt dies das breite Potential, das verfügbar ist. Ein Garten, der unterschiedliche Erde, Licht und Temperatur anbietet, vergrößert die Palette von Arten, die dort gedeihen.

Einer der größten Faktoren, der die Gartenumwelt formt, sind die Pflanzen selbst. Unsere Pflanzen entstanden zusammen in dynamischen Umgebungen und wurden durch benachbarte Pflanzen geformt. Die Arten entwickelten sich unter Baumkronen, zwischen Gräsern und Kräutern oder indem sie sich ihren Platz zwischen Büschen bahnten, doch nie allein, stets in Konkurrenz und Zusammenarbeit mit den anderen Mitgliedern ihrer Gemeinschaften. Isoliert man diese äußerst geselligen Pflanzen und versetzt sie in Beete und Ränder, holt man sie aus ihren Originalnischen.

Um die Originalnischen unserer nun domestizierten Pflanzen neu zu schaffen oder nachzuahmen, können wir eine Gärtnertechnik nutzen, die man *Polykultur* nennt, ein Wort, das aus dem griechischen Wort *poly* besteht, was »viele« heißt, und dem lateinischen *cultura,* »pflegen oder kultivieren«. Polykulturen sind dynamische, selbstorganisierende Pflanzengemeinschaften, die aus mehreren bis vielen Arten bestehen.

Mischpflanzung und Mischkultur sind elementare Formen der Polykultur, die in ihrer einfachsten Form schlichtweg viele Pflanzen zusammen anbaut. Aber in anspruchsvolleren Polykulturen stimmen die Pflanzen selbst ihre Umgebung auf die besten Bedingungen für ihr Wachstum ab. Mit etwas Glück kuscheln sich die hitzescheuen Salate zum Schutz unter ein blattreiches Blumenkohldach. Langsam keimende Wildblumen warten ihre Zeit im feuchten Schatten eines früh treibenden Johannisbeerstrauchs ab. Wir können dafür sorgen, dass diese Beziehungen in unseren Gärten florieren. Durch die Verbindung einer sorgfältig ausgewählten, aber äußerst vielfältigen Palette an Sorten können wir Gärten schaffen, in denen sich die Pflanzen mit nur wenig konkurrierenden Mustern aneinanderschmiegen, sich gegenseitig durch nützliche Interaktionen unterstützen und ihre Zusammensetzung in der ökologischen Sukzession verwandeln, die in Summe alle eine langanhaltende und vielfältige Ernte an Nahrung, Blüten und Lebensraum ermöglicht.

Wir sehen uns ein einfaches Polykultursystem an, das diese ökologische Gartenbautechnik einführt, gefolgt von einer ausgeklügelteren Version. Danach gebe ich Ihnen einige Leitlinien für den Entwurf Ihrer eigenen Polykulturen.

Traditionelle Gesellschaften haben seit jeher Polykulturen eingesetzt, doch die meisten davon nutzen Pflanzen, die wohl nur wenigen nordamerikanischen Gärtnern bekannt sind.

In Anerkennung der Notwendigkeit von Polykulturen auf der Grundlage europäischer und amerikanischer Sorten leistete ein Team unter der Leitung von Ianto Evans, einem ausgewanderten Waliser, der an unserer Westküste lebt, in den 1980er Jahren Pionierarbeit für mehrere Polykulturen in gemäßigtem Klima. Ianto ist ein Erfinder, Lehrer und Architekt, der seine gesammelte Weisheit in nachdenklichen und manchmal griesgrämigen Stückchen zum Besten gibt. Er ist viel in der weniger entwickelten Welt herumgereist und seine Kreationen, zu denen neue Bohnensorten, brennstoffeffiziente Holzöfen und modellierte Lehmhäuser gehören, verfeinern industrielle Technologien mit der Weisheit traditioneller Kulturen. Iantos Polykulturen folgen diesem Beispiel und bringen indigenes Wissen in westliche Gärten ein.

Nachdem er die Polykultur-Gärten in traditionellen Kulturen beobachtet hatte, leitete Ianto daraus eine Reihe von Grundprinzipien ab, die es ihm erlaubten, verbreitete Gemüsesorten zu Kombinationen zu verbinden, die, eine Sorte nach der anderen, über viele Monate reifen und so neun Monate kontinuierlich Nahrung liefern. Seine Bemühungen, die zunächst begrenzt und zaghaft waren, entwickelten sich allmählich zu Polykulturen von bis zu 30 Arten und seine Arbeit wurde von anderen fortgesetzt.

Ianto dachte sich eine Polykultur aus sieben Sorten aus, die eine natürliche Sukzession nachahmt und ökologische Nischen – und ein Gartenbeet – dicht füllt. Sobald die früh keimenden Pflanzen in dieser Polykultur wachsen, schaffen sie eine natürliche Umgebung für die anderen Mitglieder der Sammlung und ziehen Nützlinge an, die bestäuben sowie Ungeziefer bekämpfen. Die dichte Bepflanzung bildet einen Lebendmulch für die Erde, begrenzt die Verdunstung und den Wasserbedarf. Mehrere Monate lang liefert diese Polykultur von einem kleinen Platz eine kontinuierliche Ernte. All diese Vorzüge stammen daher, dass die Pflanzen im richtigen Verhältnis gepflanzt werden, die sich den Vorteil der dynamischen Qualitäten der Lebewesen nutzbar machen.

Iantos Polykultur vermischt früh sprießende Rettiche, Insekten anlockenden, essbaren Dill und Ringelblume, Kopfsalat, Pastinaken, Kohl und stickstoffbindende Buschbohnen. Genaue Anweisungen zum Anbau dieser Polykultur finden Sie im Kasten unten.

Wie interagieren die Elemente dieser Polykultur? Die rasch wachsenden Rettiche werfen Schatten, der den Boden feucht und kühl hält. Dies schützt langsam keimende Samen – v. a. die Pastinaken – vor der austrocknenden Sonne. Stark duftender Dill und Ringelblume verwirren Insekten, die nach zarten jungen Rettichen suchen. Der Dill heißt auch winzige räuberische Wespen willkommen, die die Aschgraue Höckereule attackieren. Kohlarten, die in Herbst und Winter wachsen, schützen die Erde vor Erosion durch heftige Regenfälle. Bohnen fügen dem Boden Stickstoff hinzu. Die Vielfalt der Blattformen und Wurzeltiefen minimiert die Konkurrenz um Sonne, Platz und Nährstoffe.

Die Polykultur insgesamt bietet genügend Vielfalt, um die meisten Schädlinge zu verwirren. Die dichte Pflanzung bildet einen Lebendmulch, der die Erde vor Sonne, Regenerosion und Hitze schützt und so Bodenbeschaffenheit, Humus und Feuchtigkeit bewahrt. An einem heißen

Sommernachmittag habe ich meine Hand in eine Polykultur gestreckt und fand, dass die unteren Blätter und Erde angenehm kühl und feucht waren. Da zudem die meisten Pflanzennischen besetzt sind, haben Unkräuter wenig Eintrittsmöglichkeiten. Der Gesamtertrag auf derselben Fläche ist höher, als wenn die Pflanzen in Monokulturblöcken angepflanzt wären. Und diese Polykultur bietet eine lang währende und abwechslungsreiche Ernte von nur einer Saatausbringung und ein paar Minuten späterer Pflege.

Weitere Abenteuer mit Polykulturen

Andere haben Iantos Arbeit weitergeführt und seiner siebenteiligen Polykultur neue Arten hinzugefügt. Eine dörfliche Selbstentwicklungsorganisation in Nepal, das Jajarkot Permaculture Program, hat eine erweiterte Polykultur geschaffen, die mit den von mir vorgenommenen Änderungen in den meisten nordamerikanischen Gärten im Frühjahr angepflanzt werden kann.

Diese Polykultur beginnt mit dem Anbau einer dichten Bodenbedeckung aus essbaren Blättern, die von langsam wachsenden Salatpflanzen und Kräutern durchsetzt ist. Wenn sie geerntet werden, nehmen Bohnen und anderes Gemüse ihren Platz ein.

In allen, außer den bitterlich kalten Regionen kann diese Polykultur Nahrung für sechs bis acht Monate im Jahr liefern. In nördlichen Klimazonen kann die Anbringung von Vliesabdeckung oder Folie über dem Beet die Produktivität dieser Bepflanzung bis weit in den Herbst und Frühling hinein verlängern.

Bei Jajarkots Polykultur (siehe den Kasten unten), können Sie Kräuter ein bis zwei Monate ernten – länger, falls Sie Dill, Fenchel, Koriander und Basilikum lieber beschneiden, als die ganze Pflanze herauszuziehen. Salatgemüse lässt sich drei bis vier Monate ernten. Die frühen Kohlsorten und Erbsen kommen im Spätfrühjahr und die Buschbohnen, Bohnensorten und Lauch im Sommer. Wenn Sie einige Kohlarten für den Herbst gepflanzt haben, werden sie bis dahin tischfertig sein.

Die Interaktionen und Vorteile von Jajarkots Polykultur sind ähnlich wie die von Ianto, nur in einem größeren Maßstab. Die verschiedenen doldenblütigen Kräuter ziehen nützliche Insekten an. Eine Vielzahl von Leguminosen binden Stickstoff und die Ackerbohnen locken außerdem parasitäre Wespen an. Auch hier beschattet und schützt die dichte Vegetation den Boden und hält Unkräuter ab. Und die lang anhaltende Ernte ist für den Gärtner natürlich von Nutzen.

Entwerfen Sie Ihre eigenen Polykulturen

Das Polykulturdesign für gemäßigte Breiten steckt noch immer in den Kinderschuhen. Es muss noch viel geforscht werden, um erfolgreiche Kombinationen zu entwickeln und die Zahl der Pflanzensorten zu steigern, die gut funktionieren. Ich ermutige Gärtner, mit ihren eigenen Polykulturversionen zu experimentieren. Eine Polykultur, die in einer Klimazone erfolgreich ist, wie in meiner Heimat im Nordwesten mit ihrem langen, kühlen Frühling und Herbst, könnte in den heißeren »Zwischensaisonen« im Süden oder Mittleren Westen ins Kraut schießen oder versengen.

Ein Tipp für eine erfolgreiche Polykultur einjähriger Gemüse besteht im Einsatz von Pflanzen dieser drei Gruppen: schnell wachsende Blätter und frühe Gemüse wie Rettiche und Frühlingskohlarten (Brokkoli, Rübstiel, früher Blumenkohl), Gemüse der mittleren Saison wie Bohnen und Zwiebeln und langsam wachsende Pflanzen wie Herbst-Blumenkohl und Kohl, Rosenkohl, Pastinaken und Lauch.

Um Gärtnern beim Design von Polykulturen zu helfen, hat Ianto Evans einige

Jajarkots fortgeschrittene Polykultur

Für die Jajarkot-Polykultur bereiten Sie ein Gartenbeet vor, das 1,9-2,8 m² pro Person vorsieht.

- *Einen Monat vor dem letzten Frosttag:* Säen Sie drinnen pro Person je vier bis acht Samen Kohl, Blumenkohl oder Brokkoli. Wählen Sie eine Sortenmischung, die im Laufe einer langen Saison reif wird.
- *1. Woche (am letzten Frosttag in Ihrer Region):* Erzeugen Sie eine essbare Pflanzendecke, indem Sie eine Mischung aus Senfblättern (Breitblättriger Senf, Tsa Tsai, Mizuna, Gartenkresse usw.) und anderen Blattgemüsen der kalten Jahreszeit säen wie Rauke, Garten-Portulak und Perilla. In Regionen, wo der Frühling warm ist (Mai-Temperaturen, die 27 °C erreichen), können Sie auch Buchweizen säen. Junge Buchweizenblätter sind lecker in Salaten oder angebraten.

  Fügen Sie einige Salate hinzu. Säen Sie Rettiche, Mangold, Kopfsalate und Karotten zwischen die zuvor gesäten Samen.

  Kräutersamen kommen als Nächstes. Fenchel, Dill und Koriander etwas dichter als die Salate, da sie nicht so gut aufzugehen scheinen.

  Jetzt Leguminosensamen zur Mischung geben. Drücken Sie im Abstand von etwa 30 cm Ackerbohnen, Buscherbsen oder eine Mischung davon in den Boden.

  Nun kommen Ihre Lieblingslauchsorten, wie Zwiebeln, Knoblauch, Knoblauch-Schnittlauch oder Lauch. Säen Sie oder setzen Sie Sämlinge etwa 15-30 cm auseinander.
- *2.-4.Woche:* Beginnen Sie, die essbare Pflanzendecke zu ernten. Nicht nur die Blätter abschneiden, die ganze Pflanze entfernen, um Öffnungen zu erzeugen. Dabei nicht die jungen Bohnen oder den Lauch stören. Ein paar der jungen Kräuter ausdünnen; sie sind eine würzige Beigabe zu Salaten und Eintöpfen. In einige der entstehenden Lücken pflanzt man Kohl, Blumenkohl oder Brokkolisetzlinge ca. 45 cm auseinander.
- *Spätfrühjahr/Frühsommer:* Wenn die Bodentemperaturen 15,5 °C erreichen, pflanzt man Basilikum und Buschbohnen in die Lücken.

  Sobald der Frühling wärmer wird, schießen viele Blattgemüsearten ins Kraut. Ernten Sie mehr davon, um zu vermeiden, dass sie Samen ansetzen. Falls Sie diese Grüngemüse in Ihrem Garten naturalisieren wollen, können Sie ein paar versamen lassen, dann die ganze Pflanze herausziehen und auf die Erde legen, um zu kompostieren und sich auszusäen. Ernten Sie alle Pflanzen, wenn sie reif sind oder zu eng stehen.

Leitlinien entwickelt, die auf seiner langen Erfahrung beruhen. Seine lang erprobten Tipps lauten:

1. Säen Sie mehrere Sorten jeder Art. Dies dehnt die Erntezeit aus, lehrt Sie, was die besten Sorten zum Anpflanzen sind und welche mehr ökologische Nischen besetzen.
2. Nicht zu dicht säen. Die empfohlene Saatdichte auf Saatpäckchen basieren auf großem Ausdünnen. Sie werden fast jede Pflanze essen, also dünnen Sie aus, nachdem Ihre Pflanzen

zumindest halbwüchsig sind, was später ist als in konventionellen Gärten. Falls Sie zehn Arten säen, vermindern Sie Ihre Saatdichte entsprechend, auf etwa 10 Prozent der empfohlenen Rate. Ein Samen pro 13 cm^2 genügt völlig. Bei mehr Samen hätten Sie etwa einen Monat nach der Aussaat eine Schwemme von Hunderten winziger Salatpflanzen. Dies macht nicht nur Ernte/Ausdünnen anstrengend, sondern das schneller wachsende Blattgemüse kann auch die etwas zarteren Kräuter überwuchern.

3. Fangen Sie früh zu ernten an. Ernten Sie Ihre Pflanzen, speziell Blattgemüse, wenn sie eng stehen, nicht erst, wenn sie reif sind. Eine Überfüllung behindert rasches Wachstum. Junge Pflanzen sind besonders schmackhaft, wie man an der anhaltenden Begeisterung für Babygemüse erkennen kann.
4. Mischen Sie Pflanzenfamilien, nicht nur Arten. Eng verwandte Pflanzen konkurrieren um die gleichen Nährstoffe, daher wächst eine Polykultur mit vielen Kohlarten (Brokkoli, Blumenkohl, Kohl, Grünkohl, Rosenkohl) oder jeder anderen Einzelgattung nicht so gut. Neben der Verhinderung von Fruchtbarkeitsengpässen verwirrt die Vielfalt Schadinsekten auf der Suche von großen Blöcken ihrer Lieblingsnahrung.
5. Viele Samen schnellwachsender Flachwurzler sollten ebenfalls dabei sein. Rettiche, Senfblätter, Bockshornklee und Buchweizen bedecken rasch den Boden, halten Unkräuter fern und erlauben Ihnen eine frühe Ernte. Da man viele dieser kleinen Pflanzen isst, pflanzt man sie am dichtesten.
6. Die Ernten sollten sich überschneiden. Für eine längere Erntezeit pflanzt man mehrere Sorten jeder Art, jeweils mit einer anderen Reifezeit. Schnittsalat ist z.B. viel früher bereit für die Salatschüssel als Kopfsalat. Außerdem mischt man rasch wachsendes Gemüse mit langsamem und Feldfrüchte der frühen Saison mit späten. So folgen auf Rettiche Kohl und Erbsen, gefolgt von Buschbohnen, gefolgt von Herbst-Ackerbohnen oder nach Frühlingskräutern wie Dill kommt im Sommer das Basilikum.
7. Vermeiden Sie Wurzel- und Lichtkonkurrenz. Ausladende Pflanzen wie Tomaten und Kartoffeln eignen sich vielleicht nicht für Polykulturen, da sie viele andere Pflanzen überschatten. Ein Übermaß an Wurzelgemüse konkurriert um Platz im Boden. Denken Sie an Grüße und Form der reifen Sorte, bevor Sie pflanzen, und vermeiden Sie Konkurrenz.
8. Ernten Sie ganzen Pflanzen. Mit Ausnahme einiger langlebiger Kräuter, die man durch regelmäßiges Zurückschneiden vom Schießen abhält, sollten Polykultur-Pflanzen komplett geerntet werden. Das schafft Platz für die vielen anderen Bewerber um dieselbe Stelle. Seien Sie vorsichtig und stören Sie nicht die Wurzeln angrenzender Pflanzen. Ernten Sie aus den dichtesten Zonen und wählen Sie Pflanzen, deren Ernte ihren langsameren Begleitern Konkurrenz erspart.
9. Bewahren Sie ein paar Pflanzen für Saatgut. Ein paar der gesündesten Individuen jeder Art sollten sich versamen, entweder natürlich oder zur Saatgewinnung. Solche Pflanzen sollte man, falls möglich, auf der Nordseite des Beets stehen lassen, damit sie nicht die andere Flora beschatten.
10. Besuchen Sie die Polykultur täglich. In Polykulturen entwickelt sich alles schnell. Nach etwa drei

Wochen erreicht Ihre Polykultur die maximale Dichte und erfordert eine tägliche Ernte, damit das schnelle Wachstum weitergehen kann. So haben Sie täglich einen leckeren Salat oder ein Pfannengericht. Ihre Polykultur wird Ihnen diese tägliche Aufmerksamkeit danken. Die Chinesen sagen, der beste Dünger ist der Schatten des Gärtners.

Den Garten mit Gilden bepflanzen

Mittlerweile werden die Leser, die Wildnisgärtner sind, ungeduldig bei all dem Gerede über Kopfsalat und Brokkoli. Die Polykulturen gehören fest zum Bereich des Gemüsegärtnerns. Sie sind stark kultiviert, lassen einheimische Pflanzen weg und gestatten Wildtieren außer Insekten nur wenige Rollen. Diese Polykulturen sind zwar »natürlicher« als sauber kultivierte Reihenkulturen, funktionieren aber kaum wie wilde Ökosysteme. Wir müssen das ändern. Ich habe mit gemüsebasierten Polykulturen angefangen, weil sie einige der Grundlagen zeigen, wie man Pflanzen in interaktiven Gemeinschaften anordnet, ohne allzu komplex zu werden. Nun ist es Zeit, eine größere Bandbreite von Arten zu berücksichtigen, die eine natürliche Pflanzengemeinschaft eher nachahmen kann. In diesen Systemen sind die Anforderungen der Menschen mit denen der restlichen Natur ausgewogen.

Die oben genannten komplexeren Polykulturen besitzen einige Qualitäten von natürlichen Gemeinschaften. Polykulturen erleben Sukzession, bieten viele Nischen und spielen bei der Schaffung ihrer eigenen Struktur ebenso eine Rolle wie Pflanzengemeinschaften und Ökosysteme. Wir können uns Ökosysteme als komplizierte Polykulturen vorstellen, doch mit weitaus komplexeren Interaktionen. Weil Ökosysteme so facettenreich sind, können sie sich auf viel interessantere und adaptivere Weise verhalten als einfache Systeme. In Ökosystemen sehen wir Qualitäten wie Sukzession, Raubtier-Beute-Beziehungen, Anpassung an Feuer, Klimaregelung usw., die man in herkömmlichen Bauernhöfen und Gärten nicht findet. Die Fähigkeit, solche Muster und Qualitäten zu entwickeln, macht Ökosysteme robuster, anpassungsfähiger und weniger anfällig für Katastrophen als menschengemachte Systeme wie Gärten. Welche Qualitäten von Ökosystemen können wir in unseren Gärten einsetzen, um unsere Gärten zu ökologischeren Mustern zu bringen?

Hier ist eine zweckdienliche Qualität: Ökosysteme sind von Haus aus kooperative Orte. Ja, es gibt viel Konkurrenz, doch die zugrunde liegende Dynamik besteht in gegenseitiger Hilfe. In einem Ökosystem bauen Mikroben den Boden auf, die Erde ernährt die Pflanzen, Pflanzen füttern Tiere, und Tiere verbreiten Samen und hinterlassen ihre Abfälle und Körper, die von den Mikroben in Erde verwandelt werden. Hier dreht sich ein Kreislauf gegenseitiger Abhängigkeiten, der reich an vielen spezifischen Partnerschaften ist.

Wir können einige dieser Partnerschaften in unseren Gärten nachbilden. Ich spreche hier nicht von einfacher Mischkultur mit ihren nebulösen und schwer bestimmbaren Kameradschaften. Beginnen wir mit Qualitäten, die wir leicht erkennen können. Pflanzen zeigen äußere, messbare Eigenschaften, wie Stickstoff binden, Insekten anlocken und Mulch produzieren. Wenn wir diese Qualitäten ermitteln und kombinieren, können wir das floristische Äquivalent einer gegenseitigen Hilfsgemeinschaft in unserem Garten schaffen.

Wie wir in Kapitel 2 gesehen haben, verbindet die Natur Pflanzen zu gegenseitig abhängigen Gemeinschaften und Verbünden. Auch die Indigenen haben

Pflanzenkombinationen entwickelt, die Synergien zwischen den Arten erzielen. In den letzten 20 Jahren haben auch ökologische Designer Pflanzen zu Gemeinschaften verknüpft, die Partnerschaften umfassen. Die Permakulturisten nennen diese Imitationen natürlicher Verbünde *Gilden.** Formal definiert ist eine Gilde eine Gruppe von Pflanzen und Tieren, die harmonisch in ein Muster gegenseitiger Unterstützung verwoben sind, das oft um eine Hauptart angeordnet ist, die den Menschen Nutzen bringt und gleichzeitig Lebensraum schafft. Der Rest dieses Kapitels erkundet die Rolle von Gilden bei der Einbindung natürlicher Dynamiken in unsere eigenen Gärten.

Gilden sind ein Weg, die breite Lücke zwischen konventionellen Gemüsegärten und Naturgärten zu schließen, indem man Pflanzengemeinschaften herstellt, die sich wie natürliche Landschaften anfühlen und so agieren, aber in ihrem Netzwerk auch Menschen beinhalten. Gemüsegärten nützen nur dem Menschen, während Natur- oder naturnahe Gärten speziell Menschen aus ihrem ökologischen Muster ausschließen.

Naturgärten sind enorm wertvoll, doch sie sind nur eine begrenzte Lösung für den Verlust von Lebensraum. Wie gesagt, falls wir die materiellen Bedürfnisse der Menschen in unseren städtischen und suburbanen Landschaften ignorieren, sind wir dazu verdammt, unseren unersättlichen Konsum von Wildland für Massentierbetriebe und Baumplantagen fortzusetzen. Ökologische Gärten, die Gilden und die anderen in diesem Buch beschriebenen Werkzeuge einsetzen, helfen, dass unser bebautes Land zu nährenden Orten für Menschen und Wildtiere erblüht.

Die drei Schwestern (oder sind es vier?)

Beginnen wir unsere Erkundung der Gilden mit einem sehr einfachen Beispiel, das einige maßgebliche Prinzipien illustriert. Dann können wir mit komplexeren Gilden fortfahren – die über Gemüse hinausgehen.

Viele Gärtner kennen das Dreigespann der nordamerikanischen Urbevölkerung aus Mais, Bohnen und Kürbis, eine Kombination, die oft »die drei Schwestern« genannt wird. Das Trio ist eine Gilde, weil jede dieser Pflanzen die anderen unterstützt und ihnen dient. Die Bohnen ziehen Stickstoff aus der Luft und wandeln den Stickstoff über symbiotische Bakterien in eine pflanzenverfügbare Form um, was das Wachstum aller drei Gemüse fördert. Die Getreidehalme bilden ein Spalier, an dem die Bohnenranken hochklettern können. Der umherschweifende Kürbis mit seinen breiten Blättern bildet einen lebendigen Schirm, der den Boden gut abdeckt, Unkräuter unterbindet und die Erde kühl und feucht hält. Dieses Trio erhält weitere Bestätigung durch Wissenschaftler, die bestätigen, dass die Wurzeln des Mais spezifische Zucker ausscheiden, die die perfekte Nahrung für die stickstoffbindenden Bakterien sind.

Gemeinsam produzieren die drei Schwestern mehr Nahrung, mit weniger Wasser und Dünger als eine ähnliche Fläche, die nur mit einer dieser drei Früchte allein bepflanzt wird. Jane Mt. Pleasant, eine Agrarwissenschaftlerin an der Cornell University, die ihre irokesische Herkunft mit ihrer Forschung verschmolzen hat, hat gezeigt, dass Gesamterträge dieser Gilde, in Kalorien gemessen, etwa 20 Prozent höher sind als vergleichbare Erträge von Mais, der allein auf einem gleich großen Stück gepflanzt wurde.

---

* Der Begriff *Gilde* wird von den Ökologen in einer etwas anderen Weise benutzt (eine Reihe verschiedener Arten, die eine gemeinsame Ressource in ähnlicher Weise nutzen, wie in »die Gilde der samenfressenden Vögel«). Diese Überschneidung ist unglücklich und potenziell verwirrend, aber der Gebrauch des Begriffs *Gilde* in der Permakultur ist gut etabliert, und ich werde mich an diesen allgemeinen Gebrauch halten, anstatt einen anderen Begriff einzuführen.

Sehen Sie, wie viele Verflechtungen diese Gilde hat. Die Bohnen liefern stickstoffhaltige Fruchtbarkeit für sich selbst, den Mais und den Kürbis; der Kürbis beschattet die Erde zum Nutzen aller drei; der Mais ernährt die Knöllchenbakterien der Bohnen und bildet ein Spalier für die Bohnen. Drei Pflanzen, die mindestens acht Verbindungen weben. Die Drei-Schwestern-Gilde ist ein perfekter Anfangspunkt, von dem aus man einen reich verbundenen Garten schaffen kann.

Im Südwesten enthält diese Gilde eine weitere »Schwester«: die Rocky-Mountain-Spinnenblume *(Cleome serrulata)*. Diese

Die Gilde der drei Schwestern anbauen

Eine Reihe von Pflanzhügeln in ca. 1 m Abstand abstecken, etwa 5 cm hoch und mit in etwa 30 cm Durchmesser. (Um zu errechnen, wie viele Hügel man braucht, geht man von vier oder fünf Maiskolben pro Loch aus.) Dann drei oder vier Maiskörner in jeden Hügel stecken. Verwenden Sie eine Zuckermaissorte Ihrer Wahl, auch wenn die amerikanische Urbevölkerung kürzere Kultivare mit vielen Stängeln speziell für diese Gilde hatte, wie Black Aztec, Hopi White oder Tarahumara. Sie könnten auch so eine Sorte in Betracht ziehen. Wenn der Mais keimt, häufeln Sie die Erde um die jungen Stängel an. Die Sprossen nicht abdecken, nur Erde um die Basis geben. Diese Hügel, da die Erde Luft und Sonne ausgesetzt ist, wärmen die Sprossen und beschleunigen ihr Wachstum. Die Hügel verbessern auch die Drainage. Den Mais nicht ausdünnen – Sie wollen zwei oder drei Stängel pro Hügel, daher der größere Abstand zwischen den Hügeln.

Etwa zwei Wochen nach der Maissaat wählt man einige Stangenbohnen, statt Buschbohnen. Verbreitete Sorten wie Blue Lake funktionieren ausreichend gut, obwohl ich hörte, dass sehr dynamische hybride Stangenbohnen, die an dünnen hybriden Maisstängeln hochklettern, den staksigen Mais umwerfen können. Alte Sorten, die traditionell bei den drei Schwestern verwendet werden, sind am besten. Dazu gehören weniger kraftvolle Sorten wie Four Corners Gold und Hopi Light Yellow. Aber Pflanzen sind nachsichtig und die meisten Sorten werden sich eignen.

Falls möglich, überziehen Sie die Bohnensamen mit einem für Bohnen spezifischen Hülsenfrüchte-Impfmittel (bei vielen Saatgutherstellern erhältlich). Das stellt sicher, dass die so wichtigen Stickstoff fixierenden Bakterien ein glückliches Zuhause in den Bohnenwurzeln finden. Geben Sie zwei oder drei Bohnensamen an den Rändern jedes Maishügels in die Erde.

Zusammen mit den Bohnen sät man zwischen jeden Hügel Kürbis. Verwenden Sie keine Zucchini, denn ihre hohen Stängel drücken den Mais zur Seite. Pflanzen Sie einen Rankkürbis, der sich über dem Boden ausbreitet.

Abgesehen von diesen triospezifischen Anweisungen sollten die drei Schwestern gemäß den Anweisungen auf den Samenpäckchen der Gemüse angebaut werden.

Nach der Ernte lässt man die Stängel, Ranken und andere organische Überbleibsel auf dem Boden vor Ort kompostieren. Dies führt dem Boden wieder einen Teil der entnommenen Fruchtbarkeit zu und schützt den Boden vor Erosion. Obgleich vom bakteriell gebundenen Stickstoff viel in den proteinreichen Bohnenschoten konzentriert ist, bleibt einiges in den Ranken und Wurzeln, bereit, in die Erde zurückzukehren.

60-150 cm hohe Cleome mit rosa Blüten wächst häufig in der Nähe früherer Anasazi-Siedlungen – sie ist praktisch eine Anzeigerpflanze für alte Ruinen – und ist enorm attraktiv für Nützlinge, die Bohnen und Kürbis bestäuben. Die jungen Blätter, Blumen und Samenstände der Spinnenblume sind essbar, und die Indigenen haben sie gekocht und gegessen oder aus der Pflanze für den späteren Gebrauch eine Paste hergestellt. Die Spinnenblume reichert auch Eisen an und ist die Quelle einer dunklen Farbe, mit der die typischen schwarzen Muster auf der Anasazi-Keramik hergestellt wurden. Lieder und Segenswünsche der Tewa aus New Mexico erwähnen Mais, Bohnen, Kürbis und Spinnenblume, was darauf hindeutet, dass diese multifunktionale Blume ein wichtiges Mitglied im heiligen Pflanzenpantheon ist.

Ich war erfreut, von dieser vierten Schwester zu erfahren, denn sie verbindet das Netz der nützlichen Interaktionen dieser Gilde mit dem Insektenreich. Die Stärke des Mais/Bohnen/Kürbis-Trios rührt teilweise von ihrer Verbindung mit einem Bereich jenseits des Gemüses: der symbiotischen, Stickstoff fixierenden Bakterien, die die Bohnen auf sich tragen. Und jetzt, indem man der Gilde eine vierte Pflanze hinzufügt, verstärkt sich das Gewebemuster weiter und zieht Insekten ins Netzwerk. Angezogen von der Spinnenblume bestäuben diese Nektartrinker Kürbis und Bohnen (Mais wird vom Wind bestäubt) und sorgen für einen guten Fruchtansatz. Durch Ausweitung der drei Schwestern sind wir in drei Reiche vorgedrungen: Tier, Pflanze und Bakterien. Durch Schaffung dieser Verbundenheit können wir drei Milliarden Jahre Lebensweisheit als Hilfe nutzen.

Wir lernen hier, dass eine Gilde, indem sie sich in die zyklischen Rhythmen der vielseitigen Natur einklinkt, von enormen Energie- und Erfahrungsquellen profitieren kann. Die Konzentration auf Nahrungspflanzen entzieht dem Boden die Fruchtbarkeit und gibt im Gegenzug nur wenig zurück. Bieten wir dagegen etwas mehr – einen Lebensraum für Bienen, ein Zuhause für Bodenorganismen –, binden wir die kleinen Kreisläufe unseres Gartens in die großzügigen und großen Kreisläufe der Natur ein. Pflanzt man ein paar Frühblüher, ermutigt das Bienen und andere nützliche Insekten, zu bleiben, bis die Obstbäume Bestäubung brauchen und die Blattläuse ausschwärmen. Lässt man die Blätter vom letzten Herbst auf einem Blumenbeet kompostieren, sammelt sich eine gesunde Menge Würmer, um die Erde zu durchgraben und zu belüften sowie nährstoffreiche Wurmexkremente zu den Wurzeln hinab zu tragen. Unsere kleinen Gaben bringen große Belohnungen. Wenn wir sozusagen die erste Runde Getränke kaufen, übernimmt die Natur die Rechnung für ein Abendessen und eine Show. Wir können unser Kapital in ein gar nicht so kleines Vermögen verwandeln, indem wir auf die gebündelten Ressourcen der natürlichen Wirtschaft zurückgreifen. Wenn wir die Natur zu unserem Partner machen, vervielfachen sich unsere Erträge und das Risiko eines Misserfolgs sinkt.

Die Inka und andere Völker der Neuen Welt fügten dieser Gilde ihr eigenes viertes Mitglied hinzu: Amarant. Amarant ist ein Getreide mit hohem Proteinanteil und leckeren Blättern. Die Hopi dünsteten die Blüten, um eine rote Farbe herzustellen. Amarant leistet also gute Arbeit, weil er weitere Funktionen in diese bereits großartige Gilde einbringt.

Die Zugabe von Spinnenblume oder Amarant wertet die drei Schwestern zu einem wirkungsvolleren Quartett auf. Das zeigt eine nützliche Regel für Gildendesign, die besagt, dass man mit etwas anfängt, das vertraut und einfach ist, und langsam Verbindungen hinzufügt. Das gibt uns einen Ansatzpunkt für die Bildung unserer eigenen Gilden. Sehen wir uns an, wie eine komplexere Gilde aufgebaut ist, und dann können wir weitere

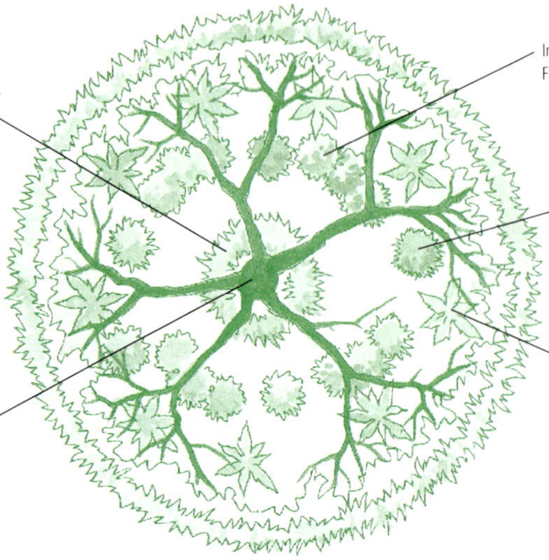

Eine typische apfelzentrierte Gilde. Unter dem Apfelbaum umschließt ein Ring attraktiver und Gras unterdrückender Zwiebelpflanzen die Blüh- und Nahrung produzierende Pflanzen, die auch Mulch und eine natürliche Umgebung für Nützlinge bieten. Der Apfelbaum wird von dieser Gemeinschaft multifunktionaler Pflanzen genährt, was für den Gärtner weniger Arbeit – und mehr Nahrung und Blumen – bedeutet.

Leitlinien für den Aufbau unserer eigenen Gilden entwickeln.

Aufbau einer apfelzentrierten Gilde

Permakulturkurse bieten oft als Einführung für die Teilnehmer eine Grundgilde an, dessen dominantes Mitglied ein Apfelbaum ist. So wie die drei (oder vier) Schwestern sich gegenseitig stärken, unterstützen die Mitglieder dieser neuen Gilde den Apfelbaum auf vielfältige Weise: indem sie nützliche Insekten zur Bestäubung und Schädlingsbekämpfung anlocken, Bodengare und -fruchtbarkeit fördern, Wurzelkonkurrenz vermindern, Wasser sparen, Pilzpopulationen im Gleichgewicht halten, um Krankheiten wie Schorf entgegenzuwirken, den Nahrungsertrag vervielfältigen, Lebensraum und mehrere andere Funktionen schaffen. Das Ergebnis ist ein gesünderer Apfelbaum und eine reichhaltige Ökologie. Diese biologische Unterstützung ersetzt zudem den menschlichen Eingriff und verlagert die Arbeitslast des Gärtners auf den breiten Rücken der Natur.

Die Apfelgilde ist ein nützliches Lernwerkzeug. Sie illustriert einige allgemeine Prinzipien des Gildenaufbaus. Ich beschreibe kurz eine Apfelgilde und dann untersuchen wir sie im Detail, um zu sehen, wie jedes Teil funktioniert.

Im Zentrum einer typischen Apfelgilde steht, wenig überraschend, ein Apfelbaum. Unter den äußersten Blättern des Baumes, der Kronentraufe, ist ein Ring dicht gepflanzter Narzissenzwiebeln. Innerhalb der Zwiebelgewächse befindet sich ein unterbrochener Kreis üppiger Beinwell-Pflanzen, die von purpurfarbenen Blüten gekrönt sind, um die herum Bienen summen. Zwischen dem Beinwell wachsen zwei oder drei robuste Artischockenpflanzen. Um diese herum gedeihen Blumen und Kräuter: gelbe Sprenkel Schafgarbe, rankende orangefarbene Kapuzinerkresse und die luftigen Doldenblütler Dill und Fenchel. Bei näherem Hinsehen erkennt man eine Reihe von Pflanzen, die normalerweise als Unkräuter angesehen werden, wie Löwenzahn, Wegwarte und Wegerich. Zwischen all dieser Flora wächst ein dichter Kleeteppich und wir erkennen einige Ackerbohnen und andere Hülsenfrüchte, die im Halbschatten unter den Ästen sprießen.

Jede Art in dieser Gilde übernimmt eine wichtige Funktion. So, wie ein Auto Teile braucht, die bestimmte Funktionen ausführen – Lenkrad, Zündung, Bremse – und in der richtigen Beziehung organisiert sind, braucht jede Gilde Elemente, um die Aufgaben auszuführen – Krankheitskontrolle, Düngerproduktion, Bestäubung –, damit die Gilde gesund und pflegeleicht ist. Gutes Gildendesign lässt die Natur all diese Jobs übernehmen, indem verschiedenen Pflanzen und Tieren die jeweilige Rolle zugewiesen wird. Falls wir einen Teil der Gilde frei lassen, müssen wir diesen Teil übernehmen. Und wenn wir kurzsichtig genug sind, einen Apfelbaum für sich allein zu pflanzen, müssen wir alles selber tun: gegen Krankheit sprühen, bewässern, düngen und Bienenstöcke zur Bestäubung installieren. Kein Wunder, dass Obstbäume als pflegeintensiv gelten. Die konventionellen Obstgärten haben die Räder gebrochen, die unsere Obstbäume mit dem Rest der Natur verzahnen.

Nun haben wir einen Überblick dieser Gilde gewonnen und können uns die Einzelteile ansehen und auch, wie sie zusammenpassen, um eine harmonische Gemeinschaft zu bilden. Im Einklang mit dem Schwerpunkt des ökologischen Gartenbaus auf Vorgänge, nicht Teile, habe ich die Gildenmitglieder nach Funktion statt Pflanzenart organisiert. Sie haben die meisten dieser Pflanzenfunktionen schon in Kapitel 6 gesehen, doch hier ordne ich sie spezieller den Gilden zu. Dies sind die Elemente, die fast jeder gut entworfenen Gilde gemeinsam sind.

Das Zentralelement. In dieser Gilde haben wir einen Apfelbaum als Herzstück, obwohl man ihn durch fast jeden Obst- oder kleinen Nussbaum ersetzen könnte. Gewöhnlich ist das Zentralelement eine Nahrung produzierende Pflanze, obwohl andere Arten von Gilden Bäume enthalten können, die Wildtiere anziehen, Stickstoff binden oder vielleicht als Bauholzproduzent dienen. Apfelbäume gibt es in vielen Größen, von 9 m hohen Standardbäumen bis zu 1,80 m Minizwergen, mit Halbstandards, Halbzwergen und Zwergbäumen dazwischen. Alle eignen sich für Gilden, doch logischerweise unterstützt ein kleiner Baum nicht so viele zugehörige Pflanzen wie ein großer. Der gewählte Baum hängt von Ihrer Grundstücksgröße ab, wie hoch Sie reichen oder klettern wollen, um zu ernten und andere ähnliche Variablen. Der Baum sollte auf eine offene Form beschnitten werden, damit das Licht die darunter liegenden Pflanzen erreichen kann.

Gras unterdrückende Zwiebelpflanzen. Die flachen Wurzeln von Zwiebelpflanzen halten Gräser davon ab, sich in unserer Gilde auszubreiten. Obwohl Gräser von vielen Obstbauern absichtlich gepflanzt werden, sind sie Oberflächenfresser und konkurrieren daher um Nährstoffe mit Bäumen, deren Hauptnährwurzeln ebenfalls nahe der Oberfläche liegen (wo sich die meisten Nährstoffe befinden). Die Eliminierung von Gräsern in der Nähe von Obstbäumen verringert den Bedarf an Düngemitteln. Bei weniger Wurzel- und Nährstoffkonkurrenz können die Obstbäume kräftiger werden und zu ihrer maximalen Größe heranwachsen.

Zwiebeln sollten an der Kronentraufe des Baumes gepflanzt werden, basierend auf seiner ausgewachsenen Größe. Da Frühlingsblüher ihr Wachstum im Frühsommer einstellen, rauben sie dem Baum kein Wasser, wenn es heiß wird. Nützliche Zwiebelgewächse sind Narzissen, Prärielilien und Lauch (am besten mehrjähriger Lauch, wie Knoblauch, Knoblauch-Schnittlauch, Waldknoblauch oder Etagenzwiebeln statt einjähriger Zwiebeln).

Besonders nützliche Zwiebelpflanzen sind Narzissen, da sie Toxine enthalten, die Tiere verabscheuen. Rehe meiden die überirdischen Teile und Erdhörnchen werden von den Zwiebeln abgestoßen. Pflanzt man

Ein ausgewachsener Apfelbaum, umgeben von einer Gilde aus Johannisbeeren, Fenchel, Minze und Beinwell.

einen Ring aus Narzissen um den Stamm und einen zweiten dichten Ring an der Kronentraufe, mildert dies Schädigungen durch Laubäser, Gräber und Rindenfressern.

Abgesehen davon, dass Zwiebelpflanzen wie Prärielilien und Allium auf Böden wachsen, wo sich ansonsten Gras breit macht, sind sie auch essbar. Prärielilienzwiebeln waren ein Grundnahrungsmittel der amerikanischen Ureinwohner im Westen und erleben unter Wildnahrungsliebhabern ein Comeback. Aber Vorsicht, wenn Sie essbare Zwiebeln bei Narzissen pflanzen, da deren versehentlicher Verzehr ernsthafte Magenbeschwerden verursachen könnte.

Diese Auswahl multifunktionaler Zwiebeln kann Nahrung bieten, vor Ungeziefer schützen und Gräser verringern. Außerdem sind sie auch hübsch anzusehen. Generell sollten Zwiebeln für diese Gilde im Frühling blühen und im Sommer ruhen sowie idealerweise mindestens eine andere Funktion besitzen als das Abhalten von Gras, wie Essbarkeit, Schädlingsabwehr oder Anlocken nützlicher Insekten.

Insekten und Vögel anlockende Pflanzen. Die verführerischen Blüten blühender Pflanzen locken Bestäuber an, um den Fruchtansatz zu erhöhen, und räuberische Wespen, die sich an schädlichen Larven gütlich tun, wie Bohrer und Apfelwickler. Zur Auswahl stehen essbare Kräuter wie Dill, Fenchel und Koriander sowie viele der Insektarium-Pflanzen, die in Kapitel 6 und im Anhang genannt sind. Wenn Sie ein Fanatiker sein wollen, so sagen uns die kommerziellen Obstgärtner, wählen Sie Blumen, die vor und nach – aber nicht während – der Apfelblüte blühen, damit es viele Bestäuber gibt, aber diese nicht von den konkurrierenden Blüten abgelenkt werden. Bei heimischen Obstgärten sollte das nicht wichtig sein.

Ein paar blühende Sträucher wie Schmetterlingsflieder und Fuchsie oder mehrjährige Pflanzen wie Fackellilie und Salbei-Sorten, die nicht unbedingt unter dem Baum, aber in der Nähe wachsen, fördern das Auftreten insektenfressender Vögel, die in den Rindenvertiefungen des Apfelbaums nach Larven und Eiern suchen.

Mulchpflanzen. Lässt man Mulch unter dem Baum wachsen, braucht man nicht mit einer mit Kompost gefüllten Schubkarre hinlaufen, denn die Gilde baut ihren eigenen Boden auf. Zu den Mulcherzeugern gehören weichblättrige Pflanzen wie Beinwell, Artischocken, Gemüseartischocke, Rhabarber, Kleesorten und Kapuzinerkresse, die man alle abschneidet und vor Ort kompostieren lässt. Ein Ring aus Beinwell rund um den Baum kann im Laufe eines Sommers vier- oder fünfmal zurückgeschnitten werden. Wenn die nährstoffreiche Vegetation verrottet, liefert sie dem Boden eine große Dosis Mineralien und organisches Material. Die entstehende dicke Schicht Kompost bietet einer gedeihenden und bunt gemischten Population aus Würmern, Pilzen, Bakterien und anderen hilfreichen Bodenbewohnern ein Heim. Diese reichhaltige und lebendige Erde unterdrückt Krankheiten, weil das wühlende Bodenleben unter der Erde in einem intensiven Wettbewerb um Nahrung und Lebensraum steht. Da alle Ressourcen unter den vielen Bewohnern des Bodens verteilt sind, kann keine mikrobielle Art aus der Balance geraten und Schaden anrichten. D. h. ein Aufbau schädlicher Pilze wie Apfelschorf wird weniger wahrscheinlich – es gibt zu viel Konkurrenz und zu viele Raubtiere für die Bevölkerungsexplosion einer Art. Im Gegensatz dazu sorgt ein sauber gefegter und chemisch gedüngter Obstgartenboden, dem es an organischer Substanz fehlt, dafür, dass die einzigen Pilze, die gedeihen können, Schädlinge sind, denn sie sind daran angepasst, sich von der einen übrigen Nahrungsquelle zu ernähren: Ihren Bäumen.

Nährstoff-Akkumulatoren. Pflanzen, die Nährstoffe ansammeln, sind z. B. Wegwarte, Löwenzahn, Schafgarbe, Wegerich und andere, die man in Tabelle 6-2 findet (siehe Seite 152). Die tiefen Pfahlwurzeln dieser Pflanzen graben sich weit in die mineralische Erde und holen wichtige Nährstoffe hervor: Kalium, Magnesium, Kalzium, Schwefel und anderes. Während die Gilde reift, werden die Nährstoffe innerhalb der Gilde recycelt, anstatt durch tiefe Wurzeln aus dem Mineralboden extrahiert werden zu müssen. Die Speicherpflanzen werden dann überflüssig und beginnen einen natürlichen Verfall, den der Gärtner beschleunigen kann, indem er sie herauszieht und durch andere ersetzt.

Stickstoffbinder. Ich habe die Vorzüge von Stickstoff fixierenden Pflanzen im Buch immer wieder erwähnt, daher sollte es nicht überraschen, dass sie eine bedeutende Komponente von Gilden sind. Die Einbindung von Stickstoffbindern in Gilden führt dazu, dass Nährstoffe innerhalb der Pflanzengemeinschaft recycelt werden, und vermindert die Notwendigkeit von Dünger und anderen Zugaben. Da der so wichtige Stickstoff aus der Luft frei zugänglich ist, scheint es fast albern, diesen ständig säckeweise in unsere Gärten zu schleppen.

Die Liste möglicher Stickstoffbinder für Gilden ist lang und beinhaltet Kleesorten, Luzerne, Lupinen, Kuhbohnen, Bohnen, Erbsen, Wicken und andere, die in Tabelle 6-3 aufgeführt sind (siehe Seite 156). Was ist am besten? Ich bevorzuge mehrjährige Gewächse, wie Kriech- oder Weißklee, Luzerne oder Lupine. Doch viele der anderen, auch Wicke und einige Bohnen, säen sich einfach wieder aus, was ihnen fast einen

Mehrjährigen-Status verleiht. Kuh- und Ackerbohnen sind essbar, was ein weiteres Produkt auf den Gildenstapel packt. Im Spätsommer stecke ich meistens 12-24 Favabohnensamen in die Erde unter all meine Obstbäume, und im darauffolgenden Frühling ernte ich die Schoten und mulche die Stängel an dieser Stelle. Gärtner, die nicht mit solch milden Wintern gesegnet sind, können Favas im frühen Frühjahr für die Sommerernte und Mulchmaterial säen.

Ich habe bereits eine weitere Stickstoffbinderstrategie genannt, die darin besteht, einen jungen stickstoffbindenden Busch wie Essbare Ölweide, gelben Blasenstrauch oder Gemeinen Erbsenstrauch ins gleiche Pflanzloch oder in die Nähe eines neuen Obstbaums zu pflanzen. Schneiden Sie den Strauch einfach immer auf die Hälfte des Baumes zurück, bis der Baum in etwa fünf Jahre alt ist und entfernen Sie den Busch dann komplett. Man kann ihn auch stehenlassen und den Schnitt nach dem fünften Jahr fortsetzen, doch das extensive Wurzelnetzwerk des Obstbaums zieht bis dahin Stickstoff aus einem viel größeren Einzugsbereich an. Zwei oder drei kleine stickstoffbindende Büsche können auch an den Randzonen oder etwas außerhalb der reifen Kronentraufe des zentralen Baums gesetzt werden, wenn die Gilde entsteht.

Bodenbegasung und Schädlingsbekämpfung. Bestimmte Pflanzen atmen Substanzen aus, die Schadinsekten fernhalten. Beispiele sind Kapuzinerkresse und bestimmte Tagetesarten. Ihre Vor- und Nachteile wurden in Kapitel 6 dargestellt. Schädlinge abwehrende Pflanzen sind die am wenigsten erforschten Gildenmitglieder; und auch wenn die Kapuzinerkresse in Gilden nützlich zu sein scheint, wurden wenige andere Schädlingsvertreiber ausgiebig getestet und sollten vorsichtig eingesetzt werden, da sie auch Nützlinge abhalten könnten.

Habitat-Schlupfwinkel. Wenn man Steine, Baumstämme oder Gestrüpp neben der Apfelgilde aufschichtet und kleine Teiche und Wasserstellen schafft, lockt dies Eidechsen, Frösche, Schlangen und Vögel an. Ich habe einzelne und aufgetürmte Steine unauffällig in unserem ländlichen Grundstück verteilt, und darunter nisteten unzählige hilfreiche Strumpfbandnattern und Eidechsen. Bald konnte ich keinen Stein bewegen, ohne ein Reptilienheim aufzudecken. Das war O. K. – ich wollte eine schnelle Truppe dieser nützlichen Tiere, um Schnecken, blattfressende Insekten und schädliche Larven zu verschlingen.

Raubtiere wie diese sind zur Bewahrung des Gleichgewichts wichtig. Falls irgendeine Beuteart – Raupen, Blattläuse, Schnecken oder ähnliches – sich im üppigen Garten ansiedelt und beginnt, sich enorm zu vermehren, erlegt eine wartende Population von Raubtieren sie mit erschreckender Effizienz.

Das sind die Rollen, die in jeder Gilde ausgefüllt sein sollten. Gildendesign ist eine noch junge Wissenschaft und während wir mehr über die Verbindungen lernen, die zum Aufbau einer gedeihenden Pflanzengemeinschaft notwendig sind, müssen wir vielleicht noch andere Rollen in unsere Gilden integrieren. Bis jetzt erzielen die ökologischen Gärtner im Land gute Ergebnisse durch eine Mischung aus Pflanzen, die Gras unterdrücken, Insekten und Vögel anlocken, Nährstoffe speichern, Mulch bilden, Stickstoff binden, den Boden mit Substanzen begasen und Schädlinge bekämpfen, und all das angeordnet um einen Nahrung produzierenden Baum.

Mehrere Stücke, viele Funktionen, eine Gilde

Sie haben bemerkt, dass viele Apfel-Gildenmitglieder mehr als eine Funktion innehaben. Klee und Luzerne sind Stickstoffbinder, doch sie ziehen auch Bienen an. Wegerich und Schafgarbe speichern Nährstoffe und besitzen auch medizinische Wirkung, Artischocken produzieren Mulch und Nahrung, und Mineralien sammelnder Löwenzahn und Wegwarte sind auch essbar. Der Gewinner in der multifunktionalen Lotterie ist der Beinwell, denn er erzeugt Mulch und Medizin, lockt Insekten zu seinen Blüten, zieht Kalium und andere Mineralien aus der Erde in seine Blätter und kann zu Tee (nur aus den Blättern) verarbeitet werden, den man trinken oder als Dünger für den Garten einsetzen kann. Clevere Gildendesigner wählen so viele multifunktionale Gildenmitglieder wie sie können. Dadurch entsteht eine Gilde, die immer mehr Verbindungen enthält, was, wie wir in Kapitel 2 gesehen haben, eine Pflanzengemeinschaft – und unseren Garten – flexibel, reaktionsfähig und robust macht. Pflanzen, die in Gemeinschaft agieren, können Wetterextreme, Bodenprobleme, Schädlingsinvasionen und andere Angriffe viel besser überstehen als isolierte Arten.

Um die Apfelgilde aufzubauen, müssen nun nur noch die Pflanzen zusammengestellt werden. Die Illustration auf Seite 214 zeigt ein Arrangement, das in den meisten Gärten funktionieren kann, obwohl es stilisierter und formeller ist, als sich die meisten Gilden letztendlich entpuppen – es handelt sich schließlich um eine schematische Zeichnung.

Um zu entscheiden, wie viele Pflanzen man einsetzt, sollte die ausgewachsene Größe des zentralen Baumes als Richtlinie dienen. Ein Zwerg- oder Halbzwerg-Apfelbaum unterstützt weniger Gildenmitglieder als ein großer Standardbaum und benötigt kleinere Pflanzensorten. Bei Zwergbäumen würde ich Kletterpflanzen wie Wicke vermeiden, da sie am Apfelbaum hochklettern und ihn mit Ranken einhüllen könnten. Artischocken sind auch fast schon zu groß, um unter einen Zwergbaum zu passen, es sei denn, sie werden nahe der Kronentraufe des Baumes oder außerhalb davon gepflanzt. Denken Sie an die Gewohnheiten und die ausgewachsene Größe jeder Pflanze, wenn Sie Ihre Anordnung umsetzen. Als Faustregel gilt, je größer die Pflanze, desto weniger Exemplare davon in einer Gilde: ein Apfel, ein oder zwei Artischocken, mehrere Beinwelle, ein Dutzend Insektarium-Pflanzen, Dutzende von Zwiebelpflanzen, an die 100 Kleepflanzen.

Es gibt eine potenzielle Kehrseite unserer Apfelgilde: Gildenanfänger platzieren Pflanzen häufig zu dicht unter dem Baum. Zur Erntezeit könnte der Apfel von einem Vegetationsdickicht umgeben sein, in dem sich die Beine einer Obstgartenleiter verheddern. Bis die mittel- bis spätfruchttragenden Apfelsorten reif sind, wird glücklicherweise ein Großteil des Unterwuchses abgestorben sein, und die Ernte ist dann einfach.

Aber bei der Ernte von Sommeräpfeln ist bei der Platzierung der Leiter ein wenig Sorgfalt erforderlich. Doch nur keine Eile – das ist kein kommerzieller Obstgarten und die durch die Gilde erhaltene zusätzliche Fülle und die geringere Pflege sollten alle kleinen Unannehmlichkeiten beim Abstellen der Leiter ausgleichen. Aber denken Sie daran, Platz für den Zugang zu lassen.

Diese Gilde stellt die Rolle der Natur als Partner des Gärtners wieder her, indem sie einen einsamen Apfelbaum in eine Pflanzengemeinschaft verwandelt, was die menschliche Arbeit ungemein erleichtert. Durch den Aufbau einer Gilde wie dieser weben Gärtner ein starkes Netz, das fruchtbaren Boden und Mulch aufbaut, Bestäuber und schädlingsbekämpfende Insekten anzieht, Pilzkrankheiten reduziert, eine breit gefächerte Auswahl an Nahrung, Blumen und Kräutern liefert, für Wildtierlebensraum sorgt und den Wasser- und Düngemittelverbrauch reduziert. Diese Vorteile ergeben sich nicht nur aus der Wahl der richtigen Teile – der richtigen Pflanzen –, sondern auch aus dem richtigen Verhältnis zwischen den Teilen der Gilde.

KAPITEL NEUN
Gartengilden entwerfen

Die Natur kann uns eine Menge darüber lehren, wie man Gilden entwirft. Die Unverwüstlichkeit und Fülle natürlicher Pflanzengemeinschaften sind für uns genügend Ansporn, auf die Natur zu hören, doch es gibt noch mehr zu lernen. Eine gesunde Pflanzengemeinschaft recycelt ihre eigenen Abfälle zurück zu Nährstoffen, widersteht Krankheit, kontrolliert Ungeziefer, sammelt und spart Wasser, lockt Insekten und andere Tiere an und summt fröhlich mit, während sie diese und hundert andere Aufgaben erfüllt. Als Grundlage für den Aufbau unserer eigenen Gilden können wir uns natürliche Gemeinschaften ansehen – woraus sie bestehen, wie sie organisiert und wie die Teile verbunden sind. Obgleich einigen Gärtnern das einfache Kopieren der Gilden in diesem Buch genügen mag, möchten experimentierfreudigere Leser vielleicht ihre eigenen Gilden entwerfen. Die nächsten Abschnitte zeigen, wie das geht. Außerdem eignen sich nicht alle Gilden für jeden Boden, jedes Klima und Terrain, daher ist es nützlich zu wissen, wie man Gilden individuell anpasst, ohne ihre Verflechtungen zu kappen.

Dieses Kapitel bietet drei Techniken, wie man etwas über Gildendesign von natürlichen Pflanzengemeinschaften lernen kann. Die erste Methode basiert auf persönlichem, direkt gewonnenem Wissen – dabei ist man mit einer Pflanzengemeinschaft lang genug vertraut, um die Wechselbeziehungen zwischen den verschiedenen Mitgliedern zu erkennen. Die zweite Technik ist eher ein »Malen nach Zahlen«-Ansatz für diejenigen, denen die Zeit für längere Meditationen im Wald fehlt. Diese Methode verwendet Pflanzenbestimmungsbücher und Recherchen in Bibliotheken, um eine Gilde zusammenzustellen. (Eine Anmerkung zur Nomenklatur: Wenn ich von einer *Gemeinschaft* spreche, meine ich eine natürliche Gruppierung von Arten in der Wildnis. Eine *Gilde*, auf der anderen Seite, ist eine von Menschen geschaffene Zusammenstellung, die eine natürliche Gemeinschaft nachstellt.) Bei der dritten Methode können wir Gilden auf Basis ihrer Funktion anordnen. Die Apfelgilde vom letzten Kapitel hat diese Methode eingeführt. Dort bestand die Funktion der Gilde darin, einen Apfelbaum in seinem Bedürfnis nach Bestäubern, gesunder Erde usw. zu unterstützen. Gilden lassen sich entwerfen, um eine Reihe anderer Funktionen zu erfüllen, z. B., um Wildtiere anzuziehen, zur Erosionskontrolle oder zur Sanierung vergifteter Böden.

Wenn man die Methode »Gilden nach Funktion« einsetzt, können uns Gilden auch Produkte liefern. Ein Kräuterkundler und Sammler von Wildpflanzen z. B. könnte eine Gilde herstellen, die für Medizin und erste Hilfe sorgt, eine andere für Parfüm und Duft und eine dritte, die Flechtmaterial und Fasern liefert. Auch wenn diese Gilden spezifisch angelegte Funktionen haben, sollten einige der Gildenarten auch Nährstoffe und andere

Lebensgrundlagen für die Gilde bereitstellen. Jede Gilde wird durch ein paar Mitglieder abgerundet, die Boden aufbauen, Bestäuber anlocken und andere ähnliche Formen der Unterstützung zur Verfügung stellen.

Nachdem wir etwas über Gildendesign gelernt haben, sehen wir, wie man mehrere Gilden kombiniert, um Landschaften zu schaffen, die eine unglaublich vielfältige Auswahl an Obst, Gemüse und Wildtierhabitat bieten und gleichzeitig die Arbeit des Gärtners minimieren, da die Natur ihren Teil beiträgt.

Eine persönliche Art des Gildenaufbaus

Jede Region hat ihr eigenes Sortiment an Pflanzengemeinschaften, ob wir nun in den Eichen-Hickory-Waldgebieten des Nordostens, dem Chaparral Kaliforniens, den Saguaro-Mesquite-Bereichen der tiefliegenden Wüste oder den Kiefernwäldern des Südostens sind. Örtliche Bestimmungsbücher, vor allem neuere Ausgaben, führen oft die dominanten Pflanzengemeinschaften der Region auf. Ein kurzer Spaziergang mit einem Bestimmungsbuch durch die heimischen Pflanzengemeinschaften an unserem Wohnort (oder jenen, die in der Nähe unserer Stadt oder Vorstadt in Naturparks und Schutzgebieten noch übrig sind) lehren uns, welche Arten regelmäßig zusammen auftreten. Jede Gemeinschaft hat ein fast greifbares Gefühl; und mit zunehmender Erfahrung können wir den Übergang von z.B. einem trockenen und offenen Eichen-Hickory-Wald zur kühlen Feuchtigkeit eines Ahorn- und Buchenhains spüren. Bald beginnen wir, Beziehungen zu sehen. Wir stellen vielleicht fest, dass Johannisbeersträucher unter den Ahornbäumen zu gedeihen scheinen, aber unter den Eichen dünn und selten sind; oder dass Eichhörnchen die Ausbreitung von Eichenwäldern durch das Verstecken und Vergessen von Eicheln fördern.

Was ist mit hybriden Pflanzengemeinschaften, diesen neuartigen Mischungen aus Einheimischen und Exoten, denen wir immer häufiger begegnen? In und um viele Städten und Vororte herum, wenn wir einheimische Pflanzen erkennen, sind sie häufig in Gesellschaft von Gartenausreißern, durch Vögel importierten Sträuchern und Störung liebenden Neulingen. Wenngleich Pflanzenpuristen sie verabscheuen, sind diese neuen Gemeinschaften robust und lebendig und passen sich zügig an veränderte Umgebungen an, die nicht länger viele der früheren Bewohner begünstigen. Die Natur erkennt keinen Unterschied zwischen einheimisch und exotisch, sondern nutzt, was eben zur Verfügung steht, solange es zu den aktuellen Bedingungen passt.

Tatsächlich könnten diese hybriden Gemeinschaften uns mehr als die einheimischen davon berichten, welche Pflanzen gut in unserer Umgebung funktionieren. Beide Gemeinschaftsarten können uns die allgemeinen Prinzipien lehren, wie sich Pflanzen kombinieren lassen, doch die Hybriden können uns eventuell mehr darüber erzählen, welche spezifischen Arten am besten in unserer Gegend funktionieren. Eine heimische Gemeinschaft in einem Waldschutzgebiet außerhalb der Stadt oder eine, die von einer Naturschutzgruppe in einem Stadtpark gepflegt wird, ist ein guter Leitfaden für die Regeln zum Gildenaufbau in der Natur und dafür, welche Arten eine bestimmte Region in den letzten hundert Jahren oder länger zu ihrer Heimat gemacht haben. Doch diese glücklich gedeihende Mélange aus heimischen und importierten Büschen, Blumen und Unkräutern auf dem verlassenen Grundstück in Ihrer Straße wächst wahrscheinlich unter Bedingungen, die denen auf Ihrem Grund weitaus mehr ähneln als die Pflanzen im Waldschutzgebiet. Unter den Hybriden finden sich vielleicht Pionier-Bodenaufbauer, die auf Böden überleben und sie auffrischen können, die von Bauunternehmen abgetragen und

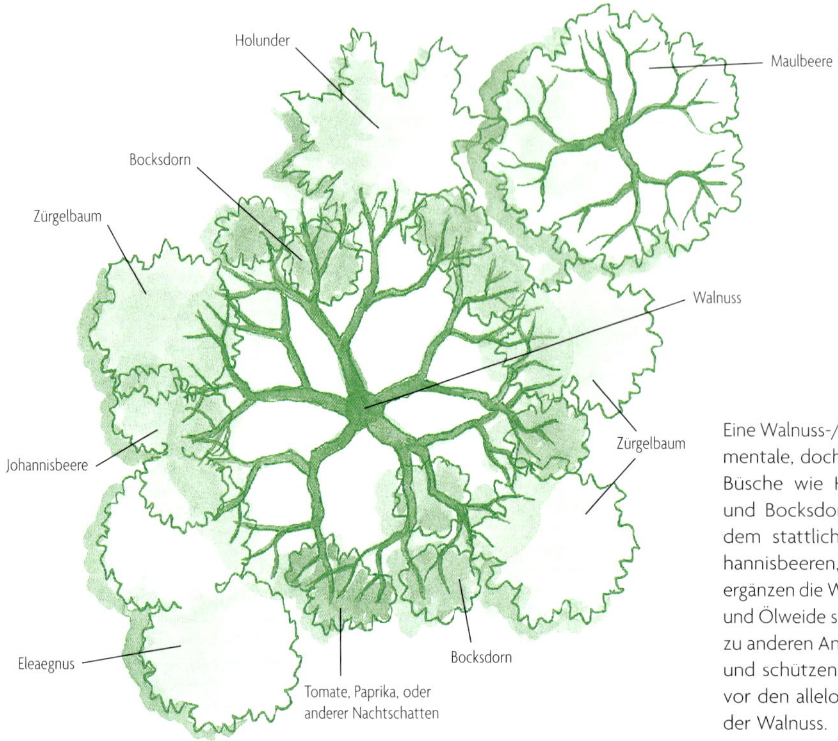

Eine Walnuss-/Zürgelbaumgilde. Ornamentale, doch Lebensraum liefernde Büsche wie Holunder, Zürgelbaum und Bocksdorn wachsen gut unter dem stattlichen Walnussbaum. Johannisbeeren, Tomaten und Paprika ergänzen die Walnussernte. Maulbeere und Ölweide schaffen einen Übergang zu anderen Anpflanzungen im Garten und schützen benachbarte Pflanzen vor den allelopathischen Wirkungen der Walnuss.

verdichtet wurden, Insektarium-Pflanzen, die von lokalen Bienen bestäubt werden, Sträucher, deren üppige Sämlinge beweisen, dass den Vögeln der Region ihre Beeren schmecken und sie dort Unterschlupf finden, und Bäume, die abgasschwangere Luft tolerieren – und vielleicht reinigen helfen. Wir wollen nicht das schlampige Aussehen eines leeren Grundstücks imitieren, aber die Vermischung dieser verschiedenen Arten signalisiert, dass eine starke Synergie stattfindet. Im richtigen Kontext könnten einige dieser Pflanzen oder ihre domestizierteren Verwandten in attraktiven und nützlichen Kombinationen angeordnet werden.

Schließlich erlauben uns unsere Beobachtungen, Pflanzengemeinschaften gut genug zu verstehen, um analoge Gilden von Pflanzen aufzubauen, die in unseren Gärten funktionieren. Durch die Mischung der ursprünglichen Arten einer einheimischen oder hybriden Gemeinschaft mit ähnlichen domestizierten Pflanzen können wir versuchen, die ursprünglichen Verflechtungen der Gemeinschaft wiederherzustellen, während wir die Gaben der Gemeinschaft ein wenig in den menschlichen Bereich verlagern. Wir betrachten, wie ein erfahrener Beobachter eine erfolgreiche Gilde entworfen hat, und nutzen dieses Beispiel, um ein paar generelle Regeln zum Gildenaufbau zu entwickeln.

Permakulturdesigner Tim Murphy aus Arizona hat eine Gilde um einen Walnussbaum angeordnet, die auf seinem detaillierten Wissen über eine Pflanzengemeinschaft mit Walnuss beruht. Folgen wir Tims Beobachtungen, Gedankengängen und Gefühlen, um zu sehen, wie ein erfahrener Gildenbauer die Natur nutzt und eine Nutzpflanzenanordnung aufbaut. Da Walnüsse fast überall in den USA wachsen, ist dieses Gildenbeispiel von Gärtnern im ganzen Land anwendbar.

Der Walnussbaum ist einer der Patriarchen des Pflanzenreichs. Hinter dem Haus meiner Eltern in Illinois ragte eine mächtige Schwarznuss über die hintere Terrasse und ich verbrachte viele Vormittage mit einem guten Buch und einer Tasse Kaffee in ihrem Schatten. Neben der Freude über ihren Schatten bieten Walnussbäume viele andere Vorzüge. Sie liefern leckere Nüsse und erfreuen uns damit, dass Eichhörnchen auf der Suche nach der Fülle des Baumes zwischen den Ästen umher huschen. Sogar die Nussschalen finden Verwendung als Farbstoff und Schleifmittel. Walnüsse liefern auch hochwertiges Holz, das eine saftige Summe einbringt und eine Freude für den Schreiner ist. Die Bäume sind zudem trockenheitstolerant und gedeihen sowohl in den trockenen Weststaaten als auch in weniger rauen Gegenden.

Die Wahl von Begleitpflanzen für Walnüsse ist schwierig, weil diese Gattung allelopathisch ist – d.h. die Pflanze sondert eine giftige Substanz ab (in diesem Fall heißt sie Juglon), die konkurrierende Pflanzen unterdrückt. Sehr wenige Arten können unter dem Blätterdach einer Walnuss gedeihen und die Vegetation in der Nähe der Bäume ist oft verkümmert. Doch auch hier bringt uns die Beobachtung der Natur zu einer Lösung. Indem er erkannte, welche juglontoleranten Arten natürlich bei diesen prächtigen Bäumen wachsen, entwarf Tim Murphy eine Gilde walnussfreundlicher Pflanzen.

Murphy bemerkte, dass in Arizona eine energische Pionierstaude, der Zürgelbaum (*Celtis* spp.), häufig im trockenen Schatten der Walnussbäume wuchs. Die Blätter und Beeren des Zürgelbaums bieten gutes Futter für Wildtiere und die Frucht, die klein, doch schmackhaft ist, macht diesen Strauch zu einem Kandidaten für den ökologischen Garten. Da Zürgelbäume unter Walnussbäumen zu gedeihen scheinen, wird das Wachstum des Buschs offenbar nicht vom Juglon unterdrückt. Wie Walnüsse geben auch Zürgelbäume eine Konkurrenz abweisende Substanz ab, somit besteht eine spannende Harmonie zwischen diesen Gleichgesinnten. Die Toxine der zwei Arten scheinen sich fast zu ergänzen. Juglon unterdrückt zwar das Wachstum vieler Pflanzen, hat jedoch wenig Auswirkungen auf Gras, wohingegen die Gifte des Zürgelbaums Gräser und andere flachwurzelnde Pflanzen hemmen.

Hier gibt es eine subtile Verflechtung, die eine hochspezialisierte Nische hinterlässt. Welche seltene Kombination von Eigenschaften führt dazu, dass Pflanzen, die inmitten von Walnüssen und Zürgelbäumen wachsen können, von diesem breiten Spektrum an Giftigkeit verschont bleiben? Wir sehen uns in der Natur um, was mit Walnüssen und Zürgelbäumen wächst, doch wie ihre Begleiter im toxinhaltigen Boden überleben, ist bisher wenig erforscht. Wir haben nur oberflächliche Kenntnisse über die Beziehungen zwischen den Pflanzen und werden an dieser Stelle auf einfache, empirische Beobachtungen reduziert. Einige Pflanzen können Walnuss- und Zürgelbaumgifte vertragen, viele andere nicht.

Um eine nützliche Gilde zu bilden, müssen wir mehr Arten finden, die dieses allelopathische Bad überleben. Tim hat Johannisbeeren bemerkt, die unter einer Walnuss wachsen. Seltsam an diesen Johannisbeeren ist: Tim findet sie nur unter Walnussbäumen, wenn auch Zürgelbäume vorhanden sind. Warum? Sorgt die Nachbarschaft von Walnuss und Zürgelbaum eine der Johannisbeere förderliche Umgebung? Tim hat einige Hypothesen über die Kombination aus Walnuss, Zürgelbaum und Johannisbeere. Er stellt fest, dass verrottende Walnussblätter und -schalen Insekten- abweisende Zitronelldämpfe freisetzen. Da Blattläuse und andere panzerlose Insekten Johannisbeerenschädlinge erster Ordnung sind, könnte der durch die Johannisbeerblätter wehende Zitronellduft diese niedrige Staude schützen. Den Johannisbeeren kommt wohl auch zugute, dass unter den Zürgelbäumen keine konkurrierenden Gräser wachsen, und der Halbschatten ihrer größeren Begleiter bietet ihnen die Bedingungen, die sie bevorzugen. Vielleicht profitieren die Beerensträucher auch von einem unterirdischen molekularen Austausch zwischen den Zürgelbaumwurzeln. Eine Kombination dieser und anderer weniger offensichtlicher Qualitäten könnte die Anziehungskraft erklären, die Walnüsse und Zürgelbäume auf Johannisbeeren ausüben.

Diese drei Pflanzen – Walnüsse, Zürgelbäume und Johannisbeeren – bilden die Grundlage einer Gilde. Die drei Arten liefern Nüsse und Bauholz, eine natürliche Umgebung für Wildtiere und Beeren zum Essen oder für Marmelade. Das ist aber noch eine magere Ernte. Können wir darauf aufbauen?

Tim hat zwei andere Arten gefunden, die unter Zürgelbäumen wachsen: Chiltepin *(Capsicum aviculare)* und Bocksdorn (*Lycium* spp.). Chiltepin, eine Staude, ist der wilde Vorfahre der Chilipflanze und trägt 1,25 cm große Früchte, die so scharf wie Habañeros sind. Bocksdorn ist ein dorniger Strauch, der seine Blätter bei großer Dürre abwirft und Beeren hat, die gern von Vögeln verspeist werden. Beide sind Mitglieder der Solanaceae, der Nachtschatten-Familie, zu der auch Tomaten, Paprika, Kartoffeln und Auberginen gehören. Tim erkannte, dass Solanaceae narzisstisch sind – d.h. sie gedeihen im Laubstreu der Mitglieder ihrer eigenen Familie. Dies erhöht die Chance, dass bestimmte domestizierte Solanaceae in die Walnuss-/Zürgelbaum-Gilde passen könnten. (Es ist bekannt, dass Kartoffeln durch Juglon verkümmern, doch der Paprika- und Tomatenzweig der Familie scheint weniger empfindlich zu sein und könnte brauchbare Kandidaten liefern.)

Nun haben wir einen Rahmen für eine naturbasierte Gilde: Walnüsse, Zürgelbäume, Johannisbeeren und vielleicht Paprika oder Tomaten. Konkretisieren wir das ein wenig. Stickstoff fixierende Pflanzen sind offensichtliche Kandidaten für eine Aufnahme in unsere Gilde. Ihre Fähigkeit, über symbiotische Bakterien Stickstoff aus der Atmosphäre in fruchtbarkeitsspendendes Nitrat umzuwandeln, bedeutet, dass sie gleichzeitig die Bodenökologie verbessern und Nährstoffe akkumulieren. Diese vielfältigen Funktionen machen sie zu fast obligatorischen Teilen der Gilden. Die meisten Stickstoffbinder sind Hülsenfrüchtler, die Pflanzenfamilie, zu der Bohnen und Erbsen gehören. Auch ein paar andere Pflanzenfamilien haben stickstoffbindende Mitglieder. Für die Walnuss-/Zürgelbaumgilde schlägt Tim als Stickstoffbinder die Schmalblättrige Ölweide vor. Andere Mitglieder ihrer Gattung, *Elaeagnus,* funktionieren ebenfalls, denn die mikrobiellen Verbündeten der Walnuss- und dürretoleranten *Elaeagnus*-Arten scheinen Juglon gut zu vertragen. Die Beeren wilder *Elaeagnus* bieten Wildtieren erstklassige Nahrung und domestizierte Sorten, wie Essbare Ölweide und *Elaeagnus × ebbingei,* besitzen Obst, das auch gut genug für Menschen ist. Liebhaber heimischer Pflanzen können auch ansässige Stickstoffbinder wie Amerikanische Säckelblume oder im Südwesten Apachenfeder *(Fallugia paradoxa)* pflanzen.

Schließlich schlägt Tim vor, andere walnusstolerante Arten an die Ränder der Gilde zu setzen, um die Wirkung des Juglon auf andere Pflanzen abzuschwächen. Mögliche Kandidaten wären Maulbeeren, Holunder, Robinien und Akazien. Die letzten zwei binden zudem Stickstoff und sind bei Bienen beliebt. Jenseits dieser Pufferzone lassen sich Nutzpflanzen, die Juglon nicht tolerieren, wie Obstbäume und Sträucher, in die Anordnung integrieren.

Wie ordnet man diese Gilde an? Die Illustration auf Seite 222 schlägt eine potenzielle Lösung vor. So wie bei der Apfelgilde gilt auch hier: Je größer die Pflanze, desto weniger Exemplare pro Gilde. Beginnen wir mit einem einzigen Walnussbaum. Rundherum, in einem Kreis von etwa 9 m Durchmesser, in dem sich die zukünftige Kronentraufe der Walnuss befindet, pflanzt man je ein bis drei Zürgelbäume, Johannisbeeren, Bocksdorn und *Elaeagnus* oder andere Stickstoffbinder.

Dann verteilt man die Nachtschattenpflanzen (Paprika, Tomaten, Auberginen) dazwischen. Wegen des geringeren Sonnenlichts nördlicher Klimazonen ordnet man letztere an den helleren Außengrenzen des Kreises an. Doch im Süden wissen diese Gemüse den Halbschatten der Walnuss zu schätzen. Außerhalb dieses Kreises setzt man dann die Maulbeeren und andere Pufferpflanzen.

Die entstehende abwechslungsreiche Anordnung erzeugt ein lebendiges Netz von Verbindungen, die viele ergänzende Bestandteile auf den Plan rufen: Vögel, die Samen und Guano verteilen, Insekten für Bestäubung, Boden-Mikroorganismen, um Nährstoffe freizusetzen und zu transportieren und kleine Säugetiere, die umgraben, kürzen und düngen.

Mehrere Gärtner haben Variationen dieser Gilde gepflanzt. Mary Zemach aus Los Alamos hat viele von Tims Beobachtungen in ihrer eigenen Walnuss-/Zürgelbaum-Gilde umgesetzt, die auch Johannisbeeren, Bocksdorn, Holunder, Silber-Ölweide und andere *Elaeagnus*-Arten umfasst. Mary räumt ein, dass ihre Gilde noch ein Experiment ist, aber als ich zu Besuch kam, ging es den Pflanzen gut.

Gilden für Leseratten

Die erfolgreichsten Gilden sind jene, die nach fortgesetzter Beobachtung einer natürlichen Gemeinschaft entstehen. Diese Gilden haben die beste Chance, sich in die dynamischen Beziehungen einzuklinken, die wilde Pflanzengemeinschaften verkörpern. Doch genügend Wissen zu erlangen, um auf Basis anhaltender Beobachtung zu entwerfen, erfordert ein besonderes Engagement. Für ökologische Gärtner, die nicht die Zeit oder Neigung haben, Stunden – oder Jahre – mit einer natürlichen Gemeinschaft zu verbringen, stelle ich eine akademischere Methode des Gildendesigns aus dem Lehnstuhl vor. Aber vergessen Sie nicht, dass Beobachtung durch nichts zu ersetzen ist, und selbst eine kurze Exkursion zu einer Pflanzengemeinschaft kann entscheidende Einsichten liefern, die Bücher nicht bieten können.

Die Lehnstuhl-Methode beginnt mit einer Suche nach Listen der wichtigsten Pflanzengemeinschaften, die in Ihrer Gegend zu Hause sind. Diese Informationen findet man in Ökologie- und Pflanzenfeldbüchern, Forstdienstwebseiten und Zeitschriftenartikeln in Universitätsbibliotheken oder Online-Datenbanken. Diese Literatur ist umfassend und kompakt und kann einige Arbeit erfordern, um die relevanten Funde zutage zu fördern. In meiner eigenen Gegend würde ich anfangen, indem ich unter »Pflanzengemeinschaften, Oregon« in einem Katalog oder Datenbankindex einer Universitätsbibliothek nachsehe. Bei Ihrer Suche geben Sie Ihr Bundesland oder Ihren Kanton ein. Wenn die lange Referenzliste erscheint, suchen Sie nach Titeln wie »Pflanzengesellschaften (Ihres Bundeslands/Kantons)« oder »Vegetation (Ihres Landkreises)«. Falls Sie den vorherrschenden heimischen Baum in Ihrer Region kennen, lässt sich die Suche eingrenzen, indem man Studien zu dieser Art sucht. Ich habe einen hilfreichen Artikel mit dem Titel »The *Quercus garryana* Forests of the Willamette Valley« gefunden, der die Wälder mit Oregon-Eiche beschreibt, die an den Trockenhängen meiner Region zu Hause sind.

Wen dieser Rechercheprozess abschreckt, kann sich einige Lauferei ersparen, indem er die nächstgelegene botanische Fakultät einer Hochschule oder das Büro der örtlichen Forstbehörde anruft und fragt, wo Beschreibungen der Pflanzengemeinschaften in der Gegend zu finden sind. Irgendjemand kennt sicher die Titel der besten Bücher oder Zeitschriftenartikel und ist vielleicht sogar bereit, spontan am Telefon etwas über örtliche Pflanzengemeinschaften zu erzählen.

So habe ich aus dem Lehnstuhl eine Gilde für meine Bioregion entworfen, als wir

Natürliche Pflanzengemeinschaften nutzen, um Gildendesign zu lenken

Auf Basis der Arbeit von Tim Murphy und anderen Gildendesignern können wir einige Leitlinien zur Bildung von Gilden aus örtlichen Pflanzengemeinschaften erarbeiten. Hier sind einige Fragen, die Pflanzen für nützliche Gilden auswählen helfen:

1. Was ist die dominante Art der Gemeinschaft? Ist sie nützlich für Menschen, durch Nüsse, Obst, besondere Schönheit, Tierfutter oder einen anderen Vorteil? Ist eine verwandte Pflanze sogar noch nützlicher?
2. Welche Pflanzen bieten Nahrung für Wildtiere? Welche Wildtiere nutzen sie? Wären diese Tiere im Garten erwünscht?
3. Gibt es Pflanzen, die Nahrung für Menschen liefern? Gibt es Pflanzen in der Gemeinschaft, die domestizierte Verwandte haben, die Obst, Beeren, Knollen, Blattgemüse, Kräuter oder andere Produkte für die Menschen bieten?
4. Welche Arten sind in mehr als einer Gemeinschaft vertreten, im Gegensatz zu denen, die es nur in einer gibt? Das könnten mögliche Puffer- oder Übergangspflanzen sein, die eine Gilde mit dem Rest des Gartens verbinden.
5. Gibt es Arten, die durch Insekten außergewöhnlich beschädigt sind oder an denen viele Schadinsekten leben? Sie wären eine Art, die man lieber meidet.
6. Welche Art erzeugt das meiste Laubstreu? Wäre das eine gute Mulchpflanze?
7. Wie gut und durch welche Mechanismen widersteht die Gemeinschaft Dürre oder Hochwasser? Einige Wüstenpflanzen werfen bei extremer Trockenheit ihre Blätter ab, eine nützliche Qualität, doch unattraktiv für eine große Pflanzung.
8. Gibt es Pflanzen mit nackter Erde oder verkümmerter Vegetation in der Nähe? Das mag einfach an zu tiefem Schatten liegen, doch falls Sonnenlicht die Erde bei dieser Pflanze erreicht, ist die Art vielleicht allelopathisch und sollte mit Vorsicht behandelt werden.
9. Gibt es vorherrschende Pflanzenfamilien in der Gemeinschaft? Wenn ja, könnten sie erfolgreich durch domestizierte Verwandte ersetzt werden.
10. Umfasst die Gemeinschaft bekannte Stickstoffbinder oder andere Nährstoff-Akkumulatoren? Das könnten wichtige Mitglieder sein und notwendig für eine verwandte Gilde.

Die Antworten auf diese Fragen erzeugen eine Liste von Arten, die das Rückgrat einer möglichen Gilde sein können.

im südlichen Oregon wohnten. Auf meinem Bücherregal steht die Bibel der Pflanzengemeinschaften für meine Gegend, *Vegetation of Oregon and Washington*, von Jerry Franklin und C. T. Dyrness. Obgleich das Buch mehr als 25 Jahre alt ist, sind die aufgeführten Arten noch gültig. Beim Durchblättern sehe ich, dass die Pflanzengemeinschaften nicht nur nach Region, sondern auch, gepriesen seien die Autoren, nach Klima und Bodenpräferenz geordnet sind. Unser früheres Haus in Oakland liegt an der Oberkante eines Südhangs, der im Sommer große Trockenheit erlebt. Daher musste ich für dieses Mikroklima eine heimische Pflanzengemeinschaft finden, die heiße, trockene, lehmige Hänge toleriert. Franklin und Dyrness weisen darauf hin, dass die Oregon-Eiche, *Quercus garryana*, unter diesen Bedingungen gut gedeiht. Das war keine Überraschung, denn meine Waldspaziergänge und der Artikel oben lehrten mich, dass die Oregon-Eiche sich hier wohlfühlt. Es war aber beruhigend, dass die Professoren und ich einer Meinung waren.

Gemeinschaften der Amerikanischen Weißeiche gibt es laut Franklin und Dyrness in mehreren Versionen, je nachdem, welcher Busch im Unterholz vorherrscht. Diese Gemeinschaften heißen Weißeiche/Haselnuss, Weißeiche/Felsenbirne, und – schluck – Weißeiche/Gift-Sumach, was dort leider sehr weit verbreitet ist. Jede Gemeinschaft enthält 12 oder mehr zugehörige Pflanzen, die im Text oder in einer Tabelle genannt sind.

Nun las ich diese Listen nach Arten durch, die an sich nützlich sind oder Verwandte haben, die Nahrung, Lebensraum oder andere Gaben bieten. Es war mein Ziel, mit den ursprünglichen Mitgliedern der Gemeinschaft oder verwandten Ersatzpflanzen eine Gilde mit einer Struktur zu schaffen, die der heimischen Gemeinschaft ähnelt, aber neben ihren vielen natürlichen Funktionen Produkte für Menschen liefert. Die Weißeiche-/Haselnuss-Gemeinschaft hat exzellentes Potential, denn sie enthält mehrere Nüsse, Früchte, Beeren und Kräuter. Die Mitglieder der Gemeinschaft finden sich in Tabelle 9-1.

Mit ein wenig Erkundung und Feinabstimmung lässt sich die Gemeinschaft aus Weißeiche und Haselnuss in eine sehr nützliche Gilde verwandeln. Gehen wir die Artenliste durch.

Die Oregon-Eiche besitzt subtile Vorzüge. Sie ist ein hübscher Schattenbaum und ausgewachsene Exemplare tragen reichlich Eicheln, über die sich Wildtiere freuen. Die Eichen sind oft voller Vögel, die in der Rinde nach Insekten suchen. Eicheln waren eine wichtige Proteinquelle für die amerikanische Urbevölkerung, ganz geröstet oder zu Mehl vermahlen. Die Eicheln der Amerikanischen Weißeiche enthalten weniger bittere Gerbsäure als andere und erfordern nicht den komplexen Auswaschungsprozess, durch den viele Eicheln erst essbar werden. Sie sind auch tolles Tierfutter. Essen Vorstadt-Gärtner Eicheln? Ich gestehe, ich habe nur mit ihnen experimentiert und glaube, ihre Akzeptanz als moderne Nahrung ist begrenzt. Der Baum braucht 10 Jahre oder länger, um Eicheln zu tragen, ist also keine ideale Nahrungspflanze für Menschen. Eichenholz ist ein wertvolles Nutzholz, aber wenn man keine größere Fläche hat, ist das Fällen eines großen Gartenbaums potenziell katastrophal, und es stört sicherlich die Gilde.

Somit ist der Nahrungswert der Amerikanischen Weißeiche für Menschen begrenzt und sein Bauholzwert in einem Vorstadtgarten zweifelhaft. Ist die Oregon-Eiche nützlich genug, um eine Gilde zu unterhalten? Hier ist meine Begründung: Wenn ich verlangen würde, dass der zentrale Baum jeder Gilde mich mit reichlich Nahrung versorgt, könnte ich eine Verwandte der Eiche, die

Tabelle 9-1. Angehörige der Weißeiche-/Haselnuss-Gemeinschaft

Trivialname	Botanischer Name
Oregon-Eiche	*Quercus garryana*
Kalifornische Schnabel-Hasel	*Corylus cornuta*
Amerikanischer Erdbeerbaum	*Arbutus menziesii*
Vogelkirsche	*Prunus avium*
Schwarzer Weißdorn	*Craetagus douglasii*
Erlenblättrige Felsenbirne	*Amelanchier alnifolia*
Wald-Schaumspiere	*Holodiscus discolor*
Gewöhnliche Schneebeere	*Symphoricarpos albus*
Weiße Zimthimbeere	*Rubus parviflorus*
Boysenbeere	*Rubus ursinus*
Weinrose	*Rosa eglanteria*
Scharlach-Erdbeere	*Fragaria virginiana*
Gift-Sumach	*Rhus diversiloba*
Felsenlippe	*Satureja douglasii*
Chilenische Berg-Süßdolde	*Osmorhiza chilensis*
Amerikanische Wicke	*Vicia americana*

Edelkastanie, setzen und hoffen, dass sie sich gut in diese Gilde einfügt. Ich könnte etwas weiter gehen und mit einem Obstbaum oder anderen Arten experimentieren, insbesondere wenn ich ein ausgewachsenes Exemplar nutzen könnte, das bereits vorhanden war. Aber bei all den sanften Vorzügen der Eiche, insbesondere für Wildtiere, und ihrem Status als einem unserer charismatischsten Bäume bin ich geneigt, ihren geringen Nährwert für den Menschen zu übersehen.

Für mich ist die Eiche ein feiner Schwerpunktbaum für eine Gilde. Ich pflanze andere Bäume für Obst und Nüsse. Die zweite Hauptkomponente dieser Eichengemeinschaft ist die Kalifornische Schnabel-Hasel. Hier ist keine größere Umstellung erforderlich, nur ein bisschen Domestizierung. Haselnuss ist eine sehr nützliche Pflanze. Die Haselnussgattung wurde zu einer Reihe von bedeutenden Nussproduzenten gezüchtet, z.B. gibt es Europäische und Türkische Haselnuss, Kreuzungen mit Lambertshasel und andere wie Baumhasel. Nicht nur sind die Büsche attraktiv, auch Vögel lieben Haselnüsse und Sie teilen wahrscheinlich Ihre Ernte mit ihnen, ob Sie das wollen oder nicht. Mit Amerikanischer Weißeiche und einer domestizierten Haselnuss sind wir auf dem Weg zu einer nützlichen Gilde.

Häufig beinhaltet die Gemeinschaft der Oregon-Eiche noch eine andere Baumart, den Amerikanischen Erdbeerbaum. Hier haben wir mehrere Möglichkeiten. Der Erdbeerbaum ist ein außergewöhnlicher Baum und lockt enorme Vögelschwärme an, die seine zahlreichen Blüten und Beeren abfressen. Seine glatte rote Rinde ist wunderschön, sie blättert jeden Sommer ab, woraufhin Vögel unter den abplatzenden Fragmenten nach Insekten picken. Fällt man den Baum, ist das Feuerholz dichter als Walnuss und brennt heiß und lange. Doch ich zögere etwas, die Eiche und den Erdbeerbaum – große Bäume mit begrenztem Nahrungswert – in einer Gilde anzuordnen, besonders auf einem kleinen Grundstück. Wenn Sie kein 2000 m^2 oder größeres Stück Land haben, könnte diese Gilde nicht groß genug für beide sein. Doch es gibt Hoffnung. Die Gattung des Amerikanischen Erdbeerbaums, *Arbutus*, besitzt auch mehrere kleinere Arten und mein Vorschlag wäre, einen engen Verwandten, den Westlichen Erdbeerbaum, *Arbutus unedo*, zu pflanzen, der beigefarbene, süße, etwas sämige Früchte trägt. Der Erdbeerbaum wird maximal 6 m hoch, doch es gibt Busch- und Zwergkultivare, die sich leicht unter eine Eiche schmiegen.

In der Unterschicht der Gemeinschaft der Amerikanischen Weißeiche befinden sich zwei kleine Bäume, Vogelkirsche und

Der Hang des kalifornischen Los Osos, wo einst eine Eisfabrik stand, wurde ein paar Schritte vor der Haustür in einen terrassierten Nahrungswald verwandelt. Inspiriert vom asiatischen Design der Gebäude drumherum, enthält der Garten Indianerbananen, umgeben vom mehrjährigen Lebendmulch und Bodendeckern aus Vietnamesischem Koriander *(Polygonum odoratum)*, Süßkartoffel *(Ipomoea batatas)* und Kapuzinerkresse. In der Nähe gleicht Rispenhirse *(Sorghum* sp.*)* die Höhe der Bananen aus. Verschiedene Thymiane verbinden die Trittsteine des Wegs mit aromatischen Kräutern. DESIGN UND FOTO VON LARRY SANTOYO.

Oregon-Weißdorn. Fügt man unserer Gilde diese Arten hinzu, vereinfacht dies die Sache, denn beide sind nützlich in wilder oder domestizierter Form. Vogelkirschen schmecken Vögeln, doch Menschen mögen die Frucht nur, wenn ihnen gelegentlich nach etwas Saurem ist, oder für Kuchen. Die Vogelkirsche ist auch vielversprechend als weit verbreitete Kirschunterlage, die in Baumschulen auf Süß- oder Sauerkirsche veredelt erhältlich ist. Diese veredelten Kirschen könnten Platz in unserer Gilde finden. Der zweite kleine Baum, Oregon-Weißdorn, ist nicht nur schön, sondern auch ausgezeichnet für Wildtiere, denn die Beeren bringen viele Vögel durch den Winter. Er ist ein enger Verwandter der Birne, lässt sich einfach als Okulierholz verwenden und kann dann Birnen tragen. Durch den Schnitt lassen sich diese zwei kleinen Bäume auf einer überschaubaren Höhe halten. Mit Kirsche und Weißdorn haben wir nun ein Untergehölz, das Nahrung für Wildtiere und Menschen liefert.

Wie die Liste zeigt, ist die Gemeinschaft der Amerikanischen Weißeiche voller Beeren. Die erlenblättrige Felsenbirne (auch Apfelbeere) wurde in Sorten domestiziert, die ausgezeichnete Früchte tragen, also nehmen wir einige davon auf. Weiße Zimthimbeeren sind ein Leckerbissen, den alle Wanderer im Nordwesten kennen. Sie können sich geschmacklich mit Himbeeren mehr als messen. Zwei Brombeerarten ranken sich um diese Gemeinschaft; doch für die Unversehrtheit Ihrer Haut würde ich die dornenfreie Sorte pflanzen. Schneebeeren schmecken Menschen nicht, da die Früchte seifige Saponine beinhalten, doch Vögel lieben die Pflanze. Die Schneebeere ist mit dem Geißblatt verwandt, was auf einen möglichen Ersatz hindeutet, der schmückt und Wildtiere anzieht. Walderdbeeren schließlich bieten sich als leckere Pflanzendecke an.

Warum nur, fragen Sie sich, habe ich Gift-Sumach hinzugefügt? Diese Ausschlag auslösende Staude und ihr Verwandter, der Giftefeu, erinnern mich an die Plastikbänder, die Tatorte absperren. Diese Pflanzen ziehen in misshandeltes, zerfressenes Land und überziehen es mit einer schützenden, den Menschen abschreckenden Barriere. Der Gift-Sumach scheint zu sagen: »Ihr Menschen habt das vermasselt; nun haltet euch fern, während es heilt.« Gärtner wollen offensichtlich keinen Gift-Sumach pflanzen, sondern einen harmlosen Verwandten, Limonadensumach *(Rhus integrifolia)*, der Blüten trägt, die man mit Wasser überbrühen kann, was ein würziges Getränk ergibt. Die Blüten geben Nektar für Insekten ab und Vögel genießen die Beeren. Limonadensumach ist im Südwesten zu Hause, doch winterhart genug (USDA-Zone 7), um in meinem Garten in Oregon zu überleben. Ein Nachteil ist, dass der Limonadensumach wie Gift-Sumach aussieht, weswegen ein Gärtner ihn beim Jäten aus Versehen einmal ausreißen mag.

Die Weinrose veranschaulicht die Linie, die wir zwischen wilden und domestizierten Arten zu ziehen versuchen. Sie könnten die einheimische Art verwenden oder eine andere Sorte, wie die *Rosa rugosa*, die große essbare Hagebutten für Sie und die Tiere bietet. Aber ich empfehle Ihnen, die stark domestizierten Hybridrosen zu meiden; ihre pollenlosen Blüten haben keinen Wert für Wildtiere und erfordern ständige Pflege. Als Gildenpflanzen sollte man allgemein weniger domestizierte Sorten auswählen. Als anpassungsfähige Generalisten können wir Menschen lernen, neue, wildere Geschmäcker zu genießen. Tiere sind oft weniger flexibel und haben in Bezug auf Nährwert oder Geschmack Bedürfnisse, die den hochgezüchteten Kultivaren fehlen.

Der noch übrige Strauch, die Schaumspiere, wird auch Eisenholz genannt, weil seine Stängel stahlhart sind und langsam brennen. Die Indigenen fertigten aus dem Holz Pfeilschafte, Grabstöcke und Essbesteck, was für mich auf mögliche Schnitzprojekte hinweist. Die Sträucher sind auch immer voller Vögel, welche die Samen fressen und sich zwischen den dichten Zweigen verstecken.

Drei kleine Pflanzen runden unsere Liste ab. Chilenische Berg-Süßdolde (*Osmorhiza chilensis,* nicht zu verwechseln mit einer Pflanze aus dem Osten namens Süßdolde oder Myrrhenkerbel, *Myrrhis odorata,* die auch essbare Blätter, Samen und junge Wurzeln hat) mit nach Anis schmeckenden Wurzeln, die als Gewürz verwendet wird und die Blüten locken Schmetterlinge und andere Insekten an. Felsenlippe ist ein hängendes, aromatisches Kraut mit Blättern, die als Tee eine mild sedierende Wirkung haben. Die Amerikanische Wicke fixiert Stickstoff, doch man könnte sie auch gegen die leichter erhältliche Sommerwicke eintauschen.

Unsere »Amerikanische Weißeiche«-Gilde enthält nun Pflanzen für Nahrung, Vögel und Säugetiere, Insekten, Kräutermedizin und Stickstoffbindung, was die meisten der notwendigen Rollen einer Gilde abdeckt. Was in der Liste offensichtlich fehlt, ist eine strapazierfähige Mulchpflanze wie Beinwell oder Artischocke. Ich würde für den Anfang ein paar Mulchpflanzen empfehlen, um die Produktion von Biomasse ins Rollen zu bringen und sie später entfernen, wenn die Gilde dichter steht. Die Gilde sammelt reichlich Laubstreu an, sobald sie ausgereift ist. Meine Intuition sagt mir, dass auch noch ein paar Insektarium-Pflanzen (Kräuter wie Dill oder Fenchel oder passende heimische Gewächse) und mehr Stickstoffbinder (vielleicht Bohnen und Klee oder die einheimische, Insekten anziehende Amerikanische Säckelblume) hineinpassen. Die Insektarium-Pflanzen sorgen für gute Bestäubung und Fruchtansatz, was wichtig ist, weil wir die Produkte dieser Gilde intensiv ernten. Außerdem entnehmen wir dem Ökosystem auch Produkte, daher muss ersetzt werden, was entfernt wurde, indem über Stickstoffbinder sowie Mulch und Nährstoff-Akkumulatoren Nährstoffe hinzugefügt werden.

Kurz gesagt beginnt die Lehnstuhl-Methode des Gildenaufbaus mit einer Bibliotheks- oder Internetrecherche, um eine Pflanzengemeinschaft zu ermitteln, die zu Ihrer Region, dem Boden und Klima passt. Listen Sie dann die einzelnen Arten auf und sammeln Sie entweder diese heimischen Sorten oder inländische Züchtungen. Versuchen Sie, Ihren eigenen Wunsch nach Nahrung und anderen Produkten mit den Bedürfnissen der wilden Lebewesen in Einklang zu bringen, die auch von Ihrer Gilde abhängig sind. Falls Ihnen die Pflanzen auf der Liste nicht vertraut sind, konsultieren Sie Bücher, Webseiten und Gärtnereikataloge über einheimische Pflanzen, um sie kennenzulernen. Falls der neuen Gilde Elemente fehlen, die oben bei der apfelzentrierten Gilde angeführt sind, füllen Sie die Lücken mit Arten, die in diesem Kapitel und im Anhang aufgelistet sind. Ich empfehle Ihnen auch unbedingt, hinaus in die Natur zu gehen und ein lebendes Beispiel der heimischen Gemeinschaft zu finden, und wenn es nur darum geht, ein ungefähres Gefühl für Muster und Struktur zu erhalten. Dann pflanzt man die Gilde, stellt sich hin und wartet, welche Verbindungen entstehen.

Funktionen stapeln bei Gilden

Im letzten Kapitel habe ich die Hauptfunktionen beschrieben, die in einer Obstbaumgilde nötig sind: Nährstoff-Akkumulatoren, Barrierepflanzen, Insektarien usw. Diese Liste ist einfach nur eine Sammlung der Grundbedürfnisse eines Obstbaums. Wir können diesen Ansatz weiter vertiefen, indem wir uns andere Funktionen ausdenken, die in einer Gilde nötig oder wünschenswert wären. Tabelle 9-2 listet einige mögliche Rollen auf, die Pflanzen spielen können, in Nebenrollen des ökologischen Theaters und als Überbringer vieler Gaben für die Menschen. Die Obstbaumgilde ist entstanden, indem man beobachtet hat, welche Aufgaben einen Apfelbaum unterstützen. In unseren Landschaften gibt es viele andere Funktionen, die erfüllt sein müssen, um ein gesundes Ökosystem zu schaffen und wir können uns auch Aktivitäten vorstellen (wie Luftreinigung oder Erosionskontrolle) wie auch Produkte, die sich Leute wünschen. Gilden lassen sich so entwerfen, dass ihre Mitglieder eine Reihe von Rollen erfüllen, die vom Ort oder Designer erwünscht sind, wie bei der Apfelbaum-Gilde.

Alternativ kann man auch eine Gilde schaffen, die eine Hauptfunktion hat. Man kann z. B. eine Gilde entwerfen, die Vögel anlockt. Wir können beginnen, indem wir mehrere Büsche oder kleine Bäume wählen, die als erstklassige Vogelnahrung und Unterschlupf bekannt sind und nicht ganz zufällig noch andere Funktionen erfüllen. Beispiele dafür sind:

- Seidiger Hartriegel *(Cornus sericea)*, wegen seiner geschützten Sitzplätze – außerdem liefert er Korbflechtmaterial und die Rinde Farbe und Tauwerk.
- Amerikanischer Gagelstrauch *(Myrica pennsylvanica)* für Habitat und Nahrung. Die Beeren hängen bis in den Winter, wodurch sich die Nahrung tragende Saison dieser Gilde verlängert. Die Blätter sind ein Ersatz für Lorbeer und die Beeren bieten ein duftendes Wachs für Kerzen.
- Amerikanische Heidelbeere *(Vaccinium corymbosum)* für Schutz und Nahrung sowie süße Beeren für uns und eine Horde an Mykorrhiza-Verbündeten für die Bodenbildung.

Sie können den Kern der Gilde bilden. Wir brauchen einige kleinere Pflanzen, mehrjährige Blumen, die Samen bilden und Insekten für Vögel anlocken. Tausende stehen zur Auswahl, z. B.:

- Maximilian-Sonnenblume *(Helianthus maximilianii)* mit ihren Samen im Herbst und dichtem, deckendem Laub sowie Schösslingen, die wir essen können, und Blüten spät in der Saison.
- Astern aller Art (*Aster* spp.) liefern Samen und locken schmackhafte Insekten an, die von den Vögeln gefressen werden.
- Purpursonnenhut *(Echinacea purpurea)* liefert ebenso Samen sowie medizinische Eigenschaften und zieht Nützlinge an.

Diese sechs bilden einen Kern, auf den wir aufbauen können. Das Anlocken der Vögel haben wir abgedeckt, über eine lange Saison. Wir möchten auch sicherstellen, dass für die Grundbedürfnisse dieser Pflanzengemeinschaft gesorgt ist, damit wir unsere Arbeitskraft nicht gegen das eintauschen müssen, was die Natur bereitstellen kann. Zu den offensichtlichen Löchern in dieser Gilde gehören die Nährstoffanreicherung und Mulchherstellung. Wie wäre es zu Beginn mit einer Lupine, die nicht nur Stickstoff bindet, sondern im Herbst auch Samenkapseln für Singvögel anbietet? Die Stängel sind überdies ein hervorragendes Nistmaterial. Für Mulch könnten wir auf unseren alten Verbündeten, den Beinwell, zurückkommen oder noch mehr Vögel mit Anisacanthus quadrifidus anlocken, einer rot blühenden Varietät des Bärenklaus, eine Staude mit dicken, breiten Blättern. Je nach Bodenbedingungen, Mikroklima und anderen Umwelteinflüssen können wir weitere Arten dazugeben, um unsere Gilde abzurunden.

Somit können wir eine Gilde so entwerfen, dass sie eine benötigte Rolle einnimmt. Diese funktionsspezifischen Gilden sind, soweit wir wissen, keine Gemeinschaften, die man in der Natur findet, daher befinden wir uns hier auf neuem Gebiet. Wir brauchen uns aber nicht zu viel Sorgen darüber machen, ob

Tabelle 9-2. Funktionen der Pflanzengilden

Ökologische Funktion	Beschreibung
Luftreiniger	Reinigt die Luft von Schadstoffen, z. B. Efeu, Gewöhnliche Seidenpflanze und Chrysantheme (bekannt dafür, Benzol aufzunehmen).
Tierfutter	Liefert Nahrung für Haustiere, z. B. Gemeiner Erbsenstrauch, Büffelgras und Buchweizen.
Erosionskontrolle	Hält Erde mit faserigen Wurzelsystemen fest, z. B. Sanddorn, Bambus, Sumach und viele Salvia-Arten.
Feuerhemmend	Melde (*Atriplex* spp.), Apenninen-Sonnenröschen, Geldbaum, Echte Aloe, Lavendel, Salvia-Arten.
Hochwasser-management	Hält dem Untertauchen in Wasser stand und fördern das Versickern in den Grundwasserspiegel. Enthält viele heimische Wasserpflanzen, einjähriges Weidelgras, Garten-Reitgras und Federborstengras.
Festung/Barriere	Liefert eine Barriere gegen unerwünschte Pflanzen- und Tierarten, z. B. Hafer (guter Unkrautunterdrücker), Buchweizen und Stachelbeere.
Insektarium	Unterstützt nützliche Insekten, z. B. Färberkamille, Große Knorpelmöhre, Dill und Engelwurz.
Mulcherzeuger	Verrottet rasch und bietet Mulchen »vor Ort«, z. B. Beinwell, Rohrkolben und Gemüseartischocke.
Stickstoffbinder	Bindet Stickstoff fixierende Bakterien, z. B. wilde Lupine, Platterbse und gelber Blasenstrauch.
Stickstoffsammler	Entfernt überschüssigen Stickstoff aus der Erde. Beispiele dafür sind Alexandriner-Klee, Gerste und Hafer.
Ammen-/Gerüst-/ Begleitpflanze	Winterharte Pionierpflanzen, die anderen Pflanzen bei der Ansiedelung helfen, z. B. Erle, Zierquitte und Pfriemenginster.
Nährstoff-Akkumulator	Tief wurzelnde Pflanzen, die Nährstoffe aus der Erde ziehen und sie im Gewebe konzentrieren, z. B. Brennnessel, Schafgarbe und Sonnenblume.
Schädlingsschutz	Wehrt Schädlinge ab, was Pestizide überflüssig macht, z. B. Pfefferminze (wehrt Insekten und Mäuse ab), Zitronenmelisse (hält Fliegen und Ameisen ab) und Knoblauch (gut gegen Blattläuse, Rehe und Kaninchen).
Bodenbilder	Produziert organisches Material und verbessert die Bodenstruktur, z. B. Raps, Sudangras und Crotalaria.
Bodenbearbeiter/ Pfahlwurzel	Tief wurzelnde Pflanzen, die in den Boden eindringen, ihn lockern und belüften, z. B. Zwergpalme, Daikon und Favabohne.
Giftabsorption	Typische Arten sind schwarzer Nachtschatten (entfernt PCB aus der Erde) und Sperriges Gummikraut (absorbiert Selen).
Wasseraufbereitung	Typische Arten sind Rohrkolben, Flatter-Binse, Indisches Blumenrohr und Amerikanischer Straußenfarn.
Nahrung für Wildtiere	Beispiele dafür sind Brombeere (kleine Vögel), Zaubernuss (Kragenhuhn, Fasan) und Holunder (viele Vogelarten).
Habitat für Wildtiere	Typische Arten sind Gewöhnliche Berberitze, Amerikanische Heidelbeere, Haselnuss und Kornelkirsche.
Windschutz	Beispiele, von klein bis groß, sind Topinambur, Ölweide und Hybridpappel.

neuartige Pflanzenkombinationen auch gut zusammenarbeiten. Schließlich machen sich die meisten Landschaftsgestaltungen kaum Gedanken darüber, ob Pflanzen kompatibel sind, abgesehen davon, ob die Anordnung gut aussieht und die Pflanzen auch überleben. Solange die Grundlagen wie Erde, Licht und Wasser passen, sollten die Gildenmitglieder gedeihen. Nur selten kommt es zwischen Pflanzen zu negativen Interaktionen, die Unfrieden in der Gilde hervorrufen könnten. Also sind die Nachteile der Gildeninnovationen gering, während die Vorteile – brillante Synergien, glückliche Vorzüge, ausgezeichneter Lebensraum – enorm sind.

Eine Supergilde schaffen

Ein einziger Apfel- oder Walnussbaum – ganz zu schweigen von einer Eiche – liefert keine besonders abwechslungsreiche Nahrung, selbst als Teil einer Gilde. Es gibt Grenzen, wie viele Äpfel oder Nüsse ein Gärtner isst. Doch mehrere verschiedene, um einen Baum angeordnete Gilden lassen sich kombinieren

Tabelle 9-2. Funktionen der Pflanzengilden (Fortsetzung)

Menschliche Nutzung	Beschreibung
Aromatisch/Duft	Duftende Pflanzen wegen ihres Dufts allein oder um andere Gerüche zu überdecken, z. B. Lavendel, Rosmarin und Jasmin.
Flechten und Weben	Triebe sind gerade und biegsam, z. B. Rohrschilf, Prärieweide und Gewürzsumach.
Reiniger/Spüler	Beispiele sind Poleiminze, Amerikanischer Schneeball, Schachtelhalm und Kartoffel.
Kompost	Beispiele sind Beinwell, Zichorie, Schafgarbe und Brennnessel.
Schnittblumen	Typische Arten sind schwarzäugige Susanne, Kosmee, Schafgarbe und Narzisse.
Trockenblumen	Typisch sind Lavendel, Seidenpflanze und Sonnenblume.
Farbe	Typische Arten sind Goldrute (senfgelbe, braune und gelbe Farbe), Karotte (orange Farbe aus den Wurzeln) und rote Himbeere (purpurne Farbe von der Frucht).
Ätherisches Öl	Enthalten ätherische Öle, die extrahiert werden können, z. B. Salbei (in Parfüms und Shampoos verwendet), Dill (in Seifen und Medikamenten) und kriechender Thymian (in Parfüms und Mundwässern).
Faser	Für Faser verwendet, z. B. Neuseelandflachs (für Seile und Schnüre), Sumpf-Seidenpflanze (Rinde wird für Zwirn oder Stoff benutzt) und Hafer (die Schalen finden in Bauplatten Verwendung).
Nahrung	Essbares, dazu gehören Obst, Nüsse, Blattgemüse, Gemüse, essbare Blumen, Kräuter usw.
Insektenabwehr	Typische Arten sind Rosmarin (für Säckchen in Schränken), Petersilie (Saft vertreibt Mücken) und Lavendel (wehrt Mäuse ab).
Medizin	Pflanzen, die traditionell zum Heilen eingesetzt werden, z. B. Beinwell (zur Wundheilung), Purpurrote Seidenpflanze (zur Behandlung von Warzen) und Klette (als allgemeines Tonikum).
Öl, Wachs, Harz oder Politur	Typische Arten sind Bitternuss (Öl aus Samen für Öllampen), Japanische Pinie (aus dem Harz wird Pech gewonnen und zum Abdichten eingesetzt) und Haselnuss (Samen dienen als Möbelpolitur).
Seife	Typische Arten sind Schneebeere, Amerikanische Säckelblume und wilde Lupine.
Holz	Für Holzprodukte. Ein paar Beispiele sind Zucker-Ahorn bzw. Vogelaugenahorn (für Möbel und Musikinstrumente), Amur-Korkbaum (als Korkersatz) und Walnuss.

und steigern so die Nahrungsvielfalt und gesamte Biodiversität, die ein Garten zur Verfügung stellt. Eine offensichtliche Lösung besteht darin, andere Arten von Obst- und Nussbäumen – Pfirsiche, Mandeln, Pflaumen, Kakis – gegen Apfel und Walnussbäume in Gilden auszutauschen. Dies erzeugt einen Obstgarten aus Gilden. Doch jeder Obstgarten, selbst einer mit einem erstaunlich vielgestaltigen Unterholz wie unserem, wirkt wie ein Leuchtturm, der obstfressende Schadinsekten anzieht. Und wenn die Bäume auf unserem Grundstück alle Früchte tragen, ordentlich in offene Form geschnitten sind, gleichmäßig blühen und wie – na, Obstbäume – aussehen, dann ist die Landschaft visuell langweilig und entbehrt der biologischen Vielfalt, die möglich und für ein gedeihendes Ökosystem notwendig ist.

Falls der Garten groß genug ist, können wir subtiler vorgehen, als einfach nur ein paar Obstbäume anzupflanzen. So wie wir Stickstoffbinder, Insektarium-Pflanzen und andere multifunktionale Flora kombinieren, um dynamische Gilden zu erschaffen, können wir aus Bäumen mit unterschiedlichen Nutzungen eine »Supergilde« bilden. Die Gilden, die jeweils auf einem anderen Baum gestützt sind, können Unterbereiche einer größeren Supergilde mit vielen Bäumen und so integriert werden, dass sie eine tiefer verbundene Gemeinschaft ergeben. Unser Garten-Ökosystem verlagert sich dann auf ein höheres Maß an Komplexität. Denken Sie an die verschiedenen Gilden als Organe eines Körpers, die gemeinsam einen gesunden und langlebigen Organismus schaffen, der imstande ist, viel umfassendere Verhaltensweisen zu bewerkstelligen als die Bestandteile allein. Unsere Gilden können ähnlich agieren, Mikroklimate verändern, neue Arten anlocken, das Erscheinungsbild unserer Landschaft modifizieren und ihr wieder zu guter Gesundheit verhelfen.

Wie können wir eine Reihe von Gilden so anordnen, dass eine komplette Landschaft entsteht? Die von Tim Murphy entwickelte Walnuss-/Zürgelbaumgilde deutete bereits auf eine Methode hin. Tims Vorschlag, »Pufferpflanzen« einzusetzen, um die Obstbäume vor den Auswirkungen der giftigen Sekretionen eines Walnussbaumes zu schützen, deutet bereits eine Route an, wie sich Gilden ausweiten und verbinden lassen. Bill Mollison führt in *Permaculture: A Designers' Manual* näher aus, welchen Wert Pufferpflanzen haben. Falls wir eine Walnussgilde neben eine Apfelgilde pflanzten, würde der Apfelbaum an Juglonvergiftung leiden. Stattdessen können wir laut Mollison nützliche Pufferbäume wählen, die zwischen unvereinbaren Arten stehen und sie verbinden.

Was macht einen guten Pufferbaum aus? Zunächst sollten Pufferbäume (offensichtlich) gut mit den Bäumen harmonieren, die wir verbinden wollen. Ein Baum, dem Juglon Schaden zufügt, eignet sich nicht als Walnusspuffer (ein paar Bäume, denen die Walnüsse nichts anhaben, sind unten angeführt). Zweitens sollten wir im Einklang mit unserem Wunsch, vorteilhafte Interaktionen zwischen und innerhalb der Gilden zu finden, nach Pufferbäumen Ausschau halten, die sich positiv auf eine oder beide der zu verknüpfenden Gilden auswirken. Stickstoffbinder, Mulch-Produzenten und Vögel oder Insekten anlockende Pflanzen fallen mir da ein. Drittens sollten auch Arten dabei sein, die Nahrung, Tierfutter, Nutzholz oder ein anderes nützliches Produkt offerieren. Wir wollen in unseren Pufferpflanzen möglichst viele Funktionen stapeln. Einige Arten zur Verbindung von Walnuss- und Apfelgilden (und potenziell viele andere Gilden), die ein oder mehrere Kriterien erfüllen, sind:

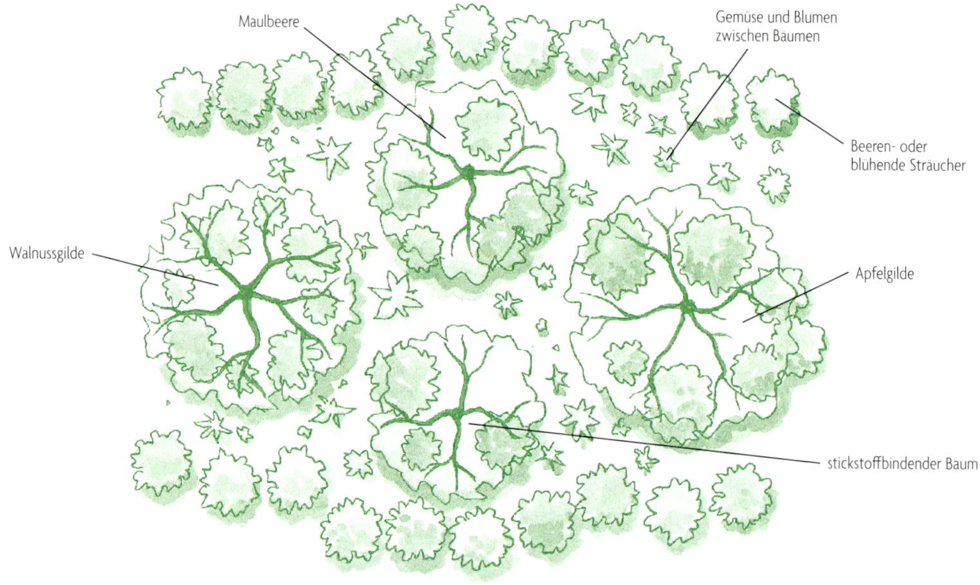

Eine Obstgarten-Supergilde. Der stickstoffbindende Baum (Robinie, Akazie, Tagasaste, Erle o. ä.) und die Maulbeere sind mit nützlichen Büschen und Blumen unterpflanzt (wie Mulchpflanzen und Insektarium-Pflanzen). Reihen von Beeren- und blühenden Sträuchern füllen die Wege zwischen den Bäumen und in allen offenen Bereichen wachsen Gemüse und Blumen.

Ein Obstgarten aus wiederholten Supergilden. Hier sind Apfel- und Walnussgilden miteinander verknüpft, wobei Maulbeeren und Stickstoff fixierende Bäume für Puffer, Vielfalt, Tierfutter und Bodenaufbau dazwischen stehen. Wie bei der einzelnen Supergilde auf Seite 234 ließen sich die Räume zwischen den Bäumen mit Beerensträuchern, blühenden Büschen, Gemüse und Blumen füllen.

- *Maulbeerbäume.* Maulbeeren gibt es in vielen attraktiven Züchtungen (Weiße, Russische, Illinois, Olivett), die von den Walnussabsonderungen unbeschadet bleiben. Manche Leute klagen, dass die Maulbeerfrucht am Boden klebt und Flecken macht, doch eine intelligente Platzierung (die Einfahrt und Spielbereiche ausspart) minimiert diesen Nachteil. Falls das Garten-Ökosystem intakt ist, werden viele Wildtiere bereitwillig überschüssige Beeren fressen. Maulbeeren werden auch rasch vom heimischen Federvieh vertilgt, also räumen ein paar Hühner oder Enten im Garten zügig mit heruntergefallenem Obst auf.
- *Stickstoffbindende Bäume und große Sträucher.* Die meisten Stickstoffbinder tolerieren Walnusstoxine. Robinien eignen sich hier gut, sie besitzen ein attraktives Laub, üppige Blüten, die Bienen lieben, und verrottungsfestes Bauholz für Zaunpfähle. Andere reizvolle Bäume, die dem Boden Fruchtbarkeit zuführen, sind Akazie, Rot- oder Schwarzerle, Gemeiner Goldregen, Seidenbaum und Bergmahagoni. Große Stickstoff fixierende Büsche, wie Schmalblättrige Ölweide und Wachsmyrte, sind ebenfalls gute Pufferpflanzen.

Eine Kombination aus Obst-, Nuss- und Pufferbäumen – z. B. Apfel, Walnuss, Maulbeere und ein Stickstofffixierer – kreieren eine Anordnung, die nützliche Interaktionen maximiert und negative minimiert. Hier sind einige Vorteile: Ein Stickstoffbinder verstärkt das Wachstum aller drei anderen Bäume, indem er der Erde Fruchtbarkeit hinzufügt. Maulbeeren puffern Äpfel nicht nur von Walnusstoxinen ab, vielmehr deutet die Forschung sogar an, dass Äpfel tatsächlich von der Kameradschaft der Maulbeere profitieren. Die gepufferten Gilden bieten reichlich Auswahl an Nahrung, die den menschlichen Gaumen verwöhnen und Blüten, Obst und Unterschlupf ziehen viele Arten von Wildtieren an.

Die Illustration auf Seite 234 zeigt eine Anordnung, die jede baumbasierte Gilde am besten zur Geltung bringt. Wie lässt sich dieses Muster im suburbanen Bereich umsetzen? 10-20 mittelgroße Bäume lassen sich in einem typischen 1000 m² großen Garten in der Vorstadt unterbringen, ohne die Bewohner in einen düsteren Schwarzwald zu versetzen. Zwei Runden unserer vierbäumigen »Supergilde« ergeben acht Bäume, so dass auf dem Grundstück genügend Platz für andere Arten bleibt, die die Artenvielfalt noch weiter erhöhen. Die Illustration auf dieser Seite oben zeigt eine Möglichkeit, einen größeren Supergilde-Obstgarten anzulegen.

Es besteht ein spürbarer Kontrast zwischen einem sterilen Garten, der mit vereinzelten, deplatzierten Solitärgehölzen in ökologischer Abgeschiedenheit gespickt ist, und diesem blühenden, halb gezähmten Waldgebiet, in dem es von Wildtieren wimmelt, wo üppige Früchte und Nüsse hängen und das von den Stimmen der Kinder widerhallt, die zwischen blütenübersäten Sträuchern Verstecken spielen.

Gilden sind nicht perfekt

Ich behaupte nicht, dass Gilden die Antwort auf alle Probleme des Gärtnerns sind. Die Vorteile von Gilden – reduzierter menschlicher Eingriff, weniger Dünger und andere Einträge, eine Harmonie zwischen Menschen und Wildtieren und die magische Synergie von Pflanzengemeinschaften – sind offensichtlich. Die Nachteile sind nicht so deutlich erkennbar. Erstens können Gilden sehr viel Platz erfordern. Zwei oder drei Gilden könnten den Großteil eines kleinen Stadtgrundstücks füllen. Außerdem lassen sich Gilden nicht so schnell herstellen wie ein Beet mit Einjährigen. Ein Obstbaum braucht mehrere Jahre, bis er trägt. Selbst Büsche benötigen ein paar Saisonen, um auszureifen. Um eine Gilde zu früher Produktivität anzuregen, können zwischen den jungen, permanenteren Gildenelementen einjährige Gemüsesorten und Blumen gepflanzt werden. Wenn die mehrjährigen Pflanzen beginnen, Früchte zu tragen, vermindern sich der Platz und die Notwendigkeit für einjährige Pflanzen und wir können einfach aufhören, sie erneut auszusäen.

Eine weitere Schwäche: Da die vielen Pflanzen einer Gilde in enger Verbindung agieren, kann es schwierig sein, den Ursprung einer Schwierigkeit herauszufinden – sagen wir verkrüppeltes Obst an einem Apfelbaum. Besteht das Problem aufgrund von Wurzelkonkurrenz? Eine allelopathische Interaktion? Ein Schädling, der bei einem anderen Gildenmitglied wohnt? In einer Gilde mag Pflanze A Pflanze B helfen, was C nützt, die A behindern, also wo fängt man an, die negative Interaktion nachzuverfolgen?

Permakulturlehrer Tom Ward hat mit Gilden experimentiert und kennt ihre Komplexitäten. »Gilden wurden zuerst in den Tropen entwickelt, wo es wenig Erde gibt«, erklärt Tom. »Allelopathische Gifte werden in der Erde gespeichert, aber weil die tropischen Böden flach sind, können die Allelopathen sie nicht auf giftige Niveaus aufbauen und sind dort kaum ein Problem. Negative Interaktionen treten selten auf. Da man sich keine Sorgen um Allelopathen machen muss, lassen sich Gilden in den Tropen leichter planen als in der gemäßigten Zone«.

Im Gegensatz zu den Tropen besitzen gemäßigte Wälder und Prärien eine tiefe Erdschicht. In der dicken gemäßigten Bodenschicht können sich die von Mikroorganismen und allelopathischen Pflanzen abgegebenen Gifte anreichern. So kann ein vielfältiges Spektrum von Pflanzenarten zwischen ihren Wurzeln eine ebenso komplexe chemische Fracht transportieren. Dieses vielfältige Sortiment an Zuckern, Ligninen, Alkaloiden und anderen Stoffen kann unvorhersehbare Auswirkungen auf benachbarte Pflanzen haben. Durch den Boden übertragene Toxine erschweren die Gestaltung von Gilden in gemäßigten Zonen.

Gilden sind zudem oft standortspezifisch. Was in New York funktioniert, mag für Kalifornien völlig unpassend sein. Tom Ward hebt hervor, dass es keine fertige Gildenliste für jeden Garten gibt. »Sie erhalten ein oder zwei Beispiele«, erklärt Tom. »Niemand hat je ein Buch mit exemplarischen Gilden verfasst, weil sie so standortspezifisch sind. Sie müssen schon Ihre Beobachtung bemühen und herausfinden, welche Pflanzen in Ihrer Region gut miteinander auskommen.«

Mehrere der in diesem Kapitel genannten Gilden – die drei Schwestern, die Apfelgilde und die Walnussgilde – sind Versuche für »universelle« Gilden, die in den meisten nordamerikanischen Bedingungen funktionieren. Die Oregon-Eiche-Gilde ist eine eher standortspezifische Gilde, die als Designübung gedacht ist und auf örtlichen heimischen Pflanzen beruht. Doch Amerikanische Weißeichen und ihre Partner findet man auf einem Großteil des Kontinents, daher können viele Leser etwas Ähnliches versuchen, wenn Eichen in der Nähe wachsen.

Nein, es gibt kein »Buch der Gilden« für jeden Standort. Die Gilden der gemäßigten Breiten sind überwiegend eine neue Erfindung, nur etwa 20 Jahre alt, und es gibt noch viel zu lernen und auszuprobieren. Vielleicht werden Leser dieses Buches mithelfen, dieses junge und sehr vielversprechende Feld weiterzubringen.

Gärtnern mit Gilden zwingt auch zu einer anderen Einstellung zur Ernte. Man läuft nicht eine Reihe sauber kultivierter Zucchini entlang und füllt einen Korb mit einer Sorte. Gildenernten erinnert ein wenig an Jäger und Sammler: Man pflückt ein paar Salatblätter, einige Paprika und Tomaten, ein paar Kräuter, eine Handvoll Nüsse und eine kleine Schüssel Obst und Beeren für den Nachtisch.

Manche Pflanzen eignen sich nicht für Gilden, vor allem ausladender Winterkürbis, der Pflanzen in der Nähe ersticken kann, und ein paar Gemüse, die den ganzen Tag Sonne brauchen. Die meisten Gildengärtner haben hier und da kleine Beete einjährigen Gemüses für eine große Ernte. Allerdings haben Gärtner, die einen bedeutenden Teil ihrer eigenen Nahrung anbauen, auch herausgefunden, dass Gilden, die von einjährigen Beeten ergänzt werden, schon nahe an das ökologische Ideal geringen Eintrags und maximaler Vielfalt herankommen.

Naturnahe Anbausysteme wie Gilden bringen ein Umdenken mit sich. Tom Ward zitiert eine Geschichte, die über Masanobu Fukuoka erzählt wird, den weisen Gründer der »Natural Farming«-Bewegung. Fukuokas Methode besteht darin, Gemüse und Stauden zwischen dauerhafte Bodendecker zu pflanzen, die alle nur minimal gepflegt werden. »Eines Tages«, erzählt Tom, »wurde Fukuoka gefragt: ›Wenn wir unsere Obstbäume so wachsen lassen, wie Sie es vorschlagen, ohne Schnitt, wie ernten wir dann die Äpfel und was tun wir mit ihnen?‹ Fukuokas Antwort lautete: ›Sie schütteln die Äpfel aus dem Baum und machen daraus Saft oder verfüttern sie den Schweinen.‹ Er wollte damit sagen, dass man in eine völlig andere Richtung geht.«

Obgleich nicht so extrem, verlangen Gilden eine leichte Anpassung unserer Beziehungen zu unserer Umwelt. Die Ordnung eines gebräuchlichen Reihenkultur-Gartens ist die Ordnung der Maschine. Diese Reglementierung führt dazu, dass wir Pflanzen als mechanische Nahrungsfabriken sehen. Wir treiben sie mit Dünger an, pflegen sie mit Rechen und Hacken und messen ihre Produktion in Gramm, Kilogramm und Tonnen. Wir betrachten die Pflanzen als Teil unseres Reichs. In einer Gilde sind wir nur eines von vielen Lebewesen, und wie alle anderen Tiere, die diese Gemeinschaft umfasst, nähren wir einen fast wilden Ort und werden von ihm genährt. Wir beschneiden und lesen aus, wie Rehe und Mäuse. Das Obst, das wir liegen lassen, verrottet nicht auf dem Boden und führt zu Krankheit; es wird freudig von unseren vielen Gefährten verspeist. Wir graben etwas Erde um und die Würmer graben noch viel mehr um. Wir nehmen lieber teil, statt zu herrschen. Durch Gilden können wir anfangen, den Kommandomantel abzulegen und die vielen Verantwortlichkeiten, die wir unnötigerweise übernommen haben, der Natur zurückzugeben.

KAPITEL ZEHN

Einen Nahrungswald pflanzen

Gärtnern mit Gilden bringt uns einen Schritt näher an Landschaften, die wie natürliche aussehen und agieren, aber so verändert wurden, dass sie den Leuten sowie dem Rest der Natur dienen. Doch selbst Gilden sind nur Stücke eines größeren Ganzen. Nun ist es Zeit, die Gilden und die anderen in diesem Buch vorgestellten Ideen zu einer vereinigten, naturverträglichen Landschaft zu verbinden.

In Kapitel 2 habe ich den Prozess der Sukzession beschrieben, die Evolution einer Landschaft im Laufe von Jahrzehnten, von nackter Erde über schnell wachsende Pionierarten zu einem ausgewachsenen Ökosystem. Wenn sie nicht durch Feuer oder andere Katastrophen unterbrochen wird, ist das Ergebnis fast jeder Sukzession überall Wald. Selbst im trockenen Südwesten überzogen Trockenwälder aus Eisenholz, Honig-Mesquite und Saguarokaktus die heutige Wüste, ehe die Verheerungen weidender Schafe und die Äxte der Holzfäller sie zerstörten. Regnet es pro Jahr 305 mm oder mehr und liegt zwischen den Waldbränden eine Atempause von einer Handvoll von Jahren, sprießen Baum- und Buschsetzlinge auf fast jedem Boden, warten geduldig auf die andere Vegetation und schaffen ein Waldgebiet. Daher müssen die Leute in den Vororten, wie früher angemerkt, ständig Gehölzsämlinge aus ihren gut bewässerten Rasenflächen und Gartenbeeten jäten und sie abhacken. Der typische Garten, mit seiner perfekten Planung aus Bewässerung und Dünger, versucht immer, ein Wald zu werden. Nur der Rasenmäher und die Baumschere verhindern, dass der Wald sich ausbreitet.

Warum also sollte man diesen Trend zum Wald aufhalten? Stattdessen können wir mit der Natur arbeiten, um einen mehrstöckigen Waldgarten, eine Nahrung und Lebensraum erzeugende Landschaft schaffen, die wie ein natürlicher Wald agiert. In einem Waldgarten ist der Garten ein parkartiger Hain aus sich ausbreitenden Obstbäumen, Walnüssen, Edelkastanien und anderen Nutzbäumen. In den hellen Lichtungen stehen kleine Kakibäume, Pflaumen, Kirschen, Indianerbananen und ein paar Zierpflanzen wie Goldregen und Seidenbäume mit rosafarbenen Blüten (die übrigens Stickstoff binden). Blühende Büsche und Beerensträucher, in denen Vögel tanzen, fangen weiter unten das Sonnenlicht auf. Zwischendrin winden sich Geißblatt und winterharte Kiwi-Ranken an Baumstämmen empor und hinterlassen eine Spur aus Blüten und Obst. Darunter und an den hellen Rändern liegen Beete mit mehrjährigen Blumen, Gemüse und bodenbildenden Mulchpflanzen. Pflanzt man Gilden, verwebt sich dieser vielschichtige Garten in ein zusammenhängendes Ganzes, und die Flora mit vielen Funktionen heißt hilfreiche Insekten, Vögel und andere Wildtiere sowie den Menschen willkommen.

Solch ein Nahrungswald ist nicht so unkonventionell wie sich das anhören mag. Ich rede nicht von einer düsteren Masse lichtschluckender Bäume, sondern einem offenen, vielschichtigen und essbaren Waldgarten mit ausreichend sonnigen Waldwiesen und Rändern. Viele Gärten umfassen bereits die meisten Elemente eines Waldgartens: ein paar hohe Bäume am vorderen oder hinteren Rand, einige Büsche für eine Hecke oder Beeren, ein Gemüsebeet, ein paar Kräuter und ein Blumenbeet. Aber im typischen Garten liegen diese Elemente separat und getrennt. Ein Waldgarten integriert einfach all diese Elemente zu einem reibungslos funktionierenden Ganzen.

Von seiner Essenz her hat ein Waldgarten mehrere Schichten, so wie ein natürlicher Wald. Ein einfacher Waldgarten enthält eine oberste Schicht an Bäumen, eine mittlere Stufe aus Sträuchern und eine Bodenebene mit Kräutern, Gemüse und Blumen. Jede Pflanze wird für eine Rolle gewählt, sei es für Nahrung, Lebensraum für Wildtiere, Kräutermedizin, Insektenanziehung, Bodenaufbau oder jede andere Funktion, über die wir in diesem Buch gesprochen haben. Die großen Bäume und Büsche sind so platziert, dass Sonnenlicht dazwischen fallen kann und die Pflanzen in den unteren Regionen in der Sonne oder im Schatten liegen, je nachdem, wie viel Licht sie benötigen.

Ein Waldgarten fühlt sich anders an als andere Gartenstile, zum großen Teil deshalb, weil Bäume ein bedeutendes Element sind, in das andere Schichten integriert sind und sie definieren. Sicher vermischen auch herkömmliche Gärten Sträucher und nicht verholzte mehrjährige Pflanzen unterschiedlicher Höhen im traditionell gemischten Grenzbereich. Und fast jeder Garten enthält ein paar Bäume. Doch in einem Waldgarten kontrollieren die Bäume – ihre Blätter wölben sich über den Köpfen, die Stämme schieben sich in den Himmel, Äste umhüllen den Raum – den Charakter der Landschaft. Wir schlendern nicht durch eine freiliegende Gruppe von Büschen und Blumen, deren Laub wir großenteils überragen; stattdessen sind wir in einem schützenden, aber offenen Blätterdach von Bäumen aller Höhen eingebettet. Die Bäume dominieren, ohne jedoch andere Pflanzen zu ersticken.

Bei einem von Bäumen erfüllten Waldgarten haben wir die mächtigste und produktivste Vegetation auf dem Planeten zu unseren Verbündeten erkoren, die Aristokraten des Pflanzenreichs. In Kapitel 6 habe ich kurz die vielen und wichtigen Rollen beschrieben, die Bäume spielen. Ich glaube, dass Bäume die Voraussetzung für eine gesunde, nachhaltige Landschaft sind – als vollständige, integrierte Partner, nicht nur als verstreute Einzelexemplare.

Die Fähigkeit der Bäume, bodenverbessernde Laubstreu zu produzieren, die Erde mit humusreichen Wurzeln zu füllen, Temperaturschwankungen auszugleichen, Feuchtigkeit zu bewahren, Erosion zu stoppen und vielschichtiges Habitat für Tiere zu bieten, ist einmalig und im Waldgarten sind sie auf unserer Seite. Und was Produktivität angeht, sind Bäume unschlagbar. 4000 m^2 Weizen ergeben eine Ernte von ein oder zwei Tonnen Korn, während dieselbe Fläche mit Edelkastanienbäumen drei Tonnen Nüsse ergibt und Gleditschien dort in 15 Tonnen proteinreiche Hülsen explodieren – ohne alljährliche Neupflanzung. Apfel- und andere Obsternten erreichen Ernten von sieben Tonnen pro 4000 m^2, obwohl einiges davon das Gewicht der enthaltenen Flüssigkeit ist. Doch selbst trockene Äpfel können sich mit trockenem Weizen messen. Im Vergleich zu Getreide und anderen einjährigen Pflanzen bietet die weitaus größere Fläche des Energie erntenden Laubs der Bäume einen unschlagbaren Vorteil.

Bäume reichen für Nährstoffe und Wasser tief in die Erde und für Sonnenenergie weit hinauf in den Himmel. Sie sind die größten und effizientesten natürlichen Sammler von Energie und Materie des

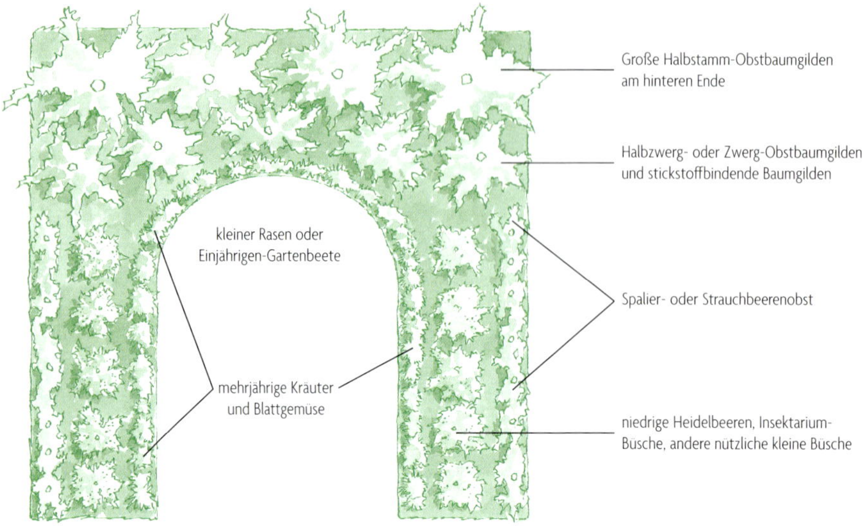

Ein U-förmiger Waldgarten. Falls das U sich zur Sonne hin öffnet, bildet der Garten auch einen Sonnenplatz. Eine symmetrische Pflanzenanordnung liefert ein formelleres Aussehen, durch weniger Symmetrie wirkt der Garten wilder. NACHGEZEICHNET MIT ERLAUBNIS VON *HOW TO MAKE A FOREST GARDEN*, VON PATRICK WHITEFIELD (PERMANENT PUBLICATIONS, 1997).

Lebens. Indem wir Bäume also als integrale Bestandteile in den Garten einbeziehen, bringen wir schwere Geschütze in unser Team. Obwohl sie sich den Raum mit vielen anderen Arten teilen, definieren Bäume den Waldgarten und unterscheiden ihn von anderen Landschaftsstilen.

Der Reichtum an Bäumen, Büschen und anderer Flora, aus der wir wählen müssen, bedeutet, dass der Waldgarten so vielgestaltig wie ein Wald selbst sein kann und so individuell wie sein Besitzer. Manche Gärtner werden sich einen echten Nahrungswald wünschen, wo der konstante Regen an reichen Früchten und leckeren Beeren ihn fast zwingt, einen Helm zu tragen. Andere werden ihren Miniwald auf Blüte und Schönheit ausrichten und Pflanzen wählen, um eine hohe, dichte Farbkaskade und ein abwechslungsreiches Blattwerk zu schaffen. Utilitaristische Seelen können einen Garten gestalten, der Einnahmen aus medizinischen Tinkturen, Holz für Kunsthandwerk, Bambusstangen, seltenen Samen, Baumschulpflanzen oder Veredelungsmaterial erzielt. Oder der Gärtner kann die Stile mischen und aufeinander abstimmen, um einen Garten zu gestalten, der Nahrung, Schönheit, Lebensraum, Artenschutz und Einkommen vereint.

Ein Garten, der Bäume und Sträucher nutzt, um weit in die drei Dimensionen zu reichen, bietet Wildtieren ein Maximum an Lebensraum, den größtmöglichen Ernteertrag für den Raum und die wunderbarsten Möglichkeiten für Ränder und Vielfalt.

Es schadet auch nicht dem Grundstückswert, denn die gefragteren Stadtteile sind stets jene mit gut entwickelten Bäumen. In hügeligem Land sind Waldgärten auch die naturverträglichste Art, um steile Abhänge auszubauen, weil die Bäume und andere mehrjährige Pflanzen die Erde festhalten und Erosion erzeugendes Umgraben überflüssig machen.

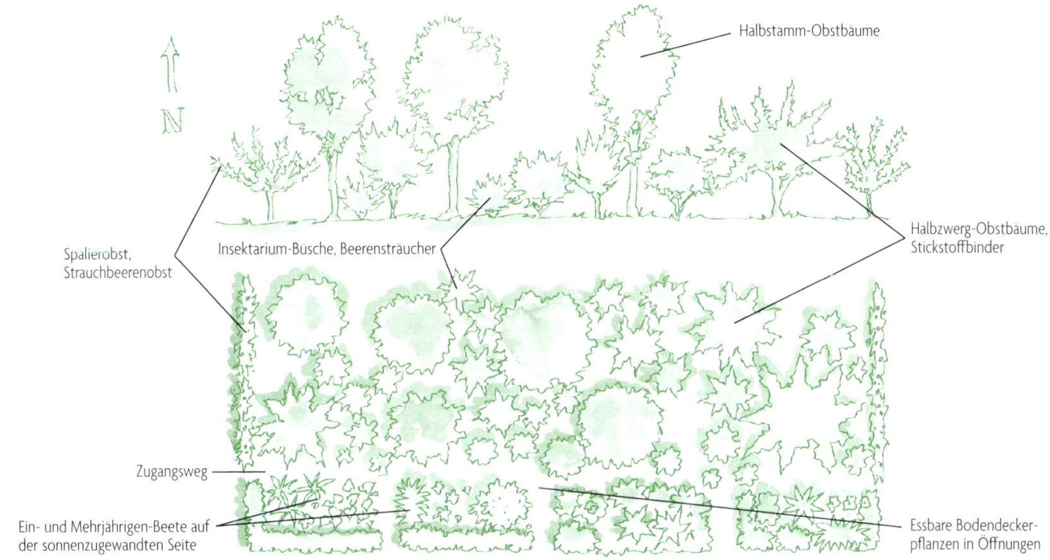

Ein Waldgarten für ein rechteckiges Grundstück. Große Bäume stehen weit auseinander, damit das Licht Sträucher und kleinere Bäume erreichen kann. Gemüse- oder Blumenbeete befinden sich auf der sonnigen Seite.

Die Illustrationen auf dieser und der vorherigen Seite zeigen einige mögliche Formen, die ein Waldgarten annehmen kann. Formen, Höhen, Abstände und Gesamtgröße lassen sich an die Bedingungen des Grundstücks und die Vorlieben des Gärtners anpassen. Ein großer Garten bietet ausreichend Platz für Standardbäume, während man auf kleinerem Grund Zwerg- und natürliche kleine Arten zusammenstellen kann, um Biodiversität zu erzeugen. Gärtner nördlicher Gefilde bevorzugen eine offenere Anordnung der Bäume, damit das nicht so starke Sonnenlicht die Bodenschichten erreicht, doch Leute aus dem Süden wünschen sich wahrscheinlich geringere Abstände, die für dringend notwendigen Schatten sorgen.

Waldgärten führen zu der offensichtlichen Frage: Werfen die oberen Schichten nicht zu viel Schatten für die kleineren Pflanzen? Ein Teil der Antwort ist, dass richtige Baumabstände und schattentolerante Pflanzen den Lichtmangel nicht zu einem Problem werden lassen. Doch ehrlich gesagt ist die Obstausbeute und Blütendichte – vor allem für nördliche Gärten, wo die Sonne schwächer ist – in den schattigeren Teilen der Unterschicht nicht so hoch wie in der vollen Sonne. Ich habe Johannis- und Stachelbeeren, zwei schattentolerante Strauchfrüchte, in voller Sonne und unter einigen Birnbäumen gepflanzt und die sonnigeren Pflanzen tragen mehr Obst. Doch die Büsche im Schatten benötigen weniger Wasser, haben saftigeres, dunkleres Laub und tragen trotzdem noch genug Beeren. Außerdem bietet der mit Sträuchern bestandene, halbschattige Rand unter dem Birnbaum weit mehr Vielfalt und Wert – ökologisch, ästhetisch und für meinen Gaumen – als wenn dort nur Gras wüchse.

Waldgärten offerieren dieselben und weitere Vorteile wie Gilden. Fast jeder Kubikzentimeter ist mit Vegetation, Blumen oder Obst gefüllt. Diese üppige Vegetation in drei Dimensionen erzeugt enorme Mengen an Lebensraum für Vögel, kleine Tiere und Nützlinge. Schädlingsprobleme vermindern sich. Und sobald sie einmal etabliert sind, brauchen Waldgärten nur wenig Pflege, weil die dichte Vegetationsschicht den Wasserbedarf reduziert, Unkräuter unterdrückt und die Erde durch Selbstmulchen und natürlichen Bodenaufbau erneuert. Da der Waldgarten großenteils mehrjährige und sich selbst aussäende Pflanzen umfasst, braucht er auch kein Umgraben und wenig saisonales Umpflanzen.

Im etliche tausend Quadratmeter großen Nahrungswald der Bullock-Brüder auf Orcas Island beschrieb Doug Bullock einige andere Zugangsvorteile des Waldgärtnerns. »Die enorme Artenvielfalt ist ein Teil«, erzählte er mir. »Wir sehen Vögel und andere Tiere hier, die niemand seit Jahren gesehen hat. Doch das Beste ist das Essen – das ist echt krass!« Wir standen unter einem Pflaumenbaum, der sich unter seiner Fruchtlast bog, und nickten, als Doug fortfuhr. »Jeden Sommer haben wir etwa drei Wochen lang 20 Studenten hier. Und es gibt genug Obst, um sie alle zu ernähren. Stell dir das mal vor: 20 Leute können sich wochenlang an Pflaumen, Pfirsichen und Beeren satt essen und wenn sie weg sind, ist noch immer tonnenweise Obst an den Bäumen für uns.«

Da Doug und seine Brüder ihren Nahrungswald mit einer Vielzahl von Pflanzen bestückt haben, bringt jeder Monat des Jahres frisches Obst oder Gemüse: Salatgrün der kalten Jahreszeit mitten im Winter, Beeren im Spätfrühjahr und schwere Ladungen an Früchten im Sommer und Herbst. Selbst im Dezember tragen ihre exotischen Mispelbäume eine Frucht, die wie Birnenkraut mit Zimt schmeckt.

Experimente mit Waldgärten

Waldgärtnern in gemäßigten Breiten ist ein neues Feld und auf unserem Kontinent gibt es nur ein paar ausgewachsene Waldgärten. Allerdings sind viele andere alt genug, um bereits Früchte zu tragen und Hunderte mehr werden derzeit gepflanzt. Ich habe während meiner Recherchen für die erste Auflage dieses Buches mehrere etablierte Nahrungswälder besucht und bin in den Jahren dazwischen zu ein paar von ihnen zurückgekehrt.

Ein Ort, der den Übergang vom Hochbeet zum Waldgarten schön illustriert, gehört Jerome Osentowski in der Nähe von Aspen in Colorado. Jerome muss sich einigen harten gärtnerischen Herausforderungen stellen, denn er lebt auf 2.255 m Höhe. Fröste kann es immer geben. Als ich ihn im September 1999 erstmals besuchte, war sein 1.350 m² großer Garten noch saftig und grün, doch er erwartete bereits die ersten schlimmen Herbstfröste.

Jahrelang stammte ein Großteil von Jeromes Einkommen aus dem Anbau biologisch angebauten Salatgrüns für die gehobenen Märkte und Restaurants in Aspen. Die ganzjährige Belieferung dieses heiklen Marktes ernährte Jerome an die zehn Jahre. Aber es erforderte mühsame Arbeit und Jerome war besorgt über die Berge von schwer zu beschaffenden Kompostmaterialien, die er importierte und dann von seinem Land als Blattsalate exportierte. Diese offene Schleife störte sein permakulturelles Anstandsgefühl. Schließlich begannen kalifornische Salatbauern in 1.600 km Entfernung, den örtlichen Geschäften Produkte billiger anzubieten, als Jerome es konnte. Nach zehn Jahren begann Jerome, auf Nahrungswaldwirtschaft umzustellen. Jetzt stehen auf vielen der früheren Salatbeete kleine Bäume und Büsche.

Wir standen an einem Beet, wo Sellerie und ein paar Salatköpfe am sonnigen Rand einiger junger Bäume wuchsen. »Der Nahrungswald war eine natürliche Entwicklung für diesen Platz«, erklärte Jerome, während ich die wärmespeichernden Felsterrassen seines Waldgartens bewunderte. »Nachdem ich jahrelang einjährige Gemüsesorten angebaut hatte, war viel Fruchtbarkeit in die Tiefen gewandert, wo die kurzen Wurzeln des Salatgemüses nicht hinkamen. Also pflanzte ich Obstbäume, die mit ihren tiefen Wurzeln all diese Nährstoffe erreichen.«

Ich fragte Jerome, welche Arten er angepflanzt hat. Mit einer ausladenden Armbewegung, die den ganzen Hang einschloss, berichtete er: »Beginnen wir mit den Bäumen. Wir haben Äpfel – einer hat fünf verschiedene Sorten aufgepfropft. Aprikosen, Pflaumen, einige heimische Douglasien und Neumexico-Robinien für Stickstoff. Die Bäume sind jung, sie produzieren noch nicht. Doch die Sträucher sorgen jetzt schon für jede Menge Essen«.

Eine kurze Geschichte der Waldgärten

Waldgärtnern ist für die Gärtner Nordamerikas ein junges Gebiet, es hat aber eine lange Geschichte. Nahrungswälder gibt es in den Tropen bereits seit Jahrtausenden, doch die ersten Ethnologen erkannten sie gar nicht als Gärten.

Da sie an Reihenkulturen und einjähriges Gemüse gewöhnt waren, nahmen die ersten weißen Besucher tropischer Gärten an, dass die kleinen Stücke mit Maniok, Bohnen oder Getreide bei den Häusern in Afrika, Asien oder Südamerika die meiste Nahrung für ihre Bewohner lieferte. Das Vegetationsgewirr außen herum wurde als wilder Dschungel wahrgenommen und man glaubte, diese Leute praktizierten nur primitive Landwirtschaft.

Erst nach fortgesetzter und unvoreingenommener Beobachtung erkannten die Ethnologen, dass praktisch jede Pflanze bei den Behausungen irgendwie nützlich war. Die hohen Bäume waren Bau- und Feuerholzproduzenten oder Stickstoffbinder, während die kleineren Mangos, Papayas, Avocados und andere leckere Früchte boten. Darunter wuchsen Sträucher für Nahrung, Faser- und Holzprodukte. Die Krautschicht war voll medizinischer, essbarer und Zierpflanzen. Wildwuchs wurde mehrmals im Jahr gestutzt und als Mulch oder Tierfutter genutzt. Aber da diese Pflanzen in Gilden und nach Funktion angeordnet waren, statt in exakten Reihen und Beeten, erkannten die Wissenschaftler nicht, dass sie ein naturverträgliches, sorgfältig ausgearbeitetes System vor sich hatten, das fast alles produzierte, was die Bewohner brauchten. Leider wichen viele dieser wunderbaren Nahrungswälder der Cashcrop-Landwirtschaft und machten die einst eigenständigen Bewohner von Düngemitteln, Pestiziden und importierter, verarbeiteter Nahrung und anderen Gütern abhängig.

Zum Glück erkannten einige Visionäre den enormen Wert dieser tropischen Waldgärten. Einer war der Engländer Robert Hart, der Nahrungswälder der Tropen nicht nur studierte, sondern viele ihrer Konzepte in Gärten gemäßigter Breiten versetzte. Sein Buch *Forest Gardening* beschrieb das Thema erstmals für die Nördliche Hemisphäre.

Ein ebenso nützliches Buch ist *How to Make a Forest Garden* von Patrick Whitefield. Beide Bücher wenden sich an ein britisches Publikum. Die neue Bibel für Nahrungswaldenthusiasten ist *Edible Forest Gardens* von David Jacke und Eric Toensmeier. Dieses meisterhafte zweibändige Werk, das in acht Jahren erstellt wurde, befasst sich gründlich mit Theorie und Praxis des Waldgärtnerns für gemäßigte Klimazonen. Es enthält ausführliche Pflanzenlisten und Designideen und ist ein umfassender Leitfaden, der seinesgleichen sucht. Im Literaturverzeichnis finden Sie weitere Informationen zu diesen Büchern.

Er zeigte auf das Untergehölz aus schwarzen und weißen Johannisbeeren, Stachelbeeren, Koreakirschen, Cranberries und Gemeinen Erbsensträuchern. Bambus und Weide waren kräftig am Sprießen und mehrere Sorten Weintrauben, zusammen mit Feuerbohnen und Kürbis, rankten sich um die andere Vegetation. Erdbeeren und Claytonie (Postelein) überwucherten die Steinterrassen.

»Wir haben auch viele Heilkräuter«, fuhr Jerome fort. »Eine gute Marktfrucht, wenn wir das wollten. Sonnenhut, Johanniskraut, Tragant, Wermut und vieles mehr.« Die üppige Vegetationskaskade füllte fast den ganzen Hanggarten. »Aber das funktioniert hier alles durch die *Compañeros,* all die Gildenbegleiterpflanzen«. Er zeigte mir die reichhaltige Palette an bodenbildenden und Insekten anlockenden Arten: Stickstoffbinder wie Erbsensträucher, Ackerbohnen, Kleesorten, Bockshornklee und Luzerne, Bienenpflanzen wie Borretsch und Beinwell, andere Insektarium-Arten, einschließlich Fenchel, Sellerie, Dill und Koriander und stark riechende Pflanzen wie Meerrettich, Mexikanische Tagetesarten, Knoblauchrauke und Etagenzwiebeln, die Schädlinge verwirren. Diese multifunktionalen Pflanzen verringern Jeromes Arbeit bei Schädlingsbekämpfung und Düngung und ergänzen das Gewebe ökologischer Verbindungen unter den Bewohnern des Waldgartens.

Die Felsterrassen geben Jerome nicht nur mehr ebenen Grund für seinen Garten. Sie sind unerlässlich, um das unbeständige Gebirgsklima zu mildern. Die Steinmasse absorbiert die Hitze und mildert Temperaturschwankungen, wärmt nachts die Pflanzen und blockiert

Jerome Osentowskis Waldgarten am Central Rocky Mountain Permakultur Institute. Felsterrassen und Teich speichern die Hitze des Tages und geben sie in den kühlen Nächten Colorados ab, was Pflanzenwachstum und Fruchtproduktion unterstützt. FOTO VON JEROME OSENTOWSKI.

Jeromes Gilden und Gildenpflanzen

- *Rehzaungilde:* Hopfen, Platterbse, Schmalblättrige Ölweide, Stachelbeere, Sonnenblumen, Erdbeeren, Knoblauch.
- *Apfelbaumgilde:* rote Johannisbeere, Gemeiner Erbsenstrauch, Rot- und Weißklee, Borretsch, Knoblauch, Favabohne, Dill, Lupine, Tragant, einheimische Wildblumen, Minze, Basilikum.
- *Pfirsichbaumgilde:* Gemeiner Erbsenstrauch, Sonnenblumen, Kohl, Klee, Beinwell, Meerrettich, Ringelblume, Tabak, Kosmee.
- *Douglastannengilde:* Johannisbeere, Gemeiner Erbsenstrauch, Kleiner Wiesenknopf, Crotalaria, Mexikanische Gewürztagetes.

Andere Pflanzen in Jeromes Obstbaumgilden

- *Sträucher:* schwarze und weiße Johannisbeeren, Stachelbeeren, Sandkirsche, Koreakirsche, Holunder, Cranberry.
- *Ranken:* Weintrauben, Hopfen, Platterbse, Feuerbohne, Kapuzinerkresse, Kürbis.
- *Bodendecker und Kräuter:* Erdbeere, Claytonie (Postelein), Kleiner Wiesenknopf, Sellerie, Rauke, Senf, Amarant, Chrysantheme, Petersilie, Kreuzkümmel.
- *Stickstoffbinder:* Gemeiner Erbsenstrauch, Schmalblättrige Ölweide, Ackerbohnen, Kleesorten, Lupine, Gewöhnlicher Hornklee, Bockshornklee, Luzerne.
- *Insektarium-Pflanzen:* Borretsch, Buchweizen, Beinwell, Fenchel, Sellerie, Dill, Koriander, Oregano, Kamille.
- *Bodenbegaser und Schädlingsabwehr:* Meerrettich, Mexikanische Gewürztagetes, Knoblauchrauke, Etagenzwiebel.
- *Heilpflanzen:* Tragant, Sonnenhut, Kleinblütige Königskerze, Johanniskraut, Wermut, Jambú.
- *Wurzelpflanzen:* Knoblauch, Etagenzwiebel, Topinambur, Karotte, Kartoffel.

Frost. »Die Steinterrassen waren wichtig, um den jungen Pflanzen beim Überleben zu helfen«, erzählte mir Jerome. »Sie werden jetzt im Sommer schattig, aber im Winter speichern sie immer noch Wärme und v. a. im Frühling, wenn die Pflanzen es am meisten brauchen.« Im Winter verhindern Steine, Schneedecke und Mulch gemeinsam, dass der Boden friert, selbst wenn die Temperaturen unter -17 °C fallen. So können auch Schnecken fressende Schlangen und andere nützliche Wildtiere die kalte Jahreszeit überstehen.

Der Garten ist von einem hohen Rehzaun umgeben und eine vollständige Gilde wurde entworfen, um daran zu wachsen. Hopfen und Platterbse ranken sich am Drahtgewebe nach oben und Schmalblättrige Ölweide und Stachelbeere bilden eine grüne Strauchschicht. Sonnenblumen strecken sich in den Himmel. Klee und Erdbeeren kaskadieren am Boden entlang, durchsetzt von Knoblauch in der Wurzelzone. In einem Waldgarten bietet jeder Standort neue Möglichkeiten zur kreativen Gestaltung.

Obwohl man hier offensichtlich von den Nahrungsmitteln profitiert, erklärte Jerome die Wertsteigerung des Waldgartens. »Während ich den Salatanbau auslaufen lasse, kann ich durch die Heilkräuter und Tinkturen, von Gärtnereipflanzen und Okulationsholz zur

Veredelung Einnahmen erzielen. Aber ich habe festgestellt, dass das nicht der wertvollste Teil ist. Ich lerne aus all dem. Genau wie meine Studenten, die hier am Central Rocky Mountain Permakultur Institute zum Unterricht kommen.« Der wahre Mehrwert des Waldgartens sind die Inspiration, das Wissen und die Erneuerung, die entstehen, wenn Menschen und der Rest der Natur sich in einer gesunden, lebhaften und bunt gemischten Umgebung miteinander verbinden.

Ein paar Jahre später kehrte ich zu Jeromes Garten zurück und fand einen ausgereiften Nahrungswald in üppiger Fülle. Es war Mitte August und kräftige Pfirsichbäume standen in Gilden mit Gemeinen Erbsensträuchern, Sonnenblumen, Kohl, Klee, Beinwell und Kosmeen. Das Mittagessen für 20 Studenten kam fast ausschließlich aus dem Garten, Tag für Tag. Jerome importiert organische Substanz nicht länger in LKW-Ladungen. Der Garten generiert fast den ganzen Mulch und die Kompostmaterialien, die er benötigt. Ein Gutteil des Mulchs stammt von Gehölzen und bietet Nahrung, auf der sich Pilze ansiedeln, die eher in Waldböden zu Hause sind, im Gegensatz zu den Bakterien, die in der Gartenerde einjähriger Pflanzen und Rasenflächen vorherrschen. Die Obstbaumgilden enthalten auch Meerrettich, Tragant (ein stickstoffbindendes Heilkraut), Minze, Basilikum und andere Küchenkräuter, die Jerome an drei örtliche Supermärkte und zwei Bauernmärkte verkauft. Die Bedingungen haben Jerome eine Ausbildung in Nahrungswaldgestaltung verschafft. Zwergobstbäume, die normalerweise auf kleinen Flächen mit hoher Produktion zum Einsatz kommen, taten sich hier schwer. Sie werden mit schwachen Wurzelsystemen gezüchtet, was sie klein hält. Aber bei diesen nährstoffarmen Böden und harten Bedingungen bedeuteten die dürftigen Wurzeln Hunger. Standard-Obstbäume mit ausgedehnten Wurzeln überlebten und wurden in Jeromes Umgebung nicht viel größer als Zwergbäume.

Osentowski hat die sogenannten »polnischen Bodensenken« erfunden. Statt Senken in den steinigen Boden zu graben, macht er es andersherum: er häuft kleine Äste entlang der Konturlinien an und gibt Kompost und Gartenabfälle mit Steinen und anderen verfügbaren Überbleibseln darüber. So entstehen Böschungsabsätze, die Erde, Laubstreu, Dünger und Vogelkot und alles andere anlagern, was sonst die steilen Böschungen hinuntergleitet. Die Absätze dieser umgekehrten Bodensenken verlangsamen das Wasser und zwingen es, hinunter in die Wurzelzone des Nahrungswalds zu sickern.

Bei meinem nächsten Besuch faszinierte mich am meisten, dass Jerome zwei große Gewächshäuser in Haus und Garten integriert hatte. Das eine, das wie eine zarte Knospe aus seinem Haus herauswächst, nannte er Mana, nach der spirituellen Kraft Hawaiis. Es hat zwei Zwecke, es erwärmt die Luft, die sich durch sein Haus bewegt und schützt einen subtropischen Nahrungswald. Das zweite Gewächshaus, das den tropischen Namen Pele trägt, nach der Hawaiianischen Feuergöttin, enthält eine Sauna inmitten der Vegetation als zweite Wärmequelle. Ich war überrascht, Bananen, Feigen, Granatäpfel, Jujuben, Chayote-Kürbis und andere Pflanzen zu sehen, die man selten nördlich von Los Angeles antrifft. Doch sie gediehen auf 2.255 m Höhe bei Wintertemperaturen, die auf -29 °C sinken können. Ein Schlüssel zu seinem Erfolg ist eine aufblasbare, doppelwandige Plastikfolie, die besser isoliert als Glas und viel weniger kostet.

Die Wärmemasse des Bodens und der Steinmauern fängt zudem die Wärme des Tages ein. Ein Gebläse drückt warme Luft durch eine Reihe unterirdischer Rohre und verteilt die Wärme dorthin, wo sie gebraucht wird, auch ins Haus. In den hohen Rockies entwickelt Jerome Methoden, die es Menschen in praktisch jedem Klima erlauben, tropische

Nahrung ohne massive Energienutzung zu genießen. Dies erweitert die Möglichkeiten des Waldgärtnerns enorm und könnte uns Hinweise darauf liefern, wie wir erfolgreich mit dem Klimawandel umgehen.

Der siebenstöckige Garten

Nun sollten wir einen Blick auf das Waldgartendesign werfen. Ein einfacher Waldgarten enthält drei Schichten: Bäume, Büsche und Bodenpflanzen. Aber für diejenigen, die jede Pflanzmöglichkeit nutzen möchten, kann ein Luxuswaldgarten bis zu sieben Vegetationsebenen enthalten. Wie die Abbildung unten zeigt, enthält ein siebenschichtiger Waldgarten hohe Bäume, niedrige Bäume, Sträucher, Kräuter, Bodendecker, Kletterpflanzen und Wurzelgemüse.

Hier sind diese Ebenen in größerem Detail. Tabelle 10-1 schlägt für jede Schicht Pflanzenarten vor.

1. *Schicht mit hohen Bäumen.* Dies ist ein Oberholz großer Obst-, Nuss- oder anderer Nutzbäume, mit Zwischenräumen, damit viel Licht in die unteren Schichten gelangen kann. Dichte, sich ausbreitende Arten – die klassischen Schattenbäume wie Ahorn, Platane und Buche – funktionieren im Waldgarten nicht gut, weil sie auf einer großen Fläche tiefe Schatten werfen. Besser eignen sich multifunktionale Obst- und Nussbäume. Dazu gehören Hoch- und Halbstamm-Apfel- und Birnbäume, Zwetschgen mit Standard-Wurzelstöcken wie Myrobalane und Hochstamm-Kirschen. Kastanienbäume sind zwar recht groß, doch sie eignen sich gut, speziell wenn sie in eine offene Form beschnitten wurden, die Licht hereinlässt. Chinesische Kastanien, die generell nicht so groß wie amerikanische sind, sind auch gute Kandidaten (in Tabelle 10-1 finden Sie die botanischen Namen aller hier genannten Arten). Walnussbäume, besonders die natürlich offenen, ausladenden Sorten wie die japanische und Butternuss, sind ausgezeichnet. Vergessen Sie nicht die Pinien und die koreanische Pinie, die ebenfalls Nüsse tragen. Stickstoff fixierende Bäume helfen, Boden aufzubauen und die meisten tragen Blüten, die Insekten anlocken. Dazu gehören Robinie, Mesquite, Erle und in Klimazonen mit wenig Frost Akazie, Algoroba-Mesquite, Sprossender Zwergginster und Carob.

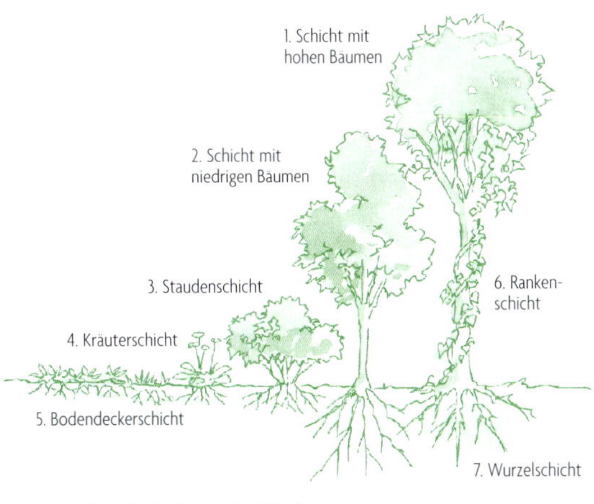

Die sieben Schichten des Waldgartens.

Da ein Großteil des Waldgartens in den Landschaftszonen 1 und 2 liegt, sind Nutzholzbäume nicht geeignet – eine Baumfällung auf engem Raum würde zu viel zerstören. Doch Schnitt und Sturmschäden liefern ausreichend Feuerholz und Kleinholz fürs Handwerk.

Die Kronenbäume bestimmen das Muster des Waldgartens entscheidend, sollten daher sorgfältig gewählt werden. Beim Setzen sollte man genau überlegen, wie groß sie ausgewachsen sind, damit noch ausreichend Licht für andere Pflanzen dazwischen fällt.

Tabelle 10-1. Pflanzen für den Waldgarten
Die Kräuterschicht wurde hier nicht berücksichtigt, da es Tausende passende Arten gibt, viele davon anderswo im Buch aufgeführt.

Schicht mit hohen Bäumen						
Trivialname	**Botanischer Name**	**Stickstoffbinder**	**Wertvoll für Wildtiere**	**Insektarium**	**Essbar**	**Winterhärtezonen**
Akazie	*Acacia* spp.	•		•		7-10
Algoroba	*Prosopis dulcis, P. juliflora*	•				7
Amerikanische Kastanie	*Castanea dentata*				•	4
Apfel	*Malus pumila*			•	•	4-9
Nashi-Birne	*Pyrus pyrifolia*				•	4-9
Amerikanische u. Rotbuche	*Fagus grandifolia, F. sylvatica*			•	•	4
Robinie	*Robinia pseudoacacia*	•		•		3
Schwarznuss	*Juglans nigra*				•	4
Buartnut (Kreuzung aus Butternuss und Herznuss)	*Juglans × bisbyi*				•	5
Großfrüchtige Eiche	*Quercus macrocarpa*		•			2-8
Butternuss	*Juglans cinerea*				•	3
Kirsche	*Prunus cerasus, P. avium*		•	•	•	5-9
Chinesische Kastanie	*Castanea mollisima*				•	5
Kultur-Birne	*Pyrus communis*				•	4-9
Herznuss	*Juglans ailantifolia cordiformis*				•	5
Hickory	*Carya* spp.				•	6
Amerikanische Gleditschie	*Gleditsia triacanthos*		•	•		4-9
Mesquite	*Prosopis* spp.	•		•		7
Pfirsich	*Prunus persica*				•	5-9
Pekannuss	*Carya illinoensis*				•	6-9
Pinyon-Kiefer	*Pinus edulis*				•	5
Pflaume	*Prunus domestica*				•	4-9
Pinie	*Pinus pinea*				•	4
Tagasaste oder Sprossender Zwergginster	*Chaemocytisus proliferus*	•				8-10

Amerikanische Weißeiche	*Quercus alba, Q garryana*		•			4-9
Gelbhorn	*Xanthoceras sorbifolium*				•	5-7
Schicht mit kleinen Bäumen						
Trivialname	**Botanischer Name**	**Stickstoffbinder**	**Wertvoll für Wildtiere**	**Insektarium**	**Essbar**	**Winterhärtezonen**
Mandel	*Prunus dulcis*			•	•	6-9
Apfel, Zwerg oder Halbzwerg	*Malus pumila*		•	•	•	4
Aprikose	*Prunus armeniaca*			•	•	5-9
Bambus	*Phyllostachys* spp., *Fargesia* spp.		•	•	•	6
Chinkapin/Zwergkastanie	*Castanea alnifolia, C. pumila*		•		•	
Kornelkirsche/Gelber Hartriegel	*Cornus mas*		•		•	4
Holzapfel	*Malus* spp.		•	•	•	3
Feige	*Ficus carica*				•	6
Haselnuss	*Corylus* spp.		•		•	4
Gemeiner Goldregen	*Laburnum* spp.	•				5
Weißdorn	*Crataegus* spp.		•		•	4
Chinesische Jujube	*Ziziphus jujuba*				•	6-9
Japanische Wollmispel	*Eriobotrya japonica*				•	8
Mayhaw (keine dt. Bezeichnung)	*Crataegus opaca, C. aestivalis*		•		•	6-9
Echte Mispel	*Mespilus germanica*				•	5-9
Eberesche	*Sorbus* spp.		•		•	3
Maulbeere	*Morus* spp.		•		•	5-9
Osagedorn	*Maclura pomifera*		•			5-9
Indianerbanane	*Asimina trilobata*				•	5-7
Pfirsich, Zwerg oder Halbzwerg	*Prunus persica*			•	•	5-9
Pekannuss	*Carya illinoensis*				•	6-9
Persimone	*Diospyros virginiana*				•	5
Kakipflaume	*Diospyros kaki*				•	7

Tabelle 10-1. Pflanzen für den Waldgarten (Fortsetzung)

Trivialname	Botanischer Name	Stickstoffbinder	Wertvoll für Wildtiere	Insektarium	Essbar	Winterhärtezonen
Granatapfel	*Punica* spp.				•	8
Quitte	*Cydonia oblongata*				•	5-9
Seidenbaum	*Albizia julibrissin*	•	•			7
Staudenschicht						
Trivialname	**Botanischer Name**	**Stickstoffbinder**	**Wertvoll für Wildtiere**	**Insektarium**	**Essbar**	**Winterhärtezonen**
Erlenblättrige Felsenbirne	*Amelanchier alnifolia*		•	•	•	2
Bastardindigo	*Amorpha fruticosa*	•	•			3
Aronia (Apfelbeere)	*Aronia melanocarpa*		•		•	4
Thunberg-Berberitze	*Berberis thunbergii*		•			4-8
Gemeiner Erbsenstrauch	*Caragan arborescens*	•				2-8
Zürgelbaum	*Celtis occidentalis*		•			3-7
Erlenblättrige Zimterle	*Clethra alnifolia*		•		•	3-8
Azaroldorn	*Crataegus azarolus*		•		•	4
Schmalblättrige Ölweide	*Elaeagnus angustifolia*	•	•		•	4
Essbare Ölweide	*Elaeagnus multiflora*	•	•		•	5-8
Korallen-Ölweide	*Elaeagnus Umbellata*	•	•		•	4
Brasilianische Guave	*Acca sellowiana*				•	7
Shallon-Scheinbeere	*Gaultheria shallon*		•		•	6-8
Zaubernuss	*Hamamelis virginiana*		•			4-8
Sanddorn	*Hippophae rhamnoides*	•			•	3-8
Indigo	*Indigofera tinctoria*	•				6
Sandkirsche	*Prunus besseyi*		•	•	•	4
Koreakirsche	*Prunus tomentosa*		•	•	•	3-8
Stachelbeere	*Ribes hirtellum*		•		•	3
Johannisbeere	*Ribes* spp.		•		•	3

Jostabeere	*Ribes × Rubus hybrid*		•			3
Kartoffelrose	*Rosa rugosa*		•		•	2-8
Himbeere	*Rubus idaeus*		•		•	3-9
Brombeere	*Rubus* spp.		•		•	5
Holunder	*Sambucus* spp.		•		•	3
Silber-Büffelbeere	*Shepherdia argentea*	•	•		•	2
Cranberry	*Vaccinium macrocarpon*		•		•	4-8
Heidelbeere	*Vaccinium* spp.		•		•	4
Amerikanischer Schneeball	*Viburnum trilobum*		•			2
Rankenschicht						
Trivialname	**Botanischer Name**	**Stickstoffbinder**	**Wertvoll für Wildtiere**	**Insektarium**	**Essbar**	**Winterhärtezonen**
Kiwi	*Actinidia deliciosa*				•	7
Kiwi, winterhart	*Actinidia arguta, A. kolomikta*				•	4-8
Klematis	Clematis spp.			•		5
Melone	*Cucumis melo*				•	Einjährig
Gurke	*Cucumis sativus*				•	Einjährig
Kürbis	*Cucurbita* spp.				•	Einjährig
Hopfen	*Humulus lupulus*		•	•	•	4
Jasmin	*Jasminum* spp.		•			6
Geißblatt	*Lonicera* spp.		•	•		3
Passionsfrucht	*Passiflora* spp.			•	•	6
Feuerbohne	*Phaseolus coccineus*				•	Einjährig
Gartenerbse	*Pisum sativum*				•	Einjährig
Chinesisches Spaltkörbchen	*Schisandra chinensis*		•		•	4
Kapuzinerkresse	*Tropaeolum majus*			•	•	Einjährig
Weintraube	*Vitis* spp.				•	6

Tabelle 10-1. Pflanzen für den Waldgarten (Fortsetzung)

Bodendeckerschicht						
Trivialname	**Botanischer Name**	**Stickstoffbinder**	**Wertvoll für Wildtiere**	**Insektarium**	**Essbar**	**Winterhärtezonen**
Kriechender Günsel	*Ajuga reptans*			•		3
Echte Bärentraube	*Arctostaphylos uva-ursi*		•		•	6
Klee	*Trifolium* spp.	•		•		3
Wander-Phlox	*Phlox stolonifera*			•		4
Frühblühender Thymian	*Thymus praecox, T. vulgaris*			•		4
Preiselbeere	*Vaccinium vitis-idaea*				•	4-7
Postelein	*Montia* spp.			•		4
Himalaya-Himbeere	*Rubus nepalensis*				•	6
Peruanisches Eisenkraut, Moosverbene	*Glandularia peruviana, G. tenera*			•		5
Fetthenne	*Sedum* spp.			•		3
Erdbeere	*Fragaria* spp.			•	•	5
Duftveilchen	*Viola odorata*				•	6
Polster-Phlox	*Phlox subulata*			•		4
Hängepolster-Glockenblume	*Campanula poscharskyana*			•	•	3
Kanadische Haselwurz	*Asarum canadense*				•	3
Wurzelschicht						
Trivialname	**Botanischer Name**	**Stickstoffbinder**	**Wertvoll für Wildtiere**	**Insektarium**	**Essbar**	**Winterhärtezonen**
Prärielilien	*Camassia quamash*			•	•	5
Lomatium	*Lomatium* spp.		•	•	•	5
Gewöhnlicher Knollenkümmel	*Bunium bulbocastanum*				•	5
Knoblauch	*Allium sativa*				•	4
Knoblauch-Schnittlauch	*Allium tuberosum*				•	3
Erdbirne	*Apios americana*	•			•	3
Japaningwer	*Zingiber mioga*				•	6

Meerrettich	*Armoracia rusticana*				•	5-9
Schweineerdnuss	*Amphicarpaea bracteata*	•		•	•	3-9
Lakritzfarn	*Polypodium glycyrrhiza*				•	6
Topinambur	*Helianthus tuberosus*		•	•	•	2
Mashua	*Tropaeolum tuberosum*			•	•	7
Chinesische Yamswurzel	*Dioscorea batatas*				•	5
Peruanischer Sauerklee	*Oxalis tuberosa*				•	7
Erdnuss	*Arachis hypogaea*	•			•	6
Kartoffel	*Solanum tuberosum*				•	Einjährig
Waldknoblauch	*Allium tricoccum*				•	4-8

2. *Schicht mit kleinen Bäumen.* Hier gibt es viele derselben Früchte und Nüsse wie im Kronendach, doch mit Zwerg- und Halbzwergwurzelstöcken, damit sie nicht so hoch werden. Außerdem können wir kleine Bäume wie Aprikose, Pfirsich, Nektarine, Mandel, Mispel und Maulbeere pflanzen. Hier stehen auch schattentolerante Obstbäume wie Kaki und Indianerbanane. In einem kleineren Waldgarten können diese kleinen Bäume ebenso als Baumkrone dienen. Sie lassen sich leicht in eine offene Form schneiden, sodass auch die anderen Arten darunter noch ausreichend Licht erhalten.

   Andere kleinwüchsige Bäume sind blühende Arten, wie Hartriegel und Eberesche, und einige Stickstoffbinder, zu denen Gemeiner Goldregen, Seidenbaum und Bergmahagoni zählen. Große und kleine stickstoffbindende Bäume wachsen rasch und lassen sich stark beschneiden, um viel Mulch und Kompost zu erhalten.
3. *Die Staudenschicht.* In dieser Ebene findet man blühende, fruchttragende, Wildtiere anlockende und andere nützliche Büsche. Eine kleine Zusammenstellung: Heidelbeere, Rose, Haselnuss, Schmetterlingsflieder, Bambus, Erlenblättrige Felsenbirne, die Stickstoff fixierenden *Elaeagnus*-Arten und Gemeiner Erbsenstrauch und Dutzende andere. Die breite Palette erhältlicher Sträucher bringt die Neigungen des Gärtners zum Vorschein, denn die Büsche können so gewählt werden, dass sie Nahrung, Handwerk, Zierpflanzen, Vögel, Insekten, heimische Pflanzen, Exoten oder einfach nur den Artenreichtum hervorheben.

   Sträucher gibt es in allen Größen, von Zwerg-Heidelbeeren bis zu fast baumgroßen Haselnüssen und lassen sich daher in Randzonen, Öffnungen und Nischen vieler Formen unterbringen. Schattentolerante Sorten können unter den Bäumen stehen, sonnenliebende Arten in den sonnigen Plätzen dazwischen.
4. *Die Kräuterschicht.* Hier wird der Begriff *Kraut* im weiteren botanischen Sinne benutzt und

meint nicht verholzte Vegetation: Gemüse, Blumen, Küchenkräuter und Bodendecker sowie Mulchproduzenten und andere bodenbildende Pflanzen. Der Schwerpunkt liegt auf mehrjährigen Gewächsen, doch wir schließen auch ausgewählte einjährige Gewächse und selbstaussäende Arten nicht aus. Gleichfalls können hier Schattenliebhaber unter größeren Pflanzen hervorlugen, während sonnenanbetende Arten offene Flächen brauchen. An den Randzonen kann ein Waldgarten ebenso eher traditionelle Gartenbeete mit Pflanzen enthalten, die volle Sonne benötigen.
5. *Die Bodendeckerschicht.* Das sind niedrige, nah am Boden wachsende Pflanzen – am besten Sorten, die Nahrung oder Habitat bieten –, die sich an Rändern und den Bereichen zwischen Büschen und Kräutern anschmiegen. Das wären z. B. Erdbeeren, Kapuzinerkresse, Klee, Frühblühender Thymian, Kriechender Günsel und die vielen niedrigen Blumensorten wie Phlox und Verbene. Sie spielen eine entscheidende Rolle bei der Unkrautverhütung, denn sie nehmen Platz ein, der sonst anfällig für Eindringlinge ist.
6. *Die Rankenschicht.* Diese Schicht ist für Kletterpflanzen gedacht, die an Stämmen und Ästen emporranken und die ungenutzten Regionen der so wichtigen dritten Dimension mit Nahrung und Lebensraum erfüllen. Hier stehen Nahrungspflanzen wie Kiwis, Weintrauben, Hopfen, Passionsblume und rankende Beeren und auch Wildpflanzen wie Geißblatt und Trompetenblume. Auch kletternde Einjährige wie Kürbis, Gurken und Melonen sind hier zu finden. Einige mehrjährige Ranken können auch invasiv oder einschnürend sein, daher sollten sie sparsam und vorsichtig eingesetzt werden.
7. *Die Wurzelschicht.* Die Erde bietet uns eine weitere Schicht für den Waldgarten; die dritte Dimension geht in die Höhe und die Tiefe. Die meisten Pflanzen für die Wurzelschicht sollten flach wurzeln, wie Knoblauch und Zwiebeln, oder leicht auszugrabende Arten wie Kartoffeln und Topinambur sein. Tiefwurzelnde Sorten wie Karotten sind nicht so geeignet, weil man durch das Graben andere Pflanzen stört. Ich streue allerdings ein paar Samen Daikonrettich an offene Stellen, weil die langen Wurzeln häufig mit einem guten Ruck herauszuziehen sind; und falls ich sie nicht ernte, locken die Blüten nützliche Insekten an und die dicken Wurzeln bilden guten Humus, wenn sie verrotten.

Den Waldgarten entwerfen

Der Designprozess des Waldgartens folgt großenteils dem Ablauf aus Kapitel 3: Beobachtung, Projektentwicklung, Planung, Entwicklung und Umsetzung. Daneben ist es hilfreich, noch ein paar weitere Punkte zu berücksichtigen:

- An einem exponierten Standort beschleunigen Windbarrieren (Zäune und Hecken) die Etablierung der anderen Pflanzen erheblich.
- Bäume und Gehölze sollten zuerst gesetzt werden, weil sie am längsten brauchen, um groß zu werden und die Form des Gartens definieren. Berücksichtigen Sie unbedingt, wie groß die ausgewachsenen Bäume sind – man setzt leicht einmal dünne Setzlinge zu nah zusammen, doch später nehmen sie sich Platz weg und werfen zu dichten Schatten. Lassen Sie Platz, damit zwischen voll entwickelten

Bäumen noch Sonnenlicht hindurch dringt, statt eine geschlossene Schicht hoher Bäume zu schaffen. Je weiter im Norden der Garten ist, desto schwächer ist die Sonne und umso mehr Platz sollte zwischen Bäumen bestehen.

- Pflanzen Sie schon früh viele stickstoffbindende und andere bodenbildende Pflanzen. Die dichten Pflanzungen des Waldgartens brauchen in ihrer Jugend viele Nährstoffe, daher muss der Boden in gutem Zustand sein. Die fruchtbare, organismenreiche Erde, die durch nährstoffanreichernde Pflanzen geschaffen wurde, beschleunigt das Wachstum und sorgt für rasche Sukzession.
- Es kann teuer werden, alle Pflanzen für einen Waldgarten auf einmal zu kaufen. Wer also ein begrenztes Budget hat, sollte sich überlegen, einen kleinen Bereich als Gärtnerei für den Samenanbau, die Bewurzelung von Stecklingen und die allgemeine Pflanzenvermehrung bereitzustellen. Am besten liegt diese Fläche in Zone 1, damit man immer ein Auge auf die empfindlichen Jungpflanzen hat. Hier kann man Mehrjährige in Massen für die Kraut-, Wurzel- und Bodendeckerschichten vorziehen, Stecklinge für Bäume, Sträucher und Kräuter vermehren, bestehende Pflanzen teilen, um zahlreiche Nachkommen zu erzeugen und eine anwachsende Pflanzenpopulation schaffen, um den neuen Garten zu besiedeln. Man kann sie ein oder zwei Jahre vorziehen und dann an ihre permanenten Plätze versetzen. Wer sich damit auskennt, kann auch Baumsorten veredeln. Eine Gärtnerei ist äußerst wertvoll, um ohne große Kosten eine enorme Menge von Pflanzen zu ziehen.
- Die offenen Flächen zwischen Bäumen und Büschen lassen sich zuerst mit einjährigem Gemüse, Blumen, Stickstoff fixierender Bodenbedeckung wie Klee und Jungpflanzen füllen. Wenn die oberen Schichten wachsen und man die Jungpflanzen langsam versetzen kann, werden diese Beete allmählich kleiner.

Als Gestaltungsbeispiel betrachten wir den typischen Fall eines Hausbesitzers, der einen Rasen herausnehmen und einen naturverträglicheren Waldgarten anlegen möchte. Wir wählen einen U-förmigen Entwurf, der in der Mitte einen privaten, warmen und geschützten Raum bietet (siehe die Abbildung auf Seite 240). Im Idealfall würde sich das U nach Süden hin öffnen, um maximale Sonneneinstrahlung zu gewährleisten.

Dieses Design hat einen Nahrungsschwerpunkt – drei Dimensionen aus Obst, Beeren, Gemüse und Kräutern, mit einem kleineren Fokus auf Blumen. Wir wollen in den ersten Jahren viel Gemüse und Blumen in den unteren Schichten, doch wir wissen, dass die oberen Schichten im Laufe der Zeit zu den Hauptlieferanten werden. Unter Berücksichtigung dieser Ziele können wir mit der Gestaltung beginnen.

Erstellen Sie zunächst eine Karte für den neuen Garten und zeichnen Sie bereits vorhandene Vegetation ein. Dann fügen Sie die neuen Bepflanzungen hinzu. Der sonnige, offene Bereich in der Mitte des Us kann als Rasenfläche bleiben oder in Blumen- und Gemüsebeete verwandelt werden. Viele Eltern entscheiden sich für eine Wiese, auf der Kinder spielen können, doch wenn der Wald größer wird, verlassen die Kids garantiert die offene Grasfläche und spielen im spannenderen Gebüsch, einem perfekten Ort für Versteckspiele und Hütten. Man kann den Rasen so groß lassen, dass man sich darauf sonnen kann.

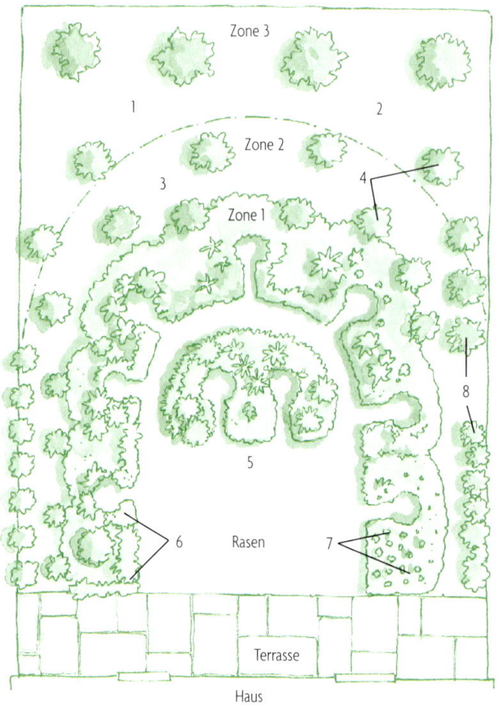

1 Bodendecker an Bodenschicht
2 große Obst- und Nussbaumsetzlinge
3 Schichtmulch-Beete
4 Zwerg-Obstbäume, stickstoffbindende Baumsetzlinge
5 Gemüse, Blumen, Blattgemüse, Kräuter in gemulchten Beeten
6 Heidelbeeren, Heckenrosen, heimische und Insektariumbüsche
7 Gärtnerei, Anzuchtbeet
8 Spalierobst, Heckenbüsche

Ein frisch gepflanzter ökologischer Garten, ca. 12 x 15 m groß. Ein Gärtnerei- und Anzuchtbeet liegt zur regelmäßigen Pflege bequem nahe am Haus. Temporäre, gut kompostierte Beete zur schnellen Nahrungs- und Blumenproduktion begrenzen den Rasen in Zone 1. Junge Bäume und Sträucher – so viele wie möglich – füllen die entfernteren Zonen 2 und 3. Tiefer Schichtmulch sorgt in Zone 2 für raschen Bodenaufbau, die weniger dringliche Zone 3 wurde zur langfristigen Bodenerneuerung mit Bodendeckern bepflanzt.

1 große Obst- und Nussbäume
2 essbare Zierpflanzen und Insektarium-Bodendecker
3 Zwerg-Obstbäume, Stickstoffbinder
4 Büsche zum Ausfüllen
5 Kräuter, Blumen, Salatgemüse
6 einjähriges Gemüse, Blumen

Nach fünf bis zehn Jahren ist der Garten ausgefüllt. Da die mehrjährigen Sträucher und Bäume nun reichlich Erträge liefern, sind die temporären Schlüssellochbeete zu kleinen Randbeeten geschrumpft. Eine Pflanzendecke aus essbaren, blühenden und Insektarium-Kräutern und Büschen füllt die Lücken zwischen und unter den großen Bäumen.

Als Wind- und Sichtschutz pflanzen wir am Rand eine Hecke und Mauerpflanzen: Spalier-Obstbäume, Beerensträucher, Strauchweiden, Rosen, Hartriegel, Holunder und nützliche einheimische Büsche.

Dann tragen Sie die Baumebenen ein. Hohe Bäume platziert man am besten im Norden, um den Schatten zu reduzieren, den sie auf andere Anpflanzungen werfen, doch genügend Platz dazwischen lässt dennoch ausreichend Sonnenlicht zwischen die Bäume fallen. Der Abstand geht von der ausgewachsenen Größe des Baumes aus. Da dieses Vorortgrundstück eine gute Größe besitzt, haben wir Platz für einige Hochstammbäume: Apfel, Birne, Walnuss, Pflaume und Kirsche. Wir wollen ein paar Stickstoffbinder haben, also pflanzen wir noch Robinie und Gemeinen Goldregen. In der Schicht niedriger Bäume befinden sich Zwerg- und Halbzwerg-Obstbäume und unter den größeren Bäumen kleine Kaki, Indianerbananen und Maulbeeren. In diesem Beispiel sind keine großen Bäume nahe am Haus, was das Unterholz in Zone 1 mit ausreichend Licht versorgt.

Über die Busch- und niedrige Schicht muss man sich Gedanken machen, denn man strebt ja eine konstante Nahrungsmittelproduktion an, während die oberen Schichten sich entwickeln. Damit die Besitzer in Zone 1 und 2 genug Gemüse und Kräuter ernten, bis die Bäume anfangen, Früchte zu tragen, entwerfen wir ein paar Schlüssellochbeete nahe am Haus: temporäre unter den niedrigen Bäumen und permanente Beete in der offenen Mitte. Eines der kurzzeitigen Beete ist zur Pflanzenanzucht reserviert. Diese Anordnung bedeutet, dass man die kleinen Bäume nahe am Haus – noch – nicht so dicht mit mehrjährigen Pflanzen unterpflanzt wie jene, die weiter entfernt sind.

Drei Faktoren sorgen dafür, dass sich die Gestaltung der entfernteren Teile dieses Waldgartens zusammenfügt. Einer ist der Zoneneffekt: Die weiter entfernten Bereiche – Zone 2 und 3 – werden nicht so oft aufgesucht wie die näheren Zonen und sollten daher nicht so viel Pflege erfordern. Ein zweiter Faktor ist die Zeit: Die jungen Pflanzungen fangen klein an und brauchen ein oder mehrere Jahre, um auszureifen. Und der Dritte ist das Budget: Viele Gärtner möchten keine so große Summe ausgeben, die nötig wäre, um das gesamte Grundstück auf einmal dicht zu bepflanzen, und diese entferntere Zone ist der beste Platz, um nur wenig zu pflanzen, bis mehr Bestand vorhanden ist. Man sollte daher eine Pflanzstrategie entwickeln, die diese Einschränkungen berücksichtigt. Diese weniger gepflegte Zone wird zunächst nur ein paar kleine Exemplare enthalten, wodurch sie anfälliger für eine Unkrautinvasion und Vernachlässigung ist, während die Gehölze groß werden und die niedrigen Schichten zuwachsen.

Ich empfehle folgendes: Mulchen Sie in Zone 2 stark zwischen den jungen Bäumen und Sträuchern und pflanzen Sie die Kraut-, Wurzel- und Bodendeckerschichten, sobald sie Zeit, Bestände und Geld zur Verfügung haben. Erneuern Sie den Mulch ein- oder zweimal im Jahr, um rasch Erde aufzubauen und Unkräuter zu unterbinden. Der Versuch, diese große Fläche zu kultivieren und zu bepflanzen, wäre wahrscheinlich ein zu großer Brocken auf einmal. Bedenken Sie, dass die klügste Strategie darin besteht, zuerst Zone 1 zu etablieren und dann nach außen zu expandieren. Mit dem obigen Ansatz sind die Sträucher, Bäume und der Boden von Zone 2 fertig, wenn Zone 1 in Gang ist und wächst.

Die entferntesten Regionen dieses Gartens brauchen noch einen anderen Ansatz. Man kann wohl kaum genug Mulch generieren, um den gesamten Waldgarten abzudecken, und da hohe Bäume und große Sträucher in Zone 3 am längsten brauchen, bis sie ausgewachsen sind, ist die Bodenbildung nicht so dringend. Sobald die Bäume und großen Büsche in dieser entfernteren Zone platziert sind, empfehle ich die Pflanzung einer Bodendeckermischung, die Boden bildet und Lebensraum liefert. Sie hält Unkräuter in Schach und fördert die Fruchtbarkeit, bis man bereit ist, die unteren Schichten zu pflanzen. Eine Variante zur Gründüngung sind Klee und einjähriger Roggen gemischt mit nützlichen, Insekten anlockenden Kräutern wie Schafgarbe, Dill, Fenchel und vielleicht ein wenig Unterboden lockernden Daikon. Diese üppige Mischung muss nur ein- oder zweimal im Jahr gemäht werden, benötigt also sehr wenig Pflege, fördert aber zugleich die Fruchtbarkeit. Bodendecker eignen sich sehr für selten besuchte Gartenteile.

Somit haben wir in diesem Waldgarten drei Zonen geschaffen: eine intensiv kultivierte Zone 1, eine gut gemulchte, doch (fürs Erste) leicht bepflanzte Zone 2 und eine Reihe langfristig angelegter bodenbildender Gründüngung unter den jungen Sträuchern und Bäumen in Zone 3. Natürlich könnte ein glücklicher Gärtner mit ausreichend Geld und Zugang zu Arbeitskräften und Materialien, bei genügend Vertrauen in das Gestaltungsschema, einfach mit Freude das gesamte Design auf einmal anlegen, mit dichten Pflanzungen und Mulch statt der Deckkulturen.

Den Nahrungswald mit Gilden versehen

Betrachten wir die Möglichkeiten, durch die Gilden die Teile unseres Nahrungswalddesigns zu verbinden. Die Einrichtung von Gilden anhand der wichtigen Obstbäume ist recht einfach; wir können viele Elemente aus der in Kapitel 9 beschriebenen Apfelbaumgilde übernehmen oder aus Jeromes Liste in diesem Kapitel. D. h. man setzt Gras und nagetierabweisende Zwiebelgewächse um den Baumstamm, Insekten anlockende und bodenbildende Pflanzen in der Kraut- und Staudenschicht und zusätzlich Nahrung bietende Pflanzen und andere hilfreiche Arten.

Aber vergessen Sie nicht, dass diese Gilde nicht isoliert existiert – sie ist zwischen anderen Bäumen und großen Büschen eingebettet, so dass das Pflanzmuster durch die benachbarte Vegetation geprägt und geformt wird. Ein einzelner Gildenbaum könnte von konzentrischen Kreisen seiner Begleitpflanzen umgeben sein, aber das geht nicht im Waldgarten mit vielen Bäumen. Konzentrische Ringe von Mulchpflanzen und anderen unter der Kronentraufe des Baumes sind nicht mehr das passende Muster, da nun andere Sträucher und Bäume in der Nähe sind. Stattdessen sollten Mulchpflanzen, Insektenanlocker und andere Gildenmitglieder – je nach Lichtbedarf – in die Öffnungen zwischen benachbarten Bäumen und Büschen gepflanzt und in Zwischenräume unter den Zweigen eingebettet werden oder die Wege säumen, damit zum Pflücken und für den Schnitt alles zugänglich bleibt. Pflanzen, die Unkräuter unterdrücken – Zwiebelpflanzen und einige der dichten Mulchpflanzen – können statt eines Kreises unter einem Baum eine natürliche Grenze um eine ganze Gruppe von Bäumen und Sträuchern bilden oder die Silhouette einer Lichtung oder eines sonnigen Randes definieren.

Zusätzlich zu Obstbaumgilden können wir auch eine Walnussbaumgilde für diesen Garten entwerfen. Sie wissen bestimmt noch, dass Walnüsse Allelopathen sind, deren leicht toxische Wurzelsekrete das Wachstum vieler anderer Pflanzen beeinträchtigen. Und an diesen Stellen ist der Einsatz der bereits erwähnten Pufferpflanzen unentbehrlich. Die erhabene Walnuss, mit ihrer Gilde aus Zürgelbäumen, Johannisbeeren und einjährigen Nachtschatten wie Paprika und Tomaten, kommt ans nördliche Ende des Gartens. Dann kann man abpuffernde Robinien, Maulbeeren und Schmalblättrige Ölweiden zwischen die Walnuss und mögliche Obstbäume setzen.

Die Halbzwerg-Obstbäume näher am Haus lassen sich an in Gilden anordnen, doch unter diese Bäume pflanzen wir kleinere Büsche und weniger davon, weil die Bäume in der Mitte nicht sehr hoch sind und wir für die Kraut-, Wurzel- und Bodendeckerschichten in Zone 1 viel Licht und Randbereiche brauchen. Gute Kandidaten für diese Gilden sind kleine, Stickstoff fixierende Sträucher wie Silber-Büffelbeere, Amerikanische Säckelblume und Indigo, Unkräuter unterdrückende und Mulchpflanzen wären Beinwell, Borretsch und Kapuzinerkresse sowie eine Auswahl an kleineren Insektarium-Pflanzen.

Eine Gilde neben dem Haus hat eine andere Zusammensetzung als eine, die weiter entfernt liegt. Gilden sehr nahe am Haus sollten überwiegend Pflanzen für Nahrung, Medizin und andere menschliche Nutzung sein und weniger Vegetation für Wildtiere, Mulchproduktion usw. Unsere eigene Arbeit kann das natürliche Mulchen, Unkrautvermeidung und andere Gildenfunktionen im

In diesem Garten im kalifornischen Santa Barbara repräsentieren schwarzer Salbei *(Salvia mellifera)* und Kalifornischer Mohn *(Eschscholzia californica)* im Vordergrund die trockenheitsverträgliche Vegetation der ursprünglichen Chaparral-Landschaft der Gegend, während Feigen, Zitrus, Kakis, Bananen, dahinter eine Dattelpalme die große Bandbreite an Obstbäumen zeigen, die in diesem trockenen Klima wachsen können, wenn man Wasser hat. Konturierte Wege, die das Wasser in den Boden versickern lassen, sind von Steinen aus der Gegend gesäumt. Design von Larry Santoyo von Earthflow Design Works. FOTO VON LARRY SANTOYO.

Austausch gegen größere Erträge direkt vor der Tür ersetzen. Es ist kein Problem, ein wenig Kompost hinzuzufügen und ein paar Gurkenkäfer direkt von der hinteren Veranda zu fegen, aber mir wäre es lieber, wenn die Natur in Zone 3, 20 m entfernt, diese Arbeiten erledigen würde.

Um den Waldgarten anzulegen, sollte man zunächst einen Großteil vom Gras beseitigen, am besten ohne giftige Herbizide. D. h. entweder entfernt man die Grasnarbe von Hand und kompostiert sie, pflügt die Grassoden in Abständen von einigen Wochen mit der Maschine um, um aufkommende Grasreste zu vernichten, macht eine große Schichtmulch-Aktion, um den Rasen zu ersticken oder eine Kombination aller drei (eine Übersicht über das Anlegen und Bepflanzen von Schichtmulch finden Sie in Kapitel 4). Das ist die beste Zeit, um den Boden mit Kalk, organischem Material und lang wirkenden Düngemitteln zu ergänzen und zu verbessern, weil ein Gutteil des Gartens schon bald von mehrjährigen Gewächsen bedeckt sein wird, was die Einarbeitung von Dünger erschwert. Wie gesagt kann man die Mitte des U-förmigen Gartens für Spiele und Erholung grasbewachsen lassen.

Nun setzt man die Bäume. Das hintere Drittel des Gartens (Zone 3) sollte danach mit den früher genannten Bodendeckern und Gründüngern bepflanzt werden. Zone 2 und der Großteil von Zone 1 erhalten jetzt eine bodenbildende Schicht aus tiefem Schichtmulch, wobei einige der nahegelegenen Beete in Zone 1 mit reichhaltigem Kompost bedeckt werden, um sie für den sofortigen Einsatz vorzubereiten. Lassen Sie zwischen dem Mulch und den Baumstämmen Platz frei, um Nagetiere abzuhalten, die an der Rinde knabbern könnten.

Zuletzt pflanzt man Büsche und weitere mehrjährige Pflanzen, Zwiebelgewächse und andere Mitglieder der Wurzelschicht und Bodendecker direkt in den Schichtmulch.

So entwickelt sich der Nahrungswald

Abgesehen von seinen fast ganzjährigen Nahrungs- und Blütengaben, können die vielen Rhythmen und Kreisläufe eines Waldgartens faszinieren und informieren. In einem Garten voller einjähriger Gewächse oder selbst in einem Staudengarten mit nur einer Schicht, folgen die meisten Pflanzen einem einfachen Jahreszyklus: Wachstum im Frühling, Vergehen im Herbst und Erneuerung – oder Neupflanzung – im nächsten Frühjahr. Doch in einem Waldgarten wird die Lebensdauer vieler Bewohner nicht in einem Jahr, sondern in Jahrzehnten oder länger gemessen. Dadurch verändert sich der Charakter des Gartens im Laufe seines Lebens immer wieder. Neben dem regelmäßigen Jahreszyklus der gesamten Flora besitzen die Bäume, Sträucher und Stauden unterschiedliche Lebensspannen und Wachstumsraten und reagieren unterschiedlich auf die Jahreszeiten und aufeinander. Komplexe natürliche Rhythmen spielen sich im Wechselspiel miteinander ab, verflechten und kontrastieren sich in vielfältiger Synkopierung.

Selbst die saisonalen Zyklen sind komplexer als in einem konventionellen Garten. In einer gestaffelten Abfolge von Grün, die sich vom Gartenboden bis zur Baumkrone ausbreitet, teilt jede Schicht des Gartens Licht und Nährstoffe mit den anderen. Jedes Frühjahr schlagen die unteren Schichten eines Waldgartens zuerst aus und laben sich am frühen Sonnenlicht, genau wie in einem natürlichen Wald. Als nächstes legen die Büsche ihr grünes Kleid an, ein paar Wochen gefolgt von den Bäumen darüber. Viele der Pflanzen erreichen zu unterschiedlichen Zeiten der Saison ihre maximale Höhe, was die Ressourcen weiter verteilt. Dieser kooperative Aspekt des Waldgartens ist zwar ausgewogen, enthält jedoch auch ein bisschen Konkurrenz. Die Pflanzen, besonders in der unteren Schicht, bedrängen sich gegenseitig etwas, breiten sich aus und schrumpfen, während sie um Licht, Wasser und Nährstoffe konkurrieren. Auch der Gärtner beeinflusst diese Kreisläufe mit Schaufel, Gartenschere und Erntekorb.

Diese Rhythmen und die Vielfalt werden durch das Eindringen wilder Pflanzen – Unkräuter und ungewöhnliche heimische Pflanzen gleichermaßen – in den Wald weiter ergänzt, und der Gärtner kann, nachdem er den Neuankömmling beobachtet hat, entscheiden, ob er bleiben darf oder entfernt wird. Vögel, Insekten, Schlangen, Eidechsen und kleine Säugetiere finden hier ebenso einen sicheren Hafen und tragen damit weiter zu Vielschichtigkeit und Interesse bei. Das Beobachten und Kennenlernen dieser vielfältigen Rhythmen vermitteln die bestmögliche Einführung in die Ökologie und die natürliche Welt. Aber wir können auch ein bisschen intelligent tüfteln, indem wir hier eine nützliche oder attraktive Art bevorzugen und dort eine entstehende Gilde fördern.

Die Evolution des Waldgartens über die Jahre – nicht nur im Laufe der

Jahreszeiten – bietet ihren eigenen Nutzen. Auch wenn Schönheit und Wert einer reifen Landschaft außer Frage stehen, sitzen wir nicht nur da und warten, bis die Sämlinge und kleinen Sträucher groß werden. Jede Phase des Gartens trägt ihre eigenen Belohnungen in sich. Wenn der Garten jung ist und die verstreut frisch gepflanzten Bäume kaum mehr als eine Sammlung von dünnen Zweigen sind, lassen sich die sonnigen Lücken zwischen Setzlingen mit ein- und mehrjährigem Gemüse und Blumen füllen. In ein bis drei Jahren zeigen die Büsche und Beerensträucher langsam ihr wahres Gesicht und ihre Früchte, und in den nächsten fünf bis zehn Jahren, ehe die Bäume viel Schatten werfen, erreichen sie ihren Höhepunkt. In der Zwischenzeit schrumpfen die freien Flächen für einjährige Beete allmählich, die Bodenfruchtbarkeit wächst durch die dichter werdende Laubstreu und die Nischen für Wildtiere nehmen immer weiter zu.

Nach drei oder vier Jahren beginnen die Obstbäume, Früchte zu tragen, und man erkennt das Rückgrat des Gartens. Bis zum fünften Jahr, wenn Bäume und Sträucher mehr Platz einnehmen, vermindert sich die Kraut- und Bodenschicht wegen des geringeren Lichts und die Kräuter, Blumen und Gemüse können an die Ränder und in absichtlich geschaffene Lichtungen wandern. An manchen Stellen verbinden blühende und Obst tragende Ranken die oberen Schichten miteinander. Der Gärtner muss nicht mehr viel Dünger und Mulch importieren, denn der Wald versorgt sich dank des Regens an Blättern und der Aufwärtsbewegung der Nährstoffe aus den tiefen Bodenschichten durch die Wurzeln nahezu selbst. In zehn Jahren erreichen die Bäume allmählich ihre volle Höhe und das Kronendach beginnt sich zu schließen. Der Garten wird die Ruhe und Erhabenheit der Reife annehmen, sich aber noch weitere 10 oder 20 Jahre ausfüllen. Bis dahin wurde die ursprüngliche Krautschicht durch neue Anpflanzungen ersetzt und einige Stauden und kleine Bäume haben das Ende ihres Lebens erreicht. Ersatzpflanzen sorgen für die kontinuierliche Weiterentwicklung dieses Gartens. Selbst in reiferen Jahren verändert sich der Garten auf würdevolle Art.

Die Veränderungen im sich entwickelnden Waldgarten sehen vor allem so aus:

- Wo sich die meisten Pflanzen in den ersten Jahren in voller Sonne befanden, erhalten später nur die oberen Schichten, Lichtungen und Ränder den ganzen Tag Sonne.
- Zunächst anfällig für Dürre und die Wechselfälle des Wetters und der Vernachlässigung, bleibt der Wald gleichmäßig feucht, reguliert sich selbst und besitzt milde Mikroklimate.
- Von windig und exponiert zu ruhig und geschützt.
- Wo ein Großteil von Blumen und Nahrungsmitteln, Lebensraum, Mulch und Biomasse durch die unteren Schichten erzeugt wird, werden diese später überwiegend von der Strauch- und Baumebene produziert.
- Zunächst müssen Mulch und Dünger importiert werden, später werden sie abgelöst von reichlich Fruchtbarkeit und Erde, die durch fallende Blätter und die Nährstoffsammlung aus tiefen Bodenschichten entstehen.

Weiter oben habe ich die Vorzüge gepriesen, wenn man den Garten nach oben in die dritte Dimension erweitert. Der Waldgarten reicht jedoch noch weiter, in die vierte Dimension der Zeit. Durch die lange Entfaltung dieses wachsenden Gartens rücken neue Möglichkeiten und Vorteile in Reichweite.

KAPITEL ELF

Gärtnern in der Stadt mit Permakultur

Bei vielem, worüber ich in den früheren Kapiteln gesprochen habe, gehe ich davon aus, dass Leser einen ordentlich großen Garten haben: nicht viel weniger als in etwa 1000 m^2. Doch viele Leute leben in Städten, wo Gärten klein sind oder es gar keine Gärten gibt. Und da ich selbst wieder in der Stadt lebe, seit ich die erste Ausgabe dieses Buches geschrieben habe, weiß ich, dass uns das Anlegen eines ökologischen Gartens in der Stadt vor einige besondere Herausforderungen stellt. Zum Glück gibt es auf der anderen Seite viele verschiedene Möglichkeiten zur Umsetzung.

Viele Dilemmas von Gärtnern in der Stadt rühren daher, dass Platz in der Stadt teuer ist. Der Andrang der Menschen in den Städten führt dazu, dass jedes Stückchen Boden stark frequentiert, intensiv genutzt und für eine Vielzahl konkurrierender Zwecke begehrt wird. Was Sie als idealen Platz zum Gärtnern betrachten, werden Ihre Kinder als Spielplatz, Ihr/e PartnerIn als perfekt für den gemütlichen Liegestuhl, Ihr Hund als idealer Ort zum Graben (oder Schlimmeres) und der Briefträger als Abkürzung ins nächste Grundstück betrachten. Es ist offensichtlich, dass Stadtgärten äußerst multifunktional sein müssen. Folgt man jedoch den Prinzipien der Permakultur, kann man, statt dies als Nachteil zu sehen, die Notwendigkeit von Mehrzweck-Gärten als Ansporn zu größerer Kreativität und einer ansprechenderen Landschaft sehen.

Falls Leser, die in einem Vorort leben, nun denken: »Das trifft auf mich nicht zu« und gleich weiter zum nächsten Kapitel blättern wollen, gebe ich zu bedenken, dass diese platzsparenden, hochintensiven Designansätze auf jeden zutreffen. Da die Häuser seit Ende des 2. Weltkriegs auf dem Land und in der Stadt größer geworden sind – sie haben sich im Durchschnitt verdoppelt – ist so weniger Platz für den Garten übrig geblieben. Die Gärten sind ebenfalls geschrumpft: Viele der neueren Vororte bieten heutzutage Grundstücke an, die nicht größer sind als die der Häuser in der Stadt, 465 m^2 oder weniger. Nicht nur sind diese Gärten klein, sie sind gewöhnlich noch von Haus, Einfahrt, Wegen und anderen Außenanlagen in noch kleinere Bereiche fragmentiert. Diese Gartenstückchen genügen kaum für viele große Gilden, also müssen wir uns Alternativen überlegen. Ein Schwerpunkt dieses Kapitels besteht darin, in den kleinen Räumen eines städtischen oder vorstädtischen Ballungsgebiets mehr zu bewirken.

Die Techniken zur Schaffung lebendiger Ökosysteme im häuslichen Umfeld der Städte ähneln denen für jede andere ökologische Landschaft, aber die Strategien, die bestimmen, wie wir diese Techniken kombinieren und organisieren, sind anders. Um in Ballungszentren ökologisch zu gärtnern, wird ein kluger Stratege die Stärken der Stadt ausnutzen und die Schwächen abmildern. Die große Stärke jeder Stadt – der Grund, wieso die Leute dorthin ziehen – ist das soziale Kapital: die

Synergien und Möglichkeiten, die durch die Zusammenarbeit kreativer Menschen entstehen. Wie gesagt ist der Mangel an Land eine große Schwäche, vor allem für Gärtner. Falls wir es richtig anstellen, sind zum Glück die sozialen Ressourcen genau die Kraft, die nötig ist, um die Landknappheit auszugleichen.

Hier ist ein Beispiel. Als wir nach Portland zogen, tauschten Kiel und ich unsere 4 Hektar Land gegen ein 465 m² großes Grundstück ein. Mein erster Gedanke war: »Wie soll ich nur all meine Obstbäume auf diesem kleinen Grundstück unterbringen?« Der Garten war fast ein unbeschriebenes Blatt: überwiegend Gras, etwas Rindenmulch, den der Verkäufer hastig ausgebracht hatte, um Stellen zu kaschieren, wo vorher Unkraut wuchs, und ein Hundezwinger. Die einzigen Bäume waren ein Japanischer Ahornsetzling und eine ausgewachsene Pflaume, die am Zaun wuchs. Die Pflaumen waren gerade reif, als wir einzogen. Eines Morgens sprach ich mit meinem Nachbarn von nebenan, einem Elektriker im Ruhestand und begeisterten Gärtner namens Johny, während wir auf beiden Seiten des Zauns Pflaumen ernteten. Er fragte mich, ob ich Feigen mochte. Meine nachdrückliche Bejahung führte dazu, dass mir eine Plastikschüssel voller reifer Franziskanerfeigen von seiner Seite des Zauns herübergereicht wurde. Im Laufe der nächsten Wochen erhielt ich, sobald ich Johny die leere Schüssel zurückgab, sofort wieder eine Ladung neuer Früchte.

Ich traf auch meine Nachbarin Theressa, die auf der anderen Straßenseite wohnte, und weil ich zu viele Pflaumen hatte, brachte ich ihr eine Tasche voll hinüber. Sie lächelte entschuldigend und sagte: »Tut mir leid, aber ich brauche keine Pflaumen – ich habe selbst einen Baum«. Theressa erzählte dann, ich hätte gerade die Pfirsichsaison verpasst, in der sie immer Obst verschenke. Doch in ein paar Wochen wären ihre Granny-Smith-Äpfel reif, dann sollte ich vorbeikommen. Der Nachbar neben Theressa, Will, der mit Computern arbeitet, hörte uns reden und meinte, falls ich Obst haben wollte, könnte ich gleich vorbeikommen und ihm helfen, den riesigen Bartlett-Birnbaum in seinem Garten zu ernten. Will nahm meine Pflaumentasche und ich kam mit doppelt so vielen Birnen nach Hause. Die Gärten meiner Nachbarn wurden so zu meinem Obstgarten.

Ein Pflaumenbaum vor dem Garten von Will Hooker in Raleigh, North Carolina, der durch ein Straßenbaum-Projekt finanziert wurde. Will sagt, dass die Kinder mit dem Fahrrad aus der Nachbarschaft kommen und sich unter dem Baum die Früchte holen. FOTO VON WILL HOOKER.

Mit wurde klar, dass ich nicht all meine Lieblingsobstbäume pflanzen brauchte. Ich musste nur die setzen, die in der Nachbarschaft fehlten. Im nächsten Frühling kaufte ich eine Nashi-Birne, eine Hachiya-Kaki und eine Stella-Süßkirsche, um die Lücken unserer Gemeinschaft zu füllen. Ich pflanzte noch einen Spalierapfel, dem ich vier Sorten aufpfropfte, auch wenn es ein paar Äpfel in den Nachbarsgärten gab, denn der Baum bot auch Äpfel zum Lagern und für Kuchen, die uns fehlten, und diente zudem als Hecke. Der vierfache Apfelbaum hat mich auch gelehrt, wie man ein Spalier pflegt. Durch diese Pflanzungen waren die meisten Baumnischen in unserem Grundstück gefüllt.

Stadtgärten sind selten groß genug, um mehr als Permakulturzone 1 und eine kleine Zone 2 auszufüllen, die Bereiche intensiver Nutzung. Größere Funktionen der Zone 2 und 3, wie Obstgärten und Waldparzellen, passen normalerweise nicht hinein. Doch die Gärten unserer Nachbarn können unsere Zone 2 und 3 sein und umgekehrt. Die meisten Obstbäume tragen so viel Früchte, dass nur äußerst fanatische Obstesser alles für sich allein nutzen können, weshalb die meisten von uns die Früchte entweder verrotten lassen oder sie verschenken. Bill Mollison erklärte, wer Obst hat, der hat Freunde. Seit Jahrtausenden steht Nahrung im Zentrum der Gemeinschaftsbildung und Rituale der Freundschaft und des Teilens sind die natürlichsten Möglichkeiten für Nachbarn, sich zu treffen und einander zu vertrauen.

Das Teilen geht weit über die Nahrung hinaus. Rohstoffe wie Mulch und Feuerholz, die normalerweise in Zone 3 und 4 anfallen, können aus Ihrer Nachbarschaft und Stadtteilen in der Nähe kommen. Diese Orte sind die äußeren Zonen der Stadtbewohner.

Ich war überrascht, als ich feststellte, dass Mulch, Dünger und andere organische Substanzen in Städten in größerer Menge vorhanden und leichter zu beschaffen sind als auf dem Land. Als wir im ländlichen Oregon lebten, musste ich 5 km zu einem Stall fahren, um Dünger zu bekommen oder zu einer noch weiter entfernten Hühnerfarm, den Dünger selbst aufladen und den Landwirt bezahlen. Man wusste nie, ob man etwas bekam, da man in Konkurrenz mit anderen Bauern und Gärtnern stand. Mulch war ebenso schwierig zu finden, weil jeder, der Holzspäne, Blätter oder Schnittgut hatte, das einfach im hintersten Teil des Grundstücks ablud, wo niemand sonst es nutzen konnte.

Doch in der Stadt muss ich nicht einmal aus dem Haus gehen, um organisches Material zu bekommen – ich kann große Mengen an Mulch, Dünger und Kompostmaterialien an die Tür geliefert bekommen. Denn organische Substanz gilt in einer Großstadt als Abfall. Es ist ein Überschuss, der entsorgt werden muss. Er kann nicht einfach auf einem winzigen Gelände aufgetürmt werden; es wäre bald kein Garten mehr übrig. Wer mehr als eine geringe Menge erzeugt, muss für den Transport zur Deponie bezahlen. Eine Person oder ein Unternehmen, das organische Stoffe erzeugt, ist also in der Regel froh, wenn jemand sie kostenlos entsorgt. Wenn meine Nachbarn und ich das Geräusch eines Häckslers hören, fragen wir die Leute, die die Bäume beschneiden, ob wir den frischen Mulch haben können, worauf diese erleichtert sind. Wir haben ihnen gerade eine Deponiegebühr von 100 Dollar erspart und sie laden gern 8 m^3 frisch gehäckseltes Holz und Blätter an unserer Auffahrt ab.

Wir bekommen auch kostenlos Dünger von einem Kaninchenrettungsverein in der Stadt. Zoos sind eine weitere Quelle. Restaurants und Supermärkte spucken kubikmeterweise Lebensmittel aus. Und ich will gar nicht davon reden, wie viel Kaffeesatz im cappuccinoverrückten Portland anfällt. Kaffeesatz ist ausgezeichnetes Kompostfutter, besonders für eine Wurmkompostkiste, die eine platzsparende Technik zur Erdgewinnung ist, perfekt geeignet für Stadthäuser und sogar -wohnungen.

Der Fluss aus kostenlosen und günstigen Ressourcen aller Art ist in der Stadt groß. Webseiten wie https://ressourcenretter.de und http://www.internet-verschenkmarkt.de lassen uns ahnen, welche Fülle in den städtischen Zonen 3 und 4 wartet. Jetzt beginnen wir zu erkennen, dass Elemente und Flüsse in urbanen Zonen und Sektoren eher durch die Menschen und die Wirtschaft bestimmt werden als durch Biologie und Landschaft, und ihre Zyklen sind mindestens so komplex und produktiv wie die von großen Gärten und Höfen.

Meine eigene Einführung in die Einmaligkeit von Stadtzonen und -sektoren kam bei einem Workshop, den ich im Los Angeles Ecovillage gab, einer ökologisch orientierten Gemeinschaft in einem Stadtteil mit Mietshäusern, Autobahnen und Geschäften im Osten von Los Angeles, am Rande des Stadtzentrums. Nachdem ich der Klasse die Konzepte

Ein Vorstadt-Vorgarten im südwestlichen Houston, Texas, entworfen von Kevin Topek von Permaculture Design, LLC. Bepflanzungen zwischen Gehsteig und Straße erzeugen Lebensraum und Privatsphäre. Diese heimischen und dürreverträglichen Arten brauchen wenig Pflege und nur ein Minimum an Wasser. Im Vordergrund sieht man Arten wie Wachsmalve, Mandelverbene, Bulbine, Rudbeckie, Afrikanisches Lampenputzergras, Kassie und Thryallis. FOTO VON KEVIN TOPEK.

von Zonen und Sektoren vorgestellt hatte, bat ich sie, sich einige speziell städtische Sektoren vorzustellen. (Sie erinnern sich, Sektoren sind Kräfte und Einflüsse, die vom Gelände kommen, wie Wind und Sonne, die sich auf eine Gartengestaltung auswirken.) Jemand beschrieb sofort den »Plakatwand-Sektor«. Hinter dem Grundstück des Ökodorfs erhob sich eine riesige Reklametafel in der Nähe von Highway 101. Sie warf für einen Großteil des Tages einen tiefen Schatten über den Garten und erstrahlte nachts im Licht einer Batterie von Natriumdampflampen. Wegen des Plakatwand-Sektors, so erklärte der Teilnehmer, waren sie gezwungen, im Vorgarten zu gärtnern.

Eine andere Teilnehmerin warf ein: »Da fällt mir gleich noch ein Sektor ein!« Sie erzählte, dass die Gemeinschaft, nachdem sie ihren Gemüsegarten in den Vorgarten verlegt hatte, die Tomaten entlang des Gehsteigs pflanzte. Doch auf der anderen Seite lag eine Grundschule und mehrmals am Tag schwärmten Hunderte von Kindern aus den Klassenzimmern und am Garten vorbei. Jede Tomate, die nur eine leichte Röte aufwies, wurde abgezupft. Die Ökodörfler bekamen selten Tomaten. »Wir haben den Schulkindersektor vergessen«, erklärte die Frau.

Als Reaktion drauf entwickelten die Ökodörfler eine clevere Strategie, indem sie Tomatensorten wie Green Grape pflanzten, die nie rot werden, sondern eine leckere grüne Frucht besitzen. Black Krim, die zu einer nicht so ansprechenden grün-violetten Farbe mit schwarzen Streifen heranreift, war eine andere Sorte, zusammen mit White Wonder, Kentucky Yellow und anderen, die nicht die typische Tomatenröte aufweisen. Die Kinder hatten keine Ahnung und die Tomatenernte war gesichert. Auf diese Weise war der Schulkindersektor abgewehrt, so wie die Energie eines jeden Sektors durch einen guten Entwurf blockiert werden kann.

Die Teilnehmer in Los Angeles identifizierten noch weitere Sektoren, dazu gehörten:

- Der »unangenehme Geruch«-Sektor, der vom Schnellimbiss um die Ecke kam.
- Der Lärmsektor, in erster Linie durch die Autobahn in der Nähe, aber auch von der Schule und der Straße.
- Der Workshop-Sektor, weil das Abhalten von Veranstaltungen im Ecovillage viele Leute zu ihnen brachte, mit der damit einhergehenden Aktivität, Aufregung und Störung.
- Der Verbrechenssektor, das war die Gasse hinter ihren Gebäuden, die nachts nicht sicher war. Ein Teilnehmer erzählte, dass der Verbrechenssektor manchmal auch zum Polizeisektor wurde, weil zwei Streifenbeamte die Gasse nach Einbruch der Dunkelheit öfter patrouillierten.

Betrachtet man Zonen und Sektoren durch einen urbanen Filter, sieht man die Einflüsse auf unsere Landschaften und unser Leben aus einer neuen Perspektive. Als Bart Anderson, früher Reporter und aktuell Mitherausgeber der Webseite EnergyBulletin.net, einen Permakulturdesignkurs machte, inspirierte ihn das, den Einsatz von Zonen und

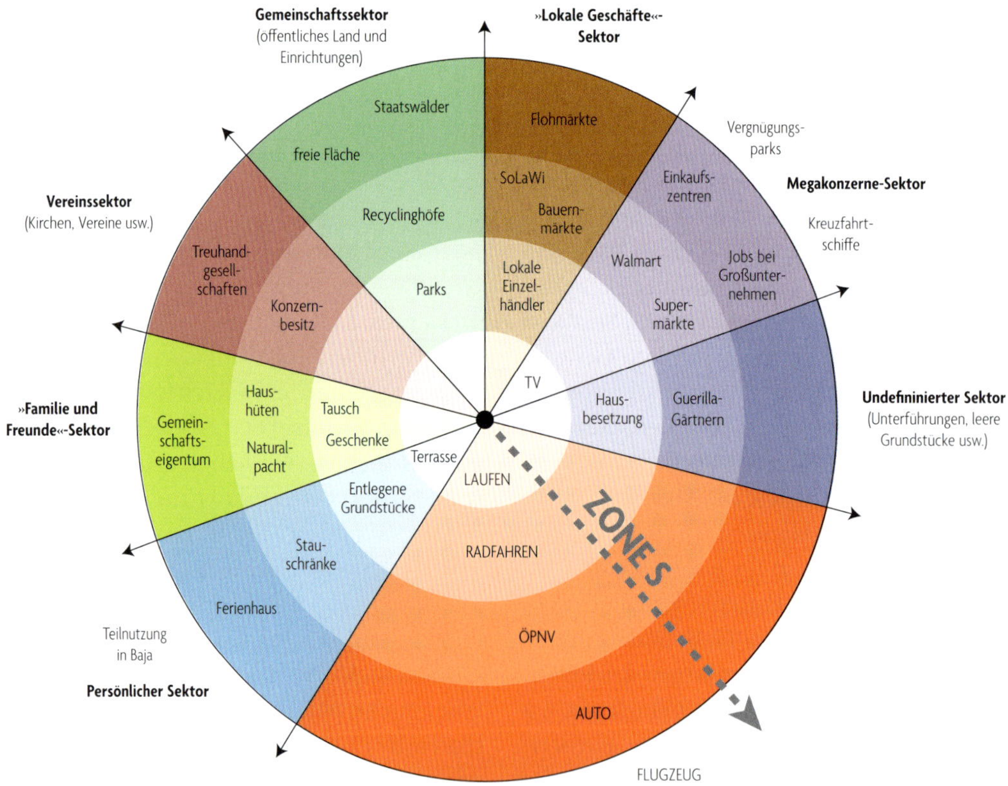

Zonen und Sektoren in einem urbanen Kontext. Hier repräsentieren die Zonen, statt durch ihre Distanz von Ihrer Wohnung definiert zu werden, Orte, die zu Fuß, mit dem Fahrrad, öffentlichen Verkehrsmitteln, Auto und Flugzeug erreicht werden können. Sektoren sind die Einflüsse und Kräfte, die auf einen Stadtbewohner wirken, wie Familie, Gemeinschaft, multinationale Konzerne und lokale Geschäfte. NACHGEZEICHNET MIT ERLAUBNIS VON »ADAPTING ZONES AND SECTORS FOR THE CITY« VON BART ANDERSON, WWW.ENERGYBULLETIN.NET/12052.HTML

Sektoren auszuweiten. Viele traditionelle Elemente, wie die Sektoren Feuer oder Nutzholz, ließen sich in seinem Stadtleben nicht anwenden. Doch ihm wurde klar, dass das Konzept ein effektives Werkzeug war, um sein Zuhause und seine Gewohnheiten im Kontext einer ganzen Stadt und eines sozialen Netzwerks zu betrachten.

Bart erkannte, dass, wenn man die Bewegungen eines Stadtbewohners als Ganzes sah, Zone 1 Orte definiert, die man zu Fuß erreicht. Zone 2 umfasst Ziele, die mit dem Fahrrad zugänglich sind, Zone 3 im öffentlichen Nahverkehr, Zone 4 mit dem Auto und Zone 5 per Flugzeug. Die Sektoren ihrerseits wurden die sozialen und wirtschaftlichen Einflüsse auf das Leben eines Stadtmenschen. In Barts Plan ließen sich Sektoren in Familie und Freunde, persönliche Aktivitäten, Vereine wie Kirchen und gemeinnützige Organisationen, Gemeinde und Kommune, lokale Geschäfte und Großkonzerne unterteilen. Eine Zone, wie der Bereich, der per ÖPNV erreichbar ist, kann sich mit einem Sektor örtlicher Geschäfte bei einem Bauernmarkt überschneiden, mit der Gemeinde im Recyclinghof und dem Freundessektor im Garten eines Kumpels. Die Abbildung oben zeigt, wie Bart die Zonen und Sektoren für sein eigenes Großstadtleben definiert hat.

Diese Art der Betrachtung von Zonen und Sektoren verdeutlicht viele Unterschiede zwischen urbanen und nicht urbanen Landschaften. Beim Leben auf dem Land passieren viele Aktivitäten, wie Sozialkontakte, Essenszubereitung und Erholung, am häufigsten auf dem eigenen Grundstück. Die Menschen auf dem Land haben wahrscheinlich Obstgärten, große Nutzgärten und Bäume für Brennholz und unterrichten vielleicht sogar ihre Kinder und reparieren ihr Auto zu Hause. In der Stadt geschieht ein Großteil davon außer Haus und so verrichten Städter mehr Aktivitäten in »Zonen«, die nicht in ihrem Besitz sind und bei denen es sich in der Regel um Geschäfte oder öffentliche Orte statt um Privatwohnungen handelt. Für Städter erstreckt sich ihr »Zuhause« häufig über die Grenzen ihres Grundstücks hinaus. So, wie ich meinen städtischen Obstgarten auch in den Gärten von Theressa, Johnny und Will fand, ist mein Büro manchmal in einem Café und mein Feuerholz kommt aus einem Stadtpark. Selbst die Ernte von Lebensmitteln kann außerhalb stattfinden, denn viele Obstbäume befinden sich auf öffentlichem Boden oder sind anderweitig offen für unsere Nutzung. Werkzeuge wie das Internet haben diese Ressourcen sogar noch zugänglicher gemacht. Eine Webseite, urbanedibles.com, ist eine von den Nutzern erstellte Datenbank von Obstbäumen und anderen essbaren Pflanzen, die man im ganzen Stadtbereich von Portland ernten kann, mit Adressen und Tipps, wie man die Pflanzen am besten nutzt (Anm. d. Verlags, für Deutschland www.mundraub.org).

Damit die Idee der Zone und des Sektors ein nützliches Instrument zur Gestaltung und effizienten Ressourcennutzung ist, muss sie in städtischen Bereichen andere Orte und Kräfte umfassen als in wilderen Gebieten. Die Rolle großer Naturelemente wie Feuer und Wind nimmt ab, während die Bedeutung menschlicher Einflüsse wie Verkehr, Werbetafeln, Nachbarn, Behörden und Geschäfte zunimmt.

Der Stadtrand

Im üblichen Beurteilungsstil der Permakultur sehen wir uns einige Einflüsse an, denen Großstadtbewohner ausgesetzt sind, die ökologisch gärtnern und Wege finden wollen, diese in produktive Vorteile, statt in zerstörerische Nachteile zu verwandeln.

In Kapitel 3 und anderswo haben wir gesehen, dass das Verständnis über und die Arbeit mit Randzonen im permakulturellen Sinne – die Grenze zwischen zwei Umgebungen – uns Mikroklimate schaffen, Erträge und biologische Vielfalt steigern und unsere Landschaften besser handhaben lässt.

Betrachtet man die städtische Umwelt aus der Perspektive ihrer Ränder, erhält man ein wirksames Instrument, unsere Gärten an diese herausfordernden Orte anzupassen. In der Regel sind Ränder in Ballungsgebieten oft scharf und abrupt. Im Gegensatz dazu sind natürliche und noch mehr ländliche Grenzen oftmals graduell, weich und häufig durchlässig. Wir können eine Menge lernen, wenn wir die verschiedenen Arten von Rändern untersuchen, die man in Stadtlandschaften findet. Dazu gehören:

Der Sonne-/Schattenrand. Bewegt man sich in der Natur von der Sonne in den Schatten, läuft man vom offenen, vollen Tageslicht in den gesprenkelten Halbschatten neben einem Baum und schließlich tief in den Schatten unter dem Dach der Baumkrone. Wir haben einen sanften Übergang von hell zu relativ dunkel durchquert, aber selbst die schattigen Stellen sind hell genug, um viele Pflanzen wachsen zu lassen. Zwischen den Bäumen und unter Ästen finden wir Lichtlücken, die sich täglich und je nach Jahreszeit verändern. Zu irgendeiner Tages- oder Jahreszeit erhält fast jede Stelle in der freien Natur direkte Sonne.

Aber in der bebauten Umwelt liegt die Nordseite von Gebäuden in ewigem Schatten, was in der Natur fast nie vorkommt. In der Stadt kann man ohne Übergang von gleißend hellem Licht in tiefschwarzen Schatten treten. Änderungen bei der *Albedo* oder Menge an reflektiertem Licht sind extrem: Eine Stadt kann ein Schachbrett aus Spiegelungskontrasten sein, das sich im Bruchteil von Zentimetern von lichtschluckendem schwarzen Asphalt zu blendend weiß getünchten Wänden verschiebt. Das sorgt für ernsthafte Herausforderungen bei der Gestaltung. Und falls sich dieser dunkle Nordrand unter dem Dachvorsprung eines Hauses befindet, wird das zur Nemesis des Gärtners: trockener Schatten, ein Platz, an dem nur wenige Pflanzen gedeihen. Diese Randzonen lenken unsere Entscheidungen. Wir können Pflanzen aus der kurzen Liste der Trockenschattenfreunde wählen, oder vielleicht sagt uns dieses Zusammentreffen schwieriger Sektoren, dass wir diese Stelle für eine andere Funktion nutzen sollten, z. B. um etwas aufzubewahren oder als Sitzplatz. Schließlich ist es schattig, was in der Sommerhitze ein guter Platz für eine Veranda oder Terrasse sein kann, und anders als Pflanzen brauchen Menschen keine feuchte Erde.

Feuchte/trockene Ränder. Dichte Siedlungen führen zu starken Schwankungen bei der Bodenfeuchte. Die Erde unter der Dachschräge eines Gebäudes kann das ganze Jahr über trocken bleiben, während einige Zentimeter unterhalb des Fallrohrs ein permanenter Morast entsteht. Das ist ein harter Lebensraumübergang, den nur wenige Pflanzenarten überbrücken können. Feuchtigkeitsgradienten gibt es sowohl zeitlich als auch räumlich. Einige Orte trocknen sofort aus, wie zum Beispiel die Erde entlang einer geteerten Einfahrt, die in der Sonne brennt. Ein paar Meter weiter kann eine Vertiefung im Schatten jedoch ständig feucht bleiben.

Diese Beobachtungen beeinflussen, wie wir pflanzen. Sobald die Bedingungen ausgelotet sind, lassen sich aus vielen Möglichkeiten Lösungen finden. Wir könnten für die existierenden Bedingungen Pflanzen wählen und Arten finden, die flexibel genug sind, den breiten Feuchtigkeitsgradienten zu ertragen, oder wasserliebende Pflanzen in die nasse Erde setzen und trockenverträgliche an trockene Stellen. Die harten Ränder lassen sich auf mehrere Arten abschwächen, z. B. durch bessere Drainage an Feuchtstellen, Anheben, Einarbeiten von Sand oder Kies im Boden oder einen natürlichen Abfluss. An trockenen Stellen kann man mehr organische Substanz einbringen, die Feuchtigkeit absorbiert und hält. Eine andere randabschwächende

Technik ist das Umleiten überschüssigen Wassers durch Senken, Böschungsabsätze oder andere Bodenkonturen von den feuchten zu den trockenen Bereichen.

Warmer/kalter Rand. Die Temperaturgradienten in der Stadt können schroff sein, weil die bebaute Umwelt undurchdringliche Objekte enthält, die Wind blockieren, und dichte, die Hitze speichern. Das bedeutet schockierend abrupte Wechsel zwischen Mikroklimaten. Die Westseite eines Hauses kocht in der Nachmittagssonne, während direkt um die Ecke der permanente Schatten der Nordseite kühl ist. Trocknerentlüftungen, Klimaanlagen, Autoabgase und andere Maschinen geben in sporadischen Schüben Wärme ab und verwirren die Pflanzen, die erraten müssen, welche Jahreszeit gerade ist. Da all diese Wärme erzeugt, verteilt und absorbiert wird, ist der gesamte städtische Gürtel in der Regel um einige Grad wärmer als das Umland. Diese Wärme verdunstet rasch die Bodenfeuchtigkeit, erzeugt Wind und trocknet die Luft aus, was die Pflanzen stresst.

Auch hier besteht unsere Aufgabe darin, die Härte abzumildern oder wenn dies unpraktisch ist, lebende oder unbelebte Landschaftselemente zu finden, die widerstandsfähig genug sind, um krasse Umstände auszuhalten. In den sonnenverbrannten Hitzezonen kann man Schatten schaffen oder, falls Sonne und die damit einhergehende Wärme ein seltenes Gut sind, lassen sich diese sonnigen Mikroklimate durch U-förmige Hecken, Mauern und Steine, die Wärme speichern, einrichten und verstärken.

Bodenränder. Bodenprofile in der Stadt liefern erneut ein rätselhaftes Sammelsurium an Bedingungen. Als Beispiel beschreibe ich unseren Garten. Ein großer Teil enthält die reiche Tonerde des Willamette-Tals, einen der feinsten landwirtschaftlichen Böden der Welt. Aber an den Randzonen des hinteren Gartens liegt orangefarbener, mineralreicher Lehm, der wahrscheinlich von wer weiß woher aufgefüllt wurde. Zwei mehrjährige Gemüsekohlpflanzen, im Abstand von gerade mal einem Meter in dieser kontrastreichen Erde gepflanzt, sind vom Aussehen her beunruhigend unterschiedlich. Der in der Tonerde ist robust und tiefgrün, während der andere im Lehm schwach und klein ist. Im Vorgarten wurde brauner Lehmboden aufgefüllt, von pH-Wert und Drainage völlig anders als das Füllmaterial im hinteren Garten. Der Parkstreifen enthält eine graue, schlammige Erde, die mit etwa fünf Zentimetern schwarzem, kommerziellen Oberboden bedeckt ist. Das sind vier Bodenarten auf einem 465 m^2 großen Grundstück.

Der pH-Wert unseres Stadtgartens reicht von sehr sauer bis zu fast neutral, was ich herausfand, als sich säureliebende Heidelbeeren im hinteren Garten schwer taten, aber vorne gediehen. Ich habe auch eine Stelle gefunden, die toxisch alkalisch ist. Ein bisschen Graben brachte eine tiefe Schicht mit Abfall gefüllter Asche zutage, wo vielleicht jahrzehntelang ein Müllverbrenner stand.

Die Entwässerung auf unserem Grundstück geschieht ungleichmäßig. Die Tonerde hält Feuchtigkeit, aber entwässert gut, super Boden. Aber in einem Streifen liegen unter der Erde lose Kiesel, vielleicht ein alter Drainagegraben, während an anderer Stelle ein unterirdischer Gürtel aus stark verdichtetem Kies liegt, der eine verlassene Einfahrt markiert. An einem Fleck, neben gedeihender Vegetation, welkten die Pflanzen schnell, wenn es nur ein paar Tage nicht regnete. Meine Schaufel brachte zutage, dass 20 cm darunter ein vergrabener Gehsteig lag. Nach weiterer archäologischer Erkundung fand ich einen unterirdischen Fußweg aus Ziegeln. Das Haus wurde 1885 gebaut, somit haben die Zeit und viele Besitzer ein tiefes und vielfältiges Erbe hinterlassen.

Reden wir nun über giftige Stoffe. Die Böden in Städten enthalten oft Blei, das sich in

Dieses Grundstück im kalifornischen Willits lässt kürzlich durchgeführte Erdarbeiten in Form von Mulden, Böschungen, durchlässigen Wegen, Sickeranlagen und Schlüssellochpflanzungen erkennen. Das stehende Wasser, wie im Vordergrund, war auf dem gesamten Gelände üblich, ehe die Erdarbeiten stattfanden und Kompost und Mulch ausgebracht wurden. Wo einst der Rasen lag, sind Pfosten für die Spalierpflanzung des Mini-Nahrungswalds zu sehen. Im Hintergrund ist das Fallrohr, das zur Zisterne unter dem Haus führt und auf der linken Seite sind seitlich an Garage/Gästezimmer Spaliere für vertikale Gärten angebracht. Design von Maximillian Meyers vom Mendocino Ecological Learning Center. FOTO VON MAXIMILLIAN MEYERS.

der Ära des bleihaltigen Benzins überall und entlang der Grundmauern der meisten vor 1960 gebauten Häuser abgelagert hat, als bleihaltige Farben die Norm waren. Hinterhöfe waren einst der übliche Ort, um Öl zu wechseln, Verdünner zu entsorgen und allgemein dienten sie als petrochemische Mülldeponie. All diese Gefahrenstoffe lauern eventuell unter einem unschuldig aussehenden Rasen.

Im Zuge der Städte-Gentrifizierung wurden einst industriell genutzte Stadtviertel in Wohngebiete umgewandelt, und unbekannte giftige Rückstände aus der Produktion schwären vielleicht im Boden darunter. Grundwasserproben, die unterhalb von Friedhöfen genommen wurden, wiesen hohe Dosen an Quecksilber und anderen Einbalsamierungsstoffen auf. Regenwasser, das in Straßenrinnen fließt, könnte als üppige Ressource zur Bewässerung dienen, wenn es über Bordsteine und Rigolen in die Gärten geleitet würde, doch da es Erdölrückstände enthält, muss es erst gereinigt werden. In kälteren Regionen können Gärten an den Randzonen salzhaltig werden, da im Winter dort Salz gestreut wurde. Beton an sich ist alkalisch, daher erhöht der Abfluss von Straßen, Gehwegen und Fundamenten den pH-Wert der Erde.

Die Böden der Städte enthalten generell weniger organisches Material und Bodenleben als ihre Pendants auf dem Land. Eine hohe Dichte an Menschen, Haustieren und hin und wieder geparkten Autos verdichtet den Boden, was bei Pflanzen zu flachen Wurzeln, und damit einhergehend, schlechter Dürretoleranz und Nährstoffaufnahme, stockender Drainage und mangelnder Belüftung führt.

All dies sorgt für rasch wechselnde und unberechenbare Randzonen zwischen Bodenstellen, die sauer oder alkalisch, verdichtet oder belüftet, gut entwässert oder sumpfig, schnell austrocknend oder immer feucht, lehmig, schlammig oder sandig, giftig oder sicher, tot oder lebendig, fruchtbar oder verarmt sind. Kein ländlicher Grund wäre imstande, so unterschiedliche Bodenbedingungen zu bieten.

Die gleiche Ansicht 10 Monate später zeigt den sich entwickelnden Mini-Nahrungswald mit laubwechselnden Obstbäumen und Gilden, die für Nahrung, Medizin, Mulch, Fruchtbarkeit, nützliches Insekten- und Wildtierhabitat, Mikroklimabildung, Schönheit, Wassergewinnung, Naturschutz und mehr entworfen wurden. Die Pläne beinhalten Pfirsiche, Nektarinen, Pflaumen, Pluots, Kakis, Äpfel, Birnen, Maximilian-Sonnenblumen, Artischocken, Spargel, Lupinen, Beinwell, Fenchel, Liebstöckel, Rudbeckie, Blauraute, Steinkraut, Kamille, Schafgarbe, Löwenohr, Ringelblume, Lavendel, Gamander und viele andere. Design von Maximillian Meyers vom Mendocino Ecological Learning Center. FOTO VON MAXIMILLIAN MEYERS.

Die Verbesserung der meisten dieser Bodenprobleme beginnt mit einer einfachen Untersuchung. Ich bin ein großer Fan urbaner Archäologie: in Abständen 30-60 cm tiefe Testgruben graben und nachsehen, was sich dort befindet. Dabei stößt man auf alte Einfahrten, Gehwege, Müllplätze, Aschengruben und eine erstaunliche Zahl von Kinderspielzeug aus vergangenen Zeiten. Natürlich liefern auch beim Bäume pflanzen gegrabene Löcher solche Informationen, aber es ist wohl besser, so schockierende Entdeckungen wie versunkene Gehwege zu machen, wenn man sich keine Gedanken über einen rasch austrocknenden Wurzelballen machen muss.

Man könnte ein kleines Vermögen dafür ausgeben, um im ganzen Grundstück in regelmäßigem Abstand komplette Bodenuntersuchungen vorzunehmen, aber vieles von dem, was man wissen muss, kann man durch den Test des pH-Wertes erfahren. Ein einfaches pH-Messgerät ist preiswert und besitzt eine Anleitung. Ein pH-Testpapierset aus dem Garten- oder Aquarienhandel genügt auch. Man mischt einfach Erde und Wasser zu gleichen Teilen, lässt die Erde absinken, hält das pH-Papier ins Wasser und vergleicht die Farbe mit der Tabelle im Set. Böden, die außerhalb von einem pH-Bereich von 6,5-7,5 liegen, lassen sich mit Kalk (für saure Erde) oder Gips (für alkalinen Boden) korrigieren.

Es macht Sinn, Stadterde auf Blei und vielleicht auch andere Metalle zu untersuchen, falls man das in Ihrer Nachbarschaft als Problem kennt. Viele Stadtverwaltungen stellen Blei-Testsets zur Verfügung. In den meisten Fällen ist die Lösung der alte Refrain: Organische Substanz dazugeben. Wo die Bleiwerte hoch sind, wie entlang von Hausfundamenten, kann man eine mehrgleisige Strategie anwenden. Lassen Sie zuerst den Boden testen, und wenn Blei vorhanden ist, fragen Sie einen Experten (häufig ein Stadtangestellter), welche möglichen Risiken dies birgt. Blei ist relativ unbeweglich und geht nicht zu tief in den Boden. Falls die Bleiwerte hoch sind, ist daher die übliche Herangehensweise die Entfernung der oberen 15-30 cm Erde. Ersetzten Sie die Erde durch gesunden Mutterboden, auf dem tiefer Mulch ausgebracht wird, wodurch man mindestens die vorherige Bodentiefe erzielt.

Falls Sie danach noch immer besorgt über mögliche Bleirückstände sind, gibt es viele Optionen. Man kann in diesen Bereichen auf Nahrungspflanzen verzichten. Aber wenn diese Stellen zu den einzigen verfügbaren Flächen zur Nahrungsmittelproduktion gehören, kann man zur weiteren Bodenreinigung Pflanzen einsetzen, die speziell Blei aufnehmen (siehe die Liste in Tabelle 6-2). Pilze wie Austernpilze *(Pleurotus ostreatus)* nehmen Schwermetalle auf, man kann sie also auch im Mulch wachsen lassen. Austernpilz-Anzuchtpakete kann man im Internet oder bei vielen Baumärkten kaufen. Das Pilzmycel kann dann direkt in einen Mulch aus frischen, feuchten Sägespänen geimpft werden. Die daraus wachsenden Pflanzen und Pilze sind bleiverseucht und müssen entsprechend der Vorschriften Ihrer Stadt entsorgt werden. Testen Sie nun die Erde erneut.

Der Pilzguru Paul Stamets besitzt Forschungsergebnisse, die zeigen, dass Pilze ausgezeichnet Metalle und erdölhaltige Schadstoffe aus dem Boden ziehen. In seinem aufschlussreichen Buch, *Mycelium Running*, beweist Paul, dass Pilze Erdölprodukte und andere Giftstoffe aus der Erde entfernen, die Fruchtbarkeit erhöhen und die Wasserrückhaltefähigkeit des Bodens verbessern können. Pilze füllen eine wesentliche und vernachlässigte Nische im städtischen Garten. Diese können Mulch und unterirdisches organisches Material zu dem verweben, was Stamets »das Natur-Internet« nennt. Sie bewegen Nährstoffe, Wasser, Antibiotika und andere Wirkstoffe von Stellen, an denen sie reichlich vorhanden sind, dorthin wo sie benötigt werden und knapp sind. Ein weiterer Vorteil von Pilzen ist die Tatsache, dass nach Verschwinden der Giftigkeit viele Reiniger-Pilze essbare Leckereien sind und daher auch als Nahrung angebaut werden können. Die starke Kombination aus organischer Substanz, Pilzfülle und Speicherpflanzen kann ungesunde Böden in der Stadt schnell in saubere Bastionen der Fruchtbarkeit verwandeln.

Die meisten anderen Probleme mit Bodenrändern lassen sich ebenso lösen oder zumindest verringern, indem man organisches Material hinzufügt, als Kompost, Mulch oder Bodendecker. Organische Substanz puffert pH-Probleme, stellt die Nährstoffbalance wieder her, macht lehmige Erde leichter, hilft sandigen und schlammigen Böden, Feuchtigkeit und Nährstoffe zu halten, lockert und belüftet verdichtete Erde, und ich glaube, sie kann sogar mit einem Satz hohe Gebäude erklimmen.

Windige Ecken. Die durchschnittlichen Windgeschwindigkeiten in Städten sind geringer als auf dem Land, weil die Skyline als immenser Windschutz agiert. Doch paradoxerweise findet man in Städten mehr Luftturbulenz und Windgeschwindigkeitsextreme. Das liegt daran, dass der Windschutz nicht gerade gut geplant ist. Die Gebäude variieren enorm im Hinblick auf Höhe, Abstand und Masse, was aufgewühlte Luft zur Folge hat. Ein Resultat davon ist der so genannte *Venturi-Effekt:* Wind wird zwischen Gebäuden »zusammengepresst« und beschleunigt, was fast dauernd für Böen kalter oder trockener Luft sorgt. Sie kann die Erde und Pflanzen kühlen und austrocknen. Doch um die Ecke von diesen heulenden, trocknenden Böen könnte die Windblockade desselben Gebäudes ein heißes, stilles Mikroklima schaffen.

Hier ist Vegetation zumeist eine Lösung. Bäume und Büsche beruhigen die Luft in turbulenten Zonen und bieten Schatten in sonnenversengten Mikroklimaten. Wo der Venturi-Effekt fast ständig stürmische Stellen schafft, mögen Reihen immergrüner Gewächse notwendig sein, um die Winde abzumildern. Aber fast überall sonst verringern Sträucher und kleine Bäume, durch Lücken getrennt, die von der Breite in etwa ihren ausgewachsenen Baumkronen entsprechen, diese turbulenten Winde.

In Städten sind also die Randzonen jeder Art extrem: Sie sind abrupt, enorm kontrastierend und umfassen häufig eine breitere Palette an Bedingungen als in weniger bebauten Gegenden. Die Aufgabe des ökologischen Designs in Städten besteht somit oftmals darin, die Härte dieser scharfen Kanten abzumildern.

Wenig Platz in der Großstadt

Da so viele Menschen in den Städten um Platz konkurrieren, sind die städtischen Grundstückspreise in die Stratosphäre geschossen, daher sind Gärten für diejenigen, die das Glück haben, einen zu haben, klein. Einfach genug Land für einen Garten zu erwerben, ist für viele Städter eine Herausforderung. Die Tatsache, dass Land in den Städten so begehrt ist, legt zwei große Strategien für Gärtner nahe, die beide viele Optionen bieten. Ein Ansatz besteht darin, das verfügbare Land durch platzsparende Gartentechniken so effizient wie möglich zu nutzen. Der zweite Ansatz besteht darin, mehr Land zum Gärtnern zu finden. Wir erkunden beide Möglichkeiten.

Das meiste aus dem Platz herausholen

Platzmangel ist für Gärtner kein neues Problem, daher haben sich schon viele Gartenautoren und Denker über die Frage den Kopf zerbrochen, wie man aus wenig mehr machen kann. Es gibt viele Strategien, wie man auf kleinem Raum anbaut. Eine permakulturelle Beurteilung dieser Strategien führt uns auf zwei mögliche Entwurfswege. Wir haben die Wahl, den Raum besser zu nutzen und/oder mehr aus der verfügbaren Zeit herauszuholen. Was den Raum betrifft, so haben wir Techniken, mehr Pflanzen in eine horizontale Fläche zu packen, und Möglichkeiten, mehr vertikal zu stapeln. Aber wie lassen sich unsere Zeitoptionen erweitern? Zum einen können wir die Pflanzsaison verlängern, indem wir unsere Pflanzen vor Kälte- und Hitzeextremen schützen, und Pflanzen wählen, die imstande sind, das weniger freundliche Ende der Pflanzsaison besser zu ertragen. Wir können zum anderen Wege finden, um unsere eigene Zeit effizienter zu nutzen. In Kombination bringen diese vielgestaltigen Strategien eine Menge Alternativen. Hier sind einige davon.

Horizontale Packtechniken

1. *Schlüssellochbeete.* In Kapitel 3 und anderswo habe ich dieses platzsparende Gartenbeetmuster beschrieben. Es ist perfekt für Stadtgärten, da es den Platz für Wege minimiert und den Anpflanzbereich maximiert. Eine Strategie ist, diese einzelne Form zum Anbau von Pflanzengruppen mit ähnlichen Funktionen zu nutzen. Ein Schlüssellochbeet könnte für Kräuter und Salatgemüse dienen, ein anderes zur Produktion von Gemüse zum Einmachen, ein drittes für Beeren und mehrjährige Nahrungspflanzen. Wer Polykulturen mag, kann auch all diese Pflanzenarten zusammen mit Insekten anlockenden Blumen sowie bodenbildendem Mulch und Nährstoff produzierenden Arten in einem oder mehreren Beeten kombinieren. Um solch einer komplexen Polykultur Ordnung zu verleihen, platziert man die am häufigsten genutzten Pflanzen, wie Blattgemüse und Kräuter, ganz nah am Weg und weniger oft geerntete Sorten, wie Bohnen, Zwiebeln, Paprika und Früchte zum Einlagern, weiter hinten. Bodenbildende, Insektarium- und Lebensraumpflanzen kann man entlang der Außenränder oder in den Übergängen zwischen den Beeten pflanzen.

2. *Mischpflanzung und Polykulturen.* Kapitel 8 hat die Mischpflanzung beschrieben, eine Technik, um mehrere Pflanzenarten, die physisch gut zusammenpassen, an einem Platz zu kombinieren. Ein Beispiel einer platzeffizienten Mischpflanzung Einjähriger sind Karotten, Zwiebeln und Kopfsalat. Ein weiteres sind Buschbohnen und Kopfsalat. Rettiche und junges Salatgrün können zwischen anderen Pflanzen ergänzt werden, um den Ertrag zu steigern und nackte Stellen zu füllen. Ein vergriffenes Buch von Marjorie Hunt, *High-Yield Gardening,* nennt noch viele weitere Strategien für Mischpflanzung.

   Die dichten, von Ianto Evans und der Jajarkot-Permakultur entwickelten Polykulturen, die auch in Kapitel 8 beschrieben sind, eignen sich ideal für kleine Gärten. Mein Stadtgarten enthält mehrjährige Polykulturen aus Echtem Meerkohl und Blattkohl, darunter wachsen Erdbeeren und Himalaya-Himbeeren, mit Schnittlauch, Petersilie und Garten-Sauerampfer dazwischen. Selbst aussäende Rauke und Mangold haben alle übrigen leeren Stellen besetzt, und diese ernte ich jung, wenn die Blätter noch weich und mild sind.
3. *Quadratmeter-Gärten.* Mel Bartholomews beliebtes Buch, *Square Foot Gardening,* bietet einen sehr dichten Ansatz, der optimal für Stadtgärten ist, selbst solche, die auf Balkone und Dachgärten begrenzt sind. Doch seine empfohlene Erdmischung enthält Vermiculit und Torfmoos – zwei Bestandteile, die sehr viel fossile Brennstoffe verbrauchen – und er konzentriert sich auf Einjährige. Ich habe seine Methode in meinem eigenen Garten modifiziert, um die erdölintensiven Einträge zu vermindern, indem ich gut durchgearbeitete heimische Erde und selbstgemachten Kompost einsetze, und in meinen Beeten stehen viele mehrjährige Blatt- und andere Gemüse. Die Essenz dieser Technik – bei dem ein Hochbeet in etwa einen Quadratmeter große Stücke unterteilt und separat bepflanzt wird – ist ein effizienter Ansatz zur intensiven Gartenpflege, der für leicht zwanghafte Städter mit einem Hang zur Organisation attraktiv sein mag.

   Meine eigenen Experimente mit Mels städtischen Quadratmeterbeeten sind in Gartenzone 1 vielversprechend. Die hohen Erträge entsprechen den hohen Einsätzen (Holz für die Beetwände, eine Menge Kompost und optional Vermiculit und Torfmoos), daher habe ich Vorbehalte über den recht großen ökologischen Fußabdruck dieser Methode. Doch in vielen Städten sind organisches Material und gebrauchtes Bauholz recht leicht zu beschaffen und solange das den Tatsachen entspricht, beruhigt der Einsatz sonst oft verschwendeter Ressourcen mein schlechtes Gewissen über diese eintragsintensive Methode. Das Quadratmeter-Gärtnern holt aus einer winzigen Fläche ein Maximum an Ertrag heraus.
4. *Biointensives Gärtnern.* Diese Methode, die sich weit über ihre Anfänge in den für den Pariser Gemüseanbau konzipierten, intensiven Techniken hinaus entwickelt hat, wird im praktischen Buch von John Jeavons, *How to Grow More Vegetables,* ausführlich behandelt. Sie stützt sich auf tiefes Rigolen und die regelmäßige Zugabe von Kompost, um lockeren, nährstoffreichen Boden zu erhalten und liefert höchste Erträge. John und sein Team

sind Datenfanatiker und haben Zahlen über Pflanzdichte, Saatanforderungen, Ertrag pro Quadratmeter und vieles mehr zusammengetragen. Wer die Energie hat, große Erdmengen umzugraben, für den ist es eine zweckmäßige Technik für Zone 1, wo intensive Pflege die Norm ist. Jeavons empfiehlt, alle Beete zu rigolen, sobald eine neue Feldfrucht gepflanzt wird, aber ich kenne viele, mich eingeschlossen, die diese anstrengende Aufgabe nur alle paar Jahre auf sich nehmen oder wenn die Erträge nachzulassen scheinen. Falls die Beete mehrjährige Pflanzen enthalten, ist Rigolen außerdem fast unmöglich. Nach dem ersten Rigolen, wenn ich das Beet anfangs vorbereite, gebe ich stattdessen in den folgenden Saisonen Kompost und andere Zugaben auf die Oberfläche und arbeite sie in die Erde ein.

Anders als die meisten Autoren von Büchern über Techniken mit hoher Pflanzendichte legt John genau Rechenschaft über die eingesetzten Materialien ab. Er berechnet, wie viel von einem Garten zur Kompostierung von Feldfrüchten verwendet werden sollte, da eine echte Ertragsberechnung das Land enthalten muss, das zur Düngererzeugung für die Pflanzen nötig ist. John hat ermittelt, dass die notwendigen Kompostkulturen drei- bis viermal so viel Land benötigen wie die Produktionsbeete. Diese Erkenntnis verdeutlicht die hohen ökologischen Folgen des hochgradig dichten Gemüsegärtnerns. Das heißt nicht, dass Sie all Ihre eigenen Kompostpflanzen anbauen müssen, aber dass diese Rohstoffe Teil des ökologischen Fußabdrucks eines jeden Gartens sind. Irgendwo wird Land genutzt, um Ihren Dünger zu produzieren und die Leute, die das tun, teilen nicht unbedingt Ihre hohen ökologischen Standards. Doch eine Alternative für Städter, die nicht wertvolle Gartenfläche für Kompostpflanzen opfern wollen, besteht in der Nutzung urbaner Abfallströme. Wie gesagt gibt es organische Substanz in Ballungszentren oft im Überfluss. Leitet man also Kompostmaterial vor der Deponie auf einen produktiven Garten um, verringert dies die Auswirkung Ihres Gartens und so die der Mülldeponien und ihre aufgewendete Energie.

Jeavons' biointensive Methode umfasst insbesondere Obstbäume, Beerensträucher, Blumen und Kompostpflanzen, somit wurde die Technik bereits für eine breite Palette an mehr- und einjährigen Pflanzen konzipiert, die viele Funktionen erfüllen. Das passt gut zu urbanen Permakultur-Strategien.

Alle vier Ansätze zum hochgradig dichten Gärtnern oder eine Mischung davon können Produktivität und Artenreichtum in die Landschaft eines ökologischen Gärtners bringen. Ihr Fokus auf hohe Erträge in kleinen Räumen macht sie ideal für Stadtgärten.

Vertikale Stapeltechniken

Ich erwähnte bereits, wie die Ausweitung von Pflanzen in die dritte Dimension neue Nischen und Möglichkeiten für mehr Vielfalt und Komplexität, reichhaltigere Nahrungsnetzwerke und Schönheit eröffnet. Natürliche Ökosysteme sind fast immer dicht gestapelt und geschichtet. Durch Nachahmung dieser Qualität der Wildlandschaft können wir unsere Gärten dazu bringen, dass sie sich mehr wie die Natur verhalten und gleichzeitig unser begrenztes Land am besten ausnutzen. Folgende Techniken helfen dabei.

Der gestapelte Nahrungswald. Kapitel 10 hat Wege beschrieben, wie man bis zu sieben Ebenen von Pflanzen in der Vertikale anordnet: große und kleine Bäume, Sträucher, Kräuter, Bodendecker, Wurzelgemüse und Ranken. Paul Stamets, der vorher erwähnte Pilzexperte, hält uns dazu an, eine achte

Schicht hinzuzufügen, essbare Pilze. Mit sieben oder acht Schichten, die dicht gestapelt sind, Nahrung produzieren, Lebensraum bieten, Fruchtbarkeit erhöhen und auch sonst vielfältig funktionieren, wird es uns schwerfallen, eine vertikal effizientere Art zu finden, einen ökologischen Garten zu kreieren. In kleineren Stadtgärten muss man die Schicht mit hohen Bäumen vielleicht weglassen oder mit einem Halbzwerg- oder natürlich kleinen Obstbaum verkleinern. Dadurch schrumpft die Schicht kleiner Bäume. Aber zum Glück sind dank der Züchter mittlerweile eine Vielzahl an Halbzwerg-, Zwerg- und Mini-Zwergbäumen erhältlich, also hat man eine ordentliche Auswahl.

Bäume wie Birnen und Pflaumen, die früher nur mit größeren Proportionen verfügbar waren, gibt es nun auch in zierlichem Wuchs. Quittenunterlagen werden seit langem für Zwergbirnenbäume verwendet, sind aber für ihre häufigen Veredelungsausfälle bekannt, da die beiden Arten nicht immer kompatibel sind. Nun gibt es auf dem Markt eine Reihe von Zwergbirnenwurzelstöcken, wie z.B. Pyrodwarf, Pyro 2-33 und BP1. Für Pflaumen und anderes Steinobst sind Pixy, Krymsk #1 und Mariana 26-24 ein paar Zwergunterlagen. Da es sehr viele Zwerg-Apfelsorten gibt und die meisten anderen Obstbäume wie Kakis, Nashi-Birnen, Pfirsiche und Aprikosen von Natur aus klein sind, haben wir eine fast vollständige Auswahl an zierlichen Obstbäumen für den urbanen Garten. Nussbäume sind eher eine Herausforderung, weil die meisten von ihnen groß werden. Wal- und Pekannussbäume, die klein sind und leckere Nüsse tragen, sind nicht überall erhältlich. Eine Kreuzung aus Pekannuss und Hickory, die Hican genannt wird, ist kleiner (bis 7,5 m) und kältetoleranter (bis USDA-Zone 4) als die Pekannuss selbst. Haselnüsse bilden einen hohen Busch, der in eine baumartige Form geschnitten werden kannm und es gibt auch Varianten der Haselnuss wie die Baumhaseln, die sich zu zierlichen Bäumen entwickeln. Pinienkerne bekommt man auch von der Japanischen Zwerg-Kiefer, die nur 3 m in die Höhe wächst. Somit ist unsere Auswahl an Nahrung produzierenden Bäumen mit städtetauglichem Maßstab breit genug, damit wir experimentieren können.

Urbane Gilden. Die Gilden in Städten müssen häufig ebenfalls um kleinere zentrale Elemente angeordnet werden. Auch hier bietet sich ein Zwergbaum an, und wenn man einen Busch oder eine hohe krautige Pflanze als Gildenmitte einsetzt, kann man den räumlichen Fußabdruck verkleinern und die vertikale Dichte erhalten. Die drei (vier oder fünf) Schwestern bieten eine Inspiration. Bei dieser Kombination werden eine zentrale Getreidepflanze, eine kletternde, stickstoffbindende Bohne, ein Unkraut erstickender Kürbis und vielleicht einige Insekten anziehende Nahrungsmittelproduzenten zu einem platzsparenden Muster gestapelt, das dank der vielfältigen Interaktionen zwischen seinen Mitgliedsarten noch enger miteinander verbunden ist.

Urbane Gilden umfassen oft weniger Arten als ihre Gegenstücke in ausgedehnten großen Gärten. Auf meinem Grundstück in Portland habe ich mit zwei Gilden kleinerer Bäume experimentiert. Die eine enthält einen Kakibaum, bei dem ich einen Stickstoff fixierenden gelben Blasenstrauch ins gleiche Loch gepflanzt habe. Ich beschneide den dynamischen Stickstoffbinder zwei- oder dreimal pro Saison und die Kaki scheint durch die regelmäßigen Stickstoff- und Mulchgaben der so gewonnenen zarten Äste gut zu gedeihen. Die Kaki steht in einer engen Nische an einem Zaun und neben einer kleinen Sauna, es ist also kaum Platz für etwas anderes. Aber ich habe ein paar Dutzend Narzissenzwiebeln um den Stamm gesetzt und den kleinen Platz mit essbaren Taglilien und einem mehrjährigen Zwiebelverwandten bepflanzt, dem Waldknoblauch *(Allium tricoccum)*. Die

Gilde könnte noch mehr Pflanzen vertragen, sobald die Sauna fertig gebaut ist, und ich werde die Lücken mit ein paar Insektarium-Pflanzen und einigen mehrjährigen Blattgemüsepflanzen füllen.

Die zweite Gilde basiert auf einem Pfirsichbaum. Unter dem Pfirsich steht eine Essbare Ölweide, die in Kapitel 6 als stickstoffbindender Busch mit essbaren Beeren beschrieben wurde. Unter dem Pfirsich befinden sich außerdem ein Geißblattbusch, ein Echter Meerkohl mit essbaren Blättern und Sprossen, eine Reihe Purpur blühender Ehrenpreis-Pflanzen (*Veronica spicata*), um Insekten anzulocken und als Bodendecker eine Himalaya-Wildhimbeere. Ich habe den Pfirsich in eine offene Form geschnitten, damit ausreichend Licht auf die Pflanzen darunter fällt.

Spalier-, Spindel- und verwandte Schnitt-Techniken. Seit langem schneidet man Obstbäume auf engem Raum in Formen wie *Spalier,* wo die Äste horizontal auf einer einzigen, flachen Ebene wachsen, *Spindel,* bei dem ein einzelner Stamm in einem Winkel von 45 bis 60 Grad gepflanzt und bis auf kurze Seitentriebe oder Fruchtspieße zurückgeschnitten wird und *Fächerspalier* oder *Südtiroler Palmette,* für kräftige Bäume wie Pfirsiche und Pflaumen, wo die Äste so geschnitten werden, dass sie wie ein Fächer um den kurzen Stamm stehen. Sensible, doch ironische New-Age-Typen nennen diese strengen Schnitt-Techniken manchmal »Hortitortur«. Doch sie sind ideal, um kleinräumig immens viele Früchte unterschiedlicher Sorten zu produzieren. Mein Spalier-Apfelbaum mit verschiedenen Sorten dient zudem als Barriere, um unseren Hund von einem Hochbeet fernzuhalten. Unter das Spalier habe ich Blattgemüse und Kräuter gepflanzt. Kopfsalate und andere Grüngemüse der kalten Jahreszeit genießen den Schatten des Apfels in der Sommerhitze. Spalier- und ähnliche Methoden erfordern einen regelmäßigen Schnitt und Aufmerksamkeit, um die Form zu bewahren, aber sie belohnen diese Arbeit durch hohe Produktivität. Die erforderliche, gleichmäßige Pflege und Beobachtung ist nicht schwer, wenn die Bäume sich in Zone 1 eines kleinen Gartens befinden.

Spaliere und andere Stapeltaktiken. Lauben, Spaliere, Zäune, Mauern, Hängeampeln, Pfähle, Tipigerüste, hängende Netze, Baumstämme und fast jede andere vertikale Oberfläche kann dazu dienen, Pflanzen nach oben (oder unten zu lenken) und so Platz zu sparen. Offensichtlich sollte man jede kletternde Mehrjährige wie Weintraube, Jasmin, Glyzinie oder Kiwi sowie einjährige Pflanzen wie Bohnen und Erbsen in die Luft verfrachten, damit sie weniger Platz wegnehmen. Aber ich sehe eine erstaunliche Anzahl anderer Pflanzen, die sich über wertvolle Bodenflächen ausbreiten, wenn man sie auch nach oben stapeln könnte. Winterkürbis, Melonen und Gurken lässt man häufig umherschweifen, obwohl es ihre natürliche Neigung ist, zu klettern. Manche Leute machen aus alten Netzen und Strumpfhosen Säcke für die Früchte, weil sie glauben, die Kürbisse usw. würden herunterfallen, wenn man sie nicht stützt. Ich habe aufgehört, Schlingen zu machen, nachdem ein Riesenkürbis unbemerkt einen Fliederbusch erklomm und ehe ich mich versah, hing ein nicht abgestützter 13,5-kg-Kürbis von einem gebogenen Ast. Ich schloss daraus, dass die Natur auch ohne meine Hilfe widerstandsfähige Aufhänger bauen kann, und seither hängen unsere Melonen, Gurken und Kürbisse erfolgreich selbstständig.

Auch Pflanzen, die auf den ersten Blick nicht zum Klettern neigen, kann man in die vertikale Dimension bringen. Unentschlossene Tomaten lassen sich an einer einzelnen Schnur empor locken, falls die Seitentriebe entsprechend gekürzt werden. Ich habe Zucchini gesehen, normalerweise ein schlaffes Gewächs, die sorgfältig angeleitet wurden. Bei der Pflege von Kletterpflanzen ist es wichtig, sie dort zu pflanzen, wo man sie sieht, in Zone 1 oder am Anfang von Zone 2, und alle paar Tage etwas Zeit mit dem Anleiten zu verbringen, statt einmal im Monat panikartig zu beschneiden, nachdem sich die Pflanzenform schon falsch etabliert hat.

Fast jeder Garten lässt sich stapeln. Gerundete Bereiche wie Schlüssellochbeete kann man durch ein flexibles Spalier aus Stahlbetonplatten oder festem Maschendraht einfassen. Rechteckige Hochbeete können Spaliere entlang ihrer nördlichen Ränder bekommen, wo sie andere Pflanzen nicht beschatten. Tipi-Rahmen lassen sich über kleine Hügel und unebene Stellen aufstellen. Und Stangen bringt man überall unter.

Wenn die Sonne tiefer steht, klettern Bohnen und Kürbisse am Terrassengeländer empor und ein Spalier darüber schützt uns vor den schrägen, doch noch heißen Strahlen. Diese Schicht einjähriger Ranken bildet auch einen perfekten Sichtschutz und verwandelt die Terrasse in ein privates Zimmer mit lebenden Wänden und Dach. Wie viele Funktionen können wir schaffen, indem wir Pflanzen in die Vertikale stapeln? Schatten, Kühlung, Privatsphäre, höhere und abwechslungsreichere Erträge, eine natürliche Umgebung, optische Aufwertung, Abschirmung einer hässlichen Aussicht, Haustierbarriere, Windschutz – und ich habe sicher ein paar übersehen.

Beispiele einer sehr dichten Schnitt-Technik für kleine Gärten, wodurch viele Obstbaum-Sorten auf engem Raum oder entlang von Mauern und Zäunen wachsen können.

Gärten zeitlich ausdehnen

Auch Stapeltaktiken selbst kann man stapeln, z. B. indem man Pflanzkörbe an den Rändern einer Laube aufhängt oder Zuckererbsen, Mashua oder eine andere kurze Ranke einen Zaun hochleitet, während man eine Weinrebe horizontal an Stützen an der Oberseite des Zauns entlang leitet. Idealerweise sollten die Gewächse darunter austreiben, ehe die spät knospende Weinrebe ihren Schatten wirft, so wie in einem Wald die Unter- und Krautschicht vor dem Kronendach grün wird.

Die meisten dieser vertikalen Hilfsmittel haben noch andere Funktionen. Eine blattreiche Laube oder ein Spalier liefert an heißen Tagen kühlen Schatten. Unsere nach Westen liegende Terrasse wäre ansonsten an Sommernachmittagen nicht zu ertragen, aber eine Glyzinie darüber blockiert die Sonne bis zum Nachmittag.

Zwerg-Apfelbäume wachsen in Asheville, North Carolina in einer Spaliervariation, die man als Belgischen Zaun bezeichnet, im Garten von Will Hooker, Professor für Landschaftsgestaltung an der North Carolina State University. Diese sehr dichte Technik ermöglicht, dass mehrere Sorten von Obstbäumen eine enorme Obstmenge auf engstem Raum produzieren. FOTO VON WILL HOOKER.

Um den begrenzten Gartenraum in den Städten besser nutzen zu können, müssen wir die Wachstumsperiode so gut wie möglich nutzen. Wenn wir die gartenfreundliche Saison um einige Wochen verlängern und in der bestehenden Saison mehr anbauen, bringt uns das dieselben Vorteile, wie wenn wir mehr Platz hätten: größere Ernten, mehr Biodiversität, reichhaltigen Lebensraum usw. Strategien zur besseren Zeitausnutzung fallen in zwei Kategorien. Die erste umfasst zeit- und arbeitssparende Tricks, die zweite Möglichkeiten, Mikroklimate zu schaffen, die die Wachstumssaison verlängern oder es ermöglichen, Pflanzen von außerhalb unserer Klimazone anzubauen.

Im Garten Zeit sparen

Bei einem Großteil dieses Buches und der Permakultur an sich geht es letztlich darum, Zeit und Arbeit effizient zu nutzen. Das ist eine Möglichkeit, viele der Gestaltungstechniken auf diesen Seiten zu betrachten. Das Permakulturkonzept der Zonen sagt uns, wie man die Pflanzen, Außenanlagen und andere Elemente in unserem Design in Beziehungen anordnet, die uns die geringste Zeit und Mühe für ihre Pflege kosten. Was wir am meisten nutzen oder was unsere größte Aufmerksamkeit benötigt, sollte am nächsten platziert werden, das spart Mühe.

Setzt man die Sektoren im Sinne der Permakultur ebenso ein, spart man Zeit, da man Bedingungen wie Schatten oder ruhige Luft schafft, wodurch man weniger gießen oder darauf warten muss, dass die Terrasse abkühlt, damit wir uns dort erholen können. Und die Strategie, die Bedürfnisse aufeinander abzustimmen, um Erträge zu erzielen, setzt die Teile einer Landschaft in Beziehung zueinander, um mehr für sich selbst zu sorgen. Wir müssen nicht düngen, sprühen, mulchen oder gießen, falls diese Aufgaben automatisch durch gutes Design erfüllt werden. Auch Gilden sparen so Zeit, da sie Pflanzen miteinander verbinden, die sich gegenseitig unterstützen. Ein Überblick über die Strategien und Techniken in diesem Buch zeigt, dass fast alle im Grunde darauf abzielen, weniger Zeit beim Jäten und mehr in der Hängematte zu verbringen. Ich rede also nicht weiter über zeitsparende Techniken – denn sie füllen schon einen guten Teil dieses Buches.

Die Zeit durch Mikroklimate ausdehnen

Wir können die Zeit auch ausdehnen, indem wir die Länge der Vegetationsperiode verlängern. Dies erweitert die Palette an Pflanzen, die wir anbauen können, denn wir können Arten kultivieren, die gewöhnlich in wärmeren oder kühleren Klimazonen als unserer zu finden sind. Beides kann erzielt werden, wenn man die richtigen Mikroklimate für Pflanzen herstellt. Ein Mikroklimamanagement bietet auch einige Nebeneffekte, weil die Bedingungen, die die meisten Pflanzen bevorzugen, auf »nicht zu heiß oder kalt, nass oder trocken« hinauslaufen, und das sind auch die Bedingungen, die wir mögen. Zudem können angenehme Mikroklimate das Bedürfnis verringern, unsere Häuser zu heizen oder zu kühlen und sie ansonsten vor rauem Wetter schützen.

Über Mikroklimate habe ich in Kapitel 6 gesprochen, jetzt betrachten wir das Ganze aus urbaner Sicht. Da Stadtgärten so klein sind, können unsere Bemühungen oft das Klima des gesamten Grundstücks verbessern – das »Makro-Mikroklima«, wenn man so will. In warmen Landesteilen bedeutet dies, kühlere Bedingungen im Großteil des Gartens schaffen. In nördlichen Regionen wünschen wir uns eine Landschaft, die im Frühling schneller warm wird und die Wärme bis in den Spätherbst und darüber hinaus bewahrt. An Orten mit wilden saisonalen Schwankungen, wie in der Hochwüste, besteht die Herausforderung darin, die Höchsttemperaturen im Sommer abzukühlen, ohne die bitteren Tiefstwerte im Winter zu verschlimmern. Mit anderen Worten geht es beim Mikroklima darum, die richtige Wirkung zu erzielen: nicht zu viel von irgendetwas – genau richtig.

Wir erzeugen dieses glückliche Mittelmaß, indem wir die Extreme der Stadt abmildern. In kleinen städtischen Räumen kann ein scheinbar bescheidener Bereich, der eine harte Wirkung erzeugt, das gesamte Gelände unangenehm machen. Eine glühende Südwand, eine asphaltierte Einfahrt oder eine schattige und luftige Ecke können ihre Wirkung mehrere Meter weit entfalten – zu viel für uns und unsere Pflanzen, wenn der hintere Garten selbst nur so weit geht. Mit diesen Plätzen muss man anfangen. Sobald die Schwankungen an diesen Stellen mit großem Einfluss abgeschwächt sind, kann man kleinere Klimazonen ausfindig machen, sie verbessern und selbst einzelnen Pflanzen helfen. Fangen Sie also erst einmal an zu beobachten. Vielleicht sind die extremen Orte im Garten bereits deutlich, wie diese breite, schwarze Einfahrt, wodurch die Pflanzen auf beiden Seiten im Sommer verbrennen. Falls Sie nicht wissen, wo die extremen Klimabereiche Ihres Grundstücks liegen, spazieren Sie hindurch, wenn die Bedingungen in die Richtung dessen gehen, was Sie vermeiden wollen. Mit anderen Worten, wo Hitze der Feind ist, laufen Sie an einem warmen, sonnigen Tag umher und finden Sie die unangenehm heißen Stellen, aber nicht am heißesten Tag des Jahres, wenn die Hitze so unerträglich ist, dass Sie nicht spüren, wo heißere Stellen sind. Wenn Kälte das Problem ist, bietet sich ein Morgen nach leichtem Frost an, um die Problemzonen zu ermitteln. Finden Sie heraus, wo sich der Frost am längsten hält, wenn es tagsüber wärmer wird. Das sind potenzielle Kältezonen, die Sie ändern sollten.

Warme Mikroklimate herstellen

Bei einer langen oder rauen, kalten Jahreszeit ist es im kleinen Garten essenziell, Wärme aufzufangen und zu speichern. Erinnern Sie sich zunächst daran, dass in Mikroklimazonen die Wärme prinzipiell auf zwei Arten bewegt wird: durch Abstrahlung von einem wärmeren zu einem kühleren Bereich und durch Luftvermischung. Um ein Grundstück zu erwärmen, sollte man die Wärme einfangen, wenn sie hereinkommt, verhindern, dass sie abstrahlt, und Brisen verhindern, die sie davontragen.

Gewöhnlich kommt Wärme von der Sonne. Wir beginnen daher damit, permanente oder saisonale sonnige Öffnungen zu schaffen. Beobachten Sie, wohin der Schatten im Hof fällt und wie er sich im Laufe des Jahres verändert. Rückschnitt von großer Höhe, Schneiden auf eine offene Form und Zurückschneiden der Bäume lässt mehr Licht herein. Eine andere Strategie besteht darin, sommergrüne Pflanzen mit jahreszeitlich kahlen Ästen zu bevorzugen, die der Wintersonne erlauben, den kalten Boden zu erwärmen. Wir müssen deshalb nicht auf immergrüne Gewächse verzichten, doch sollte man sie so platzieren, dass ihr kühlender Schatten kein Problem darstellt, z.B. auf der Nordseite eines Gartens. (Sie beschatten dann aber vielleicht den Garten oder das Haus Ihres Nachbarn auf der Seite, was auch zu berücksichtigen ist.)

Jetzt müssen wir das Sonnenlicht speichern, das hereingeflossen ist. Selbst unter Bäumen erreicht die Sonne die Ost-, Süd- und Westseite zu einer bestimmten Tages- oder Jahreszeit. Sonnenliebende Pflanzen können an diesen Stellen untergebracht werden und dort ist es häufig wärmer als im Freien. Denn die Pflanzen und der Boden um sie herum fangen die Sonnenwärme tagsüber ein und geben sie nachts ab. Unter Ästen und Blättern kann diese Wärme nicht so rasch entkommen wie im Freien, wird wieder nach unten abgestrahlt oder vom Baum absorbiert, dann erneut abgegeben und wärmt alles, was in der Nähe ist. Die Süd- und Westseite jedes Gegenstands ist gewöhnlich wärmer als die Ostseite, also wird dort Wärme am besten gespeichert.

Sobald die sonnigen Stellen geschaffen oder verbessert wurden, muss man diese Hitze auffangen und speichern. Hier ist die Antwort Wärmemasse, d.h. dichte Objekte wie Stein und Beton, die nicht schnell abkühlen, wenn sie einmal warm sind. Wir alle kennen es, wenn nach einem sonnigen Tag eine Ziegel- oder Steinmauer noch bis abends länger warm bleibt als ein leichtes Geländer aus Metall. Da die Mauer dichter ist, kann sie mehr Hitze speichern. Daher sind Steinterrassen und Mauern an sonnigen Stellen gut, um warme Mikroklimate zu schaffen, da sie die Tageshitze speichern und nachts langsam abgeben. In Städten kann man Terrassen aus Betonstücken bauen, da sie in der Stadt häufig zum Einsatz kommen und als »Urbanit« bezeichnet werden.

Wenn man Urbanit gleichmäßig breit verlegt und Pflanzen darüber wachsen, ist er von echtem Stein kaum zu unterscheiden und lässt sich auch mit Eisenoxid oder anderen natürlichen Pigmenten einfärben, um ihn natürlicher aussehen zu lassen. Viele Designkunden, die skeptisch sind, ob man Urbanit attraktiv einsetzen kann, stellen schnell fest, dass er bei sauberer Verlegung ein natürlicher Bestandteil der Landschaft wird, selbst wenn sie sehr formell ist.

Nachdem wir nun Strahlungswärme mithilfe von Wärmemasse eingefangen und gespeichert haben, kümmern wir uns um den anderen Faktor bei der Bildung eines Mikroklimas: Luftvermischung. Ein Gewächshaus erwärmt sich, weil die Energie des Sonnenlichts in der Struktur in Wärme umgewandelt wird, aber es bleibt warm, weil drinnen keine Brise weht, die diese Wärme davonträgt. Um also einen kühlen Platz zu wärmen, muss man den Wind verlangsamen oder davon abhalten, unsere Wärme zu stehlen. Großflächige Strategien dafür sind Zäune und Mauern, dichte Anpflanzungen von Bäumen und Büschen, umschlossene Höfe und Gärten und generell die Gestaltung von gemütlichen, eingefassten Bereichen, die Licht hereinlassen, aber keinen Wind. In kleinerem Maßstab kann man Frühbeete, Glasglocken (kleine Gehäuse aus Glas oder transparentem Plastik) und Beetabdeckungen aus Gewebe unterschiedlicher Hersteller nutzen.

Auch diese Art der intensiven Bewirtschaftung, die bei einem großen Grundstück potenziell überwältigt, ist in der Intimität eines Stadtgartens gut machbar. Einzelheiten über den Bau großer und kleiner Wärmeschutzvorrichtungen sowie eine klare Erklärung der Strategien zum Gärtnern bis in die kalten Jahreszeiten hinein finden sich in Eliot Colemans Buch, *Four-Season Harvest*. Coleman lebt in Maine, aber baut ganzjährig Gemüse an. Für

Techniker und Bastler gibt es ein weiteres hervorragendes Buch über Techniken und Strukturen zum Einfangen der Sonne, *Solar Gardening* von Leandre und Gretchen Poisson. Die Poissons sind tief in die von ihnen als »solare Architektur« bezeichnete Materie eingestiegen und haben einige Vorrichtungen, wie Solarkegel und -gehäuse entwickelt, womit man die Vegetationsperiode durch Frost und darüber hinaus verlängern kann.

Kühle Mikroklimate schaffen

Wenn die Strategie zur Förderung eines warmen Mikroklimas darin besteht, Wärme einzufangen und zu speichern, wollen wir in heißen Regionen genau das Gegenteil tun. Hier vermeiden wir Wärmeaufbau, nutzen die Luftvermischung, um Hitze abzuleiten, und schätzen und verstärken kühle Orte und Zeiten. In heißen Klimazonen sind Schatten und Brise Ihre Freunde. Lauben, Dachüberhänge und die Kronen großer Bäume und Sträucher sollten so viel Boden bedecken, wie es praktisch möglich ist. Südlich des 40. Breitengrads ist die Sommersonne intensiv genug, um die Fähigkeit der Pflanzen zur Photosynthese zu übersättigen. Die grünen Vegetationsmaschinen können nur auf einem gewissen Niveau arbeiten und dieses Limit ist durch die Stärke des Sonnenlichts schnell erreicht, daher können die meisten Pflanzen in den niedrigeren Breitengraden auch im Halbschatten vollauf produktiv sein.

Bei einem Stadtgrundstück mögen Zäune und Sichtschutz notwendig sein, doch in heißen Klimazonen sollte man sie lieber durchlässig als fest machen, damit der Wind hindurch wehen kann. Vermeiden Sie dichte Materialien wie Stein und Objekte in dunklen Farben, es sei denn, sie befinden sich tagsüber überwiegend im Schatten. In großer Höhe und an anderen Orten, wo die Nächte viel kühler als die Tage sind, kühlen große massige Objekte wie Steine, Mauerwerk und selbst Baumstämme – die großenteils Wasser sind – nachts ab und halten so die Umgebung tagsüber angenehm, solange sie im Schatten liegen. Strukturen in der Sonne sollten dünn und leicht sein, z.B. Bretter oder dünnes Metall statt Steine für Beeteinfassungen oder Zäune. So verlieren sie nach Sonnenuntergang rasch die Wärme.

Ihren Garten in der Stadt finden

Wir haben Möglichkeiten ausgelotet, auf den kleinen Flächen der Städte mehr anzubauen, aber was können wir für Wohnungsbewohner, Mieter und andere tun, die überhaupt kein Land haben? Wie gesagt, wir wissen, dass die größte Ressource in der Stadt die Menschen sind und dass unsere Randzonen nicht unbedingt auf unserem eigenen Land liegen, und dafür gibt es Antworten. Es hat sich gezeigt, dass Land, das sich zur Gartenarbeit eignet, in vielen Städten erstaunlich gut verfügbar ist, vor allem außerhalb des Stadtzentrums. Viele Städter ohne Land suchen oft zuerst bei einem Gemeinschaftsgartenprogramm. Das wird oft vom örtlichen Gartenbauamt angeboten und wenn man sich dort meldet, erfährt man, ob es das gibt. Falls es in Ihrer Stadt kein Gemeinschaftsgartenprogramm gibt, könnten Sie das ja vorschlagen. Seien Sie jedoch vorgewarnt, dass die kleinen Parzellen in diesen großen Programmen oft lange Wartelisten haben, so dass etwas mehr Gerissenheit nötig sein könnte, um in der Stadt zum Anbau geeigneten Boden aufzutreiben.

Um in Städten Gartenplatz zu finden, beginnt ein guter Permakulturist damit, Ressourcen zu recherchieren. Wer besitzt in Städten Land? Schulen, Kirchen, Altenwohnheime und Gemeinschaftszentren bieten immer öfter Gartenprogramme an, die auf der Suche nach Gärtnern und Betreuern sind. Unternehmen wie Edible Schoolyard und Farm-to-Cafeteria-Projekte schießen in vielen Städten aus dem Boden und Vorlagen dazu, wie man sie

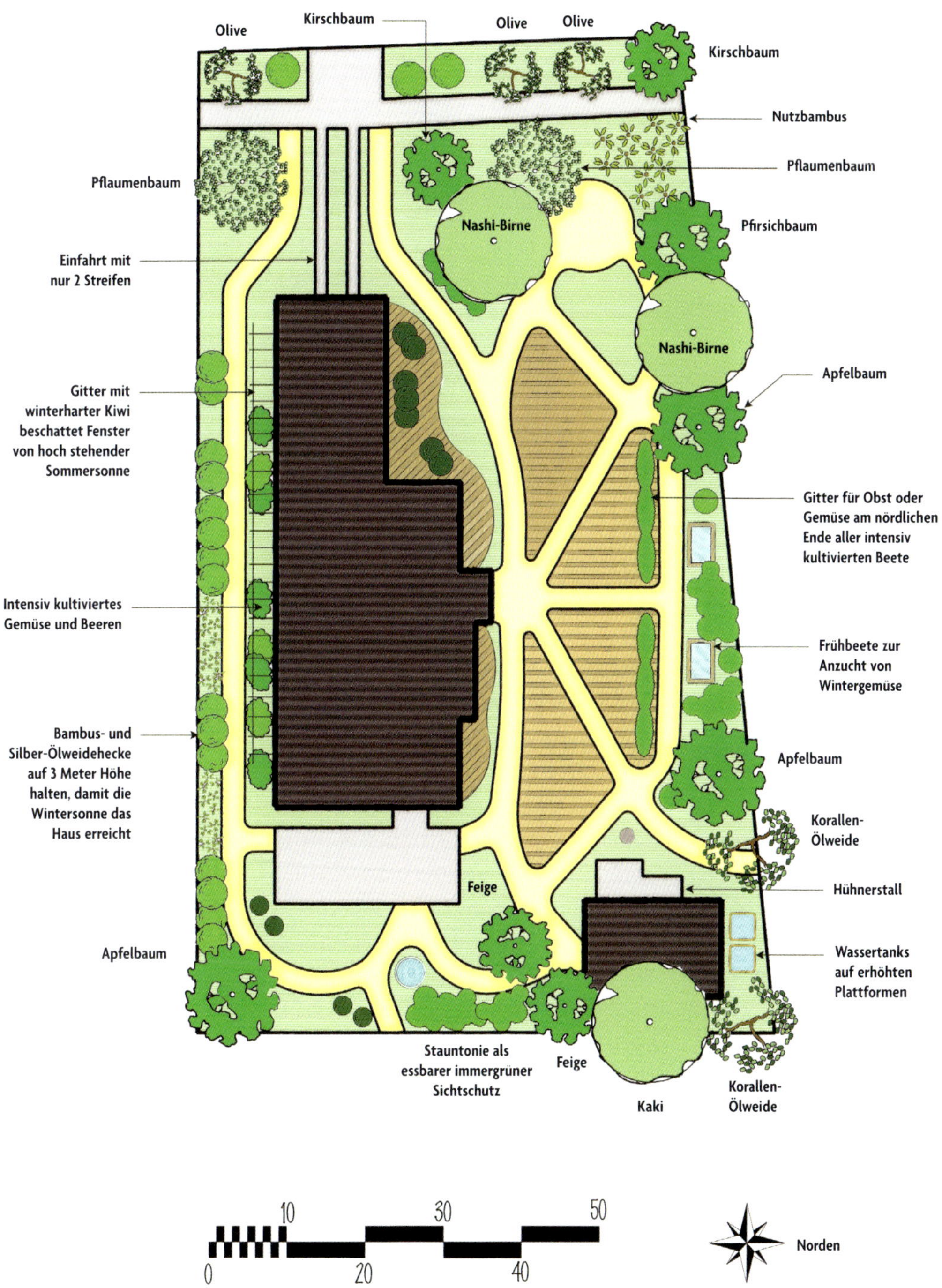

In diesem Design für einen Garten in Portland, Oregon, hat Designer Leonard Barrett von Barrett Ecological Services die Wege so ausgerichtet, dass sie von der Eingangstür strahlenförmig abgehen, wodurch ein Gefühl der Weite und Möglichkeit entsteht und man sich effizient zwischen Küchengarten und Haus bewegen kann. NACHGEZEICHNET VON KRISTA LIPE.

in einer Stadt etabliert, findet man auf Webseiten wie www.edibleschoolyard.org.

Man kann auf Brachflächen und Randflächen von Gewerbeflächen gärtnern. Meine Nachbarn und ich haben – mit Erlaubnis des Besitzers – auf einem leeren Grundstück am Ende der Straße Gemüse und Beeren angebaut, bis es verkauft wurde.

Ich kenne auch ein paar Guerilla-Gärten, die ohne Einwilligung auf leeren Flächen oder Parkrändern entstanden sind. Die Risiken hier sind offensichtlich. Einige der anarchistischsten Gartenfanatiker, die ich kenne, haben Guerilla-Gärten auf leeren Grundstücken, ungenutzten Gewerbeflächen oder Parks angelegt und sie sich dann einfach selbst überlassen, teilweise in der Hoffnung, dass Nachbarn oder Obdachlose vor Ort sich um sie kümmern würden. Dies geschah teilweise aus der Einstellung heraus, den Autoritäten eines auszuwischen und sich einfach am Wissen zu erfreuen, mit etwas davongekommen zu sein. Praktisch all diese Gärten, die ich kannte, sind verschwunden. Einfach einen Guerilla-Garten anlegen und dann Unbekannten zu überlassen, funktioniert selten. Es braucht Leute, um einen Garten in Schuss zu halten. Viele Grundstückseigentümer, speziell Ältere und Menschen im Ruhestand, denen das Gärtnern nicht mehr so leicht fällt wie früher, reagieren oft froh auf Angebote, in ihren Gärten etwas anzubauen, besonders wenn man ihnen im Gegenzug eine Beteiligung an der Ernte anbietet.

Ein Beweis dafür, dass es viele Hausbesitzer gibt, die bereit sind, ihre Gärten zu teilen, ist die Tatsache, dass in etlichen Städten städtische Bauernhöfe entstehen, die auf mehreren Grundstücken liegen. Bei mir um die Ecke gibt es einen originellen Landwirt namens Kollibri Sonnenblume, der in 20 verschiedenen Gärten in ganz Südost-Portland Gemüse für den Markt anbaut. Er bewegt sich zwischen den Stücken überwiegend auf dem Fahrrad und transportiert Produkte und Zubehör in einem Fahrradanhänger. Wenn Kollibri 20 Haushalte findet, die ihre Gärten anderen Gärtnern öffnen, deutet das auf reichlich vorhandene Ressourcen und großzügige Leute hin.

In vielen Städten sind Tausende von Bauernmärkten entstanden und häufig werden die Produkte lokal angebaut. Reden Sie auf diesen Märkten mit einigen Leuten. Viele – die oft eher Großgärtner als vollwertige Landwirte sind – bestellen kleine Parzellen in der Nähe und sind möglicherweise bereit, sich ein Stück Land zu teilen, wenn sie im Gegenzug Hilfe bei der Arbeit im Garten oder auf dem Markt erhalten.

Auch auf Dächern entstehen immer mehr Gärten, weil Land teuer ist und eine Bedeckung der dunklen, Hitze absorbierenden Dachflächen hilft, unsere Städte zu kühlen und den Abfluss von Regenwasser reduziert. Städte von Boston bis San Diego sind dabei, Funktionen über Gärten auf den Flachdächern von Schulen, Büros, Lagern und Wohngebäuden zu stapeln. Oftmals benötigen sie leichte Erdmischungen mit Vermiculit oder Perlit, um das Gewicht zu verringern, doch meines Erachtens wiegen die Vorteile aus Kühlung, Kohlenstoffsequestrierung und örtlicher Nahrungsmittelproduktion diese energieintensiven Einträge auf.

Ein paar progressive Unternehmen schaffen Mitarbeitergärten auf Unternehmensgrund und verwandeln diese sterilen Flächen mit makellosem Rasen in nützlichere mit Nahrung, Blumen und Lebensraum. Vielleicht ist Ihr Arbeitgeber bereit, auch so ein Visionär zu werden. Ich freue mich auf den Tag, wenn Unternehmen das verschwenderische, lebensverneinende Gras meiden, das häufig rund um Büros wächst, und stolz auf die auf ihrem Gelände gedeihenden Nahrungswälder verweisen, die Kohlenstoff abscheiden, Wasser reinigen und voller Lebensräume sind.

Da Stadtverwaltungen und Bürger die hohen Energiepreise immer stärker spüren, werden sie sich mehr darüber bewusst, dass ihre Nahrung oft aus Tausenden von Kilometern Entfernung kommt. Eine weit entfernte Nahrungsquelle ist unsicher und diese Erkenntnis hat viele Städte, von hier in Portland bis nach Rochester, New York oder Santa Cruz in Kalifornien und in zahllosen Städten dazwischen dazu gebracht, ernährungspolitische Räte einzurichten und andere Anstrengungen zu unternehmen, um eine sichere, örtliche Lebensmittelversorgung zu gewährleisten. Diese Gruppen schaffen rasch eine agrar- und gartenfreundliche Umgebung für Städter. Lokale Gesetze, die früher den Anbau von Nahrungsmitteln in der Stadt erschwerten, werden abgeschafft, z. B. das Anbauverbot bestimmter Pflanzen – oftmals Gemüse – im Vorgarten. Manche Städte haben begonnen, eine Liste der Grundstücke zu erstellen, die für den Lebensmittelanbau geeignet sind, und auch dies wird die vorhandene Fläche zum Gärtnern vergrößern. Denken Sie bei Stadtflächen also kreativ: fast jeder Bereich, der nicht von Asphalt und Gebäuden bedeckt ist, eignet sich potenziell zum Gärtnern, falls man dem Eigentümer die Vorzüge – für ihn, die Stadt, den Planeten und Sie – schmackhaft macht, die Pflanzungen für Nahrung und Lebensraum bieten.

Straßenrand-Attraktionen: Der Parkstreifen

Ein oft übersehenes Stückchen potenzieller Gartenfläche in Städten ist der Parkstreifen, auch bekannt als Durchgang oder, angesichts seiner landschaftlichen Herausforderungen, Höllenstreifen. Er ist nicht nur am weitesten von dem Platz entfernt, wo wir uns gewöhnlich im hinteren Garten aufhalten, sondern auch auf der anderen Seite des Gehsteigs, was es schwierig macht, ihn zu bewässern. Er ist auch kein angenehmer Aufenthaltsort, neben dem Straßenverkehr und im Blickfeld eines jeden Hauses an der Straße. Er steht auch nicht gerade unter der Kontrolle des Hausbesitzers: Obwohl der Hauseigentümer ihn instand halten muss, ist er normalerweise mit einer ganzen Reihe von Dienstbarkeiten für die Energieversorgung, Telefon- und Kabelfirmen und die Stadt belastet, oft mit Einschränkungen dafür, was dort angepflanzt werden darf. Außerdem herrscht dort öffentliches Wegerecht. Jeder Bürger darf sich über diesem Grund frei bewegen, er bietet Zugang zum Parken, für Hunde, die dort ihr Geschäft verrichten, und alles andere jenseits von Herumlungern und Vandalismus. Doch bei den derzeitigen Landpreisen und dem Platzmangel ist es eine Schande, ihn nicht voll zu nutzen.

Wenn Sie den Parkstreifen ins heimische Ökosystem einbeziehen wollen, erkundigen Sie sich zuerst, was Ihre Stadt dort erlaubt und wie solche Verordnungen umgesetzt werden. Meine eigene, völlig unwissenschaftliche Untersuchung mehrerer Städte hat ergeben, dass die häufigsten Einschränkungen die Baumhöhe unter Stromleitungen betreffen. Zum Glück sind viele wertvolle Bäume klein. Eine weitere verbreitete Regel verbietet Obstbäume an Straßen, da die Früchte auf Autos fallen könnten. (Wie reich müssen wir sein, dass uns Autos wichtiger als Nahrung sind!) Einige Städte bestehen darauf, dass Pflanzen, die nicht Bäume und Büsche sind, kleiner als 30 cm sein müssen, damit Autos leicht Zugang haben. Doch fast jeder Beamter, mit dem ich sprach, gab auf Nachfrage zu, dass diese Regeln fast nie durchgesetzt werden, selbst nach Beschwerden. Städte haben einfach nicht die Ressourcen, um Anwohner wegen ihren Bepflanzungen zu belästigen, es sei denn, sie sind feuergefährlich oder verringern den Grundstücks-, und damit steuerlichen, Wert. Ohne irgendjemanden jetzt dazu aufzufordern, örtliche Verordnungen zu verletzen, denke ich schon, dass es Spielräume beim Bepflanzen des Randstreifens gibt.

Die Erde auf Höllenstreifen ist oft schlimm verdichtet. Der erste Schritt wäre somit, ihn durch Kompost und Mulch aufzulockern. Gras lässt sich rasch durch eine Schichtmulch beseitigen, auch wenn die langen Ränder an Gehsteig und Randstein sorgfältig ausgelegt werden müssen, damit Karton oder Zeitung nicht hervorstehen. Das sieht nicht schön aus – wir wollen mit den Nachbarn hier in gutem Einvernehmen bleiben – und verlangsamt den Abbau.

Der Parkstreifen in Gegenden mit vielen Niederschlägen ist häufig feucht, da der Regen vom Gehsteig meistens hineinläuft und die Wassermenge somit verdoppelt oder verdreifacht. Tiefmulchen oder eine anderweitige Anhebung der Erde, um Wasser zum Abfließen zu bringen, hilft hier. Hochbeete am Parkstreifen helfen auch, den Fußgängerverkehr vom bepflanzten Bereich abzulenken. Wir können die Passanten nicht daran hindern, den öffentlichen Grünstreifen zu zertrampeln, aber wir können sie über Bodenkonturen, Wege und Hindernisse wie Steinplatten und Ziegelsteine an sichere Orte leiten. Überschüssiges Wasser lässt sich gezielt in Senken und flache Mulden leiten, die von wasserliebenden Pflanzen gesäumt sind.

In trockenen Regionen vertiefen wir lieber: Ein abgesenkter Parkstreifen kann wertvolles Regenwasser und Abfluss vom Bürgersteig sammeln, hier graben wir also Becken und Senken. Diese Vertiefungen müssen nicht tief sein, vielleicht 2,5-5 cm unter Gehsteigniveau. Auch an dieser Stelle kann man mulchen.

Da wir uns nun umfassend um die Bodenverbesserung gekümmert haben, können wir ans Pflanzen denken. Parkstreifen in Städten sind stark durch Autoabgase, Abflusswasser vom schmutzigen Gehweg und Hundekot verunreinigt, daher stellt sich die Frage, wie sicher es wäre, dort Nahrung anzubauen. Studien deuten an, dass Pflanzen an weniger befahrenen Straßen, mit weniger als 1.000 Autos am Tag (etwa eines pro Minute tagsüber) kein so hohes Maß an besorgniserregenden Schadstoffen ansammeln. Manche Behörden setzen sogar ein Limit von 2.500 Fahrzeugen am Tag fest. Ich persönlich würde kein Essen am Parkstreifen anbauen, aber dafür habe ich ja auch den Rest meines Gartens. Falls es der einzige Platz ist, wo man Nahrung anbauen kann, und man lebt in einer wenig befahrenen Straße, kann man es tun. Doch es gibt viele andere brauchbare Rollen, die der Parkstreifen spielen kann: als Habitat für Vögel und nützliche Insekten, zur Aufnahme von Kohlenstoff, Bodenaufbau und für Zierpflanzen.

Der Höllenstreifen eignet sich für kleine Gilden. Ein Strauch oder kleiner Baum, begleitet von ein paar kleineren Insektarium-, nährstoffanreichernden und anderen funktionalen Pflanzen braucht nach seiner Etablierung wenig Pflege. Stellen Sie sich die Magie einer von Gilden begrenzten Straße vor, mit Pflanzen als Vogellebensraum oder duftenden Kräutern und Blumen. Parkstreifenverbesserungen können auch eine andere wichtige Art anziehen: Menschen. Auf Grünstreifen von Tucson bis Seattle und Atlanta habe ich Bänke auf vorher sterilen Stücken gesehen, die Vorbeigehende anregen, kurz anzuhalten und mit ihren Nachbarn zu plaudern. So werden leere Stadtteile mit Fremden, die sich nie sehen, wieder einladende Gemeinschaften von Freunden. Behalten Sie beim Entwurf von Parkstreifen die Proportion im Kopf. An engen Parkstreifen oder solchen, über denen Stromleitungen hängen, müssen Bäume klein sein, damit sich die Gehwege nicht irgendwann wölben oder der Stromversorger sie fällt. Es gibt allerdings einen großen Anreiz, die größtmöglichen Bäume an Parkstreifen zu pflanzen: Sie steigern den Grundstückswert. Ein Immobilienmaklerverein aus Kalifornien schätzt, dass ein ausgewachsener Straßenbaum den Verkaufspreis eines Hauses um etwa 5.400 Euro erhöht. Die attraktivsten und teuersten Viertel in jeder Stadt sind diejenigen mit baumgesäumten Straßen. Das Fällen von Straßenbäumen nimmt Ihnen Geld.

Denken Sie sich Pflanzungen in der Stadt wie einen urbanen Wald. Welche Art von

Stadtwald wünschen wir uns? Zu oft wählt man Bepflanzungen danach, was sie nicht tun: Gehsteig aufbrechen, Stromleitungen erreichen, an Verschmutzung sterben, Früchte fallen lassen. Wir denken uns lieber positive Rollen für unseren Stadtwald aus und entwerfen danach, wie er unseren Bedürfnissen und denen der Natur dient. Der Wald durch Straßenbäume kann die Luft kühlen, Feuchtigkeit regulieren, Vögel, Fledermäuse und Nützlinge beschirmen, Heiz- und Kühlkosten senken, arme Leute ernähren, Einkommen für Obdachlose durch Ernte, Kompostieren, Bastelmaterialien und Holzsammeln generieren, Artenvielfalt und bedrohte Arten bewahren, das geschäftige Treiben der Stadt beruhigen, den Passanten Essen und Vergnügen bieten sowie Zusammenhalt in der Nachbarschaft schaffen, indem wir Schönheit, Komfort und einen schönen Ort des Zusammenseins erhalten. Stadtwälder, oft ein unproduktives Nebenprodukt beliebiger Anpflanzungen, lassen sich so gestalten, dass sie viele Anforderungen erfüllen, statt einfach nur so zu wachsen.

Dieser Parkstreifen in Houston, Texas, trägt kein Ressourcen schluckendes Gras, sondern sammelt wertvolles Regenwasser, entlastet überforderte Gullys und lässt kohlenstoffbindende Pflanzen wachsen, die auch Schönheit und Lebensraum für Vögel und Insekten bieten. Design von Kevin Topek von Permaculture Design, LLC. FOTO VON KEVIN TOPEK.

Stadttiere: Domestiziert, wild und verwildert

Die meisten Techniken und Vorschläge in Kapitel 7, um Vögel, Insekten und andere hilfreiche Tiere in die Landschaft zu integrieren, gelten auch für Stadtgärten. Ein Unterschied ist, dass es in Städten weniger Probleme mit großen Tieren und mehr mit kleinen gibt.

Rattensichere Komposttonnen sind erforderlich, aber 2,5 m hohe Rehzäune nicht. Doch die meisten Tiere, die ein 1.000 m² oder größeres Grundstück verschönern, lassen sich auch in einen kleinen Stadtgarten locken oder dort aufziehen. Selbst in Apartments kann man Wurmtonnen und Vogelhäuschen aufstellen.

Es ist wichtig, die Städte wieder in natürliche Ökosysteme einzubinden und am besten gelingt das, wenn man Vögeln und Insekten eine natürliche Umgebung bietet. Diese kleinen Kreaturen weben Verbindungen zwischen den einzelnen Arten, Pflanzengemeinschaften und ganzen Ökosystemen, indem sie Samen, Pollen und Nährstoffe transportieren. Ihre Anwesenheit ermöglicht diese Flüsse und ist auch ein Indikator für die Gesundheit jeder Umgebung. Pflanzt man multifunktionale Arten, die Lebensraum für Tiere anbieten, kann dies verhindern, dass Städte zu ökologischen Wüsten und Barrieren zwischen Biomen werden. Wenn wir unsere Städte und Vororte, Garten für Garten, in Wälder und grüne Zonen verwandeln, können sie sich mit wilden Gebieten verknüpfen und als Korridore für Arten dienen, die migrieren oder große Territorien haben. Ein mit tierfreundlichen Arten bepflanztes Grundstück, seien es Einheimische oder Exoten, wird ein wichtiges Glied zwischen natürlichen Gemeinschaften. Um das Grau zu vertreiben, das sich im Stadtleben einschleichen kann, gibt es kaum etwas Besseres als einen hell geflügelten Schmetterling oder einen bunten Singvogel.

Die Städte werden auch wieder freundlicher für kleine Nutztiere und Geflügel. Viele Orte haben ihre Verbote gegen Geflügel in urbanen Gärten wieder aufgehoben. Die revidierten Verordnungen nehmen Hähne gewöhnlich aus und begrenzen die Hennen auf drei oder vier. Allerdings kenne ich viele Hühnerhalter, die mit der erlaubten Zahl an Vögeln anfingen, aber nachdem ihre Nachbarn sich an den Geschmack und die schöne Farbe frischer Eier gewöhnt hatten, erhöhten sie rasch ihre Schar, um die Nachfrage zu befriedigen. Verordnungen über Hühner sind gewöhnlich von Beschwerden abhängig (man sieht selten schwarze Helikopter, die nach zu vollen Hühnerställen suchen), und wenn die Nachbarn glücklich die Gaben Ihrer Hühner frühstücken, werden sie nicht murren. Doch selbst drei Hennen liefern pro Woche 12 Eier oder mehr in den wärmeren Monaten, ausreichend für eine Familie. Kaninchen bieten sich in Stadtgärten ebenfalls an. Stadtpermakulturistin Connie van Dyke züchtet in ihrem hinteren Garten Kaninchen für Fleisch und gibt denen Unterricht, die so für ihr Fleischessen Verantwortung übernehmen wollen. Diese sanfte Frau hat schon mehr als ein paar Leute schockiert, wenn sie erfahren, dass sie ihre Tiere schlachtet, doch Connie geht auf ehrliche Art eines der größten Probleme für Städter an, die weniger abhängig von Essen sein wollen, das von weit her kommt: Wie bekommen Sie Protein? Wer sich scheut, selbst das Messer in die Hand zu nehmen, kann Kaninchen für viele andere Dinge außer für Fleisch nutzen. Das geschorene oder natürlich abfallende Fell von Arten wie Angoras ist eine weiche und geschmeidige Faser zum Weben oder Spinnen. Alle Kaninchen fressen zudem Gras und Unkräuter und produzieren einen Dünger, der viele Nährstoffe enthält und weit weniger dazu neigt, Pflanzen zu verbrennen, als es bei Hühnerkot der Fall ist. Das Spektrum an städtischen Nutztieren kann über Geflügel und Kaninchen hinausgehen: Manche Städte erlauben auch Zwergziegen und -hängebauchschweine.

Wie kann man Haustiere in die städtische Permakultur integrieren? Auf dem engen Raum eines kleinen Hofes wird ein Hund zu einer bedeutenden Kraft. Als wir auf dem weitläufigen Land lebten, hatte unser Hund genug Platz, um umherzuschweifen und machte sich selten an unseren Pflanzen zu schaffen. Aber auf unserem kleinen Stadtgrundstück kann Bella Schaden anrichten. Meine ersten Anpflanzungen machte ich am Zaun entlang – ich brachte meine Randzonen unter Kontrolle –, aber bald erkannte ich, dass Bella ihre Wachhundpflichten ernst nahm. Sie patrouillierte unermüdlich die Gartengrenzen und zertrampelte dabei junge Setzlinge und Baby-Sträucher zu grünem Matsch und Splittern. An manchen Stellen habe ich am Zaun einen kleinen Pfad für ihre Erkundungsgänge gelassen. An anderen bestand meine Strategie darin, große Pflanzen zu kaufen oder temporäre Barrieren aus Bambus oder Pfählen zu bauen. Letztere haben nur eine geringe Wirkung, denn ein großer Hund, der sich über ein Eichhörnchen oder einen vorbeilaufenden Rivalen aufregt, durchbricht einfach schwache Pfähle. In Gärten mit Hunden muss man manche Ränder einfach opfern, sonst werden sie zu ewigen Quellen der Frustration für den Haustierbesitzer.

Wie bei jedem Designelement hilft bei der Problemlösung, wenn Sie die Gewohnheiten Ihres Hundes verstehen. Jede Rasse hat einen anderen Charakter. Unser Hund gräbt gern und spielt den Nachbarschaftspolizisten, aber sie rennt nicht Bällen oder Frisbees hinterher. Ich habe ihr zum Graben einen kleinen Bereich zugewiesen und um sie umzuleiten, wenn sie etwas hinterherjagt, habe ich Hochbeete mit Holzplanken und niedrigem Geländer für einjähriges Gemüse und einen Teil des Gartens nach vorne verlagert, außerhalb des eingezäunten hinteren Gartens.

In multifunktionalen Landschaften können auch Katzen eine Herausforderung sein. Hat man voller Freude ein verlockendes Vogelhabitat kreiert und sieht dann, wie eine Katze es zum privaten Todesstreifen macht, empfindet man Horror und Schuld. In manchen Fällen muss man sich klar zwischen Vögeln oder Katzen entscheiden, doch oft sind Nachbarskatzen das Problem. Häufig ist die Lösung für ein Tierproblem ein anderes, konkurrierendes Tier. Unser Hund toleriert nur unsere eigenen Katzen im Garten, die zumeist drinnen sind, daher meiden die Nachbarskatzen unser Grundstück. Aber nicht jeder möchte einen Hund halten. Ich kenne ein paar Leute, die ihre Einzäunung sorgfältig katzensicher gemacht haben, was anstrengend, aber wirksam ist. Kommerzielle Katzenabwehrmittel sind halbwegs nützlich. Eine andere Lösung besteht darin, den Lebensraum der Vögel deutlich oberhalb des Bodens zu konzentrieren, indem man Bäume und Sträucher ausdünnt, so dass bodenfressende Vögel nicht angezogen werden.

Katzen nutzen nackte Erde gern als Katzenklo, auch daher ist Mulchen sinnvoll. Ich habe auch Folientunnel speziell gegen Katzen eingesetzt. Andere Gärtner legen Brombeeräste auf neu eingesäte Beete oder ein einige Zentimeter hohes Muster aus Bambusrohren auf die Pflanzbereiche.

Form, Funktion und Stadt-Permakultur

Städtische Anlagen bergen eine komplexe Palette an Herausforderungen und Möglichkeiten für das Permakulturdesign. Es gibt viel, was auf kleinem Raum Platz findet. Ich habe die (in Kapitel 5 behandelte) Wiederverwertung von Grauwasser hier nicht erwähnt, aber auch sie eignet sich ideal für Stadtgärten, um Wasser zu sparen und Abfälle zu Nährstoffen zu recyceln, sie in Vegetation zu verwandeln und in der heimischen Landschaft zu halten. Ein Brauchwasser-Feuchtgebiet auf einem Stadtgrundstück reinigt das Wasser nicht nur, denn es kann in einen Teich fließen und zur Bewässerung genutzt werden, aber auch als produktiver Sumpfgarten dienen. Die Wassergewinnung und -lagerung in Tanks und kleinen Teichen ist ebenfalls eine perfekte Stadtstrategie. Ich kenne viele Gärtner in der Stadt, die draußen auf öffentliches Wasser verzichten können, weil sie ihre kleinen Gärten mit nur ein oder zwei 250-l-Regentonnen bewässern.

Wenn die vielen Strategien und Techniken der Permakultur in einen winzigen Stadtgarten gepackt werden, wird er zu einem spannenden und dynamischen Ort. In ein paar hundert Quadratmetern können wir Dutzende oder Hunderte von Pflanzenarten unterbringen, die uns sowie die hilfreichen Vögel und Insekten ernähren und das Bodenleben fördern. Regenwasser, das von Dächern und Bürgersteigen aufgefangen wird, und Grauwasser aus Waschbecken und Duschen fließt durch Bodensenken,

Auen und Teiche und nährt Pflanzen und Kleintiere über und unter der Erde. Die Pflanzen und das Wasser selbst zirkulieren durch Hühner und andere Kleintiere und diese wiederum liefern in ihren eigenen Kreisläufen Eier und Dünger. Die rauen Kräfte von Wetter, Lärm, Verkehr, Wind und Sonne werden von diesen verschachtelten Schleifen aufgefangen und in sanfte Lebensoasen und einladende Mikroklimate verwandelt. Obwohl sich ein urbaner ökologischer Garten wie eine willkommene Ruheinsel in einer geschäftigen Stadt anfühlt, liegt unter seiner grünen und üppigen Oberfläche ein komplexes Geflecht dynamischen Lebens. Gute ökologische Gestaltung hilft uns, viel in einem winzigen Garten unterzubringen.

Wenngleich ein Fokus dieses Buches auf dem Waldgarten und einer natürlich aussehenden Landschaft liegt, die auch den Menschen dient, gibt vieles von dem, was ich in diesem Kapitel beschrieben habe, dem Garten kein waldartiges Gefühl. Hochbeete und Spalierobstbäume, Regentonnen und Brauchwasser-Feuchtgebiete, Hundepfade und Bordsteinkanten zur Wassergewinnung sind keine Elemente, die man in wilden Wäldern findet. Dies weist uns auf ein breiteres Verständnis dessen hin, was Permakultur sein kann. Es ist nicht einfach nur Waldgärtnerei oder die Nachahmung von Aussehen und Atmosphäre eines natürlichen Ökosystems.

Permakultur ist ein Gestaltungsansatz, um Landschaften zu schaffen, die wie Ökosysteme funktionieren, doch deshalb müssen sie nicht zwangsläufig so aussehen wie das, was wir in der Natur sehen. Die Essenz der Permakultur besteht darin, dieselben Prozesse zu fördern, die in der Wildnis stattfinden. Eine heimische Eiche und ein Spalierobstbaum besitzen ähnliche Rollen in der Umwelt, liefern Lebensraum, mildern die Stärke des Regens, halten und bauen Boden auf und den ganzen Rest. Ein mit Butylkautschuk eingefasstes Grauwasser-Feuchtgebiet reinigt Wasser und lässt Rohrkolben und Binsen ebenso wachsen wie das alte Sumpfgebiet 65 km flussabwärts von der Stadt. Letztlich kommt es uns auf die ökologische Funktion an, nicht das Aussehen.

Es ist wohl einfacher, eine Landschaft zu entwerfen, die wie die Natur funktioniert, wenn sie wie die Natur aussieht, vor allem für Permakulturanfänger. Für die meisten von uns sind Aussehen und Prozess tief miteinander verbunden, wir alle kennen den veralteten Architekturspruch, dass Form der Funktion folgt. Doch im Zentrum des ökologischen Gartens ahmen wir nicht die Form der Natur nach. Wir kultivieren die Bedingungen, damit natürliche Vorgänge stattfinden können und sich unsere Landschaften wie Ökosysteme verhalten und mit dem Rest die harmonischen Beziehungen verknüpfen, die diesen Planeten zusammenhalten. Durch die Erkenntnis, dass Form und Funktion unterschiedlich sein können, eröffnen sich uns neue und breitere Wege der Gestaltung.

Ein gut gemulchtes Hochbeet und ein Waldboden sehen zwar ganz anders aus, aber in beiden leben talentierte mikrobielle Alchemisten, die totes Gewebe abbauen und es wieder in die dynamischen Flüsse des Lebens einflechten. Ein mandalaartiges Labyrinth aus Schlüssellochbeeten sieht ganz anders aus als alles in der wilden Natur. Doch so, wie es die Bepflanzungsfläche maximiert und gleichzeitig die Wegkante auf ein Minimum schrumpft, folgt es den gleichen Regeln, auf denen die natürliche Bildung der blasenförmigen Lungenbläschen und der lappenartigen Behausungen der Korallenriffbewohner basieren. D. h. Mandala-Garten, Lunge und Koralle wählen alle ein Muster, das die Oberfläche bis zum Äußersten ausdehnt, um Rohstoffe einzufangen und zu bewegen, ob diese Rohstoffe nun Sonnenlicht und Erde, Sauerstoff und Kohlendioxid oder Nährstoffe sind, die im vorbeiflutenden Meerwasser gelöst sind. Wenn wir lernen, die Muster des Lebens, egal in welchem Maßstab und in ihren vielen und häufig rätselhaften Manifestationen zu erkennen und gut darin werden, ihre Sprache zu sprechen, können wir mit diesen Mustern in vielen Formen gestalten. Wir sind nicht länger darauf beschränkt, das Aussehen zu kopieren, da wir tiefere Resonanzen mit der Natur entdeckt haben.

In einem Permakulturdesign möchten wir vielleicht die ökologischen Funktionen und die Ganzheit eines Waldrands integrieren, allerdings in der Stadt haben wir keinen Platz für hohe Bäume und sechs oder sieben andere Schichten, die darunter gestapelt sind. Aber wenn wir das Muster eines sanften Rands erfasst haben, der sich in einer eleganten Kurve zum Boden ergießt, statt in einer harten geraden Linie, und wir verstehen, wie die Natur Formen ineinander verschachtelt wie russische *Matroschka*-Puppen und sie so anordnet, dass alle Licht, Wasser und Fruchtbarkeit erhalten, können wir die Essenz dieser Muster berücksichtigen, statt uns auf eine unwissende Formnachahmung zu verlassen.

Permakulturautor und -designer Patrick Whitefield hebt den Unterschied zwischen dem hervor, was er »ursprüngliche Permakultur« nennt, als Designs, die wie natürliche Landschaften aussehen, und »Design-Permakultur«, die sich für ihn auf Abläufe und die Verbindungen zwischen ihnen konzentriert. Obgleich ich den Unterschied als sehr nützlich erachte, ist Whitefields Terminologie das für mich weniger, da viele »ursprüngliche« Permakulturorte, wie Mollisons und Holmgrens eigene frühe Designs, ganz und gar nicht die Natur spiegeln, mit ihren Schlüssellochbeeten, Baumreihen auf Kontur und tiefem Strohmulch. Und die ganze Permakultur nutzt Design, um Verbindungen herzustellen. Die Unterscheidung liegt nicht zwischen ursprünglichen und späteren Designs, sondern zwischen *Form-* und *Funktionspermakultur*, wie ich es nennen würde.

In der Formpermakultur erlaubt uns die Nachahmung der Form und der sichtbaren Anordnungen der Natur, ihre Prozesse bei der Gestaltung leichter zu erfassen. Bei der Funktionspermakultur ermöglicht uns unser tieferes Verständnis des Prozesses, direkt mit natürlichen Funktionen zu arbeiten, und zwar auf eine Art und Weise, die vielleicht nicht wie die Natur aussieht.

Ökologische urbane Landschaften verwenden öfter Funktionspermakultur als Formpermakultur, weil kleine Bereiche in der Stadt nicht so einfach die großartigen Anordnungen erlauben, die man in der Wildnis findet, sondern zwingen uns dazu, uns auf Vorgänge und Funktionen zu konzentrieren. In der Stadt ist es nicht so wichtig, sich an eine natürliche Form zu halten, solange die von uns verwendeten Formen und Muster gut funktionieren und uns gefallen.

Daher sehen städtische Permakultur-Gärten selten nach Wildnis aus. Sowohl das Erscheinungsbild des Gesamtentwurfs als auch die darin enthaltenen Teile besitzen eventuell neuartige Formen, wie eine Spirale oder verzweigte Gartenbeete, in denen sich gestapelte Lauben und Bordsteinsenken parallel zu Zwergbaum-Gilden befinden. Obwohl Stadtgärten dennoch von Sonne und Wind beeinflusst werden, so wie die Wildnis, werden ihre Gestaltung und Funktion auch von Kindern, Haustieren, lokalen Verordnungen, Ihrem Sozialleben, Verkehrslärm, Nutzungsrechten, den Kommentaren der Nachbarn und einer Reihe anderer Kräfte geprägt, die man in einem ursprünglichen Wald nicht spürt. Sie sehen zwar gar nicht wie die Natur aus, doch wenn man ein Verständnis für die Muster und Prozesse der Natur mitbringt, können sie sich so verhalten.

KAPITEL ZWÖLF

Und der Garten explodiert

In den vorherigen elf Kapiteln habe ich die Werkzeuge erörtert, mit deren Hilfe man einen naturverträglichen Garten aufbauen kann. Hier wiederholen wir nochmals, wo wir standen, und ich beschreibe, was geschieht, wenn aus Theorie Praxis wird: wie echte ökologische Gärten funktionieren, was die Einschränkungen sind und was zu erwarten ist, wenn der Garten reift. Wer gern einen Gesamtüberblick hat, für den spreche ich auch über einige der zugrundeliegenden Prinzipien, die ökologische Gärten erfolgreich machen – warum Verbindungen, nicht nur Teile, so wichtig sind – und rege an, in welche Richtungen man weiter auf Erkundung gehen kann.

Das Herzstück jedes Gartens oder jeder Landschaft, das Fundament der ökologischen Pyramide, ist der Boden. Schafft man gesunde Erde, vereinfacht sich der Rest des Gärtnerns. Aufgrund von Techniken wie Kompostierung, Tiefmulchen, Bodendeckern und Nährstoff speichernden Pflanzen wimmelt die Erde des ökologischen Gärtners vor Würmern und wertvollen Mikroorganismen, die Fruchtbarkeit zu den Pflanzenwurzeln befördern. Diese üppige, humusreiche Erde unterstützt eine große Bandbreite an Bodenleben, das seinerseits unterschiedliche Pflanzenarten und das weite Spektrum an hilfreichen Insekten, Vögeln und anderen Tieren nährt, die diesen Schatz teilen.

Gesunde Erde sorgt dafür, dass das zweite Element eines autarken Gartens, Wasser, in Fülle vorhanden ist. Tiefer, schlammiger Humus bewahrt jeden Regentropfen und Bewässerungswasser besser und günstiger als jedes andere Medium. Tiefmulch verlangsamt die Verdunstung. Um lange Dürren zu überstehen, können wir auch Wasser in Teichen und Tanks speichern, die vom Regen aufgefüllt, durch Brauchwassersysteme recycelt oder, weniger nachhaltig, aus einem Brunnen oder der öffentlichen Wasserversorgung gespeist werden. All dies bedeutet, dass der natürliche Zustand dieses Gartens ausreichend feucht ist.

Erde und Wasser sind die Elemente hinter den Kulissen, durch die der Garten funktioniert. Ein drittes Element, das von zentraler Bedeutung ist, ist die Vegetation. Die nützlichen und schönen Arten, die ausgewählt wurden, um viele Rollen zu spielen, wurden hier aus einheimischen Pflanzen, eingebürgerten Sorten, nicht invasiven Exoten, einheimischen und fremden seltenen Arten, die geschützt werden müssen, alten Sorten und Stecklingen aus den Gärten von Nachbarn und Freunden ausgewählt – kurzum, aus so vielen Quellen, wie verfügbar und ethisch vertretbar sind. Jede Pflanze dient mindestens zwei Funktionen – oh, vielleicht sind eine Handvoll von ihnen einfach nur hübsch, wir sind auch nur Menschen – und in Kombination nutzen sie den Menschen und dem Rest der Natur.

Schließlich bietet der Garten absichtlich und zufällig vielen Tieren ein Zuhause. Unter den richtigen Umständen könnten hier

Kaninchen, Hühner, Enten oder sogar ein dickbäuchiges Minischwein am Werke sein, die den Boden umgraben und düngen, Unkräuter und Abfall zu Dünger verwandeln und uns mit einer nicht nur menschlichen Natur verbinden. Doch selbst ohne Haustiere wimmelt ein ökologischer Garten vor Nischen für Bestäuber, Schädlingsbekämpfer und Aasfresser, die von Blüte zu Blüte schweben, am reichlich vorhandenen Laub und wilden Beeren knabbern oder auf Beute aus sind. Der Garten ist erfüllt von summenden, flatternden, segelnden, flitzenden Verbündeten.

Erde, Wasser, Pflanzen und Tiere sind die vier dynamischen Bestandteile des ökologischen Gartens. Dieser Liste könnte ich ein fünftes hinzufügen, die Designer und Bewohner, die mit allen anderen interagieren und sie formen. Der Garten enthält auch ein sechstes, statisches Element: die Strukturen. Obwohl sie inaktiv sind, formen Gewächshäuser und andere Gebäude, Zäune, Spaliere, Komposthaufen, Wege und Tore die Flüsse, die sich durch den Garten bewegen.

Doch wie schon gesagt, das sind nur Teile. Die Schönheit und Effizienz des ökologischen Gartens bestehen darin, wie die Teile verbunden sind. Es sind die Flüsse zwischen Objekten, nicht die Objekte selbst, die eine natürliche, nachhaltige Umwelt definieren.

Dieser Garten kombiniert viele Strategien, um ein dichtes Netz der Verbundenheit zu weben. Funktionen stapeln ist eine Methode, mit der wir sicherstellen, dass alles mit einem oder mehreren anderen Elementen verknüpft ist. Hier dienen Elemente mehreren Funktionen. Eine Hecke aus Maximilian-Sonnenblumen an einem Rand des Gartens z. B. sorgt für eine undurchdringliche Unkrautbarriere, essbare Schösslinge, Farbe im Spätherbst, Samen für Vögel und viel Mulchmaterial. Diese Nutzungen verbinden die Sonnenblume mit vielen anderen Teilen des Gartens und verringern Arbeit und Importe wie Dünger.

Jede Funktion wird außerdem durch viele verschiedene Elemente erfüllt. Die Sonnenblumenhecke vermindert kalte Herbstwinde und könnte mit anderen Hecken und Bäumen kombiniert werden, einem sorgfältig platzierten Gewächshaus, einer Steinmauer und selbst einer Berme, um einen geschützten Platz für empfindliche Pflanzen oder eine Stelle zum Sonnenbaden zu schaffen. Kombiniert man mehrere Techniken, die denselben Zweck erfüllen, liefert dies mehrere Optionen, falls eine Methode ausfällt, und man erhält oft unerwartete Synergien. Sehen Sie: Diese Kombination aus Windschutzblenden hat auch den Lärm der nahegelegenen Autobahn blockiert und die Sicht auf die Nachbarn abgeschirmt. Jetzt haben wir einen perfekten Zufluchtsort oder einen Platz für einen Whirlpool.

Die Teile des Gartens werden auch durch sorgfältige Nutzung der Zonen- und Sektormethode verknüpft, die jede Pflanze oder ein anderes Merkmal insofern platziert, wie oft es Aufmerksamkeit braucht und wie es mit Sonne, Wind, einem Ausblick oder anderen Energien von außerhalb des Grundstücks in Beziehung tritt.

Muster aus der Natur gestalten das Gartendesign. Pfade und Bepflanzungen rollen sich platzsparend in spiralförmigen Erhebungen zusammen, biegen sich zu Schlüssellochbeeten, um leicht erreichbar zu sein, und verwenden Ast-, Netz-, Keulen- und andere Muster, um Energie einzufangen und zu sparen. Das richtige Gleichgewicht aus Rand und Innenraum bietet sowohl Vielfalt als auch geschützten Lebensraum. Der Garten wird in Schichten gestapelt, um seine Reichweite in die dritte Dimension auszudehnen, wo er Sonnenlicht wirksam einfangen und auch viele Nischen für Wildtiere bieten kann.

Hier ernten und speichern Pflanzen Sonnenlicht, Teiche sammeln Wasser, Grauwasserauen gewinnen und nutzen Abfälle, die sonst verloren gingen. All diese verbinden sich, um ein vollständiges und harmonisches Ganzes

Terrassen aus Betonstücken (»Urbanit«) enthalten mehrjährige Pflanzen für Nahrung und Lebensraum im Garten von Mary Zemach in Los Alamos, New Mexico, gestaltet von Ben Haggard und Nate Downey, Santa Fe.

zu bilden, das sich selbst auffrischt und ausdehnt. Der Garten ist ein Netz, ein Sieb, er siebt und sortiert Energie und Nährstoffe aus allem, das hindurch geht und transformiert sie in eine Gemeinschaft aus Blumen, Vögeln, Insekten, Nahrung und gesunden Menschen.

Die Vielfalt dieser Landschaft macht sie flexibel und widerstandsfähig. Dank so vieler Bewohner, die durch eine Vielzahl von Interaktionen verbunden sind, gibt es viele Pfade, Schleifen und Möglichkeiten. Kreisläufe wogen durch Änderungen in der Umwelt hin und her und passen sich an neue Bedingungen an. Zu viele Blattläuse in einer Ecke treffen auf eine plötzliche Flut an Marienkäfern, die im Halbschlaf zwischen Schafgarbe und Fenchel lagen und auf solch ein Festmahl gewartet haben. Eine enorme Menge an Fallobst, das verfault, weil die Besitzer im Urlaub sind, wird hungrig von Vögeln, Insekten und Bodenlebewesen überfallen, um als Erde und mehr Leben wiedergeboren zu werden, ehe die Besitzer zurückkehren, ohne sich der enormen Aufräumarbeiten bewusst zu sein, die in ihrer Abwesenheit stattgefunden haben. Kleine Wunder wie diese sind hier an der Tagesordnung.

Ökologische Gärten verändern sich ständig und es ist faszinierend, den Ablauf ihrer Evolution zu beobachten – nicht nur das Endergebnis. Es ist beglückend zu sehen, wie steriler Boden sich selbst jedes Jahr anreichert und heilt, neue Vögel oder Insekten zu beobachten, die ein neues Zuhause finden, die ersten Preiselbeeren, Weintrauben oder alten Apfelsorten zu probieren. Jedes Jahr bringt neue Belohnungen und ist ein Endpunkt in sich selbst, statt irgendein Stadium, durch das man rasch hindurch huscht.

Die richtigen Teile auswählen

Der größte Teil der Arbeit bei der Schaffung eines ökologischen Gartens besteht darin, die richtigen Teile bereitzustellen und wichtige Zyklen in Gang zu setzen. Und wie gesagt, mit »Teilen« meine ich nicht einfach nur Objekte – Bäume, Sträucher, Zäune – sondern Teile, die etwas bewirken: Bodenbildner, Dinge, die Sonnenlicht einfangen und ähnliches. Ich fasse hier also nochmals das meiste zusammen, was innerhalb dieses Buches zu finden ist, indem ich die entscheidenden Funktionen (die Rollen für Pflanzen und wie man Rohstoffe gewinnt und speichert) und Beziehungen (die Nährstoffkreisläufe und andere wichtige Interaktionen) aufzähle, die zu einem erfolgreichen ökologischen Garten gehören. Einiges in diesem Abschnitt ist reine Wiederholung, doch ich präsentiere auch Ideen in neuen oder größeren Zusammenhängen. Befinden sich diese Elemente am richtigen Platz, verschmilzt der Garten fast garantiert zu einem Mini-Ökosystem.

Fruchtbarkeit aufbauen

Ressourcen auffangen und bewahren ist der Schlüssel zu einem nachhaltigen Garten (und übrigens auch einer Gesellschaft). Alle Pflanzen sammeln Kohlenstoff und Mineralien und, falls man sie vor Ort kompostieren lässt, werden sie an den Boden abgegeben. Aber manche Pflanzen sind dafür besser geeignet als andere. Vor allem in der jungen Landschaft oder in Gärten, die regelmäßig abgeerntet werden, sind Fruchtbarkeit vermehrende Pflanzen entscheidend, um eine gesunde Erde zu erzeugen und zu erhalten, weil sie Nährstoffe in die verarmte Erde lenken und auffrischen, was vom Erntekorb entnommen wurde. Fruchtbarkeit aufbauende Pflanzen können bis zur Hälfte eines jungen Gartens ausmachen. Diese Pflanzen, von denen wir vielen in Kapitel 6 begegnet sind, lassen sich in drei Gruppen einteilen (die Arten sind im Anhang aufgeführt).

Stickstoffbinder. Stickstoff ist der häufig begrenzte Nährstoff in einem Garten, daher vermindern stickstoffbindende Pflanzen wie Leguminosen und die vielen anderen im Anhang die Notwendigkeit für Dünger und geben gleichzeitig mehr organisches Material in die lebendige Erde als Dünger das je könnte. Dies ist vielleicht die wichtigste Klasse von Pflanzen, die man in einem jungen Garten haben sollte. Bei mageren Böden ist es anfangs keineswegs zu viel, 25 Prozent stickstoffbindende Pflanzen einzusetzen. Sie können später entfernt werden, wenn der Garten reift. Dabei sollte man auch nicht vergessen, stickstoffbindende Bäume und Büsche zu nutzen, nicht nur mehr- und einjährige Kräuter.

Nährstoff-Akkumulatoren. Diese tiefwurzelnden Pflanzen fördern Mineralien aus dem Untergrund und transportieren Nährstoffe in den Garten, wo sie von anderen Pflanzen, Mikroben und Tieren in die ineinandergreifenden Zyklen aus Materie und Energie aufgenommen werden können. Sie gleichen den von anderen Bodenbildnern zugeführten Stickstoff und Kohlenstoff aus.

Mulchpflanzen. Alle Pflanzen fügen dem Boden Mulch hinzu, wenn Blätter fallen, aber manche tun sich dabei hervor. Pflanzen mit großen Blättern und dichten Blattdächern, die einen starken Rückschnitt vertragen, eignen sich am besten. Anfangs kommt der Mulch aus der Krautschicht, doch wenn der Garten reift, übernehmen Bäume und Sträucher einen Großteil dieser Rolle.

Andere Reiche des Lebens einbinden

Obgleich Pflanzen das zentrale Merkmal eines Gartens ausmachen, muss ein Garten-Ökosystem seine Verbindungen in den Rest der Natur ausdehnen, um richtig zu florieren. Diese Verknüpfungen bringen Energie und Nährstoffe auf eine Art in den Garten, die der Flora und dem Gärtner nicht möglich sind, und erzeugen komplexere und widerstandsfähigere Kreisläufe. Wenn ein Vogel in den Garten fliegt, trägt er oftmals neue Samen von anderswo mit sich, die die Vielfalt erhöhen oder eine ungenutzte Nische füllen. Er lässt wahrscheinlich auch kleine Düngergaben fallen, die er von außerhalb des Gartens mitbringt. Für manche ist das einfach nur Vogelkot, aber aus ökologischer Sicht ist dies ein wertvoller Eintrag, für den der Gärtner nicht arbeiten musste. Jeder Besucher im Garten trägt Energie und Nährstoffe herein, die er woanders gesammelt hat. Zudem bringt jeder Vogel, jedes Insekt oder andere Tier neue Glieder im Nahrungsnetz hervor, erntet ungenutzte Ressourcen, liefert Nahrung für andere und fügt dem dynamischen Balanceakt, den ein Ökosystem darstellt, etwas hinzu.

Um nützliche Besucher anzulocken und sie zum Bleiben zu bewegen, benötigen wir Pflanzensorten, die Partnerschaften mit den anderen Reichen des Lebens eingehen. Hier sind einige Vegetationsklassen, die genau dies tun.

Insektarium-Pflanzen. Diese Arten sind uns mittlerweile vertraut. Sie liefern Nektar oder Pollen, ziehen Beutearten (wie Blattläuse und Raupen) an oder bieten Insekten ein Heim. In dieser Kategorie sollte es heimische Pflanzen geben, damit ansässige Nützlinge angelockt werden, aber auch Exoten, da ein Großteil der Insekten bei uns Importe sind, die eingebürgert wurden und fremdländische Wirte brauchen. Man sollte eine breite Auswahl an Insektarium-Pflanzen einsetzen, damit sie blühen und ihre Magie auch anderweitig über einen langen Zeitraum entfalten. So werden Bestäuber und Schädlingsbekämpfer stets da sein, um bei Bedarf einzufliegen.

Wildtiere anlocken. Kräuter, Büsche und Bäume, die Nahrung und Obdach für Vögel, Säugetiere, Reptilien und Amphibien bieten, bringen auf vielen Ebenen Vielfalt in den Garten und verringern Schädlingsprobleme. Auch hier gilt, Abwechslung ist wichtig. Wählen Sie Pflanzen unterschiedlicher Höhen, verholzt und krautig, die vielfältige Früchte, Blumen, Blätter und Zweige besitzen, um die vielen Ernährungsstile mit dichtem und offenem Laub und einer Auswahl zu unterstützen, die in allen Jahreszeiten Nahrung bieten.

Arten für Trocken- und Grünfutter. Ich habe gezeigt, wie Kleintiere (Hühner, Enten, Kaninchen und andere) uns unabhängiger von Einträgen wie Dünger machen und im Verlauf ihrer normalen Aktivitäten hilfreiche Arbeit übernehmen. Warum schließen wir diesen Kreislauf nicht noch mehr und geben unseren tierischen Helfern ihr eigenes Trocken- und Grünfutter aus Pflanzen, die Samen, Nüsse, Hülsen, Obst, Futtermittel und Vegetation zum Grasen zur Verfügung stellen?

Pflanzen für die Menschen. Alle Gärten sollten auch den Menschen etwas bieten, daher legen wir die Flora entsprechend an. Also Pflanzen für Nahrung, Einkommen, Handwerk, Fasern, Medizin, Baustoffe, Jungpflanzen, Saatgut und einfach nur Schönheit.

Ernte und Recycling von Rohstoffen

Ein ökologischer Garten ist wie ein Netz, er siebt und bewahrt alle Rohstoffe (Mineralien, organische Substanz, Sonnenlicht, Wasser und Organismen), die hindurchfließen. Und was ebenso wichtig ist, diese Landschaften sind begeisterte Recycler, sie verlagern jedes bisschen Materie und Energie aus der Erde zu Pflanzen und Tieren und wieder zurück, immer wieder, bis auch das letzte Stückchen Nutzen entnommen ist. Dieses sorgfältige Haushalten aller Ressourcen ist ein Schlüssel zu einem nachhaltigen Garten. Wir wenden also ein Spektrum von Techniken an, um möglichst viele

Rohstoffe, die in den Garten gelangen, aufzunehmen und wiederzuverwerten. Die besten dieser Methoden sind passiv und kommen, nachdem er sie etabliert hat, ohne Hilfe des Gärtners aus. Danach ernten sie die Ressourcen und bewegen sie tagein, tagaus im Garten im Kreis. Das ist eine einfache Methode, um Fülle zu schaffen. Hier sind mehrere Strategien und dazugehörige Techniken, wie man Rohstoffe sammelt und recycelt.

Wassergewinnung. Gute Methoden, um notwendiges Wasser aufzufangen und zu speichern, damit der Garten weiter wachsen kann, sind das Graben von Senken und Kanälen, um abfließendes Wasser zu sammeln, das Hinzugeben von Humus zur Erde, der Einsatz von Tiefmulch und dichten Bepflanzungen und die Regengewinnung vom Dach in Tanks und Teichen. Das reduziert die Anforderungen an Brunnen und andere weniger erneuerbare Wasserquellen mit hohem Eintrag.

Nährstoffe auffangen. Ein Brauchwassersystem siebt Mineralien und organisches Material aus, das ansonsten verloren geht und in die Kanalisation gespült wird. Humusreiche Erde verhindert, dass wertvolle Materie durch Regen ausgewaschen wird. Durch Kompostierung und Mulchen (statt das Schnittgut am Straßenrand abholen zu lassen) bleibt Fruchtbarkeit auf dem Gelände. Nachbarn sind oft froh, ihren eigenen Gartenabfall loszuwerden (die Narren!), eine wunderbare, kostenlose Quelle für organische Substanz. Die Pflanzen selbst ziehen Nährstoffe aus dem Regen und sammeln Staub und vom Wind verwehten Schmutz.

Gärtnern in Schichten. Die immense Blattfläche eines mehrstöckigen Gartens von Bäumen, Sträuchern und niedrigen Pflanzen fängt Sonnenlicht ein und verwandelt es weitaus effektiver in Leben als eine einschichtige Landschaft. Viele Schichten verlangsamen auch den Feuchtigkeitsverlust durch Verdunstung und sammeln vielleicht sogar Nebel, was den Gesamtniederschlag erhöht. Darüber hinaus lockt der dreidimensionale Garten mehr Vögel und nützliche Insekten in seinen abwechslungsreichen Lebensraum, mit all den Zugaben, die sie bieten.

Sektoren benutzen. Wenn man Pflanzen, Gebäude, Wege, Windschutz und andere Elemente im richtigen Verhältnis zu den saisonalen Sonnen- und Windmustern, Ausblicken, Feuer- und Wildtierkorridoren sowie anderen Energien anordnet, die vom Gelände kommen, lassen sich die Vorzüge dieser Kräfte bündeln und vermindern ihre Abflusswirkungen.

Tiere hinzufügen. Tiere werden als Gartenelemente häufig übersehen. Doch sie haben viele Rollen. Sie fressen alles, was im Übermaß vorhanden ist, und verwandeln es in nützliche Arbeit, mehr Tiere, Produkte und Dünger. Wir können uns aussuchen, welche dieser vielfältigen Gaben wir uns wünschen. Techniken zum Anlocken von Tieren in den Garten reichen vom einfachen Aufhängen eines Vogelhäuschens, damit dort der Boden aufgescharrt und Dünger fallen gelassen wird, bis zu Recht komplexen Anordnungen, wo wir unterschiedlichste Pflanzen setzen, die nahrhaftes Hühnerfutter liefern, oder Geflügel für Eier und Fleisch in Hühnertraktoren züchten.

Die Tiere fressen überschüssiges und unbrauchbares Obst und Laub und verarbeiten es in ihrem Darm so, dass die Destruenten es leicht wieder in das Garten-Ökosystem zurückführen können. Sie sind die Konsumenten, die produzierende Pflanzen und zersetzendes Bodenleben miteinander verbinden.

Verflechtungen aufbauen

In der üppigen Vernetzung eines Ökosystems werden kleine Fehler leicht ausgeglichen. Der Verlust von ein paar Pflanzen oder der

Ausbruch einer Krankheit sind nicht der große Rückschlag, der es in einem Reihenkultur-Garten wäre. Denn die Verbindungen und Redundanz wandeln das Garten-Ökosystem in ein widerstandsfähiges Geflecht. Durchtrennt man ein paar Fäden, bleibt das Ganze dennoch erhalten. Und in einem lebendigen Netz werden die Bruchstellen durch die sich wandelnde, fortpflanzende, ausschwärmende Flut des Lebens rasch repariert. Mehr als jeder andere Faktor ist es dieses Gewebe, das den ökologischen Garten von gebräuchlicheren, verletzlicheren Formen unterscheidet. Die Schaffung dieser Verbindungen – tief, vielfältig und stark – ist ein Hauptziel des ökologischen Gärtners. Hier sind einige Strategien, um dieses Netzwerk zu erschaffen.

Mit Zonen gestalten. Die ersten Bausteine sollten den Gärtner an die Elemente der Landschaft binden. Ein Garten, der nicht gut mit einem Gärtner verbunden ist, der keinen Grund zum Verweilen und zur Pflege bietet, fällt schnell wieder in die Wildnis eines leeren Grundstücks zurück. Das Zonensystem erzeugt Verbindungen, deren Länge – die Entfernung zwischen Gestaltungselement und Haus – davon abhängt, wie oft diese Element Aufmerksamkeit benötigt. Die geschäftigsten Verbindungen sind die kürzesten, das spart Zeit und sorgt dafür, dass empfindliche oder oft benutzte Pflanzen nicht vernachlässigt werden. Und das Beste ist: Zonen zu nutzen bedeutet, in der Mitte eines Gartens zu leben.

Nischen für die Verbündeten des Gärtners bieten. Die große Mehrheit von Wildtieren, ob Insekt, Mikrobe oder Wirbeltier, ist für den Garten hilfreich oder harmlos. Und generell gilt, je größer die Vielfalt an Arten, desto geringer ist die Chance, dass eine außer Kontrolle gerät. Ich habe Pflanzen beschrieben, die Wildtiere herbeilocken. Nischen werden auch durch Vogelhäuschen und Futterkrippen gestärkt, durch Mulch, der räuberische Käfer verbirgt und Insekten jagende Vögel anzieht, Steingärten für nützliche Eidechsen und Schlangen, Gestrüppstapel für Insekten und Vögel und Teiche, wo Fische und Amphibien ein Zuhause und andere Tiere eine Wasserstelle finden.

Überleben und Wachstum mit Ammenpflanzen verbessern. Ammen-, Gerüst- und Begleitpflanzen (Tabelle 6-4) stellen sicher, dass junge oder zarte Arten sich leichter etablieren. Sie fördern die Wachstumsrate ihres Schützlings auch weit über das hinaus, was eine Jungpflanze allein schaffen könnte. Indem sie Nährstoffe anreichern, Schutz vor Wind und sengender Sonne und natürlichen Mulch bieten und oftmals ein sicherer Ort für Nützlinge und Wildtiere sind, stellen Ammenpflanzen und andere essenzielle Verbindungen zwischen jungen Setzlingen und den Kräften her, die sie töten oder unterstützen können. Hilfspflanzen sind einer der größten Faktoren, die einen Garten dahin bringen, wie ein Ökosystem zu funktionieren. Ein reichhaltiger Einsatz wird empfohlen.

Gemeinschaftsaufbau durch Gilden. Gilden oder Pflanzengemeinschaften, die jene in der Natur nachahmen und gleichzeitig die Menschen beliefern, sorgen dafür, dass Pflanzen und Tiere dem Gärtner viel Arbeit abnehmen. Ein solitärer Obstbaum z. B. muss bewässert, gedüngt und gesprüht werden. Seine Chancen auf Bestäubung und Anfälligkeit für Krankheit und Ungeziefer sind dem Zufall der Elemente überlassen. Aber wenn man eine Gilde entwirft, die den Baum mit Pflanzen und Tieren verbindet, die diese Aufgaben übernehmen, sind nicht nur Gärtner und Baum glücklicher, sondern das reichhaltige, mehrschichtige Gewebe der Gilde erntet auch mehr Ressourcen, formt neue Nischen und steigert den Artenreichtum.

Funktionen stapeln. Hat jedes Element mehrere Funktionen – z. B. eine Ammenpflanze, die ihrem jungen Schützling Schatten und Stickstoff zur Verfügung stellt, Beeren für Wildtiere liefert und rasch wachsenden Mulch produziert – baut es ein dichtes Netzwerk von Verbindungen auf. Jede Rolle, die von einer Pflanze oder einem anderen Gartenelement gespielt wird, verknüpft sie mit etwas anderem. Je dichter und vernetzter dieses Geflecht wird, desto einfacher gestaltet sich die Pflege des Gartens, denn die meisten Aufgaben werden vom Garten selbst erledigt, und wenn ein Organismus versagt, ist ein anderer da, der die Lücke füllt. Eine tief verwobene Landschaft beginnt zudem auch wie ein Wesen zu agieren und besitzt einen eigenen Charakter und Neuheiten. Das macht den ökologischen Garten zu einem so faszinierenden Ort.

Wachsen durch Zerlegen. Es ist kein erfolgversprechendes Rezept, einer Landschaft auf einmal ein willkürliches, großes und unerprobtes Muster aufzuzwingen. Dies führt oft zu ungeeigneten Pflanzungen, unzusammenhängenden Elementen, die nicht gut zusammenarbeiten, und ständigen Rettungsbemühungen. Beginnen Sie stattdessen lieber klein und nahe am Haus, finden Sie heraus, was funktioniert, sodass ein Bereich erfolgreich wächst und wiederholen Sie das Muster (mit entsprechenden Variationen für neue Plätze). Mit der Zeit werden diese vielen kleinen Stellen aus Fruchtbarkeit und gedeihenden Pflanzen zusammenwachsen und zu einem widerstandsfähigen, gesunden Ganzen. Ökologische Gestalter nennen diesen Ansatz »Wachsen durch Zerlegen«.

Der Garten explodiert

Obgleich jeder Augenblick im ökologischen Garten Freude macht, gibt es eine Phase in der Entwicklung eines Grundstücks, der besonders aufregend ist.

Und zwar dann, wenn nach einer Startperiode mit langsamem Pflanzenwachstum und unmerklicher Bodenverbesserung der Garten plötzlich vor Lebendigkeit explodiert und vor lauter Vegetation, Obst, Blüten und Wildtieren überschäumt. Die frühe Etablierungsphase kann ein paar Jahre dauern, aber aufgepasst! Der ganze Garten »platzt« plötzlich, als wäre irgendeine kritische Masse erreicht. Der Garten erwacht zu voller Vitalität und geht scheinbar von einem Moment zum anderen von beinahe Wüste in einen üppigen Dschungel über, der vor lebendiger Energie strotzt. Jeder, der seit einigen Jahren Permakultur und ökologischen Gartenbau praktiziert, hat diese erstaunliche Transformation erlebt. Ich gebe Ihnen ein Beispiel.

Im ersten Kapitel habe ich Ihnen Roxanne Swentzells Garten in New Mexico vorgestellt. Sie erinnern sich, als sie und ihre zwei kleinen Kinder einzogen, war der Platz eine Kieswüste. »Zuerst starb alles, was wir pflanzten«, hatte Roxanne erzählt. »Es war einfach zu rau.« Die Pflanzen versengten im Sommer und erfroren oder vertrockneten im Winter. »Dann haben wir große alte Steine oder Baumstämme als Schutz geholt und kleine Bäume dahinter gesetzt«, erinnerte sie sich. »Das half ein wenig. Aber trotzdem mussten wir vieles immer wieder pflanzen.« Sie brachten lastwagenweise Dünger und Mulch herbei und bauten Steinmauern, die in kalten Nächten die Hitze speicherten und versuchten, milde Mikroklimate zu erzeugen, in denen sich winzige Inseln der Fruchtbarkeit bilden konnten.

Bei meinem zweiten Besuch dort kam Permakulturdesigner Joel Glanzberg vorbei und führte mich herum. Er hatte damals geholfen, den Garten zu entwerfen und anzulegen. Er erläuterte ihre Strategie, damit die Pflanzen überlebten und erzählte: »Am Anfang suchten wir eine geschützte Stelle, wie an einer Bodensenke. Wir haben sie gemulcht und Pionierarten gesetzt, meistens einheimische und exotische Stickstoffbinder wie Neumexiko-Robinie, Schmalblättrige Ölweide und Gemeinen Erbsenstrauch.« Im Schatten davon pflanzten sie Obst- und Nussbäume, die schließlich über die stickstoffbindenden Ammenpflanzen emporwuchsen und ein Laubdach bildeten. »Wir arbeiteten daran, einen günstigen Platz zu schaffen, unsere Ressourcen dort zu konzentrieren und dann aus diesen Kernen zu expandieren«, sagte Joel. »Und diese Kerne begannen, sich zu verbinden. Rox erkannte schnell, dass man kleine Bereiche unter Kontrolle bringen muss und wenn man dort erfolgreich ist, geht man weiter und wiederholt das Muster.« Diese Strategie, kleine Erfolge zu duplizieren, anstatt zu versuchen, alles auf einmal zu tun, also Wachsen durch Zerlegen, verringert die Chance auf einen Misserfolg, da man auf früheren Erfolgen aufbaut.

Die Strategien funktionierten. Etwa im fünften Jahr begann das Leben, Fuß zu fassen und Fahrt aufzunehmen. Der Boden war üppig genug, der Schatten ausreichend dicht, die Blattstreu recht kompakt, die Wurzeln hinlänglich tief, dass sich die Stücke zu einem Ganzen zusammenfügen konnten. Das System »platzte aus den Nähten«. Pflanzen, die mehrere Jahre lang in der rauen Wüste gekämpft hatten, explodierten plötzlich und wuchsen in einer Saison einen Meter. Der Boden blieb während monatelanger Dürreperioden feucht. Glänzendes Obst brach durch das dichte Laub. Die brauchbarsten Werkzeuge waren nicht mehr Schaufel und Sprinkler, sondern Erntekorb und Baumsäge. Vögel erfüllten den neuen Wald mit ihrem Gezwitscher. Und ein fast geschlossenes Blätterdach aus Vegetation wirft nun einen kühlen Schatten, der Schutz vor der intensiven Sonne New Mexicos bietet und die Erde davor bewahrt, zu trockenem Staub zu verbrennen. Eine völlig andere Energie erfüllt den Platz. Jemand mit mystischer Neigung würde sagen, dass ein Geist gekommen war, um das Land zu bewohnen und ihm Leben zu geben.

Während Roxanne die Anfänge des Gartens beschrieb, beobachtete ich Honigbienen, die aus einem Stock an der Hintertür zu einem dichten Blumenteppich flogen, der einen kleinen Teich einfasste. Roxanne schnitt weitere Äste von einer prächtigen Schmalblättrigen Ölweide. »Unsere größten Probleme sind jetzt zu viel Schatten und zu viel Wasser«, erzählte sie. »Und ich kann nicht mal einen Pfirsichkern ins Gebüsch werfen, weil dann nächstes Jahr ein Pfirsichbaum dort wächst.« Doch vor nur ein paar Jahren war der Platz so karg wie außerhalb von Roxannes Zaun. Dort war der Boden noch immer bloßer Kies und die Luft sengend heiß, während drinnen die Temperatur 5 Grad kühler war. Im Winter gab es weniger Frost und die Tiefstwerte nachts waren nicht so extrem. Die Gestaltung des Gartens hatte das gnadenlose Hochwüstenklima in etwas Liebliches und Sanftes verwandelt. Das ist eine bedeutende Leistung.

Ich betrachtete die umliegenden kahlen, erodierten Hügel und stellte mir den Südwesten vor, der von einem reichhaltigen Nahrungswald wie diesem bedeckt ist. Jedes Haus könnte eine Keimzelle für ein expandierendes Netz grüner Baumkronen

In nur wenigen Jahren wandelte sich das Flowering Tree Permaculture Institute von einer sonnenverbrannten, kargen Wüste zu einer üppigen Oase, die vor Leben übersprudelt.

und tiefer Erde sein, das schließlich zu einem kontinuierlichen Teppich aus satter, üppiger Natur wird.

Das Phänomen, das ich sah, die »Explosion« eines jungen ökologischen Gartens in ein autarkes Ökosystem, ist wohlbekannt. Es ist bei den Bullock-Brüdern, bei Penny Livingston, Roxanne und Jerome Osentowski geschehen. Auch ich habe es im südlichen Oregon erlebt. Kiel und ich hatten begonnen, unsere Zonen 1 und 2 zu verbessern, als wir dort ankamen, und im vierten Sommer sahen wir, wie zunächst mühsam wachsende Bäume plötzlich in die Höhe schossen. Wildblumen, die wir nicht gepflanzt hatten, blühten überall. Der Boden außerhalb des Hauses war zäher Lehm, der im Sommer so hart wie Asphalt wurde, nur von ein paar Grasbüscheln durchbrochen, die bis im Juli verbrannt waren. Nach Tiefmulchen und dichter Bepflanzung wurde diese Erde schwarz, war voller Würmer und wurde jedes Jahr tiefer. Zunächst musste ich das Bewässerungssystem bereits ein paar Tage, nachdem die Regenfälle im Mai aufgehört hatten, anwerfen. Später brauchte ich erst sechs Wochen nach Beginn der trockenen Saison wässern. Viele Pflanzen gediehen ohne Wasser durch den gesamten heißen, trockenen Sommer. Der einst hart gebackene Boden wurde von Obstbäumen, einer Fülle von Büschen und strauchhohen mehrjährigen Blumen beschattet, zwischen denen Salatgemüse, Kräuter und Erdbeeren wuchsen.

In den wilderen, ungepflegten Bereichen unseres Grundstücks, wo einst drei oder vier verkümmerte Unkraut- und Grassorten ums Überleben rangen, wuchsen schon bald über ein Dutzend Wildblumen und heimische Gräser hoch und dicht – und ich habe sie nicht gepflanzt. Ohne Anstrengung zählte ich 15 Bienen- und nützliche Wespenarten, unzählige Käfer und vier verschiedene Eidechsenarten. Vögel, die vorher nur kurz zu Besuch kamen, wie Kieferntangare, siedelten sich an. Und jedes Jahr wurde es besser.

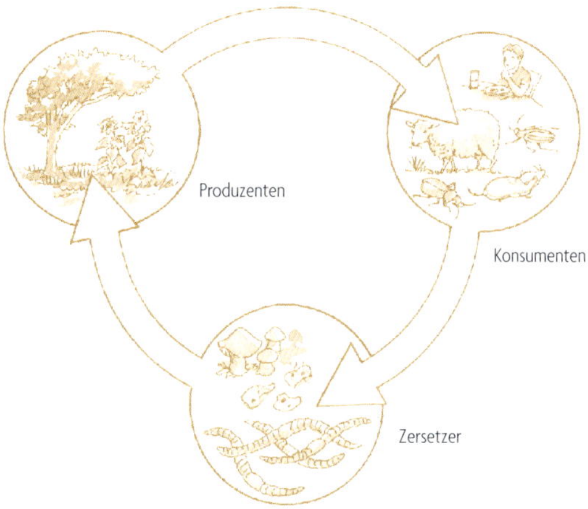

Der Zyklus aus Produzenten, Konsumenten und Zersetzern. Alle drei Elemente dieses Kreislaufs sind gleich wichtig. In den meisten Gärten werden die Destruenten (Würmer, Bakterien, Pilze und andere Bodenlebewesen) vernachlässigt, wodurch die Produzenten (Pflanzen) und dann die Konsumenten (Tiere) einen Rohstoffmangel erfahren. Wenn eine Verbindung floriert, werden auch die anderen stärker.

In meinem Garten in Portland wiederholt sich nun der Prozess. Unser Boden erforderte nicht so viel Arbeit wie im südlichen Oregon, doch der Garten begann als übel verdichtete Fläche voller Gras. Drei Jahre später tragen die Obstbäume Früchte, umgeben von dicht gestapelten Gilden. Dichtes Laub kühlt uns und das Haus an heißen Tagen und Zaunkönige, Spechte, Eichelhäher, Spatzen, Meisen und viele andere Vögel verbringen hier einen Gutteil des Tages. Gräbt man irgendwo im Garten den Boden um, trifft man auf schwarze Erde voller Würmer. Das früher leere Grundstück spuckt so viel Biomasse aus, dass ich Kompost und Oberboden verschenke, um nicht darunter begraben zu werden. Die neuen Bäume sind fast groß genug, damit Kiel ihre heißgeliebte Hängematte dazwischen aufhängen kann.

Es ist hilfreich, nun zwei Fragen zu stellen: Was geschieht, wenn ein Garten explodiert? Und wie können wir das so schnell herbeiführen?

Der Garten als Organismus

Was geschieht hier also? Zum einen bewegt sich ein ökologischer Garten rasch durch die Pionierphase – voller schnellwachsender, niedriger Pflanzen mit begrenztem Lebensraum für andere Arten, ähnlich wie konventionelle Gärten – in ein reiferes, vielschichtiges Ökosystem mit hohem Biomasseanteil, enormer Vielfalt und geschlossenem Kreislauf.

Viele der in diesem Buch beschriebenen Techniken sind so ausgelegt, dass sie diesen natürlichen Vorgang der Sukzession beschleunigen und die Verbindungen zwischen den Organismen eng, vielschichtig und effizient machen. Tiefmulch z. B. steigert schnell die Menge an Energie und Nahrung, die für das Bodenleben zur Verfügung stehen. Tausende von Arten an Bodenorganismen kommen durch diesen Mulch an, mit Regentropfen und Luftströmungen herbei oder sind bereits vorhanden, aber schlummern in der Erde. In der einladenden, natürlichen Umgebung erwachen sie zum Leben. Dies vergrößert die Destruentenkomponente im so wichtigen Kreislauf aus Produzenten, Konsumenten und Zersetzern.

Wie gesagt gibt es in den meisten Gärten wenige und nur schwache Zersetzer, die nur ein geringes Maß an Nährstoffen recyceln und freisetzen können. Dieser Mangel engt die Kraft und Zahl der Produzenten (Pflanzen) und Konsumenten (Vögel, Insekten und Menschen) ein, die Destruenten brauchen, um Rohstoffe für das Wachstum zu liefern. Wenn man die Aktivität der Zersetzer hochfährt, indem man ausreichend organisches Material hinzufügt, entfesselt man das zuvor verkümmerte Pflanzen- und Tierleben. Das dynamisch kreisende Bodenleben pumpt einen enormen Überschuss an Nährstoffen hoch, bringt Nahrung und Energie in wilder Fülle und in vielen Formen hervor, so dass mehr Pflanzen und Tiere, im Hinblick auf die Vielfalt und auch die schiere Menge, gedeihen können. Tiefmulch erzeugt zudem Humus, der zu einem geräumigen Reservoir für Wasser und Mineralien wie Kalzium, Kalium und andere wird, die lebenswichtig für das Pflanzenwachstum sind.

Denken Sie sich den ganzen Garten als einen Organismus. Wenn man die Fläche um ein Haus tief mulcht, kombiniert mit dichter Bepflanzung, erschafft man einen wachsenden Kreis aus lebendigem Leben und Fruchtbarkeit. Das dicht miteinander verwobene Boden-, Pflanzen- und Tierleben ist nun durchflutet von Nährstoffen, Wasser, Pollen, chemischen Botschaften und anderen »Informationsflüssen«. Während der Gärtner allmählich diesen intensiv bepflanzten Bereich vom Haus aus weiter ausdehnt, vergrößert sich auch der Bereich dichter Verflechtungen, Nährstoff- und Energieflüsse verbinden und intensivieren sich, neue Nischen erscheinen und mehr Arten können an diesem dynamischen Ort florieren. Die lebendige Vernetzungsfähigkeit des Gartens wird so gesteigert, dass er zu einem faserigen Knoten des Lebens wird, bei dem es praktisch unmöglich wird, ihn zu verwunden, in ihn einzudringen oder ihn anderweitig zu destabilisieren.

Diese Widerstandsfähigkeit besteht aus vielen Gründen. So viele Arten aus allen Lebensreichen sorgen für eine riesige Ansammlung von Nahrungsarten und Lebensraum. D. h. jeder Gartenbewohner hat mehrere Orte, wo er Nahrung findet, statt nur eine einzige Nahrungsquelle, die ausfallen könnte. Und da so viele Lebensräume vorhanden sind, hat jeder Bewohner eine gute Chance, das richtige Mikroklima, den Bodentyp, die Asthöhe oder andere Qualität zu finden, die er zum Überleben braucht. Diese hohe biologische Vielfalt – sehr viele Arten – bedeutet, dass falls eine Art ausstirbt, viele andere da sind, die ähnliche Rollen spielen und in der Nähe bereitstehen, diese Lücke zu füllen und die Gemeinschaft funktionsfähig zu halten.

Dieser Garten ist schwer zu beschädigen. Eine neue Art kommt vielleicht aus der

Wildnis oder der Gärtnerei, doch wird selten invasiv. Höchstwahrscheinlich findet sie fruchtbare Erde und die richtigen Bedingungen, um zu wachsen. Aber da so viele andere Arten da sind – mögliche Konkurrenz – ist es unwahrscheinlich, dass sie genügend ungenutzte Nahrung oder Fläche findet, um zur Plage zu werden. Falls sie sich zu schnell ausbreitet, wird sie zur leckeren und üppigen Nahrungsquelle für eine der Tausenden von Insekten, Bodenpilzen oder anderen Konsumenten, die sie im Zaum halten. Erinnern Sie sich, wie Bisamratten im Feuchtgebiet der Bullocks durch die Ankunft der Otter zurückgedrängt wurden? Sie können darauf vertrauen, dass dies kein Einzelfall war. Die Brüder hatten auch ein ähnliches Problem mit Schnecken, bis Enten kamen und die schleimigen Eindringlinge auf eine passable Menge reduzierten. In jedem ausgewogenen Ökosystem geschieht das einfach.

Diese Art von Garten wird so rasch ausgefüllt, weil fast jede potenzielle Ressource, die hereinkommt, von irgendeinem wartenden Organismus aufgenommen wird. Dies schlägt sich in raschem Wachstum und dichten Verflechtungen nieder. In herkömmlichen Gärten, mit großen Flächen nackter Erde und wenig Vielfalt, kann der Dünger aus unbewohntem Grund auswaschen, wertvolles Wasser verdunstet, Sonnenlicht fällt auf leere Fläche. Da im Gewebe aus Produzenten, Konsumenten und Destruenten außerdem etliche Glieder fehlen, bleiben viele Rohstoffe – von toten Ästen bis zu trockenen Blättern oder alten Maiskolben im Kompost – ungenutzt, da keine Kreaturen da sind, die imstande wären, sie wiederzuverwerten und zu nutzen.

Aber in einem bunt gemischten Garten geht nichts verloren. Etwas lässt sich immer nutzen. Jede mögliche Nahrung oder Lebensraumquelle wird sofort hungrig durch eine der unzähligen vorhandenen Arten aufgenommen und in die stetig wachsende Struktur des Gartens integriert. Dies ist ein weiteres Beispiel des Phänomens »reich wird reicher«, das man formell auch als das Gesetz der steigenden Erträge bezeichnet. Sobald ein ausreichend großer Rahmen für die Nutzung des Reichtums vorhanden ist – in diesem Fall besteht der Reichtum aus Sonnenlicht, Nahrung und zuwandernden Arten und der Rahmen sind fruchtbarer Boden und eine mehrstöckige Ansammlung von Pflanzen – wird der Garten immer reichhaltiger und vielfältiger. Das dauernd wachsende Rad des Lebens wird immer besser im Ernten und Nutzen von Nährstoffen und dem ständigen Strom kostenloser Energie von der Sonne, die für noch mehr Wachstum und Vernetzung sorgt.

Der Entwurf selbst stellt auch sicher, dass nur wenig vergeudet wird. Die Nutzung von Grauwasser bedeutet, dass Nährstoffe, die sonst im Abwasser verloren gingen, jetzt aufgefangen, vom Boden geizig festgehalten, dann den Pflanzen zugeführt und im Garten recycelt werden. Das Zonen-Design gewährleistet, dass die Plätze, die am meisten Pflege brauchen, in Reichweite sind, wodurch man rasch den nackten Flecken sieht, der Mulchen erfordert, die herabhängende Pflanzendecke, die nach Wasser schreit oder die Schnecken, die den Kopfsalat durchlöchern. Die Berücksichtigung von Sektoren nutzt die kostenlose Energie wie Sonnenlicht effektiv und bremst den Kampf gegen Wind oder Feuer, wodurch unsere Zeit für produktivere Arbeit frei wird. Der Einsatz von Insektarium- und Wildpflanzen erweitert das Ausmaß des Gartens über das Pflanzenreich hinaus zu Mikroben, Insekten und anderen Tieren. So bringen wir oft übersehene Verbündete und Energien in den Garten, füllen ihn mit geschäftigen Arbeitern, während wir in der Hängematte Limonade trinken.

Ein weiterer Grund für das Phänomen der »Explosion« ist die Tatsache, dass wir natürliche Pflanzengemeinschaften nachahmen. Dabei nutzt man die evolutionäre Grundlagenarbeit einiger Milliarden Jahre. Im Laufe von Äonen haben sich die Arten einer Pflanzengemeinschaft gemeinsam entwickelt und sind daher vertraute Partner. Sie wissen, was sie miteinander tun. Die Verflechtungen und Nährstoffströme, chemischen Signale und Pollen sowie die Nischen für die nützlichen Nebendarsteller des Bodenlebens sind bereits ausgearbeitet. Daher ist der Gildenansatz so viel erfolgreicher, als nur Blöcke einzelner Arten zu pflanzen. Wie ein gutes Sportteam haben die Mitglieder ihre Bewegungen so oft geübt, dass sie sich, wenn wir sie zusammenbringen, zu einem reibungslos funktionierenden Ensemble ergänzen und an die Arbeit gehen. Der Ökologe Stuart Pimm, der natürliche Gemeinschaften studiert hat, beschrieb diesen Prozess in einem Interview mit Autor Kevin Kelly. Pimm erklärte, dass in diesen Gemeinschaften »die Akteure sehr oft miteinander gespielt haben. Sie wissen, was eine Abfolge ist. Die Evolution entwickelt nicht nur die funktionierende Gemeinschaft, sondern sie verfeinert auch den Zusammenführungsprozess, bis sich in der Gemeinschaft praktisch alles wie von selbst ergibt.« Wenn man also die Mitglieder einer bestehenden Pflanzengemeinschaft zusammenbringt, erhöht dies die Chance einer erfolgreichen und rapiden Verflechtung und vermindert mögliche Nischen für Eindringlinge wie Schädlingsarten.

In einem Garten, der so voller Leben ist, vor komplexen Nahrungsnetzen wimmelt und einen üppigen Vorrat an Nährstoffen hat, gibt es enorm viele Möglichkeiten, damit sich erfolgreiche, gegenseitig nutzbringende Verbindungen bilden und verstärken können. Dadurch platzt das System aus den Nähten. Jetzt sehen wir uns an, wie wir den Ablauf so beschleunigen können, dass wir rasch in die erfreuliche, explodierende Phase gelangen.

Wo fängt man an?

Ich habe den Prozess beschrieben, wie man den Garten entwirft und eine Reihe von Techniken dafür genannt. Aber der ökologische Gartenbau ist ein neues Feld, in dem es ständig frische Informationen gibt, also wäre ich nicht überrascht, wenn Sie Ihre Entwurfsskizzen ansehen, die hübsch nach Zonen und Sektoren gezeichnet und voller multifunktionaler Pflanzen sind und sich fragen: »Ja, aber was mache ich zuerst?« Natürlich sollten Sie an der Eingangstür beginnen, doch womit? Was sind die allerersten Dinge, die man tun kann, damit man aus einem Garten ein Ökosystem entwickelt?

Der Titel eines ausgezeichneten Buches von Grace Gershuny gibt die Antwort: *Start with the Soil.* Der Boden ist nicht nur die Basis der ökologischen Pyramide und somit der logische Ort, um anzufangen, sondern schon bald wird die Erde voller mehrjähriger Pflanzen sein und lässt sich daher nicht so einfach bearbeiten. Wenn der Boden zu reicher, lehmiger Fruchtbarkeit gebracht wird, wird alles, was darauf folgt, beschleunigt und belebt. Der erste Schritt besteht also darin, ein kleines Beet aus nährstoffreichem Boden bei der Haus- oder Hintertür oder an einem anderen nahe gelegenen Ort anzulegen (wie man den genauen Platz für dieses Beet wählt, wird in einigen Absätzen erklärt).

Stellen Sie sich diese üppig fruchtbare Region als Herz von Zone 1 vor, der Platz, der die erste Ladung dichter Bepflanzungen unterstützt und wohl auch stark abgeerntet wird. Daher muss dieser Boden auch enorm fruchtbar sein. Das wird die erste Keimzelle hoher Fruchtbarkeit und Vielfalt, die später mit anderen verbunden wird, wie Joel Glanzberg es beschrieben hat.

Um den Garten in Gang zu bringen, wollen wir die Erde des Starterbeets schnell aufbauen. Ist eine Kompostquelle vorhanden, lässt sich die Fruchtbarkeit auf kleinem Raum am besten steigern, wenn man

Ökologische Kompromisse oder Wo gehobelt wird . . .

In einer perfekten, für die Umwelt optimierten Welt würden wir nicht mit der Fräse umgraben, all unsere Mulchmaterialien kämen aus der Nähe – idealerweise dem eigenen Grundstück – und wir fänden zur Bodenverbesserung erneuerbare Quellen, statt abgebaute und erschöpfliche Produkte wie Gesteinsphosphat und Grünsand. Doch es ist keine perfekte Welt und ich bin nicht so dogmatisch, zu verlangen, dass wir unsere Gärten nur mit völlig nachhaltigen Techniken erschaffen und nutzen. Wenn es Zeit wird, an die Arbeit zu gehen, fährt der Idealismus gegen die Wand der Praktikabilität. Es ist mir lieber, Gärtner verbrauchen etwas nicht erneuerbare Ressourcen, um schließlich autarke Gärten zu gestalten, statt von der Angst gelähmt zu werden, etwas zu tun, was falsch für die Umwelt ist.

Wir tun das, womit wir uns wohl fühlen. Zum Schrecken von Puristen sagt David Holmgren, der Miturheber der Permakulturkonzepte, dass er nichts gegen den einmaligen Einsatz eines Herbizids hat, um Land auf das Pflanzen von Bäumen vorzubereiten, angesichts der eingesetzten Energie und verursachten Zerstörung durch die Alternative: Den Platz Jahr um Jahr mit Maschinen zu bearbeiten, bis die Bäume etabliert sind. Und der sonstige Biogärtner Doug Clayton benutzt einmal im Jahr das Insektizid Imidan bei seinen Obstbäumen. Er glaubt, dass eine Einzeldosis dieses effektiven Pestizids weit weniger schädlich ist als was er vorher tat: Fast jede Woche sprühte er die biologisch akzeptablen, doch sehr giftigen Mittel Pyrethrum und Rotenon.

Falls Sie einmal eine Motorfräse mieten oder Torfmoos aus versteinerten Torfmoosbänken im Norden Kanadas kaufen oder ein Grundstück mit Bulldozern planieren oder eine andere, vom Idealisten gemiedene Methode anwenden wollen, um Ihr Garten-Ökosystem in Gang zu bringen, dann tun Sie es. Vor allem in der Etablierungsphase, wenn man hart daran arbeitet, missbrauchtes Land wiederherzustellen und unterbrochene Kreisläufe zu heilen, sollte man Nachsicht haben.

Setzen Sie Techniken ein, die für Sie passen. Ich habe Permakulturflächen gesehen, die konventionelle Hochbeete voll einjähriger Pflanzen mit halbwilden Waldgärten kombinieren. Die Hochbeete sind effizient zu ernten, außerdem sieht man rasch, was vor sich geht. In einem Waldgarten gehen Pflanzen manchmal in der Vielfalt verloren. Eine freie Kombination diverser Techniken ist in Ordnung.

Eine Faustregel bei solchen Entscheidungen ist, langfristig zu denken. Der Einsatz nicht erneuerbarer Ressourcen zur Schaffung einer Landschaft ist dann gerechtfertigt, wenn diese Landschaft langfristig mehr Ressourcen erhält oder bereitstellt, als zu ihrer Schaffung nötig waren. Eine weniger natürliche Technik einzusetzen, die selbst gezogene Lebensmittel erzeugt und den Druck auf die Wildnis verringert, ist besser als erschöpft aufzugeben. Insgesamt ist es wohl vorzuziehen, etwas unvollkommen als perfekt nichts zu tun.

ungewollte Vegetation vom Beet entfernt und 2,5-5 cm Kompost hineingibt. Man kann auch andere notwendige Verbesserungen wie Kalk, Phosphat und Kalium hinzufügen (ein Bodentest zeigt, was fehlt). Falls kein Kompost greifbar ist, ist meine bevorzugte

Methode Schichtmulchen. Wie in Kapitel 4 erwähnt, sind Kompostgaben für mich eine kurzfristige Methode, eine Notfalltechnik, um den Boden rasch zu guter Fruchtbarkeit zu verhelfen, damit dieses Bodenstück schnell zur Produktion übergehen kann. Aber um Boden aufzubauen, der wahrlich vor Leben strotzt, mag ich Schichtmulchen – Kompostierung vor Ort –, weil es vielfache Generationen an Bodenleben (ökologische Sukzession im Boden) hervorbringt, das Gartenbeet mit den reichhaltigen Ausscheidungen der Destruenten-Organismen füllt, statt sie unter dem Komposthaufen zu vergeuden, und die Bodenlebewesen ungestört lässt. Außerdem ist es viel weniger Arbeit als an einem Platz einen Komposthaufen aufzubauen und das fertige Produkt dann schubkarrenweise zu transportieren und einzuarbeiten. Der Nachteil ist, dass das Schichtmulch-Beet seine maximale Fruchtbarkeit erst nach ein oder zwei Jahren erreicht. Doch es kann und sollte dennoch sofort bepflanzt werden, in kleine Erdlöcher oder eine dünne Lage guten Bodens an der Oberfläche.

Wie groß sollte dieses erste Beet sein? Das hängt davon ab, wie viel Kompost oder Schichtmulchmaterial – und Arbeit – vorhanden ist. Eine typische Schubkarre, die ein normal kräftiger Mensch schieben kann, fasst etwa 30-85 Liter Kompost, ausreichend, um 1-2,8 m^2 Fläche 2,5 cm tief zu bedecken. Das ist nicht viel – man muss schon einige Schubkarrenladungen bewegen, um ein einziges Gartenbeet zu bearbeiten. Und wie ich bereits in Kapitel 4 erwähnte, bedeckt eine Pickup-Ladung Mulchmaterial etwa 4,7 m^2. Also vergessen Sie nicht, lieber eine kleine Fläche gut zu bedecken als eine große Fläche dünn.

Wo genau soll man diese ersten wertvollen Gartenbeete anlegen? Hier erweist es sich als praktisch, wenn man ein bisschen über Mikroklimate Bescheid weiß. Joel Glanzberg sprach davon, dass sie die ersten Anpflanzungen entlang von Senken machten, wo sich das Wasser sammelt und verweilt und wo potenzieller Schutz vor Wind und Sonne bereits existierte. Im hochgebirgigen Colorado baute Jerome Osentowski Felsterrassen, die die Wärme in seinem frostanfälligen Garten speicherten. Und beim kühlen, nebligen San Francisco pflanzte Penny Livingston einen Pfirsichbaum zwischen einige kleine Teiche, wo die Wärme vom Wasser gespeichert wird und das reflektierte Licht das Wachstum beschleunigte. Findet (oder schafft) und nutzt man günstige Mikroklimate, erhöht dies die Erfolgschancen und kurbelt das Pflanzenwachstum an, wodurch der glückliche Tag, an dem das System explodiert, rasch näherkommt.

Es hängt von der gesamten Umwelt und dem Klima ab, welche Mikroklimate in Frage kommen. Was in der Wüste angenehm ist – z.B. ein feuchter, schattiger, nicht so stark entwässerter Platz – wäre in einem feuchten nördlichen Klima eher katastrophal, wo eine sonnige, recht trockene Stelle viel besser ist. Allgemein sollte man nach Plätzen suchen, die keine wilden Schwankungen bei Temperatur, Feuchtigkeit oder Sonnenlicht aufweisen. Wie auch immer die örtlichen Klimaextreme in der Region aussehen – schonungslos hohe oder niedrige Temperaturen, triefende Nässe oder Dürre, blattröstende Sonne oder monatelang deprimierend grauer Himmel – finden Sie eine Stelle, die diese Extreme ausgleicht oder abmildert. An fast jedem Ort ist Windmangel wünschenswert, verlegen Sie also das Zentrum von Zone 1 in den ruhigen Schutz eines Hauses, Böschungsabsatzes, einer Mauer oder eines bepflanzten Windschutzes.

Falls es keine günstigen Mikroklimazonen gibt, wie bei Roxanne Swentzell, erzeugt man sie. Häufen Sie Steine oder Baumstämme auf oder bauen Sie eine Mauer, um Wind abzulenken. Für Windschutz und zusätzliche Feuchtigkeit graben Sie eine Bodensenke.

Ein Hochbeet kann den Abfluss verbessern oder ein Tiefbeet sammelt in trockenen Klimazonen seltenen Regen. Beschneiden Sie einen Baum, um Licht hereinzulassen. Ermitteln und kreieren Sie gute Mikroklimate, damit der Garten den Rand erhält, den er für einen erfolgreichen Start braucht.

Designguru Larry Santoyo gibt oft eine Warnung aus, nachdem er den Teilnehmern seiner Permakulturkurse einen speziellen Rat gegeben hat: »Das Gegenteil ist auch wahr.« Ohne meine Leser verwirren zu wollen, möchte ich dies hier illustrieren. Im scheinbaren Widerspruch zu dem ökologischen Spruch »An der Haustür anfangen« weist der australische Permakulturist Geoff Lawton darauf hin, dass ein weiterer, wichtiger früher Schritt beim ökologischen Design die Definition und Kontrolle der Grundstücksgrenzen ist. Schließlich gelangen Ströme und Energie am Rand auf ein Grundstück. Dies sind Chancen. Wenn man sie verpasst, können sie zu Problemen werden.

Woher kommen beispielsweise Unkräuter und Schädlinge? Von jenseits des Grundstücks. Wir benötigen an den Randzonen Barrieren und Habitat für Raubtiere, die sie aufhalten. Ein eisiger Nordwind kann das Pflanzenwachstum hemmen, wenn er nicht gebremst wird. Solch eine unangenehme Sektorenergie sollte frühzeitig erkannt und mit einem Zaun oder anderem schnell geschaffenen Windschutz eingedämmt werden, und dieses Element befindet sich höchstwahrscheinlich am Rand des Gartens. Bei intelligenter Handhabung lassen sich Flüsse über Ränder in wertvolle Arbeit oder Materialien verwandeln. Das Anlegen von Hecken, Begrenzungswegen, Randbepflanzungen und Abschirmungen und die einfache Festlegung der Randbereiche von Aktivitäten wandelt potenziell destruktive Dynamiken in hilfreiche Energien um. Wenn man die Ränder absteckt, kann man Arbeitsmuster, Pflanzbereiche und Materialflüsse formen und organisieren. Wir wollen nicht nur einströmende Rohstoffe wie Sonne, Wasser und Brauchwasser ernten, sondern auch sicherstellen, dass nichts, was wir vor Ort generieren, wieder hinausgeht, es sei denn, es ist von uns gewünscht. Die Definition der Randbereiche, die Aktivitätszonen mit Sektorenergien verschmilzt, verhindert, dass unsere Bemühungen einfach nach außen verpuffen, indem sie uns daran erinnert, worauf wir unsere Arbeit konzentrieren müssen und in welcher Intensität.

Ein zweiter Blick auf den Gartenaufbau

Wie schwierig ist es, damit alle Teile eines ökologischen Gartens ineinandergreifen? Es mag entmutigend klingen. Auf den vorherigen Seiten habe ich Geschichten über wilde Chilis erzählt, die bestimmte Ammenpflanzen und schärfetolerante Vögel brauchen, um zu gedeihen, und über Saguaro-Kakteen, die zum Überleben von Honig-Mesquitebäumen und Weißflügeltauben abhängig sind. Wenn die Versammlungsregeln der Natur so spezifisch und komplex sind, wie stehen dann die Chancen, dass ein bescheidener Gärtner alle richtigen Elemente sammeln kann, damit eine Landschaft aus den Nähten platzt? Welche Möglichkeiten bestehen, dass wir die Arten und Bedingungen haben, die für eine Reihe reibungslos funktionierender Pflanzengemeinschaften erforderlich sind?

Es sieht gar nicht so schlecht aus. Die Natur ist sehr nachsichtig und widerstandsfähig, wie ihr fortgesetztes Überleben trotz menschengemachter Schäden und Ökologiestudien belegen. Einige Ökologen haben die Zusammensetzung natürlicher Gemeinschaften studiert, und ihre Ergebnisse sind für ökologische Gärtner ermutigend und nützlich.

Zwei dieser Wissenschaftler sind Jim Drake von der University of Tennessee und Stuart Pimm von der Duke University. Drake und Pimm untersuchten, wie sich Gemeinschaften aus Organismen bilden. Sie gaben nacheinander 15-40 Arten von Bakterien, Algen und mikroskopischen Tieren (eine Mischung aus Produzenten, Konsumenten und Destruenten) in vielen verschiedenen Kombinationen und Sequenzen in Tanks mit Nährbouillon. Dabei stellten sie überrascht fest, wie oft diese willkürliche Vermischung zu einem stabilen Ökosystem führte. Statt in einem womöglich ungeeigneten Umfeld zu sterben, vernetzten sich die Mikroben miteinander, bildeten Nahrungsgeflechte, vermehrten sich und bejagten sich gegenseitig in einem gut verknüpften Ökosystem. Pimm bemerkte, dass die Organismen nach der Bildung dieser zufälligen Gruppierungen ein Netzwerk aufbauten, das viel strukturierter war, als man es von einer solch zufälligen Ansammlung erwartet hätte.

Drake und Pimm führten zur Absicherung ihrer Erkenntnisse auch Computersimulationen durch. Sie programmierten einen Computer mit 125 Software-»Arten« und, nachdem sie eine zunächst stabile Gemeinschaft aus drei elektronischen Organismen in der Maschine geschaffen hatten, fügten sie nacheinander immer wieder eine neue Art hinzu. Zuerst sorgte jede eindringende Art dafür, dass die Population

Ein grasbewachsener Pfad durch den 25 Jahre alten Waldgarten der Bullock-Brüder, Orcas Island, Washington.

fluktuierte und oft andere Arten in Aussterbewellen verdrängte, doch schließlich kamen die Gemeinschaften zur Ruhe, fanden ihren Platz und wurden recht unempfindlich gegen neue Eindringlinge. Dies zeigte, dass durch das Zusammenkommen beliebiger Arten invasionssichere Gemeinschaften entstehen können, deren Mitglieder miteinander in Beziehung treten.

Bei beiden Experimenten überlebten viele Arten für eine Weile und starben dann aus. Sie waren kein Teil der endgültigen Gemeinschaft. Doch sie erwiesen sich als wichtige Bestandteile einer erfolgreichen, stabilen Gesamtheit. Wären diese Arten nicht Teil des Aufbauprozesses gewesen, hätte die Gemeinschaft schließlich eine andere Endzusammensetzung gehabt, sie hat einen alternativen Weg genommen. Diese kurzlebigen Arten spielten dieselbe Rolle wie Ammenpflanzen, erfüllten zwischenzeitlich eine nützliche Aufgabe, waren jedoch nicht Teil des Endprodukts.

Diese Experimente bestätigen, was viele Permakultur-Gärtner erkannt haben: Wir wissen nicht genau, wie der Aufbau erfolgreicher Gilden und Ökosysteme funktioniert, aber wenn wir mit einem breiten Sortiment an Pflanzenarten beginnen, stellt die Natur gewöhnlich etwas zusammen, das passt. Eine knappe Auswahl braucht viel mehr Pflege und »explodiert« häufig gar nicht.

Diese Experimente sowie die in diesem Buch zitierten Erfahrungen der ökologischen Gärtner deuten darauf hin, dass der Aufbau eines Garten-Ökosystems nicht so schwierig ist, wie man meinen würde. Die Natur befolgt eine tiefgreifende Ordnung. Es ist fast so, als ob Lebewesen zusammenkommen »wollen«, um stimmige Gemeinschaften zu bilden. Pflanzen und Tiere organisieren sich bei der leisesten Möglichkeit zu einem verbundenen Ganzen. Nur Mut, Ihr ökologischen Gärtner: Wir müssen nicht jedes Detail des Gildendesigns meistern, und es muss auch nicht jedes einzelne heimische Bakterium, jeden Käfer und jede Pflanzenart einer Gemeinschaft anwesend sein, damit ein Garten »explodiert«. Die Natur sorgt oft selbst für die fehlenden Glieder, verknüpft die richtigen Verbindungen und verlinkt die wichtigen Kreisläufe. Ein ganzheitlicher Garten will wahr werden. Wir müssen nur eine vernünftige Auswahl an Teilen zur Verfügung stellen und sie in brauchbarer Weise anordnen. Die Natur wählt diejenigen, die passen.

Ich sage nicht, dass die Schaffung eines ökologischen Gartens keine Arbeit macht. Der Bodenaufbau, die Pflege einer Reihe nützlicher Pflanzen bis zu ihrer Reife und das Warten auf die Ankunft hilfreicher Insekten, Vögel und anderer Wildtiere erfordern alle Arbeit und Zeit. Und die größte Hürde überhaupt könnte darin bestehen, unseren eigenen Standpunkt von einer statischen Stückwerk-Orientierung zu einer Ausrichtung hinzu verändern, die auf der Verbundenheit der Natur beruht. Doch diese Erstinvestition wird sich enorm auszahlen. Sie werden sich schließlich kaum mehr daran erinnern, wenn Sie in Ihrer Hängematte liegen, überwältigt von der Auswahl an Obst, hypnotisiert von der Vielfalt an Düften, die in Ihre Richtung wehen und wohl wissend, dass Ihre Landschaft dafür sorgt, dass woanders ein Stück Ackerland frei bleibt.

Dieses Buch kann nur eine Einführung in ein enorm großes Thema sein, mit dem man bei Studium, Beobachtung und zwischen den Pflanzen Herumwerkeln locker ein ganzes Leben verbringen kann. Das Literaturverzeichnis bietet weitere Quellen, die noch mehr in die Tiefe gehen. Doch am besten lernen Sie einfach durch eine eingehende Betrachtung der natürlichen Welt, indem Sie die Ärmel hochkrempeln und anfangen, einen Garten zu erschaffen, der Sie und die vielen anderen Wesen versorgt, mit denen wir leben.

ANHANG

Eine Auswahl an Nutzpflanzen

Es gibt Tausende nützlicher Pflanzenarten, daher sind die in den folgenden Tabellen aufgeführten Pflanzen nur eine kleine Kostprobe dessen, was erhältlich ist. Ich habe diese Arten hier ausgewählt, weil sie recht weit verbreitet, außerordentlich wertvoll und nicht zu schwierig im Anbau sind.

Quellen für diese Informationen sind unter anderem die Plants for a Future Database (www.pfaf.org); Tilth, *The Future Is Abundant* (Tilth, 1982); und Christopher Brickell, *The American Horticultural Society Encyclopedia of Garden Plants* (Macmillan, 1990).

Legende für Tabellen im Anhang

USDA-Zone

Dies bezieht sich auf das System der USDA-Winterhärtezonen, das den niedrigsten jährlichen Temperaturbereich für eine bestimmte Anbauregion darstellt und somit einen allgemeinen Hinweis darauf gibt, wo eine bestimmte Pflanze zuverlässig überleben kann (Anmerk. d. Verlags: Diese Zonen können global verwendet werden und finden auch in Deutschland Anwendung). Diese Zonen sind nur Näherungswerte und berücksichtigen nicht die spezifischen Mikroklimate (natürliche oder vom Gärtner geschaffene).

Zum Zeitpunkt, an dem ich dies schreibe, hat das US-Landwirtschaftsministerium (USDA) keine neuen Zonenkarten veröffentlicht, die auf eine Verschiebung der Zonengrenzen als Folge des globalen Klimawandels hindeuten könnten. Die Mindesttemperaturen, die die Zonen definieren, bleiben jedoch wie folgt unverändert:

Zone	Jährliche Tiefsttemperatur (°C)
2	-46 bis -40
3	-40 bis -34
4	-34 bis -29
5	-29 bis -23
6	-23 bis -18
7	-18 bis -12
8	-12 bis -7
9	-7 bis -1

Art

- **Ba** Baum (eine verholzte Staude mit einzelnem aufrechten Stamm und üppigem Laubdach)
- **Bu** Busch (eine verholzte Mehrjährige mit vielen Stängeln, direkt aus der Basis)
- **Kl** Kletterpflanze (eine rankende oder hängende Pflanze mit flexiblem Stängel)
- **I** Immergrün (behält das Laub ganzjährig)
- **S** Sommergrün (verliert das Laub im Herbst)
- **KM** Krautige Mehrjährige (eine unverholzte Pflanze, die mehrere bis viele Jahre wächst)

KZw Krautige Zweijährige (eine unverholzte Pflanze, die Samen ansetzt und im zweiten Jahr stirbt)
E Einjährige
M Mehrjährige

Licht

○ Bevorzugt volle Sonne
● Bevorzugt Schatten
◐ Verträgt Halbschatten

Essbarer Teil oder Nutzung

Bla Blatt
Blü Blüte
Fr Frucht
Gew Als Gewürz verwendet
J Jung
Med Medizinisch
Öl Samen oder Harz für Öl genutzt
Rinde Rinde
Sa Saat
Saft Saft
Stä Stängel
Tee Tee
Tr Trieb
Wurzel Wurzel

Tiernutzung

Futt Grünfutter oder anderes Tierfutter
Huhn Geflügelfutter
Ins Lockt Nützlinge an
Leb Bietet Lebensraum

Andere Nutzung

Abwehr Als Insektenabwehr verwendet
Biomasse Pflanze produziert große Mengen an Biomasse
Bodstab Zur Bodenstabilisierung eingesetzt
Duft Hat außergewöhnlichen Duft, kann als Parfümbasis verwendet werden
Faser Blatt, Stängel, Blütenteile oder Wurzel in Papier, Tauwerk oder anderem Faserprodukt verwendet
Fär Teil oder ganze Pflanze zum Färben geeignet
Hec Heckenart
Holz Holzige Teile zum Bauen, Heizen oder Basteln
Kaleb Frucht wird als Kalebasse genutzt
Korb Stängel, Äste oder Wurzel zur Korbflechterei verwendet
Nähr Nährstoff-Akkumulatorart
Polit Als Möbelpolitur verwendet
Seife Blätter, Saft, Frucht oder anderer Teil für Seife verwendet
Stang Stamm oder Äste für Stangen und Stützpfähle verwendet
Stickstb Stickstoff fixierende Arten
Win Windschutzart

Große Bäume, 15 Meter und höher

Trivialname	Botanischer Name	Winterhart bis USDA-Zone	Art	Licht	Essbarer Teil oder Nutzen	Tiernutzen	Anderer Nutzen	Kommentare
Buche	*Fagus* spp.	5	S Ba	○◐	Sa, JBla, Med	Leb, Fut	Win, Hec	
Robinie	*Robinia pseudoacacia*	3	S Ba	○	Fl, Sa	Ins, Leb, Huhn, Fut	Win, Hec, Holz	Stickstoffbinder
Schwarznuss	*Juglans nigra*	4	S Ba	○	Sa, Med	Leb, Fut	Win, Holz	Allelopathisch
Chinesische Kastanie	*Castanea mollissima*	4	S Ba	○	Sa, Med	Ins, Leb, Huhn, Fut	Win, Hec, Holz, Bodstab	
Echte Walnuss	*Juglans regia*	5	S Ba	○	Sa	Had, Fut	Win, Hec, Fär, Holz	Allelopathisch
Amerikanische Gleditschie	*Gleditsia triacanthos*	3	S Ba	○	Samenhülse	Ins, Leb, Huhn, Fut	Bodstab	
Biegsame Kiefer	*Pinus flexilis*	3	I Ba	○	Sa	Leb, Fut	Win, Hec, Holz	
Schmucktanne	*Araucaria araucana*	6	I Ba	○	Sa	Leb	Win, Hec, Holz	Große Nüsse
Amerikanischer Erdbeerbaum	*Arbutus menziesii*	7	I Ba	○◐	Fr	Ins, Leb, Fut	Holz	
Eiche	*Quercus* spp.	4	I Ba	○	Sa	Leb, Huhn, Fut	Win, Hec, Holz	Eicheln der Amerikanischen Weißeichen haben den geringsten Tanningehalt
Ferkelnuss	*Carya glabra*	4	S Ba	○◐	Sa, Saft	Leb, Fut	Hec, Holz	
Pinyon-Kiefer	*Pinus cembroides*	4	I Ba	○	Sa	Leb, Fut	Win, Hec, Holz	
Ponderosa-Kiefer	*Pinus ponderosa*	4	I Ba	○	Sa	Leb, Fut	Win, Hec, Fär, Holz	
Schuppenrinden-Hickory	*Carya ovata*	4	S Ba	○	Sa, Saft	Leb, Hüh, Fut	Holz, Bodstab	
Königsnuss	*Carya laciniosa*	6	S Ba	○◐	Sa, Saft	Ins, Leb, Hüh, Fut	Holz	
Sauerkirsche	*Prunus cerasus*	3	S Ba	○	Fr, Tee	Ins, Leb, Fut	Win, Hec	
Pinie	*Pinus pinea*	4	I Ba	○	Sa	Leb, Fut	Win, Hec, Holz	Viele andere Arten haben essbare Samen
Zucker-Ahorn	*Acer saccharum*	3	S Ba	○◐	Saft	Ins, Leb, Fut	Holz	Viele andere Arten gut für Ahornsirup
Edelkastanie	*Castanea sativa*	5	S Ba	○	Sa, Med	Ins, Leb, Hüh, Fut	Win, Hec, Holz	
Götterbaum	*Ailanthus altissima*	7	S Ba	○		Ins, Leb	Win, Hec, Bodstab	Toleriert Verschmutzung
Gelbe Rosskastanie	*Aesculus flava*	3	S Ba	○◐	Sa, Saft	Ins, Leb, Fut	Holz, Seife	

Stauden und kleine Bäume, 1-15 Meter hoch

Trivialname	Botanischer Name	Winterhart bis USDA-Zone	Art	Licht	Essbarer Teil oder Nutzen	Tiernutzen	Anderer Nutzen	Kommentare
Seidenbaum oder Seidenakazie	*Albizzia julibrisin*	6	S Ba	○◐	Bla	Ins, Leb	Hec, Stickstb	
Erle	*Alnus* spp.	3	S Ba	○	Med	Ins, Leb	Win, Hec, Fär, Holz	
Felsenbirne	*Amelanchier* spp.	4	S Bu	○	Fr	Ins, Leb, Huhn, Fut	Win, Hec	
Chinesischer Angelikabaum	*Aralia chinensis*	7	S Bu	○◐	Tr			
Apfelbeere	*Aronia melanocarpa*	3	S Bu	○◐	Fr, Med	Ins, Leb, Huhn, Fut	Hec, Fär	
Westlicher Erdbeerbaum	*Arbutus unedo*	7	I Ba	○	Fr	Ins, Leb, Fut	Win, Hec	
Bärentraube	*Arctostaphylos manzanita*	7	I Bu	○◐	Fr	Ins, Leb, Huhn, Fut	Win, Hec, Fär	
Pfahlrohr	*Arundo donax*	6	Gras	○	Wurzel, Med		Korb, Win, Hec, Bodenstab	
Indianerbanane	*Asimina trilobata*	6	S Ba	◐●	Fr	Leb, Huhn, Fut	Fär, Faser	
Gartenmelde	*Atriplex hortensis*	7	I Bu	○	Bla, Sa		Win, Hec	
Japanische Aukube	*Aucuba japonica*	7	I Bu	●○			Win, Hec	
Kojotenbusch	*Baccharis pilularis*	8	I Bu	○		Ins, Leb	Win, Hec, Bodenstab	
Bambus	*Bambusa textilis*	7	I Bu	○	Tr	Leb, Fut	Win, Hec, Stang, Faser	
Indigolupine	*Baptisia australis*	5	S Bu	○			Ins, Stickstb	
Gewöhnliche Berberitze	*Berberis vulgaris*	3	S Bu	○◐	Fr, Tee	Leb, Fut	Win, Hec, Faser	
Schmetterlingsflieder	*Buddleia davidii*	5	S Bu	○		Ins	Win, Hec, Fär	
Buchsbaum	*Buxus sempervirens*	5	I Bu	○◐	Med		Win, Hec	
Karminroter Zylinderputzer	*Callistemon citrinus*	8	I Bu	○	Tee	Ins	Win, Hec	*C. sieberi* & *C. viridiflorus* auch möglich
Besenheide	*Calluna vulgaris*	4	I Bu	○	Tee, Med	Ins	Win, Hec, Korb, Fär	Saurer Boden
Gemeiner Erbsenstrauch	*Caragana arborescens*	3	I Bu	○	Sa	Ins, Huhn, Fut	Win, Hec, Fär, Bodenstab, Stickstb	
Amerikanische Hainbuche	*Carpinus caroliniana*	5	S Ba	○◐	Sa	Leb, Fut	Win, Hec, Fär	
Baumwürger	*Celastrus orbiculatus*	4	S Ba	○◐	JBla, Med	Leb, Fut	Win, Hec	Blätter kochen
Zürgelbaum	*Celtis* spp.	4	I Bu	○	Fr, Sa	Leb, Hüh, Fut	Win, Hec, Fär	

Kanadischer Judasbaum	*Cercis canadensis*	5	S Ba	○	Fl	Ins, Leb	Hec	
Japanische Quitte	*Chaenomeles speciosa*	5	S Ba	○◐	Wurzel, Med	Ins, Leb, Fut	Win, Hec	
Orangenblume	*Choisya ternata*	7	S Ba	○			Win, Hec	
Erlenblättrige Zimterle	*Clethra alnofolia*	4	S Bu	○◐	Bla	Leb, Fut	Hec	Saurer Boden
Keulenlilie	*Cordyline australis*	8	I Ba	○	Tr, Wurzel		Win, Hec, Faser	
Japanischer Blütenhartriegel	*Cornus kousa*	5	S Ba	○◐	Fr, JBla	Leb, Fut	Hec	
Kornelkirsche	*Cornus mas*	5	S Ba	○	Fr		Win, Hec, Fär	
Haselnuss	*Corylus* spp.	4	S Ba	○◐	Sa, Öl	Leb, Fut	Win, Hec, Korb	
Azaroldorn	*Crataegus azarolus*	5	S Ba	○	Fr	Ins, Leb, Huhn, Fut	Win, Hec	
Oregon-Weißdorn	*Crataegus douglasii*	5	S Ba	○	Fr	Ins, Leb, Huhn, Fut	Win, Hec	Viele andere Arten besitzen essbare Früchte
Kakipflaume	*Diospyros kaki*	8	S Ba	○◐	Fr	Leb, Fut	Hec	
Dattelpflaume	*Diospyros lotus*	5	S Ba	○◐	Fr	Leb, Fut	Hec	
Persimone	*Diospyros virginiana*	5	S Ba	○◐	Fr	Leb, Fut	Hec	
Tasmanischer Bergpfeffer	*Drimys lanceolata*	8	I Bu	○◐	Fr (Gew), Med		Win, Hec	
Magellansche Winterrinde	*Drimys winteri*	8	I Bu	○◐	Rinde, Med	Leb	Hec	
Schmalblättrige Ölweide	*Elaeagnus angustifolia*	2	S Bu	○	Fr	Ins, Leb, Hüh, Fut	Win, Hec, Stickstb	
Silber-Ölweide	*Elaeagnus commutata*	2	S Bu	○	Fr	Ins, Leb, Hüh, Fut	Win, Hec, Faser, Stickstb	
Essbare Ölweide	*Elaeagnus multiflora*	6	S Ba	○	Fr	Ins, Leb, Hüh, Fut	Win, Hec, Stickstb	Verträgt Luftverschmutzung
Korallen-Ölweide	*Elaeagnus umbellata*	3	S Ba	○	Fr	Ins, Leb, Hüh, Fut	Win, Hec, Stickstb	
Wintergrüne Ölweide	*Elaeagnus × ebbingei*	6	I Bu	○●	Fr	Ins, Leb, Hüh, Fut	Win, Hec, Stickstb	
Eskallonie, Andenstrauch	*Escallonia* spp.	9	I Bu	○		Kol, Ins	Win, Hec	
Brasilianische Guave	*Acca sellowiana*	8	I Ba	○	Fr, Fl	Ins, Hüh, Fut	Hec	
Feige	*Ficus carica*	7	S Ba	○	Fr	Leb, Hüh, Fut	Hec	
Fuchsie	*Fuchsia magellanica*	6	S Bu	◐●	Med	Kol	Win, Hec	
Gingko	*Ginkgo biloba*	2	I Ba	○	Sa, Med			
Geweihbaum	*Gymnocladus dioica*	4	S Ba	○	Samenhülse	Leb, Fut	Hec, Seife, Stickstb	
Zaubernuss	*Hamamelis virginiana*	5	S Bu	◐	Sa, Med	Leb	Hec	
Italienische Strohblume	*Helichrysum italicum*	8	I Bu	○	Gew		Win, Hec	

Stauden und kleine Bäume, 1-15 Meter hoch (Fortsetzung)

Trivialname	Botanischer Name	Winterhart bis USDA-Zone	Art	Licht	Essbarer Teil oder Nutzen	Tiernutzen	Anderer Nutzen	Kommentare
Gartenhibiskus	*Hibiscus syriacus*	5	S Bu	○	Bla, Fl, Öl, Tee	Ins, Leb	Win, Hec, Faser	
Sanddorn	*Hippophae rhamnoides*	3	S Bu	○	Fr, Med	Leb, Fut	Win, Hec, Fär, Stickstb	
Schaumspiere	*Holodiscus discolor*	5	S Bu	○◐	Fr	Leb	Hec, Holz	
Japanischer Rosinenbaum	*Hovenia dulcis*	6	S Ba	○	Fr	Leb	Hec	
Ysop	*Hyssopus officinalis*	3	I Bu	○	Tee, Med	Ins	Win, Hec	
Orangenkirsche	*Idesia polycarpa*	5	S Ba	○	Fr			
Japanische Kerrie	*Kerria japonica*	4	S Bu	○◐	JBla			Dürretolerant
Gemeiner Goldregen	*Laburnum anagyroides*	5	S Ba	○◐			Duft, Stickstb	Blüten giftig
Lorbeer	*Laurus nobilis*	8	I Ba	○			Win, Hec	
Lavendel	*Lavandula* spp.	5	I Bu	○	Med	Ins	Win, Hec	
Strauchpappel	*Lavatera arborea*	8	S Bu	○◐	Bla	Ins	Faser	
Thunbergs Buschklee	*Lespedeza thunbergii*	5	S Bu	○		Ins	Stickstb	
Geißblatt	*Lonicera caerula* var. *edulis*	3	S Bu	○	F	Ins, Huhn	Hec	Breitet sich rasch aus
Glänzender Liguster	*Ligustrum lucidum*	7	I Bu	○●	Med		Win, Hec	
Bocksdorn	*Lycium barbarum*	6	I Bu	○	Fr, Tr, Med	Leb	Win, Hec	
Asiatisches Gelbholz	*Maackia amurensis*	4	S Bu	○	JBla	Ins	Hec, Stickstb	
Osagedorn	*Maclura pomifera*	5	S Ba	○		Leb	Win, Hec, Fär	
Apfel	*Malus sylvestris*	3	S Ba	○	Fr	Ins, Leb, Fut	Hec	
Echte Mispel	*Mespilus germanica*	6	S Ba	○	Fr	Leb		
Weiße Maulbeere	*Morus alba*	3	S Ba	○	Fr, JBla	Huhn, Leb, Fut	Win, Hec, Fär, Faser	
Schwarze Maulbeere	*Morus nigra*	3	S Ba	○	Fr	Huhn, Leb, Fut		Auch: *M. australis, M. mongolica, M. rubra und M. serrata*
Myrte	*Myrtus communis*	8	I Ba	○	Med		Win, Hec	
Himmelsbambus	*Nandina domestica*	6	S Bu	○◐	Tr	Leb	Win, Hec, Stang, Faser	
Schwarzer Tupelobaum	*Nyssa sylvatica*	3	S Ba	○	Fr	Ins, Leb		Alkalischer Boden

Oregonpflaume	*Oemleria cerasiformis*	6	S Bu	○◐	Fr	Leb, Fut	Hec	
Olive	*Olea europaea*	8	I Ba	○	Fr, Öl	Leb	Fär, Bodenstab	
Igelkraftwurz	*Oplopanax horridus*	4	S Bu	●	Tr, Med	Leb		
Büffelkürbis	*Philadelphus coronarius*	5	S Bu	○		Ins, Leb	Win, Hec	Auch nützlich: *P. delavayi, P. pubescens, P. purpurascens & P. × virginalis*
Neuseelandflachs	*Phormium tenax*	8	I Bu	○			Win, Hec, Korb, Faser, Fär	
Bitterorange	*Poncirus trifoliata*	5	I Ba	○	Fr, Med	Leb	Win, Hec	
Fingerstrauch	*Potentilla fruticosa*	5	S Bu	○◐	Tee		Win, Hec, Bodenstab	
Aprikose	*Prunus armeniaca*	4	S Ba	○	Fr	Ins, Leb, Fut		
Vogelkirsche	*Prunus avium*	5	S Ba	○	Fr	Ins, Leb, Fut	Hec	
Kirschlorbeer	*Prunus caroliniana*	7	I Ba	○●	Fr	Ins, Leb, Fut	Win, Hec	
Kirschpflaume	*Prunus cerasifera*	4	S Ba	○	Fr	Ins, Leb, Fut	Win, Hec	
Pflaume	*Prunus domestica*	3	S Ba	○	Fr	Ins, Leb, Fut	Win, Hec	
Mandel	*Prunus dulcis*	3	S Ba	○	Sa	Ins, Leb, Fut	Win, Hec	
Fuji-Kirsche	*Prunus incisa*	6	S Ba	○	Fr	Ins, Leb, Fut	Win, Hec	
Kriechen-Pflaume	*Prunus insititia*	5	S Ba	○	Fr, Med	Ins, Leb, Fut	Win, Hec	
Lorbeerkirsche	*Prunus laurocerasus*	6	I Ba	○●	Fr	Ins, Leb, Fut	Win, Hec	
Portugiesischer Kirschlorbeer	*Prunus lusitanica*	6	I Ba	○●		Ins, Leb, Fut	Win, Hec	
Pfirsich/Nektarine	*Prunus persica*	6	S Ba	○	Fr	Ins, Leb, Fut	Hec	
Schlehe	*Prunus spinosa*	4	S Ba	○	Fr, Med	Ins, Leb, Fut	Win, Hec, Fär	
Koreakirsche	*Prunus tomentosa*	5	S Bu	○	Fr	Ins, Leb, Fut	Win, Hec	
Bambus	*Pseudosasa japonica*	6	I Bu	○◐	Tr, Med	Leb, Fut	Win, Hec, Stang, Faser	
Kalifornischer Kreuzdorn	*Frangula californica*	7	S Ba	○◐	Fr, Med	Ins, Leb, Huhn, Fut	Win, Hec	
Carolina-Kreuzdorn	*Rhamnus caroliniana*	6	S Ba	○◐	Fr	Ins, Leb, Huhn, Fut	Hec	
Purgier-Faulbaum	*Rhamnus purshiana*	6	S Ba	○	Med	Ins, Leb	Hec	
Limonadensumach	*Rhus integrifolia*	3	S Bu	○◐	Fr, Fl	Ins, Leb, Fut	Hec	
Essigbaum oder Hirschkolbensumach	*Rhus typhina*	3	S Bu	○	Fr	Leb	Win, Hec, Fär, Bodenstab	Auch: *R. copallina und R. glabra*

Stauden und kleine Bäume, 1-15 Meter hoch (Fortsetzung)								
Trivialname	**Botanischer Name**	**Winterhart bis USDA-Zone**	**Art**	**Licht**	**Essbarer Teil oder Nutzen**	**Tiernutzen**	**Anderer Nutzen**	**Kommentare**
Gold-Johannisbeere	*Ribes aureum*	4	S Bu	○◐	Fr, Fl, Bla	Ins, Leb, Fut	Hec	
Wüsten- Johannisbeere	*Ribes cereum*	3	S Bu	○◐	Fr	Ins, Leb, Huhn, Fut	Hec, Fär	
Schwarze Johannisbeere	*Ribes nigrum*	5	S Bu	○●	Fr	Ins, Leb, Huhn, Fut	Hec	
Rote Johannisbeere	*Ribes rubrum*	5	S Bu	○●	Fr	Ins, Leb, Huhn, Fut	Hec	
Stachelbeere	*Ribes uva-crispa*	5	S Bu	○◐	Fr	Ins, Leb, Huhn, Fut	Hec	
Rose	*Rosa* spp.	2	S Bu	○◐	Fr	Ins, Leb, Fut	Win, Hec	Hybride und Kultivare sind weniger nützlich
Rosmarin	*Rosmarinus officinale*	7	I Bu	○	Gew	Ins	Ins, Hec	
Armenische Brombeere	*Rubus discolor*	5	S Kl	○◐	Fr	Ins, Leb, Huhn, Fut	Hec	
Himbeere	*Rubus idaeus*	3	S Bu	○◐	Fr	Ins, Leb, Huhn, Fut	Hec	
Schwarze Himbeere	*Rubus occidentalis*	4	S Bu	○●	Fr, Tee	Ins, Leb, Huhn, Fut	Hec	
Hookers-Weide	*Salix hookeriana*	6	S Ba	○	Med	Leb	Win, Hec	Viele Arten sind nützlich
Purpurweide	*Salix purpurea*	5	S Bu	○	Med	Leb	Win, Hec, Korb	
Blauer Holunder	*Sambucus caerulea*	5	S Bu	○◐	Fr, Fl, Med	Ins, Leb, Huhn, Fut	Win Hec, Fär	Blätter giftig
Schwarzer Holunder	*Sambucus nigra*	5	S Bu	○◐	Fr, Fl, Med	Ins, Leb, Huhn, Fut	Win, Hec, Fär	Blätter giftig
Sassafrasbaum	*Sassafras albidum*	5	S Ba	○◐	Bla, Rinde, Fr	Leb	Fär	
Silber-Büffelbeere	*Shepherdia argentea*	2	S Bu	○	Fr	Ins, Leb, Huhn, Fut	Win, Hec, Fär, Stickstb	dürreresistent
Eberesche	*Sorbus* spp.	5	S Ba	○	Fr	Fut	Win, Hec	
Pfriemenginster	*Spartium junceum*	8	S Bu	○	Med	Ins, Leb	Win, Hec, Faser, Fär, Stickstb	
Gemeiner Flieder	*Syringa vulgaris*	5	S Bu	○	Med	Ins, Leb	Win, Hec, Fär	
Tamariske	*Tamarix gallica*	5	S Ba	○	Med	Leb	Win, Hec	Auch: *T. africana*, *T. parviflora* und *T. ramosissima*
Amerikanische Heidelbeere	*Vaccinium corymbosum*	2	S Bu	○◐	Fr	Ins, Leb, Fut	Hec	Saurer Boden
Amerikanischer Schneeball	*Viburnum trilobum*	2	I Bu	○◐	Fr	Ins, Leb, Fut	Hec	Saurer Boden
Yucca	*Yucca* spp.	4	I Bu	○	Fr	Ins, Leb	Hec	
Chinesische Jujube	*Ziziphus zizyphus*	6	S Ba	○	Fr	Leb	Hec	

Nützliche Pflanzen für die Krautschicht

Trivialname	Botanischer Name	Winterhart bis USDA-Zone	Art	Licht	Essbarer Teil oder Nutzen	Tiernutzen	Anderer Nutzen	Kommentare
Luzerne	*Medicago sativa*	5	KM	○	Bla, Sa	Ins, Leb, Fut	Stickstb	
Amerikanisches Süßholz	*Glycyrrhiza lepidota*	3	KM	○◐	Wurzel, Med		Stickstb	Weniger süß als *G. glaabra;* invasiv
Anis-Riesenysop	*Agastache foeniculum*	8	KM	○	Bla, Tee	Ins		
Spargel	*Asparagus officinalis*	4	KM	○	Stä			
Hasenköpfige Balsamwurzel	*Balsamorhiza hookeri*	5	KM	○	Fl, Sa, Wurzel	Ins		
Prärierübe	*Psoralea esculenta*	7	KM	○	Wurzel		Stickstb, Bodenstab	Auch *P. hypogaea*
Kriechender Günsel	*Ajuga reptans*	6	KM	○◐	Bla	Ins		
Simse	*Scirpus* spp.	4	KM	○◐	Bla, Sa, Wurzel, Med	Leb	Faser	
Kanadischer Hartriegel	*Cornus canadensis*	2	KM	◐●	Fr	Fut		
Prärielilien	*Camassia quamash*	3	KM	○◐	Wurzel	Ins		
Gemüseartischocke	*Cynara cardunculus*	5	KZw	○	Fr	Ins		Selbst aussäend
Schmalblättriger Rohrkolben	*Typha angustifolia*	3	KM	○◐	Fl, Bla, Tr, Wurzel,	Leb, Fut	Faser, Bodenstab	Sumpfpflanze
Breitblättriger Rohrkolben	*Typha latifolia*	3	KM	○◐	Fl, Bla, Tr, Wurzel	Leb	Faser	Sumpfpflanze
Kamille	*Chamaemelum nobile*	4	KM	○◐	Tee	Ins	Fär	
Wegwarte	*Cichorium intybus*	3	KM	○	Fl, Bla, Wurzel	Ins	Nähr	
Knollen-Ziest	*Stachys affinis*	5	KM	○	Bla, Wurzel			
Schnittlauch	*Allium schoenoprasum*	5	KM	○◐	Fl, Bla, Wurzel	Ins	Nähr	
Blattkohl	*Brassica oleracea viridis*	6	KM	○◐	Fl, Bla	Leb		
Akelei	*Aquilegia vulgaris*	4	KM	○	Fl, Tee	Ins		
Beinwell	*Symphytum officinale*	5	KM	○◐	Bla, Med	Ins, Huhn	Nähr, Biomasse	
Gewöhnliche Seidenpflanze	*Asclepias cornuti*	3	KM	○	Fl, Bla	Ins	Fär, Faser	
Sand-Thymian	*Thymus serpyllum*	5	I Bu	○	Bla, Tee, Med	Ins	Abwehr	Auch *T. vulgaris*

Nützliche Pflanzen für die Krautschicht (Fortsetzung)

Trivialname	Botanischer Name	Winterhart bis USDA-Zone	Art	Licht	Essbarer Teil oder Nutzen	Tiernutzen	Anderer Nutzen	Kommentare
Löwenzahn	*Taraxacum officinale*	5	KM	○◐	Fl, Bla, Wurzel	Ins	Nähr	
Taglilie	*Hemerocallis fulva*	4	KM	○◐	Fl, Bla, Wurzel	Kol	Faser	
Etagenzwiebel	*Allium cepa proliferum*	5	KM	○	Fl, Bla, Wurzel		Nähr, Fär, Abwehr	
Echtes Süßholz	*Glycyrrhiza glabra*	7	KM	○◐	Wurzel, Med		Stickstb	
Zwerg-Glockenblume	*Campanula cochleariifolia*	6	KM	○◐	Fl, Bla	Ins, Fut		
Fenchel	*Foeniculum vulgare*	5	KM	○◐	Bla, Sa, Wurzel	Ins, Leb, Huhn	Nähr	
Schild-Ampfer	*Rumex scutatus*	6	KM	○◐	Bla		Fär	Auch *R. acetosa*
Knoblauch	*Allium sativum*	5	KM	○	Fl, Bla, Wurzel		Nähr	
Knoblauch-Schnittlauch	*Allium tuberosum*	5	KM	○◐	Fl, Bla, Wurzel		Nähr	
Lauch-Scheibenschötchen	*Peltaria alliacea*	6	KM	○◐	Fl, Bla			
Ginseng	*Panax ginseng*	6	KM	◐●	Wurzel, Med			
Artischocke	*Cynara scolymus*	6	KM	○	Fl, Bla	Ins		
Kapstachelbeere	*Physalis peruviana*	8	KM	○	Fr			
Guter Heinrich	*Chenopodium bonushenricus*	5	KM	○	Fl, Bla, Med	Ins	Nähr, Fär	
Griechischer Oregano	*Origanum vulgare hirtum*	5	KM	○◐	Bla, Gew	Ins		
Erdbirne	*Apios americana*	3	KM	○◐	Sa, Wurzel		Stickstb	
Astragalus crassicarpus	*Astragalus crassicarpus*	4	KM	○	Samenhülse	Ins	Stickstb	
Pfirsichblättrige Glockenblume	*Campanula persicifolia*	3	KM	○◐	Fl, Bla, Wurzel	Ins, Fut		
Indische Lotosblume	*Nelumbo nucifera*	5	KM	○	Fl, Bla, Wurzel			Wasserpflanze
Topinambur	*Helianthus tuberosus*	4	KM	○◐	Wurzel	Ins, Leb	Hec, Biomasse	
Krauskohl	*Brassica oleracea sabellica*	6	KM	○◐	Fl, Bla	Leb		
Strauchkohl	*Brassica oleracea ramosa*	6	KM	○◐	Fl, Bla	Leb		
Gelber Affodil, Junkerlilie	*Asphodeline lutea*	7	KM	○◐	Fl, Bla, Wurzel			

Lupine	*Lupinus* spp.	5	KM	○	Sa, Med	Ins	Stickstb	
Maca oder Peru-Ginseng	*Lepidium meyenii*	6	KM	○◐	Wurzel, Med	Ins		
Maximilian-Sonnenblume	*Helianthus maximilianii*	4	KM	○	Wurzel, Tr	Ins		
Mexikanische Tarragon	*Tagetes lucida*	9	KM	○	Tee		Fär, Abwehr	Einjährig angebaut
Mitsuba	*Cryptotaenia japonica*	5	KM	◐●	Bla	Ins		
Moschusmalve	*Malva moschata*	3	KM	○◐	Fl, Bla, Sa	Ins	Faser	
Kapuzinerkresse	*Tropaeolum minus*	9	KM	○	Fl, Bla, Sa		Abwehr	Einjährig angebaut
Mehrjähriger Brokkoli	*Brassica oleracea botrytis aparagoides*	6	KM	○◐	Fl, Bla	Ins		
Peruanischer Sauerklee	*Oxalis tuberosa*	7	KM	○◐	Fl, Bla, Wurzel			Kann einjährig angebaut werden
Astragalus pictus var. filifolius	*Astragalus pictus-filifolius*	5	KM	○	Wurzel	Ins	Stickstb	
Pfefferminze	*Mentha × piperita vulgaris*	3	KM	◐●	Bla, Tee	Ins		
Mehrjähriger Buchweizen	*Fagopyrum dibotrys*	5	KM	○◐	Bla, Sa	Ins, Leb, Huhn		
Gewöhnlicher Knollenkümmel	*Bunium bulbocastanum*	5	KM	○◐	Bla, Wurzel	Ins		
Sibirisches Tellerkraut	*Claytonia sibirica*	3	KM	◐●	Bla	Ins, Fut		
Knollige Seidenpflanze	*Asclepias tuberosa*	3	KM	○	Fl, Bla	Ins	Faser	
Amerikanische Kermesbeere	*Phytolacca americana*	4	KM	○	Bla, Med	Leb	Fär	Blätter giftig, außer man kocht und wäscht sie gut
Kartoffel	*Solanum tuberosum*	8	KM	○	Wurzel		Biomasse	Einjährig angebaut
Schilfrohr	*Phragmites australis*	5	KM	○◐	Bla, Wurzel	Leb	Fär, Faser, Korb	Sumpfpflanze
Rhabarber	*Rheum rhabarbarum*	3	KM	○◐	Stem		Fär	Blätter sind giftig
Blauraute	*Perovskia atriplicifolia*	6	I Bu	○	Bla	Ins, Kol	Win, Hec	
Kleiner Wiesenknopf	*Sanguisorba minor*	5	KM	○◐	Bla		Bodenstab	
Falsche Sarsaparille	*Aralia nudicaulis*	4	KM	○◐	Fr, Bla	Ins		
Garten-Schwarzwurzel	*Scorzonera hispanica*	6	KM	○◐	Fl, Bla, Wurzel			
Echter Meerkohl	*Crambe maritima*	5	KM	○◐	Fl, Bla			
Schöne Seidenpflanze	*Asclepias speciosa*	2	KM	○	Fl, Bla	Ins	Fär, Faser	

Nützliche Pflanzen für die Krautschicht (Fortsetzung)

Trivialname	Botanischer Name	Winterhart bis USDA-Zone	Art	Licht	Essbarer Teil oder Nutzen	Tiernutzen	Anderer Nutzen	Kommentare
Grüne Minze	*Mentha spicata*	3	KM	◐●	Bla, Tee	Ins		
Große Brennnessel	*Urtica dioica*	6	KM	○◐	Bla		Nähr, Fär, Faser, Biomasse	
Fetthenne	*Sedum* spp.	5	KM	○◐	Bla, Med	Ins		
Erdbeere	*Fragaria* spp.	3	KM	○◐	Fr, Bla,	Ins	Nähr	
Süßdolde	*Myrrhis odorata*	5	KM	◐●	Bla, Sa, Wurzel	Ins	Polit	
Kalmus	*Acorus calamus*	3	KM	○◐	Bla, Wurzel		Faser	
Süßklee	*Hedysarum boreale*	3	KM	○	Wurzel	Ins	Stickstb	
Duftveilchen	*Viola odorata*	5	KM	○◐	Fl, Bla	Ins		
Tarragon	*Artemisia dracunculus*	6	KM	○●	Bla (Gew)	Ins		
Polster-Phlox	*Phlox subulata*	4	KM	○◐		Ins	Bodendecke	
Hängepolster-Glockenblume	*Campanula poscharskyana*	3	KM	○◐	Fl, Bla	Ins, Fut		
Knollen-Seerose	*Nymphaea tuberosa*	5	KM	○	Wurzel, Sa			Wasserpflanze
Orientalisches Zackenschötchen	*Bunias orientalis*	7	KM	○◐	Fl, Bla	Ins		
Breitblättriges Pfeilkraut	*Sagittaria latifolia*	6	KM	○◐	Wurzel			Auch *S. sagittifolia*
Wassernuss	*Trapa natans*	5	KM	○	Sa			Wasserpflanze
Brunnenkresse	*Nasturtium officinale*	6	KM	●○	Bla, Sa	Ins	Nähr	Wasserpflanze
Winter- oder Frühlingszwiebel	*Allium fistulosum*	6	KM	○	Fl, Bla, Wurzel		Nähr, Abwehr	
Kanadische Haselwurz	*Asarum caudatum*	2	KM	○	Gew			
Winter-Bohnenkraut	*Satureia montana*	6	I Bu	○	Bla	Ins		
Yacón	*Polymnia edulis*	8	KM	○◐	Wurzel			Kann einjährig angebaut werden
Yampa-Wurzel	*Perideridia gairdneri*	7	KM	○◐	Bla, Wurzel			
Schafgarbe	*Achillea millefolium*	2	KM	○	Bla, Tee, Med	Ins	Nähr, Fär	

Nützliche Rank- und Kletterpflanzen

Trivialname	Botanischer Name	Winterhart bis USDA-Zone	Art	Licht	Essbarer Teil oder Nutzen	Tiernutzen	Anderer Nutzen	Kommentare
Akebia	*Akebia quinata*	5	S Kl	○◐	Fr		Korb	Auch *A. trifoliata*
Klematis	*Clematis* spp.	5	S Kl	○◐		Ins		
Gurke	*Cucumis sativus*	9	S Kl	○	Fr, Fl	Ins		Einjährig angebaut
Weintraube	*Vitis vinifera*	6	S Kl	○	Fr, Bla	Leb, Nahrung	Fär	
Winterharte Kiwi	*Actinidia arguta*	4	S Kl	○	Fr			
Vielblütiger Knöterich	*Polygonum multiflorum*	7	S Kl	○◐	Fr, Bla, Med			
Geißblatt	*Lonicera* spp.	4	S Kl	○◐	Fl, Tee	Ins, Leb	Korb	
Hopfen	*Humulus lupulus*	5	S Kl	○	Fl, Bla, Med	Ins, Leb	Faser, Fär	
Jasmin	*Jasminum officinale*	6	S Kl	○◐	Fl	Ins, Leb	Duft	Auch *J. beesianum, J. humile, J. nudiflorum*
Kiwi	*Actinidia deliciosa*	7	S Kl	○	Fr			
Mashua oder Knollige Kapuzinerkresse	*Tropaeolum tuberosum*	8	S Kl	○	Fl, Bla, Wurzel			Kann einjährig angebaut werden
Winterharte Passionsblume	*Passiflora incarnata*	6	I Kl	○	Fr, Fl, Bla, Med	Ins		Auch *P. edulis, P. mollisima*
Melone	*Cucumis melo*	9	S Kl	○	Fr, Fl	Ins		Einjährig angebaut
Chinesische Yams	*Dioscorea batatas*	4	S Kl	○◐	Rt			
Kapuzinerkresse	*Tropaeolum majis*	9	A/P Kl	○	Fl, Bla	Ins, Leb		Einjährig angebaut
Passionsblume	*Passiflora caerulea*	7	I Kl	○	Fr, Fl	Ins		
Gartenerbse	*Pisum sativum*	Einjährig	A Kl	○	Fr, Fl	Ins	Stickstb	
Breitblättrige Platterbse	*Lathyrus latifolius*	6	S Kl	○◐	JBla	Ins	Stickstb	
Raue Stechwinde, Sarsaparille	*Smilax aspera*	8	I Kl	○◐	Tr, Wurzel, Med		Win, Hec, Fär	
Feuerbohne	*Phaseolus coccineus*	9	S Kl	○	Fr, Fl	Ins	Stickstb	Einjährig angebaut
Kürbis	*Cucurbita* spp.	9	S Kl	○	Fr, Fl	Ins	Kaleb	Einjährig angebaut
Glyzinie	*Wisteria floribunda*	6	S Kl	○		Ins	Korb, Stickstb	

Glossar

Allelopathen Pflanzen, die eine giftige Substanz ausscheiden, die konkurrierende Pflanzen unterdrückt.

Ammenpflanzen Arten, die Schutz und andere günstige Bedingungen bieten, unter denen zartere Pflanzen aufwachsen können.

Artenvielfalt Die Vielfalt vorhandener Organismen, aus vielen Blickwinkeln aus betrachtet: Kultivar, Art, Gattung, Familie und mehr, umfasst alle fünf Reiche sowie die Vielfalt der Lebensräume und Ökosysteme.

Begleitpflanzen Arten, die Sämlinge vor Schaden bewahren, bis die Jungpflanzen bereit sind, allein zu überleben.

Bestäuber Nützliche Insekten, die Pollen transportieren, damit sich Früchte und Samen bilden können.

Bodendecker Nutzpflanzen, die speziell dafür gepflanzt werden, um Boden aufzubauen, Erosion zu vermindern und Unkräuter zu ersticken.

Bodengare Die lose, krümelige Struktur von mikrobiell reicher Erde, erzeugt durch bestimmte Bodenbakterien, die Gummis, Wachse und Gele ausscheiden, welche winzige Erdteilchen zusammenhalten.

Bodensenke Ein flacher Graben, der entlang der Konturlinien eines Grundstücks angelegt wird, damit Wasser in die Erde eindringen kann.

Gaia Griechische Göttin der Erde und Herkunft der Wortwurzel geo-, wie in Geografie und Geologie. Auch wie in James Lovelocks Gaia-Hypothese, dass viele Abläufe der Erde sich selbst regulieren.

Gerüstpflanzen Arten, deren Anwesenheit jungen oder anderweitig empfindlichen Pflanzen hilft, sich zu etablieren.

Gilde Eine harmonisch miteinander verbundene Gruppe von Pflanzen und Tieren, oft um eine zentrale Art angeordnet, von der die Menschen profitieren, die aber auch Lebensraum schafft.

Grauwasser Das Haushaltswasser aus Waschbecken, Dusche, Badewanne und Waschmaschine.

Hardscaping Der Begriff, den Designer für Holz, Stein, Beton und andere konstruierte Elemente wie Mauern, Schuppen, Wege, Zäune usw. verwenden.

Humus Eine recht stabile, komplexe Gruppe nährstoffspeichernder Moleküle, die von Mikroben und anderen Abbaukräften durch die Umwandlung von organischem Material erzeugt wird.

Kompost Das üppige, humusreiche Endprodukt der Zersetzung, das durch die Anhäufung von überschüssiger organischer Substanz auf einem Haufen oder in einer Tonne entsteht, wenn man sie dort verrotten lässt.

Kronentraufe Die unsichtbare Grenze unter den äußersten Blättern eines Baumes.

Mikroklima-Gärtnern Die Anordnung von Pflanzen, sodass Variationen des Mikroklimas genutzt werden (wie das Setzen einer frostempfindlichen Pflanze an eine warme Südwand) oder günstige Mikroklimate entstehen (z.B. einen Baum einsetzen, um ein Haus von heißer Sonne zu beschatten).

Mischkultur Zwei oder mehr Pflanzenarten auf eine Weise arrangieren, dass zumindest eine Art von der/den anderen profitiert, weil sie Schadinsekten abhalten, Bestäuber anlocken usw.

Mischpflanzung Pflanzensorten so kombinieren, dass Konkurrenz um Licht, Platz oder Nährstoffe vermieden und Ungeziefer oft abgeschreckt wird.

Mineralisierung Der Prozess, bei dem organische, kohlenstoffhaltige Verbindungen in anorganische Pflanzennahrung umgewandelt wird.

Monopodial Bildung von Sprossen aus einer Zentralachse. In diesem Buch bezieht sich das auf Bambusarten, die oft als »wandernd« (und somit potenziell invasiv) beschrieben werden.

Narzisstisch Pflanzen, die auf dem Laubstreu der Mitglieder ihrer eigenen Familie gedeihen, wie die Solanaceae- oder Nachtschatten-Familie.

Nische Die Rolle oder Funktion in einem Ökosystem, die ein bestimmter Organismus spielt. Stellen Sie sich eine Nische als Beruf und den Lebensraum als Arbeitsplatz vor, an dem die Arbeit ausgeführt wird.

Opportunistische Pflanzen Arten, die bei ihrer Einführung in eine neue Umgebung die Ressourcen effektiver als vorhandene Pflanzen nutzen und sich schneller vermehren. Wertfreier als »invasiv«.

Parasitoide Kleine Wespen und Fliegen, die ihre Eier in anderen Insekten oder Insekteneiern ablegen.

Permakultur Eine Reihe von Techniken und Prinzipien zur Gestaltung nachhaltiger menschlicher Siedlungen.

Pflanzengemeinschaften Gruppierungen von Bäumen, Sträuchern und nicht verholzten Pflanzen, die natürlich zusammen auftreten und als Ganzes verbunden zu sein scheinen.

Pionierpflanzen Bestimmte schnell wachsende einjährige Gräser, Kräuter und Blumen, die einen Ort nach einer Störung zuerst besiedeln.

Polykulturen Dynamische, selbstorganisierende Pflanzengemeinschaften, die aus mehreren bis vielen Arten bestehen.

Primärzersetzer Wirbellose Tiere, Bakterien, Algen, Pilze und Actinomyceten, die organische Substanz als Erste konsumieren.

Pufferpflanzen Pflanzen, die zwischen Gilden oder allelopathischen Arten platziert werden. Sie sollten zu den Bäumen in jeder Gilde passen und eine positive Wirkung auf eine oder beide Gilden haben, die miteinander verbunden werden.

Randeffekt Die Zunahme an Vielfalt, die auftritt, wo zwei Systeme aufeinandertreffen, wodurch günstige Bedingungen für die Bewohner auf beiden Seiten der Randzone sowie neue Bedingungen am Rand selbst entstehen, die neue Bewohner unterstützen (z. B. wenn ein Fluss ins Meer fließt oder die Uferzone eines Teichs).

Raubinsekten Nützlinge, die schädliche Insektenarten fressen.

Schichtmulchen Kompostierung vor Ort, um Unkräuter zu eliminieren und Boden aufzubauen, ohne den Einsatz von Herbiziden oder Fräse.

Sekundärzersetzer Modermilben, Springschwänze, bestimmte Käfer und andere Organismen, die Primärzersetzer fressen.

Sektoren Bereiche, wo äußere Energien wie Wind, Sonne, Feuer usw. auf einen Ort treffen. Diese Energien können abgemildert, aufgefangen oder anderweitig durch die Platzierung von Elementen in der Gestaltung beeinflusst werden.

Stehende Biomasse Der Teil eines Ökosystems, der permanent ist, wie Äste und große Wurzeln, im Gegensatz zu saisonalen, wie Früchte oder sommergrüne Blätter.

Stickstoffbinder Pflanzen, die in Knöllchen an ihren Wurzeln symbiotische Mikroorganismen beherbergen, die Stickstoffgas aus der Luft »binden«, indem sie es mit Kohlenstoff kombinieren, um Aminosäuren und verwandte Moleküle herzustellen. Dazu gehören die meisten Mitglieder der Erbsen- oder Bohnenfamilie (Fabaceae) sowie einige andere Arten.

Sukzession Wandel bei der Zusammensetzung von Organismen in einem Ökosystem, schreitet oft von Pionierarten zu Büschen und Bäumen fort.

Sympodial Bildung von Haupttrieben aus Sekundärtrieben. In diesem Buch bezieht sich das auf Bambusarten, die »in Gruppen stehen« und gewöhnlich nicht invasiv sind.

Tertiäre Zersetzer Bodenorganismen, die sekundäre (und einige primäre) Zersetzer fressen.

Unkräuter Eine hochgradig subjektive Kategorie verleumdeter Pflanzen, von denen selbst das US-Landwirtschaftsministerium sagt, dass sie nur »Pflanzen sind, die menschlichen Aktivitäten im Weg sind«.

Waldgarten Eine mehrstöckige, Nahrung und Lebensraum produzierende Landschaft, die sich wie eine natürliche Waldlandschaft verhält.

Zonen Eine Permakultur-Designmethode, bei der Elemente anhand dessen platziert werden, wie oft sie genutzt werden oder Aufmerksamkeit benötigen. Je öfter ein Element verwendet wird, desto näher am Haus befindet es sich.

Literaturverzeichnis

Albrecht, William A. *The Albrecht Papers.* Acres USA, 1996. Etwas skurrile Sammlung von Artikeln eines Bodenwissenschaftlers mit Vision.

Alexander, Christopher. *A Pattern Language.* Oxford, 1977. Ein Klassiker zu Design nach menschlichem Maßstab.

Angier, Bradford. *One Acre & Security: How to Live off the Earth without Ruining It.* Willow Creek, 2000. Eine nützliche und breitgefächerte Quelle für Eigenanbau und Kleintierhaltung.

Bell, Graham. *The Permaculture Garden.* Thorson's, 1994. Eine auf Großbritannien ausgerichtete Einführung in die Permakultur-Gartentechniken.

Bennett, Bob. *Raising Rabbits the Modern Way.* Garden Way, 1980. Gute Einführung zu Kaninchen im Hinterhof.

Brady, Nyle C. *The Nature and Properties of Soils.* Prentice-Hall, 1996. Dieses wichtige Lehrbuch über Böden behandelt das gesamte Thema eingehend.

Brickell, Christopher. *American Horticultural Society Encyclopedia of Garden Plants.* Macmillan, 1990. Ein illustriertes Handbuch zu den gängigsten Landschaftspflanzen mit Tausenden von Fotos.

Brookes, John. *The Book of Garden Design.* Macmillan, 1991. Ein allgemeiner Führer von einem bekannten konventionellen Landschaftsplaner.

Buchanan, Rita. *Taylor's Master Guide to Landscaping.* Houghton Mifflin, 2000. Eine gute, umfassende Einführung zu Gartengestaltungstechniken für Hausbesitzer.

Buchmann, Stephen L. und Gary Paul Nabhan. *The Forgotten Pollinators.* Island, 1996. Ein informativer, gut geschriebener Bericht über die Rolle nützlicher, aber bedrohter Insekten.

Campbell, Stu und Donna Moore. *The Mulch Book: A Complete Guide for Gardeners.* Storey Books, 1991. Eine gute Einführung zum Mulchen.

Capra, Fritjof. *The Web of Life.* Doubleday, 1996. Eine fesselnde Schilderung darüber, wie die neuen Wissenschaften der Komplexität und Selbstorganisation unser Verständnis von lebenden Systemen beeinflussen.

Cocannouer, Joseph. *Weeds: Guardians of the Soil.* Devin-Adair, 1950. Beschreibt die Rolle von Unkräutern als nützliche Kulturpflanzen und als Fruchtbarkeitsanzeiger, mit vielen historischen Hintergründen.

Coleman, Eliot. *Four-Season Harvest.* Chelsea Green, 1999. Wie man die Anbausaison auf das gesamte Jahr ausdehnt, selbst in nördlichen Klimazonen.

Conrad, Ross. *Natural Beekeeping: Organic Approaches to Modern Apiculture.* Chelsea Green, 2007. Natürliche Methoden zur Haltung von Bienen und wie man sie gesund erhält.

Creasy, Rosalind. *Organic Gardener's Edible Plants.* Van Patten, 1993. Beschreibungen von über 130 essbaren Zierpflanzen.

– – – . *The Complete Book of Edible Landscaping.* Sierra Club, 1982. Das grundlegende Buch, das Gemüse in den Vorgarten brachte.

Dennis, John V. *The Wilderness Gardener.* Knopf, 1985. Eine gute Einführung, um Gärten zu gestalten, die Lebensraum für Wildtiere schaffen.

Deppe, Carol. *Breed Your Own Vegetable Varieties: The Gardener's and Farmer's Guide.* Chelsea

Green, 2000. Ein praktischer und ausführlicher Leitfaden, einer der besten zum Thema Gemüseanbau für Gärtner.

Douglas, J. Sholto und Robert Hart. *Forest Farming.* Rodale, 1985. Ein starkes Plädoyer für die Anpflanzung von Bäumen als Nahrungs- und Futtermittel, mit Beschreibungen vieler Arten.

Druse, Ken. *The Natural Habitat Garden.* Potter, 1994. Wie man Prärie-, Wiesen-, Wald- und Feuchtgebiet-Gärten mit heimischen Pflanzen anlegt.

Facciola, Stephen. *Cornucopia II: A Source Book of Edible Plants.* Kampong, 1998. Eine umfassende Liste und Beschreibung essbarer Flora.

Farrelly, David. *The Book of Bamboo.* Sierra Club, 1984. Eine umsichtige und grundlegende Untersuchung über Kultur, Sorten und Einsatzmöglichkeiten von Bambus.

Fern, Ken. *Plants for a Future: Edible and Useful Plants for a Healthier World.* Permanent Publications, 1997. Ein britisches Buch, das eine große Bandbreite multifunktionaler Pflanzen behandelt.

Florea, J. H. *ABC of Poultry Raising: A Complete Guide for the Beginner or Expert.* Dover, 1977. Ein Standardwerk über Geflügelhaltung in kleinem Maßstab.

Flores, Heather C. *Food Not Lawns.* Chelsea Green, 2006. Permakultur-Gärtnern und Community Organizing mit Konzentration auf die Stadt.

Fukuoka, Masanobu. *The One Straw Revolution.* Rodale, 1978. Die Natur als Modell für die Landwirtschaft.

Gaddie, Ronald und Donald Douglas. *Earthworms for Ecology and Profit.* Bookworm, 1977. Eines der besten Bücher zu Wurmkompostierung und Wurmbeeten.

Gershuny, Grace. *Start with the Soil.* Rodale, 1993. Ein ausgezeichnetes Handbuch darüber, wie und warum man großartigen Boden erzeugt.

Gessert, Kate Rogers. *The Beautiful Food Garden Encyclopedia of Attractive Food Plants.* Van Nostrand Reinhold, 1983. Wie man mit gut aussehendem Gemüse Landschaft gestaltet.

Haggard, Ben. *Living Community.* Center for the Study of Community, 1993. Die Entstehung einer erstklassigen Permakultur-Stätte, verfasst von einem Meisterdesigner.

Hart, Robert. *Forest Gardening: Cultivating an Edible Landscape.* Chelsea Green, 1996. Eine persönliche Beschreibung eines Waldgartendesigns von einem der Urheber dieses Fachs.

Hobhouse, Penelope. *Flower Gardens.* Little, Brown and Co., 1991. Ein gut illustrierter Band von einer der Expertinnen für Pflanzenarrangements nach Farbe und Form.

Holmes, Roger. *Home Landscaping* (Series). Creative Homeowner Press, 1998. Eine Serie von Büchern, unterteilt nach geografischen Regionen der Vereinigten Staaten, die Grundlagen der Landschaftsgestaltung behandelt und passende regionale Pflanzen aufführt.

Holmgren, David. *Hepburn Permaculture Gardens.* Holmgren Design Services, 1995. Eine der wenigen Fallstudien eines vollständigen Permakulturdesigns, über Davids eigenes Grundstück in Australien.

– – – . *Permaculture: Pathways and Principles Beyond Sustainability.* Holmgren Design Services, 2002. Prinzipien der Permakultur angewandt auf Nachhaltigkeit und Energieabnahme, vom Mitbegründer des Fachs.

Howard, Sir Albert. *The Soil and Health.* Rodale, 1976. Die Beziehung zwischen guter Erde und gesunden Menschen, von einem der Erfinder der biologischen Landwirtschaft.

Hunt, Marjorie. *High-Yield Gardening.* Rodale, 1986. Ein wunderbares Handbuch über die Erweiterung der Anbausaison, hochgradig dichte Bepflanzung und wie man mehr aus dem Garten herausholt.

Jacke, David und Eric Toensmeier. *Edible Forest Gardens.* Chelsea Green, 2005. Die neue Bibel zum Waldgärtnern, sehr empfehlenswert.

Jeavons, John. *How to Grow More Vegetables (Than You Ever Thought Possible on Less Land Than You Can Imagine).* Ten Speed, 1991. Biointensive (und arbeitsintensive) Techniken, die die

Produktion steigern; ausgezeichnet für kleine Flächen.

Jekyll, Gertrude. *Colour Schemes for the Flower Garden.* Ayer, 1983. Eines von mehreren klassischen Büchern von Jekyll über Gartendesign.

Kauffman, Stuart. *At Home in the Universe.* Oxford, 1995. Kauffman zeigt, wie unausweichlich Leben entsteht, wenn es genug Komplexität gibt.

– – – . *The Origins of Order.* Oxford, 1994. Eine kompakte und wissenschaftliche Abhandlung über die in *At Home in the Universe* ausgeführten Ideen.

Kelly, Kevin. *Out of Control.* Addison Wesley, 1994. Wie unser neues Verständnis der Biologie die Ökologie und Wirtschaftswissenschaften wandelt.

Kourik, Robert. *Designing and Maintaining Your Edible Landscape – Naturally.* Metamorphic, 1986. Ein umfassendes, gut recherchiertes Buch mit großartigen Literaturlisten und Tabellen.

Kress, Stephen M. *National Audubon Society Bird Garden.* DK, 1995. Designs und Pflanzen für Gärten, die Nahrung, Wasser, Schutz und Nistplätze für Vögel bieten.

Lanza, Patricia. *Lasagna Gardening.* Rodale, 1998. Ein ganzes Buch über das Schichtmulchen, kombiniert mit Vorschlägen, was man mit dieser Methode anbauen kann.

Lee, Andy, Pat Foreman und Patricia L. Foreman. *Chicken Tractor: The Permaculture Guide to Happy Hens and Healthy Soil.* Good Earth, 1998. Der Einsatz mobiler Hühnerställe, mit einer Fülle von Informationen zur Geflügelzucht allgemein.

Lowenfels, Jeff und Wayne Lewis. *Teeming with Microbes.* Timber, 2006. Ein wissenschaftsbasiertes, aber leserfreundliches Handbuch über das Boden-Nahrungsnetzwerk.

Ludwig, Art. *Create an Oasis with Greywater: Your Complete Guide to Choosing, Building and Using Greywater Systems.* Oase Design, 2000. Die beste praktische Anleitung für Grauwassersysteme.

Luttmann, Rick und Gail Luttmann. *Chickens in Your Backyard: A Beginner's Guide.* Rodale, 1976. Ein gutes Buch über die Hühnerzucht im kleinen Maßstab zu Hause.

Mandelbrot, Benoit. *The Fractal Geometry of Nature.* W. H. Freeman & Co, 1983. Key insights into natural patterns by the developer of the fractal concept.

W. H. Freeman & Co, 1983. Wichtige Einsichten in die natürlichen Muster vom Entwickler des Fraktalkonzepts.

Matson, Tim. *Earth Ponds.* Countryman, 1998. Die Geschichte und der Bau von Erddammteichen.

McHarg, Ian. *Design with Nature.* Wiley, 1992. Innovative Techniken für die passende Gartengestaltung mithilfe übereinandergelegter Karten.

McKinley, Michael. *How to Attract Birds.* Ortho Books, 1999. Anleitungen, wie man bestimmte Vögel mit Pflanzen und Futterkrippen anlockt.

Mollison, Bill und Reny Slay. *An Introduction to Permaculture.* Tagari, 1991. Kurze Darstellung der Grundprinzipien der Permakultur.

Mollison, Bill. *Permaculture: A Designers' Manual.* Tagari, 1988. Die dicke Bibel zur Permakultur, kann man immer wieder lesen und benutzen.

Morrow, Rosmary. *Earth User's Guide to Permaculture.* Simon & Schuster, 2000. Eine informelle Einführung in die Permakultur von einer erfahrenen Lehrerin.

Neill, William und Pat Murphy. *By Nature's Design.* Chronicle, 1993. Beeindruckende Fotografien und klare Erklärungen zu den Mustern der Natur.

O'Neill, R. V. *A Hierarchical View of Ecosystems.* Princeton, 1986. Ein vertiefter Blick auf die Funktionsweise von Ökosystemen.

Odum, Eugene P. *Fundamentals of Ecology.* W. B. Saunders, 1971. Ein frühes Lehrbuch, das die Grundlagen der Ökologie ausführlich behandelt.

Pacey, Arnold und Adrian Cullis. *Rainwater Harvesting.* Intermediate Technology, 1996. Viele Techniken für den Einsatz von Regenwasser.

Pfeiffer, Ehrenfried. *Weeds and What They Tell.* Bio-Dynamic Farming & Garden Association, 1981. Wie man Unkräuter nutzt, um die Art und Fruchtbarkeit des örtlichen Bodens zu bestimmen.

Reich, Lee. *Uncommon Fruits for Every Garden.* Timber, 2004. Ein umfangreicher Leitfaden über viele Pflanzen, die im Permakulturdesign verwendet werden.

Reid, Grant W. *Landscape Graphics.* Whitney Library of Design, 1987. Ausgezeichnete Einführung in die professionelle Landschaftszeichnung.

Romanowski, Nick. *Farming in Ponds and Dams.* Lothian, 1994. Ein australisches Buch zu Aquakultur und Teichbau.

Seidenberg, Charlotte. *The Wilderness Garden.* University of Mississippi, 1995. Eine Einführung in das Anlegen von Lebensräumen für Wildtiere mit Beispielen für Gartengestaltungen.

Smith, J. Russell. *Tree Crops: A Permanent Agriculture.* Devin-Adair, 1987. Eine der Inspirationen für das Permakulturkonzept, das zeigt, wie Bäume der Schlüssel zu einer nachhaltigen Landwirtschaft sind.

Stein, Sara. *Noah's Garden: Restoring the Ecology of Our Own Back Yards.* Houghton Mifflin, 1995. Ein gut geschriebenes und überzeugendes Plädoyer dafür, der Natur wieder Platz in unseren Gärten einzuräumen, voll von Naturkunde.

Stevens, Peter S. *Pattern in Nature.* Little, Brown, 1974. Ein Überblick über die in der Natur vorkommenden verbreiteten Arten von Mustern.

Stout, Ruth. *The Ruth Stout No-Work Garden Book.* Rodale, 1975. Der Einsatz von Tiefmulch, um Arbeit zu vermindern und Fruchtbarkeit zu steigern.

Tekulsky, Mathew. *The Hummingbird Garden.* Crown, 1986. Eine Anleitung zum Anbau von Pflanzen, die diese fliegenden Schmuckstücke anlocken; eines der besten zum Thema.

Thompson, D'arcy Wentworth. *On Growth and Form.* Dover, 1992. Ein richtungsweisender Text darüber, wie die Formen und Muster in der Natur entstehen; ein Klassiker auf diesem Gebiet.

Tilth. *The Future Is Abundant.* Tilth, 1982. Ein frühes Buch zu nachhaltigem Gartenbau, noch immer lesenswert.

Toensmeier, Eric. *Perennial Vegetables.* Chelsea Green, 2007. Das beste Buch zum Anbau von mehrjährigem Gemüse, deckt die meisten Arten für gemäßigte Klimazonen ab.

Tufts, Craig und Peter Loewer. *The National Wildlife Federation's Guide to Gardening for Wildlife.* Rodale, 1995. Wie man im Garten Lebensraum für Vögel, Insekten und nachtaktive Tiere herstellt.

United States Department of Agriculture. *Common Weeds of the United States.* Dover, 1971. Ein gutes technisches Handbuch zu 224 Unkrautarten, mit anschaulichen Zeichnungen. Nach Pflanzenfamilien geordnet, erfordert also ein wenig botanische Kenntnisse.

Van der Ryn, Sim und Stuart Cowan. *Ecological Design.* Island, 1995. Die wesentlichen Konzepte ökologischer Gestaltung.

Verey, Rosmary. *The Art of Planting.* Little, Brown, 1990. Ein guter Bildband zur Platzierung von Pflanzen nach Farbe, Textur und Form.

Whitefield, Patrick. *The Earthcare Manual.* Permanent Publications, 1997. Whitefields umfassende, einmalige und britische Vision der Permakultur.

Whitefield, Patrick. *How to Make a Forest Garden.* Permanent Publications, 1997. Anleitungen und Ideen für Waldgärten, mit britischer Ausrichtung.

Yeomans, P. A. und K. A. Yeomans. *Water for Every Farm.* Keyline Designs, 1993. Eine inspirierende Betrachtung darüber, wie sich Wasser im Boden speichern lässt.

Yepsen, Roger, ed. *Encyclopedia of Natural Insect and Disease Control.* Rodale, 1984. Natürliche Schädlingsbekämpfung, mit anschaulichen Zeichnungen und Fotos zur Insektenbestimmung.

Index

A

Abelia grandiflora (Großblütige Abelie) 119
Abhang 122, 126. *Siehe auch* konturiertes Land
Abies spp. (Tanne) 40, 186, 190
Acacia spp. (Akazie) 155-156, 169, 224, 234-235, 247-248
Acer spp. (Ahorn) 17, 30, 153, 187, 221, 247. *Siehe auch* Großblättriger Ahorn
Achillea
A. filipendulina (Farnblättrige Schafgarbe) 182
A. millefolium (Schafgarbe) 10, 49, 67, 110, 119, 152, 154, 156, 180, 183, 214, 217-218, 232-233, 257, 271, 294, 322
Achira. *Siehe* Canna spp. (Indisches Blumenrohr) - C. edulis (Achira)
Achlys triphylla (Vanilleblatt) 143
Ackerbohne. *Siehe* Vicia faba (Ackerbohne, Favabohne)
Ackerdistel. *Siehe* Cirsium arvense (Ackerdistel)
Ackererbse 106
Acker-Gänsedistel. *Siehe* Sonchus arvensis (Acker-Gänsedistel)
Acker-Gauchheil. *Siehe* Anagallis arvensis (Acker-Gauchheil)
Acker-Hundskamille. *Siehe* Anthemis - A. arvensis (Acker-Hundskamille)
Ackerwinden 29
Acorus calamus (Kalmus) 137, 322
Actea rubra (Rotes Christophskraut) 143
Actinidia (Kiwifrucht) 254, 277
A. arguta 251
A. deliciosa 251
A. kilomikta (winterhart) 166, 190, 238, 251
Adlerfarn. *Siehe* Pteridium aquifolium (Adlerfarn)
Agastache foeniculum (Anis-Riesenysop) 182
Agrostis spp. (Straußgras) 152
Ahorn. *Siehe* Acer spp. (Ahorn)
Ahornbäume. *Siehe* Acer spp. (Ahorn)
Ähriger Ehrenpreis 183
Ailanthus altissima (Götterbaum) 169
Ajuga reptans (Kriechender Günsel) 182, 252, 254, 319
Akazie. *Siehe* Acacia spp. (Akazie)
Akelei. *Siehe* Aquilegia vulgaris (Akelei)
Albizia julibrissin (Seidenbaum, Seidenakazie) 169, 235, 250, 253
Alexandriner-Klee. *Siehe* Trifolium alexandrinum (Alexandriner-Klee)
Algoroba. *Siehe* P. dulcis, P. juliflora (Algoroba)
Alkaliner Boden 162, 316
Allium spp. (Zwiebel)
A. officinalis (Knoblauchrauke) 164
Allium spp. (Zwiebeln) 37, 160-161, 180, 202, 207-208, 214-216, 254, 273-274
A. cepa proliferum (Etagenzwiebeln) 160, 215, 244-245, 320
A. moly (Pyrenäen-Goldlauch) 119
A. officinalis (Knoblauchrauke) 164
A. sativum (Knoblauch) 153, 161, 204, 208, 215, 245, 254, 320
A. schoenoprasum (Schnittlauch) 47-48, 65, 153, 161, 274, 319
A. tanguticum (Zierlauch) 183
A. tricoccum (Waldknoblauch) 161, 215, 253, 276
A. tuberosum (Knoblauch-Schnittlauch) 160, 208, 215, 252, 320
A. ursinum (Bärlauch) 164
Alnus spp. (Erle) 17, 108, 151, 155-156, 169-170, 186, 232, 234, 247, 314
Aloe vera (Echte Aloe) 119
Alpen-Aster. *Siehe* Aster alpinus (Alpen-Aster)
Alpenlieschgras. *Siehe* Phleum pratense (Alpenlieschgras)
Alstroemeria ligtu (Inkalilie) 119
Alyssum
Alyssum murale (Mauer-Steinkraut) 152
Aurinia saxatilis (Felsen-Steinkraut) 182
Amarant. *Siehe* Amaranthus spp. (Amarant)
Amaranthus spp. (Amarant) 196, 213, 245
A. retroflexus (Zurückgebogener Amarant, Fuchsschwanz) 28, 154, 162, 164, 196

Amelanchier spp. (Felsenbirne) 187, 190, 227, 314
  A. alnifolia (Erlenblättrige Felsenbirne) 227, 229, 250, 253
Amerikanische Gleditschie. *Siehe* Robinie; *Siehe* Gleditsia triacanthos (Amerikanische Gleditschie)
Amerikanische Heidelbeere. *Siehe* V. corymbosum (Amerikanische Heidelbeere)
Amerikanische Kastanie. *Siehe* Castanea spp. (Kastanie) - C. dentata (Amerikanische Kastanie)
Amerikanische Lotusblume. *Siehe* Nelumbo lutea (Amerikanische Lotusblume)
Amerikanischer Erdbeerbaum. *Siehe* Arbutus spp. - A. menziesii (Amerikanischer Erdbeerbaum)
Amerikanischer Gagelstrauch. *Siehe* Myrica spp. (Gagelstrauch, Wachsmyrte) - M. pensylvanica (Amerikanischer Gagelstrauch)
Amerikanischer Schneeball. *Siehe* Viburnum spp. (Schneeball)
Amerikanischer Schneeball, Cranberry. *Siehe* V. trilobum (Amerikanischer Schneeball, Cranberry)
Amerikanischer Straußenfarn. *Siehe* Matteuccia pennsylvanica (Amerikanischer Straußenfarn)
Amerikanische Säckelblume 233
Amerikanische Weißeiche. *Siehe* Quercus spp. (Eiche)
Amerikanische Wicke. *Siehe* V. americana (Amerikanische Wicke)
Ammenpflanzen 169-170, 298, 309
Ammi majus (Große Knorpelmöhre) 183, 232
Ammonium 89. *Siehe auch* Stickstoff
Amorpha fruticosa (Bastardindigo) 156, 182, 250
Ampfer. *Siehe* Rumex spp. (Ampfer, Sauerampfer)
Amphicarpaea bracteata (Schweineerdnuss) 253
Amur-Korkbaum. *Siehe* Phellodendron amurense (Amur-Korkbaum)
Anagallis arvensis (Acker-Gauchheil) 154
Anethum graveolens (Dill) 49, 156, 181-182, 204, 206-209, 214, 216, 230, 232-233, 244-245, 257
Angelica gigas (Engelwurz) 181-182, 232
Anis-Riesenysop. *Siehe* Agastache foeniculum (Anis-Riesenysop)
Anordnung 60, 64
Anthemis. *Siehe auch* Chamaemelum nobile (Kamille); *Siehe auch* Chamomilla recutita (Kamille, Echte)
  A. arvensis (Acker-Hundskamille) 153
  A. tinctoria (Färberkamille) 156, 182, 232
Apachenfeder. *Siehe* Fallugia paradoxa (Apachenfeder)
Apfelbäume. *Siehe* Malus spp. (Apfel, Holzapfel)
Apfelbeere. *Siehe* Aronia spp. (Apfelbeere)
Apfeltrester 91
Apiaceae-Familie 156
Apios americana (Erdbirne) 156, 252
Apium graveolens var. rapaceum (Wurzelsellerie) 128
Aprikose. *Siehe* P. armeniaca (Aprikose)
Aprikosenbäume 10, 112, 249, 253, 276, 317
  wilde 31
Aquilegia vulgaris (Akelei) 190, 319
Arachis hypogaea (Erdnuss) 253
Aralia cordata (Udo) 161
Arbeit von Gärtnern. *Siehe* Gartenarbeit
Arbutus spp.
  A. menziesii (Amerikanischer Erdbeerbaum) 119, 227, 313
  A. unedo (Westlicher Erdbeerbaum) 119, 190, 228, 314
Arctium spp. (Klette) 233
  A. lappa (Große Klette) 164
  A. minus (Kleine Klette) 143, 152, 161
Arctostaphylos spp. (Bärentraube) 10, 195
  A. uva-ursi (Echte Bärentraube) 252
Arizona 36, 123
Arktische Pestwurz. *Siehe* Petasites palmatus (Arktische Pestwurz)
Armoracia rusticana (Meerrettich) 161, 244-246, 253
Aronia spp. (Apfelbeere) 137, 157, 229, 250, 314
Artemisia absinthum (Wermut) 119
Artenvielfalt 23, 25, 29, 31, 38, 53, 90, 110, 163, 173, 235, 287, 324
  Bodensenken und 122
  Einjährige Gärten 34
  im Boden (*Siehe auch* Bodenaufbau) 65
  im Kompost 303
  Mischpflanzung und 205
  Nahrungswald 246
  Schädlingsbekämpfung und 151
  Vögel angelockt von 189
  Wald 20
Artischocken 37, 159, 214, 217, 219, 271. *Siehe auch* Cynara cardunculus (Gemüseartischocke)
Asarum canadense (Kanadische Haselwurz) 252
Asclepias spp. (Seidenpflanze)
  A. cornuti (Gewöhnliche Seidenpflanze) 232, 319
  A. tuberosa (Knollige Seidenpflanze) 182, 321
Asiatisches Gelbholz. *Siehe* Maackia amurensis (Asiatisches Gelbholz)
Asimina trilobata (Indianerbanane) 228, 238, 249, 253, 256, 314
Asteraceae Familie 157
Aster alpinus (Alpen-Aster) 182
Astern 28
Ästhetik, Garten 61
Astilbe spp. (Prachtspiere) 121, 153
Astragalus spp. (Erdpflaume) 156, 161
Astrantia major (Große Sterndolde) 183

Atriplex spp. (Melde) 232
A. hastata (Spieß-Melde) 153
A. hortensis (Gartenmelde) 182
Aubergine 46, 224
Aufrechter Bartfaden 183
Aufrechte Studentenblume. *Siehe* T. erecta (Aufrechte Studentenblume)
Augenbohnen 107
Aussicht 57
Austernpilze. *Siehe* Pleurotus ostreatus (Austernpilze)
Avena sativa (Hafer) 92, 106, 109-110, 151, 196, 232-233
Azaroldorn. *Siehe* Crataegus spp. (Weißdorn) - C. azarolus (Azaroldorn)
Azolla filiculoides (Lebermoosfarn) 153

B

Bakterien 35, 82, 84-87, 89, 91, 108, 110, 127, 131, 140, 155, 211-213, 217, 224, 232, 246, 301, 308, 325
Baldrian. *Siehe* Valeriana officinalis (Baldrian)
Balsamorhiza (Balsamwurzel)
B. hookeri (Hasenköpfige Balsamwurzel) 319
B. sagittata (Pfeilblättrige Balsamwurzel) 143
Balsamwurzel. *Siehe* Balsamorhiza (Balsamwurzel)
Bambus. *Siehe* Phyllostachys spp. (Bambus)
Banane 246, 259
Banksie 190
Baptisia australis (Indigolupine) 156, 314
Barbarea vulgaris (Winterkresse) 164
Bärentraube. *Siehe* Arctostaphylos spp. (Bärentraube)
Bärlauch. *Siehe* Allium spp. (Zwiebeln)
Barnhart, Earle 126
Bartfaden. *Siehe* Penstemon spp. (Bartfaden)
Bartflechte. *Siehe* Usnea spp. (Bartflechte)
Bartholomew, Mel 274
Basella rubra (Malabar-Spinat) 161
Basilikum 47, 74, 203, 207-209, 245-246
Bastardindigo. *Siehe* Amorpha fruticosa (Bastardindigo)
Bauernmärkte 246, 266-267, 284
Bäume 16-17, 30, 35, 37, 43, 50, 59, 68, 75, 109, 121, 124, 132, 139-141, 155, 165, 167-169, 188-190, 195, 222-223, 228, 235, 239-241, 247, 254, 256, 268, 271-272, 275, 280, 295, 313-314, 316, 318, 331
an Waldrändern 15, 239, 268
für Feuer- und Bauholz 60, 243, 267
für Geflügelfutter 143
Grauwasser, für 127-128, 132, 139
im Nahrungswald 238, 258, 260, 275-276
im Waldgarten 24
in Gilde 215, 243, 258, 276
Netzmuster, für 50
Pflanzen in Schichtmulch 98, 264
Spalier 53, 277
viele Nutzungen von 146
Vögel angelockt von 172-173, 188, 296
Baumhaseln 228, 276
Baumkronen 32, 167, 170, 189, 205, 268
Stadtgarten 273-274
Waldgarten 35, 121, 170, 247, 253, 260
Baumwollsaatmehl 92, 102
Baumwürger. *Siehe* Celastrus orbiculatus (Baumwürger)
Bedarfs- und Ertragsanalyse 62, 64, 72
Beerensträucher 22, 68, 158, 224, 238, 241, 256, 261, 275
Begleitpflanzen 57, 170, 172, 223, 258, 298, 324
Beinwell. *Siehe* Symphytum officinale (Beinwell)
Bengalhanf. *Siehe* Crotalaria - C. juncea (Bengalhanf)
Berberis spp. (Berberitze) 186, 190, 195, 232
B. thunbergii (Thunberg-Berberitze) 250
B. vulgaris (Gewöhnliche Berberitze) 119, 314
Berberitze. *Siehe* Berberis spp. (Berberitze)
Bergmahagoni. *Siehe* Cercocarpus montanus (Bergmahagoni)
Berme 60, 115-117, 293
Bermudagras 104
Besenginster 16, 151
Bestäubung 11, 64, 168, 174, 178, 213-215, 225, 230, 298
Beta vulgaris (Rübe) 195
Betula spp. (Birke) 152, 186
Bewässerung 61, 105, 111
Bodensenke für 114, 124
gewonnenes Wasser für 123-128
Grauwasser 122
Stadtgarten 269
Bienen 50, 67-68, 143, 145-146, 148, 158, 168, 173, 177, 213-214, 218, 222, 224, 235, 244, 301, 328
Bienenbalsam. *Siehe* Monarda didyma (Bienenbalsam)
Bienenweide. *Siehe* Phacelia tanacetifolia (Bienenweide)
Biointensives Gärtnern 274
Biomasse 16, 28, 34, 106-107, 130, 134, 144, 147, 159-160, 174, 230, 261, 301-302, 312, 319-322, 326
Birke. *Siehe* Betula spp. (Birke)
Birne. *Siehe* Pyrus spp. (Birne)
Bisamratten 25, 27, 30, 303
Bitternuss 233
Bittersüß. *Siehe* Celastrus orbiculatus (Baumwürger)
Blasendiagramm 72
Blasenkirsche. *Siehe* Physalis heterophylla (Blasenkirsche)

Blätter 5, 10, 19, 22, 34, 38, 49, 84, 95, 99, 108-109, 120, 126, 136, 138-141, 145-148, 151, 160, 167, 177, 207, 281, 303, 326
als Mulch 38, 53, 110, 121, 151, 295
Kohlen- zu Stickstoffanteil (K:S) 57, 89, 91, 139
Kompostierung in Nährstoffe 39, 98, 110, 147, 152, 213, 261
von Mulch 101
Blattgemüse 100, 121, 146, 162, 208-209, 226, 233
in Schlüssellochbeeten/ Kräuterspiralen 45
mehrjähriges 160-161, 277
Schatten für 120
Standort im Garten 58-59, 209, 273, 277
Blattläuse 31, 54-55, 176, 179-181, 213, 218, 223, 294, 296
Blaue Klitorie. *Siehe* Clitoria mariana (Blaue Klitorie)
Blei im Boden 152, 269, 271-272
Blumen ix, 4, 28, 31, 33, 47-48, 61, 65, 109, 120, 130, 151, 177, 184, 190, 214, 234-236, 261, 273, 284, 301
Zone 1 65, 67
Zone 2 65
Blumenkohl 46, 163, 205, 207-209
Blumenwanzen 181
Blüten-Hartriegel. *Siehe* Cornus (Hartriegel) - C. florida (Blüten-Hartriegel)
Blutklee. *Siehe* Trifolium incarnatum (Blutklee)
Blutweiderich 16, 18, 178
Bocksdorn. *Siehe* Lycium spp. (Bocksdorn, Boxdorn)
Bockshornklee 106, 209, 244-245
Boden 10, 38-39, 282
Dichte von 168
Gerüstpflanzen zur Kontrolle 169
in einjährigen Gärten 34
Kompost, hinzufügen 94
Pflanzen zur Verbesserung 100-101
pH des 131, 205, 269
Schichtmulch, Einsatz im 98
Umgraben, Wirkung von 12, 19, 37, 93
Wald 35
Bodenaufbau 36-37, 73, 94, 97-98, 239, 286
Holz, Einsatz von 96-97
Pflanzen für 11, 118
Pionierpflanzen 12, 28
Starterbeet 304
Bodendecker 4, 65, 108, 151
Auswahl 81
einjährige Pflanzen 108
Fruchtbarkeit 94
für Waldgarten 253, 255
mehrjährige Pflanzen 159
stickstoffbindende 170
Waldgarten 247, 252
zur Öffnung von verdichtetem Boden 97
Bodenfruchtbarkeit 16, 23, 175, 261
geliefert von Bodenorganismen 81
in einjährigen Garten 34
Mineralien 90
Bodenmodellierung 114, 122
Bodenorganismen 34, 87-91, 95, 105
Bodenverbesserungen 73, 101-102
Bohnen 46, 108, 159, 212-213, 217, 273
Buschbohnen 208-209, 212, 274
Feuerbohnen 160, 244
Pintobohnen 107
Stangenbohnen 68, 212
Bohnenkraut. *Siehe* Satureja spp. (Bohnenkraut)
Borago officinalis (Borretsch) 119, 152
Borretsch. *Siehe* Borago officinalis (Borretsch)
Boxdorn. *Siehe* Lycium spp. (Bocksdorn, Boxdorn)
Boysenbeere. *Siehe* R. ursinus (Boysenbeere)
Brasilianische Guave 250
Brassica spp. 106, 153, 164, 196
B. napus (Raps) 106, 109, 154, 157, 232
B. oleracea ramosa (Grünkohl) 160-161, 320
B. oleracea viridis (Gemüsekohl) 37, 319
Braunwurz 143
Breitblättriger Strandflieder. *Siehe* Limonium latifolium (Breitblättriger Strandflieder)
Brennnessel. *Siehe* Urtica urens (Brennnessel)
Brokkoli 30, 54, 207-209
Brombeere. *Siehe* R. fruticosus (Brombeere)
Brombeere, Himbeere. *Siehe* Rubus spp. (Brombeere, Himbeere)
Bromus mollis (Weiche Trespe) 106
Brookes, John 73
Brunnenkresse. *Siehe* Nasturtium officinale (Brunnenkresse)
Buartnut. *Siehe* Juglans × bisbyi (Buartnut)
Buchanan, Rita 73
Buche 152, 247
Buchweizen. *Siehe* Fagopyrum esculentum (Buchweizen)
Büffelgras 115, 232
Büffelkürbis 112
Bullock, Joe, Douglas und Sam x, 109, 242
Bunias orientalis (Orientalisches Zackenschötchen) 161
Bunium bulbocastanum (Gewöhnlicher Knollenkümmel) 252
Burkhart, Kevin 166
Buschbohnen 206-208, 274
Büsche 37, 65, 104, 167
für Geflügelfutter 312

Büsche ...
Grauwasser für 127
im Nahrungswald 238, 258, 260
im Schutzgürtel 157
in Gilde 218
Mulcherzeuger 151
multifunktionale Pflanzen 143, 150, 162
Pflanzen im Schichtmulch 98
stickstoffbindende 170
Vögel angelockt von 171, 173
Buscherbsen 46, 208
Buschige Kirsche 238
Koreakirsche 10-11, 31, 250
Sandkirsche 245, 250
Butternuss. *Siehe* Juglans spp. (Walnuss) - J. cinerea (Butternuss)
Butternussbäume 190, 247. *Siehe auch* Juglans spp. (Walnuss) - J. cinerea (Butternuss)

C

Callirhoe involucrata (Mohnmalve) 183
Camassia quamash (Prärielilien) 215-216, 252
Campanula poscharskyana (Hängepolster- 252
Campanula poscharskyana (Hängepolster-Glockenblume) 252
Canna spp. (Indisches Blumenrohr) 137
C. edulis (Achira) 128
Capsella bursa-pastoris (Hirtentäschel) 154, 164, 196
Capsicum aviculare (Chiltepin) 171, 224
Caragana arborescens (Gemeiner Erbsenstrauch) 143, 156, 169, 195, 314
Carduus nutans (Nickende Distel) 154
Carex spp. (Segge) 137
Carolina-Lupine. *Siehe* Thermopsis villosa (Carolina-Lupine)
Carum carvi (Kümmel) 152, 182
Carya spp. (Hickory) 248
C. illinoensis (Pekanuss) 249
C. ovata (Schuppenrinden-Hickorynuss) 153
Castanea spp. (Kastanie)
C. alnifolia (Chinkapin) 249
C. dentata (Amerikanische Kastanie) 248
C. mollisima (Chinesische Kastanie) 247-248
C. pumila (Zwergkastanie) 249
Casuarina spp. (Kasuarine) 169, 171
Celastrus orbiculatus (Baumwürger) 15-16, 18, 190, 314
Celtis spp. (Zürgelbaum) 119, 187, 195, 223, 314
C. occidentalis 169, 250
Cercocarpus montanus (Bergmahagoni) 38, 155-156, 235, 253
Chaemocytisus proliferus (Tagasaste) 234, 247-248
Chaenomeles spp. (Zierquitte) 169
Chamaemelum nobile (Kamille) 152-153, 245, 319
Chamomilla recutita (Kamille, Echte) 153, 164
Chenopodium spp.
C. album (Weißer Gänsefuß) 153, 164, 195
C. ambrosioides (Mexikanischer Drüsengänsefuß) 164
C. bonus-henricus (Guter Heinrich) 37, 159, 161
C. quinoa (Quinoa) 119, 196
Chilenische Bergsüßdolde. *Siehe* Osmorhiza chilensis (Chilenische Bergsüßdolde)
Chili/Paprika 37, 46, 159, 203, 222, 224, 258
Chiltepin. *Siehe* Capsicum aviculare (Chiltepin)
Chinampas 25, 128
Chinesische Jujube. *Siehe* Ziziphus jujuba (Chinesische Jujube)
Chinesische Kastanie. *Siehe* Castanea spp. (Kastanie) - C. mollisima (Chinesische Kastanie)
Chinesische Pflaume 10
Chinesisches Spaltkörbchen 251
Chinesische Yamswurzel. *Siehe* Dioscorea batatas (Chinesische Yamswurzel)
Chinkapin. *Siehe* Castanea spp. (Kastanie) - C. alnifolia (Chinkapin)
Christophskraut 143
Chryptotaenia japonica (Japanische Petersilie) 128, 161. *Siehe auch* Petroselinum crispum (Petersilie)
Chrysantheme 232, 245
Chrysanthemum parthenium (Mutterkraut) 182
Cicer arientinum (Kichererbse) 106
Cichorium intybus (Wegwarte) 107, 143, 153, 164, 195, 319
Cimicifuga racemosa (Wanzenkraut) 143
Cirsium arvense (Ackerdistel) 154
Cistus albidus (Weißliche Zistrose) 119
Cistus ladanifer (Lack-Zistrose) 169
Claro-Walnuss. *Siehe* Juglans spp. (Walnuss) - J. hindsii (Claro-Walnuss)
Clayton, Doug 51
Claytonie (Postelein) 244-245, 252
Clematis spp. (Klematis) 251
Clethra alnifolia (Erlenblättrige Zimterle) 250
Clitoria mariana (Blaue Klitorie) 156
Cocktailtomate 65
Colacasia esculenta (Taro) 128, 137
Coleman, Eliot 281
Colorado 242, 244, 306
Colutea arborescens (Gelber Blasenstrauch) 119, 156, 169
Conyza canadensis (Kanadisches Berufkraut) 164
Coriandrum sativum (Koriander) 182

Cornus (Hartriegel) 186
C. florida (Blüten-Hartriegel) 153
C. mas (Kornelkirsche) 232, 249
Corylus spp. (Haselnuss) 119, 227, 249
C. avellana (Haselnuss) 119
C. cornuta (Kalifornische Schnabel-Hasel) 227-228
Cosmos bipinnatus (Kosmee oder Schmuckkörbchen) 182
Crambe maritima (Echter Meerkohl) 161, 277, 321
Crataegus spp. (Weißdorn) 169, 187, 195, 249
C. aestivalis (Mayhaw) 249
C. azarolus (Azaroldorn) 250, 315
C. douglasii (Oregon-Weißdorn) 227
C. opaca 249
Create an Oasis with Greywater 129
Crotalaria 151, 232
C. juncea (Bengalhanf) 107, 156
Crytotaenia japonica (Japanische Petersilie) 161
Cucumis
C. melo (Melone) 96, 251, 254, 277
C. sativus (Gurke) 66, 195, 251
Cucurbita spp. (Kürbis) 251
Cydonia oblonga (Quitte) 119
Cydonia oblongata (Quitte) 250
Cynara cardunculus (Gemüseartischocke) 119
Cyperus alternifolius (Zypergras) 137
Cytisus × spachianus (Hybrider Geißklee) 169
Cytisus spp. (Geißklee) 156

D

Dächer, Wasser sammeln von 122, 127
Dachgärten 274
Dactylis glomerata (Knaulgras) 107
Dattelpalme 259
Daucus carota subsp. sativus (Karotte) 152. *Siehe auch* Daucus carota (Wilde Möhre)
Daucus carota (Wilde Möhre) 156, 164, 183. *Siehe auch* Daucus carota subsp. sativus (Karotte)
Designing and Maintaining Your Edible Landscape - Naturally 203
dichte Bepflanzungen 122, 329
Dill. *Siehe* Anethum graveolens (Dill)
Dioscorea batatas (Chinesische Yamswurzel) 161, 253
Diospyros spp. (Kaki) 187. *Siehe auch* Hachiya-Kaki
D. kaki (Kakipflaume) 4, 249
D. virginiana (Persimone) 315
Distel
Ackerdistel. *Siehe* Cirsium arvense (Ackerdistel)
Acker-Gänsedistel. *Siehe* Sonchus arvensis (Acker-Gänsedistel)
Flockenblume 18, 178
Mariendistel. *Siehe* Silybum marianum (Mariendistel)
Nickende Distel. *Siehe* Carduus nutans (Nickende Distel)
Steppen-Salzkraut. *Siehe* Salsola pestifer (Steppen-Salzkraut)
Stranddistel. *Siehe* Eryngium maritimum (Stranddistel)
Douglasie. *Siehe* Pseudotsuga menziesii (Douglasie)
Douglas-Sumpfblume. *Siehe* Limnanthes douglasii (Douglas-Sumpfblume)
Drake, Jim 308
Druse, Ken 73
Duftgeranie. *Siehe* Pelargonium spp. (Duftgeranie)
Duftsteinrich. *Siehe* Lobularia maritima (Duftsteinrich)
Duftveilchen 252
Düngemittel 11, 30, 90
chemischen, Wirkungen auf Boden von 11
chemisch, Wirkung auf Boden von 92-93
lösliches, Einsatz von 90
Dünger 12, 26, 42, 55, 81, 130
für Stadtgarten 269
gebunden an organische Substanz 92
Kohlen- zu Stickstoffanteil (K:S) 91
von Nutztieren 191-192
Dürretolerante Pflanzen 112, 118-119, 144
Dynamische Nährstoffakkumulatoren 147

E

Eberesche. *Siehe* Sorbus spp. (Eberesche)
Echte Aloe. *Siehe* Aloe vera (Echte Aloe)
Echte Bärentraube. *Siehe* Arctostaphylos spp. (Bärentraube)
Echte Betonie 183
Echte Kamille. *Siehe* Chamomilla recutita (Kamille, Echte); *Siehe* Matricaria matricarioides (Echte Kamille, Strahlenlose Kamille)
Echte Mispel. *Siehe* Mespilus germanica (Echte Mispel)
Echter Lavendel. *Siehe* Lavandula angustifolia (Echter Lavendel)
Echter Meerkohl. *Siehe* Crambe maritima (Echter Meerkohl)
Echtes Bohnenkraut. *Siehe* S. hortensis (Echtes Bohnenkraut)
Echtes Leinkraut. *Siehe* Linaria vulgaris (Echtes Leinkraut)
Edible Forest Gardens 15
Efeu 16, 232

Ehrenpreis. *Siehe* Veronica spicata (Ehrenpreis)
Eibe 190
Eiche 170, 190
Gambel-Eiche 38
Rinde 151
viele Nutzungen von 146
Einheimische Pflanzen 5, 230
Exoten vs. 17
Nordamerikanische 19
Wasser benutzt von 119-120
Einjährige Pflanzen 33, 37
Bodendecker 105, 108
mehrjährige Pflanzen vs. 37, 159-160
mehrjährig gemacht und wieder aussäend 159
Polykultur 205-208
Eisbergsalat 46
Elaeagnus × ebbingei (Wintergrüne Ölweide) 156, 224
Elaeagnus spp. (Ölweide) 169
E. angustifolia (Schmalblättrige Ölweide) 119, 156, 250
E. multiflora (Essbare Ölweide) 31, 144-145, 156, 250, 315
E. umbellata (Korallen-Ölweide) 156, 195, 250
Eleocharis spp. (Sumpfbinse) 137
Engelwurz. *Siehe* Angelica gigas (Engelwurz)
Enten 25
Equisetum spp. (Schachtelhalm) 137, 153, 233
Erbse 203, 207, 209, 217, 277. *Siehe auch* Caragana arborescens (Gemeiner Erbsenstrauch)
Buscherbse 46, 208
Wintererbse 110
Erdbeere. *Siehe* Fragaria spp. (Erdbeere)
Erdbeere, Wald- 152
Erdbeerklee. *Siehe* Trifolium fragiferum (Erdbeerklee)
Erdbirne. *Siehe* Apios americana (Erdbirne)
Erdnuss. *Siehe* Arachis hypogaea (Erdnuss)
Erdpflaume. *Siehe* Astragalus spp. (Erdpflaume)
Eriobotrya japonica (Japanische Wollmispel) 249
Erle. *Siehe* Alnus spp. (Erle)
Erlenblättrige Felsenbirne. *Siehe* Amelanchier spp. (Felsenbirne)
Erlenblättrige Zimterle. *Siehe* Clethra alnifolia (Erlenblättrige Zimterle)
Ernten 138, 194, 209, 303
Erosionskontrolle 149, 232
Erträge 5, 9, 113
Eruca vesicaria sativa (Senfrauke) 119
Eryngium maritimum (Stranddistel) 119
Esche. *Siehe* Fraxinus spp. (Esche)
Eschscholzia californica (Kalifornischer Mohn) 259
Essbare Landschaftsgestaltung 5
Essbare Ölweide. *Siehe* Elaeagnus spp. (Ölweide) - E. multiflora (Essbare Ölweide)
Essigbaum oder Hirschkolbensumach. *Siehe* R. typhina (Essigbaum oder Hirschkolbensumach)
Etagenzwiebel. *Siehe* Allium spp. (Zwiebeln)
Eukalyptus 190
Euonymus spp. (Spindelstrauch) 186
Euphorbia spp. (Wolfsmilch) 28, 154
Evans, Ianto 204, 206-207, 274
Exotische Pflanzen 15

F

Fächerspalier 277
Fackellilie 157, 217
Fagopyrum esculentum (Buchweizen) 107, 152, 182, 195
F. sylvatica 248
Fallugia paradoxa (Apachenfeder) 224
Farbe, Mikroklima erzeugt von 158
Färberginster. *Siehe* Genista tinctoria (Färberginster)
Färberkamille. *Siehe* Anthemis - A. tinctoria (Färberkamille)
Farbschema, Garten 62
Fargesia spp. (Bambus) 249
Farnblättrige Schafgarbe. *Siehe* Achillea - A. filipendulina (Farnblättrige Schafgarbe)
Favabohne. *Siehe* Vicia faba (Ackerbohne, Favabohne)
Federborstengras 232
Feige. *Siehe* Ficus carica (Feige)
Feldfrüchte für warmes Wetter 106
Feldsalat 164
Felsenbirne. *Siehe* Amelanchier spp. (Felsenbirne)
Felsenlippe. *Siehe* S. douglasii (Felsenlippe)
Felsen-Steinkraut. *Siehe* Alyssum - Aurinia saxatilis (Felsen-Steinkraut)
Fenchel. *Siehe* Foeniculum vulgare (Fenchel)
Fern, Ken 160
Festuca rubra (Kriechender Rotschwingel) 107, 153
Festungspflanzen 157, 172
Fetthenne. *Siehe* Sedum spp. (Fetthenne)
Feuchtgebiete 13, 16, 134
Feuerbohne. *Siehe* P. coccineus (Feuerbohne)
Feuerdorn. *Siehe* Pyracantha spp. (Feuerdorn)
Feuerholz 60
Feuersektoren 69
Fichte. *Siehe* Picea spp. (Fichte)
Ficus carica (Feige) 119, 249, 259
Fingerhirse 28
Flachs. *Siehe* Linum usitatissimum (Flachs)
Flatter-Binse. *Siehe* Juncus effusus (Flatter-Binse)
Flockenblume. *Siehe* Distel - Flockenblume

Flowering Tree Permaculture Institute 300
Foeniculum vulgare (Fenchel) 119, 153, 182, 195
Four-Season Harvest 281
Fragaria spp. (Erdbeere) 154, 252. *Siehe auch* Erdbeere, Wald-
F. virginiana (Scharlach-Erdbeere) 227
Franklin, Jerry 226
Frauenfarne 112
Frauenmantel 121
Fraxinus spp. (Esche) 186
Fruchtansatz 11, 168, 213, 216
Fuchsie 217
Fuchsschwanz. *Siehe* Amaranthus spp. (Amarant) - A. retroflexus (Zurückgebogener Amarant, Fuchsschwanz)
Funktionen stapeln 38-39, 41, 293, 298
Futterzone 65

G

Gagelstrauch. *Siehe* Myrica spp. (Gagelstrauch, Wachsmyrte)
Galium aparine (Kletten-Labkraut) 153, 162, 195
Gambel-Eiche. *Siehe* Eiche - Gambel-Eiche
Gänsefingerkraut 154
Gartenarbeit 12, 30
Pflegeleichtigkeit von Pflanzen 144
Stadtgarten 274, 281
Gartendesign 38, 42, 56, 60, 76, 293
Beobachtung 7, 56-58, 60, 166
Checkliste 59
Entwicklung 56, 60
Farbzusammenstellung und andere Ästhetik 61
Gilden 218-220, 230-233
Nahrungswald 246
natürliche Muster 43, 49
Projektentwicklung 56, 60
Prozess 51, 54, 56, 64
Umsetzung 56, 60, 77
Gartenerbse 251
Gartenmelde 182
Gartenpflanzen
Gilden 217
Garten-Reitgras 232
Garten-Schwarzwurzel. *Siehe* Scorzonera hispanica (Garten-Schwarzwurzel)
Gärtnern in der
Mikroklimate 279
Gaultheria shallon (Shallon-Scheinbeere) 119, 187, 250
Gebirgs-Hellerkraut. *Siehe* Thlaspi caerulescens (Gebirgs-Hellerkraut)
Geflügel
Futter 173
Futterpflanzen 234, 312
Hühnertraktor 192-193
Zucht 185
Geißblatt. *Siehe* Lonicera spp. (Geißblatt)
Geißklee. *Siehe auch* Cytisus × spachianus (Hybrider Geißklee); *Siehe* Cytisus spp. (Geißklee)
Gelber Blasenstrauch. *Siehe* Colutea arborescens (Gelber Blasenstrauch)
Gelbhorn. *Siehe* Xanthoceras sorbifolium (Gelbhorn)
Gemeiner Erbsenstrauch. *Siehe* Caragana arborescens (Gemeiner Erbsenstrauch)
Gemeiner Goldregen. *Siehe* Laburnum anagyroides (Gemeiner Goldregen)
Gemeines Kreuzkraut. *Siehe* Senecio vulgaris (Gemeines Kreuzkraut)
Gemüse ix, 32, 45-46, 65-67
kalte Jahreszeit 181
mehrjähriges 160
Mischpflanzung 203, 274
Polykulturen 205-207
Gemüseabfälle 91
Gemüseartischocke. *Siehe* Cynara cardunculus (Gemüseartischocke)
Gemüsekohl. *Siehe* Brassica spp. - B. oleracea viridis (Gemüsekohl)
Genista tinctoria (Färberginster) 143
Geocoridae 182
Gerste. *Siehe* Hordeum vulgare (Gerste)
Gerüstpflanzen 169
Geschlitzter Essigbaum. *Siehe* R. glabra (Geschlitzter Essigbaum)
Gestutzter Schneckenklee. *Siehe* Medicago spp. - M. truncatula (Gestutzter Schneckenklee)
Getreide 151
Getreidehülsen und -spreu 91, 99
Geum japonicum (Japanische Nelkenwurz) 143
Gewächshäuser 55, 62, 64, 146, 246
Gewöhnliche Berberitze. *Siehe* Berberis spp. - B. vulgaris (Gewöhnliche Berberitze)
Gewöhnliche Mahonie. *Siehe* Mahonia aquifolium (Gewöhnliche Mahonie)
Gewöhnlicher Hornklee. *Siehe* Lotus corniculatus (Gewöhnlicher Hornklee)
Gewöhnlicher Knollenkümmel. *Siehe* Bunium bulbocastanum (Gewöhnlicher Knollenkümmel)
Gewöhnlicher Schneeball. *Siehe* V. opulus (Gewöhnlicher Schneeball)
Gewöhnlicher Sonnenhut 182
Gewöhnlicher Spindelstrauch (Pfaffenhütchen) 190

Gewöhnliche Seidenpflanze. *Siehe* Asclepias spp. (Seidenpflanze) - A. cornuti (Gewöhnliche Seidenpflanze)
Gewürzsumach 233
Gift-Sumach. *Siehe* R. diversiloba (Gift-Sumach)
Gildenpflanze 229
Gips 102
Glanzberg, Joel 22, 170, 299, 304, 306
Gleditsia triacanthos (Amerikanische Gleditschie) 119, 195, 248
Glockenblume, Hängepolster. *Siehe* Campanula poscharskyana (Hängepolster-Glockenblume)
Glycine max (Sojabohnen) 107
Glycyrrhiza glabra (Süßholz) 119, 153, 320
Glycyrrhiza spp. 153, 156
Glyzinie, am Spalier 65, 277-278
Goldener Bambus. *Siehe* P. aurea (goldener)
Goldgelber Ampfer. *Siehe* R. persicarioides (Goldgelber Ampfer)
Goldregen 158
Goldrute. *Siehe* Solidago spp. (Goldrute)
Götterbaum. *Siehe* Ailanthus altissima (Götterbaum)
Granatapfel. *Siehe* Punica spp. (Granatapfel)
Gräser 99, 109, 118, 151
  als Mulch 121
  Bermuda 104
  im Kompost 303
  Kohlen- zu Stickstoffanteil 91
  kontrollieren, Invasion von 150, 163
  mehrjährige 28
  Vögel angelockt von 172-173, 190
  weiche Trespe 106
Gratiola virginania (Virginia-Gnadenkraut) 137
Grauwasser 122, 127-133, 289-290
Grauwassergewinnung 122
Großblättriger Ahorn 190. *Siehe auch* Acer spp. (Ahorn)
Großblütige Abelie. *Siehe* Abelia grandiflora (Großblütige Abelie)
Große Käsepappel. *Siehe* Malva sylvestris (Große Käsepappel)
Große Klette. *Siehe* Arctium spp. (Klette) - A. lappa (Große Klette)
Große Knorpelmöhre. *Siehe* Ammi majus (Große Knorpelmöhre)
Große Sterndolde. *Siehe* Astrantia major (Große Sterndolde)
Großfrüchtige Eiche 248
Großfrüchtige Moosbeere. *Siehe* V. macrocarpon (Großfrüchtige Moosbeere)
Gründünger-Pflanzen 260
Grüne Minze. *Siehe* Mentha spp. (Minze) - M. spicata (Grüne Minze)
Grünkohl. *Siehe* Brassica spp. - B. oleracea ramosa (Grünkohl)
Gurke. *Siehe* Cucumis - C. sativus (Gurke)
Guter Heinrich. *Siehe* Chenopodium spp. - C. bonus-henricus (Guter Heinrich)

H

Hachiya-Kaki 263. *Siehe auch* Diospyros spp. (Kaki)
Hafer. *Siehe* Avena sativa (Hafer)
Haggard, Ben 112-113
Hamamelis virginiana (Zaubernuss) 232, 250
Hängepolster-Glockenblume. *Siehe* Campanula poscharskyana (Hängepolster-Glockenblume)
Hardscaping 73
Hartriegel. *Siehe* Cornus (Hartriegel)
Hart, Robert 243
Haselnuss. *Siehe* Corylus spp. (Haselnuss) - C. avellana (Haselnuss)
Haselnuss-Gemeinschaft 227
Hasenköpfige Balsamwurzel. *Siehe* Balsamorhiza hookeri (Hasenköpfige Balsamwurzel)
Hebe salicifolia (Strauchveronika) 169
Hecke 31, 62, 180, 254, 293, 307
  essbare (Nahrungs-) 31
  Rehe abweisende 10, 144, 158
Heidelbeere. *Siehe* Vaccinium spp. (Heidelbeere)
Helianthus spp.
  H. annuus (Sonnenblume) 154, 196
  H. maximilianii (Maximilian-Sonnenblume) 144, 183, 231
  H. tuberosus (Topinambur) 253
Helmbohne. *Siehe* Lablab purpureus (Helmbohne)
Hemerocallis fulva (Taglilie) 137, 276
Hemlocktanne 190
Herbizide 175, 326
Herzblättriges Hechtkraut. *Siehe* Pontederia cordata (Herzblättriges Hechtkraut)
Herznuss. *Siehe* Juglans spp. (Walnuss) - J. ailantifolia cordiformis (Herznuss)
Heteromeles arbutifolia (Toyon) 187
Heu 95, 99, 121
Heuchera glabra (Kahles Purpurglöckchen) 143
Hican 276
Hickory-Bäume 38, 221, 248. *Siehe auch* Carya spp. (Hickory)
Himalaya-Himbeere. *Siehe* R. nepalensis (Himalaya-Himbeere)
Himalaya-Wildhimbeere 277
Himbeere. *Siehe* R. idaeus (Himbeere)
Hippophae rhamnoides (Sanddorn) 119, 143, 156, 169, 250

Hirse. *Siehe* Panicum miliaceum (Hirse)
Hirtentäschel. *Siehe* Capsella bursa-pastoris (Hirtentäschel)
Hobhouse, Penelope 73
Hochbeete 192, 286
Hochwassermanagement 232
Hohes Fingerkraut 183
Holmes, Roger 73
Holmgren, David x, 17, 305
Holodiscus discolor (Wald-Schaumspiere) 227
Holzabfälle 96
Holz, als Bodenbilder 100
Holzapfelbäume. *Siehe* Malus spp. (Apfel, Holzapfel)
Holzspäne 95, 100, 121
Home Landscaping 73
Honigklee. *Siehe* Melilotus spp. (Klee) - M. officinalis (Honigklee)
Hopfen. *Siehe* Humulus lupulus (Hopfen)
Hopfenklee. *Siehe* Medicago spp. - lupulina (Hopfenklee)
Hordeum vulgare (Gerste) 106, 196
How to Make a Forest Garden 243
Huflattich. *Siehe* Tussilago farfara (Huflattich)
Hügelkultur 96
Hühnertraktor 192
Humulus lupulus (Hopfen) 251
Humus 34, 39, 76, 92, 109, 302
  Bodendecker, aufgebaut von 108
  Bodensenken und 122
  Feuchtigkeit bewahrt von 88
  herstellen 66
  Nährstoffe in 90
  Umgraben, und 94
Hunde 285-286
Hybrider Geißklee. *Siehe* Cytisus × spachianus (Hybrider Geißklee); *Siehe auch* Cytisus spp. (Geißklee)

I

Ilex spp. (Stechpalme) 158, 187, 190
Indianerbanane. *Siehe* Asimina trilobata (Indianerbanane)
Indigo. *Siehe* Indigofera tinctoria (Indigo)
Indigofera tinctoria (Indigo) 142, 250
Indigolupine. *Siehe* Baptisia australis (Indigolupine)
Indische Lotosblume. *Siehe* Nelumbo nucifera (Indische Lotosblume)
Indisches Blumenrohr. *Siehe* Canna spp. (Indisches Blumenrohr)
Ingwer
  wild 260
Inkalilie. *Siehe* Alstroemeria ligtu (Inkalilie)
Insektarien 230
  im Waldgarten 238, 248, 255
  in Pflanzengilden 232-233
  multifunktionale Pflanzen für 143, 150
Insekten 146
  Mikroklimate und 165
  schädliche 29, 148
invasive Pflanzen 35
Iris, gelbe 137
Iris pseudacorus (iris, yellow) (Sumpf-Schwertlilie) 137

J

Jacke, David 15
Jajarkot Permaculture Program 207
Jambú 245
Japaningwer. *Siehe* Zingiber mioga (Japaningwer)
Japanische Nelkenwurz. *Siehe* Geum japonicum (Japanische Nelkenwurz)
Japanische Petersilie. *Siehe* Chryptotaenia japonica (Japanische Petersilie)
Japanischer Ahorn 263
Japanischer Staudenknöterich. *Siehe* Polygonum cuspidatum (Japanischer Staudenknöterich)
Japanische Wollmispel. *Siehe* Eriobotrya japonica (Japanische Wollmispel)
Japankäfer 31
Jasmin. *Siehe* Jasminum spp. (Jasmin)
Jasminum spp. (Jasmin) 251
Jekyll, Gertrude 73
Johannisbeere. *Siehe* Ribes spp. (Johannisbeere)
Johanniskraut 245
Jostabeere 251
Juglans × bisbyi (Buartnut) 248
Juglans spp. (Walnuss) 21, 154
  J. ailantifolia cordiformis (Herznuss) 248
  J. cinerea (Butternuss) 248
  J. hindsii (Claro-Walnuss) 119
  J. nigra (Schwarznuss) 248
Juncus effusus (Flatter-Binse) 137, 232
Juniperus virginiana (Virginischer Wacholder) 186

K

Kahles Purpurglöckchen. *Siehe* Heuchera glabra (Kahles Purpurglöckchen)
Kaki. *Siehe* Diospyros spp. (Kaki)
Kakipflaume. *Siehe* Diospyros spp. (Kaki) - D. kaki (Kakipflaume)
Kalifornien 134, 286

Kalifornische Braunwurz. *Siehe* Scrophularia californica (Kalifornische Braunwurz)
Kalifornischer Mohn. *Siehe* Eschscholzia californica (Kalifornischer Mohn)
Kalifornische Schnabel-Hasel. *Siehe* Corylus spp. (Haselnuss) - C. cornuta (Kalifornische Schnabel-Hasel)
Kalium 88, 91-92, 109, 147, 152, 217, 305
Kalk 100, 305
Kalmus. *Siehe* Acorus calamus (Kalmus)
Kalte Luft beseitigen 167
Kalzium 83-84, 89, 109, 147, 152, 217
Kamille. *Siehe* Chamaemelum nobile (Kamille); *Siehe* Chamomilla recutita (Kamille, Echte); *Siehe* Anthemis - A. arvensis (Acker-Hundskamille); *Siehe* Anthemis - A. tinctoria (Färberkamille); *Siehe* Matricaria matricarioides (Echte Kamille, Strahlenlose Kamille)
Kamtschatka-Fetthenne. *Siehe* S. kamtschaticum (Kamtschatka-Fetthenne)
Kanadische Haselwurz. *Siehe* Asarum canadense (Kanadische Haselwurz)
Kanadisches Berufkraut. *Siehe* Conyza canadensis (Kanadisches Berufkraut)
Kaninchen 191-192, 288
Kaplilie. *Siehe* Tulbaghia violacea (Kaplilie)
Karob 247
Karotte. *Siehe* Daucus carota subsp. sativus (Karotte)
Karten/Skizzen vom Garten 57, 72
Kartoffel. *Siehe* Solanum tuberosum (Kartoffel)
Kartoffelrose 251
Kaskade-Nischen 27
Kastanie. *Siehe* Castanea spp. (Kastanie)
Kasuarine. *Siehe* Casuarina spp. (Kasuarine)
Katzen 289
Katzenminze. *Siehe* Nepeta faassenii, N. mussinii (Katzenminze)
Kichererbse. *Siehe* Cicer arientinum (Kichererbse)
Kiefer. *Siehe* Pinus spp. (Kiefer)
Kirschbäume 69
  Stella- 263
  wilde 157
Kirsche. *Siehe* Prunus spp. (Kirsche)
Kiwi. *Siehe* Actinidia (Kiwifrucht)
Klee. *Siehe* ; *Siehe* Trifolium spp. (Klee)
  Kohlen- zu Stickstoffanteil (K:S) 91
Kleinblütige Königskerze 143, 245
Kleine Klette. *Siehe* Arctium spp. (Klette) - A. minus (Kleine Klette)
Kleiner Sauerampfer. *Siehe* R. acetosella (Kleiner Sauerampfer)
Kleiner Wiesenknopf. *Siehe* Poterium sanguisorba (Kleiner Wiesenknopf)
Kleine Wasserlinse. *Siehe* Lemna minor (Kleine Wasserlinse)
Klematis. *Siehe* Clematis spp. (Klematis)
Klette. *Siehe* Arctium spp. (Klette)
Kletten-Labkraut. *Siehe* Galium aparine (Kletten-Labkraut)
Klettertrompete 190
Knaulgras. *Siehe* Dactylis glomerata (Knaulgras)
Knoblauch. *Siehe* Allium spp. (Zwiebeln) - A. sativum (Knoblauch)
Knoblauch-Schnittlauch. *Siehe* Allium spp. (Zwiebeln) - A. tuberosum (Knoblauch-Schnittlauch)
Knoblauchsrauke. *Siehe* Allium spp. (Zwiebeln) - A. officinalis (Knoblauchrauke)
Knochenmehl 91, 101
Knollen 161
Knollen-Ziest 161
Knolliger Sauerklee/ Oka. *Siehe* Oxalis tuberosa (Oka)
Knollige Seidenpflanze. *Siehe* Asclepias tuberosa (Seidenpflanze) - A. tuberosa (Knollige Seidenpflanze)
Kohl 46, 160, 206-208, 245-246
Kohlendioxid 32, 64, 89, 92, 139
Kohlenstoff 12, 91, 94, 284
Kohlen- zu Stickstoffanteil (K:S) 91
Kommerzielle Landwirtschaft
  großflächige 11
  Zone 3 für 65-66
Kompost 37, 73, 91, 94-97, 104-105, 259, 285, 301
  Blätter, Kompostierung zu Nährstoffen aus 89-90
  Kohlen- zu Stickstoffanteil (K:S) 91
Konturiertes Land 113
Konventionelle Gärten 29
Kopfsalat 48, 159, 204, 206, 208, 210, 274
  Eisbergsalat 46
  Stachel-Lattich 164
Korallen-Ölweide. *Siehe* Elaeagnus spp. (Ölweide) - E. umbellata (Korallen-Ölweide)
Korbblütler-Familie 157
Koreakirsche. *Siehe* P. tomentosa (Koreakirsche)
Koreanische Pinie 247
Koriander. *Siehe* Coriandrum sativum (Koriander)
Kornelkirsche. *Siehe* Cornus (Hartriegel) - C. mas (Kornelkirsche)
Kosmee. *Siehe* Cosmos bipinnatus (Kosmee oder Schmuckkörbchen)
Kourik, Robert 203
Krauser Ampfer. *Siehe* R. crispus (Krauser Ampfer)
Kräuter 35, 59, 121, 155, 214
  als Geflügelfutter 192
  heimische 59
  im Nahrungswald 246
  mehrjährige 155

Schlüsselloch-Gärten 44
Vögel angelockt von 185, 188
Kräuterspiralen 46, 48-49, 53
Kreosotbusch. *Siehe* Larrea tridentata (Kreosotbusch)
Kreuzdorn. *Siehe* Rhamnus spp. (Kreuzdorn)
Kreuzkümmel 245
Kriechender Günsel. *Siehe* Ajuga reptans (Kriechender Günsel)
Kriechender Rotschwingel. *Siehe* Festuca rubra (Kriechender Rotschwingel)
Kudzu. *Siehe* Pueraria lobata (Kudzu)
Kuhbohnen 107, 217
Kühle Mikroklimate 282
Kühle Witterung, Bodendecker für 106
Kultur-Birne. *Siehe* P. communis (Kultur-Birne)
Kümmel. *Siehe* Carum carvi (Kümmel)
Kürbis. *Siehe* Cucurbita spp. (Kürbis)

L

Lablab purpureus (Helmbohne) 107
Laburnum anagyroides (Gemeiner Goldregen) 156, 169
Lack-Zistrose. *Siehe* Cistus ladanifer (Lack-Zistrose)
Lactuca scariola (Stachel-Lattich) 164
Lakritzfarn. *Siehe* Polypodium glycyrrhiza (Lakritzfarn)
Lamaceae- Familie 157
Lambertshasel 228
Lappentang. *Siehe* Palmaria palmata (Lappentang)
Larrea tridentata (Kreosotbusch) 153
Lattarula-Feigenbäume 167
Lattich, Stachel-. *Siehe* Lactuca scariola (Stachel-Lattich)
Laubdach 167, 170, 188
Lauch 163, 207-208
Lavandula angustifolia (Echter Lavendel) 119, 182
Lavatera spp. (Strauchpappel) 119, 169
Lavendel, Echter. *Siehe* Lavandula angustifolia (Echter Lavendel)
Lawton, Geoff 54
Lebermoosfarn. *Siehe* Azolla filiculoides (Lebermoosfarn)
Lee, Andy 192
Leguminosen 108, 155, 207-208
Lemna minor (Kleine Wasserlinse) 153
Lespedeza thunbergii (Thunbergs Buschklee) 156, 169
Levisticum officinale (Liebstöckel) 161
Liebstöckel. *Siehe* Levisticum officinale (Liebstöckel)
Liguster 195
Lilaceae-Familie 157
Lilie. *Siehe* Hemerocallis fulva (Taglilie); *Siehe* Alstroemeria ligtu (Inkalilie); *Siehe* Iris pseudacorus (iris, yellow) (Sumpf-Schwertlilie)
Limnanthes douglasii (Douglas-Sumpfblume) 183
Limonadensumach. *Siehe* R. integrifolia (Limonadensumach)
Limonium latifolium (Breitblättriger Strandflieder) 183
Linaria vulgaris (Echtes Leinkraut) 154, 182
Lindera benzoin (Wohlriechender Fieberstrauch) 187
Linum usitatissimum (Flachs) 153
Liriodendron tulipifera (Tulpenbaum) 187
Livingston, Penny 132-133, 194, 306
Lobelia erinus (Männertreu) 183
Lobularia maritima (Duftsteinrich) 183
Lolium (Weidegras)
L. multiforum (einjährig) 106
L. perenne (mehrjährig) 107
Lomatium spp. (Lomatium) 252
Lonicera spp. (Geißblatt) 187, 251
L. maackii (Schirm-Heckenkirsche) 186
Lotus 137. *Siehe auch* Nelumbo lutea (Amerikanische Lotusblume); *Siehe auch* Nelumbo nucifera (Indische Lotosblume)
Lotus corniculatus (Gewöhnlicher Hornklee) 107, 156, 245
Löwenzahn. *Siehe* Taraxacum vulgare (Löwenzahn)
Ludwig, Art 128-130
Lupine. *Siehe* Lupinus spp. (Lupine)
Lupinus spp. (Lupine) 119, 153, 156
Luzerne. *Siehe* Medicago spp. - M. sativa (Luzerne)
Lycium spp. (Bocksdorn, Boxdorn) 187, 195, 224
Lysichiton americanus (Sparrige Navarretie) 143, 154

M

Maackia amurensis (Asiatisches Gelbholz) 156
Maclura pomifera (Osagedorn) 10-11, 158, 249
Magnesium 89, 109, 147, 152, 217
Mahagoni, Berg-. *Siehe* Cercocarpus montanus (Bergmahagoni)
Mahonia aquifolium (Gewöhnliche Mahonie) 119
Mais 108, 148, 196
Maisstroh 91
Malabar-Spinat. *Siehe* Basella rubra (Malabar-Spinat)
Malus spp. (Apfel, Holzapfel) 152, 186
Holzapfel 169, 186, 190, 249
M. pumila (Zwerg- oder Halbzwerg) 248
Malva parviflora (Wegmalve) 164
Malva sylvestris (Große Käsepappel) 143

Mandala-Garten 45, 47
Mandel. *Siehe* P. dulcis (Mandel)
Mandschurische Aprikosen 10, 158
Mandschurische Pflaume 11
Mangold 159, 208, 274
Männertreu. *Siehe* Lobelia erinus (Männertreu)
Mariendistel. *Siehe* Silybum marianum (Mariendistel)
Marienkäfer 55, 175-176
Matricaria matricarioides (Echte Kamille, Strahlenlose Kamille) 164
Matteuccia pennsylvanica (Amerikanischer Straußenfarn) 137, 232
Mauer-Steinkraut. *Siehe* Alyssum - Alyssum murale (Mauer-Steinkraut)
Maulbeere. *Siehe* Morus spp. (Maulbeere)
Mäuseschwanz-Federschwingel. *Siehe* Vulpia myuros (Mäuseschwanz-Federschwingel)
Maximilian-Sonnenblume. *Siehe* Helianthus spp. - H. maximilianii (Maximilian-Sonnenblume)
Mayhaw. *Siehe* Crataegus spp. (Weißdorn) - C. aestivalis (Mayhaw)
Medicago spp.
  M. lupulina (Hopfenklee) 153
  M. sativa (Luzerne) 107, 152, 156, 182, 195
  M. truncatula (Gestutzter Schneckenklee) 156
Meerrettich. *Siehe* Armoracia rusticana (Meerrettich)
Mehrjährige Pflanzen 33, 37, 159-160
  Bodendecker 105, 108
  einjährige Pflanzen vs. 37
  Gemüse 160-161
Mehrjähriges Gemüse 160
Melde 232
Melia azedarach (Zedrachbaum) 119, 190
Melilotus spp. (Klee) 10, 103, 155-156, 181-182, 245, 252, 254. *Siehe auch* Trifolium spp. (Klee); *Siehe auch* Medicago spp. - M. lupulina (Hopfenklee); *Siehe auch* Medicago spp. - M. truncatula (Gestutzter Schneckenklee)
  M. alba (Weißer Steinklee) 106
  M. officinalis (Honigklee) 106
Melissa officinalis (Zitronenmelisse) 153, 183, 232
Melone. *Siehe* Cucumis - C. melo (Melone)
Menschliche Nutzungen, Gildenpflanze 229
Mentha spp. (Minze) 164. *Siehe auch* Nepeta faassenii, N. mussinii (Katzenminze)
  M. piperita (Pfefferminze) 154, 232
  M. pulegium (Poleiminze) 183
  M. spicata (Grüne Minze) 183
Mespilus germanica (Echte Mispel) 190, 249, 253
Mesquite. *Siehe* Prosopis spp. (Mesquite)
Metalle im Boden 152, 271-272
Mexikanische Gewürztagetes. *Siehe* T. minuta (Mexikanische Gewürztagetes)
Mexikanischer Drüsengänsefuß. *Siehe* Chenopodium spp. - C. ambrosioides (Mexikanischer Drüsengänsefuß)
Mikroben 31, 87-91, 100, 108, 201
Mikroklimate 59, 120, 165-166, 205, 234, 306
  Bodensenken 122
  Feuchtigkeit in 121
  Kräutergarten 47
  Obstbäume 50
  Sonnenplatz 158
  Stadtgarten 274
  Wassertank, Wärme vom 126
Mineralien 297
  Bodendecker in 105
  im Boden 201
  im Humus 89-90
  vermehren, mit Schichtmulch 98
Mineralisierung 90
Minze. *Siehe* Mentha spp. (Minze)
Mischkultur 203
Mischpflanzung 203, 274
Mispel, Echte. *Siehe* Mespilus germanica (Echte Mispel)
Mittelmeerklima 119
Mittleres Fingerkraut 182
Mohn, Kalifornischer. *Siehe* Eschscholzia californica (Kalifornischer Mohn)
Mohnmalve. *Siehe* Callirhoe involucrata (Mohnmalve)
Möhre, Wilde. *Siehe* Daucus carota (Wilde Möhre)
Mollison, Bill 6, 64, 234
Monarda didyma (Bienenbalsam) 31, 143, 156, 214
Monarda fistulosa (Wilde Bergamotte) 183
Monokulturen 14
Montia spp. (Postelein) 252. *Siehe auch* Claytonie (Postelein)
Moosverbene 252
Morus spp. (Maulbeere) 169, 187, 195, 249
Mulch 4, 23, 26, 62, 67, 101, 159, 168, 285
  Blätter für 105
  Bodentemperatur, Wirkung auf 208
  für Stadtgarten 269
  Grauwasser, absorbiert von 127-128
  in Bodensenken 116
  Kohlen- zu Stickstoffanteil (K:S) 91
  lebendiger 147, 159
  Obstbäume 47
  Pflanzen für 134, 137, 226, 230, 248, 296
  Pflanzen produzierende 155
  Tief- 112, 121, 129, 193, 290
  Unkräuter kontrolliert von 28

Multifunktionale Pflanzen 143, 162, 194
Ammen, Gerüste und Begleiter 168, 171
Bäume 129
Beispiele 127, 133
Mikroklimate und 165-166
Rollen erfüllt von 150-151
Multifunktionalismus 5
Murphy, Tim 223, 226
Mutterkraut. *Siehe* Chrysanthemum parthenium (Mutterkraut)
Mycelium Running 272
Myrica spp. (Gagelstrauch, Wachsmyrte) 156, 186, 190, 235
M. pensylvanica (Amerikanischer Gagelstrauch) 156

N

Nachtkerze. *Siehe* Oenothera - O. biennis (Nachtkerze)
Nährstoffe 10, 20, 34, 83-84, 130, 298
Auswaschung von 96
Blätter, Nährstoffe aus kompostierung von 98
im Humus 90
Speicherpflanzen 155, 217
von Bodendeckern 105
Waldboden 34
Nahrungswald 243
Design 255
Entwicklung von 254
Geschichte von 243
Pflanzengilden 232-233
Nahrungswald; Gemüse
multifunktionale Pflanzen 150, 162
Zwiebelpflanzen 214-215
Narzisse 214, 233, 276
Nashi-Birne. *Siehe* P. pyrifolia (Nashi-Birne)
Nasturtium officinale (Brunnenkresse) 48, 128, 148, 154, 161
Natur, Gärten, die arbeiten mit der viii, ix
Navarretia squanosa (Sparrige Navarretie) 154
Nektarinenbäume 21, 271
Nektar produzierende Pflanzen 179
Nelumbo lutea (Amerikanische Lotusblume) 137
Nelumbo nucifera (Indische Lotosblume) 137, 161
Nepeta faassenii, N. mussinii (Katzenminze) 119
Netzflügler 180
Netz-Gartenmuster 50-51
Neuseeländer Spinat. *Siehe* Tetragonia tetragoniodes (Neuseeländer Spinat)
Neuseelandflachs. *Siehe* Phormium tenax (Neuseelandflachs)
New Mexico 20-21, 112, 154, 299-300
Nickende Distel. *Siehe* Carduus nutans (Nickende Distel)
Nicotiana spp. (Tabak) 154
Nischen 27-28, 31, 208, 302
Nitrate 90
Nussbäume 65, 171, 247, 276
Nussschalen 101
Nützlinge 31, 148, 156, 173, 177
Arten 161, 164
Beispiele 161
Nutztiere 191, 288
größere Tiere, Unterbringung 82
kleinere Tiere, Unterbringung 82

O

Obstbäume 22, 47, 64, 66, 158, 162
für Geflügelfutter 192
Grauwasser für 122
im Nahrungswald 238, 258
in Gilden 220
in Netzmustern 50
in Stadtgärten 273
stickstoffbindende Pflanzen mit 109
Zwerg- 65
Obstgarten 61, 233
Oenothera
O. biennis (Nachtkerze) 154
O. speciosa (Rosa Nachtkerze) 4
Oka/ Knolliger Sauerklee. *Siehe* Oxalis tuberosa (Oka)
Ökologische Gärten
Arbeit gespart durch 11
Funktionen des 38
natürliche Gartenmuster 37, 137
Prinzipien 6-7, 24, 26, 42
Olea europaea (Olive) 119
Oleander, immergrüner 71
Olive. *Siehe* Olea europaea (Olive)
Ölrettich. *Siehe* Raphanus sativus (Ölrettich)
Ölweide. *Siehe* Elaeagnus spp. (Ölweide)
Opportunistische Pflanzen 16
Oregano. *Siehe* Origanum vulgare (Oregano)
Oregon 126, 162, 301
Oregon-Weißdorn. *Siehe* Crataegus spp. (Weißdorn) - Craetagus douglasii (Oregon-Weißdorn)
Organische Substanz 36, 83, 98, 105, 107, 109, 272
Orientalisches Zackenschötchen. *Siehe* Bunias orientalis (Orientalisches Zackenschötchen)
Origanum vulgare (Oregano) 47-48, 119, 245
Osagedorn. *Siehe* Maclura pomifera (Osagedorn)
Osentowski, Jerome 64, 242, 244, 306

Osmorhiza chilensis (Chilenische Bergsüßdolde) 227, 230
Otter 27
Oxalis tuberosa (Oka) 162, 253

P

Palmaria palmata (Lappentang) 153
Panicum miliaceum (Hirse) 196
Pappel, hybride 232
Paprika/Chili 37, 46, 159, 222, 258
Parasitäre Insekten 176-177
Parkstreifen, Gärtnern in 285-286
Passiflora spp. (Passionsfrucht) 195, 251
P. incarnata (Winterharte-Passionsblume) 145-146
Passionsblume 21, 254. *Siehe auch* Passiflora spp. (Passionsfrucht) - P. incarnata (Winterharte-Passionsblume)
Passionsfrucht. *Siehe* Passiflora spp. (Passionsfrucht)
Pastinake 206-207
Pekannuss. *Siehe* Carya spp. (Hickory) - C. illinoensis (Pekanuss)
Pelargonium spp. (Duftgeranie) 153
Penstemon spp. (Bartfaden)
P. barbatu 23
P. barbatus (Aufrechter Bartfaden) 190
P. strictus (Aufrechter Bartfaden) 183
Perilla 208
Permaculture
A Designers' Manual 234
Permaculture Institute of Northern California 133
Permakultur, definition viii
Persimone. *Siehe* Diospyros spp. (Kaki) - D. virginiana (Persimone)
Persischer Klee. *Siehe* Trifolium resupinatum (Persischer Klee)
Peruanisches Eisenkraut 252
Pestizide ix, 84
Petasites palmatus (Arktische Pestwurz) 143
Petersilie. *Siehe* Petroselinum crispum (Petersilie)
Petersilie, Japanische. *Siehe* Chryptotaenia japonica (Japanische Petersilie)
Petroselinum crispum (Petersilie) 154, 183. *Siehe auch* Chryptotaenia japonica (Japanische Petersilie)
Pfefferminze. *Siehe* Mentha spp. (Minze) - M. piperita (Pfefferminze)
Pfeilblättrige Balsamwurzel. *Siehe* Balsamorhiza sagittata (Pfeilblättrige Balsamwurzel)
Pfeilkraut. *Siehe* Sagittaria spp. (Pfeilkraut)
Pfirsich. *Siehe* P. persica (Pfirsich)
Pflanzen
für Geflügelfutter 143, 192, 312
Pflanzengemeinschaften 24, 210-211, 287, 307
Pflanzengilden 232-233
Apfelbaum, zentriert 214-215
drei Schwestern 211, 213
Entwurf 266
Grenzen von 232
Leitlinien 226
Nahrungswald 238, 258
Recherche für 220
Stadtgärten 262
Supergilden 235
Pflaume. *Siehe* P. domestica (Pflaume)
Pflaumenbäume 242, 263, 283
Mandschurische- 11
wilde ix, 180
Zwetschge 263
Pfriemenginster. *Siehe* Spartium junceum (Pfriemenginster)
Phacelia tanacetifolia (Bienenweide) 106, 183
Phaseolus spp. (Bohnen) 156
P. coccineus (Feuerbohne) 251
P. vulgaris (Pintobohne) 107
Phellodendron amurense (Amur-Korkbaum) 186
Phleum pratense (Alpenlieschgras) 107
Phlomis fruticosa (Strauchiges Brandkraut) 119
Phlox stolonifera (Wander-Phlox) 252
Phormium tenax (Neuseelandflachs) 119
Phosphor 83, 89, 91-92, 102
Phragmites communis (Rohr-Glanzgras, Schilfrohr) 137
Phyllostachys spp. (Bambus) 20, 25, 149, 186, 232, 249, 253, 283
P. aurea (goldener) 119
P. nigra 149
Physalis heterophylla (Blasenkirsche) 161
Picea spp. (Fichte) 187
Pilze 34-35, 65, 82, 100, 140, 246, 272
Pilzkrankheiten 51, 148, 219
Pimm, Stuart 304
Pinie. *Siehe* P. pinea (Pinie)
Pintobohne. *Siehe* P. vulgaris (Pintobohne)
Pinus spp. (Kiefer) 187
P. edulis (Pinyon-Kiefer) 248
P. pinea (Pinie) 119
Pinyon-Kiefer. *Siehe* P. edulis (Pinyon-Kiefer)
Pionierpflanzen 12, 155, 203
Definition 17
in konventionellen Gärten 24
in reifen Gärten 32
Nährstoff-Akkumulatoren 152
opportunistische Pflanzen als 16
Pistacia spp. (Pistazie) 195
P. vera 119

Pisum
P. arvense (Felderbse) 106
P. sativum (Gartenerbse) 251
Plantago spp. (Wegerich) 154, 164, 196
Plants for a Future 160
Planung, Garten 56, 60, 62, 77
Anordnung 60, 64
Entwurfsplanung 77
Listen für 58, 61-62
Platane 187, 247
Platanus (Platane) 187
Platterbse 232, 245
Pleurotus ostreatus (Austernpilze) 272
Poleiminze. *Siehe* Mentha spp. (Minze) - M. pulegium (Poleiminze)
Pollen und Bestäuber 62, 156, 159, 185, 216
Polster-Phlox 152
Polyedulis (Yacón) 162
Polygonum cuspidatum (Japanischer Staudenknöterich) 164
Polykultur-Anpflanzungen 209-210, 273
Polykulturpflanzen 209
Polypodium glycyrrhiza (Lakritzfarn) 253
Pontederia cordata (Herzblättriges Hechtkraut) 137
Portulaca oleracea (Portulak) 154, 164
Portulak. *Siehe* Portulaca oleracea (Portulak)
Postelein. *Siehe* Claytonie (Postelein)
Potentilla spp.
P. anserina (Gänsefingerkraut) 154
P. recta 'warrenii' (Hohes Fingerkraut) 183
P. villosa (Mittleres Fingerkraut) 182
Poterium sanguisorba (Kleiner Wiesenknopf) 154
Prachtspiere. *Siehe* Astilbe spp. (Prachtspiere)
Prärie 30
Prärielilien. *Siehe* Camassia quamash (Prärielilien)
Prärie-Pflaume 190
Prärie-Rübe. *Siehe* Psoralea esculenta (Prärie-Rübe)
Prärieweide 233
Preiselbeere. *Siehe* V. vitis-idaea (Preiselbeere)
Privatsphäre 59
Prosopis spp. (Mesquite) 169, 248
P. dulcis, P. juliflora (Algoroba) 248
Prunus spp. (Kirsche) 186
P. armeniaca (Aprikose) 249
P. avium (Kirsche) 248
P. avium (Vogelkirsche) 227
P. besseyi (Sandkirsche) 250
P. cerasus (Kirsche) 248
P. domestica (Pflaume) 248
P. dulcis (Mandel) 119, 249
P. persica (Pfirsich) 248-249
P. tomentosa (Koreakirsche) 250
Pseudotsuga menziesii (Douglasie) 186
Psoralea esculenta (Prärie-Rübe) 156
Pteridium aquifolium (Adlerfarn) 152
Pueraria lobata (Kudzu) 164
Pufferpflanzen 234-235
Punica spp. (Granatapfel) 250
Purpur-Wicke. *Siehe* V. atropurpurea (Purpur-Wicke)
Pyracantha spp. (Feuerdorn) 187
Pyrenäen-Goldlauch. *Siehe* Allium spp. (Zwiebeln)
Pyrus spp. (Birne)
P. communis (Kultur-Birne) 248
P. pyrifolia (Nashi-Birne) 248
Verbindungen von 62-63
Zwerg-Birnen 276

Q

Quadratmeter-Gärten 274
Quercus garryana
Q. garryana (Oregon-Eiche) 227
Quercus spp. (Eiche) 154, 195
Q. alba (Weißeiche) 249
Q. garryana (Oregon-Eiche) 226, 249
Q. macrocarpa (Großfrüchtige Eiche) 248
Quinoa. *Siehe* Chenopodium spp. - C. quinoa (Quinoa)
Quitte. *Siehe* Cydonia oblonga (Quitte)

R

Rainfarn. *Siehe* Tanacetum vulgare (Rainfarn)
Ränder, Pflanzen an 16, 52-54, 268, 307
Rankenpflanzen
für Schatten 168, 170
für Waldgarten 238, 250
Rankpflanzen 96, 146
Raphanus sativus (Ölrettich) 106
Raps. *Siehe* Brassica spp. - B. napus (Raps)
Rasenflächen 30, 32, 56
Raubtiere 62, 87, 93, 156, 185, 188-189, 217, 307
Rauke 159, 208, 245, 274
Raupenfliegen 181
Redundanz 41
Regenwasser 133
Bäume, absorbiert von 130
Dächer, Wasser sammeln von 122, 127
Regenwürmer 85, 197
Regenwürmer Bodensenken 289
Boden 105-107, 109, 111
Totholz 97
Rehe 237
Hecken, Rehe abwehrend 62, 143, 158
Pflanzen resistent gegen 175

Reife Gärten 25, 32, 160
Merkmale 35
unreife Gärten im Vergleich 29
Ressourcen
Bewertung 60
erneuerbare 8
für Stadtgarten 269
reinvestieren 8
Rettich 204, 206-208
Daikon 10, 109, 157, 232, 254
Ölrettich 106
Rettiche
Daikon 257
Rhabarber 37, 128, 151, 160, 217
Rhamnus spp. (Kreuzdorn) 186, 195
Rhus spp. (Sumach)
R. diversiloba (Gift-Sumach) 227
R. glabra (Geschlitzter Essigbaum) 187
R. integrifolia (Limonadensumach) 119, 229
R. typhina (Essigbaum oder Hirschkolbensumach) 187
Ribes × Rubus hybrid 251
Ribes spp. (Johannisbeere) 195, 250
R. hirtellum (Stachelbeere) 250
Riedgräser 28
Rigole 115
Rindenmulch 23, 263
Ringelblume 4, 206, 245
Robinia pseudoacacia (Scheinakazie) 153, 156, 169, 195, 248
Honig 170, 238
Neumexiko- 21
Robinson, Josh 36
Roggen. *Siehe* Secale cereale (Roggen)
Rohr-Glanzgras, Schilfrohr. *Siehe* Phragmites communis (Rohr-Glanzgras, Schilfrohr)
Rohrkolben. *Siehe* Typha spp. (Rohrkolben)
Roland, Ethan 75
Rosa Nachtkerze. *Siehe* Oenothera - O. speciosa (Rosa Nachtkerze)
Rosa spp. (Rose) 187
R. eglanteria (Weinrose) 227
R. rugosa 251
Rose. *Siehe* Rosa spp. (Rose)
heimische 155
Kartoffelrose 251
Rosenkohl 202, 207, 209
Rosmarin. *Siehe* Rosmarinus officinalis (Rosmarin)
Rosmarinus officinalis (Rosmarin) 119
Rosskastanie 190
Roter Sandthymian. *Siehe* T. serpyllum coccineus (Roter Sandthymian)
Roter Senf 159
Rotes Christophskraut. *Siehe* Actea rubra (Rotes Christophskraut)
Rotklee. *Siehe* Trifolium pratense (Rotklee)
Rübe. *Siehe* Beta vulgaris (Rübe); *Siehe auch* Psoralea esculenta (Prärie-Rübe)
Rübstiel 207
Rubus spp. (Brombeere, Himbeere) 186, 251
R. fruticosus (Brombeere) 119
R. idaeus (Himbeere) 251
R. nepalensis (Himalaya-Himbeere) 252
R. parviflorus (Weiße Zimthimbeere) 143, 227
R. ursinus (Boysenbeere) 227
Rudbeckia spp.
R. fulgida (Gewöhnlicher Sonnenhut) 182
Rumex spp. (Ampfer, Sauerampfer) 195
R. acetosella (Kleiner Sauerampfer) 154, 164
R. crispus (Krauser Ampfer) 143, 164
R. obtusifolias (Stumpfblättriger Ampfer) 153
R. persicarioides (Goldgelber Ampfer) 164
R. scutatus (Schild-Ampfer) 161
Ruta graveolens (Weinraute) 119
Ruth Stout No-Work Garden Book, The 99

S

Saatansatz 159
Saatpflanzen, Geflügelfutter 192
Saat, Pflanzen verwendet für 196
Sägemehl 99, 101, 121
Sagittaria spp. (Pfeilkraut) 137
Saguaro-Kakteen 170
Salbei. *Siehe* Salvia spp. (Salbei)
Salix spp. (Weide) 154, 169, 187
Salsola pestifer (Steppen-Salzkraut) 154
Salvia 67, 232
Salvia spp. (Salbei) 119
R. mellifera (schwarzer Salbei) 259
Salzheu 99
Sambucus spp. (Holunder) 137, 186, 195, 251
S. nigra 169
Sand, als Mulch 121
Sanddorn. *Siehe* Hippophae rhamnoides (Sanddorn)
Sandkirsche. *Siehe* P. besseyi (Sandkirsche)
Santoyo, Larry 4, 50, 128, 307
Satureja spp. (Bohnenkraut) 154
S. douglasii (Felsenlippe) 227
S. hortensis (Echtes Bohnenkraut) 119
Sauerampfer. *Siehe* Rumex spp. (Ampfer, Sauerampfer)
Sauerklee, Knolliger/ Oka. *Siehe* Oxalis tuberosa (Oka)

Saurer Boden 106, 271
Savanne 30
Schachtelhalm. *Siehe* Equisetum spp. (Schachtelhalm)
Schädlinge 4, 12, 31, 33, 307
Schädlingsabweisende Pflanzen 155
Schafgarbe. *Siehe* Achillea
Schalotten 161
Scharlach-Erdbeere. *Siehe* Fragaria spp. (Erdbeere) - F. virginiana (Scharlach-Erdbeere)
Schatten 9, 37, 59, 61, 138-139, 158
  Nahrungswald 238
  Pflanzen bieten 179
  Pflanzen tolerant für 144-145
  Stadtgarten 269
  Wasser sparen und 122
Schaumspiere 10, 227, 229
Scheinakazie. *Siehe* Robinia pseudoacacia (Scheinakazie)
Schichtmulch 46, 67, 73, 98-102, 193, 306
  Anlegen von 104
  Materialien für 95-97
  Pflanzen anbauen in 98
Schild-Ampfer. *Siehe* R. scutatus (Schild-Ampfer)
Schilfrohr 137
Schirm-Heckenkirsche. *Siehe* Lonicera spp. (Geißblatt) - L. maackii (Schirm-Heckenkirsche)
Schisandra chinensis 251
Schlüsselloch-Gartenbeete 44
Schmalblättrige Ölweide. *Siehe* Elaeagnus spp. (Ölweide) - E. angustifolia (Schmalblättrige Ölweide)
Schmalblättrige Studentenblume. *Siehe* T. tenuifolia (Schmalblättrige Studentenblume)
Schmetterlingsflieder 217, 253
Schmuckkörbchen. *Siehe* Cosmos bipinnatus (Kosmee oder Schmuckkörbchen)
Schneeball. *Siehe* Viburnum spp. (Schneeball)
Schneebeere. *Siehe* Symphoricarus albus
Schnitt 62, 277
Schnittlauch. *Siehe* Allium spp. (Zwiebeln)
Schnittsalat 67, 204
Schorf 214
Schuppenrinden-Hickorynuss. *Siehe* Carya spp. (Hickory) - C. ovata (Schuppenrinden-Hickorynuss)
Schwarzäugige Susanne 233
Schwarzer Salbei. *Siehe* R. mellifera (schwarzer Salbei)
Schwarzer Weißdorn 227, 229
Schwarznuss. *Siehe* Juglans spp. (Walnuss) - J. nigra (Schwarznuss)
Schwarzwurzel 161
Schwedenklee. *Siehe* Trifolium hybridum (Schwedenklee)
Schwefel 102, 152, 217
Schweineerdnuss. *Siehe* Amphicarpaea bracteata (Schweineerdnuss)
Schwingel
  kriechender Rotschwingel 107, 153
  Mäuseschwanz-Federschwingel 106
Scirpus validus (Simse) 137
Scorzonera hispanica (Garten-Schwarzwurzel) 119
Scrophularia californica (Kalifornische Braunwurz) 143
Secale cereale (Roggen) 106, 196
Sedum spp. (Fetthenne) 252
  S. kamtschaticum (Kamtschatka-Fetthenne) 183
  S. spurium & album 183
Seegras 101
Seetang 91, 99, 101, 121, 153
Segge. *Siehe* Carex spp. (Segge)
Seidenakazie. *Siehe* Albizia julibrissin (Seidenbaum, Seidenakazie)
Seidenbaum. *Siehe* Albizia julibrissin (Seidenbaum, Seidenakazie)
Seidenpflanze 233. *Siehe* Asclepias tuberosa (Seidenpflanze)
  Gewöhnliche 232
  Purpurrote 233
  Sumpf- 233
Selbstversorgung
  Zone für 65
Sellerie 128, 156, 244-245
Senecio vulgaris (Gemeines Kreuzkraut) 153
Senfblätter 196, 208-209
Senfrauke. *Siehe* Eruca vesicaria sativa (Senfrauke)
Sesbania. *Siehe* Sesbania macrocarpa (Sesbania)
Sesbania macrocarpa (Sesbania) 107
Shallon-Scheinbeere. *Siehe* Gaultheria shallon (Shallon-Scheinbeere)
Shepherdia argentea (Silber-Büffelbeere) 156, 251
Silber-Büffelbeere. *Siehe* Shepherdia argentea (Silber-Büffelbeere)
Silber-Ölweide 225
Silybum marianum (Mariendistel) 164
Simse. *Siehe* Scirpus validus (Simse)
Smilax spp. (Stechwinde) 187
Sojabohnen. *Siehe* Glycine max (Sojabohnen)
Solanum tuberosum (Kartoffel) 253
Solar-Gärtnern 282
Solidago spp. (Goldrute) 164
Sommerwicke. *Siehe* V. sativa (Sommerwicke)
Sonchus arvensis (Acker-Gänsedistel) 154, 164
Sonnenblume. *Siehe* Helianthus spp. - H. annuus (Sonnenblume); *Siehe auch* Helianthus spp. - H. maximilianii (Maximilian-Sonnenblume)
Sonnenhut 48, 245

Sonnenplätze 158
Sonnensektor 69, 71
Sorbus spp. (Eberesche) 187, 249
Sorghum bicolor (Sudangras) 107
Spaliere 53, 68, 149, 168, 277-278
Spaliertechniken 277
Spargel 37, 160
Sparrige Navarretie. *Siehe* Lysichiton americanus (Sparrige Navarretie)
Spartium junceum (Pfriemenginster) 156
Sperriges Gummikraut 232
Spiere 112
Spieß-Melde 153
Spinat 202
Spindel (Schnitt-Technik) 277
Spindelstrauch. *Siehe* Euonymus spp. (Spindelstrauch)
  Purpurblütiger und Gewöhnlicher 190
Spiralen, Kräuter- 48-49, 53
Stachelbeere. *Siehe* R. hirtellum (Stachelbeere)
Stachel-Lattich. *Siehe* Lactuca scariola (Stachel-Lattich)
Stachys
  S. officinalis (Echte Betonie) 183
Stadt, Gärtnern in der 267, 273-275, 281
  effiziente Platznutzung 273-274
  Mikroklimate 279-281
  Permakultur-Herausforderungen 289
  Platz finden zum 276-277
  Ränder 261
  Tiere 295-296
  Zeit sparen beim 279
  Zonen- und Sektormethode für 293
Stadt-/Vorstadtlandschaft 13-14
Stamets, Paul 272
Stechpalme. *Siehe* Ilex spp. (Stechpalme)
Stechwinde. *Siehe* Smilax spp. (Stechwinde)
Steine, als Mulch 121
Stellaria media (Vogelmiere) 153, 164
Steppen-Salzkraut. *Siehe* Salsola pestifer (Steppen-Salzkraut)
Stevens, George 114
Stickstoff 91, 94-95, 98
  Blattläuse angelockt von 54
  Kohlen- zu Stickstoffanteil 91
Stickstoffbindende Pflanzen 295
  Ammenpflanzen 169-170
  Elaeagnus spp. 169
  im Nahrungswald 238, 258
  im Schutzgürtel 157
  in Gilden 215, 218-219, 232-233
  multifunktionale Pflanzen für 143, 150, 162
Stoffbindende Pflanzen
  Bodendecker 105, 108
Stout, Ruth 99
Strahlenlose Kamille. *Siehe* Matricaria matricarioides (Echte Kamille, Strahlenlose Kamille)
Stranddistel. *Siehe* Eryngium maritimum (Stranddistel)
Strauchiges Brandkraut. *Siehe* Phlomis fruticosa (Strauchiges Brandkraut)
Strauchpappel. *Siehe* Lavatera spp. (Strauchpappel)
Strauchveronika. *Siehe* Hebe salicifolia (Strauchveronika)
Straußgras. *Siehe* Agrostis spp. (Straußgras)
Stroh 91, 96, 99-100, 121
Strohgefüllte Bodensenke 116
Studentenblume. *Siehe* Tagetes spp. (Studentenblume)
Stumpfblättriger Ampfer. *Siehe* R. obtusifolias (Stumpfblättriger Ampfer)
Sudangras 107, 232
Sukzessionsgärtnern 8, 28-30
Sumach. *Siehe* Rhus spp. (Sumach)
Sumpfbinse. *Siehe* Eleocharis spp. (Sumpfbinse)
Sumpf-Schwertlilie. *Siehe* Iris pseudacorus (iris, yellow) (Sumpf-Schwertlilie)
Sumpf-Seidenpflanze 233
Süßdolde 227
Süßholz. *Siehe* Glycyrrhiza glabra (Süßholz)
Swentzell, Roxanne 21-23, 170, 300-301
Symphoricarus albus (Schneebeere) 119
Symphytum officinale (Beinwell) 137, 143, 146-147, 153, 195
Syrphydae 181

T

Tabak, Stängel. *Siehe* Nicotiana spp. (Tabak)
Tagasaste. *Siehe* Chaemocytisus proliferus (Tagasaste)
Tagetes spp. (Studentenblume) 153
  T. erecta (Aufrechte Studentenblume) 155
  T. minuta (Mexikanische Gewürztagetes) 155, 203
  T. patula 155
  T. tenuifolia (Schmalblättrige Studentenblume) 183
Taglilie. *Siehe* Hemerocallis fulva (Taglilie)
Tamariske 171
Tanacetum vulgare (Rainfarn) 154, 183
Tanne. *Siehe* Abies spp. (Tanne)
Tannennadeln 121
Taraxacum vulgare (Löwenzahn) 153
Taro. *Siehe* Colacasia esculenta (Taro)
Taylor's Master Guide to Landscaping 73

Teiche 62, 201
Grauwasser 127-129
Platzierung 71-72
Ränder 54
Wasser sammeln 122, 125
Teichpflanzen, essbare 48
Tetragonia tetragoniodes (Neuseeländer Spinat) 161
Thalia spp. (Wasser-Canna) 137
Thermopsis villosa (Carolina-Lupine) 156
Thlaspi caerulescens (Gebirgs-Hellerkraut) 154
Thunberg-Berberitze. *Siehe* Berberis spp. - B. thunbergii (Thunberg-Berberitze)
Thunbergs Buschklee. *Siehe* Lespedeza thunbergii (Thunbergs Buschklee)
Thymian. *Siehe* Thymus (Thymian)
Thymus (Thymian)
T. praecox 252
T. serpyllum coccineus (Roter Sandthymian) 182
T. vulgris 119
Toensmeir, Eric 154
Tomatenpflanze 222, 258, 277
Tomatenpflanzen 37, 46, 68, 159, 194
Topek, Kevin 74
Topinambur. *Siehe* Helianthus spp. - H. tuberosus (Topinambur)
Torfmoos 114
Toxine, Umgang mit 235-236
Toyon. *Siehe* Heteromeles arbutifolia (Toyon)
Tragant 245
Traube. *Siehe* Vitis spp. (Traube)
Traubenkirsche 190
Trifolium spp. (Klee) 153, 156, 182, 195, 252. *Siehe auch* Melilotus spp. (Klee); *Siehe auch* Medicago spp. - M. lupulina (Hopfenklee); *Siehe auch* Medicago spp. - M. truncatula (Gestutzter Schneckenklee)
T. alexandrinum (Alexandriner-Klee) 106
T. fragiferum (Erdbeerklee) 107
T. hybridum (Schwedenklee) 106
T. incarnatum (Blutklee) 106
T. pratense (Rotklee) 106
T. pratense (Wiesenklee) 107
T. repens (Weißklee) 47, 107, 217
T. resupinatum (Persischer Klee) 106
Trigonella foenum-graecum (Bockshornklee) 106
Trillium ovatum (Westliche Dreizipfellilie) 143
Tritium aestivum (Weizen) 196
Tropaeolum spp.
T. majus (Kapuzinerkresse) 143, 251
T. tuberosum (Mashua) 148, 162, 253
Tulbaghia violacea (Kaplilie) 119
Tulpenbaum. *Siehe* Liriodendron tulipifera (Tulpenbaum)
Tussilago farfara (Huflattich) 143, 153
Typha spp. (Rohrkolben) 137
T. latifolia 153

U

Udo. *Siehe* Aralia cordata (Udo)
Ulme 186
Ulmus spp. 186
Umgraben 12, 19, 37, 93
Umwelteinfluss
von Bäumen 151
Unkräuter 5, 11, 28-29, 33
aus dem Kompost 94
Barrieren 288
essbare 160
Insekten angelockt von 162
Nährstoff-Akkumulatoren 152
Pflanzen, die kontrollieren 163
Unkrautsamen in Mulch 96, 102-103
Unreife Ökosysteme 32-33
Urtica urens (Brennnessel) 154
Usnea spp. (Bartflechte) 143

V

Vaccinium spp. (Heidelbeere) 186, 251
V. corymbosum (Amerikanische Heidelbeere) 137, 231
V. macrocarpon (Großfrüchtige Moosbeere) 137, 251
V. vitis-idaea (Preiselbeere) 252
Valeriana officinalis (Baldrian) 67, 154
Vanilleblatt 143. *Siehe* Achlys triphylla (Vanilleblatt)
Vegetation of Oregon and Washington 226
Vegetationsschichten 35
mehrere 24
Waldgarten 248, 250, 252-253
zum Wasser sparen 120
Verbascum spp. 153
V. thapsus (Kleinblütige Königskerze) 143
Verbundenheit 8, 54, 293, 309
Verey, Rosmary 73
Veronica spicata (Ehrenpreis) 183, 277
Viburnum spp. (Schneeball) 137, 186, 233, 251, 318
V. opulus (Gewöhnlicher Schneeball) 186
V. trilobum (Amerikanischer Schneeball, Cranberry) 137, 186, 251
Vicia faba (Ackerbohne, Favabohne) 47, 106, 110, 156, 195, 204, 207-209, 214, 218, 244-245
Vicia spp. (Wicke) 154
V. americana (Amerikanische Wicke) 227

Vicia spp. (Wicke) ...
V. atropurpurea (Purpur-Wicke) 106
V. sativa (Sommerwicke) 106
V. villosa (Zottige Wicke) 106, 183, 196
Vigna
V. sinensis (rote Kuhbohnen) 107
V. unguiculata (Augenbohnen) 156
V. unguiculata (Augenbohnen, Kuhbohnen) 107
Viola odorata 252
Virginia-Gnadenkraut. *Siehe* Gratiola virginania (Virginia-Gnadenkraut)
Virginischer Wacholder. *Siehe* Juniperus virginiana (Virginischer Wacholder)
Virginische Traubenkirsche 190
Vitis spp. (Traube) 251
V. vinifera 119
Vögel 18, 20, 22, 52, 55, 76
Ammenpflanzen für 169-170
im Nahrungswald 238
Pflanzen, die anlocken 20, 142, 157, 171, 188, 214, 216, 221
Vogelkirsche. *Siehe* P. avium (Vogelkirsche)
Vogelmiere. *Siehe* Stellaria media (Vogelmiere)
Vulpia myuros (Mäuseschwanz-Federschwingel) 106

W

Wacholder 38, 138, 186
Wachsmyrte. *Siehe* Myrica spp. (Gagelstrauch, Wachsmyrte)
Wälder 16, 160
Artenvielfalt 23
Boden 25-26
opportunistische Pflanzen 16
Schichten von 121
Walderdbeeren 152
Waldgärtnern 247
Waldknoblauch. *Siehe* Allium spp. (Zwiebeln)
Waldparzellen 263
Wald-Schaumspiere. *Siehe* Holodiscus discolor
Walnuss. *Siehe* Juglans spp. (Walnuss)
Walnussbäume 21. *Siehe auch* Juglans spp.
Wander-Phlox. *Siehe* Phlox stolonifera
Wanzenkraut. *Siehe* Cimicifuga racemosa
Ward, Tom 236
Ward, Tom 97, 126, 162, 236
Wärmetransfer 166
Washington 25, 109
Wasser 22-24, 63, 97, 111, 282
für Kräuterspirale 49
für Schichtmulch 98-99
für Vögel 171
Pflanzen, gereinigt von 129
Stadtgarten 281, 287, 289
Verfügbarkeit von 85
zur Kompostierung 98
zu viel Wasser 120, 122, 300
Wasser-Canna. *Siehe* Thalia spp. (Wasser-Canna)
Wassersparmethoden 113
dichte Bepflanzungen 116-117, 122
Grauwassergewinnung 127
nährstoffreicher Boden 113-114
Pflanzenwahl und Platzierung 172
Tiefmulchen 113, 129
Wassertanks 122
Wege, begrenzende 44
Wegerich. *Siehe* Plantago spp. (Wegerich)
Wegmalve. *Siehe* Malva parviflora (Wegmalve)
Wegwarte. *Siehe* Cichorium intybus (Wegwarte)
Weiche Trespe. *Siehe* Bromus mollis (Weiche Trespe)
Weide. *Siehe* Salix spp. (Weide)
Weidegras. *Siehe* Lolium (Weidegras)
Weidenröschen 28
Weinraute. *Siehe* Ruta graveolens (Weinraute)
Weinrose. *Siehe* R. eglanteria (Weinrose)
weiße Fliege 155
Weißer Gänsefuß. *Siehe* Chenopodium spp. - C. album (Weißer Gänsefuß)
Weißer Steinklee. *Siehe* Melilotus spp. (Klee) - M. alba (Weißer Steinklee)
Weiße Zimthimbeere. *Siehe* R. parviflorus (Weiße Zimthimbeere)
Weißklee. *Siehe* Trifolium repens (Weißklee)
Weißliche Zistrose. *Siehe* Cistus albidus (Weißliche Zistrose)
Weizen. *Siehe* Tritium aestivum (Weizen)
Wermut 119, 245. *Siehe* Artemisia absinthum (Wermut)
Wespen, parasitäre 176-178, 180, 216
Westliche Dreizipfellilie. *Siehe* Trillium ovatum (Westliche Dreizipfellilie)
Westlicher Erdbeerbaum. *Siehe* Arbutus spp. - A. unido (Westlicher Erdbeerbaum)
Whitefield, Patrick 243, 291
Wicke. *Siehe* Vicia spp. (Wicke)
Wiesenklee. *Siehe* Trifolium pratense (Wiesenklee)
Wildblumen 28, 118
Wilde Bergamotte. *Siehe* Monarda fistulosa (Wilde Bergamotte)
Wilde Lupine 232-233
Wilde Möhre. *Siehe* Daucus carota (Wilde Möhre)
Wilder Wein 190
Wildniszone 65
Wildtierhabitat

anlegen 20
Bäume und 130
Beobachtung im Gartengrundstück 52
einheimische Pflanzen für 118
im Nahrungswald 238
Pflanzen, die schaffen 138, 284-285
Sektoren für 69-70
Stadtgarten 287, 289
Teiche 124, 127
Wald ix
Winde 104, 157
Windschutz 59, 63, 139, 157, 232, 272, 278, 293, 297
Windsektor 69, 71
Wingate, David 171
Wintererbsen 110
Wintergrüne Ölweide. *Siehe* Elaeagnus × ebbingei (Wintergrüne Ölweide)
Winterharte Kiwi. *Siehe* A. kilomikta (winterhart)
Winterharte Passionsblume. *Siehe* Passiflora spp. (Passionsfrucht) - P. incarnata (Winterharte-Passionsblume)
Winterkresse. *Siehe* Barbarea vulgaris (Winterkresse)
Wohlriechender Fieberstrauch. *Siehe* Lindera benzoin (Wohlriechender Fieberstrauch)
Wolfsmilch. *Siehe* Euphorbia spp. (Wolfsmilch)
Würmer 100
Wurzelgemüse 37, 46, 209, 247
Wurzeln 19, 94, 97, 102, 134
Pfahlwurzeln 147, 152, 157, 217
Polykulturpflanzung 209
von Bäumen 140
von Bodendeckern 105, 107-108
Wurzelsellerie. *Siehe* Apium graveolens var. rapaceum (Wurzelsellerie)
Wüstenklima 300

X

Xanthoceras sorbifolium (Gelbhorn) 249

Y

Yacón. *Siehe* Polyedulis (Yacón)

Z

Zaubernuss. *Siehe* Hamamelis virginiana (Zaubernuss)
Zäune 53, 59, 254, 281
Zea mays 143, 196
Zedernbäume 171
Zedrachbaum. *Siehe* Melia azedarach (Zedrachbaum)
Zeitung/Karton 91, 98, 100
Zemach, Mary und Charles 112-113, 122, 225
Zerkleinerung von Blättern 86
Zerlegen 299
Zierlauch. *Siehe* Allium spp. (Zwiebeln)
Zierquitte. *Siehe* Chaenomeles spp. (Zierquitte)
Zingiber mioga (Japaningwer) 252
Zinnia elegans (Zinnie) 183
Zinnie. *Siehe* Zinnia elegans (Zinnie)
Zitronengras 157
Zitronenmelisse. *Siehe* Melissa officinalis (Zitronenmelisse)
Zitrusbäume 4
Ziziphus jujuba (Chinesische Jujube) 119, 249
Zonen- und Sektormethode 64, 71, 77, 293
Nahrungswald 258
Stadtgarten 269
Zottige Wicke. *Siehe* V. villosa (Zottige Wicke)
Zucker-Ahorn 233
Zuckererbsen 278
Zürgelbaum. *Siehe* Celtis spp. (Zürgelbaum)
Zurückgebogener Amarant. *Siehe* Amaranthus spp. (Amarant)
Zweig-Gartenmuster 49
Zwerg-Birnbäume 276
Zwergkastanie. *Siehe* Castanea spp. - C. pumila (Zwergkastanie)
Zwergkastanie (Chinkapin) 249
Zwerg-Kiefer 276
Zwergmispel 190
Zwergpalme 232
Zwerg-Schafgarbe 152
Zwiebelpflanzen. *Siehe* Allium spp. (Zwiebeln)
Zypergras. *Siehe* Cyperus alternifolius (Zypergras)

Bezugsquellen

Im Internet finden sie viele Seiten die Ihnen helfen können. Hier einige Beispiele:

www.permakultur.de

www.biotopicafarm.de

www.nabu.de

www.bgbm.org/de/wissenschaft24-saatgutbank

www.magicgardenseeds.de

Über den Autor

ART VARGAS

TOBY HEMENWAY ist Lehrbeauftragter an der Graduate School of Education bei der Portland State University, Scholar in Residence an der Pacific University und biologischer Berater für die Biomimicry Guild. Von 1999 bis 2004 war er Redakteur beim Permaculture Activist, einem Journal für ökologische Gestaltung und nachhaltige Kultur. Er ist im Bereich der Permakultur und ökologischen Gestaltung als Lehrer und Berater tätig und hält in der gesamten USA und auch in anderen Ländern Vorträge darüber. Er lebt mit seiner Frau in Portland, Oregon, wo er Grundstücke und Ressourcen für urbane Nachhaltigkeit entwickelt. Seine Webseite finden Sie unter https://tobyhemenway.com.

Weitere Titel im Unimedica Verlag

Christiane Maute®

HOMÖOPATHIE FÜR PFLANZEN - DER KLASSIKER IN DER 15. AUFLAGE

Der praktische Leitfaden für Zimmer-, Balkon- und Gartenpflanzen
Mit Ergänzungen von Cornelia Maute

244 Seiten, geb., € 28,00

Es ist ein handlicher Ratgeber über die häufigsten Pflanzenerkrankungen, Schädlinge und Verletzungen und deren homöopathische Behandlung. Christiane Maute ® ist eine der Vorreiterinnen, die seit vielen Jahren bei ihren Nutz- und Zierpflanzen Homöopathie einsetzt. Ob bei Blattflecken-Krankheit der Rosen, Braunfäule der Tomaten, Feuerbrand an Obstbäumen, Blattläusen, Kräusel-Krankheit, Krebs, Mehltau, Monilia-Fruchtfäule, Schneckenbefall, Sternrußtau oder schwachem Wachstum – Frau Maute erläutert zu den häufigsten Erkrankungen die bewährten Mittel.

Rosemary Gladstar

HEILKRÄUTER IN MEINEM GARTEN

33 wichtige Heilkräuter selbst anpflanzen, ernten und verwenden

232 Seiten, geb., € 19,80

Natürlich, wirkungsstark und günstig: 33 Heilkräuter, die sich leicht anbauen lassen, sanft häufige Beschwerden heilen und das Immunsystem stärken. Die Heilkräuterexpertin Rosemary Gladstar, als „Mutter der modernen Kräuterheilkunde“ bekannt, hat mit diesem Buch eine lebendige Einführung über den Anbau und die Verwendung ihrer Lieblingskräuter geschrieben. Neben leicht nachkochbaren Rezepten und einfachen Anleitungen für vitalisierende Tees, Heilsalben und -tinkturen, Öle, Sirupvariationen und Kräuterpillen gibt sie wertvolle Tipps und zeigt, wie sich in jedem Garten ein Plätzchen für Kräuter finden lässt.

Deanna Caswell / Daisy Siskin

DER KLEINE SELBSTVERSORGER

Urban Gardening Gärtnern und Survival auf kleinstem Raum für ein unabhängiges Leben in der Vorstadt

280 Seiten, geb., € 19,80

Wer träumt nicht von einem naturverbundenen Leben und davon, sein eigenes Obst und Gemüse anzubauen, zu ernten und selbst zu Köstlichkeiten zu verarbeiten – auch wenn man nur wenige Quadratmeter im Hinterhof zur Verfügung hat? Der kleine Selbstversorger zeigt auf unterhaltsame Weise, wie sich jedes Stückchen Garten in ein kleines Selbstversorgerparadies verwandeln lässt. Vom Anlegen der Beete über die Auswahl von Nutzpflanzen und das richtige Düngen bis hin zum Ernten und Verarbeiten von Selbstangebautem wird alles erklärt, was das Gärtnerherz höher schlagen lässt. Ja selbst das Halten von Hühnern, Zwergziegen und Bienen ist in diesem Rahmen möglich und wird Schritt für Schritt erläutert.

Kathy Shea Mormino

DER GROSSE HÜHNER-RATGEBER

Hühnerhaltung im eigenen Garten leicht gemacht

176 Seiten, geb., € 19,80

KATHY SHEA MORMINO, international bekannt als The Chicken Chick, ist eine absolute Expertin auf dem Gebiet der privaten Hühnerhaltung. In DER GROßE HÜHNER-RATGEBER behandelt sie alle Aspekte, die für deren selbstständige und verantwortungsbewusste Haltung im eigenen Garten nötig sind: von der Auswahl der Tiere und deren Stallung über Fütterung und Eierproduktion bis hin zu Gesundheit und Schutz vor natürlichen Feinden. Besonders hilfreich gerade für Einsteiger sind ihre praktischen Hinweise, was vor der Anschaffung der ersten Hühner unbedingt zu bedenken ist.

Kristin Kimball

DAS DRECKIGE LEBEN

Aus den High Heels in die Gummistiefel - Wie mein Traum vom naturnahen Leben in Erfüllung ging

336 Seiten, geb., € 19,80

Kristin Kimball ist eine typische, moderne New Yorker Großstädterin. Sie ist Schriftstellerin, über 30 und genießt ihr Singleleben. Dennoch sehnt sie sich immer mehr nach einer Familie und Stabilität. „Dieses Buch ist die Geschichte zweier Liebesaffären, die meinen Lebensweg in neue Bahnen gelenkt haben: einmal die Liebe zur Landwirtschaft – dieser erdigen, sinnlichen Kunst – und die Liebe zu einem schwierigen Farmer, der einen zur Verzweiflung treiben kann."